INNOVACIÓN Y REFORMA EN EL DERECHO ADMINISTRATIVO

2.0

INNOVACIÓN Y REFORMA
EN EL
DERECHO ADMINISTRATIVO

Javier Barnes
(Editor)
—

Eberhard Schmidt-Assmann
Andreas Vosskuhle
Rainer Pitschas
Javier Barnes
Luciano Parejo

GLOBAL LAW PRESS
EDITORIAL DERECHO GLOBAL

INSTITUTO NACIONAL DE
ADMINISTRACIÓN PÚBLICA

1ª edición: 2006
2ª edición, renovada y ampliada: 2012

Serie Blanca
(Libros de Pensamiento)

© 2012: Global Law Press-Editorial Derecho Global
www.globallawpress.org
Sevilla (España)

© 2012: Instituto Nacional de Administración Pública

Diseño y maquetación: Los Papeles del Sitio

ISBN (Global Law Press): 978-84-936349-8-8
ISBN (INAP): 978-84-7351-422-4
ISBN (INAP) ELECTRÓNICO: 978-84-7351-423-1
NIPO: 635-12-027-X
NIPO ELECTRÓNICO: 635-12-028-5

DL: SE-4.669-2012

(Hecho en España)

ÍNDICE GENERAL

NOTA INTRODUCTORIA
SOBRE LA SEGUNDA EDICIÓN

> «Una nueva verdad científica no triunfa porque haya convencido a sus oponentes y les haya hecho ver la luz, sino más bien porque sus oponentes mueren finalmente, y una nueva generación crece más familiarizada con ella.»[1]
>
> MAX PLANCK

I. ¿SEGUNDA EDICIÓN O *2.0*?

L A obra colectiva que tiene el lector en sus manos no es sólo una segunda edición revisada y actualizada de la primera edición de 2006, sino algo más. De ahí el significativo *2.0*, que acompaña al volumen en su lomo. Representa una obra renovada. Una y otra son complementarias en los aspectos fundamentales que abordan. Si en la primera se estudiaban algunas claves del Derecho Administrativo contemporáneo, el método para su construcción, el procedimiento o la información como elementos estructurales, en la presente se ofrecen sobre esos y otros temas nuevas perspectivas.

II. OBJETO

Si hubiera que dar señas o circunstancias individuales de este trabajo, como de su antecesor, podrían subrayarse cuatro:

(i) Es una obra de *pensamiento*, y no de Derecho positivo. La reflexión trasciende los sistemas jurídicos nacionales o supranacionales, por más que se haga a ellos referencia con un carácter instrumental.

(ii) Constituye un análisis que se hace eco de las grandes *mutaciones* del Estado y de la Administración contemporáneos.

---

[1] Cfr. *Scientific Autobiography and Other Papers*, traducción de F. Gaynor, 1950, p. 33. Opinión que gustaba de glosar Thomas S. Kuhn en *The Structure of Scientific Revolutions*, Chicago, 1962: «scientists slowly convert to the new paradigm, for a number of different reasons. Eventually, if a new paradigm is successful, only a handful of hold-outs support the earlier worldview».

(iii) Es un estudio que se sitúa en el plano de las propuestas de *reforma científica del Derecho Administrativo*. No son, pues, las relevantes *reformas legales* que recorren el mundo lo que aquí importan, sino *estrategias científicas* para su sistematización, revisión y mejora.

(iv) Y es una obra, en fin, que bebe en *fuentes diversas* y ofrece *reelaboración propia*. No se resuelve en el trasvase de un único filón de pensamiento, dentro de los variados movimientos de reforma e innovación científicas.

III. CONTEXTO DEL DERECHO ADMINISTRATIVO CONTEMPORÁNEO

El sistema de coordenadas del Derecho Administrativo clásico ha cambiado sustancialmente[2]. De transformación, reforma, innovación, cambio o crisis, huidas y expansiones… se habla en el seno de la disciplina desde principios del siglo pasado, con una intensidad y extensión sin paralelo con ninguna otra rama del Derecho.

Ahora es distinto, sin embargo: hay *tiempos de cambio* y *cambios de era*. La magnitud y la complejidad de los problemas que la vida económica, social, ambiental o informativa presentan en nuestro tiempo no tienen precedente. Baste pensar en la regulación de los mercados financieros o en la del comercio internacional; en la lucha contra el cambio climático o en la seguridad pública; en la sanidad o en la seguridad alimentaria… El Derecho Administrativo –desbordados los diques que lo contenían en unas funciones ciertamente limitadas–[3] representa un formidable instrumento jurídico para hacer frente a esos desafíos, a condición, nótese bien, de que sepa adaptarse y evolucionar.

De ahí se desprenden, de inmediato, dos consecuencias, en las que parece existir un cierto consenso, más allá de los términos en que éstas se expresen:

---

[2] En particular, *vid.* capítulo primero y cuarto.
[3] Cfr. capítulo cuarto, tercera parte, núm. IV, entre otros.

(i) El Derecho Administrativo de la «luz roja», o de la «prohibición de circulación», ha de dar paso al Derecho Administrativo de la «luz verde» y de las «señales de orientación» o «recomendación». Y es que, ante los escenarios que se han puesto de manifiesto, no basta el tradicional Derecho Administrativo de defensa o protección frente al poder («Derecho contra la Administración», para «embridar al poder con el Derecho»)[4]; es necesario igualmente un Derecho Administrativo «positivo», de la «acción eficaz», de la «regulación adecuada», de la «prestación efectiva» de los servicios esenciales... Se busca un Derecho que sepa preservar los bienes colectivos, los derechos individuales, al tiempo que incentiva la economía y la creación de empleo, o mejora el medio ambiente y el bienestar social. Una maquinaria que determine la legalidad e ilegalidad, el aprobado o el suspenso, de la acción estatal, con ser imprescindible, no cubre ni de lejos esa función. Hacen falta *también* nuevos dispositivos, más evolucionados y complejos, que contribuyan a hallar la solución mejor, la excelencia, sea en términos de crecimiento sostenible, de medio ambiente urbano, de estabilidad financiera, o de seguridad aérea, de eficiencia energética, de bienestar o asistencia social...[5]

(ii) La formación para esa nueva dimensión –o «cara oculta»– es distinta, más completa, y abierta al diálogo con otras ciencias. Identificar si se ha respetado la «prohibición de circular» o la «luz roja» es una cosa, y «recomendar una ruta» o determinadas actuaciones en términos de velocidad o de prudencia, otra muy distinta. En este último sentido, el entrenamiento característico del *método jurídico tradicional* se queda corto[6], puesto que se conforma con saber leer e interpretar textos legales, y, en definitiva, sistematizarlos[7] (lo que no es poco). Pero ni siquiera es capaz de indagar por sí mismo si esos actos jurídicos se aplican o no; menos aún si resultan eficaces en la realidad[8].

---

[4] *Vid.* «Presentación de la traducción», en E. SCHMIDT-ASSMANN, *La teoría general del Derecho Administrativo como sistema*, INAP-Marcial Pons, Madrid, 2003, pp. XVII y ss.

[5] La idea de la «luz verde» –del Derecho Administrativo en positivo– se expresa, según el paradigma, el postulado, la perspectiva, o la dimensión, de modos diferentes. Así, por ejemplo, el libro blanco de la gobernanza europea afirma que una buena gobernanza se basa, entre otros principios, en la eficacia para producir los resultados buscados; y en la coherencia. *Vid.* Comunicación de la Comisión, de 25 de julio de 2001, «La Gobernanza Europea - Un Libro Blanco» [COM (2001) 428 final - Diario Oficial C 287 de 12.10.2001] y la síntesis de la web oficial en http://europa.eu/legislation_summaries/institutional_affairs/decisionmaking_process/l10109_es.htm. Más explícitos son los documentos de la OCDE sobre política regulatoria (véanse los esfuerzos realizados bajo el concepto de *regulatoy policy*).

[6] Cfr. capítulo segundo.

[7] *Ibídem*.

[8] Sobre el tema, véase el capítulo segundo.

Las alternativas y las opciones ensayadas para su complemento son varia-das[9], no necesariamente excluyentes. Lo cierto es que no es lo mismo conservar una catedral, que levantarla, como no es lo mismo interpretar una sinfonía, que componerla. Cada operación requiere un arsenal de herramientas diferentes o, por mejor decir, un método o métodos apropiados[10]. En todo caso, no es posible permanecer al margen.

Ahora bien, el cambio no es sólo de *perspectiva* (de la tutela, a la acción eficaz), ni de *método* (de la interpretación y aplicación del Derecho, a estrategias para la mejor toma de decisiones). Es también un problema de *expansión*:

(i) Al nuevo Derecho Administrativo se le pide además que dé luz a la intensa vida que hay en el «espacio exterior», más allá del Estado. Y a esa llamada acuden movimientos y proyectos, académicos o institucionales, con ángulos y finalidades diferentes, como el Derecho Administrativo Global[11], el Derecho Administrativo Internacional[12], o la cooperación entre agencias y organismos reguladores nacionales a nivel mundial[13], con renovados mecanismos de procedimiento[14].

---

[9] Si ha de tratarse de una «ciencia del Derecho Administrativo bien informada» en tér-minos de interdisciplinariedad; de «Derecho en contexto»; de «diálogo» sea o no forma-lizado y fermentado mediante, por ejemplo, «conceptos-puente» entre las distintas áreas del saber; de «iluminar» puntualmente elementos del sistema jurídico-administrativo desde modelos o teorías auxiliares sin pretensiones metodológicas ni universalizantes; o de una reelaboración desde la estricta dogmática, por citar tan sólo algunos ejemplos u opciones (no excluyentes necesariamente), es algo que cabrá discutir y que el futuro desvelará.

[10] Un ejemplo representativo, no el único, es el que se describe en el capítulo segundo.

[11] *Vid.* http://www.iilj.org/GAL/ y el artículo «originario» (el *project overview article* en http://www.iilj.org/GAL/documents/TheEmergenceofGlobalAdministrativeLaw.pdf). En español, *vid.* la colección del mismo nombre en esta editorial.

[12] Cfr. capítulo primero.

[13] Con la finalidad de encontrar mejores soluciones, ahorrar costes y evitar diversida-des regulatorias innecesarias. Paradigmático, por ejemplo, *Executive Order* 13609 of May 1, 2012, *Promoting International Regulatory Cooperation*, del Presidente Obama (disponible en http://www.gpo.gov/fdsys/pkg/FR-2012-05-04/pdf/2012-10968.pdf). Por parte de la Unión Europea, y en relación con EE.UU. en igual sentido, véanse las actividades y do-cumentos destacados en las respectivas webs oficiales: http://www.whitehouse.gov/omb/oira_irc_europe y http://ec.europa.eu/enterprise/policies/international/cooperating-go-vernments/usa/regulatory-cooperation/index_en.htm.

[14] Entre los principios regulatorios destacados en el documento *Common Understanding on Regulatory Principles and Best Practices* (junio de 2011) emanado del *High-Level Regulatory*

(ii) O se le demanda igualmente que tienda puentes y colabore con la sociedad en una forma distinta, en la medida en que a ésta se le exigen y atribuyen
nuevas responsabilidades[15], tales como la participación en relevantes actividades
regulatorias (autorregulación, corregulación), o la prestación de servicios de interés general...[16]

Con todo, si nuestra mirada se eleva al horizonte, podremos entender que esa complementariedad de perspectiva y de método, o el tránsito por nuevos espacios antes desconocidos, pretenden dar respuesta,
en última instancia, al interrogante más difícil de nuestro tiempo, y
al que la ciencia del Derecho Administrativo no puede sustraerse, a
saber: ¿cómo conseguir que nuestros sistemas regulatorios –nuestras
normas, nuestros procesos decisorios y nuestras estrategias de impulso
y dirección– protejan mejor la salud pública, el bienestar social, la seguridad, el medio ambiente, o promuevan con eficacia el crecimiento
económico, la innovación, la competitividad o la generación de empleo,
entre otros grandes objetivos?[17] ¿Y que lo hagan, no ya sin menoscabo,
sino con mayor plenitud, del principio democrático y del principio del
Estado de Derecho o *rule of law*?

Cooperation Forum (cfr. nota anterior), con una evidente dimensión procedimental, cabe
recordar los siguientes: publicidad, transparencia y participación de todos los interesados y
el público en general; análisis de las alternativas más relevantes, y análisis coste-beneficio;
la supervisión y la evaluación de la efectividad de las medidas en vigor; la minimizacion de
la carga burocrática y la simplificación para el ciudadano; la evitación de duplicidades en los
requisitos exigidos por ambas partes; etc.

En la medida en que las agencias de un lado y otro –en este caso, de EE.UU. y de la UE–
utilizan principios de procedimiento equivalentes se confía en el «producto» final obtenido
por la otra parte (estándar, requisito, análisis, control, información, etc.). Se trata de algo
más que de un mutuo reconocimiento (por ejemplo, respecto de la seguridad del producto
en el sector automovilístico, farmacéutico o químico), e incluye la evitación de la divergen-
cia o duplicidad de las regulaciones y la aceptación de los protocolos establecidos por la otra
parte, la asunción de las evaluaciones o inspecciones realizadas por la otra parte, etc.

[15] En los diversos capítulos del presente volumen se hacen referencias más detalladas a
este fenómeno, en particular: capítulo primero y cuarto, parte segunda.

[16] Capítulo cuarto, parte segunda.

[17] Cfr. *Executive Order* 13563 of January 18, 2011 (*Improving Regulation and Regulatory
Review*), y *Executive Order* 13609 de 1 de mayo de 2012, *Promoting International Regulatory
Cooperation*, del Presidente Obama (disponible en http://www.gpo.gov/fdsys/pkg/FR-2012-
05-04/pdf/2012-10968.pdf).

Aquí concurren y compiten desde hace décadas, para dar respuestas, una multiforme variedad de medios e instrumentos, análisis y evaluaciones, paradigmas y teorías, avanzados desde latitudes y culturas jurídicas lejanas y distantes entre sí.

Con todo, la percepción —cuando menos de las *necesidades*— no resulta tan heterogénea, como ilustra sobradamente el análisis comparado del Derecho Administrativo[18], esfuerzos políticos convergentes[19], u otros movimientos[20].

Y tampoco son tan disímiles los *hallazgos* a los que en ocasiones se llega desde distintos puntos de partida, cuando la investigación jurídica se enriquece con otras perspectivas. Así ha ocurrido, por ejemplo, con el procedimiento administrativo. Con la ayuda de otros conocimientos, se ha podido constatar que una ley de procedimiento constituye un relevante medio de control y de dirección del Parlamento sobre la Administración[21]. O que el Derecho Privado y el Derecho Administrativo pueden urdir alianzas de sumo interés[22].

---

[18] Véanse los problemas comunes abordados desde diversas culturas, en *Comparative Administrative Law*, Edward Elgar Publishing, edited by Susan-Rose Ackerman and Peter L. Lindseth, february 2011. Además, podríamos preguntarnos, por ejemplo: ¿cómo regular mejor y conseguir preservar los bienes y valores más ansiados, sin ralentizar la economía?, ¿cómo dotar de legitimidad democrática a las Administraciones independientes?, ¿cómo conjugar que las decisiones tengan un sólido apoyo científico y técnico, con el impulso político?, ¿cómo se inserta la ciencia en el proceso decisorio de las Administraciones públicas?, ¿cómo obtener la información más adecuada, en colaboración con otras agencias y Administraciones, y con el sector privado, para la mejor toma de decisiones?, ¿qué nuevas formas de control y de atribución de responsabilidades han de desarrollarse cuando se trabaja en estructuras reticulares con participación de una multitud de sujetos públicos y privados?, etc.

[19] Por ejemplo, las iniciativas mencionadas en las notas 11, 12 y 15.

[20] Por ejemplo, el antes mencionado en torno al «Derecho Administrativo Global».

[21] Desde los EE.UU., desde la perspectiva de la teoría política positiva, véase, por todos, el clásico trabajo de MATTHEW D. MCCUBBINS, ROGER G. NOLL y BARRY R. WEINGAST, «Administrative Procedures as Instrument of Political Control», 3 *Jl Law, Econ and Org*. 243 (1987). Desde Europa, y desde la óptica del Derecho Administrativo inspirado en la ciencia de la dirección, véase EBERHARD SCHMIDT-ASSMANN, *Das allgemeine Verwaltungsrecht als Ordnungsidee*, Springer, 2004, pp. 203, 305, y, en versión española, *La teoría general del Derecho Administrativo como sistema*, INAP-Marcial Pons, Madrid, 2003 (índice analítico: procedimiento administrativo).

[22] Por simbolizar en dos obras, dos respuestas con contenidos convergentes, a ambos lados del Atlántico, pueden verse: de un lado, JODY FREEMAN, «Extending Public Law Norms through Privatization», 116 *Harv. L. Rev.* 2002-2003, pp. 1291 y ss.; o también de la misma autora «The Private Role in Public Governance», 75 *N.Y.U. L. Rev.* 2000; de otro,

Tal es el paisaje de fondo que se divisa desde los distintos capítulos del libro.

* * *

Esta obra no habría visto la luz si no es por el esfuerzo sostenido de todos. La nómina de agradecimientos es larga e incluye, desde luego, a los traductores y a quienes han hecho posible la presente coedición con el INAP. Un lugar destacado en la gratitud, por tantas razones, han de ocuparlo los Profesores Luciano Parejo y Eberhard Schmidt-Aßmann.

JAVIER BARNES
Catedrático de Derecho Administrativo
(Sevilla, octubre de 2012)

HOFFMANN-RIEM y SCHMIDT-ASSMANN, *Öffentliches Recht und Privatrecht als wechselseitige Auffangordnungen*, Nomos, Baden-Baden, 1996.

CAPÍTULO PRIMERO

CUESTIONES FUNDAMENTALES SOBRE LA REFORMA DE LA TEORÍA GENERAL DEL DERECHO ADMINISTRATIVO
NECESIDAD DE LA INNOVACIÓN Y PRESUPUESTOS METODOLÓGICOS

Eberhard Schmidt-Aßmann

Catedrático emérito de Derecho Administrativo, Universidad de Heidelberg, Alemania.

ÍNDICE

La traducción del texto para la primera edición se llevó a cabo por Javier Barnes y Silvia Díez Sastre (2006). La traducción de la actualización para esta segunda edición ha sido realizada por Luciano Parejo Alfonso. Javier Barnes ha revisado la versión definitiva.

PRIMERA PARTE

LA NECESIDAD DE LA REFORMA EN EL DERECHO ADMINISTRATIVO

I. EL DERECHO, ENTRE LA ESTABILIDAD Y LA FLEXIBILIDAD: LAS APORTACIONES DE LA JURISPRUDENCIA, LA LEGISLACIÓN, LA ADMINISTRACIÓN Y LA DOCTRINA EN RELACIÓN CON LA TRANSFORMACIÓN DEL DERECHO ADMINISTRATIVO

EL Derecho ha de dispensar la suficiente estabilidad y garantía a las expectativas sociales que surgen en el plano de las conductas y de las acciones de los distintos sujetos; en otras palabras, tiene atribuida una función de orientación. En ese sentido, los principios de seguridad jurídica y de confianza legítima contribuyen a la necesaria estabilidad y, en cuanto piezas integrantes de la cláusula del Estado de Derecho, resultan irrenunciables. Por lo demás, la misma estructura del Derecho presenta una marcada dimensión en favor de esa estabilidad.

Al mismo tiempo, sin embargo, las sociedades modernas se encuentran sometidas a un proceso de constante movimiento y transformación y han de enfrentarse de continuo a nuevos retos. Si el Derecho se concentrara excesivamente, o se agotara, en la función estabilizadora que le es inherente, correría el peligro de obstaculizar las reformas necesarias que la sociedad demanda o de verse superado por la presión de los cambios. La flexibilidad y la apertura a la innovación son también, junto a la seguridad jurídica y la confianza legítima, importantes elementos del sistema jurídico. Esto vale especialmente para el Derecho Administrativo, ya que se encuentra íntimamente vinculado y entrelazado con las necesidades, en rápido cambio, de las sociedades modernas[1].

---

[1] Las reflexiones que siguen descansan en la idea formulada primero en el llamado debate sobre la reforma desarrollado en Alemania a partir del inicio de la década de los noventa del pasado siglo, con el añadido luego de los diez trabajos sobre la reforma del Derecho Administrativo: *Schriften zur Reform des Verwaltungsrechts*, Nomos, Baden-Baden, publicados por HOFFMANN-RIEM y yo mismo. Las reflexiones sobre la reforma se han desarrollado

En la búsqueda de ese equilibrio entre la estabilidad y el cambio, la primera cuestión consiste en determinar cuáles son las fuerzas motrices que materializan las transformaciones necesarias dentro del Derecho Administrativo. Pues bien, esas fuerzas o factores se resuelven en cuatro agentes principales, que interactúan entre sí: la jurisprudencia, el legislador, la doctrina científica y el poder ejecutivo.

1. EL PAPEL DE LA JURISPRUDENCIA

La primera fuerza que contribuye a la transformación del Derecho Administrativo es la *jurisprudencia*. Si se observa atentamente el avance que el Derecho Administrativo ha experimentado en Alemania desde la aprobación de la Ley Fundamental de Bonn (*Grundgesetz*) en 1949, parece fácil comprobar las trascendentes aportaciones que la jurisprudencia ha realizado en favor de la evolución del Derecho Administrativo clásico. Baste pensar, por ejemplo, en la regulación de las relaciones especiales de sujeción; en la adaptación de la teoría de la reserva de ley a los nuevos modos de intervención del Estado; o en la creación de la teoría del control de la ponderación con ocasión de los procedimientos de elaboración de planes, lo que ha permitido ahormar, por ejemplo, la actividad administrativa de planificación –el planeamiento territorial y urbanístico, entre otras manifestaciones– de conformidad con las exigencias que reclama el Estado de Derecho. El Tribunal Constitucional Federal (*BVerfG*), por su parte, ha sabido desempeñar una función esencial dentro de esa positiva evolución del Derecho. Baste con aludir, por ejemplo, al desarrollo de la protección de datos y a la seguridad técnica en el ámbito de la información, para comprobarlo. Igual relevancia debe otorgarse al papel del Tribunal de Justicia de la Unión Europea en lo que hace a la creación evolutiva del Derecho Administrativo europeo.

---

en la obra colectiva, a la que han contribuido más de cincuenta autores: Wolfang Hoffmann-Riem, Eberhard Schmidt-Assmann y Andreas Vosskuhle (Eds.), *Grundlagen des Verwaltungsrechts –GVwR–*, tomos 1-3, C. H. Beck, Munich, 2006-2008. La segunda edición es de 2012.

Ello no obstante, la idea según la cual los tribunales habrían de ser los principales responsables o protagonistas del progreso del Derecho, no es del todo exacta. La suya es una respuesta típicamente *jurídica*. Téngase en cuenta que los juristas acuden a la jurisprudencia con especial asiduidad puesto que ésta se mueve en un espacio jurídico bien ordenado y conocido. Ahora bien, aunque ello genere confianza y seguridad, lo que no es poco, no ha de olvidarse, sin embargo, que a los tribunales tan sólo les es dado contemplar una parte de la realidad y desde una concreta óptica o perspectiva, la de la *legalidad* o no de la cuestión planteada en el recurso; dejan, por tanto, fuera de su consideración otros muchos aspectos o dimensiones de la acción administrativa. Poco puede aportar la jurisprudencia, por ejemplo, cuando no se acude a los tribunales mediante una demanda o recurso, o cuando se trata de un sector enteramente nuevo. Esta intrínseca limitación no afecta del mismo modo al Tribunal Constitucional, habida cuenta de que su ámbito de conocimiento y el control que ejerce se proyecta sobre la esfera del legislador. En suma, pues, y esto es lo que ahora quiere advertirse, hoy día resulta excesivamente reduccionista la idea según la cual la jurisprudencia constituiría la fuerza más sobresaliente para el impulso, innovación y transformación del Derecho Administrativo, por más que así lo fuera en el pasado.

2. LA CRECIENTE IMPORTANCIA DEL LEGISLADOR EN RELACIÓN CON LA PARTE GENERAL DEL DERECHO ADMINISTRATIVO

El legislador nacional y comunitario promueve la transformación del Derecho Administrativo. Cabe afirmar, en efecto, que le incumbe una relevante función en ese proceso de innovación. La influencia del poder legislativo se deja sentir con particular intensidad en el ámbito de la *Parte Especial* del Derecho Administrativo. Piénsese que, en los últimos cincuenta años, han sido muchas las leyes que han modificado profundamente el panorama de tantos sectores especiales, tales como el urbanismo, el medio ambiente, las prestaciones sociales o el mundo de las telecomunicaciones (este último, además, constituido como un sector regulado, con particulares novedades respecto del régimen jurídico anterior al que ha sucedido). Una mirada poco atenta podría llevar a la conclusión de que esas leyes dejan incólume la Parte General de la disciplina, esto es, que no producen un impacto relevante sobre ésta. Pero esa falsa apreciación olvidaría la recíprocas e intensas *interrelaciones* que se generan de continuo entre la Parte General y la Parte Especial del Derecho Administrativo; que entre ambas piezas se produce un constante *intercambio*. En realidad, constituye un hecho evidente que las reformas legales que se han producido en el seno de los sectores más avanzados del Derecho Administrativo especial han irradiado numerosos efectos y consecuencias sobre las teorías y categorías generales. Habrá ocasión de volver sobre este punto, cuando se aborde el tema de los denominados «sectores de referencia».

Por otro lado, conviene subrayar un dato nuevo. Y es que desde hace ya un cierto tiempo el legislador ha expresado un vivo y directo interés por las cuestiones atinentes al Derecho Administrativo *general*. El fenómeno se observa con fuerza no sólo en Alemania, sino también en otros países y sistemas, como Francia o España. Un ejemplo ilustrativo lo proporciona el Derecho Administrativo de la Información[*], en donde los diversos regímenes legales relativos a la libertad de información exceden en mucho de las posibilidades que, para su disciplina y reglamentación jurídicas, podría de suyo ofrecer la jurisprudencia. Pero también son significativas las nuevas relaciones de colaboración entre la Administración y la economía, y, más en concreto, la emergencia de un «Derecho Administrativo de la colaboración público-privado». En términos generales, puede advertirse que son justamente los asuntos que han acaparado en buena medida el debate sobre la reforma del Derecho Administrativo (piénsese, por ejemplo, en el régimen jurídico del procedimiento administrativo y de la organización administrativa) los que han sido al mismo tiempo objeto preferente de la acción legislativa contemporánea.

[*] Véase el capítulo tercero de R. Pitschas en la primera edición de esta obra (2006).

3. LA FUNCIÓN DE LA DOCTRINA

Además de los factores antes mencionados, ha de hacerse referencia a un tercer actor, cuyas aportaciones resultan de suma importancia para el avance del Derecho Administrativo: la doctrina científica.

No se quiere con ello aludir, obvio es decirlo, a las propuestas de reforma legislativa que en ocasiones postulan los autores de la doctrina (así, por ejemplo, en Alemania un nutrido grupo de profesores de Derecho Público ha elaborado en los últimos años los borradores de un Código del Medio Ambiente, un Código de la Información y un Código Federal Tributario). Se quiere aludir, por el contrario, a la aportación más genuina y relevante de la doctrina científica: la *investigación* independiente. La investigación jurídica significa y supone observar analíticamente el presente y reflexionar sobre los necesarios avances del Derecho, incorporando también otros conocimientos provenientes de las ciencias auxiliares, con la ayuda de un método apropiado a tal efecto.

Para llevar a cabo esta tarea de forma adecuada, se requiere una cierta *distancia* y *perspectiva* respecto de los sucesos cotidianos, de la que carecen el poder judicial y el legislativo. Naturalmente, esa distancia no significa aislamiento, puesto que de lo contrario la doctrina terminaría por elaborar sus teorías al margen de la realidad y de la práctica de la Administración. La experiencia que alcanzan los investigadores merced a sus actividades como expertos, jueces u, ocasionalmente, como abogados, resulta positiva y necesaria. Ahora bien, esa distancia y perspectiva puede verse amenazada cuando la actividad profesional, bien sea en el ámbito de la economía, o bien en el de la abogacía, desplazan la actividad académica del investigador a un segundo plano. Es cierto, sin embargo, que la distancia es, en última instancia, ante todo una cuestión de *actitud personal* y de *estilo de trabajo*. Quien esté preparado para reflejar en la investigación sus experiencias prácticas, haciendo siempre abstracción del punto de vista de los intereses particulares en presencia, contará con la distancia requerida.

Si la doctrina no llevara a cabo esta tarea y se limitara a comentar las decisiones judiciales, las sentencias, y las normas legales, los cambios legislativos, no cumpliría con el encargo, o misión, que la *ciencia* demanda. No quiere ello decir, desde luego, que hayan de postularse constantemente «cambios de paradigmas». La vertiginosa sucesión de paradigmas puede encajar en algunas ciencias sociales. La ciencia jurídica, sin embargo, no puede proceder de esa manera, puesto que su objeto de conocimiento, el Derecho, posee una vertiente de estabilidad muy superior, como notábamos. Tampoco se trata de hacer política legislativa. Lo que a la ciencia del Derecho Administrativo le interesa es una labor *en paralelo* o *junto* a la dogmática, y no sólo *en su seno*. Ello exige un sólido conocimiento de la Parte General y de la Parte Especial del Derecho Administrativo, hasta llegar a los más pequeños detalles. En otras palabras, la investigación no puede detenerse en el estado actual de la dogmática, sino que ha de ir más allá, para observarla «desde fuera», con mayor perspectiva, a fin de comprobar la solidez de su articulación, e identificar dónde existen fricciones, y dónde deben realizarse cambios*.

4. EL EJECUTIVO COMO IMPULSOR DE LA EVOLUCIÓN DEL DERECHO ADMINISTRATIVO

En no pocas ocasiones, se pasa por alto que el Ejecutivo se erige en un significativo factor de renovación del Derecho Administrativo. Con ello no se alude aquí a las aportaciones a las que el Ejecutivo puede contribuir, cuando una determinada práctica administrativa más o menos consolidada termina por expresarse en normas positivas, por obtener un reconocimiento en el ordenamiento. Ahora se hace referencia, por el contrario, a la evolución que experimenta el Derecho Administrativo como consecuencia de los cambios que *deliberadamente* las normas por su parte preconizan. Téngase en cuenta a este propósito que tanto el Gobierno como la Administración elaboran borradores de anteproyectos de leyes para su ulterior tramitación parlamentaria y dictan reglamentos sobre las materias más variadas, como, por ejemplo, en el ámbito de la protección de inmisiones y de las telecomunicaciones. En

---

* Sobre el método, véanse las consideraciones que el autor realiza al final de presente capítulo; así como el siguiente capítulo de A. Voßkuhle en la presente obra; y, finalmente, el segundo capítulo, a cargo de E. Schmidt-Aßmann, de la primera edición de esta obra colectiva (2006).

la órbita de cada una de las leyes parlamentarias de cabecera en tantos sectores surge un cúmulo de reglamentos que regulan trascendentes cuestiones materiales y procedimentales, al tiempo que introducen destacadas novedades.

Con todo, y en contra de lo que sucede en Francia, donde las *Ordonnances* tienen por objeto cuestiones de la Parte General del Derecho Administrativo, como la cooperación entre el Estado y la sociedad (contratos de colaboración), en Alemania en muy pocas ocasiones esos reglamentos regulan cuestiones directamente relacionadas con la Parte General.

No faltan otras instancias administrativas que participan igualmente en el desarrollo y avance del Derecho Administrativo. La introducción del *nuevo modelo de dirección** en Alemania, por ejemplo, constituye un compromiso de los entes locales con la idea de la reforma y la innovación. Ello ha propiciado en este caso un abierto diálogo entre los políticos y los expertos, como se evidencia en las reformas que ha experimentado el Derecho Presupuestario, con el objeto de hacer viable la transferencia de la gestión de los recursos a unidades descentralizadas; o las reforma que versan sobre la formulación de acuerdos para la realización de diversas prestaciones; etc.

La acción administrativa se despliega igualmente más allá del Estado. Las relaciones administrativas internacionales se multiplican, se aglutinan en torno a los distintos sectores y tejen una densa red. Por ello, es necesario tener en cuenta los rasgos del sistema, a este propósito. Por ejemplo, las autoridades de inspección y control del sector bancario y de los seguros colaboran con sus homólogas de otros importantes países industrializados y establecen de común acuerdo sus propios estándares de control y los procedimientos para la adopción de acuerdos, que el legislador nacional sólo puede «ratificar» *a posteriori*. Sobre estas relaciones informales en el plano internacional, con notables consecuencias internas, todavía no se ha dicho la última palabra desde la óptica de la cláusula del Estado de Derecho. Es obvio que no todo impulso ha de valorarse como algo positivo. Sea como fuere, la ciencia del Derecho Administrativo ha de observar tales procesos y fenómenos y convertirlos en objeto de una reflexión más *general*.

---

* Conocido como *New Public Management*. Puede verse al respecto el primer capítulo de la obra de E. Schmidt-Aßmann, traducida al español: *La teoría general del Derecho Administrativo como sistema*, INAP-Marcial Pons, Madrid, 2003.

5. LA INTERACCIÓN DE LOS CUATRO FACTORES. LA DIVISIÓN DE TRABAJO Y EL REPARTO DE FUNCIONES Y TAREAS

Se puede hablar de una división del trabajo entre las distintas fuerzas o factores de transformación del Derecho Administrativo, ya que los cuatro actores mencionados interaccionan entre sí mediante un reparto de funciones: el poder judicial se encarga de la permanente adaptación del Derecho con ocasión del control que ejerce; el legislativo y la Administración, por su parte, han de hacerse responsables de su constante evolución y desarrollo, en pro de la consecución de los fines u objetivos que pretendan alcanzar; y a la doctrina le incumbe reflexionar o establecer un marco por encima de esos cambios, tanto desde una perspectiva general, como sectorial. *Ninguna de estas aportaciones pueden entenderse aisladamente. Se complementan e interactúan entre sí.*

Es cierto que no puede hablarse de «reforma» en un sentido unívoco y que muchos de los avances y transformaciones promovidos por el legislador no siempre pueden calificarse de verdadera transformación. Con todo, el debate sobre la reforma del nuevo Derecho Administrativo se ha entendido en Alemania desde el principio como una *empresa científica*, que tiene por objeto mejorar las condiciones de *eficacia* de esta rama del Derecho*.

II. LA INSUFICIENCIA DE LA CONCEPCIÓN TRADICIONAL DEL DERECHO ADMINISTRATIVO

Para reflexionar sobre la reforma y modernización del Derecho Administrativo es preciso examinar con carácter previo el propio concepto que se tenga de la disciplina. El Derecho Administrativo de los tratados y manuales se diferencia considerablemente del Derecho Administrativo de los diarios oficiales y del de las resoluciones administrativas y judiciales. El Derecho Administrativo es de suyo una cons-

---

* Sobre la eficacia del Derecho Administrativo, corazón o motor del movimiento científico de la reforma, véase más abajo el epígrafe correspondiente, así como, para mayor abundamiento, el capítulo primero de la obra citada en la nota anterior.

trucción que se apoya en determinados presupuestos y presunciones básicos[2]. Todos nosotros estamos inmersos en una tradición de la que no siempre somos conscientes.

1. LA CONCEPCIÓN TRADICIONAL DEL DERECHO ADMINISTRATIVO

Para obtener la imprescindible perspectiva y «distancia» científicas a las que se ha hecho mención, han de tenerse presentes los elementos más destacables del *modelo administrativo tradicional*. Este modelo, que trae su origen del Estado liberal de Derecho, puede ilustrarse simplificadamente a través de algunas afirmaciones clásicas:

– Desde el punto de vista jurídico, la Administración se concibe a sí misma a partir del principio de la división de poderes. Es aquella actividad del Estado que no tiene naturaleza legislativa, ni judicial. La Administración se define, por tanto, de forma «residual» o «negativa». Aparece como un bloque cerrado, ordenado jerárquicamente y articulado a nivel interno, de acuerdo con el dogma de la «unidad de la Administración», de acuerdo con la cual ésta se entiende como un conglomerado unitario o unívoco.

– La ley dirige a la Administración mediante programas materiales dotados del mayor grado de detalle posible. El contenido de la ley, en efecto, pretende resolverse con la predeterminación de la conducta de la Administración para cada supuesto. La Administración ejecuta la ley a través de actos formalizados, con la ayuda de determinadas técnicas de subsunción. En ese contexto, el procedimiento administrativo goza de un papel secundario: lo relevante no es tanto la observancia de las reglas formales, como la legalidad material de la resolución adoptada*.

– Los tribunales controlan la conformidad a Derecho de las resoluciones administrativas (y la acción administrativa en general), contrastándolas a la luz del entero programa establecido en la ley. Como se parte de la premisa, según la cual sólo cabe hallar una única «solución justa», los tribunales tienen siempre la última palabra y podrán sustituir la decisión administrativa por la judicial.

---

[2] MICHAEL STOLLEIS, «Entwicklungsstufen der Verwaltungsrechtswissenschaft», en *GVwR*, tomo I (nota núm. 1), § 2.

* Sobre el tema, véase el capítulo quinto de la primera edición (2006), a cargo de Javier Barnes.

En suma, esa tríada de ideas y presunciones –la unicidad, o la unitariedad, de la Administración; la formalización de sus acciones; y la aplicación del Derecho entendida como mera ejecución– conforman un modelo muy compacto y cerrado en sí mismo: una idea se deduce de la anterior y así sucesivamente. En su simplicidad reside la fascinación que ejerce.

2. EL ANÁLISIS DISTORSIONADO DEL DERECHO ADMINISTRATIVO COMO CONSECUENCIA DEL «CANON DE NORMALIDAD» DE LA DOGMÁTICA TRADICIONAL

Un examen más atento de la realidad evidencia que las cosas son de otra manera. La legislación y la práctica administrativa no se corresponden con ese pretendido modelo tradicional. Los pretendidos «viejos» y «buenos tiempos» de un «Derecho Administrativo bien ordenado», que todavía hoy se evocan en alguna ocasión, no han existido nunca en la realidad[3]. Basta con acudir a las leyes administrativas del siglo XIX o al Derecho Administrativo económico del período de entreguerras o de la segunda posguerra para comprobarlo. ¿En qué medida, podríamos preguntarnos, esas leyes cumplían con las exigencias de certeza y de concreción que hoy presumimos de toda ley? Naturalmente, la Administración ya actuaba en esa época de manera informal, es decir, no se sujetaba siempre a estándares, procedimientos o relaciones estrictamente formalizadas*. Ciertamente, que también se apostaba entonces por la colaboración con los interesados y los grupos de intereses. Sin embargo, la concepción tradicional del Derecho Administrativo fue ocultando progresivamente estos fenómenos[4]. De esta manera, el

---

[3] En tal sentido, CHRISTOPH MÖLLERS, «Methoden», en Hoffmann-Riem, Schmidt-Aßmann y Voßkuhle (Eds.), *GVwR*, vol. 1, 2006, § 3, núm. marg. 5.

* Para entender esa afirmación, es preciso recordar la teoría de la formas, propia del Derecho Administrativo alemán, y la doctrina de la acción informal. Sobre el tema se hacen referencias en el capítulo quinto de la primera edición (2006), relativo al procedimiento administrativo, en particular en el epígrafe tercero, a cargo de Javier Barnes, así como la obra citada *La teoría genral del Derecho Administrativo como sistema* (índice analítico).

[4] Sobre ello, los trabajos incluidos en ELBE RIEDEL (Ed.), «Die Bedeutung von Verhandlungslösungen im Verwaltungsverfahren», *Länderberichte und Generalbericht de la 28ª jornada de Derecho comparado*, Nomos, Baden-Baden, 2002.

modelo se consideraba cerrado porque estaba conscientemente incompleto. Ese planteamiento reduccionista explica la fascinación que inspiraba la concepción tradicional, puesto que esa simplificación permite trazar clasificaciones sencillas y unívocas, regulaciones claras, que se explican con ideas fácilmente comprensibles, expresadas en imágenes como las de «arriba» hacia «abajo», de «dentro» hacia «fuera», etc.; y todo ello, además, con el recurso –así se pensaba– a métodos «meramente jurídicos».

Así pues, este modelo se explica y define a sí mismo como el «canon de normalidad». Se trata de una «representación» o «concepción dogmática de la normalidad». Lo que no encaje en ella se considera una patología o desviación del sistema y ha de enfrentarse a una especial carga argumentativa.

Desde esa perspectiva, se entiende que siga resultando difícil admitir como «normales» y como partes ordinarias del sistema del Derecho Administrativo otros supuestos o dimensiones que inexorablemente acompañan a las instituciones clásicas: por ejemplo, el esquema tradicional de Administración del Estado (organización piramidal y cerrada, etc.) requiere ser completarse con la inclusión del fenómeno de la autoadministración; igualmente, el principio de jerarquía convive con el principio de colegialidad o las resoluciones o decisiones unilaterales (el acto administrativo) con la actividad administrativa de colaboración y consenso; la programación legal de carácter «finalista» con la programación «condicional»*.

Un ejemplo típico en este sentido reside en la misma expresión «acción administrativa no formalizada»** o «actuación administrativa carente de formas». La simple elección de las palabras ya da a entender que se ha detectado un elemento anormal en el sistema, que debe ser «reformalizado». Con ello se altera y desplaza *a priori*, de un modo casi imperceptible, la perspectiva del análisis del

---

* Esto es, programación material de la ley mediante la predeterminación de presupuestos de hecho y consecuencias jurídicas: si concurre tal presupuesto, entonces resulta aplicable la consecuencia jurídica prevista.
** Sobre el contenido de esta figura, véase el capítulo quinto de la primera edición (2006), a cargo de Javier Barnes.

Derecho Administrativo, puesto que la Administración también ha actuado siempre por cauces informales. Es más, la imagen de una Administración que actúa exclusivamente a través de acciones formalizadas constituye una visión alejada de la historia y de la realidad, acaso con la única excepción del acto administrativo.

Esta descripción, un tanto simplificada, pretende ilustrar gráficamente las premisas sobre las que se asienta la concepción tradicional del Derecho Administrativo. En todo caso, cada uno ha de comprobar en qué medida tiene asumido o interiorizado el *canon de normalidad* que esa concepción transmite y cómo influye en sus decisiones. Así, por ejemplo, a la hora de analizar la discrecionalidad administrativa o las formas de legitimación democrática de carácter no jerárquico o lineal*, suele realizarse un juicio espontáneo afín a los postulados del modelo tradicional, sin que haya una reflexión previa en torno a los enunciados básicos del mismo.

III. SOBRE EL CONCEPTO DE DERECHO ADMINIS-TRATIVO Y DE ADMINISTRACIÓN PÚBLICA

El Derecho Administrativo se interesa por todas las relaciones jurídicas en las que al menos una de las partes sea la Administración pública. Es, pues, el Derecho que tiene por objeto a la Administración, pero también es el Derecho que la Administración establece[5]. El Derecho Administrativo no es sólo Derecho Público, sino también, y en gran medida, Derecho Privado. La Administración puede servirse del Derecho Privado para su organización y formas de actuación o intervención. Esta (limitada) «libertad de elección» parece necesaria para que la Administración pueda intervenir adecuadamente en los distintos

---

* El autor se refiere al modelo de legitimidad democrática de la Administración derivada en forma lineal y jerárquica del Parlamento (en forma de cascada o de cadena). Sobre el tema, puede verse el capítulo segundo de su libro *La teoría general del Derecho Administrativo como sistema*, Marcial Pons-INAP, Madrid, 2003, pp. 99 y ss. Fuera de esa explicación tradicional quedan otros fenómenos, como el que representa la Administración independiente.

[5] Muy convincente en este sentido resulta la aportación de: MÖLLERS, en *GVwR*, vol. 1 (nota. 3), § 3, núm. marg. 3.

ámbitos de cooperación entre el Estado y la sociedad. Ello significa, en consecuencia, que muchas cuestiones y conflictos que resultan relevantes para el Derecho Administrativo se regulan y resuelven también a través de las normas privadas de contratación y de organización bajo la influencia y los impulsos del sistema de colaboración público-privada, de la *public-private-partnership*. La ciencia del Derecho Administrativo ha de integrar, pues, este fenómeno; el territorio de la dogmática se extiende a estas zonas[6].

¿Cómo se puede definir la «Administración pública»? Como es sabido, la definición negativa o residual de la Administración no resulta satisfactoria. Parte del principio de la división de poderes y, por tanto, exige la previa delimitación de lo que sea el poder legislativo y el poder judicial. En la actualidad, la delimitación que deviene más fértil no es la que concierne a los tres poderes clásicos del Estado, sino la que separa la autoorganización social de la organización estatal, es decir, la que atiende, no a las funciones del Estado para definir residualmente lo que sea Administración, sino a la relación entre el Estado y la sociedad. Ha de mantenerse en todo caso la distinción entre el Estado y la sociedad porque gracias ella se acentúa, desde el punto de vista del Derecho, la disociación entre las ideas de competencia y de libertad: la acción estatal se halla siempre urgida a la legitimación; la acción individual y de la sociedad, por el contrario, se producen y nacen de sí mismas[7].

Allí donde surjan o aparezcan instancias, individuos o grupos que directa o indirectamente resulten incardinables o reconducibles a la organización administrativa, estaremos entonces ante relaciones jurídicas de naturaleza jurídico-administrativa. En este sentido, las estructuras influyentes; las posiciones sociales de dominio; o el poder de disposición presupuestaria resultan indiciarios de que la relación jurídica posee carácter administrativo. Desde el punto de vista de la cooperación entre el Estado y la sociedad, la Administración se asemeja a la imagen de un *núcleo duro* y de las *capas exteriores*, es decir, se presenta como una

---

[6] E. SCHMIDT-ASSMANN, *Das Allgemeine Verwaltungsrecht als Ordnungsidee*, 2ª ed., Springer, Berlin, Heidelberg, 2004, cap. 6, núms. margs. 12 y ss.

[7] E. SCHMIDT-ASSMANN, *Ordnungsidee* (nota 6), cap. 1, núms. margs. 21 y ss.

entidad compleja y estructurada en torno a un *núcleo* sobre el que se superponen varias *capas*. Es en estos estratos exteriores donde se producen las transformaciones y los avances más radicales, en lo que hace a la clasificación de las diversas clases de relaciones jurídicas o, en términos más generales, en lo que se refiere a la tarea de sistematización a realizar, mientras que las cuestiones de base más fundamentales, relativas a la Administración y al Estado (la potestad para dictar actos administrativos o la necesidad de legitimación democrática, por ejemplo), irradian desde el *centro* hacia esos *estratos* o *sedimentos exteriores*. La Administración nacional, por tanto, no es en modo alguno una Administración «monolítica», sino una Administración permeable, que se abre «hacia arriba» –hacia el nivel europeo, en nuestro caso, y el plano internacional–; y que se encuentra flanqueada «a los lados» por la sociedad. Estas son perspectivas que se infieren con naturalidad de la observación del Derecho positivo vigente y de la teoría de la gobernanza[8].

En conclusión, y esto es lo que ahora quiere subrayarse, puede decirse que no hay ningún ámbito del Derecho Administrativo que pueda definirse de una vez por todas; ningún sector puede entenderse en términos estáticos. En ese sentido, el Derecho Administrativo representa el espacio de los actos jurídicos necesitados de legitimación. En sus capas externas, en sus relaciones con la esfera social, también habrá de transponerse ese objetivo a nivel dogmático.

La definición *negativa* o *residual* de la Administración (lo que no es Administración; o el espacio que le resta) remite de inmediato a la posición que ocupa la Administración en el contexto de la división de poderes. Este principio, como es sabido, se halla indisolublemente unido a la cláusula del Estado de Derecho y al principio democrático, y, más en concreto, guarda una íntima relación con la tutela de los derechos fundamentales y la garantía de la legitimidad democrática de determinadas estructuras constitucionales. Pues bien, en ese contexto, la teoría residual de la Administración resulta útil en la justa medida en que sirva para poner de relieve la separación del segundo poder respecto de los

[8] A este respecto, GUNNAR FOLKE SCHUPPERT, «Verwaltungsorganisation und Verwaltungsorganisationsrecht als Steuerungsressourcen», en *GVwR*, vol. 1 (nota 1), § 16.

otros dos poderes[9]. En ese sentido, en efecto, el Ejecutivo constituye un poder que actúa con cierta autonomía, de acuerdo con sus propios criterios de racionalidad. La dirección del poder ejecutivo a través del Parlamento y el control que ejerce el poder jurisdiccional sobre los actos de aquél, aunque constituyan elementos esenciales, no agotan, sin embargo, las funciones y los objetivos del Derecho Administrativo. Se trata en realidad de comprender y construir la idea de la *autonomía de la Administración* con toda la potencialidad que ello encierra, de explorar la autoprogramación y el autocontrol[10]. La producción normativa de la Administración y la elaboración de planes y programas tienen, en efecto, una importancia extraordinaria en nuestro tiempo. Y, sin embargo, tales fenómenos pasarían desapercibidos y no se entenderían en toda su dimensión, si toda la temática de la dirección de la Administración se concentrara o agotara en la ley parlamentaria, como ha sucedido habitualmente en el marco del modelo tradicional del Derecho Administrativo[11]. Y es que el Derecho Administrativo se caracteriza por una suerte de coexistencia de distintas formas de sintetizar modelos diversos: la Administración se mueve en diversos escenarios, que van desde la subsunción inmediata y casi mecánica de los dictados de la ley, hasta el desarrollo creativo de previsiones legales que tan sólo establecen los objetivos y fines genéricos que hayan de satisfacerse, dejando a la elección de aquélla el modo y los medios. A ello se añade que el Derecho Administrativo se compone en muy alta proporción de reglas de procedimiento y de organización; y es también el Derecho que se encarga de la producción normativa de la Administración[12].

[9] Christoph Möllers, *Gewaltengliederung*, Mohr Siebeck, Tubinga, 2004, especialmente § 94 y ss.

[10] Véase Wolfgang Hoffmann-Riem, «Eigenständigkeit der Verwaltung», en *GVwR*, vol. 1 (nota 1), § 10.

[11] En contra de la misma, acertadamente: Armin von Bogdandy, *Gubernative Rechtsetzung*, Mohr Siebeck, Tubinga, 2000.

[12] Möllers, *GVwR*, vol. 1, § 3, núm. marg. 5.

SEGUNDA PARTE

TRES PLANTEAMIENTOS IMPORTANTES PARA LA REFORMA DEL DERECHO ADMINISTRATIVO

EL postulado reduccionista del que parte el modelo tradicional y la consiguiente distorsión de la realidad que ello provoca hacen necesario un profundo análisis de la dogmática del Derecho Administrativo[13]. Baste un examen de la legislación para comprobar, por ejemplo, que el modelo explicativo de la dirección a través de la ley, entendida como una «receta» muy concreta, no resulta suficiente. Por eso, si la doctrina del Derecho Administrativo se quedara anclada en las premisas de ese modelo, se situaría, no a la cabeza de la innovación de la ciencia, sino en el furgón de cola, por detrás de las demás fuerzas motrices que promueven el desarrollo del Derecho Administrativo.

Resulta imprescindible, por tanto, establecer las nuevas coordenadas en las que situar los estudios y análisis sobre la reforma del Derecho Administrativo. La respuesta a esa necesidad de iluminar y orientar la investigación vendrá de la mano de tres conceptos-clave, a saber: la perspectiva de la denominada «ciencia de la dirección» (I), la «constitucionalización» (II) y los «ámbitos de referencia» (III).

I. EL POSTULADO DE LA CIENCIA DE LA DIRECCIÓN

El Derecho, por definición, se orienta a la eficacia o efectividad de sus postulados, esto es, a la obtención de los resultados y objetivos que busca. De ahí que la ciencia jurídica deba de preocuparse por su efectividad en la vida real; no puede quedarse en la construcción dogmática de cada una de las instituciones, categorías o reglas. En consecuencia, al Derecho Administrativo le interesan también las condiciones o pre-

---

[13] De forma resumida, expone esta idea ANDREAS VOSSKUHLE, «Neue Verwaltungsrechtswissenschaft», en *GVwR*, vol. 1 (nota 3), § 1.

supuestos que hacen que una institución resulte eficaz o efectiva, que resulte operativa. Ello implica la inserción de cada una de esas instituciones en un contexto más amplio, a fin de analizar las relaciones e interacciones recíprocas que éstas mantienen y asegurar que cumplan su función ordenadora, es decir, de orientación y racionalización.

Dicho de otro modo, la ciencia del Derecho Administrativo ha de ser concebida como una *ciencia de dirección*, esto es, como una ciencia que aspira a dirigir con eficacia los procesos sociales*. Esto implica una cierta distancia e innovación respecto del pensamiento jurídico-administrativo tradicional, en lo que a su concepción dogmática y metodológica se refiere. Una nueva visión, en última instancia, del *sistema dogmático* y del *método* para su construcción. No se trata con ello, sin embargo, de abandonar los presupuestos o los postulados en los que se ha basado el Derecho Administrativo tradicional, sino de completar el sistema clásico por medio de otros modelos con los que éste habrá de convivir. En ese sentido, las instituciones de la teoría general, tal como han sido entendidas tradicionalmente, podrán perder en cierto modo su protagonismo o centralidad[14], dejarán de ejercer la posición dominante de la que han disfrutado, para transformarse en modelos básicos y fundamentales que, junto con los nuevos modelos que se alumbren, habrán de formar un conjunto normativo mucho más complejo y poliédrico:

– El *sometimiento a la Ley* y la *legitimación democrática* del Ejecutivo no puede seguir entendiéndose como una mera relación lineal o de causalidad desde arriba hacia abajo, sino como un proceso mucho más complejo, en el que se producen también efectos inversos, a nivel horizontal.

– La *organización administrativa* no puede concebirse como una simple unidad encerrada en sí misma, sin apertura hacia el exterior, y jerárquicamente articulada

---

* Sobre el tema, véase la introducción del capítulo segundo y el capítulo cuarto de la presente obra colectiva. Asimismo, recuérdese cuanto se indica en la obra del mismo autor *La teoría general del Derecho Administrativo como sistema, cit.*, pp. 27 y ss. (asimismo, puede consultarse la voz «dirección» de su índice analítico).

[14] Sobre esta temática, Ivo APPEL y MARTIN EIFERT, «Das Verwaltungsrecht zwischen klassischem dogmatischen Verständnis und steuerungswissenschaftlichem Anspruch», *Veröffentlichung der Vereinigung der Deutschen Staatsrechtslehrer (VVdStRL)*, vol. 67, De Gruyter, Berlin, 2008, pp. 226 y ss. y 286 y ss.

en su interior, sino como un conjunto de muy diferentes fórmulas organizativas (autoridades, agencias, instituciones, empresas públicas, etc.).

– Para determinar la *conformidad* o no a Derecho de la acción administrativa no basta con la tradicional perspectiva del control jurisdiccional, sino que es necesario aun antes situar el control en la perspectiva de la acción administrativa*.

– La actividad administrativa dotada de autoridad convive con la actividad sujeta al Derecho *privado*; la decisión unilateral coexiste con el *acuerdo*; la actividad formal, con las *actuaciones de la Administración de carácter informal*.

De cuanto antecede cabe concluir que la construcción sistemática del Derecho Administrativo actual ha de tener en cuenta ambas dimensiones a un tiempo, esto es, «lo tradicional *y* lo nuevo». Sin embargo, no se trata de una simple yuxtaposición de lo antiguo y de lo moderno, puesto que en el seno de todo sistema la renovación o la completud de *una de las* parcelas afecta inevitablemente a la posición relativa que ocupaban hasta ese momento *las demás* partes. De lo que se trata, pues, es de reconstruir la nueva posición que han de guardar las distintas partes del sistema entre sí. Con ello se gana, aunque eventualmente deban dejarse cosas fuera. Desde el punto de vista metodológico, la labor jurídica ha de ir acompañada de un análisis o juicio acerca de la *eficacia*, en el sentido a que ha aludido antes.

1. EL CONCEPTO DE DIRECCIÓN: ELEMENTOS Y LÍMITES

En este contexto, en el seno de las ciencias sociales, se ha producido un intenso debate sobre el concepto de *dirección***. Se trata de un

---

* Las actuaciones administrativas, en expresión de la autonomía de la Administración a que se hace referencia en el texto, se han multiplicado. La teoría del control ha de expandirse y crecer en paralelo a esas otras manifestaciones del fenómeno administrativo. Ello reclama no ya sólo una ampliación del control judicial (por ejemplo, en defensa de intereses colectivos o difusos), sino la inserción de otros, garantes de una mayor neutralidad e independencia, en una interrelación más densa. Véase la voz «control» del índice analítico de la obra de E. SCHMIDT-ASSMANN, *La teoría general del Derecho Administrativo como sistema*, citada en las anteriores notas.

** *Steuerung*, en alemán; *steering*, en inglés. Véase el capítulo segundo.

marco teórico que permite analizar los factores determinantes de los procesos sociales e indagar cuáles son sus dinámicas y sus condiciones ambientales; para conocer, en consecuencia, también los fundamentos o parámetros de identificación acerca de cómo influye el Derecho en la sociedad, cómo despliega su eficacia en la realidad. Esta teoría se ha estructurado en torno a cuatro elementos básicos y en recíproca interrelación: los *sujetos* de esa dirección, el *objeto* de la dirección, los *medios* y los *instrumentos* al servicio de la dirección. De ese modo, se muestra en toda su riqueza la complejidad del sistema social y se pone de manifiesto cómo interactúan y entrecruzan las distintas relaciones de ese proceso directivo[15].

De acuerdo con la teoría de la dirección, el Derecho no representa el único *medio de dirección* de los procesos sociales, puesto que también los son el mercado, el personal y la organización. El Derecho, entendido de esta forma, ocupa una posición privilegiada dentro del Estado de Derecho, aunque no exclusiva. Sus efectos han de ponerse en relación con los demás medios; se han de hallar sus respectivos equivalentes funcionales y contrastar los efectos que producen cada uno de esos medios, a fin de mejorar eventualmente su eficacia.

Lo mismo cabe decir de los *instrumentos de dirección* que pone a disposición el Derecho. Desde esa perspectiva, por ejemplo, se puede observar que los instrumentos reguladores han gozado hasta el presente de un protagonismo muy especial y, por consecuencia o conexión, todo el sistema tradicional de aplicación o ejecución de la ley que ha ido asociado a la práctica regulatoria y que se expresaba por medio de mandatos y prohibiciones, de autorizaciones, reglamentos y planes vinculantes, como ha explicado satisfactoriamente la dogmática tradicional. Pues bien, desde los postulados de la ciencia de la dirección no

---

[15] Sobre este tema, E. SCHMIDT-ASSMANN, *Ordnungsidee* (nota 6), cap. 1, núm. marg. 35; CLAUDIO FRANZIUS, «Modalitäten und Wirkungsfaktoren der Steuerung durch Recht», en *GVwR*, cap. 1 (nota 1), § 4.

En la obra de E. Schmidt-Aßmann, en castellano, *La teoría general del Derecho Administrativo como sistema*, cit., pp. 27 ss., y la voz «dirección» del índice analítico y la nota introductoria a la traducción del libro. Asimismo, véase la introducción del capítulo segundo y el capítulo cuarto de la presente obra colectiva.

cabe hacer objeción alguna a la política de carácter regulatorio, antes al contrario, pues ha de convenirse en que se trata de un instrumento irrenunciable, máxime si se tiene en cuenta que el Estado democrático de Derecho puede demandar la imposición de decisiones unilaterales aun en contra de la voluntad de sus destinatarios. Ello significa que el Derecho Administrativo habrá de seguir siendo el Derecho que regula las decisiones de carácter unilateral, dotadas de autoridad y ejecutividad. No existe posibilidad de prescindir de los actos administrativos que, en su caso, pueden ser ejecutados forzosamente, como, por ejemplo, liquidaciones tributarias, prohibiciones de edificar, o condiciones de protección de la vecindad.

Ésta es, sin embargo, sólo una de las caras de la moneda. El debate en torno a la teoría de la dirección revela que, junto a los instrumentos regulatorios en sentido estricto, habrán de tenerse en cuenta asimismo otros, como los incentivos y el uso de la información con objetivos regulatorios específicos. Se habla en el debate sobre la reforma, por ello, de una «mezcla de instrumentos»[16]. Estos procesos no han sido estructurados o elaborados jurídicamente de forma completa y sistemática. El Derecho Administrativo se ha ocupado profusamente, por ejemplo, del otorgamiento de las subvenciones, aisladamente consideradas. Sin embargo, ahora se trata de establecer un marco de ordenación general en el que tengan cabida *todos* los instrumentos de dirección. Y para ello no basta con derivar de las premisas tradicionales algunas consecuencias, o extraer de los presupuestos de siempre alguna solución; no se trata, por ejemplo, de «formalizar» la actividad administrativa no sujeta a normas de procedimiento, sino de algo distinto, de construir otros puntos de partida. El Derecho Administrativo ha de ocuparse, en efecto, de los distintos modelos de fomento y de los múltiples mecanismos incentivadores, consciente del amplio instrumental existente, al objeto de poner a disposición del Derecho las reglas adecuadas, de tal modo que se garantice la mejor protección de los interesados y la capacidad de acción del Ejecutivo, del mismo modo que la dogmática

---

[16] Sobre ello, LOTHAR MICHAEL, «Formen- und Instrumentenmix», en *GVwR*, vol. 2 (nota 1), § 41.

clásica hizo respeto de los instrumentos regulatorios tradicionales antes aludidos[17].

Con todo, ha de advertirse que la perspectiva de la dirección tiene
también sus límites, puesto que puede reducir todo a un planteamiento
puramente mecánico. Y ello porque tiende a contemplar la realidad de
forma muy selectiva y a la luz de una simple relación de causa y efecto.
Poco se habría ganado, desde luego, si a las concepciones tradicionales
del Derecho Administrativo (en ocasiones, un tanto simplistas, de una
Administración que se organiza jerárquicamente y no tiene otra función que la de ejecutar deductivamente la ley), se le superpusiera un
modelo igualmente simplificado, desde el punto de vista de las ciencias
sociales.

Así pues, en suma, la *dirección a través del Derecho* no se agota en los
medios característicos del ejercicio de autoridad o en los que son propios de la ejecución forzosa para la aplicación imperativa de las leyes.
Una moderna visión de la dirección obliga a incluir *todas* las modalidades del Derecho: desde los programas legales de carácter material,
llamados a una aplicación directa y sencilla; hasta los instrumentos financieros; de organización y de procedimiento. Surgen así una suerte
de *estructuras reguladoras* (expresión ésta con la que pretendemos evitar
cualquier consideración mecanicista de la teoría de la dirección), que, a
su vez, pueden subdividirse en estructuras organizativas, procedimentales, de programación legal y de personal[18].

2. ESTRUCTURAS REGULADORAS Y GOBERNANZA

El concepto de *estructura reguladora* sirve para poner en su debido
contexto y conexión la noción de *gobernanza*. En el panorama europeo

---

[17] E. SCHMIDT-ASSMANN, *Ordnungsidee*, cap. 1, núm. marg. 37.

[18] E. SCHMIDT-ASSMANN, *Ordnungsidee*, cap. 1, núm. marg. 39. Sobre ello véase el capítulo primero y, más ampliamente, la obra completa de E. SCHMIDT-ASSMANN, *La teoría
general del Derecho Administrativo como sistema*, citado en las anteriores notas del editor.

e internacional de nuestro tiempo se habla mucho de gobernanza[19]. Con este concepto se pretende llamar la atención sobre el hecho de que el Estado no es el único actor en la arena política y de que, con frecuencia, no es ni siquiera el actor dominante o principal, puesto que también los son otras instancias soberanas que actúan en un sistema multinivel (europeo, por ejemplo); así como empresas, asociaciones, grupos de intereses y otros representantes de la sociedad civil.

De manera que para poder hablar de medidas efectivas y *eficaces*, han de tenerse en cuenta las actividades de *todos* estos actores.

Aun cuando el concepto de gobernanza no haya adquirido aún un perfil claro y definido para el Derecho, no por ello puede pasar desapercibido en modo alguno en el debate sobre la reforma del Derecho Administrativo y la ciencia de dirección. Constituye de entrada una «fórmula descriptiva», que sirve para poner el acento en la multiplicidad de contextos o mecanismos de dirección que conviven entre las instancias nacionales y supranacionales, de un lado, y entre los actores públicos y privados, de otro. Esta expresión –gobernanza– sintetiza desde luego otros relevantes fenómenos que ya se venían contemplando en el referido debate. Tal es el caso, por ejemplo, del concepto de «distribución» o de «reparto de responsabilidades» (*Verantwortungsteilung*) entre la Administración y los ciudadanos, esto es, de división de las tareas o funciones entre la esfera social y la pública*. De acuerdo con Gunnar Folke Schuppert, cabe formular seis cuestiones de carácter científico en torno a la gobernanza, a las que ha de darse una debida respuesta[20]:

– «¿Cómo se modifican y desplazan las fronteras en el sistema multinivel? ¿Qué consecuencias cabe derivar de esos movimientos de cara a la gobernanza

[19] Sobre este tema: Gunnar Folke Schuppert (Ed.), *Governance - Forschung - Vergewisserung über Stand und Entwicklungslinien*, Nomos, Baden-Baden, 2005.

* Para entender este concepto, véase la obra del autor *La teoría general del Derecho Administrativo como sistema*, citada en las anteriores notas del editor y su índice analítico, así como la nota a la traducción con la que se inicia la referida obra.

[20] Gunnar Folke Schuppert, «Verwaltungsorganisation und Verwaltungsorganisationsrecht als Steuerungsfaktoren», en *GVwR*, vol. 1 (nota 3), § 16, núm. marg. 21.

y a su específica articulación a través de los distintos niveles de dirección y gobierno?

– ¿Qué efectos y consecuencias se desprenden de la transnacionalización y de la pérdida que ello entraña para esa especie de «piel protectora» que es la soberanía nacional?

– ¿Cómo se mueven o modifican las líneas de frontera entre los distintos sectores? ¿Se puede decir que las estructuras en que se vertebra la gobernanza son de carácter transversal y común o deben concebirse exclusivamente como estructuras sectoriales para cada ámbito?

– ¿Cómo se desplazan las fronteras en el campo político y cuáles son las consecuencias que de ahí se derivan para las estructuras de la gobernanza?

– ¿Cómo se modifican los límites establecidos sobre las organizaciones y cuáles son las consecuencias que se desprenden de la liberalización de esas organizaciones?

– ¿Cómo se cambian los límites entre los sujetos intervinientes y las distintas constelaciones de sujetos, y cuáles son las consecuencias que de ahí se siguen, por ejemplo, para las redes de la gobernanza?»

El concepto de «estructura reguladora» posee la virtualidad de integrar de un modo más sistemático y profundo, dentro de las categorías del Derecho Administrativo, la noción descriptiva de «gobernanza», elaborada en el seno de la ciencia política para explicar el referido proceso, tal y como ha puesto de relieve Hans-Heinrich Trute[21]. En efecto, el campo de observación que ofrece la perspectiva de las *estructuras reguladoras* proporciona una visión más completa para la ciencia del Derecho Administrativo y su sistematización. Un ejemplo elocuente en ese sentido se localiza en la *teoría de las fuentes del Derecho*. Según nos consta, este tema ha merecido siempre en los manuales o tratados de Derecho Administrativo un tratamiento específico, en el que se abordan normalmente, junto con la Constitución y la Ley, los Reglamentos

---

[21] Hans-Heinrich Trute, Wolfgang Denkhaus y Doris Kühlers, «Governance in der Verwaltungsrechtswissenschaft», en *Die Verwaltung*, núm. 37, Duncker und Humblot, Berlin, 2004, pp. 451 y ss.

y otras normas de rango reglamentario. Y, sin embargo, con ello no se explica más que un segmento o pequeño fragmento de las normas que conforman la realidad de la Administración, porque de ordinario la teoría dominante se queda en una visión excesivamente «jerárquica» y «centrada en el Estado». Deja fuera otros elementos y perspectivas. No sirve entonces para sistematizar y ordenar el conjunto de estratos o niveles jurídicos propios de un sistema multinivel[22]; y, menos aún, para incorporar la distinción entre Derecho «duro» y «blando»[23]. Se entiende por ello que el citado autor postule la formulación de un «meta-ordenamiento» que sirva de marco y contexto para explicar e integrar el juego recíproco de los distintos regímenes, sistemas y principios regulatorios. La idea de «coherencia» habrá de ganar en lo sucesivo importancia en lo que hace a la teoría de las fuentes.

En suma, pues, puede concluirse que la ciencia de la dirección, entendida como la disciplina que se ocupa de las *estructuras reguladoras*, resulta de suma importancia en el debate actual sobre la reforma del Derecho Administrativo por dos razones:

– Primero, porque contribuye a estar en contacto con los conocimientos que aportan las ciencias sociales y, en consecuencia, a tener en cuenta los problemas que se producen en los momentos de cambio;

– Segundo, porque sirve para identificar dónde se encuentran las claves y las líneas de evolución futura de la ciencia del Derecho Administrativo, lo cual resulta sumamente útil para garantizar la eficacia de éste, su «función prestacional» y la «responsabilidad de establecer la infraestructura del ordenamiento jurídico» (Schuppert).

---

[22] Una exposición comprensiva y acertada en MATHIAS RUFFERT, «Rechtsquellen und Rechtsschichten des Verwaltungsrechts», en *GVwR*, vol. 1 (nota 1), § 17; también HERMANN HILL, «Normsetzung und andere Formen exekutivischer Selbstprogrammierung», en *GVwR*, vol. 2 (nota 1), § 34.

[23] Véase al respecto MATHIAS KNAUFF, *Der Regelungsverbund: Recht und Soft Law im Meherebenensystem*, Mohr Siebeck, Tübingen, 2010.

II. LA CONSTITUCIONALIZACIÓN DEL DERECHO AD-MINISTRATIVO

Que el Derecho Administrativo se encuentra estrechamente vinculado al Derecho Constitucional constituye una afirmación bien conocida desde el siglo XIX. Después de la segunda posguerra, la doctrina administrativista se concentraría intensamente en la nueva Constitución de las libertades que representa la Ley Fundamental de 1949 (*Grundgesetz*). Muy expresiva en este sentido resulta la conocida máxima de que «el Derecho Administrativo es Derecho Constitucional concretizado (implementado)»*. Esta fórmula, atribuida a Fritz Werner, Presidente del Tribunal Supremo Administrativo («*Bundesverwaltungsgericht*») entre 1958 y 1969[24], constituyó el *paradigma del Derecho Administrativo* durante las primeras décadas de la República Federal de Alemania.

---

* La traducción correcta no es Derecho Constitucional «concreto» o «concretizado», sino Derecho Constitucional desarrollado o implementado. En efecto, la tradicional traducción de la expresión alemana (*konkretisiertes Verfassungsrecht*) como «Derecho Constitucional concretizado» resulta inexacta, a nuestro juicio, y está basada en un «falso amigo», cual es el participio «konkretisiert» o el verbo «konkretisieren». No es «concretar», como se entiende es español, lo que ese término expresa siempre en alemán. No es «hacer concreto» o «reducir a lo más esencial y seguro la materia sobre la que se habla o escribe», como afirma el diccionario de la Real Academia Española. No es, tampoco, precisar, reducir o expresar en detalle. «Concretar» en alemán, en el contexto del Derecho, puede significar también «desarrollar», «implementar» (término éste aún más amplio que «desarrollo» en la literatura de las ciencias sociales). Con ello, pues, no se quiere decir que el Derecho Administrativo sea una mera concreción del Derecho Constitucional, como de ordinario se piensa, lo que evocaría la idea (falsa) de que el Derecho Administrativo no sería sino una mera ejecución «concreta», una aplicación, de lo que la Constitución dispone, cuando lo que se quiere destacar es, desde las raíces y bases constitucionales en que el Derecho Administrativo se funda, justamente algo muy distinto, a saber: que el Derecho Administrativo se encarga de desarrollar, de implementar, de hacer efectiva la Constitución, pero no es una relación puramente mecánica o aplicativa, como si no admitiera más que una forma de «ejecución». Por el contrario, el Derecho Administrativo como Derecho Constitucional implementado pone el acento, en suma, en la idea de que el primero guarda una relación, respecto de la Constitución, de «constructor» –con creatividad, flexibilidad y variedad de opciones– a partir del cimiento que ésta pone. Se elige, en suma, la expresión «implementar» en lugar de «desarrollar» (aquí, la Constitución) porque también la idea de «desarrollo» puede llevar al error, tanto en español como en alemán, de que el sistema de Derecho Administrativo no sería sino una derivación necesaria de la Constitución, la única respuesta posible para hacer efectivos los mandatos que aquélla establece. Tal entendimiento es el que pretende cuestionar el autor.

1. «EL DERECHO ADMINISTRATIVO COMO DERECHO CONSTITUCIONAL IMPLEMENTADO»

La «concretización» (implementación)* de la Constitución afecta, en primer lugar, a la cláusula del Estado de Derecho y a la garantía de la tutela judicial efectiva, a que se refiere el artículo 19.4 GG. Ese fundamento constitucional ha permitido inferir relevantes referentes para la jurisdicción contencioso-administrativa, el procedimiento administrativo o la misma teoría de las formas jurídicas, característica ésta última del Derecho Administrativo alemán. Piénsese, por ejemplo, en la relevancia que se le ha otorgado a partir de la Constitución a la tutela judicial, preventiva o cautelar; a la escala o graduación de la discrecionalidad administrativa («discrecionalidad en el plano de las consecuencia jurídica»; conceptos jurídicos indeterminados con o sin «margen de apreciación»); o la proyección de los efectos de la tutela judicial sobre el procedimiento administrativo (obligaciones documentales y de motivación; derechos de acceso y vista del expediente; etc.).

Con todo, también se han producido simplistas aproximaciones al tema de las bases constitucionales. La función de los jueces y tribunales se ha sobredimensionado. Hoy tenemos más claro tres cosas:

– La «concretización» o implementación constitucional constituye un *método* complejo que no puede confundirse con una suerte de deducción mecánica de conocimientos desde la Constitución. *Rüdiger Breuer* se ha referido a este proceso certeramente[25]: «Sin perjuicio de la supremacía de la Constitución, ha de notarse que los actos legislativos de desarrollo se mueven entre las garantías que podríamos llamar estructurales (como el principio del Estado de Derecho), de un lado y, de otro, las resoluciones judiciales que resuelven concretos conflictos reales. Ello entraña una forma de proceder marcada por la colaboración, el proceso y la apertura al cambio, en recíproca interacción». La concreción (desarrollo o implementación)* no es sinónimo en modo alguno de «mera ejecución» o de una acción

---

[24] FRITZ WERNER, «Verwaltungsrecht als konkretisiertes Verfassungsrecht», en *Deutsches Verwaltungsblatt*, núm 64, Heymanns, Köln, 1959, pp. 527 y ss.

* Véase la anterior nota del editor.

[25] RÜDIGER BREUER, «Konkretisierungen des Rechtsstaats- und des Demokratiegebotes», en *Festgabe 50 Jahre Bundesverwaltungsgericht*, Heymanns, Köln, 2003, pp. 223 (p. 227).

de carácter meramente «declarativo». La cuestión no siempre consiste en la obtención de resultados que, de acuerdo con la voluntad constitucional, habrían sido predeterminados de un modo preciso y no de otro, como si de la Constitución sólo pudiera derivarse una única opción válida. Naturalmente, la Constitución ha preestablecido numerosos aspectos del Derecho Administrativo, como sucede, por ejemplo, en materia de competencias y de organización. De algunos referentes esenciales, como el principio de sometimiento de la Administración a la Ley y al Derecho (art. 20.3 GG) y la garantía de la tutela judicial (art. 19.4 GG), el Derecho Administrativo ha hecho sus fundamentos, de los que ha sabido derivar numerosos postulados y consecuencias, que hoy gozan de la fiabilidad y del rango propios de la Constitución. Así, por ejemplo, se ha inferido de la «efectividad» que se predica de la tutela judicial la necesidad de que exista alguna forma de tutela cautelar que impida al poder ejecutivo crear una situación de hechos consumados antes de que el ciudadano pueda hacer valer su derecho en sede judicial. Ahora bien, en términos generales, el proceso de «concretización» o desarrollo resulta mucho más complejo y menos seguro. Y ello es así especialmente cuando se trata de extraer alguna conclusión de las decisiones constitucionales de carácter estructural (Estado de Derecho, democracia) y, aún más si cabe, de las determinaciones constitucionales teleológicas, como el principio de Estado social. Precisamente aquí es exigible del intérprete cautela y prudencia.

– Por su parte, ese «Derecho Constitucional concretizado» (desarrollado o implementado) que es el Derecho Administrativo no es tampoco Derecho Constitucional, sino, en la mayor parte de las veces, simple legalidad ordinaria; por tanto, susceptible de reforma o derogación por ley posterior[26]. La «concreción» o desarrollo de la Constitución no puede conducir a la «petrificación» del Derecho Administrativo. El Derecho Constitucional y el Derecho Administrativo no se relacionan en términos de «derivación» o en forma deductiva, sino de complementariedad, de un modo circular: la legislación administrativa ha de interpretarse «a la luz» de las garantías constitucionales; y, en paralelo, pero en sentido contrario, las genéricas previsiones constitucionales (como las que se refieren, por ejemplo, a los derechos fundamentales) adquieren mayor claridad y contenido mediante la legalidad ordinaria. Este movimiento circular entre la legalidad constitucional y la ordinaria resulta particularmente claro, en términos generales, en los supuestos en los que las normas tienen por objeto la tutela o protección de determinadas parcelas de libertad. Por ejemplo, se puede decir que la libertad de pactos o la

---

* Véanse las dos notas anteriores del editor. Concreción ha de ser entendida en este contexto como equivalente a desarrollo o, mejor, implementación.

[26] Por todos, RAINER WAHL, en *Der Staat*, núm. 20, Duncker und Humblot, Berlin, 1981, p. 485 (502): «Igualmente, el Derecho Constitucional concretizado es legalidad ordinaria y como tal ha de enjuiciarse y medirse a la luz del verdadero Derecho Constitucional».

autonomía privada se integran dentro del ámbito del Derecho Constitucional al libre desarrollo de la personalidad (art. 2.1 GG)* sobre la base de la experiencia que proporciona el Derecho Privado. Y del derecho de propiedad y de su ámbito de protección (art. 14 GG), es posible hablar con más profundidad cuando se tiene en cuenta la legislación de ordenación del territorio y de usos del suelo.

– Por lo demás, si se observa el Derecho Administrativo exclusivamente desde la óptica de la Constitución nacional, se obtiene una imagen estrecha, una visión insuficiente. Ha de ampliarse la perspectiva, de modo que igualmente se integren el Derecho Constitucional europeo, el Derecho originario de la Unión Europea y el Convenio Europeo de Derechos Humanos, en el caso de Europa. Con todo, y por mantener el ejemplo de Europa, esa mayor amplitud de miras tampoco facilita la labor de «concreción» o implementación del Derecho Constitucional, si esas diferentes capas no se armonizan dentro del sistema multinivel europeo. En la realidad, más bien ocurre lo contrario: los distintos estratos se superponen entre sí y llegan a colisionar en algunas ocasiones, especialmente cuando intervienen jurisdicciones diferenciadas (Tribunal de Justicia de la Unión Europea, Tribunal Europeo de Derechos Humanos y Tribunales Constitucionales nacionales)[27].

Con las cautelas que impiden incurrir en esa explicación simplificada, ha de reconocerse que la fórmula del «Derecho Administrativo como Derecho Constitucional concretizado» (o «implementado») supuso un paso de gigante. El Derecho Administrativo en Alemania ha podido beneficiarse de ese planteamiento y anticiparse tempranamente a un fenómeno, el de la constitucionalización de las ramas del Derecho, que hoy se extiende al Derecho Civil, al Derecho de la Unión Europea y al Derecho Internacional.

---

* «Jeder hat das Recht auf die freie Entfaltung seiner Persönlichkeit, soweit er nicht die Rechte anderer verletzt und nicht gegen die verfassungsmäßige Ordnung oder das Sittengesetz verstößt». La traducción oficial en inglés dice así: «Every person shall have the right to free development of his personality insofar as he does not violate the rights of others or offend against the constitutional order or the moral law».

[27] Al respecto, la fundamental contribución de Andreas Vosskuhle, «Der europäische Verfassungsgerichtsverbund», en *Neue Zeitschrift für Verwaltungsrecht*, vol. 29, Beck, München, 2010, pp. 1 y ss.

Aun cuando no se trate de un planteamiento consolidado en todos sus aspectos[28], posee la virtualidad de subrayar las *líneas de tendencia* para el futuro: la constitucionalización sitúa el tema central de todas las Constituciones (las relaciones del individuo con el poder) en el centro o eje del sistema, al tiempo que establece sus coordenadas fundamentales. De este modo, logra centrar el sustrato ideológico fundamental de las distintas ramas del Derecho. La llamada a la constitucionalización expresa dos necesidades: la de hallar los valores que sirvan de base y fundamento del ordenamiento jurídico, más allá de la técnica jurídica; y la de identificar las grandes opciones y posiciones jurídicas, por encima de las normas de detalle. Con toda cautela, podría afirmarse que a través de la constitucionalización la dogmática jurídica se encuentra o asocia con la filosofía del Derecho, teniendo como referente esencial y directo la dignidad humana a que se refiere el artículo 1 GG, que determina la función de servicio del Estado en su conjunto y, en concreto, la de los titulares de poder público[29].

Por lo demás, la conciencia de que las líneas directrices del Derecho Constitucional han de guiar las adaptaciones del moderno Derecho Administrativo ha estado presente en todo momento desde el inicio del debate sobre la reforma. A esta cuestión tuve ocasión de hacer referencia en el primer Congreso sobre la reforma del Derecho Administrativo, celebrado en el año 1991[30]:

En el contexto de una investigación de esta naturaleza, conviene notar que las disposiciones constitucionales suponen en primer término una apuesta en favor de la especial pretensión de *validez de lo normativo*. Sin ese anclaje en los referentes constitucionales, no podría progresar ni construirse el Derecho Administrativo. Aun cuando sea evidente que el Derecho debe hallarse en armonía con el modo de funcionar de la sociedad, con sus valores y sus respectivas estructuras organizativas, no ha de olvidarse, sin embargo, que el Derecho tiene autonomía respecto de estos elementos o planos, y conserva su propia pretensión de validez

---

[28] Gunnar Folke Schuppert y Christian Bumke, *Konstitutionalisierung der Rechtsordnung*, Nomos, Baden-Baden, 2003.

[29] Sobre el tema E. Schmidt-Assmann, *Ordnungsidee* (nota 15), cap. 1, núm. marg. 21 y ss.

[30] E. Schmidt-Assmann, «Zur Reform des Allgemeinen Verwaltungsrechts – Reformbedarf und Reformansätze», en Hoffmann-Riem, Schmidt-Aßmann y Schuppert (Eds.), *Reform des Allgemeinen Verwaltungsrechts*, Nomos, Baden-Baden, 1992, p. 11 (pp. 16 y ss.).

normativa frente a los distintos escenarios que puedan sucederse. A ello no se opone el hecho de que pueda demostrarse empíricamente la existencia de fallas o déficits en la aplicación de la ley o de que puedan hallarse lagunas legales. Aun así, la aspiración de validez se mantiene inalterada. Y ello resulta con mayor razón predicable de la Constitución, puesto que de algún modo reproduce y sintetiza los valores en torno a los cuales se ha construido la comunidad jurídica durante un largo período de tiempo, lo que la vertebra y la une. No puede obligarse a lo normativo a capitular de forma prematura ante la realidad.

De otra parte, es justamente la apertura de la Constitución lo que permite salir al frente de las ineficiencias y de los defectos o problemas estructurales que la teoría de la dirección muestra, autorizando una prudente evolución de las categorías y técnicas tradicionales. La Constitución es también una norma que acepta el progreso y la evolución, cuando resulten necesarios, e impregna de nuevo la legalidad ordinaria que implementa la Constitución. En consecuencia, el Derecho Constitucional no es sólo un factor estabilizador del sistema dogmático del Derecho Administrativo, sino también un elemento de renovación y flexibilidad. El sistema jurídico-administrativo requiere de las bases constitucionales para encontrar ahí el marco jurídico; los fines y los objetivos que han de presidir la acción administrativa; *y*, nótese bien, también la perspectiva y el progreso del Derecho Administrativo general. De ese modo, se nutre todo el filón argumental, como un marco general en el que se reflejan las nuevas tendencias. Ello se ha puesto recientemente de relieve respecto de las nuevas tecnologías de la información y las nuevas modalidades de intervenciones de la policía (investigaciones *on line*, almacenamiento de datos electrónicos de conexión para caso de necesidad). La jurisprudencia ha evaluado estos instrumentos desde los derechos fundamentales y si bien no los ha declarado incompatibles con la Constitución sin más, los ha sometido a claras restricciones en favor de la protección de la libertad, disciplinándolos así en términos constitucionales[31]. De esta forma se ha desarrollado un nuevo «derecho fundamental a la garantía de la integridad y confidencialidad de los sistemas de las tecnologías de la información» como parte del derecho general a la propia personalidad, que se proyecta sobre el Derecho y la praxis administrativos.

Cuando nos enfrentamos a las cuestiones de base y fundamentales del sistema del Derecho Administrativo, a aquellas que poseen efecto multiplicador, es preciso contar con las *decisiones estructurales* que la *Constitución* contiene. Son muchas, desde luego, las directrices que

---

[31] Sentencias del Tribunal Federal Constitucional de 27/2/2008, *BVerfGE* 120, 274 y ss.; y 2/3/2010, *BVerfGE* 125, 260 y ss.

la Constitución le dirige al Derecho Administrativo, pero ha de comenzarse por esas opciones estructurales, puesto que representan un referente constante en lo que a los valores y a la forma de actuar en comunidad concierne. En ese sentido, se han de observar señaladamente tres grandes decisiones constitucionales de carácter estructural para la construcción de la Parte General del Derecho Administrativo: la cláusula del Estado de Derecho; el principio democrático; y la apuesta por una «estatalidad abierta».

El principio democrático y la cláusula del Estado de Derecho encuentran su primera manifestación en el reconocimiento de la *dignidad humana* que la Constitución alemana ha proclamado en su art. 1, y de la que se infiere una *sensibilidad* o *actitud* que impregna *sustancialmente* todas las relaciones entre el Estado y el individuo*, esto es, la *posición* de éste en el conjunto del Estado. Esta particular situación del individuo, ciudadano y no súbdito, dotado de dignidad humana, implica que el Estado en su conjunto, incluida la Administración, sea considerado, no como una entidad aislada que se encierra y se basta a sí misma, sino como un fenómeno necesitado de justificación. La proyección de esta idea sobre la Parte General del Derecho Administrativo se traduce en la asimetría de las posiciones que ocupan, respectivamente, los ciudadanos y la Administración, esto es, la situación de libertad individual de unos y la vinculación a la idea de competencia de la otra[32].

---

* Art. 1.1 (versión oficial inglesa): «Human dignity shall be inviolable. To respect and protect it shall be the duty of all state authority».

Por ejemplo el art. 10.1 de la Constitución española de 1978, aunque en otro formato y efectos, se inspiró en este precepto y el art. 21 antes citado: «La dignidad de la persona, los derechos inviolables que le son inherentes, el libre desarrollo de la personalidad, el respeto a la Ley y a los derechos de los demás son fundamento del orden político y de la paz social».

[32] También en este sentido se ha pronunciado recientemente DIETMAR VON DER PFOR-DTEN, «Normativer Individualismus und das Recht», en *JZ* 2005, Mohr Siebeck, Tübingen, pp. 1069 y ss.

2. DIRECTRICES DE LA CLÁUSULA DEL ESTADO DE DERECHO

La cláusula del Estado de Derecho y la Teoría General del Derecho Administrativo han convivido durante largo tiempo y han compartido su evolución histórica de una forma tan estrecha que en muchos momentos parecía que la idea del Estado de Derecho se agotaba por completo en la dogmática del Derecho Administrativo. El Estado de Derecho parecía ser simplemente el «Estado con un Derecho Administrativo bien ordenado»[33]. Sin embargo, un análisis más detenido pone de manifiesto que la comprensión actual del Estado de Derecho presenta dos niveles o grados[34].

a) DIMENSIÓN OBJETIVA: LA ORDENACIÓN A TRAVÉS DEL DERECHO

El estrato más antiguo del Estado de Derecho se basa en realidad en un modelo objetivo. El Derecho, en efecto, se concibe aquí como un medio de ordenación; de delimitación de las esferas del Estado y de la sociedad; y de racionalización del poder estatal. Como es bien sabido, esta forma de entender el Estado de Derecho descansa sobre la premisa de que el Estado y la sociedad constituyen dos ámbitos o círculos rígidamente separados, que sólo se tocan o encuentran cuando aquél decide intervenir de forma puntual.

Con todo, no ha de exagerarse la tensión dialéctica entre el viejo Estado liberal de Derecho y el más moderno Estado social de Derecho. Entre ambos modelos hay muchas cosas en común. El modelo social y la comprensión del Estado de Derecho convergen en ciertos puntos. Y, a los efectos de determinar la *capacidad de dirección que despliega el Dere-*

---

[33] En este sentido, véase la cita de OTTO MEYER, *Deutsches Verwaltungsrecht*, 3ª ed., Duncker und Humblot, Berlin, 1924, vol. 1, p. 62.

[34] Sobre el principio de Estado de Derecho en general, *vid.* E. SCHMIDT-ASSMANN, «Der Rechtsstaat», en Isensee y Kirchhof (Eds.), *Handbuch des Staatsrechts –HStR–*, vol. 2, 3ª ed., C. F. Müller, Heidelberg, 2003, § 26.

cho, la cuestión resulta en última instancia irrelevante, desde una mirada más atenta. Por su parte, la Administración propia del Estado de Derecho de viejo cuño se caracteriza, primero, por su carácter aplicativo, esto es, por desempeñar una función meramente ejecutiva de la ley; y, en segundo término, por la ulterior fiscalización a la que está sujeta su actuación. En ese contexto, el objetivo a perseguir consiste en lograr la máxima formalización y juridificación de la acción administrativa. La ley, en este esquema, aspira a expresar un orden racional; esa es la forma que tiene el Derecho de asegurar la *dirección* de la Administración. Ese orden racional se construye a su vez sobre dos presunciones o presupuestos: la separación o deslinde entre las causas y la imputación de los efectos o consecuencias (i); y la división entre la función de legislar y la de ejecutar, de acuerdo con la secuencia «norma-acto singular de aplicación» (ii).

b) La dimensión subjetiva: las posiciones o situaciones jurídicas individuales

Aun cuando la idea que subyace a la cláusula del Estado de Derecho que consagra la Constitución alemana entronca con esa concepción, lo cierto, sin embargo, es que esa idea se ha visto notablemente enriquecida y ha incorporado con el correr del tiempo una nueva dimensión, la subjetiva. La clave de esta nueva perspectiva radica en la convicción de que todos los poderes públicos se encuentran vinculados a los derechos fundamentales (art. 1.3 GG)*.

Los derechos fundamentales, en efecto, han impregnado el entero Derecho Administrativo; se encuentran presentes en todos los sectores de la Parte Especial y de la Parte General. Se han convertido en un referente constante. Esta es la característica más destacada de la evolución del Estado de Derecho bajo la vigencia de la Constitución. El Estado de Derecho responde a las exigencias más elementales del ser

---

* Por ejemplo, la Constitución española, en sus arts. 9.1 y, sobre todo, 53.1, expresa el mismo principio.

humano, como son las necesidades de racionalidad, respeto y certidumbre. Y lo hace de la mano de los principios, derivados de los derechos fundamentales, de proporcionalidad, igualdad y seguridad jurídica. Si administrar de acuerdo con los parámetros del Estado de Derecho constituía en el primer nivel un principio objetivo, ahora el individuo en cuanto sujeto de derechos se erige en el centro de la ciencia del Derecho Administrativo.

El Derecho Administrativo, presidido por esta forma de entender el principio del Estado de Derecho, se caracteriza por tres notas[35]. En primer lugar, todas las instituciones del Derecho Administrativo han experimentado una fuerte *individualización*. El resultado es el notable éxito que han alcanzado la proporcionalidad, la razonabilidad y la equidad en el ordenamiento jurídico-administrativo. Las medidas estatales deben perseguir un objetivo legítimo, deben ser idóneas y necesarias para alcanzar éste y no pueden ser desproporcionadas o exageradas para con respecto al resultado perseguido. Los tribunales realizan una estricta y, en ocasiones, demasiado estricta comprobación del cumplimiento de estos criterios de control.

A ello cabe añadir, en segundo término, una clara *subjetivización* del Derecho Administrativo. El derecho subjetivo no se entiende ya en términos de otorgamiento expreso: para su reconocimiento no es necesario que la norma haya declarado formalmente la atribución de un concreto derecho en favor del ciudadano, sino que basta con que la legalidad objetiva reconozca implícitamente algún interés individual digno de protección para que pueda hablarse de derecho subjetivo (doctrina alemana de las normas de protección)*.

Con todo, la característica más notable de un Derecho Administrativo que se halla inscrito en la órbita de los derechos fundamentales es

---

[35] Para mayor abundamiento, E. SCHMIDT-ASSMANN, *Ordnungsidee* (nota 15), cap. 2, núm. marg. 47 y ss. Véase, pues, la versión española: *La teoría general del Derecho Administrativo como sistema*, cit., capítulo segundo, núm. 47 y ss.

* Desde otra perspectiva, y sin ser una categoría equivalente, constituye, sin embago, expresión del mismo fenómeno descrito la protección de los intereses legítimos.

su fuerte *sensibilización*: la interacción entre la dirección y los intereses privados se analiza en todas sus dimensiones, a la luz de la intensidad, amplitud y profundidad de sus efectos; al tiempo que se examina su adecuación a las exigencias del Estado de Derecho. Así, el Tribunal Constitucional Federal tiene declarada, por razones de seguridad jurídica y en tanto que intervención o injerencia en ámbitos de libertad especialmente sensibles, la necesidad de autorización u orden judicial para que resulte válida la entrada oculta en un sistema técnico de información[36].

Es justamente esa eficacia de los derechos fundamentales la que ha operado como motor e impulso de tantas nuevas cuestiones para el Derecho Administrativo. La relevancia que ha adquirido el procedimiento administrativo en la tutela de las situaciones individuales de carácter material constituye un ejemplo elocuente de esa sensibilización del Derecho Administrativo hacia los derechos fundamentales. En ese sentido, el Tribunal Constitucional Federal ha podido inferir del derecho general al libre desarrollo de la personalidad (art. 2.1 GG y 1.1 GG)* las bases de la protección de los datos personales[37].

Desde luego, ese enriquecimiento de perspectivas del Estado de Derecho plantea también algunas dificultades dogmáticas. Piénsese, por ejemplo, que esta concepción del Estado de Derecho parte de la presunción de que es posible, primero, individualizar los intereses de los particulares y, segundo, predeterminar en un plano abstracto y general las resoluciones que hayan de ser adoptadas para cada caso. El problema surge cuando la premisa se desvirtúa y no concurren esos presupuestos porque los intereses en juego poseen un carácter difuso y poliédrico, como consecuencia de la multiplicidad de afectados con intereses contrapuestos. En tal caso, los instrumentos de tutela y de

---

[36] *BVerfGE* 120, 274 (331 y ss.).

* Sobre estos preceptos constitucionales y el tema de la protección de datos, véase el capítulo tercero de la presente obra colectiva, en particular el epígrafe primero.

[37] Fundamentalmente la Sentencia del Tribunal Constitucional Federal: *BVerfGE* 65, 1 ss. Una exposición y una valoración crítica de este pronunciamiento en MARION ALBERS, «Umgang mit Personenbezogenen Informationen und Daten», en *GVwR*, vol. 2 (nota 1), § 22.

garantía propios del sistema tradicional del Estado de Derecho resultan inadecuados, habida cuenta de que han sido construidos sobre divisiones y esquemas más sencillos y precisos. Tal circunstancia no significa que haya que abdicar de la construcción del Estado de Derecho y de las exigencias que de su reconocimiento derivan. De lo que se trata, por el contrario, es de formular nuevas garantías que sean funcionalmente equivalentes a las del Estado de Derecho tradicional. Ello pone de relieve, por otra parte, que, aun cuando la cláusula del Estado de Derecho constituya un principio de carácter formal, no está llamada, sin embargo, a una estricta y rígida formalización. Es más, ni siquiera la primera y más antigua versión del Estado de Derecho concibió la dimensión formal que lo caracterizaba como si de un modelo matemático se tratara.

En otro orden de consideraciones, ha de notarse que tampoco se agota el principio del Estado de Derecho en el modelo regulatorio tradicional. En realidad, se trata más bien de acoger un concepto más amplio y abierto del Derecho. El moderno Estado de Derecho, en suma, habrá de asumir dos objetivos fundamentales: la ordenación de las complejas contraposiciones de intereses (i) y el hallazgo de modelos de procedimientos y de organizaciones adecuados, capaces de adaptarse a esas situaciones (ii).

A tal propósito, se ha de dirigir la mirada del Derecho Administrativo hacia los procesos que se localizan en lo que se podría denominar «nivel intermedio», esto es, en aquellos ámbitos infralegales en los que las constelaciones de intereses se pueden estructurar mejor a través de distintas fases de elaboración antes de la adopción de la decisión definitiva*. Como ya notábamos, la elaboración de normas reglamentarias y de disposiciones administrativas internas constituye un tema de notable importancia para la dogmática y ahora se pone de nuevo de relieve, puesto que las disposiciones administrativas internas, los proyectos, los

---

* Así sucede, típicamente, en el procedimiento expropiatorio, escalonado en torno a distintas fases claramente identificadas; o en el procedimiento de elaboración de planes. Véase el capítulo quinto de la primera edición de esta obra.

planes y programas cumplen a estos efectos una función capital[38]. Desde ese concreto ángulo podría hablarse de un retorno a la concepción objetiva del principio de Estado de Derecho. En términos muy sintéticos, se trata simplemente de entender el Estado de Derecho de forma más amplia, como garantía de racionalidad en el funcionamiento del Estado.

Visto a la luz de un ejemplo: un órgano ambiental viene en conocimiento de que numerosas empresas de un polígono industrial infringen las normas medioambientales, pero no puede cerrar simultáneamente todas las instalaciones porque ello conduciría a un agravamiento de las condiciones del mercado local de trabajo. ¿Podría seleccionar al efecto una o varias de entre ellas, dejando que las restantes sigan funcionando? O, por el contrario, ¿ha de renunciar a dictar órdenes de cese en la actividad ya que, con ellas, estaría tratando algunas desigualmente? La jurisprudencia exige a este respecto que la Administración establezca un esquema de actuación que permita conocer los criterios conforme a los cuales pretenda proceder contra las empresas lesivas del medio ambiente. Estos criterios pueden ser, por ejemplo, la antigüedad de la instalación, la importancia de las emisiones, la localización espacial de las distintas instalaciones o, también, consideraciones de orden social. El deber de formulación de un tal esquema impide la arbitrariedad, incrementa la racionalidad y contribuye a que las medidas del órgano sean más fácilmente aceptadas por los afectados.

3. DIRECTRICES DEL PRINCIPIO DEMOCRÁTICO*

En el ámbito del Derecho Administrativo, el principio democrático se ha de traducir en una suerte de *mandato de legitimación eficaz* o efectiva. La teoría de la legitimación ha recibido importantes impulsos en Alemania con ocasión de dos Sentencias del Tribunal Constitucional Federal, de octubre de 1990[39]. La concepción, un tanto estricta, que de la legitimación se ha barajado en esas resoluciones ha incentivado el debate científico. Ello ha supuesto un importante avance en el plano

---

[38] Véase HILL, «Formen exekutivischer Selbstprogrammierung», en *GVwR*, vol. 2 (nota 1), § 34, núm. marg. 56 y ss.

* Véase del propio autor *La teoría general del Derecho Administrativo como sistema*, citado en las notas anteriores del editor, pp. 100 y ss.

[39] *BVerfGE* 83, 37 ss. y 60 ss.

de la organización administrativa, que se ha visto así enriquecida con nuevos conocimientos y perspectivas. Con todo, también ha servido para poner de manifiesto que el concepto de legitimación democrática posee una estructura poliédrica, más compleja que la que expresaban las citadas Sentencias. Señaladamente, se han de analizar con mayor profundidad las dimensiones organizativas y procedimentales del principio democrático[40].

a) La legitimación democrática en sentido estricto

El núcleo duro o la función principal del principio democrático para el Derecho Administrativo consiste en asegurar eficazmente, en todo el sistema administrativo, la legitimación democrática de la Administración pública, tal como se infiere del artículo 20.2 GG*. Legitimación democrática significa *legitimación a través del pueblo*, entendido éste como un conjunto de personas que se determina en función de unas características generales. Este presupuesto fundamental de toda legitimación democrática se manifiesta en dos exigencias: de un lado, que todas las decisiones puedan *reconducirse* al pueblo, en cuanto sujeto legitimante; y, de otro, que gocen de una determinada *calidad* democrática. Para garantizar esa calidad es necesario que el poder se sitúe a la debida distancia, para no ser atrapado o capturado por los intereses especiales o sectoriales, que no representan el común, puesto que se trata de decidir siempre de acuerdo con las exigencias del interés general, «en función de las características generales» que presente el asunto objeto de resolución.

En concreto, pueden distinguirse tres formas de legitimación:

– La legitimación de carácter *material, objetivo o interno*, que se deriva de la ley parlamentaria, así como de la ley de presupuestos. Aquí se trata de dirigir los

---

[40] En este sentido es muy completa la obra de Hans-Heinrich Trute, «Die demokratische Legitimation der Verwaltung», en *GVwR*, vol. 1 (nota 3), § 6, núm. marg. 42 y ss.

* «Todo poder público emana del pueblo. Este poder es ejercido por el pueblo mediante elecciones y votaciones y a través de órganos especiales del poder legislativo, ejecutivo y judicial.»

asuntos concretos de lo que la Administración ha de ocuparse y resolver, y de controlar en sede parlamentaria la oportunidad y corrección de esas actuaciones.

– La legitimación de carácter *organizativo* y de *base personal*, que se preocupa por las relaciones entre la persona integrada en el órgano que ejerce el poder público y el titular de ese poder. Para explicar esta forma de legitimación, se recurre a la imagen de la cadena de transmisión, esto es, de una «cadena ininterrumpida de legitimación» que parte del pueblo, pasa por el representante elegido por el pueblo y llega hasta el órgano y los administradores. En este contexto, resultan de particular importancia los actos jurídicos en virtud de los cuales las personas singulares asumen su cargo o función[41].

– La legitimación *institucional* y *funcional*, con la que se designa la posición directa que la Constitución le ha otorgado al Ejecutivo, para subrayar su propia autonomía e identidad ante el poder legislativo y judicial.

Tradicionalmente, se ha entendido que la legitimación democrática de la Administración se agota en la *legitimación parlamentaria*. Desde esa perspectiva, la ley parlamentaria y su ejecución a cargo de una Administración estructurada jerárquicamente y sometida a la dirección de su cúspide –que resulta responsable por lo demás ante el Parlamento– se erigen en las garantías centrales de un Derecho Administrativo fundado sobre bases democráticas. Es obvio que este planteamiento es esencial. Al fin y al cabo, la ley parlamentaria y las decisiones que en su aplicación se adoptan desde arriba –por parte de la Administración– constituyen un medio irrenunciable para articular la legitimidad democrática, para hacerla efectiva. Nótese que ello permite además sustraerse del influjo de los *lobbies* o de los grupos de intereses, y de las organizaciones clientelares.

De todo ello se infiere, por ejemplo, que las agencias independientes –en cuanto ajenas a instrucciones ministeriales– sólo se pueden admitir con carácter excepcional, de acuerdo con la concepción dominante de la doctrina alemana:

El Derecho alemán se diferencia, en este punto, del Derecho de la Unión Europea, que dispone la creación en los Estados miembros, en determinadas

---

[41] *BVerfGE* 83, 60 (72 y ss.); y también *BVerfGE* 77, 1 (40).

circunstancias y condiciones, de agencias independientes. Este conflicto puede resolverse mediante el siguiente planteamiento: en la medida en que este tipo de agencias deba asumir tareas de importancia política, habrá de garantizarse su sujeción, cuando menos, al control parlamentario, siempre que, por excepción, no reciban instrucciones emanadas de los órganos ministeriales. En consecuencia, no resulta aceptable la separación del sistema político de las organizaciones administrativas, y su mera sustitución por el solo control de los grupos sociales. Otra cosa bien distinta es el fenómeno de la denominada autoadministración funcional (por ejemplo, Cámaras de Industria y Comercio, Colegios de Abogados), puesto que aquí no estamos ante autoridades, sino ante corporaciones, dotadas de un derecho a la autoadministración y una base de legitimación propia. Sin embargo, la ley parlamentaria ha de definir su ordenamiento interno, de modo que garantice que no se establezcan en el seno de la corporación correspondiente relaciones monopolísticas de poder.

Basten estas consideraciones para poner de manifiesto que el concepto de legitimación tiene que entenderse en la actualidad de una forma más plural que la empleada en las citadas Sentencias del Tribunal Constitucional Federal de octubre de 1990.

b) La concepción plural de la legitimación democrática

En este contexto, la doctrina postula dos cosas: una, que se reconozca y admita la existencia plural de sujetos dotados de legitimación; y, la otra, que el concepto de «pueblo» no se haga derivar de una supuesta o preestablecida unidad, sino que se construya desde la perspectiva que ofrecen los derechos de libertad y la dignidad humana[42].

En una Sentencia de 2002, la Sala Segunda del Tribunal Constitucional Federal se apartaría de su jurisprudencia anterior para limitar su estricta concepción de la legitimación democrática a los casos de la Administración local y a la Administración directa del Estado, y abrirse en cambio a otros escenarios. En otros ámbitos de la Administración, en efecto, el principio democrático se puede estructurar de un modo distinto. Así, subrayó el Alto Tribunal, cabe concebir otras formas de legitimación del poder que se separen de la idea de la necesaria *cadena*

---

[42] Esta misma idea se explica con mayor profundidad en Trute, *GVwR*, vol. 1, § 6, núm. marg. 19 y ss.; Thomas Gross, *Das Kollegialprinzip in der Verwaltungsorganisation*, Mohr Siebeck, Tübingen, 1999, pp. 165 y ss.

de transmisión, esto es, de la exigencia de que todas las potestades de carácter decisorio cuenten siempre y en todo caso con una legitimación *personal*[43]. El principio democrático y la autonomía no constituyen términos dialécticos o antinómicos. La autonomía funcional contribuye asimismo a hacer realidad la «concepción, a ella misma es inherente, de un ser humano que se determina a sí mismo dentro de un ordenamiento de las libertades», como se deriva de la referencia a la protección de la dignidad humana que luce en el art. 1.1 de la Ley Fundamental, al que ya antes se ha hecho mención. Ahora bien, eso sí, para que otros sujetos adquieran la suficiente legitimidad democrática, resulta obligado que el legislador democrático fije previamente y con el suficiente grado de detalle sus competencias y potestades, y establezca su sujeción a algún género de control[44].

La Sala Primera del Tribunal Constitucional Federal ha asumido esta reciente línea jurisprudencial y ha puesto especial énfasis en los aspectos *procedimentales* de la legitimidad democrática. En efecto, en una Sentencia de julio de 2004, referida a las organizaciones dotadas de autonomía funcional, afirmaría que el fenómeno de la autoadministración y el principio de autonomía hunden sus raíces en el principio democrático y que, por tanto, ha de hacerse posible la participación de los grupos sociales, bajo su propia responsabilidad, en la ordenación de los asuntos que les afecten[45]. Esta jurisprudencia ya no hace alusión al modelo clásico, basado en la lógica de la estricta cadena de atribuciones o conexiones para explicar y fundamentar la legitimidad democrática; tampoco se citan ya las sentencias de octubre de 1990. En cambio, el Tribunal pondrá su acento en otros aspectos relevantes desde esta otra perspectiva. Así, recuerda la obligación que pesa sobre el legislador de adoptar las medidas necesarias para garantizar los intereses de las personas que se encuentran bajo la cúpula de esa autonomía funcional. La citada Sentencia subraya que «la organización y el procedimiento deben garantizar la adecuada defensa de los intereses públicos perseguidos dentro de una institución, ponderando adecuadamente los intereses de aquéllos que se someten a la potestad normativa de ésta»[46]. La ley –continúa el Tribunal– debe asegurar la oportuna participación de los miembros de la respectiva profesión en la formación de la voluntad de la institución a través precisamente del establecimiento de un procedimiento de toma de decisiones adecuado[47].

En definitiva, también para la jurisprudencia constitucional más reciente, y no sólo para la doctrina, el principio democrático constitu-

---

[43] *BVerfGE* 107, 59 (91 y ss.).

[44] *BVerfGE* 107, 59 (94).

[45] *BVerfGE* 111, 191 (216).

[46] *BVerfGE* 111, 191 (217).

[47] *BVerfGE* 111, 191 (217).

ye hoy un principio jurídico que ha adquirido un específico *contenido normativo* que el legislador ha de transponer, aun cuando goce para ello de un mayor margen de libertad que cuando se trataba de fijar esas rígidas derivaciones que se deducían de la concepción anterior de 1990. Pueden conectarse los elementos representativos y los participativos. Es de destacar, en fin, que el modelo de legitimación ha de ir referido al ser humano, a la persona. Con razón se ha dicho que el derecho a a una participación libre e igual se fundamenta y está enraizada en la dignidad humana (art. 1, apartado 1 GG)[48].

c) SOBRE LA RELEVANCIA DE LA AUTONOMÍA LOCAL

– De acuerdo con lo que ha quedado dicho y a la luz de esa nueva comprensión del principio democrático en lo que hace al plano de la acción administrativa, ha de ponerse en relación la legitimidad democrática asociada a la *autonomía local* con la legitimidad que deriva a través del Parlamento hacia la Administración jerárquicamente subordinada, de corte estatal o ministerial. Los entes locales de los que la Constitución predica la autonomía (art. 28.I.2 GG) se asientan sobre esas mismas bases democráticas*, y representan una segunda clase de legitimidad.

En tal sentido, en efecto, la legitimación no se reduce ni circunscribe en el Derecho Administrativo a la forma de legitimación típica propia del Estado de Derecho –basada en el sistema parlamentario de gobierno–, sino que, antes al contrario, incluye e integra un segundo impulso de naturaleza típicamente administrativa. En cuanto que constituye una segunda forma de legitimación, la autonomía local plantea, sin embargo, un problema fundamental en punto al proceso democrático de toma de decisiones. Se trata, en efecto, de la tensión dialéctica que se genera entre la idea de *democracia*, de acuerdo con la

---

[48] *BVerfGE* 123, 267 (341).

* El referido precepto proclama que en los *Länder* o Estados federados, en los entes supralocales y en los municipios ha de estar representado el pueblo, representación que ha de salir de unas elecciones directas, libres e iguales.

cual los afectados han de participar en las decisiones del poder público, y la necesaria *calidad* de esas decisiones, lo que obliga por su parte a que el contenido de éstas sea capaz de sustraerse a los concretos intereses específicos que pueda haber en juego. En este sentido, la autonomía local constituye una suerte de «fórmula intermedia», de síntesis dialéctica. Representa un ejemplo elocuente de equilibrio, puesto que pone de manifiesto que es posible aunar ambos aspectos en el seno de un ordenamiento que se legitima a través del pueblo, merced a la vinculación e interacción de los distintos procesos de legitimación. Una expresión de este fenómeno se encuentra en la misma dogmática que se ha ocupado de sistematizar las diferentes clases de reserva de ley en contraposición a la potestad normativa (reglamentos, ordenanzas) de la que disfrutan los entes locales en el ejercicio de su autonomía.

– La autonomía local constituye una «fórmula intermedia» también en un segundo sentido. Y es que ésta representa una variante o especie del fenómeno de la autoadministración. Como ya notábamos, la *autoadministración* o autonomía, de un lado, y la *legitimación democrática*, de otro, tienen raíces comunes en los sustratos más profundos de la democracia[49], aunque la encarnen de diferente manera. La primera se expresa a través de los *afectados* o *interesados*; y la segunda a través del *pueblo*. Estos dos tipos de legitimación de la Administración, *mediante la participación de los afectados* y *a través del pueblo*, respectivamente, no deben sin más disolverse o reducirse a unidad. Por el contrario, como la democracia constituye un *principio conformador*, resulta necesario que los intereses específicos que se hagan valer en el seno de la propia Administración a lo largo del proceso decisorio sean contemplados con la *neutralidad* y *distancia* suficientes, recurriendo para ello a fórmulas organizativas adecuadas, *sin perder de vista la vinculación que ha de mantenerse con la legitimación que deriva del pueblo*. Ello supone, en términos de organización administrativa, la necesidad de su transposición en un régimen u *orden dual*, integrado por la legitimidad democrática que proviene del pueblo y por la legitimidad derivada de la autonomía y la participación de los interesados.

---

[49] En este sentido: *BVerfGE* 107, 59 (94).

El Tribunal Constitucional Federal ha considerado que la legitimación corporativa de la *autonomía* (o autoadministración) *funcional* constituye un ejemplo claro de «legitimación autónoma». Ahora bien, ha de tenerse en cuenta, sin embargo, que la legitimación autónoma no se circunscribe a, ni se agota en, las organizaciones corporativas, puesto que puede operar bajo otras formas y en otros ámbitos, como los que tienen lugar en los escenarios de cooperación entre el Estado y la sociedad, en los que encontramos ejercicio de poder. Un ejemplo de ello lo representa la autonomía (o autoadministración) de las Universidades, cuya razón de ser estriba, primero, en la protección de la libertad científica de los investigadores y de los profesores académicos (art. 5, apartado 3 GG), lo que vale decir, por tanto, sobre todo de los profesores; y, segundo, en la protección de la libertad de educación de los estudiantes (art. 12 GG). La toma de decisiones en los gremios universitarios ha de estar ordenada, pues, de tal manera que se consiga el adecuado equilibrio entre tales derechos e intereses, lo que se traduce en un mandato, según el cual *las opciones de carácter organizativo de las instituciones universitarias* –las que se refieren a cómo organizarlas– *han de estar adecuadas a las exigencias de la ciencia*[50]*. Ello supone que al Estado, a través del legislador en primer término, le incumbe en este ámbito la obligación y la *responsabilidad* de moldear y configurar la organización de intereses de los afectados (i), y la necesaria neutralidad ante los intereses especiales o de carácter sectorial (ii). La conocida «teoría de la esencialidad», en cuya virtud la reserva de ley obliga a establecer por ley formal cuando menos la sustancia o esencia del derecho fundamental de que se trate, ha evolucionado hacia una teoría estructural, en el marco de una concepción procedimental de la legitimidad democrática.

d) EL ESTILO DEMOCRÁTICO DE LA ADMINISTRACIÓN

En el Derecho Administrativo, el principio democrático no se agota en la doble función a la que se ha aludido, a saber: garantizar la *legiti-*

---

[50] *BVerfGE* 35, 79 (108) y, más recientemente, 127, 87 (113 y ss.).

* La expresión literal del Tribunal Constitucional Federal es «Gebot der Wissenschafts-adäquanz von hochschulorganisatorischen Entscheidungen». Con ello, entre otras cosas, quiere subrayarse que la organización, en este caso de las instituciones académicas, no es un indiferente jurídico, sino que ha encauzar, hacer posible, las exigencias que derivan de la ciencia, y, en suma, hacer legítima la autonomía que se les confiere. Utilizar las potestades autónomas y ejercer la discrecionalidad al margen de los fines constitucionales que le dan sentido y vida no sólo representaría una acción ilegítima (de entrada, por desviación de poder), sino también no democrática, perdería la conexión. Véase para mayor abundamiento el capítulo quinto de la obra de E. SCHMIDT-ASSMANN, *La teoría general del Derecho Administrativo como sistema*, citada en anteriores notas del editor.

midad democrática, de un lado, y organizar la *legitimidad autónoma* (de la entidad dotada de autonomía), de otro, sino que, por el contrario, se preocupa igualmente, y con un alcance más amplio, por la forma de *dirigir* a la Administración y por marcar un *estilo administrativo*. En ese sentido, ha de tenerse en cuenta que la acción administrativa no ha de ser sólo conforme con la Ley y al Derecho, sino que más allá de ese estándar mínimo debiera satisfacer otros *criterios de corrección* (eficacia, calidad, etc.). Si se adopta esa óptica, la aceptación de los ciudadanos crecerá sin duda.

Por otro lado, tanto la fase previa a la actuación administrativa, como su ulterior control, no son en modo alguno indiferentes al principio democrático, puesto que poseen desde luego también una clara dimensión democrática[51]. Lo cual hace necesaria la reconstrucción, en el marco de la teoría de la acción administrativa, de dos elementos fundamentales, tales como la participación del público en general (y no sólo de los interesados) y la articulación de los intereses plurales y libres[52].

Un ejemplo puede ilustrar sobre la significación del concepto normativo de legitimación: muchos municipios organizan anualmente, en plazas y vías públicas, fiestas populares tradicionales («consagración de la iglesia», «fiesta de la primavera», etc.). Los explotadores de tiovivos, casetas de tiro y puestos de venta aprovechan estas fiestas para sus negocios. Algunos de estos llamados feriantes residen en el correspondiente municipio, otros vienen de fuera. Todos precisan emplazamientos. En la mayoría de los casos hay más interesados que emplazamientos disponibles. Por lo que los municipios deben seleccionar los beneficiarios de éstos. ¿Pueden delegar esta selección en una asociación de feriantes? Lo que a primera vista puede parecer muy democrático no lo es en realidad. La distribución de los emplazamientos constituye una decisión de *imperium* con serias consecuencias económicas para aquéllos a los que no se atribuya emplazamiento alguno. Ha de estar legitimada democráticamente. Legitimado está el municipio. La asociación de los feriantes es, por el contrario, una entidad privada, que no posee la legitimación precisa para ejercer poder público. La delegación de la decisión es, pues, inviable. El municipio puede hacerse asesorar por la asociación,

---

[51] Sobre estos criterios de la actuación administrativa, RAINER PITSCHAS, «Massstäbe des Verwaltungshandelns», en *GVwR*, vol. 2 (nota 1), § 42, núm. marg. 201 y ss.

[52] Al respecto, ARNO SCHERZBERG, «Öffentlichkeitskontrolle», en *GVwR*, vol. 3 (nota 1), § 49.

pero, en tanto que Administración con legitimación democrática, ha de tomar la decisión última.

4. LA OPCIÓN CONSTITUCIONAL EN FAVOR DE UNA «ESTATALIDAD ABIERTA»

La opción de la Constitución alemana por una «estatalidad abierta», como se desprende de los artículos 23 y 24 GG*, plantea nuevos retos para el Derecho Administrativo tradicional a resultas de los efectos que se derivan de las organizaciones supranacionales y de Derecho Internacional[53]. Esta «europeización del Derecho Administrativo» (en el caso de Europa) y la innovación del Derecho Administrativo para dar respuesta a esa suerte de «asociación de Administraciones del espacio europeo» constituyen la tercera tarea que habrá de llevarse a cabo en el marco de las reflexiones y estudios sobre la reforma.

No cabe excluir por ello que se modifiquen algunas de las bases constitucionales del Derecho Administrativo, como acredita el ejemplo de la protección de la confianza legítima en Alemania. Se trata de un principio, expresión de la seguridad jurídica, de honda raigambre en el Derecho alemán y que, por su inserción en la cláusula del Estado de Derecho y en el seno de los derechos fundamentales, adquiere rango constitucional. Pues bien, como puede adivinarse, no resultó fácil la exigencia del Tribunal de Luxemburgo de ordenar en su momento la devolución de las ayudas de Estado recibidas por una empresa privada por considerarlas contrarias al Derecho de la Unión Europea (Derecho de la Competencia), puesto que, a la luz del confianza legítima tal como está construida en el Derecho interno, tales ayudas no habrían sido ya susceptibles de revisión[54]. Aun cuando los jueces alemanes hubieron de aceptar la *primacía* del Derecho de la Unión Europea, reconocida en la cláusula constitucional en favor de esa *estatalidad abierta*[55], ha de

---

* El art. 24 GG se asemeja al vigente art. 93 de la Constitución española, y otras europeas. El art. 23 GG, por el contrario, estableció una más detallada fórmula de fondo y forma sobre la transferencia de competencias a la Unión Europea.

[53] Sobre el tema, véase RAINER WAHL, en Schuppert (Ed.), *Europawissenschaften*, Nomos, Baden-Baden, 2005, pp. 147 y ss. Véase asimismo la tercera parte del presente capítulo.

[54] Cfr. STJCE 1997, 1607 (asunto *Alcan*).

[55] Cfr. Sentencia del Tribunal Supremo Administrativo: *BVerwGE* 106, 328 ss. y la Sentencia del Tribunal Constitucional Federal; BVerfG (K) NJW 2000, 2015 ss. Más detalles

admitirse, sin embargo, que esa *actitud amigable que la Constitución presenta hacia el Derecho Internacional* tiene también sus límites. Así, por ejemplo, tales límites se desbordarían si de aquél se siguiera «una lesión de los principios fundamentales que la Constitución contiene», como dispone el propio art. 23 GG antes citado. Con ello, el Tribunal Constitucional Federal quiere hacer referencia, como ha reiterado en alguna reciente Sentencia, a lo que ha venido en calificar como «reserva de soberanía», añadiendo a este propósito que la Constitución no acepta la sujeción de un poder exterior que suponga el debilitamiento de cualesquiera de los límites esenciales o de los controles constitucionales[56]. Tal podría ser el caso, por hipótesis, si la Unión Europea obligara, por ejemplo, a que los Estados miembros crearan agencias independientes con trascendentes funciones en términos políticos y dispusiera a un tiempo la ausencia de controles parlamentarios o del control del Ministerio correspondiente. No se trata, pues, más que de un supuesto imaginario para ilustrar cuanto ha quedado dicho.

5. LA TRASCENDENCIA DE DETERMINAR LOS FINES DEL ESTADO: EL PRINCIPIO DE ESTADO SOCIAL

La constitucionalización del Derecho Administrativo se hace realidad asimismo mediante se adecuación a lo que reclaman las disposiciones de la Constitución relativas a los fines que al Estado incumbe garantizar.

Piénsese, por ejemplo, en los objetivos del Estado social (art. 20.1 GG), o en el fin estatal de la «conservación del medio ambiente» (art. 20a GG)*. Señaladamente, en lo que a la cláusula del Estado social concierne, habitualmente se plantean expectativas importantes. Sin embargo, la propia Constitución no aporta por sí misma demasiadas cosas.

---

en HERMANN-JOSEF BLANKE, *Vertrauensschutz im deutschen und europäischen Verwaltungsrecht*, 2000.

[56] *BVerfGE* 111, 307 (319).

* El citado precepto establece que el Estado protegerá las condiciones naturales de la vida y a los animales, también de cara a las futuras generaciones, mediante la acción de todos los poderes públicos, legislativo, ejecutivo y judicial.

De ahí que la concreta plasmación de los fines del Estado competa primariamente al legislador ordinario. El plano de la legalidad ordinaria resulta inexcusable, en efecto, para fijar y llenar de contenido, en primer término, los derechos subjetivos, en particular cuando nos encontramos ante una proclamación tan amplia y abstracta de los objetivos del *Estado social*. Con los derechos subjetivos sin más, tal y como se reconocen en la Constitución, no cabría plasmar en la realidad el fin social del Estado[57].

Lo único que la Constitución garantiza de modo inmediato y directo, en el caso alemán, es el denominado derecho a *un mínimo existencial*[58]; y, a ese propósito, el art. 20.1 GG –que proclama la cláusula del Estado social– apenas tiene protagonismo alguno, puesto que el citado derecho se infiere en realidad de otros preceptos constitucionales, como el que se refiere a la dignidad humana (art. 1 GG), o de los preceptos reguladores de otros derechos fundamentales (por ejemplo, del derecho a la integridad física)[59]. Y, por lo demás, tampoco se garantiza con el derecho a un mínimo existencial una cuantía o magnitud determinadas de una vez por todas, habida cuenta de las cambiantes condiciones de vida[60], por lo que el legislador en todo caso goza de un amplio margen de apreciación[61].

Se entiende por ello que también sea limitado el peso que ha tenido la cláusula del Estado social en la *jurisprudencia contencioso-administrativa*, cuando se enfrenta a la resolución de los recursos.

Aunque los recurrentes invoquen con cierta frecuencia esta cláusula, lo cierto es, sin embargo, que en muy escasas ocasiones prosperan con tal fundamento

---

[57] Para mayor abundamiento, MICHAEL SACHS, en del mismo autor (Ed.), *Grundgesetz*, 6ª ed., Beck, München, 2011, art. 20, núm. marg. 50.

[58] En este sentido véase HORST DREIER en del mismo autor (Ed.), *Grundgesetz*, vol. 1, 2ª ed., Mohr Siebeck, Tübingen, 2004, art. 1 I, núm. marg. 158; y también las siguientes sentencias: *BVerfGE* 82, 60 (80); *BVerwGE* 82, 364 (368).

[59] *BVerfGE* 125, 175 (222 y ss.). E. SCHMIDT-ASSMANN, *Grundrechtsschutz und Legitimationsfragen im öffentlichen Gesundheitswesen*, De Gruyter, Berlin, 2001, pp. 23 y ss.

[60] KARL-PETER SOMMERMANN, en Mangoldt, Klein, Starck, Bonner Grundgesetz, vol. 2, 4ª ed., Vahlen, München, 2000, art. 20, núm. marg. 117; KARL-JÜRGEN BIEBACK, *Verfassungsrechtlicher Schutz gegen Abbau und Umstrukturierung von Sozialleistungen*, De Gruyter, Berlin, 1997.

[61] *BVerfGE* 82, 60 (93 f.); 91, 93 (111); 125, 175 (224 y ss.).

sus pretensiones. Fue diferente, desde luego, en la etapa inmediatamente posterior al año 1949, cuando se aprueba la Constitución todavía en plena posguerra[62]. Pero aún así fueron muy pocas las sentencias estimatorias. Ni siquiera la famosa Sentencia sobre el deber de asistencia[63] constituye una auténtica excepción a esta tendencia, puesto que la cláusula del Estado social no fue la verdadera *ratio decidendi* o «razón de decidir», del fallo, sino un argumento entre tantos; ni sirvió, en consecuencia, para fundamentar la exigibilidad de nuevas obligaciones prestacionales. El conjunto de argumentos que la citada Sentencia contiene, por el contrario, sirvió, nótese bien, para extraer de las obligaciones prestacionales reconocidas por la legalidad ordinaria el correspondiente derecho subjetivo en favor de los beneficiarios. En suma, cuando la jurisprudencia ha reconocido algún derecho más allá de la literalidad de la ley lo que ha hecho en realidad no es sino apoyarse en previsiones constitucionales más concretas, como el principio de igualdad del art. 3 GG o el principio de confianza legítima, para justificar la conclusión de que se trate[64].

El principio de Estado social sí cobra un significado propio en los casos en que el Ejecutivo puede intervenir sin una base legal previa. Así y todo, cuando sobre la materia o sector pesa una *reserva de Ley*, la invocación del principio de Estado social no le faculta para actuar al margen de esa cobertura[65] porque este principio no crea competencias nuevas, sino que las da por supuestas[66].

Así las cosas, cabe concluir que a la Administración le corresponde utilizar la cláusula del Estado social como una «máxima interpretativa y una directriz que ha de guiar el ejercicio de sus potestades discrecionales»[67]. De ahí se infiere que la Administración goza de un amplio margen de maniobra en la consecución de ese resultado; que

---

[62] Cfr. F. WERNER, «Sozialstaatliche Tendenzen in der Rechtsprechung», en *Archiv des öffentliches Recht*, vol. 81 (1956), Mohr Siebeck, Tübingen, pp. 84 y ss.

[63] Caso *Fürsorgepflicht: BVerwGE* 1, 159 y ss.

[64] Sobre un caso relacionado con el art. 6.4 GG (en negativo), *vid. BVerwGE* 91, 130 y ss. Sobre la conexión del art. 12 GG con el principio de Estado de Derecho (en negativo), *vid. BVerwGE* 102, 142 (147).

[65] SOMMERMANN, en *Grundgesetz* (nota 60), vol. 2, art. 20, núm. marg. 120.

[66] HANS F. ZACHER, «Das soziale Staatsziel», en *HStR* (nota 34), vol. 2, § 28, núm. marg. 112.

[67] KLAUS STERN, *Das Staatsrecht der Bundesrepublik Deutschland*, vol. I, 2ª ed., Beck, München, 1984, § 21 III 4.

su función no es meramente ejecutiva o aplicativa; y que la discrecionalidad que ello entraña no se circunscribe a la clásica expresión en la que estas potestades se localizan (esto es, la elección de una respuesta entre varias posibles a la vista de unos hechos que le vienen dados)*. Se trata de algo más que eso. En efecto, ese *amplio poder de configuración* se extiende a las potestades normativas y de planeamiento, a las funciones de cooperación y colaboración (por ejemplo, con las Iglesias, o con entidades privadas de beneficencia).

La *asistencia social de carácter jurídico-público*** representa uno de los escenarios característicos donde la Administración ha de desplegar esa función configuradora, o de concreción en sentido amplio (o implementación), del fin social del Estado, puesto que no se articula sobre la idea de una ejecución de una programación legal cerrada. Aquí ha de hacerse, con todo, una importante matización. Y es que las ofertas de servicios públicos que procura el Estado no tienen por qué ser sin más y automáticamente una expresión del Estado social. Esa condición la adquirirán cuando tengan por objeto equilibrar la distancia entre las distintas capas de la población y de los diversos territorios para hacer realidad el acceso de todos a esos bienes y servicios. O, dicho de otro modo, cuando en el reparto de la escasez (de bienes y servicios), «sube en la sociedad el caudal de su deseo de acceder a esos servicios y bienes»[68]. Así, por ejemplo, pueden concurrir razones sociales específicas que justifiquen una asistencia básica en beneficio de los sectores de población más desfavorecidos; o una cierta flexibilidad, con ciertos límites, ante una determinada lista de espera para acceder a algunas instituciones u organizaciones públicas.

Sin embargo, la cláusula del Estado de Derecho no garantiza la recepción de un determinado nivel de prestaciones de las instituciones

---

* Esto es, en el plano de los efectos o consecuencias jurídicas (en el entendimiento de que los hechos le vienen dados a la Administración y ésta sólo puede proyectar sus potestades discrecionales sobre los efectos o respuestas a elegir ante una situación dada).

** *Daseinsvorsorge* o «procura existencial», en la tradicional y literaria traducción española.

[68] ZACHER, «Das soziale Staatsziel», en *HStR* (nota 34), vol. 2, § 28, núm. marg. 66.

públicas, ni situaciones adquiridas en este contexto[69]. Tampoco prohíbe la privatización. Algunas instituciones públicas que hoy existen podrían desaparecer y los estándares prestacionales tradicionales, en términos constitucionales, podrían aminorarse. Para el Estado, eso sí, resulta irrenunciable mantener una «infraestructura» que garantice a los ciudadanos el acceso a los servicios y bienes esenciales para la vida[70]. Ahora bien, esa necesaria garantía puede satisfacerse de modos diversos y, desde una perspectiva constitucional, el Estado podría regular la satisfacción del servicio o la provisión del bien a través del sector privado*[71]. El denominado *Derecho Administrativo de garantía*[72]**−*actividad administrativa de garantía de un resultado*− constituye, por tanto, un factor fundamental que ha de considerarse en la reforma del modelo tradicional del Estado social.

6. LA CONSTITUCIONALIZACIÓN: EL DERECHO CONSTITU-CIONAL COMO «TRANSFORMADOR» DE LOS NUEVOS RETOS DEL DERECHO ADMINISTRATIVO

Los estudios que se ocupen de la innovación del Derecho Administrativo han de tener en cuenta el Derecho Constitucional por dos razones fundamentales:

– De un lado, porque pone de relieve que el modelo administrativo tradicional con su reduccionismo y su comprensión de la Administración, como una organización ejecutiva estructurada jerárquicamente, no responde a, ni menos aún agota, la idea que de la Administración tiene la Constitución, puesto que ésta

---

[69] Josef Isensee, «Grundrechtsvoraussetzungen und Verfassungserwartungen an die Grundrechtsausübung», en *HStR* (nota 34) vol. 5, 2ª ed., 2000, § 115, núm. marg. 161.

[70] Al respecto, *vid.* Georg Hermes, *Staatliche Infrastrukturverantwortung*, Mohr Siebeck, Tübingen, 1998, pp. 323 y ss.

* Como sucede, por ejemplo, con los denominados «sectores regulados».

[71] Sommermann, en *Grundgesetz* (nota 60) vol. 2, art. 20, núm. marg. 111.

[72] Andreas Vosskuhle, «Beteiligung Privater an der Wahrnehmung öffentlicher Aufgaben», en *VVDStRL*, núm. 62 (2003), pp. 266 (310 y ss.).

** Una Administración que garantiza un resultado, en el contexto de un Estado que, respecto de determinados servicios o bienes, pasa de ser prestador directo a garante de un resultado.

diseña una *imagen más compleja y rica del Ejecutivo* en sus relaciones con los ciudadanos y las empresas, que lo que la visión tradicional ha permitido ver.

– De otro, porque el Derecho Constitucional opera como «transformador» para involucrar al Derecho Administrativo en la evolución social. El Derecho Constitucional es, en buena medida, un Derecho de naturaleza discursiva. En efecto, aunque en términos jurídicos se hable de «aplicación» de la Constitución, en realidad se trata de un complejo proceso de negociación y de depuración, que discurre por distintos niveles y círculos. En el marco de ese proceso, se suceden las diversas concepciones políticas y a través del método de «ensayo y error» van adquiriendo distinta forma; se transforman en argumento jurídico; y, finalmente, se decantan –sobre todo por la acción de los Tribunales Constitucionales– en la formación de la dogmática jurídico-constitucional. Pues bien, en este contexto, se entiende que el debate académico sobre la reforma del Derecho Administrativo tenga la mirada puesta en el Derecho Constitucional y se beneficie de la clarificación que este proceso despierta.

De este modo, los retos que comporta la evolución económica, ecológica, social o tecnológica se pueden «filtrar normativamente» para permitir su asimilación a través de la sistemática del Derecho Administrativo. «Asimilar» significa aquí «seguir pensando» sobre los conocimientos básicos que la Constitución ofrece. Christoph Möllers, en su trabajo sobre el *método del Derecho Administrativo*, ha aludido a la «función cognitiva» que desempeña el Derecho Constitucional, y describe la relación entre el Derecho Constitucional y el Derecho Administrativo de la siguiente manera[73]: Las normas constitucionales más básicas facilitan la necesaria generalización. Ello se pone de manifiesto, en el caso alemán, por ejemplo, en los principios democrático y del Estado de Derecho. Y, a la inversa, con la innovación del Derecho Administrativo general se hace realidad al mismo tiempo un mandato constitucional, puesto que la pretensión de mantener las distintas partes del Derecho Administrativo como sectores susceptibles de generalización y comparación satisface ciertas exigencias del principio democrático y de la cláusula del Estado de Derecho, al impedir una excesiva atomización y sectorialización del ordenamiento; de lo contrario, cada sector tendría el exclusivo apoyo de un círculo de interesados y no podría obtenerse

[73] MÖLLERS, en *GVwR*, vol. 1 (nota 3), § 3, núm. marg. 54.

una visión de conjunto de las estructuras reguladoras, tanto para los ciudadanos, como para la Administración que ha de intervenir.

III. LA ORIENTACIÓN HACIA LA PARTE ESPECIAL DEL DERECHO ADMINISTRATIVO: LOS «ÁMBITOS DE REFERENCIA»

El tercer elemento básico consiste en la necesidad de centrar el análisis en la Parte Especial del Derecho Administrativo. La Parte General se caracteriza por un alto grado de abstracción, lo que permite que, habitualmente, sea contemplada como un sistema, como una *construcción*. Ello obliga a poner la atención constantemente en la Parte Especial. Sin un conocimiento preciso del urbanismo, del régimen local, de la seguridad ciudadana y el orden público, o del Derecho Administrativo económico, es imposible construir un sistema de Derecho Administrativo. El Derecho Administrativo especial tiene dos funciones que cumplir a los efectos de la actualización de sus instituciones, desde el principio:

De un lado, satisface una función *heurística*, pues en su seno han de buscarse los sectores más representativos del panorama actual de la Administración pública, es decir, los denominados «ámbitos de referencia» (i); de otro, ejerce una función *metodológica*, al objeto de disciplinar la praxis (ii). Los distintos sectores del Derecho Administrativo especial constituyen el *depósito* de las soluciones que la Administración ha ido adoptando en el ejercicio de su actividad y, al mismo tiempo, representan el *espejo* en el que se reflejan las necesidades de regulación existentes en la actualidad. En consecuencia, la construcción del sistema del Derecho Administrativo se realiza siempre de forma deductiva e inductiva, a un tiempo[74].

---

[74] E. Schmidt-Assmann, *Ordnungsidee* (nota 15), cap. 1, núm. marg. 12 y ss. y cap. 3, núm. marg. 2.

1. LA ADECUADA SELECCIÓN DE LOS ÁMBITOS DE REFERENCIA

El universo conceptual de la Teoría General del Derecho Administrativo se ha elaborado, principalmente, a partir del material y de los valores que subyacen en sectores como los siguientes: seguridad ciudadana y orden público; régimen local; urbanismo y función pública. Estos sectores han sido, históricamente, muy relevantes y parece indiscutible su vigencia actual.

El sector de la seguridad ciudadana y de orden público constituye el modelo básico de la seguridad (alimentaria, salud pública, etc.), cuyo objeto no es otro que el de satisfacer las más elementales exigencias que al Estado competen en orden a conjurar los peligros y garantizar la seguridad de cada ámbito. Se trata, en suma, de establecer las «condiciones fundamentales para el desarrollo de la libertad individual y la consecución del bienestar social». El régimen local, por su parte, combina en síntesis dialéctica la organización de la autonomía local y la procura existencial, para elevar esa conjunción a la categoría de «estándar» o modelo para una Administración que interviene en asuntos cotidianos, próxima al ciudadano y apegada al terreno, con legitimación democrática y en régimen de autonomía. Por último, el Derecho urbanístico constituye un sector que ilustra con meridiana claridad la profunda transformación producida en el seno de esta política pública, desde las iniciales intervenciones puntuales de antaño hasta la planificación actual.

Sin embargo, y pese a la relevancia que han tenido esos sectores, a su través no es posible reflejar en la Parte General, con la debida profundidad y extensión, las grandes tareas que incumben a la Administración de nuestro tiempo.

En la actualidad, los ámbitos de referencia de mayor interés son aquellos en los que se pone de manifiesto la responsabilidad del Estado en la economía, la seguridad social o el mantenimiento de las condiciones de vida natural: el Derecho Público de la economía; las prestaciones sociales; y el medio ambiente. Se trata de analizar, comparar e indagar qué reglas e instituciones son susceptibles de generalización, esto es, de incorporarse a la Parte General y ser elevadas a categoría general. Con ello ha de generarse una mayor «capacidad de aprendizaje del Derecho Administrativo General»[75].

2. EL PLANTEAMIENTO METODOLÓGICO: LA CONEXIÓN CON LA PRÁCTICA

El estudio de los ámbitos de referencia satisface una segunda función en el marco de la reforma. En efecto, el análisis de los ámbitos de referencia debidamente seleccionados representa un método especial por cuanto permite traducir y comprender la realidad de la acción administrativa (i), y mediar de ese modo entre el «ser» y «el deber ser» (ii). Para conocer sistemáticamente un sector de referencia, es preciso analizar sus fundamentos, las categorías e institutos jurídicos y los procedimientos que lo integran. En tal sentido, el estudio no puede detenerse en las concretas leyes que disciplinen el sector, sino que conviene indagar su historia y conocer las distintas fases en las que se periodifica su evolución, hasta desembocar en el presente. A ello han de añadirse los dictámenes de los expertos, los documentos oficiales y los debates de los especialistas. Lo mismo cabe decir respecto de las resoluciones judiciales más trascendentes, en las que puedan identificarse los clásicos conflictos de intereses. Así pues, el análisis fructífero de los ámbitos de referencia pasa por el conocimiento de las normas y de las resoluciones singulares que surcan el sector. *Se trata, pues, de un trabajo orientado a las normas y a las resoluciones.* La actividad adquiere de ese modo un mayor contenido y sustancia jurídica. El estudio de los sectores de referencia no se queda, por tanto, en la mera interpretación de las leyes o en un comentario o glosa de la jurisprudencia. De lo que se trata, por tanto, es de descifrar los rasgos y claves del sector en cuestión (i), de identificar las tendencias (ii), e indagar si las piezas que lo integran son susceptibles de generalización (iii). Esta tarea intelectual

---

[75] Muy acertado al respecto es el trabajo de THOMAS GROSS, «Beziehungen zwischen Allgemeinem und Besonderem Verwaltungsrecht», en *Die Verwaltung*, Cuaderno núm. 2, 1999, pp. 57 (70 y ss.).

se mueve en el plano de la *intuición* y de la capacidad de *asociación*. Es un trabajo que no desborda, por lo demás, el marco normativo, en el que se mueve con comodidad el jurista.

IV. OBSERVACIONES FINALES

Este triple enfoque o perspectiva –ciencia de la dirección; constitucionalización; sectores de referencia– proporciona la *visión panorámica* y la *distancia* científica adecuada para la tarea que ha de emprenderse. En efecto, estos tres postulados resultan imprescindibles, primero, para poner debidamente en su contexto la ingente cantidad de materiales de carácter jurídico-administrativo; y, segundo y no menos importante, para equilibrar la posición dominante que ocupa el Derecho Administrativo tradicional, caracterizado por su marcada insuficiencia para aprehender los nuevos fenómenos. Ha de superarse la explicación unidimensional del modelo vigente y estimular el pensamiento creativo.

Es obvio, sin embargo, que en este contexto el debate sobre la reforma no constituye un debate teórico que flota libremente «en las nubes». La ciencia del Derecho Administrativo constituye una ciencia orientada a la *práctica*, a la *acción*, que se preocupa por las actividades reales que despliega el Estado; que aspira a *dirigir* a lo distintos actores intervinientes; que busca *evidenciar y facilitar* a todos los sujetos la aspiración a la efectividad y a la eficacia –a la consecución de los resultados que se propone– que es inherente al Derecho. No persigue, como ya notábamos, postular continuos «cambios de paradigma». Las reflexiones teóricas han de tener siempre y en todo caso su traducción y reflejo en el Derecho Administrativo vivo, en el Derecho que se aplica. Ello exige, desde luego, que el debate científico sobre la reforma del Derecho Administrativo se mantenga dentro de las coordenadas de lo normativo, que no escape del mundo del Derecho. A tal fin, el estudio ha de estar atado en primer término a los datos que nos vienen dados de la Constitución y del Derecho Administrativo especial.

Otro presupuesto metodológico de notable importancia para el futuro es el *Derecho comparado*. A su través se obtiene un material normativo muy elaborado. El análisis comparado ha tenido escaso eco en la dogmática tradicional del Derecho Administrativo alemán durante la vigencia de la Ley Fundamental, como se desprende no ya sólo de la jurisprudencia, sino también de la misma literatura jurídica (comentarios, en particular). La doctrina ha estado excesivamente ensimismada en la propia Constitución; se ha concentrado en la vertiente interna del Estado y ha estado menos atenta al exterior. Sin embargo, la perspectiva metodológica más moderna ha subrayado con razón que el análisis comparado encierra todo un tesoro de experiencias acumuladas[76]. Hay muchas razones para pensar que se avecinan transformaciones trascendentes en el «contexto europeo» y que la dimensión comparada va a adquirir una importancia inusitada[77]. Sirva de ejemplo el tratamiento de los temas desde un punto de vista comparado que, por lo que hace a Alemania, lleva a cabo cada vez con mayor intensidad la «Asociación de Profesores Alemanes de Derecho Público».

En síntesis, y a modo de recapitulación, puede decirse que los postulados científicos en los que se mueve el debate sobre la reforma combinan deducción e inducción. Como ha afirmado A. Voßkuhle, «(e)ste proceso dialéctico de deducción e inducción plantea grandes exigencias al investigador. Presupone el deseo de trabajar ampliamente en cada uno de los sectores, y exige además la capacidad para la reflexión abstracta y la disposición para un aprendizaje recíproco, de unos y otros»[78].

[76] MÖLLERS, en *GVwR*, vol. 1 (nota 3), § 3, núm. marg. 40. Importante es ahora la obra comparatista de ARMIN VON BOGDANDY, SABINO CASSESE y PETER M. HUBER (Eds.), *Handbuch Ius Aeropaeum*, C.F. Müller, Heidelberg, vol. III: *Verwaltungsrecht in Europa: Grundlagen*, 2010; vol. IV: *Verwaltungsrecht in Europa: Wissenschaft*, 2011.

[77] Algunas reflexiones sobre la idea del contexto de desarrollo europeo en E. SCHMIDT-ASSMANN, *Ordnungsidee* (nota 15), cap. 1, núm. marg. 64 y ss.

[78] A. VOSSKUHLE, en *GVwR*, vol. 1 (nota 1), § 1, núm. marg. 44.

CAMBIOS DE PERSPECTIVA EN EL DERECHO ADMINISTRATIVO: LA «NUEVA CIENCIA DEL DERECHO ADMINISTRATIVO»

Los estudios sobre la reforma y modernización del Derecho Administrativo habrán de llevar a cabo un profundo análisis de cada uno de los elementos y categorías que integran la Parte General, a fin de determinar en qué medida éstos responden a las necesidades actuales y sirven para hacer efectivas las nuevas funciones que a la Administración le han sido encomendadas. Ese análisis no ha de desembocar, obvio es decirlo, en un rechazo del modelo tradicional. Piénsese, por ejemplo, que el acto administrativo –una institución central del modelo clásico– posee hoy como ayer una relevancia extraordinaria, también en el seno de la nueva sistematización del Derecho Administrativo. Otra cosa es que deba contrastarse si está o no urgido a ciertas adaptaciones o innovaciones. El resultado de ese examen queda imprejuzgado, está abierto. Lo que sí es cierto es que el *método* que ha de seguirse (al que se hace referencia en la parte quinta del presente capítulo), como la *perspectiva* desde la que se aborda la *sistematización* del Derecho Administrativo –tema del que nos ocupamos seguidamente–, han adquirido una relevancia y amplitud muy superior a la que ostentaban en el Derecho Administrativo tradicional[79].

En consecuencia, la necesidad de la reforma se deja sentir en muchos casos, tanto en aspectos puntuales y menores, cuanto en las cuestiones de principio y con efecto multiplicador. Sea como fuere, lo cierto es que la innovación y la reforma no afecta tan sólo a las categorías o institutos *aisladamente* considerados, sino también y sobre todo a su *recíproca interacción* –dejando ahora al margen las cuestiones metodológi-

---

[79] En ese sentido, véanse las aportaciones de la obra colectiva HANS-HEINRICH TRUTE, THOMAS GROSS, HANS CHRISTIAN RÖHL y CHRISTOPH MÖLLERS (Eds.), *Allgemeines Verwaltungsrecht –Zur Tragfähigkeit eines Konzepts*, Mohr Siebeck, Tübingen, 2008; WOFGANG HOFFMANN-RIEM, *Offene Rechtswissenschaft*, Mohr Siebeck, Tübingen, 2010.

cas–. Si pretendemos que el Derecho Administrativo sea una disciplina dotada de coherencia y sistemática, la nueva ordenación y relación entre las distintas categorías o piezas con sus respectivas modificaciones se convierte en la clave del sistema.

Por ejemplo: ¿qué papel le cabe cumplir al procedimiento administrativo, si la Administración secunda y ejecuta leyes provistas de un alto grado de detalle y con una clara previsión de la respuesta material que en cada caso deba darse? Es decir, ¿cuál es la relación entre una programación legal de carácter material y el procedimiento? O bien, ¿qué funciones han de asumir los jueces y tribunales contencioso-administrativas, si se conviene en fortalecer el control financiero dentro del conjunto de mecanismos de control y fiscalización?

Lo normal, como puede suponerse, es que los ajustes de cada una de esas piezas no tengan consecuencias por sí mismos sobre los dogmas y principios de base. Otra cosa sucede, sin embargo, con las nuevas *relaciones* que se establecen entre las distintas instituciones modificadas. Se genera una nueva constelación. Y aquí los cambios son más profundos. En ese sentido, se puede hablar de un «cambio de perspectiva», en el marco de la sistematización del Derecho Administrativo. Esos nuevos ángulos de observación generan efectos inmediatos y directos sobre determinados puntos neurálgicos de la disciplina, como son, por ejemplo, la interpretación sistemática de las leyes administrativas o la problemática de la selección de una opción entre varias posibles por parte de la Administración.

Para ilustrar con claridad tales cambios en lo que hace al *método* y la *perspectiva*, W. Hoffmann-Riem, A. Voßkuhle y yo mismo hablamos, en la obra colectiva *Grundlagen des Verwaltungsrechts*, que hemos editado conjuntamente, de la «nueva ciencia del Derecho Administrativo». Con esta expresión y concepto no se quiere decir que todo lo por él cubierto sea nuevo en el sentido de no haber sido ya considerado y tratado. Obvio resulta decir que también en la «nueva ciencia del Derecho Administrativo» siguen jugando un importante papel el sometimiento de la Administración a la Ley, las formas de la actuación administrativa y el control judicial de la Administración. Pero la expresión pretende indicar que la reforma, lejos de agotarse en un mero desarrollo de la dogmática establecida, pretende una reconsideración de la ciencia y una nueva visión de la actuación de la Administración. En su contribución introductoria, A. Voßkuhle menciona siete notas caracterizadoras de la nueva ciencia del Derecho Administrativo[80]: el enfoque de la teoría de la dirección; la significación de los análisis de los ámbitos o sectores de la realidad; la orientación hacia los efectos y las consecuencias; la interdisciplinariedad; el trabajo en conceptos-clave (o conceptos-puente); la orientación por ámbitos o sectores de referencia; y una perspectiva sistémica «ampliada»*.

Seguidamente, y a efectos ilustrativos, conviene abundar en tres de esos cambios de perspectiva, expresados en términos muy telegráficos:

- «De la perspectiva del control judicial, a la perspectiva de la actuación administrativa» (I),

- «De la dogmática de la ejecución, a la Administración dirigida por la Ley» (II),

- «Del Derecho Administrativo prestacional, al Derecho Administrativo de garantía» (III).

Con esa formulación, no se quiere expresar connotación negativa alguna, en el sentido de que los postulados tradicionales habrían de ser falsos o habrían sido superados ya por la realidad. Sencillamente, quiere ponerse de relieve que algunos de esos rasgos característicos del Derecho Administrativo se han convertido en el eje del modelo tradicional y han adquirido una función explicativa en exceso monocausal, que deja fuera de nuestra consideración otras caras del problema. En la nueva ciencia del Derecho Administrativo, resulta evidente que el control judicial, la dogmática de la ejecución y la Administración prestadora han de ocupar un papel destacado. Pero no constituyen ya el «canon de la normalidad», esto es, no sintetizan el estado de la cuestión, ni expresan, en consecuencia, la «situación dogmática normal» o única.

---

[80] Vosskuhle, en *GVwR*, vol. 1 (nota 1), § 1, núm. marg. 16 y ss.

* Sobre el método y la teoría de la dirección, véase el capítulo segundo de la presente obra colectiva.

I. «DE LA PERSPECTIVA DEL CONTROL JUDICIAL A LA PERSPECTIVA DE LA ACTUACIÓN ADMINISTRATIVA»

Sabido es que el Derecho Administrativo clásico tiene su eje en el control de la Administración, sobre todo en el control que realizan los jueces y tribunales. Con todo, como ya notábamos, el legislador y la Administración de nuestro tiempo pueden hacer notables aportaciones en lo que hace a la innovación y mejora del Derecho Administrativo. Y, en ese sentido, conviene observar que aun cuando el control judicial constituya un elemento indisponible de una indudable relevancia[81], no representa, sin embargo, el único control de la Administración pública, ni la idea de control es la única perspectiva con relevancia para el Derecho Administrativo. Al Derecho Administrativo le interesan asimismo otras dimensiones y enfoques. Lo mismo puede decirse del Derecho Administrativo europeo, cuya estructura y consistencia no se agota en la jurisprudencia, ni pivota exclusivamente sobre la idea del control judicial. No se podría comprender el Derecho Administrativo de la sola mano de la jurisprudencia comunitaria. Antes bien, ha de acudirse a los diarios oficiales y a los documentos de la Comisión para conocer qué es lo que sucede dentro del Derecho Administrativo en el plano europeo.

1. DE LA CENTRALIDAD DEL CONTROL JUDICIAL, A UNA TEORÍA INTEGRAL DEL CONTROL

La perspectiva tradicional del Derecho Administrativo no resulta convincente, en la medida en que se polariza excesivamente en torno a la justiciabilidad de la acción administrativa y deja fuera de su consideración todo un conjunto de mecanismos de control de indudable trascendencia. Esa centralidad de la justicia administrativa deviene igualmente problemática porque traslada a la entera dogmática del Derecho Administrativo la estrecha perspectiva del proceso judicial. Nótese que

---

[81] Al respecto, con mayor detalle, FRIEDRICH SCHOCH, «Gerichtliche Verwaltungskontrollen», en *GVwR*, vol. 3 (nota 1), § 50.

el proceso prototípico tiene por objeto la tutela individual, en el que el justiciable pretende la protección de sus derechos e intereses frente a una concreta medida de la Administración[82]. El contexto en el que se incardina esa acción controvertida está condicionado por las decisiones anteriores y no siempre resulta fácil aislar la resolución cuestionada de las demás decisiones que corren paralelas.

Ese marco, dentro del cual la decisión discutida no es sino *un* elemento más, aparece relegado a un segundo plano[83]. Ello conduce a una cierta asimetría estructural: el proceso fragmenta necesariamente la realidad; contempla desde una visión más estrecha la completa constelación de intereses y el contexto más amplio en el que se sitúan. Antes de que se adopte una concreta resolución y de que ésta pueda ser fiscalizada por los jueces y tribunales, es posible que haya ya muchas cosas decididas. Puede darse que el ulterior y en ocasiones tardío control jurisdiccional se concentre en el concreto interés que invoca el recurrente y que ello desemboque en una reacción sobredimensionada, en el sentido de que la resolución judicial podría fácilmente desconocer el conjunto de intereses en juego. Algunos aspectos podrán estar suficientemente detallados; otros, en cambio, no. *El conjunto no es objeto de control.* De este modo, lo que puede ser adecuado en términos de funcionalidad para la tutela individual, puede resultar insuficiente o perjudicial desde la perspectiva del conjunto de los controles, esto es, desde la óptica de la función de control en sí misma considerada.

El margen de autonomía y de apreciación que posee la Administración pública ha de ir acompañado, congruentemente, de un sistema coherente y completo de mecanismos de control. «Responsabilidades de la Administración» y «control» constituyen las dos caras de una misma moneda, son «elementos fundamentales del orden constitucional democrático»[84]. El control, como la división de poderes, tiene por objeto la limitación del poder y la garantía de su racionalidad. «Lo que pretende el control es la consecución de un más alto grado de corrección material de la decisión en sí, introduciendo elementos de racio-

---

[82] De notable interés la obra de ANDREAS VOSSKUHLE, *Rechtsschutz gegen den Richter*, Beck, München, 1993, p. 128, sobre el proceso judicial en general.

[83] Sobre este tema, *vid.* los criterios empleados en E. SCHMIDT-ASSMANN, «Verwaltungsverantwortung und Verwaltungsgerichtsbarkeit», en *VVDStRL*, núm. 34 (1976), p. 221 (237 y ss.).

[84] ULRICH SCHEUNER, «Verantwortung und Kontrolle in der demokratischen Verfassungsordnung», en *FS für G. Müller*, Mohr Siebeck, Tübingen, 1970, p. 379 (384).

nalización en el seno del proceso de toma de decisiones»[85]. A tal fin se establece un determinado modo de comunicación: proceso y resultado han de ser analizados de nuevo a una *distancia* suficiente. Se trata, en otras palabras, de pensar en clave alternativa y, eventualmente, de proponer soluciones contrarias[86]. En términos dogmáticos, el control constituye el *contrafuerte* o el contrapeso de las amplias competencias y potestades de acción con las que cuenta el Ejecutivo*.

Las Constituciones, como la alemana o la española, en realidad presumen la existencia de todo un conjunto de controles –de carácter parlamentario, judicial, administrativo, etc.–, que operan como un todo, en constante interacción[87], sin apostar por un sistema único. En el núcleo de ese sistema se sitúan los jueces y tribunales, a los que les corresponde ejercer el control de mayor densidad en términos jurídicos. Ahora bien, de la misma manera que la acción administrativa no se agota en el mecanismo de la subsunción legal, es decir, en identificar el presupuesto de hecho y la consecuencia jurídica anudada que haya programado o dispuesto para cada caso la ley, sino que ha de obser-

---

[85] Walter Krebs, *Kontrolle in staatlichen Entscheidungsprozessen*, C. F. Müller, Heidelberg, 1984, p. 50.

[86] Wolfgang Hoffmann-Riem, «Verwaltungskontrolle – Perspektiven», en E. Schmidt-Aßmann y Hoffmann-Riem (Eds.), *Verwaltungskontrolle*, Nomos, Baden-Baden, 2001, p. 325 (343); E. Schmidt-Assmann, en pp. 9 (10 y ss.).

* Si, de acuerdo con la doctrina que se ocupa de la reforma del Derecho Administrativo, la Administración no se limita en modo alguno, antes al contrario, a aplicar mecánicamente la ley y el Derecho, sino que posee en tantos casos en realidad un papel creativo muy superior, no será suficiente entonces el control judicial. El juez, que lo es de la legalidad, controla la operación lógico-formal de deducción que la Administración ha hecho derivar de la ley. Ahora bien, si se admite que la Administración hace otras muchas cosas que no son reconducibles a esa operación, es lógico pensar que el control judicial poco pueda hacer en esos otros escenarios y que hayan de fortalecerse otros mecanismos de control.

Sobre esta temática, véase *La teoría general del Derecho Administrativo como sistema*, *cit.*, capítulo cuarto, en particular, pero no sólo, pp. 225 y ss. En lengua alemana, por todos, núm. 8 de la serie de reforma E. Schmidt-Aßmann y W. Hoffmann-Riem (Eds.), *Verwaltungskontrolle*, Nomosverlagsgesellschaft, Baden-Baden, 2001.

[87] Una exposición sistemática al respecto en Krebs, *Kontrolle* (nota 85), pp. 38 y ss. y 220 y ss.; Helmuth Schulze-Fielitz, «Zusammenspiel von öffentlich-rechtlichen Kontrollen der Verwaltung», en *Verwaltungskontrolle* (nota 86), pp. 291 y ss.; Wolfgang Kahl, «Begriff, Funktion und Konzepte von Kontrolle», en *GVwR*, vol. 3 (nota 1), § 47.

var otros parámetros o cánones que determinan la corrección de la actividad administrativa, el sistema de controles habrá de incorporar en paralelo, por consiguiente, otros mecanismos de control capaces de medir y sopesar esos otros criterios o parámetros de la acción administrativa. La teoría de los controles ha de ser concebida, pues, con mayor amplitud, para insertar en su seno el análisis económico y de eficiencia de la acción administrativa; el control financiero y presupuestario; el control del público –del conjunto de los ciudadanos– mediante la participación; el control de la Comisión europea sobre las Administraciones nacionales; etc. Estos mecanismos no son irrelevantes, han de formar parte del Derecho Administrativo[88]. Lo trascendente es, en suma, que en términos globales se alcance un *nivel de control suficiente* del conjunto (Hill), y no tanto que un solo control, aisladamente considerado y por sí mismo, alcance el nivel máximo de control.

Si dejamos ahora al margen el control jurisdiccional, podemos descubrir toda una multiforme variedad de controles administrativos. El problema no radica en su número, sino en su clasificación o sistematización. Naturalmente, no hay dificultad para ordenar y describir estos controles en función de criterios externos, por ejemplo. La cuestión consiste, sin embargo, en que ni la doctrina del Derecho Administrativo, ni, menos aún, la de las Ciencias de la Administración han prestado especial atención a esta temática[89], hasta el punto de que no es frecuente encontrar referencias a las distintas clases de control. La descripción ha de ser gráfica y debe huir de un concepto estricto de control, que se identifique con el control jurídico (o judicial). Por otra parte, el ejercicio del control no ha de producirse necesariamente a través de órganos y procedimientos propios y específicos, sino que, según las circunstancias, puede ser suficiente con instalar un concreto control en un segmento determinado de un procedimiento administrativo. Es habitual que los controles se sitúen en el marco de las relaciones de superioridad y de subordinación que guardan algunos órganos e ins-

---

[88] Gunnar Folke Schuppert, *Verwaltungswissenschaft*, Nomos, Baden-Baden, 2000, pp. 892 y ss.

[89] Más detalles sobre este tema en Bernd Becker, *Öffentliche Verwaltung*, Nomos, Baden-Baden, 1989, pp. 624 y ss., 870 y ss.

tituciones entre sí (como las inspecciones de servicio, por ejemplo)[90], pero también existen, y se darán con mayor frecuencia en el futuro, controles que se insertan en el ámbito de las relaciones de colaboración y cooperación público-privado. «Control y cooperación no son conceptos necesariamente opuestos»[91]. Lo decisivo es, a estos efectos, que se asegure personal, organizativa o procedimentalmente la específica *distancia* (independencia) que requiere el ejercicio del control.

2. LA PERSPECTIVA DE LA ACCIÓN ADMINISTRATIVA COMO COMPLEMENTO DE LA PERSPECTIVA DEL CONTROL

Para conseguir ese cambio de perspectiva y centro de gravedad no basta con complementar el control jurisdiccional con una teoría un poco más amplia de los controles. Se trata, más bien, de conceptualizar el Derecho Administrativo como *un Derecho que se ocupa preferentemente de la acción administrativa*. Si admitimos que el Derecho Administrativo tiene una doble misión que cumplir[92] –la de disciplinar o racionalizar la acción administrativa, de un lado y, de otro, la de garantizar la efectividad de esa acción– hemos de convenir entonces en la necesidad de estudiar la actividad de la Administración en sí misma, en su dimensión y hechura jurídica. Wolfgang Hoffmann-Riem ha explicado el necesario cambio de perspectiva con el siguiente esquema, que no es sino una síntesis de los resultados del debate sobre la reforma del Derecho Administrativo[93]:

– De la perspectiva del control judicial, a la perspectiva de la *acción*. Ha de abandonarse la idea de que el Derecho no es otra cosa que una técnica de control

---

[90] Sobre ello, STEPHANIE SCHIEDERMAIR, «Selbstkontrollen der Verwaltung», en *GVwR*, vol. 3 (nota 1), § 48.

[91] HOFFMANN-RIEM, «Verwaltungskontrolle – Perspektiven», en *Verwaltungskontrolle* (nota 86), p. 325 (366); en detalle WOLFGANG KAHL, *Die Staatsaufsicht*, Mohr Siebeck, Tübingen, 2000, especialmente pp. 472 y ss.

[92] E. SCHMIDT-ASSMANN, *Ordnungsidee* (nota 15), cap. 1, núm. marg. 30 ss.; VON DER PFORDTEN (nota 32), en *JZ*, 2005, p. 1077.

[93] WOLFGANG HOFFMANN-RIEM, «Die Eigenständigkeit der Verwaltung», en *GVwR*, vol. 1 (nota 3), § 10, núm. marg. 15.

judicial, para reforzar la vertiente de la acción administrativa (las normas jurídicas se observan aquí desde la perspectiva, no del juez, sino de la Administración, como reguladoras de su actuación).

– Del énfasis en la vinculatoriedad del Derecho entendido como un sistema que tiene por objeto establecer e imponer límites y prohibiciones, a la incorporación de *nuevos cánones* o parámetros jurídicamente reconocidos y a los que deba sujetarse la acción administrativa. Parámetros que permitan que la Administración se someta a nuevos impulsos y referentes de carácter *prescriptivo*.

– De una comprensión de la ciencia del Derecho cuyo objeto fundamental consiste en la interpretación de textos jurídicos, a una ciencia que ofrezca *soluciones* y criterios para la adopción de decisiones y la elección de las acciones a realizar.

– Del acento en el acto jurídico final a la perspectiva del procedimiento *como foro de búsqueda* de la mejor solución; a la óptica de una Administración más preocupada por hallar una respuesta eficaz y con mayor capacidad resolutiva ante los problemas.

– Del entendimiento de la ley como límite de la acción administrativa, a una más amplia concepción de la ley como instrumento y garante de una mayor calidad normativa.

– De una perspectiva de la Administración en clave descriptiva, al énfasis en la *producción* o gestación.

– De un concepto de legitimación democrática centrado en la legalidad, a la consideración de una *pluralidad* de estructuras normativas de legitimación.

– De la realización de funciones y competencias desde estructuras jerárquicas, a otras formas de organización y funcionamiento *descentralizados* y más o menos autónomo y al establecimiento de mecanismos de autorregulación regulada.

– Del acento en el Derecho nacional, a la *apertura hacia el exterior*, a la integración europea, en nuestro caso, y al proceso de globalización.

La fórmula «del – a» así empleada en los párrafos anteriores no quiere decir que los puntos de partida actuales no vayan a tener significación alguna en el futuro. De lo que se trata es, simplemente, de apuntar una ampliación de las perspectivas. En suma, pues, ahora más que nunca es necesario que el Derecho Administrativo se construya en torno a los parámetros o cánones de la acción administrativa. Ha sido superada por la realidad la «simetría», tantas veces postulada, entre los parámetros de la acción administrativa y los parámetros de control (judicial), puesto que ese pretendido paralelismo ignora las diferentes posiciones en las que se sitúa la Administración cuando actúa y el juez cuando controla, esto es, no tiene en cuenta la diversidad de escenarios en punto a la toma de decisiones. Una «teoría de los parámetros» ha de centrarse, por tanto, en esa vertiente de la «acción administrativa»[94].

Estos parámetros poseen diferente naturaleza o sustancia jurídica, según los casos. Algunos están reconocidos como parámetros estrictamente jurídicos en todo su sentido (por ejemplo, la interdicción de la arbitrariedad, la seguridad jurídica o el principio de proporcionalidad). Otros, en cambio, incorporan, junto a esa dimensión jurídica, otros ingredientes o dimensiones, como sucede por ejemplo con el principio de la eficiencia de la acción administrativa o de la austeridad. No faltan tampoco, en fin, otros criterios que, aunque difícilmente conceptualizables como cánones jurídicos, adquieren, sin embargo, relevancia para la acción administrativa, tales como los principios de transparencia; de consenso o aceptación de los destinatarios de la medida; o el criterio de la capacidad de innovación. Es claro que la teoría general del Derecho Administrativo no puede construir y desarrollar todos estos parámetros, ya que su comprensión y análisis excede en mucho de su ámbito y requiere, por ejemplo, conocimientos de la economía de la Administración y de sociología de las organizaciones. Lo que, en cambio, sí le corresponde al Derecho Administrativo es crear procedimientos que faciliten la implantación de esos parámetros, la interacción y complementariedad entre todos ellos; y la adquisición de experiencias, en un proceso de constante aprendizaje.[95]

---

[94] Sobre el tema, E. SCHMIDT-ASSMANN, *Ordnungsidee* (nota 15), cap. 6, núm. marg. 57 y ss.

[95] Para mayor abundamiento, RAINER PITSCHAS, «Maßstäbe im Verwaltungsrecht», en *GVwR*, vol. 2, § 33.

3. LA BÚSQUEDA DE «ESTRATEGIAS DE REGULACIÓN»

Si la misión del Derecho Administrativo consiste en *dirigir* la *actuación* de la Administración, la acción administrativa, es evidente que éste tendrá que ocuparse en detalle de las diversas formas de esa acción. Así, por ejemplo, en Alemania, se habla tradicionalmente de la Administración *interventora**, *prestacional*, de *dirección*, y *planificadora*. Más recientemente se ha comenzado a utilizar el concepto de «regulación», en un sentido muy amplio, tal como es usual en la ciencia política y de la Administración. «Regulación» significa aquí toda forma de ejercicio de la influencia estatal sobre el ámbito social, lo que tiene un cierto parentesco con el concepto de «dirección»[96]. Martin Eifert ha destacado tres estrategias de regulación, que son importantes para el Derecho Administrativo[97]:

– *Regulación pública*, como manifestación de autoridad, y que puede expresarse tanto en forma de intervención o injerencia, como también de prestación. Lo relevante aquí es que la Administración establece por sí misma las directrices necesarias para la dirección.

– La *autorregulación regulada* (esto es, una autorregulación social regulada en forma imperativa o con ejercicio de autoridad). Representa una síntesis o combinación de la racionalidad propia de la acción pública y de lógica de la acción privada.

– La *autorregulación social*. Aun cuando se trate de una cuestión que pertenece esencialmente al Derecho Privado, sin embargo, al Estado incumbe una función fundamental, cual es la de proveer o facilitar las condiciones necesarias, o, si se quiere, la de «puesta a disposición» (Schuppert). La formación del orden social se

---

* O de actividad administrativa de policía.

[96] Tal concepto debe diferenciarse del de regulación en sentido estricto, que designa, en especial, la dirección estatal en los sectores de las telecomunicaciones, ferrocarriles, electricidad, gas y agua (los denominados «sectores económicos en red»); sobre ello, véase apartado III.

[97] MARTIN EIFERT, «Regulierungsstrategien», en *GVwR*, vol. 1 (nota 1), § 19, en conexión con WOLFGANG HOFFMANN-RIEM y EBERHARD SCHMIDT-ASSMANN (Eds.), *Öffentliches Recht und Privatrecht als wechselseitige Auffangordnungen*, Nomos, Baden-Baden, 1996, p. 361 (300 y ss.), impreso también en HOFFMANN-RIEM, *Offene Rechtswissenschaft* (nota 79), pp. 871 (903 y ss.).

produce en el marco y en el contexto de instituciones jurídicas del Derecho Privado –organizaciones y contratos–, como sucede por ejemplo con las asociaciones o las sociedades mercantiles.

El análisis de las estrategias regulatorias contribuye a entender mejor que las reglas proyectadas constituyen instrumentos, que interactúan entre sí, y que, desde luego, pueden ser optimizados en sus posibles combinaciones. Estas operaciones constituyen, por de pronto, tareas propias del legislador y del asesoramiento técnico que a éste quepa ofrecerle. Ello no obstante, y en la medida en que se le atribuya a la Administración una potestad discrecional en este ámbito, también al Derecho Administrativo le incumbe la elección entre distintas opciones, la selección de instrumentos (*regulatory choice*)[98]. Por otra parte, el análisis de las diversas estrategias regulatorias permite ver con mayor agudeza y claridad la relevancia de los derechos fundamentales: los actores privados continúan siendo titulares de derechos fundamentales cuando se mueven en el marco de la autorregulación regulada. No se puede obviar la básica distinción entre la obligación estatal de observancia de la competencia, de un lado, y la habilitación que al sujeto privado otorga el derecho fundamental, de otro. Las oportunidades y los peligros del denominado «Estado cooperativo» tienen de este modo su reflejo en el Derecho Administrativo.

II. «DE LA DOGMÁTICA DE LA EJECUCIÓN, A LA ADMINISTRACIÓN DIRIGIDA POR LA LEY»*

Las líneas de tendencia apuntadas en el epígrafe anterior podrían también sintetizarse con el título de «Administración dirigida por la ley». Con esa expresión, en realidad quiere aludirse al tradicional con-

---

[98] Al respecto EIFERT, en *GVwR*, vol. 1, § 19, núm. marg. 153 y ss.

* Podría decirse también, de modo aún más claro en español: «De la dogmática tradicional concentrada en la idea de la simple y mera ejecución (de lo que la ley ha dispuesto), a una dogmática más compleja que incluya y considere en un sentido más amplio e integrador otras formas de dirección de la Administración a través de la ley parlamentaria (cuando ésta no dispone en concreto qué hacer en cada supuesto de hecho)».

cepto de «legalidad», que incluye no sólo la vinculación de la Administración a la ley parlamentaria, sino también a las normas europeas e internacionales y al Derecho establecido por el propio Ejecutivo.

1. PLANTEAMIENTO CLÁSICO: LA LEGALIDAD DE LA ACCIÓN ADMINISTRATIVA ENTENDIDA COMO APLICACIÓN DE LA LEY

En términos un tanto simplificadores, podríamos decir que los elementos característicos de la comprensión tradicional del principio de legalidad –o de conformidad de la acción de la Administración a la ley– se dejan describir del siguiente modo:

– La vinculación de la Administración a la ley se articula mediante la *tipificación normativa*.

– El tipo que la norma establece se forma por la suma de *conceptos legales*, a su vez subdivididos en presupuestos de hechos y consecuencia jurídica, elementos ambos conectados de ordinario con expresiones que sirven para determinar los efectos («debe», «puede»).

– La aplicación del tipo normativo se lleva a cabo a través del clásico método escalonado, en tres fases: interpretación, identificación del supuesto de hecho y subsunción.

En resumen, este sencillo modelo explicativo sobre la ejecución de la Ley nunca ha comprendido por entero la realidad del fenómeno de la aplicación de la ley, pero ha resultado siempre fácil atractivo y convincente por su simplicidad. Pese a su debilidad y sus déficits puede representar un adecuado punto de partida en situaciones sencillas. Y, por lo demás, cumple una función «educativa» porque obliga a los funcionarios a preocuparse por el contenido de las normas vinculantes, impidiendo que den rienda suelta a sus propias interpretaciones.

2. ENFOQUE OBLIGADO: LA CONSTRUCCIÓN DE UN MODELO COMPLEJO PARA ESTRUCTURAR Y EXPLICAR LA APLICACIÓN DE LA LEY POR PARTE DE LA ADMINISTRACIÓN

Como se ha notado, el modelo tradicional resulta insuficiente para explicar y aprehender otros muchos supuestos que no encajan en ese molde. Un Derecho Administrativo moderno ha de partir, en efecto, de un modelo de aplicación del Derecho más evolucionado y matizado. Piénsese, por ejemplo, que las leyes establecen también otras formas de dirigir a la Administración:

– conceptos legales abiertos y presupuestos de hecho abiertos[99];

– cláusulas y mandatos de ponderación de los bienes y valores en presencia, característicos del planeamiento territorial[100];

– el establecimiento de los fines y objetivos, garantías de resultado, etc., como sucede en la regulación de la competencia o en la autorregulación regulada (sectores regulados)[101];

– habilitaciones legales por las que se le atribuyen a la Administración márgenes de apreciación y de valoración, como en el Derecho ambiental y de la seguridad técnica[102].

---

[99] Ejemplo en el § 14.1 de la Ley federal de policía: «La policía federal puede, para cumplir sus tareas según §§ 1 a 7, adoptar las medidas necesarias para evitar un peligro, en la medida en que esta Ley no establezca una regulación espacial de las facultades de la policía». El apartado 2 determina: «por peligro en el sentido de esta sección se entiende un peligro para la seguridad o el orden existente en el caso concreto en el ámbito de las tareas que corresponden a la policía federal según los §§ 1 a 7».

[100] Por ejemplo, el § 1.7 del código de la construcción: «En la elaboración de los planes directores de la construcción deben ponderarse adecuadamente los intereses públicos y privados entre sí y los de una clase respecto de los de la otra».

[101] Por ejemplo, el § 1.2 de la Ley del sector eléctrico: «La regulación de las redes eléctricas y de gas conforme a los objetivos de la garantía de un suministro de electricidad y gas en competencia no falseada y efectiva y la garantía de la explotación eficaz a largo plazo y confiable de las redes de suministro de energía».

[102] Un ejemplo en el concepto de la «necesaria previsión» en el Derecho de protección frente a las inmisiones.

Puede afirmarse que la Constitución postula e impulsa un sistema más complejo, esto es, distintas formas de someter a la Administración a la ley y al Derecho. En realidad, con base en la Constitución puede distinguirse toda una graduación o escala de las distintas formas de aplicación del Derecho a manos de la Administración, que corra paralela a las diferentes formas de legislar. La teoría de la aplicación o implementación administrativas del Derecho ha de integrar un conjunto de supuestos mucho más matizados para poder dar respuesta adecuada a los distintos escenarios y situaciones en los que la Administración deba resolver en virtud de las diversas formas de dirigir que la ley presenta.

El modelo tradicional, como se ha notado, no agota la realidad. Y aun cuando el mecanismo de la simple subsunción del caso en el presupuesto de hecho que la norma contempla haya de seguir ocupando un lugar fundamental, como no puede ser de otra manera, ha de tenerse en cuenta, sin embargo, que no se basta a sí mismo, puesto que la realidad demuestra que son muchos los casos y los sectores especiales en los que no se legisla de ese modo y en los que, en consecuencia, no hay espacio para esa operación lógico-formal, como se pone de relieve en tantos ejemplos que provienen de la Parte Especial del Derecho Administrativo y de la misma práctica[103]. La Administración contemporánea, por otra parte, no es ya sólo una Administración que sólo dicta órdenes y establece prohibiciones*. Por ello, a título de ejemplo, habrá que examinar en cada caso si las normas que están destinadas a ser aplicadas mediante un sistema de ejecución unilateral y coercitivo resultan de utilidad en el ámbito contractual. De otra parte, la teoría de la aplicación del Derecho por parte de la Administración –la teoría de la aplicación del Derecho Administrativo– consiste como siempre en una *reconstrucción jurídica* acerca de la relación o del contacto que la Administración mantiene con la ley y el Derecho. No se trata con esta

---

[103] También en este sentido: HANS-HEINRICH TRUTE, «Methodik der Herstellung und Darstellung verwaltungsrechtlicher Entscheidungen», en E. Schmidt-Aßmann y Hoffmann-Riem (Eds.), *Methoden der Verwaltungsrechtswissenschaft*, Nomos, Baden-Baden, 2004, p. 293 (303).

* No es *sólo* la Administración del «ordeno y mando», del *command and control*.

reconstrucción de describir o calcar la realidad fáctica sin más, sino de satisfacer y cumplir unas funciones normativas propias.

a) La misión ante el texto de la norma

La labor que ha de realizar la Administración ante un texto legal es la misma, *cualquiera que sea la potestad –discrecional* o *reglada–* que tenga atribuida. Ha de tenerse en cuenta en ese sentido que la discrecionalidad se asienta *sobre una base normativa* y *dentro del marco que la norma* haya establecido.

Esa tarea comprende tres actividades: primero, la interpretación de la ley, de acuerdo con lo que dispone la *teoría del método*; segundo, la identificación de los hechos, del sustrato fáctico, conforme a los criterios que se deriven de los *medios de prueba* que, en cada caso, procedan; y, tercero, la subsunción (teniendo en cuenta aquí, en su caso, que la ley puede disponer la obligación de ponderar los bienes y valores en presencia)*. A este propósito, han de considerarse señaladamente las siguientes pautas[104]:

– De un lado, resulta necesario identificar el entero *programa de reglas obligatorias* que quepa extraer del conjunto del sistema normativo, esto es, de los distintos estratos o sedimentos que integran las normas generales y especiales, que resulten de aplicación al caso. Se trata de componer la entera tipificación legal.

– De otro, conviene determinar cuáles son las distintas *modalidades de dirección* que la legislación aplicable ha diseñado: dirección mediante programas, mediante procedimientos, o a través del contexto de que se trate. La interpretación sistemática suele ser de ayuda en esta tarea, aunque no siempre deviene útil.

– Por último, habrán de sistematizarse de forma comprensiva las diferentes *estructuras normativas*, de cara a determinar la existencia de supuestos de discre-

---

* Lo que cambia las cosas, pues ya no es entonces una mera operación de subsunción.

[104] Véase E. Schmidt-Assmann, «Zur Gesetzesbindung der verhandelnden Verwaltung», en *FS für Brohm*, Beck, München, 2002, pp. 547 (549 y ss.).

cionalidad abiertos o implícitos, así como su fundamento o razón de ser; los fines u objetivos a los que obedecen; así como sus respectivos límites.

La aplicación de la ley o, si se prefiere, la *tarea a realizar ante el texto normativo* no resulta nada fácil, pues no consiste en una mera reproducción mimética de lo que la ley haya dispuesto, ni en una mecánica ejecución de las decisiones previas que haya adoptado el legislador. Y ello porque el legislador puede confiarle al aplicador del Derecho la responsabilidad de que lleve a cabo una compleja y difícil ponderación de los intereses, bienes y valores en presencia para el caso concreto; o transferirle «momentos decisorios» de suma relevancia. Con todo, y pese a esa compleja fase decisoria, nada mecanicista, se trata siempre de un trabajo ordenado que ha de responder a las exigencias del método jurídico.

En este contexto, por tanto, no cabe excluir que el legislador pueda hacer uso de conceptos o criterios como, por ejemplo, la eficiencia económica, que la Administración ha de gestionar[105]. Ni el nuevo modelo de dirección, ni la dogmática de la aplicación de la ley impiden o resultan incompatibles con la introducción de parámetros, como el de la eficiencia, habida cuenta de que su asunción en la norma significa que ha pasado a formar parte del Derecho. Los objetivos que deban de alcanzarse en el ámbito prestacional, por ejemplo, pueden recogerse en la ley mediante la remisión a las exigencias del interés general.

b) Sobre las directrices o criterios para el ejercicio de potestades discrecionales

La discrecionalidad, el «ejercicio de las potestades discrecionales», representa también una modalidad de desarrollo e implementación del

---

[105] Un ejemplo lo proporcionan los §§ 30 y ss. de la Ley de las telecomunicaciones, que apoderan a los órganos de regulación para la autorización de los precios de los servicios de telecomunicaciones y, con tal motivo, establecen también regulaciones sobre la estimación permitida de determinados costes de explotación.

Derecho[106], aunque se trate, en efecto, de una variante específica de aplicar la ley y el Derecho*. La discrecionalidad administrativa constituye, pues, la expresión cifrada de una forma propia y autónoma de llevar a cabo una ponderación dirigida y pautada por la ley. Al mismo tiempo con el concepto de discrecionalidad se alude a la *estructura jurídica* en que se concreta un *modelo de actuación* de la Administración pública caracterizado de ordinario por una mayor apertura. Con ello quiere decirse también que la discrecionalidad es un *concepto jurídico* y no sólo un ámbito de libre configuración política. La estructura jurídica de la discrecionalidad posee una naturaleza o dimensión que podríamos calificar de procedimental, en el sentido de que requiere para su ejercicio de un «procedimiento interno» (Hill). Los criterios que sirven de guía para el ejercicio de la discrecionalidad constituyen una suerte de directriz jurídica para la actuación de la Administración. Así los ha descrito Michael Gerhardt[107]: la exigencia fundamental y básica que se desprende directamente de la cláusula del Estado de Derecho consiste en la racionalidad del ejercicio del poder estatal. Que el poder público deba ejercerse siempre de forma racional supone que toda decisión administrativa ha de sujetarse a un triple mandato u *obligación*:

– El proceso decisorio, la búsqueda de una solución o respuesta, ha de llevarse a cabo de una forma estructurada y, en consecuencia, resultar transparente. En concreto, la obligación de ponderar los bienes y derechos en presencia que se ha nacido y desarrollado en el ámbito del planeamiento territorial y urbanístico de la mano del principio de proporcionalidad, puede servir de modelo en muchos otros escenarios**.

---

[106] Al respecto E. Schmidt-Assmann, *Ordnungsidee* (nota 6), cap. 4, núm. marg. 46 y ss.

* O de «concretarla» en el sentido antes indicado, en nota de editor, esto es, concreción entendida como algo no mecánico, sino como implementación o desarrollo.

[107] Michael Gerhardt, en Schoch, Schmidt-Aßmann y Pietzner (Eds.), *Verwaltungsgerichtsordnung*, Beck, München, § 114, núm. marg. 5.

** El autor hace referencia con ello a los procedimientos escalonados, como los que se siguen para la elaboración del planeamiento territorial y urbanístico o para la expropiación. De ese modo se resuelven en fases separadas situaciones de cierta complejidad y se aseguran las garantías individuales y la adecuada ponderación de los distintos elementos que las integran, como sucede, por ejemplo, en el procedimiento expropiatorio (causa, necesidad, justiprecio, pago y toma de posesión, etc.). Esta estructuración se considera una exigencia de la cláusula del Estado de Derecho.

– La actividad instructora, las evaluaciones y los cálculos de probabilidades acerca de los resultados o de la evolución de futuro que pueda experimentar la cuestión a decidir habrán de ser acordes con la realidad. Ha de minimizarse en lo posible la incertidumbre con la ayuda del método adecuado; y si no es factible, ello habrá de tenerse en cuenta en la ponderación.

– De un lado, la Administración ha de observar en su ponderación las directrices normativas que resulten de aplicación al caso, y entre las que el principio de proporcionalidad –en cuanto ley material básica de la ponderación propia del Estado de Derecho– constituye un elemento fundamental que, sin duda, destaca de manera singular. Ello no obstante, de otro lado, la Administración está sobre todo obligada, por imperativo legal, a aplicar y a traducir en decisiones concretas también *criterios de corrección** «de carácter extrajurídico» que, con frecuencia, se establecen legalmente, aunque sea en forma implícita, cuando se le encomienda la última palabra en la materia, a fin de cumplir una función determinada o alcanzar un resultado*. En tales casos, en efecto, la Administración ha de incorporar en su decisión otros elementos de juicio, en realidad implícitos en la potestad discrecional, puesto que debe buscar la mejor solución para el caso concreto (discrecionalidad de carácter general); ha de optimizar las ventajas y minimizar los inconvenientes de una obra pública o de una infraestructura (discrecionalidad en el ámbito del planeamiento); o realizar un análisis o valoración técnica de acuerdo con el estado de la ciencia y los mejores conocimientos de que pueda disponerse (facultades de apreciación, en la categorización alemana, o «discrecionalidad técnica»).

Para abundar en las afirmaciones del texto, conviene remitirse a la lectura de su obra *La teoría general del Derecho Administrativo como sistema, cit.* en notas del editor, capítulo cuarto, núms. 47 y ss. El núm. 49 expresa este triple mandato con algunos ejemplos.

Entre nuestra doctrina, además, contribuye a enmarcar esta problemática y un entendimiento más profundo de este planteamiento el trabajo de José María Rodríguez de Santiago, *La ponderación de bienes e intereses en el Derecho Administrativo*, Marcial Pons, Madrid, 2000. Sobre el principio de proporcionalidad, véase el número monográfico de la revista *Cuadernos de Derecho Público*, núm. 5 (1998).

* Los estudios sobre la reforma del Derecho Administrativo hablan de «corrección» para aludir a otros parámetros que la Administración habría de observar, más allá de los clásicos límites o prohibiciones que el Derecho establezca. Así, la solución que se adopte no sólo habrá de respetar las reglas de procedimiento o de competencia, sino que habrá de ser la más razonable, la mejor de entre todas las posibles, etc. En ocasiones, en términos gráficos, la «corrección» se contrapone a «legalidad» o «conformidad a Derecho»; ésta determinaría el aprobado; aquélla la alta calificación. Sobre el tema, véase el capítulo quinto, núm. I, de la primera edición de esta obra (2006).

** Esto es, cuando la ley no predetermina la respuesta y le atribuye a la Administración la última palabra en un asunto concreto.

Todos estos conceptos pretenden llamar la atención sobre algunos de los escenarios más típicos a los que se enfrenta la Administración cuando ha de resolver y adoptar decisiones. Y ello con el propósito de poner de manifiesto que las exigencias que cada problema a resolver reclame deben ponderarse en el seno del modelo racional de la discrecionalidad, tal como se ha descrito. En este contexto, no resulta prioritario ni necesario crear nuevos parámetros de control judicial, sino, sobre todo y fundamentalmente, formular pautas de conducta o reglas para una mejor decisión discrecional de la Administración. Para inducir esas pautas o criterios de la acción administrativa discrecional resulta obligado acudir al caudal de experiencias acumuladas, a la práctica, a los manuales especializados en función de cada sector, etc., antes que recurrir a los dogmas procesales. La teoría de la discrecionalidad se remite, en esta medida, a la *teoría de los parámetros* de la acción administrativa[108].

III. DE UN DERECHO ADMINISTRATIVO DE LA PRESTACIÓN, A UN DERECHO ADMINISTRATIVO DE LA GARANTÍA DE LA PRESTACIÓN*

Este cambio de perspectiva (del Estado prestador al Estado garante) se inspira y apoya en la teoría de las clases de Administración[109]. Al Derecho Administrativo, en efecto, no sólo le interesa estudiar los supuestos en los que la Administración presta por sí misma los servicios o vigila u ordena una actividad a través de su propio personal y de su organización, sino también cuando garantiza un resultado prestacio-

---

[108] Sobre ello Pitschas, «Massstäbe des Verwaltungshandelns», en *GVwR*, vol. 2 (nota 1), § 42.

* Es decir, de un Derecho Administrativo centrado en la prestación directa a cargo del Estado, a un Derecho Administrativo que se ocupa también de aquellas otras prestaciones o servicios que, aun no siendo prestados directmanete, el Estado garantiza su resultado. De un Estado prestador, a un Estado regulador (respecto de determinados servicios o prestaciones).

[109] Sobre este tema E. Schmidt-Assmann, *Ordnungsidee* (nota 15), cap. 3, núm. marg. 98 y ss.

nal. Es más, la tarea primordial de nuestro tiempo consiste en crear el marco jurídico, las instituciones y los procedimientos apropiados para esos otros casos en los que la Administración se limita a impulsar y garantizar la autorregulación social para el cumplimiento de determinadas tareas –bien porque así lo desea, o bien porque está obligada a ello–; en otras palabras, cuando la responsabilidad de la Administración consiste en *garantizar* que el sector privado pueda satisfacer las tareas que le corresponden. Así ha quedado dicho ya antes a propósito de las «estrategias de regulación» (véase apartado I.3). En ocasiones, esos procesos son el resultado de la *privatización* de actividades antes prestadas en régimen de monopolio; en otras, sin embargo, se trata de un movimiento contrario, esto es, de la *publificación* de una actividad hasta entonces en manos del sector privado, como consecuencia de la insuficiencia o incapacidad para prestarlo de forma satisfactoria por parte de éste. De todo ello ha de ocuparse el Derecho Administrativo.

1. RESPONSABILIDAD DE GARANTÍA DE LAS PRESTACIONES

Naturalmente, el constante desplazamiento del reparto de tareas entre la sociedad y el Estado tiene inmediatas consecuencias para la ciencia del Derecho Administrativo. Ésta ha sido una de las preocupaciones centrales de los estudios sobre la reforma y la modernización de la disciplina. La cambiante atribución de esferas o ámbitos de «responsabilidades»[110] entre la Administración y el ciudadano y el concepto de «autorregulación regulada» constituyen los elementos centrales a tener en cuenta.

En este sentido, la «responsabilidad del Estado de garantizar la prestación» se ha erigido en el concepto clave[111]. Esa responsabilidad y compromiso se da cuando a la Administración –de ordinario, por-

---

[110] E. SCHMIDT-ASSMANN, «Zur Reform des Allgemeinen Verwaltungsrechts – Reformbedarf und Reformansätze», en *Reform des Allgemeinen Verwaltungsrechts* (nota 30), pp. 11 (43 y ss.); HELMUTH SCHULZE-FIELITZ, «Grundmodi der Aufgabenwahrnehmung», en *GVwR*, vol. 1 (nota 1), § 12, especialmente núm. marg. 148 y ss.

[111] Véase un enfoque sistemático en A. VOSSKUHLE (nota 72), *VVDStRL*, núm. 62 (2003), pp. 226 y ss.; y también WOLFGANG WEISS, «Beteiligung Privater an der Wahr-

que así lo dispone la ley– le corresponde asegurar que esa actividad de interés general sea satisfecha en condiciones adecuadas por el sector privado.

Esta responsabilidad del Estado para garantizar un resultado se articula y estructura de múltiples formas. Al fin y al cabo, son muchas las actividades administrativas que se satisfacen a través de fórmulas de Derecho Privado, al servicio del interés general[112]:

– Con frecuencia, basta con establecer mecanismos de autovigilancia y auto-control con la superior presencia de la Administración (reparto de responsabilidades en materia de vigilancia). Entre otros ejemplos, podrían citarse el sistema combinado de certificaciones y acreditaciones en el ámbito de la gestión medio-ambiental, conforme a la Directiva de la Unión Europea 1221/2009; o el sistema de inspección y control de las entidades financieras; la inspección de los edificios, desregulada en algunos países; etc.

– En otros casos, por el contrario, a la empresa privada se le confía la realización de actividades complementarias o adicionales de interés general. En esa justa medida, la empresa pierde su autonomía. Un ejemplo paradigmático lo constituyen las obligaciones de servicio universal que, de acuerdo con la legislación general de telecomunicaciones y el servicio postal, se le pueden imponer a las empresas del sector. No es infrecuente tampoco que esa responsabilidad que ostenta el Estado de garantizar un resultado (la satisfacción del interés general, definido para cada caso) se exprese a través de organizaciones comunes con el sector privado o de contratos de colaboración público-privado, supuestos éstos en los que la Administración siempre se reserva ciertos derechos de dirección y control.

Son numerosas y de muy variado tipo las actividades que se prestan en este régimen, caracterizado, como se ha insistido, por el hecho de que la Administración garantiza el resultado final (una prestación adecuada, a un precio razonable, etc.). Representa un fenómeno tan relevante que puede afirmarse que se trata de una nueva clase de Administración pública, con señas de identidad propias. Podría decirse, por tanto, que además de las formas de Administración más tradiciones,

---

nehmung öffentlicher Aufgaben und staatliche Verantwortung», *DVBl*, 2002, Heymanns, Köln, pp. 1167 y ss.

[112] Véase Schuppert, *Verwaltungswissenschaft* (nota 88), pp. 406 y ss. y 898 y ss.

como las denominadas «Administración prestacional» y «Administración ordenadora»*, ha surgido una nueva clase, la *Administración garantizadora de la prestación*. Esta forma de Administración comparte, desde luego, muchas notas en común con la de dirección, puesto que la Administración garante también ha de enfrentarse con frecuencia a situaciones de conflictos de intereses entre las partes (empresarios, usuarios, etc.), a constelaciones de intereses en las que se encuentran en juego igualmente derechos fundamentales (de libertad o de tutela), intereses de terceros, etc., y en las que, por consiguiente, se trata de tomar decisiones sumamente complejas. Lo singular y característico de esta forma de Administración que garantiza un resultado reside, sin embargo, en un dato fundamental. Y es que la Administración y el sector privado actúan de consuno y *en común* para satisfacer el bienestar general. La acción de la Administración en este escenario no pretende modelar o «petrificar» la iniciativa privada ni los criterios de racionalización a los que el sector privado se sujeta; respeta su propia dinámica de funcionamiento. Téngase en cuenta, en ese sentido, que para asegurar la colaboración permanente de las dos esferas –la social y la estatal– en la consecución de estos intereses convergentes, en esa suerte de circuito paralelo de intereses públicos y privados, es necesario dejar que cada subsistema o esfera aporte su propia dinámica y capacidad de actuación. El Estado y la sociedad cuentan con su propia racionalidad[113]. En forma esquemática, podría decirse que la Administración garantizadora de las prestaciones se caracteriza por las siguientes cuatro notas:

– La preservación de la racionalidad propia de ambos subsistemas, esto es, la salvaguardia de la neutralidad del Estado, por un lado, y de la espontaneidad de la sociedad, por otro.

– La flexibilidad o adaptabilidad de los acuerdos que el Estado y la sociedad alcanzan de forma conjunta.

– La necesidad de que ambos subsistemas profundicen en la autovigilancia y en el autocontrol, lo cual remite a la publicidad y transparencia.

---

* O de actividad de policía, en la terminología española.

[113] Así, literalmente, se expresa Vosskuhle (nota 72), *VVDStRL*, núm. 62 (2003), p. 266 (307).

– La creación de las estructuras necesarias, con la ayuda de la legislación, que sirvan para ofrecer el marco adecuado y los objetivos necesarios al conjunto o contexto de reglas en interacción, sin petrificarlo.

2. DERECHO ADMINISTRATIVO DE GARANTÍA DE LAS PRESTACIONES, EN ESPECIAL: EL DERECHO ADMINISTRATIVO DE LA REGULACIÓN

Ese *Derecho Administrativo de garantía* habrá de sistematizar el elevado número de referentes normativos y de reglas de Derecho positivo que se hallan dispersas en los distintos sectores especiales, a fin de traducirlos y conformarlos en institutos jurídicos. El Derecho Administrativo del futuro seguirá siendo un Derecho de la Administración ordenadora, prestadora, directora y planificadora, pero será, *además*, un Derecho de la «Administración garante de un resultado»*.

Andreas Voßkuhle ha explicado de una forma sistemática los rasgos fundamentales que caracterizan al Derecho Administrativo garantizador[114]: las leyes que configuran este específico modelo de Administración y de Derecho Administrativo, afirma este autor, han de poner el acento en medidas y actuaciones de carácter *estructural* y de corte *finalista*. Y ello se consigue fundamentalmente mediante la selección de las organizaciones y de los procedimientos adecuados**. No obstante, a este nuevo Derecho Administrativo le interesan tanto los medios y técnicas típicas del Derecho Público (procedimientos administrativos; organizaciones administrativas), como privados (procedimientos y organizaciones de Derecho Privado). Habrán de inocularse en esas

---

* Todas estas expresiones (Administración garante; o garante de un resultado y de un conjunto de prestaciones; Administración garantizadora; Administración que asegura un objetivo; etc.) no son sino traducciones literales que pretenden reflejar descriptivamente lo que en el idioma alemán, con su enorme flexibilidad y maleabilidad para el lenguaje científico, expresa con un solo término: «Gewährleistungsverwaltung» (lit.: Administración de garantía). Lo mismo puede decirse del término «Gewährleistungsverwaltungsrecht» (lit.: Derecho Administrativo de la garantía).

[114] De forma resumida en *VVDStRL*, núm. 62 (2003), pp. 266 (310 y ss.).

** Véase el capítulo quinto de la primera edición de esta obra colectiva (2006).

instituciones del Derecho Privado los equivalentes funcionales de las garantías propias del Derecho Administrativo clásico*. Entre las cuestiones que la dogmática ha de sistematizar y resolver en esta sede podrían citarse las siguientes:

– El establecimiento de instrumentos que aseguren la calidad y los resultados en la prestación privada de los servicios.

– La creación de procedimientos para la selección de los socios privados más cualificados que hayan de colaborar con la Administración.

– La tutela de los intereses de terceros: competidores, usuarios y consumidores.

– El diseño de mecanismos que garanticen la necesaria evaluación de los servicios y la acumulación de experiencias y un aprendizaje.

– La posibilidad de que el Estado pueda dar marcha atrás y establecer otras fórmulas alternativas.

Parte importante del *Derecho Administrativo de garantía* de las prestaciones es el *Derecho Administrativo de la regulación*. Aquí se utiliza el concepto en su *sentido estricto* (véase apartado I.3). Con él se designa la dirección de los denominados sectores económicos en red y los mercados con estructura equivalente[115]. En la mayoría de los casos se trata de sectores surgidos de operaciones, completas o parciales, de privatización de empresas estatales (ferrocarriles, servicio postal), cuyo primer objetivo fue la generación de una concurrencia operativa. Pero debían garantizar al mismo tiempo que las empresas privadas actuantes en es-

---

* Véase el capítulo quinto de la primera edición de esta obra colectiva (2006). Asimismo, véase J. BARNES, capítulo cuarto, segunda parte, de la presente obra colectiva. Los capítulos quinto y sexto de *La teoría general del Derecho Administrativo como sistema, cit.* en notas de editor anteriores, resultan de obligada lectura para extraer mayores consecuencias de la síntesis de esta problemática que en el texto se apunta. Asimismo, resulta obligada la remisión al volumen colectivo de la serie de reforma *Öffentliches Recht und Privatrecht als wechselseitige Auffangordnungen*, 1996.

[115] Sobre este tema, véanse los trabajos de MICHAEL FEHLING y MATTHIAS RUFFERT (Eds.), *Regulierungsrecht*, Beck, München, 2010; véase también FERDINAND WOLLENSCHLÄGER, *Verteilungsverfahren*, Mohr Siebeck, Tübingen, 2010.

tos nuevos mercados mantuvieran, de manera duradera, una adecuada infraestructura y ofrecieran el suministro de los correspondientes servicios de forma suficiente y en todo el ámbito establecido. Ello requiere un específico instrumentarlo jurídico-administrativo: la aprobación de tarifas, la licitación de servicios universales, el poder regulatorio discrecional y solo finalistamente «dirigido» por la ley para la configuración de estructuras de mercado, cuyo ejercicio se encomienda a específicos organismos reguladores[116]. En la medida en que constituye un sector que se sitúa en un «grado» o «nivel intermedio de abstracción»*, el Derecho Administrativo de la regulación representa hoy –al igual que antes ya la ordenación del territorio– un importante sector de referencia para la sistematización del Derecho Administrativo general.

3. LA MULETILLA DEL «REGRESO DEL ESTADO»

En la actualidad es observable la no realización de alguna privatización proyectada o la retroacción de privatizaciones ya ejecutadas. ¿No hay en ello una vuelta a la buena y vieja procura existencial y a la responsabilidad plena de ejecución o prestación directa a cargo del propio Estado, en sustitución de una mera responsabilidad de garantía? Más aún: ¿no ha demostrado la crisis financiera lo importante que es el Estado como actor? La mención a la «vuelta del Estado» ha pasado a ser lugar común en la ciencia política. No es tarea del Derecho Administrativo, ni de la ciencia jurídico-administrativa, sin embargo, el rápido cambio de paradigmas. En el Derecho Administrativo nunca se ha llegado a despedir al Estado, con lo que ahora tampoco es preciso redescubrirlo. La atribución de ámbitos de responsabilidad y las

---

[116] Sobre estas cuestiones, MICHAEL FEHLING y MATTHIAS RUFFERT (Eds.), *Regulierungsrecht*, Beck, München, 2010; véase también FERDINAND WOLLENSCHLÄGER, *Verteilungsverfahren*, Mohr Siebeck, Tübingen, 2010.

* Para entender esta expresión y el planteamiento que ésta subyace, véase, entre otros, el capítulo primero de la obra de E. SCHMIDT-ASSMANN *La teoría general del Derecho Administrativo como sistema, cit.* Con un desarrollo particular y en parte distinto puede verse J. BARNES, «Introducción. Reforma e innovación del procedimiento administrativo», en *La transformación del procedimiento administrativo*, Global Law Press-Editorial Derecho Global, Sevilla, 2008.

estrategias de regulación constituyen terreno idóneo para reflejar, en el seno de la ciencia del Derecho Administrativo, los cambios en la relación de fuerzas entre Estado y sociedad, Administración y mercado. Precisamente el Derecho Administrativo de garantía, al que se ha hecho referencia en los epígrafes precedentes, representa un ámbito en el que siempre está también presente el Estado que interviene como poder por medio de las formas clásicas de actuación, como el acto administrativo. Ahora bien, aunque tenga en común muchas cosas el Derecho Administrativo de garantía con las clásicas modalidades de Administración, ello no significa una vuelta a las antiguas formas estatales. Piénsese, por ejemplo, que las técnicas de actuación unilateral no tienen en cuenta que los órganos estatales ya solo en cooperación con la sociedad pueden alcanzar el necesario conocimiento requerido para la regulación. A ello se añade aún una segunda perspectiva: precisamente la crisis financiera ha revelado que cada Estado únicamente puede conseguir algo en colaboración con otros Estados.

LA EVOLUCIÓN DEL DERECHO ADMINISTRATIVO EUROPEO Y DEL DERECHO ADMINISTRATIVO INTERNACIONAL

EL debate académico sobre la reforma del Derecho Administrativo ha tenido en cuenta desde el principio el fenómeno de la europeización del Derecho y sus consecuencias para nuestra disciplina. La doctrina ha estado siempre atenta a la construcción del Derecho de la Unión Europea de acuerdo con los dictados de la cláusula del Estado de Derecho. Con el correr del tiempo se hizo, sin embargo, cada vez más patente que los cambios y efectos no sólo afectaban al plano normativo, a la conformación del Derecho, sino también al ámbito organizativo, a las estructuras administrativas[117]. Bajo el manto de la Unión Europea se ha establecido, en efecto, una densa red de relaciones administrativas que intervienen en el espacio comunitario, en interacción recíproca, integrada por las instituciones comunitarias y todas las Administraciones nacionales, en sus distintos niveles. Nos hallamos ante una suerte de *asociación* o *unión de Administraciones europeas* o, si se prefiere, ante un conjunto interrelacionado de Administraciones, nacionales y europeas* (I). El Derecho Administrativo que requiere ese conjunto interrelacionado de Administraciones del espacio comunitario –el Derecho Administrativo europeo– no está aún bien definido, puesto que su objeto y materia resultan todavía poco claros a los ojos del Derecho de la Unión Europea y del Derecho nacional. De ahí que no haya sido capaz de responder a los retos que esa red de Administraciones plantea.

---

[117] E. SCHMIDT-ASSMANN y WOLFGANG HOFFMANN-RIEM (Eds.), *Strukturen des Europäischen Verwaltungsrechts*, Duncker und Humblot, Berlin, 1999; más recientemente, la exposición comprensiva de las estructuras de la Administración y su Derecho de JÖRG TERHECHTE (Ed.), *Verwaltungsrecht der Europäischen Union*, Nomos, Baden-Baden, 2011.

* Las expresiones propuestas en el texto (asociación, unión o conjunto interrelacionado; estructura asociativa; etc.), al igual que tantos otros términos del texto original, no pretenden, todas ellas sumadas, sino describir lo que en alemán se expresa con un solo término: «Verwaltungsverbund».

Los típicos *problemas «asociativos»* o *de conjunto* no han quedado todavía resueltos. Tal es la tarea que tiene por delante. Para conseguir que el Derecho Administrativo europeo pueda construirse sobre unas bases y premisas sistemáticas e integrales, resulta conveniente recurrir a la idea de la *constitucionalización* que proviene de los ordenamientos nacionales (II)*.

I. LA ADMINISTRACIÓN EUROPEA COMO UNA UNIÓN O CONJUNTO INTERRELACIONADO DE INFORMA-CIÓN, ACTUACIÓN Y CONTROL

La Unión Europea y sus predecesoras, las Comunidades Europeas, nunca han sido en realidad comunidades exclusivamente económicas. Lo que sí han sido siempre es *Comunidades de Administraciones públicas.* La Unión Aduanera y la ordenación del mercado agrícola, tal y como se establecieron en los Tratados de Roma de 1957, fueron posibles merced al considerable esfuerzo de todas las Administraciones implicadas, nacionales y europeas. Sin embargo, durante largo tiempo, esta realidad, o no se ha valorado en su justa medida, o bien ha sido tachada como problemática y se ha visto reducida a la simplista visión de una Administración europea sobredimensionada y fuertemente centralizada («Administración Mamut»). Ambas posiciones son erróneas: el personal al servicio de la Comisión no ha crecido de forma perceptible desde hace muchos años. Tan sólo ha aumentado su número con ocasión de las sucesivas ampliaciones hacia el Este. Piénsese que con aproximadamente 30.000 empleados públicos, Bruselas ejerce un mayor número de competencias y de más complejidad que tantas otras Administraciones alemanas o españolas, que cuentan, sin embargo, con un volumen de personal superior.

La Administración europea no se puede entender, ni se deja describir, en clave jerárquica, puesto que consiste en un conjunto inte-

---

* Véase asimismo el capítulo séptimo de *La teoría general del Derecho Administrativo como sistema*, cit.

rrelacionado de Administraciones nacionales y comunitarias que *trabajan en común*, cada vez con mayor intensidad, aunque no por ello se amalgamen ni reduzcan a unidad. Así pues, el punto de partida ha de situarse en una concepción *funcional* de Administración que incluya a las instancias de la Unión y a las Administraciones de los Estados miembros, esto es, una unión, asociación o conjunto interrelacionado que comprenda los dos niveles, en el ámbito del *control*, de la *acción* y de la *información*[118].

1. LAS ADMINISTRACIONES NACIONALES CONSTITUYEN LA BASE

Las Administraciones nacionales constituyen la base de ese conjunto interrelacionado de Administraciones del espacio comunitario. A ellas les compete el cumplimiento de la mayor parte de los asuntos y responsabilidades de carácter administrativo. Tramitan la inmensa mayoría de los procedimientos administrativos. A ellas les incumbe en exclusiva la aplicación del *Derecho nacional*. Y en buena medida aplican también el Derecho de la Unión. La Administración directa constituye la excepción. Casi toda la ejecución o aplicación corresponde a los Ejecutivos de los Estados miembros. Éste es un dato de hecho y, al propio tiempo, una regla jurídica establecida por el artículo 291.1 TFUE: el concepto que de la Administración tiene la Unión se basa *en términos organizativos* en la primacía de la ejecución descentralizada de las competencias comunitarias (a cargo de los Estados miembros).

2. LAS INSTANCIAS ADMINISTRATIVAS DE LA UNIÓN EUROPEA

En el plano europeo, el grueso de las tareas y responsabilidades administrativas corresponde a la Comisión. La naturaleza administrativa

---

[118] E. SCHMIDT-ASSMANN y BETTINA SCHÖNDORF-HAUBOLD (Eds.), *Der Europäische Verwaltungsverbund*, Mohr Siebeck, Tübingen, 2005; con numerosas otras contribuciones, ahora también OSWALD JANSEN y BETTINA SCHÖNDORF-HAUBOLD (Eds.), *The European Composite Administration*, Intersentia Cambridge, Antwerp, Portland, 2011 y WOLFGANG WEISS, *Der Europäische Verwaltungsverbund*, Duncker und Humblot, Berlin, 2011.

de sus funciones y cometidos se halla reconocida en el art. 17.1, inciso 5º, TUE. Para la preparación y cumplimiento de todas esas funciones, la Comisión, constituida de forma colegiada, tiene a su disposición una Administración estructurada en Direcciones Generales, Direcciones y Negociados, que deben actuar como un conjunto unitario.

El alto grado de centralización de la Comisión ha ido relativizándose progresivamente como consecuencia de la creación de otras oficinas y agencias. Algunas de estas estructuras administrativas se encuentran estrechamente subordinadas a la Comisión, como el caso de las *agencias ejecutivas*, cuya tarea fundamental consiste en la ejecución de los presupuestos. Sin embargo, las unidades más importantes siguen el modelo de las Administraciones independientes. El número de representantes de los Estados miembros en sus órganos de dirección suele superar al de los de la Comisión. En los últimos años, se ha producido una ola de nuevas instituciones de este tipo, denominadas *agencias reguladoras*, lo que ha supuesto un claro fortalecimiento del complejo de organizaciones separadas de la Comisión: las Agencias de Seguridad Alimentaria, de Seguridad del Tráfico Aéreo y Marítimo, así como de una Agencia de Sustancias y Preparados Químicos, una Agencia de Cooperación de los Reguladores de la Energía y, como últimas creaciones, tres Agencias para la regulación de los mercados financieros, entre ellas una de supervisión de los bancos. En algunos casos, se trata de Administraciones con potestades decisorias propias *ad extra*, esto es, con efectos directos hacia terceros aunque, por lo general, sólo llevan a cabo funciones de obtención e intercambio de datos, de asesoramiento técnico, y deliberación. No deben subestimarse, sin embargo, las amplias posibilidades de dirección que se derivan de esas actividades desarrolladas por las Agencias, habida cuenta de que en el contexto europeo el tratamiento y el intercambio de información constituye un elemento consustancial.

Además de esas nuevas fórmulas administrativas, cada vez más sofisticadas, ha de destacarse el creciente fenómeno de los *comités*, cuya función consiste en colaborar con las Administraciones nacionales; aportar conocimientos técnicos o especializados; y facilitar la apertura a las fuerzas sociales. Constituyen puntos de contacto imprescindibles para la Unión, en lo que hace a la obtención, tratamiento e intercambio de información. Sin sus aportaciones la Unión no podría desplegar su actividad, habida cuenta de los escasos recursos propios de que dispone. Dentro de este conjunto de comités destacan los propios de la comitología. Representan un importante mecanismo de cooperación entre la Comisión y los Ejecutivos de los Estados, porque contribuyen en una medida nada despreciable a la mejor elaboración del Derecho nacional de cara al cumplimiento y ejecución del Derecho de la Unión Europea. La praxis observada desde 1962 ha encontrado su formalización actual en el art. 291.2 TFUE. El beneficio evidente de este sistema radica, como es obvio, en la colaboración y cooperación de todos los niveles implicados. Su punto débil, sin embargo, reside en la falta de transparencia y de claridad en el reparto de responsabilidades.

3. LA COOPERACIÓN Y LA CREACIÓN DE REDES

La Administración del espacio europeo se ha articulado sobre un modelo teórico que no se corresponde con la realidad. En efecto, el sistema administrativo obedece a la construcción teórica, según la cual se ha de intervenir en uno de los niveles: *o bien* se actúa en el nivel nacional, *o bien* en el plano europeo (es el denominado *principio de separación*). En la práctica, sin embargo, las actividades administrativas sólo se pueden hacer realidad a través del trabajo en común, por medio de fórmulas cooperativas entre todas las Administraciones implicadas (*principio de cooperación* o de colaboración). No hay un solo sector o ámbito del Derecho de la Unión con un mínimo de relevancia en el que las competencias administrativas puedan desplegarse por separado. El principio de cooperación lo impregna todo. Así, sucede, por ejemplo, en el Derecho de la Competencia y de las ayudas de Estado; el Derecho aduanero; el Derecho alimentario; los fondos estructurales; o la autorización de productos y servicios. La concepción administrativa de la Unión se basa, por tanto, en dos principios constitutivos complementarios: la *separación en sentido organizativo* y la colaboración o *cooperación desde una perspectiva funcional*.

La colaboración se mueve tanto en clave vertical, entre la Comisión y los Estados miembros, como horizontal, entre todas las Administraciones nacionales. A su vez, tales formas de colaboración admiten diferentes grados de intensidad. Desde contactos puntuales o esporádicos entre autoridades administrativas (para prestarse auxilio o ayuda respecto de determinados asuntos)[119], hasta redes de colaboración permanente[120]. La cooperación cumple múltiples funciones en el Derecho comunitario:

– Su función principal consiste en proporcionar la información necesaria a las Administraciones intervinientes (*cooperación informativa*). Ello entraña tanto el intercambio ocasional de datos, como la construcción de redes centrales de información.

– La cooperación puede articularse, a su vez, a través de múltiples formas de colaboración recíproca y de dirección conjunta dentro de los diferentes procedimientos (*cooperación procedimental*). Piénsese que no se podrían regular ni organizar, por ejemplo, las obligaciones de reconocimiento mutuo de certificados académicos o las aprobaciones o autorizaciones entre los Estados miembros, si no es con la ayuda de procedimientos que sean capaces de ofrecer mecanismos adecuados para esclarecer los casos más urgentes o controvertidos. Ha crecido el número de los procedimientos administrativos «escalonados» o «mixtos», en los que participan autoridades administrativas de distintos niveles*.

– Finalmente, la cooperación puede canalizarse a través de órganos o gremios creados expresamente al efecto (*cooperación institucional*). Ejemplos en este sentido son los mencionados consejos administrativos de las agencias europeas y el sistema de la comitología.

Entre las fórmulas organizativas más características de ese conjunto interrelacionado que conforman las Administraciones del espacio europeo se encuentran las *redes administrativas*. Con este concepto se

---

[119] *Vid.* FLORIAN WETTNER, *Die Amtshilfe im Europäischen Verwaltungsrecht*, Mohr. Siebeck, Tübingen, 2005.

[120] Sobre este tema, *vid.* JULIA SOMMER, *Verwaltungskooperation am Beispiel administrativer Informationsverfahren im europäischen Umweltrecht*, Springer, Heidelberg, 2003.

* También denominados «procedimientos compuestos».

hace referencia a formas de colaboración más intensas y consistentes, con el apoyo habitual de redes electrónicas[121].

4. PROBLEMAS ESPECIALES QUE SUSCITA LA ACCIÓN CONJUNTA O LA ASOCIACIÓN DE ADMINISTRACIONES DEL ESPACIO COMUNITARIO EUROPEO

Las *posiciones intermedias* plantean por de pronto notables dificultades para la ciencia del Derecho: el entrelazamiento y la interacción parecen resistirse al análisis y al deslinde de las responsabilidades asignadas a cada uno de los sujetos participantes, como cabe esperar de todo trabajo jurídico. Los problemas del Derecho Administrativo europeo son en esencia problemas derivados de ese *trabajo en común*. En términos muy esquemáticos, podríamos sintetizarlos con tres palabras: transparencia, coherencia y eficiencia. Estos tres conceptos presentan, junto a una componente democrática, otras relativas a la cláusula del Estado de Derecho:

– El *mandato de transparencia* exige dos cosas: la visibilidad de las estructuras procedimentales, de un lado y, de otro, la fácil identificación de las distintas instancias administrativas, nacionales y europeas, intervinientes en el proceso de toma de decisiones. La correcta ordenación de las esferas de responsabilidades resulta necesaria de cara a la ulterior tutela judicial o reclamación de indemnización por daños.

– El *mandato de coherencia* se mueve en el plano de la articulación de los distintos sistemas de protección. No resultaría aceptable que las exigencias de tutela quedaran en la práctica en un terreno de nadie por el hecho de que aquéllos no estuvieran suficientemente evolucionados e interrelacionados entre sí. El nivel de compatibilidad e interrelación entre los sistemas de protección ha de correr paralelo al alto grado y volumen de la acción administrativa en común.

– El *mandato de eficiencia* obliga a una efectiva y equilibrada movilización de medios y recursos. Las tareas administrativas realizadas en común han de ser

---

[121] ALBERTO J. GIL IBÁÑEZ, *Supervision and Enforcement of EC Law*, Hart, Oxford, 1999, p. 298: «We can speak of network, when partnership takes place through a permanente Framework for administrative cooperation [...]».

iguales en todo el territorio de la Unión y satisfacerse conforme a estándares que generen la confianza de todas las Administraciones participantes.

II. LA CAPACIDAD DE ORDENACIÓN DEL DERECHO CONSTITUCIONAL EUROPEO

Los principios de Estado de Derecho (*l'état de droit*, *rule of law*) y del Estado democrático figuran, conforme al art. 2 TUE, entre los valores básicos en que se fundamenta la Unión Europea. Al propio tiempo, son principios constitucionales que propician el desarrollo de la constitucionalización del Derecho Administrativo europeo[122].

Ha de notarse, sin embargo, que el Derecho Constitucional de la Unión Europea cuenta con un contenido compuesto de varias capas, niveles y piezas, en el que las relaciones internas de prelación no están del todo clarificadas. Por ello, la relación entre el Derecho Administrativo y el Derecho Constitucional no posee la misma intensidad que en el ámbito interno. Menos aún que en el sistema nacional, podría hablarse aquí, por tanto, de una «relación deductiva» entre el Derecho Administrativo y el Derecho Constitucional, a la que ya se hizo referencia.

1. LOS PRINCIPIOS GENERALES DE LA EJECUCIÓN

El articulado del Tratado de la Comunidad Económica Europea (TCE) contaba ya con numerosos elementos sobre los que construir en forma sistemática la Teoría General del Derecho Administrativo europeo. Entre estas normas, se pueden citar, por ejemplo, el catálogo de fuentes del Derecho o de actos jurídicos de la Unión Europea* (actual art. 288 TFUE); los preceptos reguladores de la tutela judi-

---

[122] Sobre lo que a continuación se expone en el texto, véase E. Schmidt-Assmann, «Verfassungsprinzipien für den Europäischen Verwaltungsverbund», en *GVwR*, vol. 1 (nota 1), § 5, núm. marg. 49 y ss.

* Llamados «formas jurídicas de actuación» en la terminología y dogmática alemanas.

cial (actuales arts. 263 y 265 TFUE); y las disposiciones que se refieren a la responsabilidad patrimonial de la Unión Europea (art. 340.2 TFUE). Las reformas posteriores introducirían otros elementos, como el principio de subsidiariedad y de proporcionalidad; la protección de datos personales; y el acceso a los documentos públicos. Se trata de normas que se dirigen a las instituciones europeas. En cambio, son muy pocas las normas de Derecho originario que tienen por objeto o destinatario a las Administraciones nacionales (por ejemplo, la obligación de notificar a que se refiere, en el ámbito de las ayudas de Estado, el art. 108.3 TFUE). En todo caso, parece claro que la Unión no posee amplias competencias para determinar el Derecho Administrativo *general* de los Estados miembros.

Por su parte, el Tribunal de Justicia de la Unión Europea ha enriquecido considerablemente el acervo comunitario mediante la introducción de principios generales del Derecho, que exceden en mucho las concretas normas positivas[123]. Los principios, a diferencia de las disposiciones expresas, no sólo se dirigen a las instituciones de la Unión, sino también a los Estados miembros y a sus respectivas Administraciones en cuanto que aplican el Derecho de la Unión. Es más, puede decirse que los Estados miembros han sido objeto preferente de la jurisprudencia comunitaria. El TJCE recuerda así a los Estados miembros cuáles son sus deberes; y, a tal efecto, sitúa el punto de partida en el artículo 4.3 TFUE (principio de lealtad; adecuado cumplimiento de las obligaciones derivadas del Tratado). Ello implica una fuerte presión en pro de la reforma del Derecho Administrativo nacional, sobre todo en lo que se refiere a la organización, el procedimiento administrativo y el proceso judicial. Y ello como consecuencia de los conocidos principios de coordinación, equivalencia y efectividad, cuya pretensión consiste en asegurar que el ejercicio de los derechos reconocidos por la Unión no sea impedido u obstaculizado.

---

[123] Más información al respecto en JÜRGEN SCHWARZE, *Europäisches Verwaltungsrecht*, 2ª ed., Nomos, Baden-Baden, 2005, y, de forma resumida, la evolución más reciente en pp. III y ss.

Durante un largo periodo de tiempo el TJCE estuvo más preocupado por la plena eficacia del Derecho Comunitario, a costa de los Estados miembros y de sus Administraciones, mostrando una mayor sensibilidad en favor del Derecho de la Unión Europea y de su Administración. En los últimos años, su jurisprudencia se ha tornado más prudente y se muestra más proclive a aceptar las diversas tradiciones de los Derechos administrativos de los Estados miembros[124].

En el conjunto articulado de Administraciones (o «asociación de Administraciones») que se da en el seno de la Unión Europea ha de garantizarse que *todas* las Administraciones participantes actúen, en las cuestiones fundamentales, conforme a estándares análogos. Las cuestiones relativas a la protección de datos o el acceso a los documentos públicos no pueden ser resueltas en último término, tanto para la Administración de la Unión Europea como para los ejecutivos estatales, sino de manera uniforme. En este punto rige una suerte de «presunción de paralelismo». El principio de coherencia se mueve también en igual dirección. Principio éste, sin embargo, que no autoriza a las instituciones comunitarias (incluido por tanto el TJUE) a extralimitarse en las competencias que tienen atribuidas en cada caso, ni tampoco a acometer una uniformidad radical.

2. LA ADMINISTRACIÓN EUROPEA EN LOS TRATADOS DE LISBOA

Aun cuando el Derecho originario previo no era insensible a los problemas administrativos más relevantes, la preocupación por la dimensión administrativa resulta, sin embargo, más patente en la versión consolidada de los Tratados de la Unión Europea resultante de Lisboa:

– Las competencias del Parlamento y del Consejo se configuran con más precisión que hasta ahora como funciones legislativas (art. 289 TFUE); se diferencian mejor los reglamentos europeos delegados y de ejecución (arts. 290 y 291

---

[124] Thomas von Danwitz, *Europäisches Verwaltungsrecht*, Springer, Berlin, Heidelberg, 2008, pp. 483 y ss.

TFUE); y se perfilan más las competencias administrativas de la Comisión (art. 17.5 TFUE).

– Las organizaciones administrativas propias de la Unión Europea creadas a lo largo del tiempo (sobre todo las ya mencionadas Agencias) se reconocen expresamente como «instituciones u organismos» y se integran sistemáticamente en las prescripciones constitucionales centrales relativas a los principios democrático y de Estado de Derecho: también a ellas les son de aplicación las reglas que rigen para las demás instituciones europeas, en relación con publicidad (art. 15 TFUE), protección de datos (art. 16 TFUE) y el control judicial y los recursos directos ante el TJCE arts. 263 y 265 TFUE). Por lo mismo, para el ejercicio de sus funciones, las instituciones han de apoyarse en una Administración europea abierta, eficaz e independiente (art. 298.1 TFUE).

– Ha quedado subrayado de forma clara el papel destacado de las Administraciones nacionales en lo que hace a la cooperación interadministrativa (art. 197 TFUE). El art. 291.1 TFUE establece expresamente el derecho y el deber de los Estados miembros a ejecutar el Derecho de la Unión, significando aquí ejecución tanto la legislativa como la administrativa. Y la autonomía local y regional dentro de los Estados miembros aparece reconocida como elemento importante de la estructura constitucional (art. 4.2 TUE).

3. EL PAPEL DE LA CARTA DE DERECHOS FUNDAMENTALES Y EL DERECHO A UNA BUENA ADMINISTRACIÓN

La Carta de Derechos Fundamentales de la Unión Europea, que tiene el mismo rango que los Tratados de la Unión Europea (art. 6.1 TUE), introduce en el Derecho Administrativo europeo un potencial suplementario en beneficio de la constitucionalización. En la experiencia alemana, es obvio que los derechos fundamentales de la Ley Fundamental de 1949 han modelado por completo el Derecho Administrativo nacional. Por lo que hace a Europa, y aun cuando el Derecho originario ya reconociera desde el principio algunos derechos fundamentales, bien sea expresamente, o bien a través de los principios generales del Derecho, resulta evidente desde luego que su incorporación al Derecho originario supondrá un decisivo fortalecimiento para la configuración del Derecho Administrativo europeo. Así, por ejemplo, y en lo que a una de sus premisas básicas se refiere, cabe esperar que ese Derecho Administrativo dé mayor consistencia y protagonismo a la *dimensión del individuo* en las relaciones Administración-ciudadano, frente a la vieja concepción francesa en la que ha estado inspirado el Derecho Administrativo de la Comunidad Económica Europea. Ello entraña un refrendo indirecto de los valores inherentes al Derecho Administrativo alemán contemporáneo, puesto que éste se ha construido sobre el eje de la *tutela individual*. Por lo demás, los derechos fundamentales vinculan en igual medida a las instituciones europeas y a los Estados miembros, en cuanto aplican y ejecutan el Derecho de la Unión (art. 51 de la Carta). Y ello es coherente con la idea de la acción conjunta o en asociación que caracteriza a las Administraciones del espacio europeo.

En la misma dirección opera el «derecho a una buena administración» reconocido en el art. 41 de la Carta de Derechos Fundamentales, de acuerdo con el cual «toda persona tiene derecho a que las instituciones, órganos y organismos de la Unión traten sus asuntos imparcial y equitativamente y dentro de un plazo razonable»[125]. E integra, sin pretensión alguna de exhaustividad, el derecho de toda persona a ser oída; a acceder al expediente; la obligación de motivar las decisiones; y el derecho a la reparación de los daños causados, etc. Algunos de estos derechos incluidos en el derecho a una buena administración ya cuentan con un largo reconocimiento jurisprudencial; otros, en cambio, se encuentran recogidos con todo detalle en otras disposiciones de Derecho Comunitario originario, como sucede, por ejemplo, con el derecho general de acceso a los documentos públicos (art. 15 TFUE).

En el Derecho derivado de la Unión Europea, los llamados Códigos incorporan otros componentes que deben ser observados por los distintos órganos. Como modelo puede citarse el Código del Defensor del Pueblo Europeo de 2002, en el que se establecen no sólo cuestiones genéricas o de principio, sino disposiciones concretas sobre el tratamiento y tramitación de las solicitudes recibidas, por ejemplo. Sin embargo, esas normas que se dan a sí mismas las instituciones no tienen valor vinculante. Para el jurista de formación alemana (o española), en-

---

[125] Al respecto, con ulteriores referencias, Michael Fehling, «Europäisches Verwaltungsverfahren und Verwaltungsprozessrecht», en Terhechte (Ed.), *Verwaltungsrecht der EU* (nota 117), § 12, núm. marg. 7 y ss.

raizado en la teoría clásica de las fuentes del Derecho, no resulta fácil entenderse con reglas, cuyo valor vinculante resulta dudoso o de baja intensidad. Otros sistemas jurídicos, por el contrario, están más familiarizados con el Derecho blando o *soft law*. En todo caso, las reglas de buena conducta administrativa, o los códigos de buenas prácticas, cumplen desde luego asimismo una función docente o educativa. En otras ocasiones, se trata de auténticas obviedades que no necesitan de mayor explicación, como la que recoge el art. 12.1 del citado Código Europeo: «El funcionario será diligente, correcto, cortés y accesible en sus relaciones con el público»*.

Como el propio art. 41 de la Carta de Derechos Fundamentales reconoce explícitamente, se trata de un derecho que sólo se puede ejercer antes las instituciones europeas. Ello no quiere decir, antes al contrario, que el citado precepto no pueda generar un notable influjo e irradiación sobre el Derecho Administrativo nacional. De entrada, parece que la mayor parte de sus facultades y elementos se encuentran ya consagrados tanto en las leyes de procedimiento administrativo, como en la jurisprudencia de los Estados miembros. Ha de admitirse, sin embargo, que el reconocimiento genérico del derecho a una buena administración, o la misma evolución del Derecho de la Unión, podrán contribuir a disciplinar mejor nuevos campos o terrenos, como el de las relaciones de la Administración electrónica (procedimientos electrónicos, etc.).

No se puede predecir si el derecho a una buena administración podría convertirse en el eje o en la columna vertebral de una futura codificación de la Parte General del Derecho Administrativo de la Administración de la Unión, habida cuenta de la notable resistencia y críticas que levanta cualquier género de codificación, y no sólo entre los juristas ingleses. De lo que sí resulta indicativo en todo caso es de que se ha extendido en la Unión Europea la convicción general de que el Derecho Administrativo debe construirse sobre los fundamentos esen-

---

* La versión de 2005 añade, por ejemplo, que «al responder a la correspondencia, llamadas telefónicas y correo electrónico, el funcionario tratará en la mayor medida posible de ser servicial y responderá a las preguntas que se le plantean de la manera lo más completa y exacta posible».

ciales de la cláusula del Estado de Derecho, esto es, de que ha de ser un *Derecho Administrativo propio y característico de un Estado de Derecho*.

4. ALGUNAS OBSERVACIONES CRÍTICAS

¿Dónde se localizan los puntos débiles de la estructura administrativa compuesta de la Unión Europea y los riesgos en su evolución futura? Radican en tres problemas identificables como falta de transparencia, fragmentación o segmentación, y deficiencia en la base de la confianza.

En primer lugar, la *falta de transparencia* constituye un fenómeno externo, que no es sino consecuencia de la forma en que ha crecido –un tanto asistemática y a golpe de las necesidades de cada sector– esta estructura asociativa de trabajo en común e interrelacionado que caracteriza a la acción de las Administraciones del espacio europeo. Sus formas y expresiones concretas se han ido determinando aleatoriamente, de modo que ningún entramado administrativo es igual al otro, sin que las diferencias puedan reducirse a unidad, ni concebirse en términos sistemáticos. Hoy se entiende como una disfunción. De ahí que los actos jurídicos más recientes muestren el esfuerzo de las instituciones de la Unión Europea por articular más decididamente la estructura administrativa conforme a determinados tipos organizativos. Esto vale para el procedimiento según la comitología y la organización de las Agencias ejecutivas, aunque los intentos en tal sentido de la Comisión referidos a las Agencias reguladoras han venido tropezando con la resistencia del Consejo.

Desde el punto de vista interno, sin embargo, la falta de transparencia arroja un saldo más negativo, esto es, en lo que se refiere a la inexistencia de una clara y precisa atribución de responsabilidades entre todos los sujetos intervinientes. Ello obedece en buena medida al carácter intergubernamental de la Unión Europea y de sus órganos decisorios, en los que se encuentran representados de ordinario todos los Estados miembros. Los acuerdos y negociaciones, sin duda necesarios, desembocan con frecuencia en resultados de los que en última instancia nadie se responsabiliza. Y este es un problema que también se pone de manifiesto en los mismos consejos de administración de las Agencias. E incluso en el seno de la Comisión y en su estructura interna tampoco se ha establecido un claro reparto de responsabilidades. Aquí no encaja, por tanto, la imagen del típico aparato administrativo al que se le gobierna por medio de instrucciones u órdenes ministeriales. Este estado de cosas no parece que pueda cambiar mientras la Comisión esté presidida por el principio de colegialidad (véase el art. 17.8 TFUE).

Una segunda característica de la Administración europea acaso consista en su acentuada *fragmentación*. Las competencias de la Unión Europea están hechas a la medida de cada uno de los sectores especiales. La Unión Europea cuenta con pocas competencias de carácter *general*. Las agencias y los comités se crean para resolver cuestiones muy específicas. En esas sesiones, en las que se dan cita los funcionarios competentes en razón de la materia a nivel europeo y nacional, unos y otros se sienten vinculados por los mismos intereses sectoriales. Éste es un fenómeno bien conocido y estudiado en el federalismo alemán, con sus Conferencias de Ministros y los grupos de trabajo determinados en razón de la materia, y en los que cooperan conjuntamente los funcionarios especializados de la Federación (*Bund*) y de los Estados federados (*Länder*). Esta tendencia presenta sus ventajas e inconvenientes en el marco de la estructura asociativa de las Administraciones en el ámbito europeo. De un lado, favorece un cierto «alejamiento» de los funcionarios nacionales de su vinculación al ámbito estrictamente nacional, al tiempo que fomenta el surgimiento de una mayor toma de conciencia de la dimensión europea de sus funciones. De otro, sin embargo, se fortalece el pensamiento «particularista» o sectorializado, se pierde la visión del conjunto y la perspectiva del bien común.

El tercer elemento crítico, que aquí hemos calificado de deficiencias en la base real de la confianza, se refiere a las formas de cooperación horizontal entre las autoridades administrativas de los Estados miembros.

Esa exigencia de igualdad formal del *Derecho* puede resultar excesiva eventualmente y no se corresponde con la escasa atención prestada a las *condiciones materiales de ejecución* de cada país, que la rápida ampliación de la Unión Europea ha hecho aflorar con claridad. En este plano, siguen existiendo considerables diferencias, que ahora pueden multiplicarse a resultas de las recientes ampliaciones. Sin embargo, la cooperación eficaz entre las *Administraciones* nacionales, tal y como se exige dentro de esta suerte de estructura asociativa, sólo puede garantizarse si cada una de las Administraciones participantes puede confiar en que los demás Ejecutivos nacionales proceden de acuerdo con estándares comparables, en lo que hace a la solicitud y diligencia, imparcialidad y discreción. De otro modo, no podría inspirarse la confianza recíproca –una confianza interadministrativa de alcance europeo– inherente al sistema. El intercambio de información o el reconocimiento de títulos académicos no depende tanto de la creación de un marco jurídico unificado, como de la existencia de un grado de competencia y fiabilidad similar entre las distintas Administraciones participantes. ¿Es posible realmente presumir la misma fuerza probatoria de todo documento emitido por cualesquiera de las instancias administrativas del espacio de la Unión Europea? Tal es la cuestión. Estos problemas prácticos han de estar presididos igualmente por la claridad, antes de que la «solidaridad» y la «condición de socios» acaben por convertirse verdaderamente en rasgos del sistema de la Administración europea, sin un previo análisis de las estructuras administrativas.

III. LA INTERNACIONALIZACIÓN DE LAS RELACIONES ENTRE ADMINISTRACIONES Y EL DERECHO ADMINISTRATIVO INTERNACIONAL

Junto a la descrita europeización resulta apreciable también una tendencia en el Derecho Administrativo a la internacionalización. Constituye una consecuencia de la creciente *internacionalización de las relaciones entre Administraciones*[126].

1. EJEMPLOS Y PROBLEMAS

La internacionalización se aprecia, por ejemplo, a nivel regional en la cooperación policial entre Estados vecinos; o en la cooperación transfronteriza entre municipios y asociaciones de municipios, con el propósito de planificar las carre-

---

[126] *Vid.* E. SCHMIDT-ASSMANN, «Verfassungsprinzipien», en *GVwR*, vol. 1 (nota 1), § 17, núm. marg. 149 y ss.

teras y otros equipamientos locales. También se pone de manifiesto en la cooperación de las Administraciones financieras en el contexto de convenios sobre doble imposición; o en el ámbito social con los acuerdos sobre seguridad social.

La actuación administrativa internacionalizada se da asimismo en las redes de organizaciones, por ejemplo, para la supervisión bancaria y de los mercados financieros; supuestos éstos en los que se opera frecuentemente en términos de Derecho blando o *soft law* y acuerdos o *agreements*, que, aunque jurídicamente no vinculantes, resultan en la práctica muy influyentes. Otro ejemplo finalmente reside en las *actividades administrativas* de las organizaciones internacionales, tales como el Banco Mundial en el marco de la ayuda al desarrollo; la Organización Mundial del Comercio; la Organización Mundial de la Salud, así como la ONU y su Consejo de Seguridad (piénsese, por ejemplo, en las concretas resoluciones aprobando los «listados» de personas, en la lucha contra el terrorismo).

¿Con qué legitimación se actúa aquí? ¿Cuáles son sus fundamentos jurídicos y sus necesarios procedimientos? ¿Qué ocurre con la responsabilidad patrimonial y el control judicial? Éstos son típicos interrogantes que se plantean también en la *actuación administrativa internacionalizada*.

Un primer paso en la respuesta a tales cuestiones reside en el estudio detenido de los tratados y convenios internacionales pertinentes, que fijan el marco de estas actividades. El análisis de las relaciones entre Administraciones que se producen en este contexto permite advertir, desde el punto de vista de las formas de actuación, algunos elementos que se repiten y que han conservado el anclaje a los pertinentes institutos jurídicos. Cabe destacar los siguientes:

– la cooperación o auxilio administrativo, y la ayuda jurídica internacional;

– el intercambio y la protección internacionales de datos;

– el reconocimiento de actos administrativos ajenos;

– reglas procedimentales para la relación directa entre organizaciones administrativas;

– la actuación administrativa transfronteriza en territorio extranjero.

En un paso ulterior han de traerse a colación aquellos tratados internacionales que se ocupan de la posición de los individuos frente al poder público, y gozan, por ello, de amplio ámbito de aplicación. Se trata, sobre todo, de los pactos globales y regionales sobre derechos humanos. Ni siquiera las organizaciones internacionales –desde luego la ONU y sus suborganizaciones– pueden sustraerse a estas exigencias, aunque no sean parte en dichos pactos. Finalmente, ha de acudirse a elementales requerimientos procedimentales, mandatos de transparencia y reglas de neutralidad, que pueden manejarse como principios generales reconocidos [véase art. 38.1, c) del Estatuto de la Corte Internacional de Justicia][127].

2. DERECHO ADMINISTRATIVO INTERNACIONAL

Para ofrecer un marco conceptual común a estas cuestiones, debería emplearse el concepto de *Derecho Administrativo internacional*. Este término se ha empleado hasta ahora, en el espacio lingüístico alemán y en parte fuera de éste, para designar las normas nacionales que tienen por objeto la resolución de conflictos entre ordenamientos. Es éste un empleo, sin embargo, en modo alguno adecuado, puesto que más bien induce a confusión. Por *Derecho Administrativo internacional* procede entender más bien el Derecho Administrativo fundado en el *Derecho Internacional*, que cuenta con tres grandes círculos funcionales: es el Derecho de la *acción* de las instancias administrativas internacionales; el Derecho *determinante* de las legislaciones administrativas nacionales; y el Derecho de la *cooperación* de específicas estructuras asociativas.

– En cuanto *Derecho de la acción de las instancias administrativas internacionales*: en razón de esta dimensión, el *Derecho Administrativo internacional del desarrollo* se ocupa de las crecientes actuaciones de carácter administrativo que asumen las organizaciones internacionales, con efectos *ad extra*. Resulta evidente que dichas

---

[127] Véase Sabino Cassese, «A Global Due Process of Law?», en G. Anthony, J. B. Auby, J. Morison y T. Zwart (Eds.), *Values in Global Administrative Law*, Oxford, 2011, p. 17 y ss.; además, con detalle y en el marco del ambicioso proyecto del Derecho Administrativo Global, B. Kingsbury y M. Donaldson, *Max Planck Encyclopedia of Public International Law (EPIL)*, North-Holland, Amsterdam, artículo «Global Administrative Law».

organizaciones no pueden realizar tales actividades sin ajustarse a básicos principios jurídicos, especialmente los de la protección internacional de los derechos humanos[128].

– En cuanto *Derecho determinante de la legislación administrativa nacional*: en esta segunda función, el Derecho Administrativo internacional configura el Derecho Administrativo interno en la medida en que exige determinadas reformas y modificaciones. La Convención sobre el Estatuto de los refugiados de Ginebra y, sobre todo, el Convenio Europeo de Derechos Humanos suministran material de contraste. Ejemplo reciente lo constituye el Convenio de Aarhus suscrito en el marco del Consejo Económico y Social de la ONU (*Economic and Social Council*, ECOSOC), que, sin dar lugar a especiales relaciones de cooperación entre los Ejecutivos nacionales, prescribe, sin embargo, la construcción de una tutela judicial en la protección del medio ambiente, lo que supone no pocas reformas en el ámbito del procedimiento administrativo y de la justicia administrativa en el plano interno.

– En cuanto *Derecho de la cooperación de específicas estructuras asociativas*: el Derecho Administrativo internacional, haciendo confluir las dos precedentes funciones, es, en tercer lugar, un Derecho de la *cooperación horizontal* y *vertical*, y de sus específicos problemas, derivados de las correspondientes constelaciones administrativas. No basta con el cumplimiento aislado por parte de cada Administración, en los diferentes niveles, de los mandatos centrales del Derecho Administrativo, la protección de los derechos individuales y la garantía de la responsabilidad administrativa. Y es que el complejo mismo de organizaciones asociadas genera sus propios problemas jurídicos en la medida en que desdibuja las responsabilidades que a cada uno corresponden y hace depender las concretas decisiones singulares de especiales mecanismos de acuerdo. El Derecho Administrativo internacional ha de afrontar aquí problemas similares a los que se plantea el Derecho Administrativo europeo.

---

[128] A este respecto, los trabajos de MATTHIAS GOLDMANN, ARMIN V. BOGDANDY, JOCHEN V. BERNSTORFF y OTROS (Eds.), *The Exercise of Public Authority*, Springer, Berlin y Heidelberg, 2010, así como la literatura relativa al *Global Administrative Law* citada en nota anterior.

QUINTA PARTE

CUESTIONES METODOLÓGICAS DEL NUEVO DERECHO ADMINISTRATIVO

I. LOS DIVERSOS PLANOS DE LA DISCUSIÓN METODOLÓGICA

PARA investigar cuál sea el método apropiado para la nueva ciencia del Derecho Administrativo, preciso es responder a una cuestión previa: ¿de qué se trata? ¿De hallar el método que conduzca a una correcta aplicación e interpretación del Derecho por parte de la Administración pública, o del método que permita construir la ciencia del Derecho Administrativo? El Derecho Administrativo es a un tiempo una «rama del Derecho» y una «disciplina científica»; y ambas vertientes plantean exigencias metodológicas diferentes que, no obstante, se conectan entre sí[129].

Por lo demás, el debate que sobre el método del nuevo Derecho Administrativo ha tenido lugar en Alemania en los últimos años ha puesto de relieve que la cuestión metodológica de nuestra disciplina ha estado fuertemente asociada, cuando no lastrada, por las teorías del método jurídico propias del Derecho Civil y del Derecho Penal. Cuando la doctrina del Derecho Administrativo se ha planteado el problema del método ha acudido preferentemente al canon metodológico que esas otras disciplinas científicas han cultivado con profusión. Y aunque sea cierto que los conocimientos que esas ramas proporcionan para la interpretación de los textos jurídicos resultan de inestimable valor para la Administración pública, no lo es menos, sin embargo, que no agotan en modo alguno la multiplicidad de escenarios en los que aquélla se encuentra en punto a la toma de decisiones. Ello explica que con el correr del tiempo se haya abierto paso la idea de que el método del Derecho Administrativo requiere una mayor autonomía[130], habida cuenta,

---

[129] MÖLLERS, en *GVwR*, vol. 1 (nota 3), § 3, núm. marg. 1.

[130] E. SCHMIDT-ASSMANN y WOLFGANG HOFFMANN-RIEM (Eds.), *Methoden der Verwaltungsrechtswissenschaft*, Duncker und Humblot, Berlin, 2004; y MÖLLERS, en *GVwR*, vol. 1

en efecto, de la pluralidad y heterogeneidad del Derecho que la Administración ha de aplicar y de la consiguiente diversidad de las fórmulas organizativas que la acción administrativa requiere.

Veamos ahora en forma introductoria lo que luego se estudia con más detenimiento en el capítulo segundo de la presente obra.

II. LOS DISTINTOS MÉTODOS DE «CONCRECIÓN»* O DESARROLLO DEL DERECHO ADMINISTRATIVO

Todas las teorías metodológicas del Derecho Administrativo tienen que partir de las diversas situaciones decisorias en que se encuentra el Ejecutivo. Un análisis atento pone de relieve, en efecto, que tales situaciones o escenarios se configuran de forma muy diferente, en función de la clase de Derecho que haya de aplicar la Administración; del contexto organizativo en el que esta aplicación o implementación se produce; y de cuál sea la función, objetivo y cometido fundamental que tenga atribuidos la Administración en cada caso. De ahí se infiere, en consecuencia, que no hay un único modelo de implementación o aplicación del Derecho. A la Administración pública que negocia un acuerdo se le plantean problemas muy diferentes a los que se enfrenta la Administración que se limita a ejecutar una norma. Ambas situaciones se distinguen entre sí, a su vez, por la diversa situación que ocupa en un caso y en otro la potestad reglamentaria. Desde el punto de vista metodológico, estos supuestos no pueden medirse por el mismo rasero.

Por otra parte, todo método ha de asegurar que el caudal o acervo argumentativo siga siendo comprensible. Lo cual exige que ese conjunto de argumentos también resulte identificable y claro en sus presu-

---

(nota 3), § 3, núm. marg. 3 y ss.; con referencia especial al Derecho de la Unión Europea, véase INO AUGSBERG, «Methoden des europäischen Verwaltungsrechts», en Terhechte (Ed.), *Verwaltungsrecht der EU* (nota 117), § 4.

* Téngase en cuenta lo indicado en notas anteriores del editor en punto al sentido y significado de este término, como desarrollo o implementación.

puestos aplicativos e igualmente manejable en la práctica en cada uno de sus pasos. En resumen, ninguna vía permite reducir la pluralidad de situaciones posibles de aplicación jurídica a un único modelo principal.

1. LOS MÉTODOS BÁSICOS: LA SIMPLE APLICACIÓN DE LA LEY Y EL DERECHO

El *modelo básico* de aplicación consiste en los tres pasos de siempre: la interpretación, la identificación de los hechos y la operación lógico-formal de la subsunción. El método del Derecho Administrativo puede en este punto ser aún más tradicional que el método del Derecho Constitucional cuando su objeto consista en el dictado de sentencias constitucionales. Es más: es que debe serlo, puesto que el modelo básico cumple una muy relevante función de cara a la Administración pública: la de disciplina y sujeción. Este método, en efecto, le obliga a enfrentarse intensamente y con rigor a los textos jurídicos. Ello no es sino una consecuencia obligada de la jurisprudencia práctica.

Sin embargo, el mismo núcleo de este modelo pone de manifiesto que no es tan sencillo, que no consiste en un simple mecanismo de aplicación del Derecho. Los tres pasos contienen, en efecto, elementos valorativos que no siempre se transmiten de forma unívoca entre los distintos sujetos u operadores jurídicos[131]:

– La *interpretación* del Derecho Administrativo no representa una tarea simple. Los métodos que se centran en la interpretación no ofrecen un canon cerrado, puesto que sus reglas se combinan y complementan en múltiples formas. Se ha de tener en cuenta además la interpretación orientada *a*, y *de* conformidad con,

---

[131] *Vid.* KARL LARENZ, *Methodenlehre der Rechtswissenschaft*, 3ª ed., Springer, Heidelberg, Berlin, 1991, pp. 271 y ss.; sobre los criterios de la interpretación legal, *vid.* WINFRIED BRUGGER, «Konkretisierung des Rechts und Auslegung der Gesetzes», en *Archiv des öffentlichen Rechts*, vol. 119 (1994), pp. 1 y ss.; MICHAEL HOLOUBECK, «Gedanken zur Auslegungslehre», en *Festschrift für Heinz Mayer*, Manzsche Verlagsbuchhandlung, Wien, 2011, pp. 139 y ss.

la Constitución[132]; la interpretación de conformidad con el Derecho de la Unión Europea, señaladamente, con las Directivas, las cuales constituyen un referente reconocido, aunque incierto en ocasiones en sus consecuencias y presupuestos. La interpretación de las Directivas en particular ha de incluir todo el Derecho nacional, no sólo la ley de transposición; y ha de vincular tanto a los Tribunales, como a todas las Administraciones del Estado miembro[133]. Ello tiene, desde luego, sentido en términos de integración política. No obstante, no han de pasarse por alto algunas desviaciones o tendencias negativas. El Derecho Constitucional y el Derecho Europeo operan a menudo con conceptos muy amplios y, por ello, indeterminados; mientras que la vinculación presupone siempre una cierta medida de certeza. Así que no puede descartarse el peligro de que ciertos intereses puedan hacerse valer sobre la base de esas normas tan abstractas, infiltrándose de forma descontrolada dentro de la estructura del supuesto de hecho.

– La *identificación o fijación de los hechos* rara vez se aborda como un problema metodológico. Constituye un ámbito dominado de ordinario por las normas relativas a la prueba, propias de las leyes procesales. Ello no obstante, una comprensión procesal del método ha de ir más allá de esas reglas clásicas y promover que el método del Derecho Administrativo pueda hacer uso de criterios capaces de anticiparse a la realidad (pronósticos y estimaciones); de sistematizar las distintas clases de presunciones que puedan hacerse en relación con las diversas situaciones fácticas; y de incorporar conocimientos especializados y experiencias externos a la Administración. En tal sentido, ha de reflexionarse también acerca de en qué medida el «estado de cosas», por definición provisional y en continuo cambio, en un momento dado puede tomarse como base y fundamento para la toma de decisiones y cómo se legitima la acción de las autoridades[134]. La europeización y la internacionalización, con sus múltiples supuestos fácticos que trascienden las fronteras nacionales, plantean exigencias cuyo alcance apenas ha podido determinarse hasta el momento[135].

– Por último, la seguridad y certidumbre de la *subsunción* depende en buena medida de que los datos y elementos que se introduzcan resulten abarcables. No

---

[132] Sobre este tipo de interpretación *vid.* la Sentencia: *BVerfGE* 2, 266 (282); 101, 361 (387 ss.); y la jurisprudencia reiterada al respecto. También es muy interesante la obra de STERN, *Staatsrecht* (nota 67), vol. I, § 4 III 8 d, donde se refiere a los peligros de la «confusión de funciones» y la relativización de la función de dirección de la ley.

[133] Para los pormenores, véase VON DANWITZ, *Europäisches Verwaltungsrecht* (nota 124), pp. 184 y ss.

[134] *Vid.* CHRISTOPH BRÜNING, *Einstweilige Verwaltungsführung*, Mohr Siebeck, Tübingen, 2003, pp. 174 y ss.

[135] En este sentido se puede interpretar, por ejemplo, el «concepto de fijación normativa» consagrado en el art. 16a.2 párr. 2 GG: *BVerfGE* 94, 49 (95 ss.).

siempre concurren, sin embargo, esas condiciones. Así sucede, por ejemplo, cuando el Derecho Comunitario establece cláusulas de ponderación y valoraciones en el proceso aplicativo o cuando la ley nacional se resuelve en la determinación de objetivos y fines muy amplios. Aun cuando se admita que la Administración ostenta una potestad reglada, la vinculación del Ejecutivo será relativa. Por otro lado, las disposiciones administrativas internas (circulares y pautas interpretativas, por ejemplo) y la propia rutina administrativa pueden aliviar estos problemas que suscita el modelo básico de aplicación de la ley.

2. LOS MÉTODOS PARA LAS SITUACIONES Y ESCENARIOS COMPLEJOS DE TOMA DE DECISIONES

Resulta obligado utilizar un *modelo más matizado* o *sofisticado* cuando el Ejecutivo se encuentra ante otros escenarios más complejos, en concreto cuando debe de aplicar leyes con presupuestos de hecho abiertos, esto es, cuando ha de colmar y dar contenido a las cláusulas de ponderación; a los márgenes de apreciación valorativa; y a las habilitaciones para la creación e innovación del Derecho. Son situaciones complejas en este sentido aquéllas a las que se enfrentan el planeamiento territorial; la producción reglamentaria; la valoración de las situaciones de riesgo; o las funciones regulatorias. Todas ellas están marcadas por la misma necesidad: la de sopesar el heterogéneo conjunto de intereses en juego y meditar con cautela los efectos y consecuencias que a largo plazo puedan generarse. En este contexto, resulta útil distinguir entre la producción o gestación de la decisión, de un lado, y su presentación o descripción, de otro[136]*. Por ejemplo, para el «tratamiento de la incertidumbre», que es algo característico del medio ambiente y de la tecnología, cabría desarrollar un método propio que tenga en cuenta y valore el material legislativo en cuestión[137]. Lo mismo cabe decir respecto de

[136] Sobre este tema, HANS-HEINRICH TRUTE, «Methodik der Herstellung und Darstellung verwaltungsrechtlicher Entscheidungen», en *Methoden* (nota 130), pp. 293 y ss., y también WOLFGANG HOFFMANN-RIEM, *Methoden einer anwendungsorientierten Verwaltungsrechtswissenschaft*, pp. 9 y ss.

* Véase la segunda parte del capítulo segundo siguiente, donde se abunda en esta afirmación.

[137] En este sentido, IVO APPEL, «Methodik des Umgangs mit Ungewissheit», en *Methoden* (nota 130), pp. 327 (336 y ss.).

las relevantes consecuencias que puedan derivarse de las decisiones discrecionales[138]. El planteamiento metodológico que ha de seguirse para la resolución de estos problemas consiste en un *modelo procedimental*. La comprensión procedimental del método representa la clave. Con su ayuda se consigue la racionalización inherente a todo método, no tanto mediante la interpretación de las normas aplicables, cuanto a través de un proceso adecuado que pueda garantizar una aplicación transparente y equilibrada del Derecho respecto de los intereses en presencia.

III. LA RELACIÓN DEL DERECHO ADMINISTRATIVO CON LAS CIENCIAS AFINES

Si se aspira a que la ciencia del Derecho Administrativo pueda cumplir eficazmente sus funciones de dirección en la sociedad, el Estado y la economía, es preciso que se abra a los conocimientos que aportan otras ciencias[139]. Tal es el caso de las ciencias de la naturaleza y de la tecnología. No podría construirse un Derecho Administrativo de la Información y del riesgo sin un profundo estudio de esas disciplinas. Para que el Derecho pueda imponerse a la dinámica propia de la técnica, resulta necesario conocer el funcionamiento de sus fuerzas motrices y de sus mecanismos internos.

La ciencia del Derecho Administrativo ha de estar igualmente abierta a las Ciencias Sociales y Económicas[140]. La separación entre

---

[138] Así lo señala GEORG HERMES, «Folgenberücksichtigung in der Verwaltungspraxis und in anderen wirkungsorientierten Verwaltungsrechtswissenschaft», en *Methoden* (nota 130), pp. 359 y ss.

[139] También en este sentido VOSSKUHLE, en *GVwR*, vol. 1 (nota 1), § 1, núm. marg. 37. Han de matizarse las cosas en atención a las diversas disciplinas científicas: Historia, Economía, Ciencias Sociales, Ciencias Naturales y Ciencias Culturales. Al respecto, *vid.* MÖLLERS, en *GVwR*, vol. 1 (nota 3), § 3, núm. marg. 42 y ss.

[140] *Vid.* WOLFGANG HOFFMANN-RIEM (Ed.), *Sozialwissenschaften im öffentlichen Recht*, Luchterhand, Neuwied, 1981, pp. 3 y ss.; del mismo autor, «Sozialwissenschaften im Verwaltungsrecht: Kommunikation in einer multidisziplinären Scientific Community», en *Die Verwaltung* 1999, 2, pp. 83 y ss.; también detalladamente, expone esta cuestión CHRIS-

el «ser» y el «deber ser» no significa que el canon metodológico de carácter jurídico sea autosuficiente y se baste por sí solo[141]. Lo único que está vedado es la importación indiscriminada y sin matices de postulados científicos o de teoremas extraños y ajenos al Derecho. Ello puede contrarrestarse, sin embargo, con un filtro adecuado basado en una comprensión del método que sea a un tiempo integradora y diferenciada (Voßkuhle). En otras palabras, una tal concepción del método pretende estudiar, analítica y sistemáticamente, de acuerdo con una secuencia o sucesión de juicios, el motivo, el alcance y las consecuencias de la recepción de conocimientos ajenos en el seno del Derecho Administrativo[142].

Ha de observarse que las Ciencias Sociales y Económicas, por su parte, tampoco siguen un criterio metodológico unitario, sino que, por el contrario, se construyen con métodos muy distintos, que difieren notablemente entre sí, puesto que los presupuestos en los que se basan cada uno de esos ámbitos científicos pueden ser de carácter analítico, empírico o normativo. Cualquier intento de comprensión desde la ciencia del Derecho –y más aún de importación– ha de tener muy en cuenta las diferentes premisas y postulados en los que se sitúa cada una de estas ciencias.

– Los postulados de carácter *empírico* resultan de más fácil manejo. Cuando se incorporan a la argumentación jurídica, normalmente lo hacen a través del presupuesto de hecho, esto es, introduciéndose en el plano del sustrato fáctico[143]. Como sucede con el análisis de la realidad o de los hechos, la perspectiva empírica tiene su lugar más apropiado en el ámbito de la política legislativa. Puede adquirir

---

TIAN BUMKE, «Die Entwicklung der verwaltungsrechtswissenschaftlichen Methodik in der Bundesrepublik Deutschland», en *Methoden* (nota 130), pp. 73 y ss.

[141] CHRISTOPH MÖLLERS y ANDREAS VOSSKUHLE, «Die deutsche Staatsrechtswissenschaft im Zusammenhang der internationalisierten Wissenschaften», en *Die Verwaltung*, vol. 36 (2003), pp. 321 (329).

[142] ANDREAS VOSSKUHLE, «Methode und Pragmatik im Öffentlichen Recht», en Bauer, Czybulka, Kahl y Voßkuhle (Eds.), *Umwelt, Wirtschaft und Recht*, Mohr Siebeck, Tübingen, 2002, pp. 171 (188 y ss.).

[143] Sobre la investigación en cuestiones jurídicas, *vid.* ANDREAS VOSSKUHLE, «Verwaltungsdogmatik und Rechtstatsachenforschung», en *Verwaltungsarchiv*, vol. 85 (1994), pp. 567 y ss. En particular, el capítulo segundo de la presente obra colectiva.

mayor importancia, como se insistirá más adelante*, si se vincula a la teoría jurídica estructuralista y se utiliza y concibe el ámbito normativo –en cuanto que se halla orientado al caso singular y a un determinado sector material– como espacio principal de concreción y evolución del Derecho[144].

– En relación con los contenidos *analíticos* que ofrecen las ciencias sociales, ha de atenderse ante todo a su especificidad desde un punto de vista metodológico, puesto que constatan la *existencia* de algo, pero nada dicen acerca de cómo *debe* ser. El jurista, habituado a los postulados normativos, no ha de sobredimensionar sus afirmaciones e incurrir en falsas interpretaciones. En caso contrario, se podría caer en una recepción acrítica de postulados que, ya desde sus propias bases y parámetros científicos, se resisten a ser interpretados de esa manera.

– Desde una perspectiva metodológica, en realidad lo más sencillo y natural sería moverse en el terreno de los enunciados *normativos*. Ello no obstante, habría que tener en cuenta las diferentes premisas desde las cuales se construye la normatividad. Por ejemplo, la «rentabilidad» o la «eficiencia» pueden formar parte del presupuesto de hecho de numerosas normas y adquirir, en consecuencia, una evidente condición o conceptuación jurídica. Pero ello no quiere decir que ese concepto se base en los mismos principios o que obedezca a la misma dinámica que se le ha dado en el modelo de *homo œconomicus* desarrollado por las ciencias económicas. Las afirmaciones jurídicas no tienen por qué coincidir con las afirmaciones de las ciencias económicas.

---

* Véase el capítulo segundo de la presente obra.

[144] Friedrich Müller y Ralph Christensen, *Juristische Methodik* I, 8ª ed., Duncker und Humblot, Berlin, 2009, pp. 297 y ss.

CAPÍTULO SEGUNDO

SOBRE EL MÉTODO
DEL DERECHO ADMINISTRATIVO

Andreas Voßkuhle

Catedrático de Derecho Administrativo en la Universidad de Friburgo, de la que ha sido Rector, y es actualmente Presidente del Tribunal Constitucional Federal.

ÍNDICE

La traducción ha sido realizada por Javier Barnes y Manuel Gámez Mejías.

El capítulo que se trae a la presente edición constituye la parte central del capítulo sobre el método en la ciencia del Derecho Administrativo que publica el autor en el tratado colectivo dirigido por W. Hoffmann-Riem, E. Schmidt-Aßmann y A. Voßkuhle, *Grundlagen des Verwaltungsrechts* (Fundamentos de Derecho Administrativo), Editorial C. H. Beck, 2ª ed., Munich, 2012. Ha sido reelaborado por el autor para la presente edición.

Las referencias o remisiones que se hacen en las notas a pie de página del presente capítulo se refieren al propio tratado, y aquí se han mantenido para facilitar en su caso su búsqueda. Por la misma razón se han conservado los números marginales de los párrafos del texto, y la numeración de las notas a pie de página.

Para la mejor comprensión de este capítulo, resulta oportuna la lectura previa del capítulo primero del presente volumen. Asimismo de interés el capítulo segundo de la primera edición de esta obra: E. Schmidt-Aßmann, «El método de la ciencia del Derecho Administrativo», 2006, pp. 133 y ss.

Como introducción, se ofrece una síntesis de la larga exposición del autor, que permita la mejor comprensión de la parte central que se trae a esta obra, y que comienza con el núm. marg. 16.

INTRODUCCIÓN

T ODAS las ciencias se construyen y constituyen en buena medida a partir de su propio método. La elección del método se determina en función del respectivo interés y objeto de estudio de la ciencia de que se trate en cada caso. Al mismo tiempo, sin embargo, el método condiciona y repercute sobre el objeto mismo de la ciencia. El método, por tanto, a nuestro juicio, no sólo se basa en el objeto, se orienta hacia él, sino que también en cierto modo lo crea, genera o induce.

Como consecuencia de la progresiva ramificación del Derecho y de las diferencias y delimitaciones que se han ido estableciendo con el correr del tiempo, son muchos los métodos que se han desarrollado. El que se ejercita en la dogmática jurídica trabaja de una forma distinta que el historiador del Derecho o que el sociólogo del Derecho. Pero también dentro de la misma dogmática jurídica existen especialidades (Derecho Civil, Derecho Penal, Derecho Público) e incluso dentro de cada una de esas disciplinas se encuentran metodologías particulares. No es de extrañar, por tanto, que la relativamente reciente creación del Derecho Administrativo como disciplina autónoma, como rama del Derecho, fuera acompañada de un intenso debate sobre el método «adecuado» o «correcto». No se trataba con ello de discutir acerca del método más apropiado para la *aplicación* del Derecho en sentido estricto. Ésta representaba una preocupación colateral. La cuestión fundamental consistía más bien, y consiste, en determinar el método para la *construcción científica del Derecho Administrativo* como tal.

A lo largo de la historia se han producido etapas de intensos debates, más bien cortas en el tiempo, a las que les han sucedido largas fases de desinterés por la materia, acompañadas en todo caso por una cierta arbitrariedad en lo que hace al método a seguir. Sea como fuere, el método dominante hasta el presente ha sido el denominado *método jurídico*, iniciado a mediados del siglo XIX, por contraste y reacción consciente frente a la tradición anterior, caracterizada por una exposición descriptiva de los fines u objetivos, y de mera glosa o comentario, propia de la tradición enciclopedista. Es a comienzos del siglo XX cuando se aprecia un progresivo y notable *cambio en la forma de trabajar*. No por casualidad se multiplican en esa época los trabajos científicos sobre el método. Lo que importa ahora destacar es que en modo alguno se trata de una cuestión zanjada definitivamente. A nuestros efectos, interesa en primer término sintetizar las características del método jurídico, que ha predominado hasta ahora, a fin de mejor comprender la evolución de éste que aquí se postula, en línea con el amplio movimiento doctrinal de reforma iniciado en Alemania hace ya unas décadas.

CARACTERÍSTICAS DEL MÉTODO JURÍDICO

Lo primero que ha de subrayarse es que el concepto de «método jurídico» no se asienta sobre un paradigma bien definido, ni sobre una teoría científica concreta. Se trata más bien de una *actitud científica* de base, sin un claro contorno, con variedad de matices, aunque se podrían señalar las siguientes características:

– La primera nota reside en que su objeto se circunscribe radicalmente al ámbito jurídico. Se ocupa de toda clase de expresiones normativas, sean éstas generales o individuales, escritas o no escritas, insertadas a modo de sistema o conjunto. Las normas se estudian en sí mismas y con absoluta independencia de las responsabilidades que de hecho deba atender la Administración.

– Sobre la base del principio del Estado de Derecho, el método jurídico se preocupa por establecer los presupuestos y condiciones para que la acción de la Administración pública se vincule a, y se legitime en, la ley democrática. En la medida en que el control último corresponde a los jueces, el trabajo científico se centra en la justiciabilidad de las decisiones adoptadas y en los efectos jurídicos que éstas producen en las relaciones entre el Estado y el ciudadano, así como entre los distintos poderes del Estado. El proceso decisorio interno y su factores determinantes, tales como la organización, el personal, o los medios materiales, ocupan un lugar secundario, en comparación con la justiciabilidad, que se sitúa en el eje.

– Para conseguir la ansiada vinculación a la ley y al Derecho, el heterogéneo e ingente material jurídico debe de resultar dominable y manejable. De ahí la necesidad de su *sistematización*. El Derecho positivo ha de reunir y fijar las declaraciones, los procesos y las estructuras más relevantes, para, después, darles forma de conceptos, figuras, técnicas, instituciones o principios generales. El material jurídico escapa así a los posibles solapamientos y contradicciones, y adquiere una convincente racionalidad formal. De ahí se siguen toda una serie de operaciones que se articulan en un lenguaje o esquema binario, como las que se expresan en el binomio «legal-ilegal», que se erige en la distinción central, o en «nulidad-eficacia», «Derecho Público-Derecho Privado», «Derecho interno-Derecho con eficacia externa», «Estado-sociedad», etc.

– Estrechamente unida a la sistematización aparece la *dogmática jurídica*. Por dogmática jurídica se entiende un tipo de proposiciones (definiciones y principios), basadas en el Derecho positivo y en la jurisprudencia, aunque no idénticas en su descripción, que nacen y se debaten en el marco de una ciencia jurídica, y están dotadas de contenido normativo. En esencia, se trata de construcciones con relevancia normativa que lleva a cabo la comunidad de los que participan en la producción jurídica.

Las ventajas y beneficios del método jurídico resultan evidentes. Baste pensar que la sistematización y la dogmática implican una selección y una síntesis que no sólo son positivas por generar certidumbre y seguridad dentro y fuera del Derecho Administrativo (función estabilizadora y de transmisión), sino también útiles para operar mejor en la práctica –en la resolución del caso– mediante conceptos y principios conocidos (función simplificadora o de descongestión); para hacer posible el control (función de control); resolver los conflictos de valores, o las contradicciones (función crítica); y para facilitar la recepción de la innovación jurídica (función receptora).

Desde esa perspectiva, el método jurídico, desde la segunda mitad del siglo XX (en tantos países) y bajo la era del constitucionalismo, se ha preocupado por disciplinar la acción administrativa, mediante, entre otros, las reservas de ley, la ampliación de los derechos subjetivos y sus posiciones defensivas, la limitación y el control de la discrecionalidad administrativa, el procedimiento administrativo, o la sujeción de la acción privada de la Administración a criterios jurídico-públicos. Las ciencias auxiliares o afines han ocupado un lugar muy secundario y la separación e identidad propia de la disciplina se ha considerado un valor en sí mismo.

CAMBIOS Y BÚSQUEDA DE UN DERECHO ADAPTADO AL FUTURO

Por lo que hace a Alemania, desde finales de la década de los ochenta del pasado siglo se suceden una serie de circunstancias y factores de cambio que desembocan en la búsqueda de una nueva orientación metodológica, que viene en llamarse, a modo de programa, «nuevo Derecho Administrativo».

El punto de partida de este planteamiento reside en la constatada «crisis» del «viejo» Derecho, del Derecho «regulador», propio de la actividad administrativa de policía, y que se caracteriza por las prohibiciones, mandatos, autorizaciones, sanciones, etc., como estrategia fundamental para conseguir el objetivo perseguido. Ello se vio acompañado de importantes estudios de carácter empírico en el campo de la implementación, realizados en los años setenta, y que llamaron poderosamente la atención de la esfera política y académica, por dos razones. La primera porque pusieron de manifiesto que el Derecho medioambiental –objeto especial de aquel análisis– padecía un enorme déficit en cuanto a su cumplimiento e implementación en lo que a la práctica se refiere. La segunda porque, sorprendentemente, se evidenció que la Administración y el mundo empresarial y los ciudadanos, cooperaban activa y constantemente en la búsqueda de soluciones de consuno, frente a los problemas jurídicos que se suscitaban.

Para la ciencia del Derecho Administrativo resultaba muy difícil ignorar esas constataciones de carácter sociológico. Este fenómeno motivó un acercamiento, y una búsqueda de contacto, con las ciencias políticas y sociales, a fin de analizar de modo conjunto la cooperación informal entre la Administración y el ciudadano. Ello no obstante, las relaciones no pudieron ser muy productivas, habida cuenta del carácter descriptivo de los análisis sociológicos, al tiempo que en el ámbito del Derecho Administrativo predominaba una forma de pensar muy cerrada, circunscrita al esquema «legal-ilegal», un modo de contemplar, pues, la realidad que se caracteriza por una visión de búsqueda y control de la desviación patológica. De ahí que en esa primera etapa se orientara la investigación hacia los límites jurídicos de la cooperación entre el Estado y la sociedad (por ejemplo, de los convenios y pactos que celebraba la Administración), al tiempo que se reconocía abiertamente que el sistema de dirección de carácter jerárquico e imperativo predominante tenía sus debilidades.

Pero con ello los problemas de la cooperación informal no se habían solventado. Se hacía más acuciante la necesidad de que el Derecho Administrativo hiciera propuestas positivas. El primer acercamiento a los estudios empíricos sobre la implementación puso de manifiesto la íntima relación, compleja e interactiva, entre la producción normativa, la resolución singular, y la ejecución. Con todo, la cuestión central residía, y reside, en la *problemática del saber y del conocimiento*. Legislador y Administración no sólo requieren personal y medios materiales adecuados, sino también la información suficiente para tomar las decisiones oportunas, optar por la alternativa adecuada. La obtención y el procesamiento de la información determinan la capacidad de actuación. Ahora bien, la necesidad de información crece y aumenta no sólo con la transformación del Estado liberal en un Estado social, y un Estado preventivo, con lo que ello implica en cuanto a nuevas responsabilidades, sino por la complejidad, incertidumbre y dinamismo de relevantes sectores, como el medio ambiente, la técnica o las telecomunicaciones. Las relaciones de causalidad dejan de ser lineales para convertirse en discontinuas e irreversibles, con efectos globales y riesgos imprevisibles. El *dilema del conocimiento* termina por reclamar una capacidad de actuación administrativa más flexible, capaz de adaptarse a la diversidad de situaciones, más abierta a un continuo aprendizaje, y a la utilización de los recursos de conocimiento en manos del sector privado.

Un Derecho Administrativo basado en las técnicas propias de la actividad administrativa de policía, no puede dominar un escenario, como el que tan someramente se ha descrito; de la misma manera que tampoco una Administración ministerial, organizada jerárquicamente, puede garantizar un flujo de información suficiente. La ciencia del Derecho Administrativo se sintió llamada a buscar estrategias reguladoras alternativas y formas de organización adecuadas. Se ensayaron entonces nuevas relaciones con las ciencias afines o conexas, se retomaron viejas conversaciones y diálogos. Ello no obstante, los conocimientos o experiencias que de esos contactos se generaron no resultan transvasables a la dogmática jurídica tradicional. En lugar de que se quedara en la dimensión normativa (correcto o falso), se hacía sentir la necesidad de que el Derecho Administrativo pudiera también plantearse la conveniencia o no de una determinada solución, o la capacidad explicativa y de relación de un argumento o modelo.

Todo ello condujo progresivamente a un cambio de perspectiva. Se trataba de ampliar, y en parte de relativizar, la forma de pensar del método jurídico, anclada exclusivamente en los actos jurídicos, para dar paso a una perspectiva orientada a la acción, a la resolución de los problemas. Ello implicaba, naturalmente, una paralela ampliación del instrumental. Así, por ejemplo, además de los actos jurídicos formalizados (acto, contrato, reglamento...), de los conceptos e institutos (primacía de la ley, reserva de ley, discrecionalidad, derecho público-subjetivo...), o de los principios generales (proporcionalidad, confianza legítima...), resultará necesario, también, poner la atención en nuevos campos (como la implementación, innovación, etc.), en nuevos conceptos-clave o puente (eficiencia, información, comunicación...), en nuevas estrategias regulatorias (economización, procedimentalización, privatización...), o en nuevos escenarios o situaciones de toma de decisión (*instrumental choice*, *institucional choice*, *regulatory choice*...).

En la actualidad, se abre paso esa nueva orientación metodológica (que, por convención y a modo de programa, como se ha dicho, denominamos «nuevo Derecho Administrativo»), que se ocupa también de la búsqueda de soluciones, y no sólo de interpretar la norma para la resolución de un caso. A explicarlo con mayor detalle se dedican las líneas que siguen*.

---

* Recuérdese lo indicado al inicio del presente capítulo: las referencias o remisiones que se hacen en las notas a pie de página se refieren al propio tratado, y aquí se han mantenido para facilitar en su caso su búsqueda. Por la misma razón se han conservado los números marginales de los párrafos del texto, y la numeración de las notas a pie de página.

ELEMENTOS METODOLÓGICOS CENTRALES DE LA NUEVA CIENCIA DEL DERECHO ADMINISTRATIVO

16. La nueva ciencia del Derecho Administrativo no se basa en una concepción metodológica cerrada y acabada en sí misma, sino que se funda en una variedad de elementos metodológicos que le son característicos, que, aunque se presenten aisladamente, de alguna forma se hallan vinculados entre sí. Aunque en la praxis científica ordinaria no todos esos elementos acaparan la misma atención, en su conjunto, sin embargo, se dejan reconocer como pertenecientes a una forma específica de trabajar, que se encuentra en claro contraste con el método jurídico y los procedimientos metodológicos convencionales[111]. La clave última de esta nueva metodología reside en un Derecho Administrativo que se orienta y preocupa por la *producción jurídica*. Tal es la perspectiva científica que aquí interesa y de la que nos ocupamos seguidamente[112].

I. EL POSTULADO DE LA TEORÍA DE LA DIRECCIÓN*

17. A la nueva ciencia del Derecho Administrativo le es esencial la perspectiva que aporta el paradigma de la dirección en el plano jurídico[113]. Esta centralidad se explica por el interés que esta teoría ha puesto

---

[111] Sobre este tema → MÖLLERS, § 3.

[112] Sobre los métodos más novedosos de una ciencia del Derecho Administrativo que se orienta hacia la aplicación, véase HOFFMANN-RIEM, «Methoden einer anwendungsorientierten Verwaltungsrechtwissenchaft», en Schmidt-Aßmann y Hoffman-Riem (Eds.), *Methoden*.

* Para un mejor entendimiento de cuanto aquí se recoge, véase E. SCHMIDT-ASSMANN, *La teoría general del Derecho Administrativo como sistema*, INAP-Marcial Pons, 2003, pp. 27 y ss.

[113] Fundamentalmente GUNNAR FOLKE SCHUPPERT, «Verwaltungsrechtswissenschaft als Steuerugswissenchaft», en Hoffman-Riem, Schmidt-Aßmann y Schuppert (Ed.), *Reform*, pp. 65 y ss.; del mismo autor, «Grenzen und Alternativen der Steuerung durch Recht», en Grimm (Ed.), *Wachsende Staatsaufgaben- sinkende Steuerungsfähigkeit des Rechts*, 1990, pp. 217 y ss. Véase además, entre otros muchos, SCHMIDT-ASSMANN, «Verwaltungsorganisationsrecht als Steurungsressource –Einleitende Problemskizze», en Schmidt-Aßmann y Hoffman-Riem (Eds.), *Verwaltungsorganisationsrecht*, pp. 14-21;

desde siempre en la *efectividad* del Derecho[114] y en su *capacidad* real para la resolución de los problemas.

1. CONCEPTO DE DIRECCIÓN Y TEORÍA DE LA DIRECCIÓN

18. El postulado de la *teoría de la dirección* se encuentra estrechamente vinculado con el debate sobre la dirección en el seno de las ciencias sociales, iniciado a mediados de los setenta. Los años sesenta habían estado presididos por un claro optimismo y confianza en la planificación y, unida a ésta, por una firme creencia en la «racionalización de la política»[115]. Sin embargo, habida cuenta de los déficits que la planificación había puesto de manifiesto en la fase de implementación[116] y de la volatilización que la transposición de los programas estatales experimentaba[117], se produjo un desplazamiento de la perspectiva en el ámbito de la investigación de las ciencias sociales, para pasar de la cen-

---

SCHMIDT-ASSMANN, *Ordnungsidee*, capítulo primero, núm. marg. 33-39, libro éste traducido al español (*La teoría general del Derecho Administrativo como sistema*, INAP-Marcial Pons, 2003); WOLFGANG HOFFMANN-RIEM, «Organisationsrecht als Steuerungsressource – Perspektiven der verwaltungsrechtlichen Systembildung», en Schmidt-Aßmann (Ed.), *Verwaltungsorganisationsrecht*, p. 355 (358 y ss.); BUMKE, *Relative Rechtswidrigkeit*, pp. 262 y ss. Vol. I, Franzius 4.

[114] Núm. marg. 11.

[115] Por ejemplo, CARL BÖHRET, *Entscheidungshilfen für die Regierung*, 1970; Helmut Reinermann, *Programmbudgets in Regierung und Verwaltung*, 1975. Veáse más recientemente, ERNST-HASSO RITTER, «Integratives Management und Strategieentwicklung in der staatlichen Verwaltung», *DÖV* 2003, pp. 93 y ss.; HERMANN HILL, «Renaissance einer rationalen Politikgestaltung», en *FS Klaus König*, 2004, pp. 217 y ss.

[116] GERD WINTER, *Das Vollzugsdefizit im Wasserrecht*, 1975; RENATE MAYNTZ Y OTROS, *Vollzugsprobleme der Umweltpolitik*, 1978 y EBERHARD BOHNE, *Der informale Rechtstaat*, 1981. Más tarde, GERD V. WEDEMEYER, *Kooperation statt Vollzug im Umweltrecht*, 1995 (Tesis 1991), WERNER RÜTHER, *Die behördliche Praxis bie Entdeckung und Definition von Umweltstrafsachen*, 1991, HERMANN HILL y ANNETTE WEBER, *Vollzugserfahrungen mit umweltrechtlichen Zulassungsverfahren in den neuen Ländern*, 1996, NICOLAI DOSE, *Die verhandelnde Verwaltung*, 1997. Finalmente, IMMO GRAF, *Vollzugsprobleme im Gewässerschutz*, 2002.

[117] Las líneas de desarrollo desde los inicios de la euforia planificadora en los años veinte, pasando por el optimismo planificador de los sesenta, siguiendo con el pesimismo de dirección de los ochenta hasta las ideas de dirección realistas de los noventa se estudian en DIETMAR BRAUN, «Steuerungstheorien», en Dieter Nohlen (Ed.), *Lexikon der Politik*, vol. 1, 1995. pp. 611 y ss. Además, KLAUS V. BEYME, *Der Gesetzgeber*, 1997, pp. 19-40.

tralidad de la que había gozado hasta entonces la estructura interna del sistema político, al estudio fundamental de las relaciones de éste con el entorno[118]. En consecuencia, se trataba de indagar cuáles eran las condiciones para hacer efectiva y real la configuración del entorno social, configuración ésta que conceptualmente dirigen las instancias políticas[119]. Ésta se convertiría, en efecto, en la preocupación básica. Hasta ahora el fenómeno de la «dirección política», como se le ha denominado a este planteamiento[120], ha sido objeto de muy distintas líneas de investigación, que, sin perjuicio de sus específicas aproximaciones, indagan aspectos individuales de la problemática. El espectro de temas abarca desde la *teoría de la planificación política* (por ejemplo, los modelos de *policy-making*, la teoría de la decisión), pasando por las teorías del Estado y la sociedad (por ejemplo, la teoría del orden económico, el estudio del neocorporativismo), hasta los postulados analíticos de las políticas (por ejemplo, modelos procedimentales o modelos de trabajo en red). Como consecuencia de ello compiten entre sí conceptos y teorías de la dirección[121] radicalmente diferentes.

19. Desde la *teoría de los sistemas* se han formulado dudas y objeciones de fondo acerca de la posibilidad misma de la dirección política de los sistemas en general y, en particular, en punto a la capacidad de dirección que posee el Dere-

---

[118] HANS-PETER BURTH y AXEL GÖRLITZ, «Politische Steuerung in Theorie und Praxis. Eine Integrationsperspektive», en, de los mismos autores (Ed.), *Politishe Steuerung in Theorie und Praxis*, 2001, p. 7 (9).

[119] RENATE MAYNTZ, «Politische Steuerung und gesellschaftliche Steuerungsprobleme (1987)», en de la misma autora, *Soziale Dynamik und Politische Steuerung*, 1997, p. 186 (189).

[120] El concepto de «dirección» procede originalmente de la cibernética. En la sociología alemana se introdujo probablemente por la traducción del concepto inglés de *control*. En el ámbito de las ciencias sociales se consolida el concepto de «dirección política» a finales de los setenta. Véase sobre la historia del concepto y sus distintas variantes conceptuales, MAYNTZ, *Politisch. Steuerung* (*op. cit.*, nota anterior), pp. 188-193; RÜDIGER VOIGT, «Staatliche Steuerung aus interdisziplinarer Perspektive», en König y Dose (Ed.), *Instrumente und Formen staatlichen Handelns*, 1993, pp. 289 (290-297).

[121] Buen resumen en AXEL GÖRLITZ y HANS-PETER BURTH, *Politische Steuerung*, 2ª ed., 1998, pp. 77 y ss. En relación con ello el análisis de STEFAN SCHWEIZER, *Politische Steuerung selbstorganisierter Netzwerke*, 2001, pp. 31-76. Veáse, además, NICOLAI DOSE, *Problemorientierte staatliche Steuerung*, 2008. Sobre la evolución del tema, RENATE MAYNTZ, «Politische Steuerung: Aufstieg, Niedergang und Transformation einer Theorie (1996)», en, de la misma autora, *Soziale Dynamk* (*op. cit.*, nota 119), pp. 263 y ss.

cho. Y ello porque resultaría prácticamente imposible determinar desde fuera el estado de un sistema a consecuencia de la creciente diferenciación social, ya que los sistemas parciales tienden a desarrollar sus propios criterios de racionalidad y de actuación, y aun cuando puedan reaccionar ante «incentivos externos», sin embargo, lo hacen de acuerdo con parámetros autoreferenciales y de un modo altamente impredecible[122].

Ha de advertirse, con todo, que entre los estudiosos de las ciencias sociales esta proposición o modelo explicativo un tanto radical ha encontrado[123] en última instancia poco eco; no tiene muchos seguidores. En realidad, de lo que se trata no es de incorporarla sin más, sino de aprovechar en su caso algunas de las conclusiones y observaciones de base que propone la teoría de los sistemas, a fin de establecer un concepto operativo –con los ajustes y matices pertinentes– de la teoría de la dirección[124].

20. En el ámbito específico de la ciencia del Derecho Administrativo predomina desde luego una teoría de la dirección que pone su acento decidido en la *acción*. Se trata, en efecto, de un *postulado de la*

---

[122] Como fundamentación de esta proposición, que, sin duda, ha regenerado extraordinariamente la discusión de la dirección en las ciencias sociales generales, aunque se presente en su forma pura en raras ocasiones, véase NIKLAS LUHMANN, *Soziale Systeme*, 5ª ed., 1994. (1984), en especial, pp. 57 y ss.; del mismo autor, *Das Recht der Gesellschaft*, 1993, pp. 38 y ss. En relación con ello, GUNTER TEUBNER y HELMUT WILLKE, «Kontext und Autonomie: Gesellschaftliche Selbststeuerung durch Reflexives Recht», *ZfRSoz*, núm. 5 (1984), pp. 4 y ss.; HELMUT WILLKE, *Entzauberung des Staates*, 1983, pp. 9 y ss., 105 y ss.; del mismo autor, *Ironie des Staates*, 1996 (1992), pp. 11 y ss.; del mismo autor, *Systemtheorie III: Steuerungstheorie*, 1995; GUNTER TEUBNER, *Recht als autopoietisches System*, 1989; del mismo autor, «Die Episteme der Rechts», en Grimm (Ed.), *Steuerungsfähigkeit* (*op. cit.*, nota 47), pp. 115 y ss. Además, GÜNTER ULRICH, *Politische Steuerung. Staatliche Interventionen aus systemtheoretischer Sicht*, 1994.

[123] Resumen de la crítica en RAINER HOLTSCHNEIDER, *Normenflut und Rechtsversagen*, 1991, pp. 79-84, V. BEYME, *Gesetzgeber* (*op. cit.*, nota 117), pp. 22-32, y DIETMAR BRAUN, *Die politische Steuerung der Wissenschaft*, 1997, pp. 31-35. Polémica comentada en PETER NAHAMOWITZ, *Staatsinterventionismus und Recht*, 1998, pp. 161-360.

[124] Hay que mencionar aquí, entre otras, la «teoría del acoplamiento estructural». Veáse sobre ello HANS-PETER BURTH, *Steuerung unter der Bedingung struktureller Koppelung*, 1999; SCHWEIZER, *Steuerung* (nota 121), pp. 77 y ss., y HANS-PETER BURTH y PETRA STARZMANN, «Der Beitrag der Theorienmodells Strukturelle Koppelung zur instrumententheoretischen Diskussion in der Policyanalyse», en Burth y Görlitz (Eds.), *Steuerung* (*op. cit.*, nota 121), pp. 49 y ss.

dirección orientada a la actividad[125], tal como lo han formulado en particular autores como Renate Mayntz y Fritz Scharp, con la expresión acuñada de «institucionalismo centrado en los actores»[126].

Partiendo del significado habitual o coloquial de la idea de dirección y de la conocida imagen del dirigente político que conduce la embarcación del Estado de forma segura por los procelosos mares, se ha de entender por dirección, por tanto, la «influencia de carácter finalista» (orientada al resultado) que pueden ejercer los «sistemas»[127].

En tal sentido, la dirección presupone, en primer lugar, un *sujeto* que ejerce la dirección y que interviene (sean agentes individuales o corporativos); un *objeto* de esa dirección, sobre el que pretende influir; un *objetivo* o finalidad a alcanzar mediante la dirección; y, finalmente, un *instrumento de dirección*. Es necesario además manejar algunas ideas y nociones acerca de las relaciones consecuenciales (o de causa y efecto) entre actividades y resultados, en el marco de esta teoría de la dirección. En ese contexto, se habla de *conocimiento de la dirección*. Si la acción que despliega la dirección consigue los efectos pretendidos, o incluso otros no buscados, es algo que dependerá en definitiva de las respectivas condiciones directivas que puedan darse en cada campo –por ejemplo, de la necesidades que atienda la dirección en el caso concreto, de los medios de dirección de que pueda hacer uso (dinero, poder, Derecho)[128], y de los instrumentos de dirección utilizados–. En todo caso, ha de notarse que el *actor político* –en contra de la imagen que se tiene del *dirigente*

---

[125] Esto lo reconoce OLIVER LEPSIUS en su crítica de fondo, al adecuar la perspectiva de la dirección en la ciencia del Derecho Administrativo con la teoría de sistemas; así en *Steuerungsdiskussion, Systemtheorie und Parlamentarismuskritik*, 1999, p. 35.

[126] Resumidamente, RENATE MAYNTZ y FRITZ W. SCHARPF, «Der Ansatz der akteurzentrierten Institutionalismus», en los mismos autores (Eds.), *Gesellschaftliche Selbstregelung und politische Steuerung*, 1995, pp. 39 y ss. Veáse, además, FRITZ VF. SCHARPF, *Interaktionsformen. Akteurzentrierter Institutionalismus in der Politikforschung*, 2000.

[127] MAYNTZ, *Politische Steuerung* (*op. cit.*, nota 119), p. 190, que menciona que la dirección está delimitada, no sólo por el alcance de intervenciones puntuales, sino también por la creación, desarrollo y construcción de las entidades sociales, p. 191. Véase además HOFFMANN-RIEM, *Organisationsrecht* (*op. cit.*, nota 113), p. 358.

[128] El concepto de instrumento de dirección se utiliza en la doctrina de formas diversas; veáse GÖRLITZ y BURTH, *Steuerung* (*op. cit.*, nota 121), pp. 34-47.

político– no es un sujeto unitario, como tampoco lo es la «dirección política», que no es homogénea ni única, sino un «múltiple yo», que puede llevar a cabo e implementar diversas racionalidades en distintos escenarios de actuación. La dirección política debe, por consiguiente, concebirse como un *proceso interactivo*, en el que participan y trabajan a modo de red diversos actores, en colaboración y en interacción[129].

21. El *postulado de la gobernanza* asume y desarrolla este enfoque de la teoría de la dirección, cuando se ocupa del análisis de las *estructuras regulatorias*, en cuyo marco operan y colaboran numerosos actores, públicos y privados, estatales y no estatales, a diversos niveles, con la finalidad de regular en forma colaborativa cuestiones colectivas[130]. El concepto de gobernanza tiene de positivo que es capaz de apreciar la diferencia entre el objeto y el sujeto de la dirección, perspectiva ésta esencial al paradigma teórico de la dirección, como se ha visto, y que hoy parece amenazada por las múltiples fragmentaciones en que se descompone el sistema político-administrativo, en particular en los espacios de interacción de los planos supranacional e internacional[131].

Ahora bien, con independencia de la falta de precisión conceptual de que adolece la idea de gobernanza y de la excesiva discrecionalidad en su uso, al menos hay dos razones que hablan en favor de aceptar la *teoría de la dirección* en el ámbito de la ciencia del Derecho Administrativo: primero, porque el modo en que funciona el Derecho en un Estado democrático y constitucional se basa necesariamente en la atribución de ámbitos de competencias y de responsabilidades a actores concretos; y en ese sentido el concepto de *dirección* puede encajar aquí

---

[129] MAYNTZ, *Politische Steuerung* (*op. cit.*, nota 119), p. 191; SCHARPF, *Interaktionsformen* (*op. cit.*, nota 116), p. 34 y otras. Sobre la formación de redes como reto del actual derecho de la organización administrativa, vol. I. SCHUPPERT, 16, núm. marg. 134 y ss.

[130] Para mayor detalle, véase núm. marg. 68, así como el capítulo primero y cuarto de la presente obra.

[131] Así HANS-HEINRICH TRUTE, WOLFGANG DENKHAUS y DORIS KÜHLERS, «Governance in der Verwaltungsrechtswissenschaft», *DV*, núm., 37 (2004), pp. 451 (460), y RENATE MAYNTZ, «Governance Theory als fortentwickelte, Steuerungstheorie?», en Gunnar Filke Schuppert (Ed.), *Governance-Forschung*, 2005, pp. 11 y ss. Vol. I SCHUPPERT, 16, núm. marg. 24 y ss.

mejor que el de *estructura regulatoria* –que dimana de la gobernanza–, sin perder de vista justamente esta dimensión. En segundo lugar, porque los planteamientos holísticos, como la gobernanza, que se interesan primariamente por las grandes opciones y modelos, como el mercado, la jerarquía, el trabajo en red, etc., no son capaces de profundizar con la intensidad y profundidad necesarias para construir adecuadamente la dogmática de las concretas fórmulas organizativas y formas de actuación administrativas.

2. LA TEORÍA DE LA DIRECCIÓN COMO HERRAMIENTA DE ANÁLISIS

22. El debate científico que en torno a la teoría de la dirección se ha gestado en el seno de las ciencias sociales ha permitido obtener un interesante marco teórico para el Derecho Administrativo, puesto que arroja luz para comprender y analizar la complejidad de los efectos que el Derecho despliega, en cuanto *medio central* de dirección de las modernas sociedades. Con ello se obtienen importantes resultados[132]:

23. En primer término, la perspectiva de la dirección ofrece mayores *matices* y *distingos*, así como una notable *ampliación* del objeto de investigación. De un lado, sabe identificar la multiplicidad de *actores* o agentes a los que se les confían la *dirección* de las más variadas tareas y responsabilidades públicas, y que intervienen en el marco del Estado social y democrático de Derecho[133]. De otro, permite entender que, junto al Derecho, existen otros *medios de dirección*, cuya consideración resulta de interés, tales como el mercado, el personal y la organización[134]. Lo mis-

---

[132] En contra, de forma crítica, SCHULTE, «Wandel der Handlungsformen der Verwaltung und der Handlungsformenlehre in der Informationsgesellschaft», en Hoffman-Riem y Schmidt-Aßmann (Eds.), *Informationsgesellschaft*, pp. 344-347; CHRISTOPH MÖLLERS, «Theorie, Praxis und Interdisziplinarität in der Verwaltungswissenchaft», *Verw Arch*, núm. 93 (2002), pp. 38 y ss.; OLIVIER LEPSIUS, *Steuerungsdiskussion* (op. cit., nota 45), pp. 1-34, entre otras; RAINER PITSCHAS, «Wirkungen des Verwaltungshandelns im internationalen Vergleich», en Hermann Hill y Hagen Hof (Eds.), *Wirkungsforschung zum Recht II Verwaltung als Adressat und Akteur*, 2000, p. 159 (160): «a pesar de afirmaciones en sentido contrario, el beneficio del debate sobre la teoría de la dirección para la Ciencia de la Administración y el Derecho Administrativo sigue siendo marginal».

[133] Vol. I GROSS, 13, núm. marg. 63 y ss.

[134] Así, SCHMIDT-ASSMANN, *Ordnungsidee*, capítulo 1, núm. marg. 37.

mo puede decirse respecto de los *instrumentos de dirección*[135] y de las *modalidades* o *modos de dirección* de los que pueda hacerse uso, y que igualmente han de ser objeto de estudio desde la óptica de las motivaciones e intereses de los destinatarios de esa dirección, sean éstos ciudadanos, empresarios, autoridades, etc.

El eje de la disciplina hasta ahora se había situado en los *instrumentos jurídicos formales* al servicio de un sistema jurídico basado en la ejecución imperativa y obligatoria; sistema éste que en esencia se expresa a través de mandatos, prohibiciones, autorizaciones, reglamentos o actos administrativos, como ha quedado dicho. Por contraste, la teoría de la dirección abre la mirada a nuevas formas de actuación administrativa diferentes a las clásicas, como pueden ser, entre otras, el uso finalista o estratégico de la información (por ejemplo, en forma de advertencias, recomendaciones sobre productos, o distinciones)[136]; el establecimiento de incentivos económicos (por ejemplo, subvenciones, tasas o emisión de certificados)[137]; o las variadas fórmulas de mediación de conflictos y de cooperación, entre otras[138].

24. En segundo lugar, y sobre la base de esas clases o tipos en que se puede clasificar la dirección[139], cabe investigar los efectos e interacciones, la interdependencia e interconexión, entre los distintos sujetos, objetos, medios e instrumentos de dirección, así como determinar los beneficios y perjuicios que deparan cada una. de las combinaciones o conceptos de dirección[140]. Al mismo tiempo, se hace más fina la conciencia para identificar la equivalencia funcional que puede hallarse entre concretas técnicas de dirección, así como sus posibles déficits de cara a la dirección[141]. El conocimiento y la experiencia sobre la dirección que así se obtienen pueden servir para mejorar la capacidad de dirección del Derecho (Administrativo). Para la nueva ciencia del Derecho Administrativo, esa capacidad o función de dirección que ha de desplegar consiste ante todo –respecto de cada objetivo, finalidad o tarea a desarrollar– en encontrar una actuación administrativa, primero,

---

[135] Se puede mencionar aquí como ejemplo el debate intenso sobre los instrumentos dirigidos en el Derecho ambiental. Veáse SPARWASSER, ENGLE y VOSSKUHLE, *UmweltR*, § 2; KLOEPFER, *UmweltR*, § 5.

[136] Vol. II GUSY, § 23, núm. marg. 100 y ss.; HERMES, § 39, núm. marg. 52 y ss., 91, 107.

[137] Vol. II SACKSOFSKY, § 40.

[138] Vol. II APEL, § 32 núm. marg. 102 y ss.; FEHLING, § 38, núm. marg. 30 y ss.

[139] Para una sistematización introductoria, por ejemplo, KLAUS KÖNIG y NICOLAI DOSE, «Klassifikationsänstze zum staatlichen Handeln», en König y Dose (Eds.), *Instrumente* (nota 59), pp. 13-123.

[140] Vol. I EIFERT, § 19. Además, con ejemplo de ello, SCHUPPERT, *Verwaltungswissenschaft* (*op. cit.*), pp. 455 y ss.

[141] Vol. II MICHAEL, § 41.

que tenga en cuenta y transponga internamente los valores e impulsos derivados del Derecho Constitucional (y del Derecho Europeo, en nuestro caso); segundo, que se enmarque dentro de las exigencias propias del Estado de Derecho; tercero, que en cuanto al fondo la decisión que se adopte sea acertada; cuarto, que sea eficaz y próxima al ciudadano; y, quinto, que genere adhesión o aceptación. Todo ello requiere naturalmente que la ciencia del Derecho Administrativo sea capaz de poner a disposición del operador toda una serie de elementos: las formas o técnicas jurídicas adecuadas para cada actuación; los criterios, parámetros o cánones apropiados para guiarla; los procedimientos de toma de decisión más eficaces; las fórmulas organizativas para cada caso; y las estrategias regulatorias[142].

En la medida en que la legislación vigente no proporcione ni facilite suficientemente toda esa serie de elementos, será necesario que la ciencia del Derecho Administrativo se preocupe por hacer las propuestas adecuadas.

25. En este contexto, constituye un elemento positivo el hecho de que el paradigma de la dirección sea capaz de dar cobijo al *diálogo interdisciplinar* –o al menos *multidisciplinar*– con otras ciencias que se ocupan de la dirección política[143]. La «capacidad asociativa» que posee el concepto de dirección[144] facilita desde luego que las experiencias y reflexiones que en su seno se hayan generado u obtenido resulten útiles para la ciencia del Derecho Administrativo. Piénsese no sólo en las experiencias fundadas en datos empíricos contrastados, sino también en la utilidad de algunas explicaciones derivadas de las ciencias sociales y económicas, que ilustran la interacción e interdependencia de ciertas medidas, los cálculos de probabilidad, o juicios que completan el de legalidad, en determinados campos o ámbitos que la teoría de la dirección cultiva, como sucede, por ejemplo, en el análisis coste-beneficio[145] o en el modelo de la *rational-choice*[146].

---

[142] Sobre esta función facilitadora del Derecho, véase SCHUPPERT, *Steuerungswissenschaft* (*op. cit.*, nota 113), pp. 96-114.

[143] Así, SCHMIDT-ASSMANN, *Verwaltungsorganisationsrecht* (*op. cit.*, nota 110), pp. 15 y ss.; con mayor detalle, más abajo, núm. marginal 37 y ss.

[144] Sobre el tema, HANS-HEINRICH TRUTE, «Verantwortungsteilung als Schlüsselbegriff eines sich ändernden Verhältnisses von öffentlichen un privaten Sekotr», en Gunnar Folke Schuppert (Ed.), *Jenseits von Privatisierung und «schlanken» Staat*, p. 14.

[145] Sobre su aplicación a determinados campos, véase MICHAEL FEHLING, «Kosten-Nutzen-Analysen als Maßstab für Verwaltungsentscheidungen», *VerwArch*, vol. 95 (2004), pp. 443 y ss. En sentido crítico, ANDREAS VOSSKUHLE, «Ökonomisierung des Verwaltungsverfahrens», *DV*, vol. 34 (2001), p. 347 (365-369). Vol. II SACKSOFSKY, 40, núm. marg. 107 y ss. Véanse, además, los citados en nota al pie 204.

[146] Sobre la *rational-choice* en el contexto dogmático-jurídico, véase en última instancia la comleta exposición de ANNE VAN AAKEN, *«Rational Choice» in der Rechtswissenschaft*, 2003, en especial, pp. 73-108, 296-313, y la abundante bibliografía allí citada. Una revisión ge-

26. Ello no obstante, no debe tampoco sobrevalorarse *la fuerza explicativa que posee el análisis teórico de la dirección*, en particular por lo que hace al Derecho Administrativo. Al fin y al cabo, los postulados de la dirección constituyen una suerte de heurística cuyo objeto consiste sencillamente en llamar la atención sobre algunos puntos o problemas concretos[147]. En consecuencia, no han de perderse de vista dos cosas:

27. En primer lugar, la teoría de la dirección se sirve de un proceso extremadamente complejo, que no es capaz de ofrecer un retrato ajustado de la realidad. Y es que en la medida en que esta teoría se orienta hacia la actividad o hacia la acción, asume *un punto de vista ciertamente muy acotado y selectivo*, y deja, necesariamente, muchas cosas –factores relevantes para la dirección– fuera de su consideración[148]. Sería un error, por tanto, sobrevalorar la teoría de la dirección, si lo que pretende es enriquecer la teoría general del Derecho Administrativo, un tanto simplificada con el paso del tiempo. «Poco se habría avanzado, en efecto, si el postulado clásico, un tanto simplista, de una Administración que aplica la ley y se estructura jerárquicamente, se completara con un modelo de las ciencias sociales –el modelo de dirección– basado a su vez en una simplificada doctrina lineal o causal de la acción administrativa»[149]. Desde una perspectiva jurídica, se trata, por el contrario, de entender la dirección como un contexto normativo de atribuciones y consecuencias jurídicas[150].

28. Por otra parte, en segundo término, el Derecho Administrativo no puede limitarse a su función instrumental, como medio de dirección; es siempre expresión al mismo tiempo de un orden material de valores, que encuentra su fun-

---

neral sobre las distintas teorías de la actuación racional la ofrecen por ejemplo, Dietmar Braun, *Theorien Rationalen Handelns in der Politikwissenschaft*, 1999 y Volken Kunze, *Rational Choice*, 2004. Vol. II Fehling, 38, núm. marg. 62 y ss.

[147] Mayntz y Scharpf, *Institutionalismus* (*op. cit.*, nota 126), p. 39. En español: E. Schmidt-Assmann, *La teoría general del Derecho Administrativo como sistema*, INAP-Marcial Pons, 2003, pp. 27 y ss.

[148] Véase, de nuevo, Renate Mayntz, «Zur Selektivität der steuerungstheoretischen Perspektive», en Burth y Görlitz (Eds.), *Steuerung in Theorie und Praxis* (*op. cit.*, nota 118), pp. 17 y ss., que trata en particular del fenómeno de la pérdida de perspectiva de las manifestaciones del poder.

[149] Schmidt-Assmann, *Ordnungsidee*, capítulo 1, núm. marg. 39. En español: Schmidt-Assmann, *La teoría general del Derecho Administrativo como sistema*, INAP-Marcial Pons, 2003, p. 31.

[150] Así Christian Bumke, *Relative Rechtswidrigkeit*, 2004, p. 313; Wolfgang Hoffmann-Riem, «Governance im Gewährleistungsstaat», en Schuppert (Ed.), *Governance-Forschung* (*op. cit.*, nota 131), p. 195 (209, nota 14).

damento en la Constitución[151]. Como se ha dicho, la teoría de la dirección es de carácter finalista, se orienta al cumplimiento de tareas, a la satisfacción efectiva de objetivos. Ello, llevado a un extremo, podría desembocar en la desviación, según la cual las supuestas necesidades de implementación en la práctica primaran sobre las exigencias del Estado democrático de Derecho, en el que la ley desde luego puede molestar, ejercer presión y provocar oposición.[152] Hay que oponerse a esta tentación, puesto que, de lo contrario, el Derecho Administrativo no sólo perdería en buena parte su función de control y de muro de contención en el plano de lo fáctico, sino también su propio fundamento constitutivo de la actuación estatal[153].

II. ANÁLISIS DE SECTORES REALES

29. El fundamento y el presupuesto de cualquier consideración desde la perspectiva de la teoría de la dirección pasa por un correcto *análisis del ámbito de la realidad* de que se trate, razón ésta por la que su delimitación posee un especial valor dentro de la nueva ciencia del Derecho Administrativo. Sin conocimientos suficientes de los niveles, fragmentos o «extractos» sociales, políticos, económicos, cultu-

---

[151] Con claridad, ERIK V. HEYEN, «Zur rechtwissenchaftlichen Perspektive staatlicher Steuerung», en Klaus König y Nicolai Dose (Eds.), *Instrumente und Formen staatlichen Handelns*, 1993, pp. 202 y ss. Crítico con una ciencia de la Administración con un método empírico «científico-social, perfeccionado» con referencia a la función de ordenación, garantía y protección del Derecho Administrativo, también PETER BADURA, «Verwaltungsrecht im Umbruch», en Zentaro Kitagawa y otros (Eds.) *Das Recht vor den Herausforderungen des neuen Jahrhunderts*, 1998, p. 152. Sobre el Derecho Administrativo como «instrumento del Estado de Derecho», véase además CLAUDIO FRANZIUS, «Die Herausbildung der Instrumente indirekter Verhaltenssteuerung», en *Umweltrecht der Bundesrepublik Deutschland*, 2000, pp. 18-23.

[152] ANDREAS VOSSKUHLE, «Duldung rechtswidrigen Verwaltungshandelns?», *DV*, vol. 29 (1996), p. 511 (538); LEPSIUS, *Steuerungsdiskussion* (*op. cit.*, nota 45), p. 7 y ss.; ALEXANDER BLANKENAGEL, «Vom Recht der Wissenschaft und der versteckten Ratlosigkeit der Rechtwissenschaftler bei der Betrachtung des – und derselben», *AöR*, núm. 124, 2000, pp. 103-108. El peligro de pérdidas de normatividad se señala, por ejemplo, en PETER M. HUBER, «Die Demontage des öffentlichen Rechts», en *FS Rolf Stober*, 2008, p. 547 (556), y BERND GRZESZICK, «Anspruch, Leistungen und Grenzen steuerungswissenschaftlicher Ansätze für das geltende Recht», *DV* 42 (2009), pp. 105 y ss.

[153] Vol. I SCHMIDT-ASSMANN, § 5, núm. marg. 65 y ss.; RIEMER, § 9, núm. marg. 10.

rales, tecnológicos o ecológicos «de la realidad»[154] a los que se dirige la norma, apenas cabría apreciar la capacidad directiva del Derecho; como tampoco detectar los déficits regulatorios del Derecho positivo, ni hallar las soluciones jurídicas adecuadas ante los nuevos problemas materiales. Aquí baste pensar en los sectores de la técnica, del medio ambiente o de las telecomunicaciones. Ni siquiera los seguidores del método jurídico puro pueden operar sin el conocimiento y la ilustración necesarios acerca de los elementos materiales que sirven de base a los actos jurídicos que disciplinan el sector[155]. Las reflexiones que éstos realizan desde la dogmática se dirigen de ordinario hacia la *construcción judicial del caso*, siguiendo los criterios propios de valoración de la prueba. Se quedan así en un nivel muy limitado de la «realidad». E incluso, cuando por excepción, se toman en consideración los efectos de un acto jurídico y el ámbito de la realidad sobre el que se proyecta, resulta sorprendente la generalizada *despreocupación metodológica* en lo que hace a la obtención de la información y del material empírico. Piénsese así, a título de ejemplo, en la tendencia, cuando lo requiere la situación, a elegir ejemplos de modo aleatorio de distintas fuentes (supuestos de hechos de sentencias, noticias de periódicos, dictámenes de la práctica, etc.) para sacar conclusiones apresuradas y generalizadas sobre el fun-

---

[154] En el estado actual de la investigación cognitiva, deberá entenderse, por supuesto, que esta realidad es una construcción que se consigue mediante selección, descripción e interpretación de procesos factuales. Depende de numerosos factores, en particular, de los propios intereses por el conocimiento y los propios conocimientos anteriores.

[155] La «hermenéutica del caso» sustituye a la «hermenéutica del texto»; así, por todos, ALEXANDER HOLLERBACK, «Rechtswissenschaft» (nota 105), en *Stl IV*, pp. 757 y ss.; KARL ENGISCH, *Logische Studien der Gesetzesanwendung*, 2ª ed., 1960, pp. 37 y ss.; JOACHIM HRUSCHKA, *Die Konstitution des Reschtsfalles*, 1965. Para FRIEDRICH MÜLLER y RALPH CHRISTENSEN, *Juristische Methodik* I, 8ª ed., 2002, números marginales, 15-18, 230-233, 281, 397 y ss., el ámbito de la realidad es presentado como «ámbito normativo», ya como parte constitutiva del ámbito de la norma; así también HOFFMANN-RIEM, «Methoden» (*op. cit.*, nota 9), pp. 36-38. Sobre la introducción del término «realidad» en la dogmática jurídica, véase además CHRISTIAN STARK, «Empire in den Rechtswissenschaften», *JZ*, 1972, pp. 609 y ss.; CHRISTOPH GUSY, «'Wirklichkeit' in der Rechtsdogmatik», *JZ*, 1991, pp. 213 y ss. Sobre el significado del análisis de la jurisprudencia como parte del análisis del sector concreto, *vid.* también FRIEDRICH SCHOCH, «Gemeinsamkeiten und Unterschiede von Verwaltungsrechtslehre und Staatrechtslehre», en Helmut Schulze-Fielitz (Ed.) *Staatsrechtslehre als Wissenschaft*, 2007, pp. 203-206.

cionamiento de la Administración (por ejemplo, la alemana)[156] o sobre aspectos de las ciencias naturales.

30. Para analizar los hechos que subyacen a la práctica, cabe acudir a las experiencias y conocimientos que derivan de la *investigación científica del sustrato fáctico con relevancia para el Derecho*. Dicha investigación se enfrenta, sin embargo, desde hace tiempo a una serie de *déficits estructurales*[157], que apenas han cuajado en un reducido número de estudios empíricos con alguna representatividad e interés para la Administración y el Derecho Administrativo[158]. No es extraño por ello que muchos proyectos de investigación basados en un esfuerzo sostenido en términos de tiempo y de personal fracasen en sus estadios iniciales, bien sea por falta de financiación, dificultades en la obtención del material e información necesarios, o bien la poca colaboración entre sociólogos y juristas. A ello ha de añadirse la escasa reputación científica de que gozan los trabajos de carácter empírico entre los juristas que cultivan la dogmática. Y ello al margen y con independencia de que con frecuencia no se sepa qué es lo que se desprende de un concreto resultado o análisis empírico[159]. Por ejemplo, ¿qué conclusiones se pueden extraer de los estudios sobre implementación del Derecho medioambiental que se realizaron hace unas décadas y que evidenciaron notables déficits en lo que se refiere a su aplicación?[160] Porque, desde luego, es evidente que el Derecho vigente no se ejecuta en su integridad[161]. ¿En qué consiste hoy entonces el déficit

---

[156] Andreas Vosskuhle, «Rechtstatsachenforschung und Verwaltungsdogmatik», *VerwArch*, núm. 85 (1994), pp. 567 (576).

[157] Véase, Vosskuhle, «Rechtstatsachenforschung» (*op. cit.*, nota 156), pp. 579-584; Bruno Bartscher, *Der Verwaltungsvertrag in der Behördenpraxis*, 1996, pp. 9-30; Volker Schlüte, *Die Verwaltung als Vertragsparner*, 2000, pp. 235-240; Barbara Remmert, *Private Dienstleistungen in staatlichen Verwaltungsverfahren*, 2003, pp. 111-118.

[158] Además de los trabajos citados en la nota 157, véase, por ejemplo, Manteo H. Eisenlohr, *Der Prozessvergleich in der Praxis der Verwaltungsgerichtsbarkeit*, 1998; Leonie Breunung, *Die Vollzugsorganisation als Entscheidungsfaktor des Verwaltungshandelns*, 2000; Martin Schröder, *Gentechnikrecht in der Praxis*, 2001. Sobre el desinterés de la sociología del Derecho en la dogmática jurídica, véase el instructivo estudio de Ingo Schulz-Schaeffer, «Rechtsdogmatik als Gegenstand der Rechtssoziologie», *ZfRSoz*, vol. 25 (2004), pp. 141 y ss.

[159] Así también, Möllers, *Theorie* (*op. cit.*, nota 27), p. 42, con mayores referencias bibliográficas.

[160] Véanse autores citados en nota 48.

[161] Véase, por ejemplo, Alexander Drexler, *Alte und neue Fürsorglichkeit*, 1989, pp. 143 y ss., 175 ss.; Thomas Ellwein, *Kooperatives Verwaltungshandeln im 19. Jahrhundert*, 1994, pp. 23 y ss.; Hubert Treiber, «Kooperatives Verwaltungshandeln der Gewerbeaufsicht (Fabrikinspektionen) des 19. Jahrhunderts», en Nicolai Dose y Rüdiger Voigt (Eds.), *Kooperatives Recht*, 1995 (nota 52), p. 65, con mayores referencias bibliográficas. Con

en lo que a la aplicación o ejecución del Derecho se refiere? ¿Acaso hoy tenemos mayor sensibilidad para detectar esos déficits, o es que el Derecho ha perdido en verdad su capacidad de dirección a finales del siglo XX?[162] ¿Se aplica en términos porcentuales menos Derecho que antes en una cantidad relevante de sectores y ámbitos del ordenamiento –déficit de aplicación sistémico–? ¿O se aplica menos el Derecho sólo en determinados sectores, como el Derecho ambiental –déficit de aplicación parcial–? ¿Se pueden corregir estos déficits de aplicación mediante nuevas estrategias de regulación y, en caso afirmativo, con cuáles? ¿O es que acaso la capacidad funcional que le es inherente al Derecho presupone de alguna forma una cierta inaplicación parcial?[163] ¿Debieran entonces ensayarse otras estrategias de carácter informal para hacer frente a este problema, o ello conllevaría una pérdida de su funcionalidad? Se trata de cuestiones –todas ellas– que requieren desde luego una mayor investigación y que apenas pueden responderse con algún sentido, si no es con un marco teórico adecuado. Las *desideratas* descritas no varían, sin embargo, en nada el significado y necesidad de profundizar en la investigación de los presupuestos fácticos, esto es, de los elementos de la realidad, con relevancia para el Derecho.

31. Con mucha frecuencia, la investigación del administrativista –el científico que cultiva la ciencia del Derecho Administrativo– depende de las *descripciones de la realidad que se hagan desde otras disciplinas científicas*. Ahora bien, aun en el ámbito las ciencias exactas –de la técnica y de las ciencias naturales– se sostienen con frecuencia, como es bien sabido, interpretaciones y postulados muy diferentes ante ciertos contextos interactivos que se producen en la realidad. Y es que, también en estas áreas de la ciencia, el conocimiento se adquiere como fruto y consecuencia de un complejo proceso selectivo que se basa y depende igualmente de valores, proceso que por otra parte se funda asimismo en ciertas hipótesis no siempre verificadas, conocimientos

---

carácter general, sobre la *selección* como necesario «principio estructural de la aplicación del Derecho», véase WOLFGANG HOFFMANN-RIEM, «Rechtsanwendung und Selektion», *JZ*, 1972, pp. 297 y ss.

[162] Sobre la capacidad de la dirección de la Ley → vol. I RIEMER, § 9, núm. marg. 84 y ss.

[163] Véase, en relación con esta temática, HELMUT POPITZ, *Über die Präventivwirkung des Nichtwissens. Dunkerziffer, Norm und Strafe*, 1968; *Voßkuhle, Duldung* (*op. cit.*, nota 152), p. 522, y WOLFGANG HOFFMANN-RIEM, «Verwaltungskontrolle – Perspektiven», en Schmidt-Aßmann y W. Hoffmann-Riem (Eds.), *Verwaltungskontrolle*, p. 325 (354-357).

personales previos, y en otros factores externos[164]. Ello se pone de manifiesto claramente en la práctica, tanto a la luz de las distintas teorías o *filosofías relativas a la seguridad*[165], que subyacen a la legislación relativa a la energía atómica, como a resultas del debate sobre los umbrales toxicológicos y de riesgos tolerables para la salud en el ámbito del medio ambiente[166] y de la medicina[167]. En última instancia, lo que aquí cabe concluir no es sino la necesidad de utilizar en la medida de lo posible variadas y contrarias fuentes de conocimiento. Y aun cuando sea cierto que deban ponerse límites cognitivos a una *ciencia del Derecho Administrativo bien informada en términos de interdisciplinariedad*, ello no impide, sin embargo, el esfuerzo permanente por mantener una cierta distancia respecto de los puntos de observación que nos son propios, ni tampoco empece al intento de hacer más transparente el proceso de selección y de interpretación.

[164] De notable influencia ha sido aquí la aportación de THOMAS S. KUHN, *The Structure of Scientific Revolutions*, Chicago, 1962 (en versión alemana: *Die Struktur wissenschaftlicher Revolutionen*, 1967). Una radicalización de esta concepción puede encontrarse, por ejemplo, en PAUL FEYERABEN, *Wider den Methodenzwang*, 3ª ed., 1983. Sobre el debate más reciente, baste la visión panorámica de MARTIN CARRIER, «Wissenschaftstheorie», en Jürgen Mittelstraß (Ed.); *Enziklopädie Philosophie und Wissensschaftheorie*, vol. 4, 1996, pp. 738 y ss., así como, por ejemplo, JOHN M. ZIMAN, *Real Science*, 2000, pp. 218 y ss., y PETER WEINGART, *Wissenschaftssoziologie*, 2003, pp. 53 y ss.

[165] Sobre esto, por ejemplo, ALEXANDER ROSSNAGEL, «Sicherheitsphilosophien im Technikrecht –am Beispiel des Atomrechts», *UPR*, 1993, pp. 129 y ss. Además, RÜDIGER BREUER, «Die Angst vor Gefahren und Risiken und die sachverständige Beratung nach dem Maßstab praktischer Vernunft», en Richard Bartlsperger (Ed.), *Der Experte bei der Beurteilung von Gefahren und Risiken*, 2001, p. 31 (47 y ss.).

[166] Irene Lamb, *Kooperative GesetzesKonkretisierung* 1995, pp. 29 y ss.

[167] *Vid.*, por ejemplo, la lista de valores *MAK* (concentración máxima en centros de trabajo), MARTIN SCHWAB, *Rechtsfragen der Politikberatung im Spannungsfeld zwischen Wissenschaftsfreiheit und Unternehmerschutz*, 1999, pp. 470 y ss., y la literatura allí citada.

III. LA ORIENTACIÓN DEL DERECHO ADMINISTRATIVO HACIA EL PLANO DE LOS EFECTOS Y DE LA EFICACIA

32. Si el Derecho Administrativo se orienta hacia la *dirección* –en el sentido a que antes se ha hecho referencia– y, en consecuencia, se preocupa por la eficacia y los logros que alcanza, será necesario estudiar los efectos que en la realidad irroga o genera, tanto la producción normativa, como su aplicación[168]. La investigación en esta materia[169] distingue tres clases de efectos, que, con base en el control interno o de gestión empresarial (*controlling*), denomina respectivamente «*output*», «*impact*» y «*outcome*»[170]. Por *output* se entiende el producto en sí mismo y las consecuencias concretas e inmediatas que derivan de una medida adoptada, en tanto que *impact* alude a los efectos a corto plazo sobre

[168] HOFFMAN-RIEM, *Organisationsrecht* (*op. cit.*, nota 113), pp. 361 y ss.; del mismo autor, *Methode* (*op. cit.*, nota 9), pp. 43 y ss. También WOLFF, BACHOF, STOBER y KLUTH, *VerwR* I, § 1, núm. marg. 8.

[169] Los estudios acerca de los efectos que produce el Derecho se han desarrollado en Alemania a través de cuatro grandes congresos de investigación de carácter interdisciplinar y animados por un esfuerzo colectivo de construcción. *Vid.* HAGEN HOF y GERTRUDE LÜBBE-WOLFF (Eds.), *Wirkungsforschung zum Recht I. Wirkungen und Erfolgbedingungen con Gesetzen*, 1999; HILL y HOF (Eds.), *Wirkungsforschung II* (*op. cit.*, nota 132); H. HOF y MARTIN SCHULTE (Eds.), *Wirkungsforschung zum Recht III. Folgen von Gerichtsentscheidungen*, 2001; ULRICH KARPEN y H. HOF (Eds.), *Wirkungsforschung zum Recht IV. Möglichkeiten einer Institutionalisierung der Wirkungskontrolle von Gesetzen*, 2003. Por lo que hace a la evolución histórica de esta línea de investigación en Alemania, iniciada a finales de los años sesenta del pasado siglo, *vid.* el Resumen Informativo del período 1980-1996 del Director de la ponencia relativa a la investigación acerca de la práctica jurídica en la realidad (1973), en el Ministerio Federal de Justicia, DIETER STREMPEL, «Perspektiven der Rechtswirkungsdorschung (RWF) – Inhalte und Organisation», en H. HOF y G. LÜBBE-WOLFF (Eds.), pp. 627 y ss., así como HELLMUT WOLLMANN, «Evaluation con Folgenforschung», en Karl-Peter Sommermann (Ed.), *Folgen von Folgenforschung*, 2002, pp. 56-63.

[170] Sobre esta terminología no siempre usada de forma unívoca→ vol. I FRANZIUS, § 4, núm. marg. 70 y ss., además FRANK NULLMEIER, Input, Output, Outcome, Effektivität und Effizienz, en Bernard Blanke y otros (Eds.), *Handbuch zur Verwaltungsreform*, 2ª ed., 2001, pp. 357 y ss., y GEORG HERMES, «Folgenberücksichtigung in der Verwaltungspraxis und in einer wirkungsorientierten Verwaltungsrechtwissenchaft», en Schmidt-Aßmann y Hoffmann-Riem (Eds.), *Methoden*, p. 370. Sobre otras categorías de consecuencias en escritos jurídicos (por ejemplo, micro- y macroconsecuencias, consecuencias sociales e individuales, consecuencias de adaptación y decisión) ver solo MARTINA R. DECKERT, *Folgenorientierung in der Rechtsanwendung*, 1995, pp. 115-118.

la acción del grupo de objetivos perseguidos (micro-efectos). *Outcome*, por su parte, hace referencia a los efectos a largo plazo de una medida sobre el entorno o hábitat social, económico o de cualquier otra naturaleza (macro-efectos).

33. Si tiene o no sentido, y si es posible siquiera, tener en cuenta los efectos reales que produce el Derecho, y, en su caso, en qué forma y medida, es algo que los juristas vienen debatiendo desde finales de los años sesenta[171], hasta el presente, y acaso hoy con mayor intensidad, aunque sin haber obtenido soluciones convincentes[172]. En verdad nos hallamos ante una *situación paradójica*[173]. De un lado, resulta evidente que en la práctica jurídica casi siempre se tienen en cuenta (aunque no sólo), de un manera más o menos intuitiva, las consecuencias o efectos reales que generan las resoluciones que se adoptan. Es más, no es infrecuente que ello constituya incluso un deber legal, como sucede, por ejemplo, con las potestades discrecionales, en cuyo ejercicio ha darse una necesaria ponderación[174]. Y, de otro, sin embargo, no menos evidente resulta que el propio jurista no se encuentra preparado desde un punto de vista teórico

---

[171] Sobre la intensa discusión en los noventa, *vid.* EMMENEGGER, *Gesetzgebungskunst*, 2006, pp. 154 y ss.

[172] En cuanto a los análisis previos y de base respecto de la producción legislativa, ROLF BENDER, *Zur Notwendigkeit einer Gesetzgebungslehre dargestellt an aktuellen Problemen der Justizreform*, 1974; PETER NOLL, *Gesetzgebungslehre*, 1976 (nota 106) y Jürgen Rädig (Ed.), *Theorie der Gesetzgebung*, 1976 (nota 106). En cuanto al ámbito de la aplicación del Derecho, *vid.* MARTIN KRIELE, *Theorie der Rechtsgewinnung*, 2ª ed., 1976 (1967), pp. 191-194; ADAL-BERT PODLECH, «Wertungen und Werte im Recht», *AöR*, vol. 95 (1970), p. 185 (197-201); GUNTHER TEUBNER, *Folgenkontrolle und responsive Dogmatik*, Rechtstheorie, vol. 6 (1975), pp. 179 y ss., THOMAS SAMBUC, *Folgenerwägungen im Richterrecht*, 1977; THOMAS W. WÄL-DE, *Juristische Folgenorientierung*, 1979; GERTRUDE LÜBBE-WOLFF, *Rechtsfolgen und Realfolgen*, 1981. En tiempos más recientes, véanse, además de los trabajos ya mencionados, las aportaciones de GÜNTHER TEUBNER (Ed.) *Entscheidungsfolgen als Rechtsgründe*, 1995 (nota 87), así como MARTIN HENSCHE, *Probleme der folgenorientierten Rechtsanwendung*, Rechtstheorie, vol. 29 (1988), pp. 102 ss., y VAN AAKEN, *Rational Choice* (*op. cit.*, nota 146), en especial, pp. 146-179. Crítico, especialmente, NIKLAS LUHMANN, *Rechtssystem und Rechtsdogmatik*, 1974, pp. 31-48.

[173] Con acierto, TEUBNER, *Folgenorientierung* (*op. cit.*, nota 87), p. 9. También KLAUS F. RÖHL y HANS CHR. RÖHL, *Allgemeine Rechtslehre*, 3ª ed., 2008, p. 644.

[174] Cfr. KARL-PETER SOMMERMANN, «Folgenforschung und Recht», del mismo (Ed.), *Folgen* (*op. cit.*, nota 169), p. 39 (49-52); HERMES, *Folgenberücksichtigung* (*op. cit.*, nota 105), pp. 361-363.

ni práctico, ni siquiera ante sencillas situaciones fácticas, para predecir o pronosticar cuáles pueden ser el *impact* o el *outcome* de las decisiones que se pretendan adoptar, ni, en consecuencia, para anticiparse a sus efectos o consecuencias. Compete a la ciencia, en última instancia, el deber de indagar medios y criterios que, en esta sede, permitan acortar distancias, esto es, reducir o eliminar esta paradoja[175].

34. Algunos impulsos de importancia en ese sentido provienen de las distintas ramas de la ciencia y de la investigación relacionadas con la evaluación del impacto de la técnica (TA)[176] y de la evaluación del impacto legislativo (GFA)[177], aun cuando los métodos prospectivos sobre

---

[175] Según Lübbe-Wolff, *Rechtsfolgen* (*op. cit.*, nota 172), p. 13, la pregunta sólo se puede plantear en estos términos: «si no es mejor ir con las anteojeras puestas por las limitadas posibilidades prácticas para la prognosis, que ir completamente ciego». En términos análogos, VAN AAKEN, *Rational Choice* (*op. cit.*, nota 146), p. 175: «La inseguridad de la prognosis no puede implicar la renuncia a la acción legislativa ni tampoco a la prognosis. Éstas son siempre mejores que disparar a la oscuridad».

[176] Sobre esta temática, ALEXANDER ROSSNAGEL, *Rechtswissenschaftliche Technikfolgenab-schätzung*, 1993; THOMAS PETERMANN y REINHARD COENEN (Eds.), *Technikfolgenabschät-zung in Deutschland*, 1999. Desde 1990, la Cámara Baja del Parlamento (*Bundestag*) cuenta con una oficina para la evaluación del impacto de la técnica en el Parlamento federal, des-gajada de la Comisión de Investigación, Tecnología y Evaluación del impacto de la técnica (§ 56 a GOBT). Cfr. THOMAS PETERNANN, «Das Büro für Technikfolgen-Abschätzung beim deutschen Bundestag: Innovation oder Störfaktor?», en Axel Murswieck y Renate Mayntz (Eds.), *Regieren und Politikberatung*, 1994, pp. 79 y ss. En el ámbito europeo, las oficinas nacionales de evaluación tecnológica se han integrado en la Red de asesoramien-to tecnológico del Parlamento Europeo (EPTA). El Panel de asesoramiento de opciones científicas y tecnológicas (*Science and Technology Options Assessment*, OPTA) asesora al Par-lamento europeo.

[177] CARL BÖHRET, «Gesetzesfolgenabschätzung (GFA)», *Speyer Arbeitshefte* Nr. 110, 2ª ed., 1997; CARL BÖHRET y GÖTZ KONZERDOR, *Handbuch Gesetzesfolgenabschätzung (GFA)*, 2001. *Vid.* además WERNER BUSSMANN, «Rechrliche Anforderungen an die Qualität der Gesetzesfolgenabschätzung», *ZG*, 1998, pp. 127 y ss.; ULRICH KARPEN, «Gesetzesfolgen-abschätzung in der Europäischen Union», *AöR* vol. 124 (1999), pp. 400 y ss.; del mismo autor, «Gesetzesfolgenabschätzung», *ZRP*, 2002, pp. 443 y ss.; GÖTZ KONZENDORF, «Poli-tikwissenschaftliche Gesetzesfolgenabschätzung», en Kilian Bizer, Martin Führ y Christoph Hüttig (Eds.), *Responsive Regulierung*, 2002, pp. 123 y ss.; JÖRG ENNUSCHAT, «Wege zu bes-serer Gesetzgebung- sachverständige Beratung, Begründing, Folgenabschätzung», *DVBI* 2004, pp. 986 (992-994); STEPHAN HENSEL y OTROS (Eds.) *Gesetzfolgenabschätzung in der Anwendung*, 2010; MAGRIT SECKELMANN, «Neue Aufgaben für den Nationalen Normen-kontrollrat- Perspektiven für die Folgenabschätzung von Gesetzen?», *ZRP*, 2010, pp. 213 y ss. Sobre la institucionalización de la evaluación del impacto legislativo en el procedimiento

los efectos jurídicos[178] que allí se realizan distan aún mucho de ser sólidos y consistentes, o sólo permitan hacer afirmaciones un tanto genéricas[179] sobre los posibles efectos de las normas jurídicas (así, por ejemplo, las denominadas «técnicas de escenario» –o método de planificación estratégica para simulación de situaciones–; análisis de utilidad-coste –un método analítico de alternativas de actuación complejas–; estimaciones de tendencias, experimentos[180]; procedimientos tipo[181], análisis de restricciones; o simulaciones digitales)[182]. Sea como fuere, de lo que

---

parlamentario (cfr. § 43, párrafo 1, Nr. 5 i. V.m. § 44 GGO), *vid.* HANS HOFMANN y KLAUS G. MEYER-TESCHENDORF, «Neue Anforderungen an Gesetzgebungsmethodik und Gesetzesfolgenabschätzung», *ZG* 1998, pp. 362 y ss.; CHRISTOPH GRIMM, «Gesetzesfolgenabschätzung – Möglichkeiten und Grenzen – aus der Sicht der Parlaments», *ZRP* 1999, pp. 87 y ss.; LARS BROCKER, «Parlamentarische Gesetzesfolgenabschätzung», en Bizer, Führ, Hüttig (Eds.), *Regulierung*, pp. 133 y ss. Asimismo, *vid.* el documento de la Comisión Europea, Mitteilung über Folgenabschätzung, KOM (2002) en la versión del 5/6/2002 (evaluación de impacto regulatorio, en la Comisión Europea), Bd. I REIMER, 9, núm. marg. 110.

[178] Dentro de la evaluación de impacto legislativo se distinguen entre evaluaciones de impacto prospectivas, actuales y retrospectivas, *vid.* BIHRET y KONZENDORFM, *Gesetzesfolgenabschätzung* (*op. cit.*, nota 177), pp. 2 y ss., *passim*.

[179] Así STREMPEL, *Rechtswirkungsforschung* (*op. cit.*, nota 169), p. 631. Además, por ejemplo, HANS-PETER KRÜGER, «Methodische Desiderate zur Wirkungsforschung», en Hof y Lübbe-Wolff (Eds.), *Wirkungsforschung* (*op. cit.*, nota 169), pp. 489 y ss.; WOLFGANG KÖCK, «Gesetzesfolgenabschätzung und Gesetzgebungsrechtslehre», *VerwArch*, vol. 93 (2002), p. 1 (9 y ss.); HELMUT SCHULZE-FIELITZ, «Wege, Umwege oder Holzwege zu besserer Gesetzgebung», *JZ*, 2004, p. 869 y la bibliografía allí citada. Por el contrario, una valoración más positiva por ejemplo en LARS BROKER, *Gesetzesfolgenabschätzung und ihre Methodik* (*op. cit.*, nota 177), p. 35 (38 y ss.) y GÖTZ KONZENDORF, «Gesetzesfolgenabschätzung am Beispiel eines Landeswaldgesetzes», en Hill y Hof (Eds.), *Wirkungsforschung* (*op. cit.*, nota 132), pp. 97 (104 y ss.). Sobre la evaluación de las investigaciones de impacto prospectivas, ver WOLLMANN, *Folgenforschung* (*op. cit.*, nota 169), pp. 63-71.

[180] Sobre el sentido y significado de la producción normativa experimental y su marco jurídico, *vid.* GERD-MICHEL HELLSTERN y HELLMUT WOLLMANN (Eds.), *Experimentelle Politik. Reformstrohfeuer oder Lernstrategie?*, 1983; CARL BÖHRET y WERNER HUGGER, *Test und Prüfung von Geserzentwürfen*, 1980, así como desde una perspectiva jurídica, DETLEF HORN, *Experimentelle Gesetzgebung unter den Grundgesetz*, 1989, y, entre otros, GEORG STRÄTKER, «Experimentierklauseln im Kommunalrecht», en Maximilian Walllerrath (Ed.), *Verwaltungserneuerung*, 2001, pp. 95 y ss.

[181] Ver, por ejemplo, REINHARD GIESE y PETER RUNDE, «Wirkungsmodell für die empirische Bestimmung von Gesetzeswirkungem», *ZfRSoz*, vol. 20 (1999), p. 14 y ss.

[182] Una revisión panorámica sobre los distintos métodos en BÖHRET y KONZENDORF, *Gesetzesfolgenabschätzung* (*op. cit.*, nota 177), pp. 21-50.

aquí se trata no es sino de hacer una primera valoración de los efectos más relevantes respecto de un concreto círculo de problemas. Téngase en cuenta, por otra parte, que tampoco parece previsible que en el futuro haya una sola disciplina científica capaz de ofrecer respuestas fiables y consistentes a las cuestiones relacionadas con la prognosis de los efectos que de las normas jurídicas puedan derivarse sobre el entorno social (*outcome*), a la vista de la creciente complejidad de los procesos sociales. «Al fin y al cabo, es sólo la ley en vigor y efectivamente aplicada la única capaz de ofrecer la prueba experimental acerca de si los pronósticos y estimaciones fueron o no correctos»[183].

35. A la evaluación de los efectos ha de añadirse el *aprendizaje de la experiencia y de la comparación*[184]. Para ello se requiere manejar los conocimientos necesarios sobre los efectos de una norma o resolución existentes. A su vez, para generar ese conocimiento, han de trabajar conjuntamente diversas disciplinas científicas, como las que se ocupan de la investigación empírica de los efectos con carácter retrospectivo, y, más en concreto, las que cultiva la implementación y la evaluación, trabajo éste que desde los años setenta ha venido siendo patrocinado –en Alemania– por el personal al servicio de los Ministerios[185]. Probablemente los resultados así obtenidos resulten selectivos y apenas generalizables[186], habida cuenta de los limitados medios personales y materiales, aunque esta perspectiva –la investigación de carácter *retrospectivo*– se mueve metodológicamente en un

---

[183] Noll, *Gesetzgebungslehre* (*op. cit.*, nota 106), p. 35.

[184] → vol. I Franzius, § 4, núm. marg. 97 y ss. También Stefan Huster, «Die Beobachtungspflicht des Gesetzgebers», *ZiRSoz*, vol. 24 (2003), pp. 3 y ss.

[185] La investigación de la evaluación está íntimamente relacionada con la investigación de la implementación, aunque orientada a los fines concretos. Por su parte, la investigación de la implementación se ocupa de la transposición en general de las normas jurídicas; mientras que la relativa a la evaluación se ocupa de los efectos derivados de complejos sistemas decisorios y de planeamiento; se trata, pues, de una suerte de combinación del control acerca de la consecución de los objetivos mediante la comparación del deber-ser y el desarrollo efectivo que hayan tenido los programas. Sobre la investigación sobre la implementación, *vid.* nota 48. Sobre la investigación en materia de evaluación, *vid.* Gerd-Michael Hellstern y Hellmut Wollmann, «Evaluierung und Evaluierungsforschung – ein Entwicklungsbericht», en el libro coordinado por estos autores, *Handbuch der Evaluierungsbericht*, vol. I, 1984, pp. 17 y ss., así como Reinhard Stockmann (Ed.), *Evaluierungsforschung*, 2ª ed., 2004.

[186] *Vid.* núm. marg. 30. Un resumen muy crítico frente a los trabajos de la investigación de los impactos jurídicos de carácter retrospectivo, Gertrude Lübbe-Wolff, «Schlussfolgerungen zur Rechtswirkungschung», en Hof y la misma autora (Eds.), *Wirkungsforschung* (*op. cit.*, nota 169), p. 645 (655-657).

terreno más seguro que la evaluación *prospectiva* de los efectos de las normas. Por otra parte, las experiencias comparadas de otros países pueden aportar por lo menos algunos referentes útiles para determinar los efectos que pueden generar determinados planteamientos normativos, con la ayuda del método tradicional del análisis comparado de carácter funcional[187]. Baste como ejemplo en este sentido recordar la experiencia del «Nuevo Modelo de Dirección», basada directamente en las reformas administrativas que se llevaron a cabo en la ciudad holandesa de Tilburg[188]. Por su parte, también la perspectiva de la historia del Derecho aporta explicaciones de interés, aunque de forma limitada, sobre los efectos que generan las normas en determinados contextos[189].

36. En un segundo paso o fase, se trata de *retroalimentar* la legislación administrativa con ese *conocimiento y experiencia generados sobre los efectos*[190]. En ese sentido, en primer lugar, la legislación vigente debiera estar abierta a la revisión en la mayor medida posible, de modo que puedan potenciarse y facilitarse las eventuales revisiones y reformas de los impulsos directivos a los que la legislación responde[191]. En segundo término, cuando se trata de aplicar el Derecho, la interpretación podrá tener en cuenta en distinta forma las consecuencias o resultados a que ésta conduce en la realidad, es decir, cuando se pretende indagar mediante la interpretación la voluntad de legislador, la finalidad de la

---

[187] Para mayor abundamiento, VAN AAKEN, *Rational Choice* (*op. cit.*, nota 146), pp. 129-146, que también pone de manifiesto los límites metodológicos de este modo de comparar.

[188] KGSt, «Wege zum Dienstleistungsunternehmen Kommunalverwaltung», *Fallstudie Tilburg, Bericht* 19/1992; FRANK HENDRIKS y PIETER TOPS, «Der Wind des Wandels: New Public Management in der niederländischen Gemeindeverwaltung», *VerwArch*, vol. 92 (2001), pp. 560 y ss.

[189] Así, expresamente, MICHAEL TIMME, «Rechtsgeschichte als methodischer Zugang zu einem Recht der Gemeinschaftgüter», en Chrisptoph Engel (Ed.), *Methodische Zugänge zu einem Recht der Gemeinschaftgüterm*, 1998, p. 143 (146 y ss.). Otros ejemplos en nota 161, así como VANESSA GÊCZY-SPARWASSER, *Die Gesetzgebungsgeschichte des Internet*, 2003, obra cuyo centro de gravedad se sitúa en la relación entre legislador y técnica. De otra opinión sobre el significado de la investigación histórica para el desarrollo del Derecho Administrativo es CHRISTOPH MÖLLERS, «Historisches Wissen in der Verwaltungsrechtswissenchaft», en Schmidt-Aßmann y Hoffmann-Riem (Eds.), *Methoden*, pp. 131 y ss.

[190] → Vol. I FRANZIUS, § 1, núm. marg. 93 y ss.

[191] Sobre una mayor capacidad de innovación del Derecho, *vid.* fundamentalmente WOLFGANG HOFFMANN-RIEM, «Rechtswissenschaftliche Innovationsforschung als Reaktion auf gesellschaftliche Innovationsbedarf», en Martin Eifert y Wolfgang Hoffmann-Riem (Ed.), *Innovation und rechtliche Regulierung*, 2002, pp. 26 (37-42).

norma en cuestión o las consecuencias jurídicas anudadas al presupuesto de hecho[192]. Es más, en ocasiones resulta obligado evaluar y tener en cuenta los efectos, cuando la ley lleva a cabo una programación finalista (de resultados). Ha de destacarse por último que esa labor de orientación hacia los efectos que produce el Derecho se ve facilitada merced a las disposiciones atinentes a la organización y al procedimiento[193], como sucede por ejemplo con la legislación de evaluación de impacto ambiental, que constituye realmente un «procedimiento administrativo de obtención de la información necesaria para la consecución de los efectos deseados»[194].

IV. INTRA-, MULTI-, TRANS- E INTERDISCIPLINARIEDAD

37. Tanto la teoría de la dirección, como el análisis científico de la realidad, y el estudio de los efectos, perspectivas éstas a las que se ha hecho referencia, presumen la disposición a tomar en cuenta los conocimientos científicos que provienen de otras disciplinas, más allá del Derecho, a fin de incorporarlos a las propias reflexiones jurídicas. Para ello, sin embargo, es necesario superar diversas barreras que se oponen a la *recepción de esos conocimientos científicos* extrajurídicos:

38. De entrada, es necesaria una mayor *apertura intradisciplinar*, esto es, relativizar aún más la división del Derecho en ramas científicas (Derecho Civil,

---

[192] Para mayor abundamiento, sobre los fundamentos de la teoría clásica del método y otros conceptos alternativos, DECKERT, *Folgenorientierung* (*op. cit.*, nota 170) pp. 37-88.

[193] Cuestión ésta que también subraya en particular HERMES, *Folgenberücksichtigung* (*op. cit.*, nota 105), pp. 380-385.

[194] WOLFGANG HOFFMANN-RIEM, «Ermöglichung von Flexibilität und Innovationsoffenheit», en HOFFMANN-RIEM y SCHMIDT-ASSMANN (Eds.), *Innovation*, p. 9 (25).

Derecho Público, Derecho Penal[195]), tan querida en el sistema alemán[196]. «La estructura de las responsabilidades públicas y de la problemática social no se compadece con las delimitaciones que hace la dogmática jurídica, ni con las sutilezas de la formación de las disciplinas académicas»[197]. Ello se pone de relieve no sólo con las nuevas materias transversales, como el Derecho de la información[198] o el Derecho ambiental, sino también con las emergentes estrategias regulatorias que se sitúan por encima de las ramas del Derecho, como sucede, por ejemplo, con el naciente «Derecho Administrativo de garantía» –de garantía de un resultado prestacional–[199]. La específica capacidad directiva de cada una de las tres grandes ramas o subsistemas del Derecho ha de concebirse en términos de complemento recíproco y como ordenamientos que interactúan en una relación de mutua colaboración[200]. En última instancia, el Derecho europeo se mueve en idéntica direc-

---

[195] A título de ejemplo puede hacerse referencia aquí al debate que en términos ideológicos se ha planteado en torno a la primacía del Derecho Privado. Puede citarse entre la literatura más reciente, de un lado, a FRITZ RITTNER, «Über den Vorrang des Privatrechts», *Homenaje a Wolfram Müller-Freienfels*, 1986, pp. 509 y ss.; ERNST-JOACHIM MESTMÄCKER, «Die Wiederkehr der bürgerlichen Gesellschaft und ihres Rechts», *Rechtshistorisches Journal*, vol. 10, (1991), pp. 177 y ss.; y, de otro, THOMAS VESTING, «Wiederkehr der bürgerlichen Gesellschaft und ihres Rechts?», en Hans Schlosser (Ed.), *Bürgerliches Gesetzbuch, 1896-1996*, 1997, pp. 183 y ss.

[196] Sobre la situación en Francia, *vid.* MATTHIAS RUFFERT, «Die Methodik der Verwaltungsrechtswissenschaft in anderen Ländern der Europäischen Union», en Scmidt-Aßmann y Hoffmann-Riem (Eds.), *Methoden*, pp. 178 y ss.

[197] EBERHARD SCHMIDT-ASSMANN, «Öffentliches Recht und Privatrecht: Ihre Funktion als wechselseitige Auffangordnungen», en Hoffmann-Riem y Schmidt-Aßmann (Eds.), *Auffangordnungen*, p. 7 (8).

[198] Capítulo segundo de la presente obra colectiva. Sobre su carácter transversal, *vid.* SPARWASSER, ENGEL y VOSSKUHLE, *UmweltR*, § 1, núm. marg. 29 y ss.; MICHAEL KLOEPFER, *Informationsrecht*, 2000, § 1, núm. marg. 67.

[199] Véase el capítulo primero de la presente obra. ANDREAS VOSSKUHLE ha desarrollado de forma sistemática este concepto: «Beteilingung Privater an der Wahrnehmung öffentlicher Aufgaben und staatliche Verantwortung», *VVDStRL*, vol. 62 (2003), pp. 266-307 y ss., especialmente pp. 309 y ss. Asimismo, MARKUS EDELBLUTH, *Gewährleistungsaufsicht*, 2008; CLAUDIO FRANZIUS, *Gewährleistung im Recht*, 2009, así como en el vol. I, BURGI, 18, Rn 79 y ss. Sobre la clasificación de la Administración garantizadora entre las modalidades de las formas de llevar a cabo las responsabilidades encomendadas → vol. I SCHULZE-FIELTZ, § 12, núm. marg. 51 y ss.

[200] La gráfica expresión utilizada es *Auffangordnungen* (véase, entre otros, la obra en español de E. SCHMIDT-ASSMANN, *La teoría general del Derecho Administrativo como sistema*, INAP-Marcial Pons, 2003, pp. 302 y ss.→ vol. I BURGI, § 18, núm. marg. 36 y ss. Con carácter general, HOFFMANN-RIEM y SCHMIDT-ASSMANN (Eds.), *Auffangordnungen*.

ción, superando las barreras que la doctrina ha levantado[201]. Con esos materiales, el legislador ha de escoger en términos pragmáticos la técnica regulatoria apropiada para alcanzar el fin que pretende[202]. De ahí que requiera un asesoramiento «integral» de parte de la ciencia jurídica.

39. Además, la nueva ciencia del Derecho Administrativo pretende profundizar en las relaciones con otras disciplinas científicas, con los conocimientos que éstas aportan, sea en clave *interdisciplinar, transdisciplinar*, o, cuando menos, *multidisciplinar*[203]. En el centro de interés se sitúan las ciencias económicas[204], sociales[205], y las relativas a la investigación técnica[206], así como aquellas disciplinas que asimismo se ocupan de la organización y actividad de la Administración Pública y de su Derecho. Entre éstas, se podrían mencionar las siguientes: las ciencias empresariales, la sociología administrativa, la psicología administrativa, la geografía administrativa, la teoría de la organización, la informática administrativa y la historia de la Administración. Estas disciplinas se sintetizan o reúnen habitualmente bajo el término «ciencia(s) de la Administración»; el estatus metodológico de la ciencia de la Administración y su relación con la ciencia del *Derecho Administrativo*

---

[201] Hans-Heinrich Trute, «Die Wissenschaft vom Verwaltungsrecht: Einige Leitmotive zum Werkstattgespräch», *DV*, núm., 2, 1999, p. 12. → vol. I Burgi, § 18, núm. marg. 30 y ss.

[202] Así, también, Christoph Möllers, *Staat als Argument*, 2000, pp. 302 y ss.

[203] *Vid*, las críticas de Schulte, *Handlungsformen* (*op. cit.*, nota 45), p. 343 y ss.; Walter Krebs, «Sozialwissenschaften im Verwaltungsrecht: Integration oder Multiperpektivität», *DV*, núm. 2, 1999, pp. 127 y ss.; Christoph Möllers, «Braucht das öffentliche Recht einen neuen Methoden und Richtungsstreit?», *Verw Archv*, vol. 89 (1999), pp. 203-206; Oliver Lepsius, *Besitz und Sachherrschaft im öffentlichen Recht*, 2002, pp. 398-409.

[204] *Vid*. nota al pie 145, así como la literatura más reciente: Jens-Peter Schneider, «Zur Ökonomisierung von Verwaltungsrecht und Verwaltungsrechtswissenschaft», *DV*, vol. 34 (2001), pp. 317 y ss., y Christoph Gröpl, «Ökonomisierung von Verwaltung und Verwaltungsrecht», *VerwArch*, vol. 92 (2002), pp. 459 y ss. Con carácter general, sobre la recepción de la economía en la ciencia jurídica, por ejemplo, Martin Morlok y Christoph Engel (Eds.), *Öffentliches Recht als Gegenstand ökonomischer Forschung*, 1998; Stephan Tontrup, «Ökonomik in der dogmatischen Jurisprudenz», en Engel (Ed.), *Zugänge* (*op. cit.*, nota 189), pp. 41 y ss.; Oliver Lepsius, «Die Ökonomik als neue Referenzwissenschaft der Staatsrechtslehre», *DV*, vol. 32, (1999), pp. 429 y ss.; Emanuel V Towfigh y Niels Petersen, *Ökonomische Methoden im Recht*, 2010 → vol. II Sacksofsky § 40.

[205] De particular interés, Wolfgang Hoffmann-Riem, «Sozialwissenschaften in der Rechtsanwedung – am Biespiel der Nutzung der Medienforschung in der Rechtsprechung zum Medienrecht», *ZfRSoz*, vol. 2001, pp. 4 y ss.

[206] *Vid*. nota al pie 176.

han sido, sin embargo, siempre precarios[207]. Lo cierto es que tampoco puede sorprender esta circunstancia, si se tienen en cuenta los problemas de principio o de base, inmanentes a cualquier forma de trabajo de carácter interdisciplinar[208].

En razón de la limitada capacidad de trabajo de cada investigador individual, no es de extrañar tampoco la falta de conocimientos suficientes para estar al día sobre el estado actual de la investigación en las demás disciplinas. Esta circunstancia no sólo acrecienta el peligro de caer en «una importación de teorías sin la información requerida»[209], sino también de operar muy selectiva o sesgadamente en ese proceso de recepción, generando así no pocas dilaciones y asimetrías.

Al margen y con independencia de todo ello, también puede producirse un trasvase de conocimientos desde otras disciplinas prescindiendo del filtro que mide su específica idoneidad para ser utilizados en otros ámbitos. De ese modo, pueden perder en buena parte el contenido explicativo que los especialistas le han atribuido en su respectiva disciplina. La asimilación tiende a la transformación[210],

---

[207] Vol. I Möllers, § 3, núm. marg. 56. Más recientemente, Gunnar Folke Schuppert, «Soziologie der öffentlichen Verwaltung», en Horst Dreier (Ed.), *Rechtssoziologie am Ende des 20. Jahrhunderts*, 2000, pp. 206 y ss.; del mismo autor, «Die Verwaltungsrechtwissenchaft als Impulsgeberin der Verwaltungsrechtsreform», en Hoffmann-Riem, *Offene Rechtswissenschaft* 2010, pp. 1041 y ss.; Klaus König, «Verwaltungswissenschaft in der internationalen Entwicklung», *VerwArch*, vol. 94 (2003), pp. 267 y ss., así como los artículos en Jan Ziekow (Ed.), *Verwaltungswissenschaften und Verwaltungswissenschaft*, 2003.

[208] Con carácter general, sobre los problemas de la interdisciplinariedad, *vid.*, por ejemplo, Jürgen Kocka (Ed.), *Interdisziplinarität. Praxis – Herausforderung – Ideologie*, 1987; Gerfried W. Hunold, *Grenzbegehungen. Interdizplinarität als Wissenschaftsethos*, 1995; Schmidt-Assmann, «Zur Situation der rechtswissenschaftlichen Forschung», *JZ*, 1995, pp. 7-9; Markus Käbisch, *Inrerdisziplinarität. Chancen, Grenzen, Konzepte*, 2001; Dieter Ewrigmann, «Interdiziplinarität – eine Herausforderung für Wissenschaft und Politik», en Bizer, Führ y Hütting (Eds.), *Regulierung* (*op. cit.*, nota 177), pp. 215 y ss. Al margen de ello, desde el punto de vista de una ciencia imperial, *vid.* Karl Homann y Andreas Suchanek, *Ökonomik*, 2000, pp. 445-450. Por lo demás, *vid.* la bibliografía seleccionada de Margit T. Brandl, *Interdisziplinarität*, 1996.

[209] Andreas Vosskuhle, «Methode und Pragmatik im Öffentlichen Recht», en Hartmut Bauer y otros (Ed.), *Umwelt, Wirtschaft und Recht*, 2002, pp. 182-184; del mismo autor, *Ökonomisierung* (*op. cit.*, nota 145), pp. 368 y ss. *Vid.* también Möllers, *Richtungsstreit* (*op. cit.*, nota 45), pp. 203-206, sobre la recepción de la teoría de sistemas, así como en general Hoffmann-Riem, *Methoden* (*op. cit.*, nota 9), p. 60.

[210] Puesto que cada método construye su propio objeto en cierta manera (nota 2), la combinación de distintos métodos y perspectivas conduce en sentido metodológico estricto a distintos objetos de conocimiento. No obstante, ello no va contra la utilidad de este modo de proceder; así por ejemplo, Friedrich Koja, «Der Begriff der Allgemeinen Staatslehre», en *FS Ludwig Adamovich*, 1992, pp. 244 (248 y ss.) a propósito de la «Teoría General del Estado».

que consiste frecuentemente en una banalización o trivialización[211].

Y, sin embargo, el afán o «avivamiento» productivo se enciende ante las nuevas líneas de investigación y los nuevos conocimientos. Y ello constituye sin duda un motor básico para la innovación. En ese sentido, puede decirse que los juristas alemanes han adquirido una competencia propia para relacionarse con otras disciplinas merced a la formación adquirida en las llamadas «disciplinas fundamentales» (Historia del Derecho, Filosofía del Derecho, Sociología del Derecho)[212]. A ello se añade por otra parte que la ciencia jurídica procesa constantemente hechos, que por sí misma no puede verificar, lo cual constituye una razón adicional para relacionarse con las ciencias auxiliares o afines[213].

Por todo ello, parece que ha quedado enterrada por el transcurso del tiempo la vieja polémica acerca de la apertura de la ciencia del Derecho en general, y del Administrativo en particular, hacia las explicaciones y experiencias que de la realidad presentan otras disciplinas científicas[214].

Cabe ir más allá y establecer un *postulado comprensivo y diferenciado* que permita aunar perspectivas distintas, sin renunciar a la respectiva identidad de cada una de las disciplinas[215]. Para ello es necesario fijar unas reglas apropiadas para

---

[211] Así WOLFGANG HOFFMANN-RIEM, «Sozialwissenschaften im Verwaltungsrecht: Kommunikation in einer multidisziplinären Scientific Community», *DV*, núm. 2, 1999, p. 85; del mismo autor, *Methoden* (*op. cit.*, nota 9), pp. 59 y ss.

[212] CHRISTOPH MÖLLERS y ANDREAS VOSSKUHLE, «Die Deutsche Staatsrechtswissenschaft im Zusammenhang der internationalisierten Wissenschaften», *DV*, núm. 26 (2003), p. 329.

[213] Acertadamente, SUSANNE BAER, «Schlüsselbegriffe, Typen und Leitbilder als Erkenntnismittel und ihr Verhältnis zur Rechtsdogmatik», en Schmidt-Aßmann/ Hoffmann-Riem (Eds.), *Methoden*, pp. 228 y ss. En sentido análogo, HANS-HEINRICH TRUTE, *Wissenschaft* (*op. cit.*, nota 15), p. 13; HOFFMANN-RIEM, *Methoden* (*op. cit.*, nota 9), p. 58, que advierte frente a la pertinacia en una suerte de «ignorancia defensiva» (Niklas Luhmann).

[214] En los años setenta se inició un importante debate sobre la introducción de la ciencias sociales en el Derecho Público. *Vid.*, especialmente, los artículos de WOLFGANG HOFMANN-RIEM (Ed.), *Sozialwissenschaften im Studium des Rechts*, 1977; y del mismo autor (Ed.) *Sozialwissenschaften im Öffentlichen Recht*, 1981; así como los pasos programáticos de RÜDIGER LAUTMANN, *Soziologie vor der Toren der Jurisprudenz. Zur Kooperation der beiden Disziplinen*, 1971; HUBERT ROTTLEUTHNER, *Rechtswissenschaft als Sozialwissenschaft*, 1973. Veáse también DIETER GRIMM (Ed.), *Rechtswissenschaften und Nachbarnwissenschaften*, vol. 1 y 2, 1973 (2ª ed. en 1976 sin modificación). Por último, se muestra igualmente crítico Oliver LEPSIUS, «Sozialwissenschaften im Verfassungsrecht-Amerika als Vorbild?», *JZ*, 2005, pp. 1 y ss.

[215] Cfr. ROLAND CZADA, «Disziplinäre Identität als Voraussetzung von Interdisziplinarität», en Bizer, Führ y Hütting (Ed.), *Regulierung* (*op. cit.*, nota 177), pp. 23 y ss., y CHRI-

el «tráfico», que sirvan para estructurar la transferencia de conocimientos entre una ciencia del Derecho Administrativo, de carácter dogmático y normativo, de un lado, y las ciencias afines, de otro, esto es, para articular una suerte de «*metateoría transdisciplinar*»[216]. Forman parte relevante de una tal metateoría, entre otros elementos, la transparencia metodológica; la honestidad del método; la necesidad de motivar toda transferencia de teorías y conceptos; la demostración de los distintos horizontes o escenarios de aplicación; y la construcción de mecanismos de protección. Elementos éstos que en los momentos de mayor complejidad y, en consecuencia, de menor productividad, facilitan la provisión de conocimientos, y, con ello en parte también, un cierto asilamiento de la ciencia del Derecho Administrativo frente al entorno o medio ambiente científico.

V. LA ACTIVIDAD CIENTÍFICA CON LOS CONCEP-TOS-CLAVE Y CON LOS MODELOS

40. Cada una de las ciencias especializadas en el estudio de la Administración gira en torno a intereses y método específicos. Para su coordinación, en el seno del nuevo Derecho Administrativo, se ha recurrido con frecuencia a los denominados «*conceptos-clave*»[217]. A ellos les corresponde la relevante función de aproximar y especificar sus

---

STOPH ENGEL, «Rechtswissenschaft als angewandte Sozialwissenschaft», en Christoph Engel. (Ed.), *Zugänge* (*op. cit.*, nota 189), p. 12 (38 y ss.).

[216] Para mayor abundamiento, THOMAS VESTING, «Nachbarwissenschaftlich informierte und refektierte Verwaltungsrechtswissenschaft – 'Verkehrsregeln' und 'Verkehrsströme'», en Schmidt-Aßmann y Hoffmann-Riem (Eds.), *Methoden*, pp. 253 y ss. (especialmente pp. 275 y ss., 280). *Vid.* también HOFFMANN-RIEM, *Methoden* (*op. cit.*, nota 9), pp. 60-62, que habla de «métodos puente», «datos puente», «teorías puente» y «conceptos puente». En sentido análogo, MATTHIAS JESTAEDT, «Perspektiven einer Rechtswissenschaftstheorie», en Matthias Jestaedt y Lepsius (Eds.), *Rechtswissenschaftstheorie*, 2008, p. 185 (202 y ss.); MATTHIAS JESTAEDT, «'Öffentliches Recht' als wisseschaftliche Disziplin», en Christoph Engel y Wolfgang Schön, *Proprium der Rechtswissenschaft*, 2007, pp. 241 (278 y ss.).

[217] Se han utilizado como sinónimos otros términos, tales como «conceptos asociativos de carácter interdisciplinar» (de asociación interdisciplinar) (TRUTE, *Verantwortungsteilung*, *op. cit.*, nota 70, p. 14), «conceptos de contacto» (TRUTE, *Wissenschaf*, *op. cit.*, nota 15, p. 12), «conceptos-puente» (HOFFMANN-RIEM, *Methoden*, *op. cit.* nota 9, pp. 61 y ss.), «conceptos de reenvío» o «remisión» (GUSY, *Wirklichkeit*, *op. cit.*, nota 155, p. 220), o «conceptos de transferencia» o de «conexión», PETER BADURA, «Diskussionsbeitrag», *VVDStRL*, vol. 30 1971, p 327. Vol. 1 FRANZIUS, 4, núm. marg. 28.

respectivos objetos de interés y de trabajo científico (*función comprensiva*). Al mismo tiempo sirven para generar supraconceptos o ideas ordenadoras superiores, comprensiones de la realidad, hipótesis sobre los efectos que puedan producirse... y así, entre otras cosas, utilizarlos argumentalmente en diversos contextos y escenarios, puesto que son capaces de concentrar y retener en sí un enorme caudal de información y de ideas (*función interpretativa y explicativa*). No sin frecuencia algunos conceptos-clave remiten, por ello, a un verdadero proceso de aprendizaje en el plano político y social (sin que ello signifique, claro es, que exista una única opción correcta)[218]. En cierto modo, reducen la complejidad, aunque al mismo tiempo sirven de plataforma para la inspiración, ya que ofrecen una primera aproximación a conceptos o ideas aún poco maduros; permiten trabajar en común las distintas dimensiones o perspectivas del tema (*función de trabajo en común o en red*); y dan indicaciones para el futuro (*función orientadora*)[219]. Por consiguiente, los conceptos-clave están llamados a la concreción y al desarrollo ulterior[220], no dan una respuesta unívoca, sino que muestran el camino que ha de seguir el pensamiento científico[221].

41. Los esfuerzos por precisar mejor la *naturaleza jurídica* de los conceptos-clave tropiezan con dificultades que no son desde luego in-

---

[218] Así WERNER JANN, «Governance als Reformstrategie – Vom Wandel und der Bedeutung politischer Leitbilder», en Schuppert (Ed.), *Governance-Forschung* (*op. cit.*, nota 131), p. 21 (23).

[219] Así ANDREAS VOSSKUHLE, «Regulierte Selbstregulierung – Zur Karriere eines Schlüsselbegriffs», en *Regulierte Selbstregulierung als Steuerungskonzept des Gewährleistungsstaats*, DV, núm 4, 2001, 197 (198). Sobre la naturaleza propia de estos conceptos o modelos de carácter «blando», y la razones para que adquieran significado y sentido, *vid.* también HELMUT SCHULZE-FIELITZ, «Rationalität als rechtsstaatliches Prinzip für den Organisationsgesetzgeber», en *FS a Klaus Vogel*, 2000, pp. 311 (316-319); JAN KARSTENS, «Rechtliche Steuerung von Umweltinnovationen durch leitbilder: Leitbilder als materieller Kern von regulierter Selbstregulierung», en Eifert y Hoffmann-Riem (Eds.) *Innovation* (*op. cit.*, nota 191), pp. 50 y ss.; BAER, *Schlüsselbegriffe* (*op. cit.*, nota 213), p. 223 (225-228).

[220] Sobre la necesidad de «diferenciación conceptual» *vid.* BARBARA K. SCHMITZ, *Deregulierung und Privatisierung: Theorische Steuerungskonzepte oder politische Schlagwörter?*, 2002, pp. 242-244.

[221] Los conceptos-clave poseen también, pues, una relevante función político-jurídica; *vid.* WOLFGANG HOFFMANN-RIEM, «Tendenzen der Verwaltungsrechtsentwicklung», *DÖV*, 1997, p. 433 (439).

significantes. Se trata de conceptos que viven y se localizan en un campo intermedio, entre el análisis sociológico y la dogmática jurídica. La fuerte irradiación o «fuerza explosiva»[222] que, en términos metodológicos, de ahí cabe derivar, bien puede demostrarse con la historia de los efectos que ha tenido la construcción de Forsthoff en torno a la denominada «procura existencial»[223]. De ahí que el reproche de que se trata tan sólo de un género periodístico menor en el plano jurídico o de un juego de palabras puramente estético[224] sea desde luego muy simplista. En los conceptos-clave se condensan aquellas ideas fundamentales –o supraconceptos–, que son necesarias para repensar, y avanzar en, la construcción del repertorio existente de las instituciones jurídicas y de los modelos de regulación, habida cuenta de los cambios que ha experimentado la realidad.

Con ello, sin embargo, es cierto que poco se dice sobre la concreta utilidad de cada construcción y de su capacidad dogmática para poner en conexión las diferentes ciencias[225]. Ahora bien, aun cuando se ha

---

[222] Una crítica de fondo en HANS C. RÖHL, «Verwaltungsverantwortung als dogmatischer Begriff?», *DV*, núm. 2, 1999, pp. 33 y ss.; MÖLLERS, *Theorie* (*op. cit.*, nota 27), pp. 34-38, 44-46, y LEPSIUS, *Steuerungsdiskussion* (*op. cit.*, nota 45), pp. 18-20; del mismo autor, *Besitz* (*op. cit.*, nota 203), p. 204: «Sinkretismus von Heuristik, Deskription und Normativität». En otro sentido, MATTHIAS JESTAEDT, «Selbstverwaltung als Verbundbegriff», *DV*, vol. p. 35 (2002), p. 293 (297 y ss.).

[223] Con carácter más amplio, THORSTEN KINGREN, «Rechtliche Gehalte sozialpolischer Schlüsselbegriffe: Vom daseinsvorsorgenden zum aktivierenden Sozialstaat», en Deutscher Sozialrechtsverband (Ed.), *Aktivierung und Prävention – Chancen für Effizienzsteigerung in der Sozialleistungsbereichen*, 2004, pp. 7 y ss. *Vid.* además la reelaboración crítica del debate en GEORG HERMES, *Staatliche Infrastrukturveranrwortung*, 1998, pp. 94-118, y STEFAN STORR, *Der Staat als Unternehmer*, 2001, pp. 109-115. Para la distinción entre el concepto de «service public» y el de procura existencial, *vid.* además JOHANN-CHRISTIAN PIELOW, *Grundstrukturen öffentlicher Versorgung*, 2001, pp. 353-400, que aboga por una reelaboración del concepto y su sustitución por «procura», «provisión» o «suministro público», pp. 399 y ss.

[224] JOHANNES MASING, «Stand und Entwicklung eines Regulierungsverwaltungsrechts», en Hartmut Bauer, Peter M. Huber y Zygmunt Niewiadomski (Eds.), *Ius Publicum Europaeum*, 2002, p. 161.

[225] «Los conceptos, también los conceptos jurídicos, a menudo se discuten, se hacen mayores (tal vez) con el tiempo, puede que se densifiquen o no, y con algo de suerte al final de su evolución hacia su categorización dogmática pueden finalmente hacer avanzar con consecuencias más o menos ricas en favor de una aplicación práctica del Derecho», HARTMUT BAUER, «Public-Private-Partnership als Erscheinungsformen der kooperativen

puesto de manifiesto la escasa precisión o capacidad de definición que poseen numerosos conceptos frecuentemente utilizados en el debate interdisciplinar, tales como cooperación[226], privatización[227] o gobernanza[228], de cara a la construcción del sistema del Derecho Administrativo, lo cierto es que se le saca un enorme provecho en esos ámbitos a los conceptos puente o clave, como información[229], Estado garante (de un resultado)[230], autorregulación (regulada)[231] o el reparto de responsabilidades entre el Estado y la sociedad[232].

Verwaltung», en Rolf Stober (Ed.), *Public-Private-Partnership und Sicherheitspartnerschaften*, 2001, p. 21 (25).

[226] Vol. I SCHULZE-FIELITZ, § 12, núm. marg. 64 y ss. En sentido crítico, ANDREAS VOSSKUHLE, «Das Kooperatonsprinzip im Immissionsschutzrecht», *ZUR*, 2001, pp. 23 y ss.; HELGE ROSSEN, *Vollzug und Verhandlung*, 1999, pp. 306 y ss.

[227] Núm. marg. 58 y ss.

[228] Núm. marg. 68 y ss.

[229] → Vol. II VESTING, § 20, núm. marg. 18 y ss.

[230] MARTIN EIFERT, *Grundversorgung mit Telekommunikationsleistungen im Gewährleistungsstaat*, 1998, pp. 18-22, 139 y ss.; GUNNAR FOLKE SCHUPPERT, «Vom produzierenden zum gewährleistenden Staat», en Klaus König y Arthur Benz (Eds.), *Privatisierung und staatliche Regulierung*, 1997, pp. 539 y ss.; del mismo autor, «Der moderne Staat als Gewährleistungsstaat», *FS Helmut Wollmann*, 2001, pp. 399 y ss.; del mismo autor (Ed.), *Der Gewährleistungsstaat – ein Leitbild auf dem Prüfstand*, 2004; CLAUDIO FRANZIUS, «Der 'Gewährleistungsstaat' – ein neues Leitbild für den sich walndelnden Staat?», *Der Staat*, vol. 42 (2003), pp. 493 y ss. Operan como sinónimos los términos «Estado director» (FRANZ-XAVER KAUFMANN, «Diskussionen über Staatsaufgaben», en Dieter Grimm, *Staatsaufgaben*, 1994, p. 15, 28 y ss.) o «Estado regulador» (EDGAR GRANDE, «Vom produzierenden zum regulierenden Staat: Möglichkeiten und Grenzen von Regulierung und Privatisierung», en König y Benz, del mismo título, pp. 576 y ss.).

[231] Sobre la ampliación del concepto ha trabajado en particular WOLFGANG HOFFMANN-RIEM; véanse su artículos en Voßkuhle, *Selbstregulierung* (op. cit., nota 219), p. 198, nota 6. Con más detalle, MATHIAS SCHMIDT-PREUSS y UDO DI FABIO, «Verwaltung und Verwaltungsrecht zwischen gesellschaftlicher Selbstregulierung und staatlicher Steuerung», *VVDStRL*, vol. 56 (1997), pp. 160 y ss., así como 235 y ss.; DIRK WEINREICH, *Recht als Medium gesellschaftlicher Selbststeuerung*, 1995; ANDREAS FINCKH, *Regulierte Selbstregulierung im Dualen System*, 1998, y los artículos «Regulierte Selbst-regulierung als Steuerungskonzept des Gewährleistungsstaats», *DV*, núm. 4, 2001, así como finalmente ANSELM CHR. THOMA, *Regulierte Selbsteregulierung im Ordnungsrecht*, 2008.

[232] Núm. marg. 63.

42. Los modelos (o imágenes muy gráficas), por otra parte, constituyen una suerte de expresión característica de los conceptos-clave y cumplen una función en todo análoga[233]. Hoy día disfrutan de una coyuntura favorable en la praxis administrativa y estatal[234]. Se habla, por ejemplo, de Estado «delgado» o «activador»[235], o de «Administración discente» o «que aprende»[236]. Estas metáforas se sirven de un alto contenido explicativo y de una enorme capacidad para sugerir imágenes más o menos abstractas, al objeto de dirigir la mirada y de fijar la atención de su destinatario hacia un fin determinado[237]. Ello supone en otras palabras que tanto las afirmaciones de carácter cognitivo, como las de naturaleza normativa, se encuentran íntimamente vinculadas[238]. Si se tiene en cuenta la claridad de esas imágenes, su plausibilidad evidente por otra parte, y desde luego el impacto positivo que pueden

---

[233] Vol. I FRANZIUS, § 4, núm. marg. 123 y ss.

[234] Una metáfora científica, en sus orígenes con el carácter de modelo o de imagen muy gráfica, es la de «red», CHRISTOPH MÖLLERS, «Netzwerk als kategorie des Organizationsrechts – Zur juristischen Beschreibung dezentraler Steuerung», en Janbernd Oebbecke (Ed.), *Nicht-normative Steuerung in dezentralen Systeme*, 2005, pp. 285 y ss.; *vid.* además KARL-HEINZ LADEUR, «Von der Verwaltungshierarchie zum administrativen Netzwerk?», *DV*, vol. 26 (1993), pp 137 ss.; del mismo autor, «Der Staat der Gesellschaften der Netzwerke», *Der Staat*, 48 (2009), pp. 163 y ss.; SCHUPPERT, *Verwaltungswissenschaft*, pp. 384-400; MARTIN EIFERT, «Innovationen in und durch Netzwerkorganisationen: Relevanz, Regulierung und staatliche Einbindung», en Martin Eifert y Wolfgang Hoffmann-Riem (Ed.), *Innovation und rechtliche Regulierung*, 2002, pp. 88 (90-100); → Vol. I GROSS, § 13, núm. marg. 12; SCHUPPERT, § 16, núm. marg. 134 y ss.

[235] Núm. marg. 65.

[236] MARTIN EIFERT, «Regulierte Selbstregulierung und die lernende Verwaltung», *DV*, núm. 4, 2001, pp. 137 y ss.

[237] Sobre la habitual dificultad para delimitar las expresiones de estos fenómenos, *vid.* BAER, *Schlüsselbegriffe* (*op. cit.*, nota 213), pp. 232-247. Cuando no existe un modelo o una imagen especialmente gráfica, se recurre también a conocidas imágenes del mundo empresarial o del asesoramiento económico, y en las que la respectiva filosofía de la organización se refleja en forma de principios o reglas de juego; *vid.* en tal sentido las aportaciones que se contienen en Volker Beizer (Ed.), *Sinn in Organisationen? Oder: Warum haben moderne Organisationen Leitbilder?*, 2ª ed., 1998, así como GÖTTRIK WEWER, «Leitbilder und Verwaltungskultur», en Blanke y otros (Eds.), *Verwaltungsreform* (*op. cit.* nota 170), pp. 155 y ss.

[238] Así WERNER JANN, «Der Wandel verwaktungspolitischer Leitbilder. Vom Management zu Governance?», en Klaus König (Ed.), *Deutsche Verwaltung an der Wende zum 21. Jahrjundert*, 2002, p. 279 (280).

generar (aunque también difamatorio[239]), ha de concluirse que como herramientas analíticas en el plano de la ciencia tienen sus limitaciones. Ahora bien, en la medida en que constituyen «corrientes intelectuales poderosas, que se infiltran de un modo un otro en todas las instituciones y estructuras»[240], hay que tomarlas en serio y procesarlas o elaborarlas adecuadamente[241]. Para ello es necesario desde luego una mayor disposición de apertura y capacidad para dar acogida a los conocimientos que aportan los estudios culturales. De esta forma, el conocimiento que se genere a través de los modelos e imágenes pone al administrativista en la posición de llenarlos de contenido, al tiempo que se sustrae de las simplificaciones –movidas a impulsos ideológicos–, de las manipulaciones y de las distorsiones de la realidad[242].

VI. EL TRABAJO INVESTIGADOR EN LOS SECTORES DE REFERENCIA

43. No hay temor a exagerar bastante la función tan relevante que cumplen los sectores de referencia en el marco del nuevo Derecho Administrativo[243]. Ello se comprende con mayor profundidad si se dirige una mirada más atenta a la sistemática que subyace al Derecho Ad-

---

[239] Como ejemplo: «fetter Staat», «Büro-kratie».

[240] CHRISTIAN STARCK, «Die Rechtswissenschaft in der Zukunft», en *FS Winfried Brohm*, 2002, pp. 567 (572). Asimismo, THOMAS WÜRTENBERGER, *Zeitgeist und Recht*, 2ª ed., 1991, pp. 33-39; REINHOLD ZIPPELIUS, «Die Bedeutung kulturspezifischer Leitideen für die Staats – und Rechtsgestaltung», en Zippelius, *Verhaltenssteuerung durch Recht und kulturelle Leitideen*, 2004, pp. 13 y ss.

[241] Vol. I FRANZIUS, § 4, núm. marg. 23 y ss.; vol. II HILL, § 34.

[242] BAER, *Schlüsselbegriffe* (*op. cit.*, nota 213), pp. 247-251. En contra de un «uso relajado» de las imágenes sobre el Estado ya se expresó ANDREAS VOSSKUHLE, «Die Dienstleistungsstaat», *Der Staat*, núm. 40 (2001), pp. 510 y ss.

[243] Para su fundamento conceptual, *vid.* el capítulo primero de la presente obra; así como EBERHARD SCHMIDT-ASSMANN, «Zur Reform del Allgemeinen Verwaltungsrechts – Reformbedarf und Reformansätze», en Hoffmann-Riem, Schmidt-Aßmann y Schuppert (Eds.), *Reform*, pp. 14, 26-34; del mismo autor, *Ordnungsidee*, capítulo primero, núm. marg. 12-16 (y el capítulo primero de la versión española *La teoría general del Derecho Administrativo como sistema*). Vol. 1, MÖLLERS, 3, Rn 53, BURGI, 18, Rn 115 y ss.

ministrativo (tanto alemán, como al de la mayor parte de los países europeos, y de la familia europeo-continental). La sistemática, como es bien sabido, se basa en una separación entre la Parte General y la Parte Especial[244]. Sabido es también que ambas partes no pueden contemplarse en forma aislada, como si fueran compartimentos estancos, puesto que se hallan entrelazadas en múltiples formas. La elaboración de los conceptos generales, de las perspectivas integradoras y transversales y de las estructuras permanentes en el ámbito de la Parte General, satisface funciones diferentes. De un lado obedece a la necesidades de simplificación, claridad y predictibilidad de los heterogéneos materiales jurídicos. De otro, sirve para evitar contradicciones entre los valores que subyacen a los distintos sectores especiales. A lo que se añade, por otra parte, la necesidad también de disciplinar los intereses especializados que cada Administración persigue.

Naturalmente, a la cuestión o interrogante de si la Parte General –con sus piedras angulares y sus institutos fundamentales– cumple aún esa función natural, y hasta qué punto lo hace, sólo cabe responder en buena medida por referencia a los fines específicos y a la problemática particular de cada sector concreto. No ha de olvidarse en ese sentido que los sectores especiales se presentan cada vez más atomizados y separados como consecuencia de la creciente fragmentación de la sociedad.

Esa creciente especialización multiplica la heterogeneidad que ya de suyo posee el Derecho Administrativo. Emergen así nuevos sectores con unas bases jurídicas y dogmáticas muy diferenciadas entre sí[245], lo cual hace cada vez más difícil destilar teorías generales, a partir de una casi inagotable variedad de sectores y tratamientos, y establecer criterios comunes.

---

[244] Para mayor abundamiento, EBERHARD SCHMIDT-ASSMANN, «Zur Funktion des Allgemeinen Verwaltungsrechts», *DV*, núm. 27 (1994), pp. 137 (146 y ss.); THOMAS GROSS, «Die Beziehungen zwischen dem Allgemeinen und dem Besonderen Verwaltungsrecht», en *DV*, núm. 2, 1999, pp. 57 y ss.; MATHIAS SCHMIDT-PREUSS, «Das Allgemeine des Verwaltungsrechts», en *FS Hartmut Maurer*, 2001, pp. 777 y ss.

[245] De forma clarificadora HELMUTH SCHULZE-FIELITZ, «Verwaltungsrechtsdogmatik als Prozess der Ungleichzeitigkeit», *DV*, núm. 27 (1994), pp 277 y ss.

44. Ello hace más necesario aún si cabe el trabajo científico en los denominados sectores de referencia. La finalidad de esta estrategia consiste en plantear de nuevo y con más fuerza las cuestiones generales en el seno de los sectores especiales, esto es, ante las particulares especialidades y preocupaciones de la Parte Especial del Derecho Administrativo. Lo primero que ha de hacerse en ese sentido es examinar si las experiencias y conocimientos adquiridos en cada sector son susceptibles de generalización y si la innovación que se produce en el sector especial puede contrastarse con las categorías básicas de la Parte General[246] Este *proceso dialéctico de deducción e inducción*[247] resulta muy exigente para el investigador, ya que presupone, primero, la voluntad de ocuparse con intensidad en los sectores especiales y, después, una capacidad para la reflexión abstracta, así como, en tercer lugar, la disposición para aprender en forma recíproca, unos de otros, máxime cuando en los círculos de especialistas cada vez se tiende más a aceptar la aportación de los científicos que no son expertos en la materia.

45. En principio, a la Parte General han de llevarse las cuestiones, problemas e innovaciones jurídicas que se generen en el seno de los respectivos sectores de referencia. Resulta, pues, decisiva la selección del sector que se haga, ya que determinará el horizonte que se le ofrece a la ciencia del Derecho Administrativo[248]. Tradicionalmente, en el Derecho Administrativo alemán los sectores de referencia fundamentales han sido la actividad administrativa de policía, el régimen local, el urbanismo y la función pública. Aquí se encuentra en realidad el núcleo originario del Derecho Administrativo alemán, un Derecho

---

[246] HOFFMANN-RIEM, en «Verwaltungsreform – Ansätze am Beispiel des Umweltschutzes», en Hoffmann-Riem, Schmidt-Aßmann y Schuppert (Eds.), *Reform*, p. 116, habla en ese sentido de sectores de referencia como «estímulos para la innovación del Derecho Administrativo General». Subraya también el proceso de aprendizaje que ha de hacer la Parte General de los sectores especiales VESTING, *Verwaltungsrechtswissenschaft* (*op. cit.*, nota 216), p. 281. Cfr. asimismo JENS KERSTEN y SOPHIE-CHARLOTTE LENSKI, «Die Entwicklungsfunktion des Allgemeinen Verwaltungsrechts», *VerwArch*, núm. 100 (2009), pp 501 y ss.

[247] SCHMIDT-ASSMANN, *Ordnungsidee*, capítulo primero, núm. marg. 12 (*vid.* la versión española de esta obra *La teoría general del Derecho Administrativo como sistema*).

[248] SCHMIDT-ASSMANN, *Ordnungsidee*, capítulo primero, núm. marg. 13 y ss. (*vid.* nota anterior sobre la versión española).

Administrativo marcado por la ponderación y el equilibrio de intereses en ámbitos reducidos o limitados. Los frutos de esa forma de pensar, condicionada por esos sectores de referencia, son evidentes, y no se trata de cuestionarlos, por más que estén sujetos a grandes cambios[249].

Otros sectores aparecen en el horizonte. En las últimas décadas ha ganado puestos hasta un lugar destacado el Derecho del medio ambiente[250]. Como «laboratorio de regulación del entero ordenamiento jurídico»[251], a éste le corresponde un «papel clave» en la discusión sobre la reforma del Derecho Administrativo[252], particularmente si se tiene en cuenta que la crisis del Derecho como factor ordenador en el sentido clásico aludido en la introducción se pone de manifiesto aquí con especial fuerza. Progresivamente, se incorporan otros sectores, tales como el Derecho social[253], económico[254], de la información[255],

---

[249] Resulta instructivo en ese sentido, por ejemplo, Friedrich Schoch, «Abschied vom Polizeirecht des liberalen Rechtsstaats?», *Der Staat*, núm. 43 (2004), pp. 347 y ss.

[250] La función inicial le corresponde aquí al artículo de Wolfgang Hoffmann-Riem, «Reform des Allgemeinen Verwaltungsrechts als Aufgabe – Ansätze am Beispiel des Umweltschutzes», *AÖR*, núm. 115 (1990), pp. 400 y ss.

[251] Michael Kloepfer, «Zu den neuen umweltrechtlichen Handlungsformen des Staates», *JZ*, 1991, p. 737. En sentido análogo, Ernst-Hasso Ritter, «Organisationswandel durch Expertifizierung und Privatisierung im Ordnungs – und Planungsrecht», en Schmidt-Aßmann y Hoffmann-Riem (Eds.), *Verwaltungsorganisationsrecht*, p. 207 (215): «Fortschrittslabor des Rechts».

[252] Así, Sparwasser, Engel y Vosskuhle, *UmweltR*, § 1, núm. marg. 20; § 2, núm. marg. 54. Asimismo Hermann Hill, «Umweltrecht als Motor und Modell einer Weiterentwicklung des Staats – und Verwaltungsrechts», *UTR*, vol. 27 (1994), pp. 91 y ss.

[253] Cfr. Rainer Pitschas, «Organisationsrecht als Steuerungsressource in der Sozialverwaltung», en Schmidt-Aßmann y Hoffmann-Riem (Eds.), *Verwaltungsorganisationsrecht*, pp. 151 y ss.; Karl-Jürgen Bieback, «Effizienzanforderungen an das sozialstaatliche Leistungsrecht», en Hoffmann-Riem y Schmidt-Aßmann (Eds.), *Effizienz*, pp. 127 y ss.

[254] Eberhard Schmidt-Assmann, «Der Beitrag des öffentlichen Wirtschaftsrechts zur verwaltungsrechtlichen Systembildung», en Bauer y otros. (Eds.), *Umwelt* (*op. cit.*, nota 10), pp. 15 y ss.

[255] Fundamentalmente, Rainer Pitschas, el tercer capítulo de la presente obra. Asimismo, «Allgemeines Verwaltungsrecht als Teil der öffentlichen Informationsordnung», en Hoffmann-Riem, Schmidt-Aßmann y Schuppert (Eds.), *Reform*, pp. 227 y ss. Con una perspectiva más amplia, *vid.* además Karl-Heinz Ladeur, «Privatisierung öffentlicher Aufgaben und die Notwendigkeit der Entwicklung eines neuen Informationsverwaltungsrechts»,

científico[256], farmacéutico y de las migraciones[257]. En la lista de espera aparecen para ser descubiertos otros, como el sector de los seguros y la estadística.

VII. UNA PERSPECTIVA SISTEMÁTICA AMPLIADA

46. De forma evidente, la teoría de la dirección, y el método en que se sustenta, reclaman una notable ampliación de la perspectiva del quehacer de la Administración, en términos materiales. De acuerdo con el postulado de la dirección, la función o responsabilidad de la Administración, respecto de un objetivo determinado establecido a nivel político, es doble: encontrar una estrategia adecuada para la solución del problema de que se trate; y que ésta, a la vista de las concretas circunstancias, resulte realizable y suscite la adhesión o el consenso de los interesados[258]. Tarea ésta que se extiende tanto a la transposición en la cadena normativa a cargo de autoridades de nivel intermedio y local, como a la actividad de elaboración de anteproyectos de ley que lleva a cabo la Administración de corte ministerial.

El postulado de la dirección desarrolla e induce una clara capacidad de instrucción, de racionalización y de estímulo para la obtención de los conocimientos o experiencias apropiados. Su fuerza –en el contexto de la ciencia del Derecho– radica en su *conexión con la sistematiza-*

---

en Hoffmann-Riem y Schmidt-Aßmann (Eds.), *Informationsgesellschaft*, pp. 233 y ss.; MA-RION ALBERS, «Information als neue Dimension im Recht», *Rechtstheorie*, núm. 33 (2002), pp. 61 y ss.; VESTING, *Verwaltungsrechtswissenschaft*, pp. 284-288; ANNA-BETTINA KAISER, *Die Kommunikation der Verwaltung*, 2009, § 10 (especialmente, pp. 262 y ss.). → Vol. II VESTING, § 20, núm. marg. 47 y ss.

[256] HANS-HEINRICH TRUTE, «Ungleichzeitigkeiten in der Dogmatik: Das Wissenschaftsrecht», *DV*, núm. 27 (1994), pp. 304 y ss.

[257] Sobre el Derecho farmacéutico, UDO DI FABIO, *Risikoentscheidungen im Rechtstaat*, 1994; sobre el Derecho de las migraciones, véase DANIEL THYM, *Migrationsverwaltungsrecht*, 2010.

[258] Sobre esta perspectiva, NICOLAI DOSE, «Steuerungstheorie als Policyanalyse», en Burthy Görlitz (Ed.), *Steuerung in Theorie und Praxis* (*op. cit.*, nota 118), p. 315 (316 y ss.).

ción jurídica, con el pensamiento sistemático propio de la dogmática jurídica, preparada, primero, para ajustarse a las perspectivas o experiencias adquiridas en los complejos contextos de actuación en los que se mueve la Administración; segundo, para superar las incisiones o quiebras sobrevenidas; y, tercero, para formular nuevas estructuras susceptibles de generalización[259].

Esta acción se lleva a cabo, en líneas generales, en tres fases sucesivas:

(1) Reflexión y ordenación de la difusa y heterogénea realidad administrativa, mediante una elaboración y tipificación adecuada, cumpliendo así una primaria función de carácter heurístico.

(2) Formación de nuevas ideas directrices[260] y conceptos-clave, capaces de orientar o dirigir la adquisición de experiencias y conocimientos.[261]

(3) Desarrollo de nuevas ideas, principios, valores, institutos, formas de actuación, etc., de carácter general.

47. Esta última fase ha sido siempre considerada como propia y característica del pensamiento sistemático de la ciencia jurídica[262]. Ha de recordarse en ese sentido que la sistematización basada en el método jurídico tradicional se concentra exclusivamente en los actos jurídicos[263]. En cambio, la sistematización inspirada en la teoría de la dirección se fija también, para su reelaboración dentro del sistema, en la organización, el personal y el procedimiento, así como en parámetros o cánones de actuación de carácter «blando», tales como la eficiencia, la aceptabilidad, etc. Es evidente, pues, que esta sistematización va más allá, y no se conforma con facilitar –por su función sintética– la acción

---

[259] Núm. marg. 5.

[260] Sobre el significado y sentido de las ideas directrices en la creación del sistema jurídico en este contexto, *vid.* por todos GROSS, *Beziehungen* (nota 244), pp. 75-77, y la bibliografía allí citada.

[261] Sobre su significado, núm. marg. 40.

[262] Núm. marg. 6.

[263] Núm. marg. 3.

en la práctica, sino que también permite articular y dar cauce a las orientaciones e impulsos que se suscitan en favor de una más amplia y eficaz reforma de las responsabilidades del Estado.

48. Una ciencia del Derecho Administrativo basada en la dirección y en la eficacia se ha de interesar necesariamente, pues, por la práctica administrativa, la justicia[264] y por la política administrativa. No se puede decir, en efecto, lo mismo en sentido contrario. Más bien, se aprecia en algunos sitios una cierta *fobia a la teoría*[265], que frecuentemente aparece asociada con una habitual pizca de ignorancia y desconocimiento sobre los beneficios prácticos de una «buena» teoría[266]. Precisamente una ciencia del Derecho Administrativo que se expresa en términos teóricos y cuyos resultados no pueden siempre transponerse de forma inmediata en una dogmática jurídica que pretenda ser de aplicación y estar en conexión con la práctica debe en

---

[264] De forma convincente, WALTER PAULY, *Wissenschaft vom Verwaltungsrecht en IPEIV*, 58, Rn 15 y ss. Sobre el Tribunal Federal administrativo como impulsor para la literatura especial, ver, por ejemplo, la teoría de igual nombre de HELMUTH SCHULZE-FIELITZ, en *FS 50 Jahre BVerwG*, 2003, pp. 1061 y ss. Sobre la crítica (sin éxito) al escaso interés que la nueva ciencia del Derecho Administrativo despierta en la jurisprudencia, además WALTER KREBS, «Die juristische Methode im Verwaltungsrecht», en Schmidt-Aßmann y Hoffmann-Riem (Eds.), *Methoden*; FRIEDRICH SCHOCH, «Gemeinsamkeiten und Unterschiede von Verwaltungsrechtlehre», en Helmut Schulze-Fielitz (Ed.), *Staatsrechtslehre als Wissenschaft*, 2007, p. 177 (203 y ss.), y sobre el valor de la jurisprudencia en la «nueva ciencia del Derecho Administrativo», ANDREAS VOSSKUHLE, «Wie betreibt man offen(e) Rechtswissenschaft?», en Wolfgang Hoffmann-Riem, *Offene Rechtswissenschaft*, 2010, p. 153 (171 y ss.).

[265] Algunas reflexiones sobre el tema en MÖLLERS y VOSSKUHLE, *Staatrechtswissenschaft* (*op. cit.*, nota 9), pp. 327 y ss. Asimismo, HELMUTH SCHULZE-FIELITZ, «Notizen zur Rolle der Verwaltungsrechtwissenschaft für das Bundesverwaltungsgericht», *DV*, núm. 36 (2003), pp. 421 y ss., así como MATHIAS JESTAEDT, *Das mag in der Theorie richtig sein...*, 2006, pp. 1 y ss., 16 y ss.; LEPSIUS, «Themen einer Rechtswissenschaftstheorie», en Lepsius y Jestaedt (Eds.), *Rechtswissenschatstheorie* (*op. cit.*, nota 216), p. 1 (4 y ss.). También se han dado tendencias contrarias, *vid.* ERIC HILGENDORF, *Die Renaissance der Rechtstheorie zwischen 1965 uns 1995*, 2005.

[266] Resulta de interés la lectura de IMMANUEL KANT, «Über den gemeinspruach: Das mag in der Theorie richtig sein, taugt aber nicht für die Praxis», en *Akademie Textausgabe Kants Werke*, vol. VIII, pp. 274 y ss. Sobre la fricción entre la teoría y la práctica, *vid.* finalmente los trabajos de WERNER KRAWIETZ y MARTIN MORLOK (Eds.), *Vom Scheitern und der Wiederbelebung juristischer Methodik im Rechtsalltag – ein Bruch zwischen Theorie und Praxis?*, 2001, y en Christoph Engel y Adrienne Hértier (Eds.), *Linking Politics and Law*, 2003.

consecuencia preocuparse señaladamente por una adecuada transmisión de sus conocimientos. Sin duda, siempre existirá el peligro de una cierta trivialización de las afirmaciones científicas, habida cuenta de la imperiosa necesidad de resolver los asuntos y de las condiciones y circunstancias prácticas. Sin embargo, está en manos de los científicos de cada especialidad cuando menos intentar codirigir los inevitables procesos de transformación.

CAPÍTULO TERCERO

DERECHO ADMINISTRATIVO DE LA INFORMACIÓN

LA ADMINISTRACIÓN PÚBLICA Y EL TRATAMIENTO DE LA INFORMACIÓN Y DEL CONOCIMIENTO EN LA ERA DEL GOBIERNO ELECTRÓNICO Y DE LA *WEB 2.0*

Rainer Pitschas

Profesor Senior de Ciencia de la Administración, Política del Desarrollo y de Derecho Público, Deutsche Universität für Verwaltungswissenschaften, Speyer (Espira), Alemania.

ÍNDICE

Traducción realizada por Javier Barnes, Luciano Parejo, Manuel Gámez y Mariano Bacigalupo.

I. SOCIEDAD DE LA INFORMACIÓN Y DERECHO DE LA INFORMACIÓN

1. COMUNICACIÓN GLOBALIZADA Y MULTIMEDIA. A LA BÚSQUEDA DE UN CONCEPTO DE REGULACIÓN QUE PRESERVE Y ASEGURE LA ESTABILIDAD

HACE ya mucho tiempo que no dejan de advertirse en todo el mundo los múltiples cambios y transformaciones que implica la transición de la sociedad industrial hacia la sociedad de la información y del conocimiento. Ello supone de entrada un claro desplazamiento de las fronteras económicas tradicionales y un formidable crecimiento de las relaciones comerciales de carácter electrónico.

Al mismo tiempo, sin embargo, surgen nuevas tareas y retos para el futuro, como la necesidad de una transposición del Derecho más «abierta», incluida la del Derecho Administrativo, en las nuevas *condiciones existenciales* que se generan a consecuencia de los cambios que experimenta la sociedad contemporánea. En efecto, la información –en cuanto «oxígeno de la sociedad»– y el «conocimiento» –como producto de la obtención y tratamiento de aquélla– representan un fuerte impulso para la iniciación de un proceso de reformulación del Derecho Administrativo; proceso éste que en realidad no puede ser más intenso y penetrante si se quieren conseguir, en la era de la economía digital y del creciente uso de Internet, tanto los anhelados efectos que en el plano técnico despliegan la dirección del Gobierno y de la Administración sobre la base que proporciona la *Web 2.0*, cuanto el éxito del comercio electrónico a nivel global.

Desde luego, son muchas las cuestiones jurídicas que se dan aquí cita. Piénsese por ejemplo en la necesidad de que las comunicaciones sean seguras y fiables; de que no se incurra en discriminación en el uso de los datos; o la firma electrónica; y tantos otros temas relacionados, en particular los desafíos que plantea la protección de datos a nivel internacional y transnacional.

Expresado en términos más generales, cabe afirmar que el desarrollo de la sociedad de la información reclama una comunicación abierta y sin fronteras, mercados abiertos, libre circulación de datos, y la protección de los datos personales, y todo ello en el marco de unas relaciones interactivas, en un mundo globalizado, dominado por Internet. Fenómenos éstos que requieren, obviamente, un reajuste, una nueva regulación.

Sólo así podrá la *Web 2.0* cumplir adecuadamente y sin conflicto las funciones de interés general que le han sido encomendadas, como las que guardan relación con los medios de comunicación social (Facebook, Xing...). Es claro, en ese sentido, que la elasticidad tiene sus límites y que la aplicación sin matices de la legislación vigente en materia de protección de las comunicaciones, o de acceso a la información privada, al mundo de los mercados de la información, o a los datos personales que circulan en las redes abiertas, por ejemplo, ha demostrado ser inadecuada e insuficiente. Piénsese que ya en el pasado se cuestionó abiertamente que la dirección IP (la dirección del protocolo de Internet) pudiera considerarse como un mero «número» a los efectos y en el sentido que éstos tienen en el ámbito de la legislación de telecomunicaciones. Se trata simplemente de un ejemplo.

Lo que importa subrayar es que el Derecho ha de evolucionar si se quiere que responda a las necesidades de protección y de dirección que el futuro demanda. Piénsese en las nuevas exigencias de acceso a la información; de la integridad de la comunicación; o de la imputabilidad en el mundo de Internet. Para esa implementación jurídica resulta necesario, primero, crear unas nuevas bases jurídicas, tanto en el plano constitucional como transnacional e internacional; y, segundo, actualizar la legislación ordinaria, esto es, el marco legal que se refiere a la esfera pública y privada. Ambas tareas han de llevarse a cabo conjuntamente.

Conviene advertir que esa tarea de innovación y reforma requiere unos fundamentos de carácter constitucional y estructural de cierta complejidad, habida cuenta las necesidades de información y de conocimiento que experimentan las Administraciones públicas. Téngase en cuenta, en primer término, que la sistematización del *Derecho de la Información* –transversal a todo el ordenamiento– se enfrenta a una evidente dificultad. Y es que éste se halla sujeto a un proceso de continuo cambio, se encuentra en constante movimiento. Si contemplamos el ordenamiento jurídico en su conjunto, apreciamos, en efecto, que cada una de las esferas, ramas o ámbitos del Derecho se ocupa de la obtención y utilización de datos, de la información y del conocimiento, es decir, cada una lleva a cabo una tarea de construcción o de «formación jurídica», que a su vez plantea nuevos interrogantes, propios del nacimiento de un *sistema* superior e integrador, que lo trasciende.

Así, por ejemplo, la gobernanza de Internet no es ya sólo una cuestión de Derecho Civil relativa al comercio virtual o a la venta de bienes o servicios, sino que se trata también y al mismo tiempo de un problema del Derecho Público, basado en la idea de dirección[1], en el marco de los principios democrático y de Estado de Derecho. Ello significa, en otras palabras, que la gobernanza de Internet ha de cumplir otras funciones, y que no puede circunscribirse a la lógica del mercado y de la competencia. En efecto, el abastecimiento, suministro o provisión (*Versorgung*) de información a la sociedad se ha convertido hoy más que nunca en una de las funciones esenciales del Estado.

El ordenamiento jurídico ha de establecer las normas que resulten apropiadas para proporcionarle al ciudadano tanto la obtención de la información necesaria en manos del sector privado como el acceso a la información del sector público. Ese ordenamiento del tráfico de datos «objetivado» –y he aquí mi primera *tesis*– hace posible en particular la «autodirección» informativa, en el sentido de «autorregulación», a nivel nacional, supranacional e internacional.

2. EL «DERECHO DE LA INFORMACIÓN» COMO CONCEPTO ESTRUCTURAL DERIVADO DE LA CONSTITUCIÓN PARA LA REGULACIÓN DE LA COMUNICACIÓN MULTIMEDIA

Tradicionalmente, el debate sobre la *protección de datos* ha acaparado la atención principal de la doctrina. Y ello en la medida en que cons-

---

[1] Sobre este concepto o paradigma, véase el capítulo primero y segundo de la presente obra, así como las referencias bibliográficas en español que ahí se contienen, entre las que destaca la obra de E. SCHMIDT-ASSMANN, *La teoría general del Derecho Administrativo como sistema*, INAP-Marcial Pons, Madrid, 2003 (primer capítulo e índice analítico).

tituye el eje central del Derecho de la Información. Así ha sucedido en Alemania, al menos en los inicios, cuando se ha debatido sobre la evolución y construcción del Derecho de la Información y, más ampliamente, acerca del papel y de la función que ha de asumir el Estado respecto de la información que afecta al ciudadano y se halla en poder de la Administración, o bien de la información que ésta ha de obtener o procesar, o intercambiar con otras Administraciones.

El régimen jurídico de la protección de datos expresa los límites que la Ley Fundamental impone a la obtención y, en su caso, procesamiento y transmisión estatales de datos en relación con los ciudadanos. El punto de partida constitucional al efecto fue, y sigue siendo, el derecho fundamental a la «autodeterminación informativa»[2]. Al comienzo del tercer milenio y por lo que hace a la ordenación de la información y el tráfico de datos, este derecho sigue estando en el corazón de la concepción estructural, internacional y constitucional, de la regulación de la comunicación multimedia.

Sin embargo, en su significación establecida, parece ya solo limitadamente idóneo o útil, primero, para disciplinar los procesos informativos en las redes globales de datos; segundo, para posibilitar ganancias de libertad personal mediante la participación en la información de interés común o general; y asegurar, en fin, el acceso a servicios y redes de información a disposición en el mercado. Por ello, estamos siendo hoy testigos de un cambio interpretativo en la función del derecho a la autodeterminación informativa. En su decurso, este derecho se conecta, en su calidad de derecho central a la comunicación, con el derecho general a la personalidad (art. 2.2 GG)[3], así como con la libertad de información dimanante del art. 5.1 GG[4], para formar un bloque constitucional en materia de información que, según el Tribunal Federal

---

[2] *BVerfGE* 65, 1 (43); 84, 192 (194); 120, 274 (311 ff.).

[3] «Toda persona tiene derecho a la vida y a la integridad física. La libertad de la persona es inviolable. Estos derechos sólo podrán ser restringidos en virtud de una ley».

[4] «Toda persona tiene derecho a expresar y difundir libremente su opinión oralmente, por escrito, y a través de la imagen, y de informarse sin trabas en fuentes accesibles a todos. La libertad de prensa y la libertad de información por radio, televisión, y cinematografía serán garantizadas. La censura está prohibida».

Constitucional, es capaz de generar nuevos derechos fundamentales parciales no escritos[5].

Este potencial regulatorio y de garantía ínsito en el expresado *concepto estructural con sede en la Constitución*, con una función de dirección del tráfico de datos, forzó a escala general y en el plano de la legalidad jurídico-administrativa no sólo a la reorientación del régimen jurídico de protección de datos sino también a la apertura de éste al tráfico jurídico-privado y a la evolución experimentada en el Derecho europeo. Esta fase ya se halla dogmáticamente sedimentada, con independencia de que deba continuar el perfeccionamiento del Derecho nacional de la protección de datos de conformidad con las correspondientes Directivas de la Unión Europea[6].

Mayor desarrollo ha experimentado aún, entretanto, un nuevo estrato del más amplio Derecho de la Información: el *Derecho Administrativo de la Información*. Éste cumple una función directiva, por ejemplo respecto de la estructura de las telecomunicaciones y el uso de los ciudadanos de los servicios de información y comunicación. Al mismo tiempo, ordena el uso de la criptografía y de la firma digital como instrumentos que contribuyen a la seguridad de los sistemas electrónicos de pago; de la comunicación confidencial entre el Estado, los ciudadanos y las partes en los negocios; y del consumidor.

---

[5] *BVerfGE* 120, 274 (313).

[6] Entre otras, Directiva 95/46/CE del Parlamento Europeo y del Consejo, de 24 de octubre de 1995, relativa a la protección de las personas físicas en lo que respecta al tratamiento de datos personales y a la libre circulación de estos datos, así como sus actos modificativos; Directiva 2002/58/CE del Parlamento Europeo y del Consejo, de 12 de julio de 2002, relativa al tratamiento de los datos personales y a la protección de la intimidad en el sector de las comunicaciones electrónicas (Directiva sobre la privacidad y las comunicaciones electrónicas) [Diario Oficial L 201 de 31.7.2002].

3. EL DERECHO DE LA INFORMACIÓN COMO PROCESO DINÁMICO DE LA CREACIÓN JURÍDICA

En las páginas que siguen, se trata de abundar en la comprensión y en las singularidades del *Derecho Administrativo de la Información* respecto de la masa entera del Derecho de la Información. Y ello para, a renglón seguido, evaluar el desarrollo futuro del *Derecho Administrativo de la Información* como parte del sistema parcial de la garantía y de la dirección del libre tráfico de datos en la actual sociedad de la información.

En cierto modo, se puede decir que también este estrato del Derecho Público de la información en construcción, que es el Derecho Administrativo de la Información, se está viendo completado por otros nuevos elementos. Así, se habla del Gobierno y de la Administración en la era de la información, que se identifica como «gobierno electrónico». En esta expresión se resume y sintetiza el esfuerzo estatal por configurar las condiciones marco, la organización y las relaciones entre Administración y ciudadanos, a la medida del progreso técnico en la materia, en forma tal que, en un Estado de Derecho de carácter cooperativo en el que el sector privado se hace corresponsable bajo la dirección de aquél de múltiples tareas, surja una estructura de actuaciones para la interacción de ambos y el acceso y uso de la información. Esta estructura refleja así el concepto de base constitucional de la (auto) dirección informativa en el sentido de una meta-ordenación de los procesos informativos desarrollados bajo la propia responsabilidad y con una adecuada articulación de la libertad informativa y la protección de datos.

La consecuencia de esta orientación *dinámica* hacia un proceso de creación o «*formación del Derecho*» radica, desde el punto de vista de la generación y el tratamiento de la información, en la general «privatización» de las informaciones administrativas y en la «socialización» de datos obtenidos con *imperium*, como demuestra, por ejemplo, el Derecho de la Información ambiental. Visto desde la perspectiva de la información, ello significa, pues, que ahora el Estado fortalece la posición del ciudadano y debe informar más y en otra forma para que éste pueda efectivamente asumir su propia y creciente responsabilidad. Lamentablemente, la argumentación al respecto se perdió, en el pasado, en las reflexiones sobre el «Estado prescriptivo». En ese contexto, la argumentación se concentró sobre todo en el problema de la llamada injerencia informativa, en lugar de avanzar hacia una más amplia comprensión constitucional de los derechos fundamentales y de sus relaciones, que fuera más allá de la perspectiva tradicional anclada en la defensa frente a la injerencia, para la que se levantó el derecho a la autodeterminación informativa.

Ha de retomarse el trabajo en este terreno. La sistematización del Derecho de la Información, con efectos y consecuencias obvias para el Derecho Administrativo de la Información, debe incorporar y hacer suyos los fenómenos de la informatización y de la subjetivación con ocasión de la transformación de la organización interna de las Administraciones públicas y de los procesos a través de los que se ejercen las respectivas funciones públicas. De esta forma, Internet, por ejemplo, se torna en motor de la modernización de la Administración, pues la tecnología de la información fija la hoja de ruta de la futura actuación administrativa. Los sistemas de información al ciudadano ya existentes cobran un nuevo alcance. Y con ello también la democracia y la participación ciudadana reciben nuevos impulsos. Teniendo en cuenta estas observaciones resulta difícil desde luego seguir considerando el tradicional sistema jurídico-público de protección de datos como exclusivo centro o «guía» hacia una sociedad de la información autorregulada. Por el contrario, se trata más bien de crear un Derecho de la Información más comprensivo y especializado en la regulación, que libere los concretos sectores parciales del ordenamiento que participan en la construcción de la sociedad de la información y establezca un sistema capaz de disciplinar los intereses públicos y privados desde una perspectiva global y acorde con los intereses generales.

Los elementos jurídico-públicos de la actuación administrativa que se integran en el más amplio *Derecho de la Información* se expresan o sintetizan en el *Derecho Administrativo de la Información*.

4. EL «DERECHO ADMINISTRATIVO DE LA INFORMACIÓN» COMO PARTE DEL DERECHO DE LA INFORMACIÓN

Por Derecho Administrativo de la Información ha de entenderse el conjunto de disposiciones que regulan la información que utiliza o trata la Administración, incluyendo las reglas relativas a la proyección que ese uso tiene para el sector privado. Si este concepto general se desagrega por círculos temáticos se delinean, entre otros, el derecho individual al acceso a la información administrativa; el derecho de la Administración al acceso a información privada; y la regulación de ambos derechos en su relación con otros sujetos privados; los deberes de información de la Administración respecto de sujetos privados; los deberes de secreto de la Administración; así como las reglas sobre la utilización de las tecnologías de la información y del conocimiento. La regulación del comercio electrónico, de la gobernanza de Internet y de los medios de comunicación social pertenece a este campo.

Si, sobre ese trasfondo, se contempla el Derecho Administrativo de la Información como una rama del Derecho con individualidad propia con creciente significación de cara a la sociedad de la información y del conocimiento, el interés predominante se centra –desde una perspectiva general– en el conjunto de reglas que tienen por objeto la ordenación de la comunicación del Estado y de la Administración, es decir, las relativas a la configuración jurídica de las tecnologías de la información y de los medios técnicos; al suministro de información básica en beneficio del ciudadano, como presupuesto mismo del ejercicio de su libertad; a la actividad informativa del Estado desde la perspectiva de la aceptabilidad democrática y de los derechos ciudadanos; a las actividades de carácter informativo que lleva a cabo el Estado en relación con la protección de datos y el derecho de acceso a la información; etc.

Al propio tiempo, se trata de una *teoría general*, que ha de incluir también las normas relativas a la publicidad de la acción administrativa. En consecuencia, y como teoría general del Derecho Administrativo de la Información, abarca tanto el derecho de acceso a la información en manos del Estado, como las «zonas» que quedan libres de la injerencia o intervención del Estado y de la Administración en el plano de la comunicación.

En su parte especial el Derecho Administrativo de la Información incluye aquellas normas que regulan tanto el uso de la información *dentro de* la Administración, como el intercambio de tal información con los ciudadanos y, en su caso, con las demás Administraciones. Pertenecen a ella igualmente las habilitaciones legales para realizar actos informativos específicos y especialmente en el caso de llamamientos o advertencias, como, por ejemplo, en el sector de la alimentación. Igualmente, y a título de ejemplo, aquí se contienen las normas específicas en materia de protección de datos y de información en el ámbito de los contenidos audiovisuales y de las telecomunicaciones. Asimismo, los diversos sectores del comercio electrónico integran la parte especial.

La *función regulatoria* que posee el *Derecho Administrativo de la Información*, como acaba de notarse, conecta, de un lado, con el Derecho Constitucional de la información, tal como se desprende de la Ley Fundamental. En ese sentido, ha de destacarse, en el ámbito de la comunicación, el art. 2.2[7], en conexión con el art. 1[8], 5[9] y 8[10] de dicha norma fundamental, en tanto que garantías constitucionales directas de la

---

[7] Cuyo texto ha sido transcrito más arriba.

[8] Artículo 1 [Protección de la dignidad humana, vinculación del poder estatal a los derechos fundamentales]

(1) La dignidad humana es intangible. Respetarla y protegerla es obligación de todo poder público.

(2) El pueblo alemán, por ello, reconoce los derechos humanos inviolables e inalienables como fundamento de toda comunidad humana, de la paz y de la justicia en el mundo.

(3) Los siguientes derechos fundamentales vinculan a los poderes legislativo, ejecutivo y judicial como derecho directamente aplicable.

[9] Artículo 5 [Libertad de opinión]

(1) Toda persona tiene el derecho a expresar y difundir libremente su opinión oralmente, por escrito y a través de la imagen, y de informarse sin trabas en fuentes accesibles a todos. La libertad de prensa y la libertad de información por radio, televisión y cinematografía serán garantizadas. No se ejercerá censura.

(2) Estos derechos tienen sus límites en las disposiciones de las leyes generales, en las disposiciones legales adoptadas para la protección de la juventud y en el derecho al honor personal.

(3) El arte y la ciencia, la investigación y la enseñanza científica son libres. La libertad de enseñanza no exime de la lealtad a la Constitución.

[10] Artículo 8 [Libertad de reunión]

(1) Todos los alemanes tienen el derecho de reunirse pacíficamente y sin armas, sin notificación ni permiso previos.

responsabilidad básica que incumbe al individuo sobre la información y la comunicación. Por su parte, los arts. 20[11] y 28.2[12] aportan, además, el deber u obligación de las Administraciones de ofrecer información objetiva, veraz, pertinente y neutral.

El Derecho Administrativo de la Información incluye también modelos regulatorios concretos para la *comunicación de riesgos*, adaptados a una variedad de circunstancias, entre Administración, ciudadano y sector empresarial, como sucede en el ámbito de la producción de energía nuclear y con la utilización de la energía solar. En este terreno, cabe también mencionar otros sectores como la ingeniería genética, los productos químicos o las emisiones. En estos casos, el ordenamiento jurídico-administrativo establece formas variadas de obtención de la información y del conocimiento.

Se trata, pues, de sistemas complejos de regulación y de actuación en el terreno de la información. Aquí, la Administración interactúa con la sociedad, siempre de un modo diferente en función del sector de que se trate, de los fines a los que responda y de los efectos que se produzcan. Así sucede, por ejemplo, con el sector

---

(2) Para las reuniones en lugares abiertos, este derecho puede ser restringido por ley o en virtud de una ley.

[11] Artículo 20 [Fundamentos del orden estatal, derecho de resistencia]

(1) La República Federal de Alemania es un Estado federal democrático y social.

(2) Todo poder del Estado emana del pueblo. Este poder es ejercido por el pueblo mediante elecciones y votaciones y por intermedio de órganos especiales de los poderes legislativo, ejecutivo y judicial.

(3) El poder legislativo está sometido al orden constitucional; los poderes ejecutivo y judicial, a la ley y al Derecho.

(4) Contra cualquiera que intente eliminar este orden todos los alemanes tienen el derecho de resistencia cuando no fuere posible otro recurso.

[12] Artículo 28 [Garantía federal de las Constituciones de los Länder, garantía de la autonomía municipal]

(...)

(2) Deberá garantizarse a los municipios el derecho a regular bajo su propia responsabilidad, dentro del marco de las leyes, todos los asuntos de la comunidad local. Las asociaciones de municipios tienen igualmente, dentro del marco de sus competencias legales y de acuerdo con las leyes, el derecho de autonomía administrativa. La garantía de la autonomía abarca también las bases de la propia responsabilidad financiera; estas bases incluyen una fuente tributaria que, junto con el derecho de fijar los tipos de recaudación, corresponde a los municipios y se rige por la respectiva capacidad económica.

de la salud o en la asistencia social, donde los procedimientos automatizados de transmisión de datos obedecen a fines, a estrategias y a modos de hacer distintos de los que se dan en el ámbito de la protección del consumidor, en el que la información se utiliza como instrumento para dirigir la conducta de sus destinatarios. Todo ello es de interés para el Derecho Administrativo de la Información.

II. EL DERECHO ADMINISTRATIVO DE LA INFORMACIÓN EN EL ESQUEMA DEL DERECHO TRADICIONAL DE LA INFORMACIÓN

1. EL DERECHO ADMINISTRATIVO DE LA INFORMACIÓN COMO CONCEPTO REGULATORIO TRADICIONAL

a) EL PUNTO DE PARTIDA: EL DERECHO A LA AUTODETERMINACIÓN INFORMATIVA

Como es bien sabido, el eje constitucional del Derecho Administrativo de la Información reside en Alemania, y desde el año 1984, en el *derecho a la autodeterminación informativa*. La jurisprudencia del Tribunal Federal Constitucional ha concebido este derecho, en la Sentencia relativa al censo de población, como manifestación del derecho general de la personalidad y la dignidad de la persona (art. 2.1, 1.1 GG)[13], ratificándolo y desarrollándolo luego en doctrina constante.[14] El derecho de autodeterminación, provisto así de rango constitucional, confiere a cada individuo –según la doctrina constitucional sobre la obtención, el suministro y el tratamiento de la información– la facultad de decidir en principio por sí mismo cuándo, y dentro de qué límites, pueden hacerse públicos los datos personales. De esta forma, es el ciudadano mismo el que decide sobre el suministro y el empleo de la información de carácter personal.

(i) *La prevalencia de la función o dimensión defensiva.*

Como ha quedado dicho, el derecho a la autodeterminación informativa descansa, según la interpretación hoy dominante, sobre la *función defensiva* frente a cualquier inmisión estatal o privada en el ámbito de la libertad (a determinar en función de cada situación) del derecho –equivalente a un derecho fundamental– derivado del art. 2, apartado 1, en conexión con el art. 1, apartado 1, ambos de la Ley Fundamental,

---

[13] Textos en español ya citados.

[14] Más recientemente en *BVerfGE* 120, 274 (331 ff.).

antes citados. Y ello en el bien entendido, por otra parte, de que el derecho a la autodeterminación informativa no otorga una garantía ilimitada, pues son admisibles limitaciones por motivos de interés general. La Ley que prevea la elaboración de datos ha de fijar cuándo y, sobre todo, para qué finalidad resulta legítimo y admisible el tratamiento de dichos datos. De ordinario, la determinación del fin u objetivo legal se establece desde luego de forma «abierta». Cualquier obtención o tratamiento de datos que carezca de cobertura legal corre el peligro de infringir al derecho a la autodeterminación informativa. La Ley, en cuanto directora de la Administración, le atribuye a la Administración pública en términos estructurales un margen de discrecionalidad acerca de la finalidad (discrecionalidad «*intencional*»).

El derecho a la autodeterminación adquiere, de acuerdo con esta interpretación, una *cualidad* o *naturaleza análoga a la del derecho de propiedad*, lo que ha determinado una desbordante y específica juridificación (y burocratización) en el terreno de la protección de datos. Ahora bien, al tiempo que se destaca la *dimensión subjetiva*, como derecho de defensa frente a la injerencia estatal en materia de información, se descuida su *dimensión objetiva*, también urgida a la tutela o protección. En ese sentido, y de conformidad con la doctrina de la Sentencia sobre el censo de población y de la ulterior jurisprudencia, el legislador ha de dotar a esta figura de un marco organizativo y procedimental, del que irradia una protección de alcance objetivo. A lo que se añade la obligación, derivada de esta doctrina constitucional, de acuerdo con la cual al legislador le corresponde la responsabilidad de asegurar la *efectividad* del derecho fundamental, lo que conlleva una constante y continuada evaluación de los efectos o consecuencias jurídicas de la legislación relativa a la obtención y tratamiento de la información en cada uno de los sectores materiales.

(ii) Tendencias racionalizadoras de la función del derecho fundamental.

La configuración del derecho de autodeterminación informativa que llevara a cabo el Tribunal Federal Constitucional acaso sea representativa de una actitud cautelosa y prudente ante el miedo que comienza a generalizarse a comienzos de los años ochenta frente a la evolución de la técnica y del Estado como «Leviatán sediento de datos»[15]. La construcción jurídica de la «autodeterminación informativa», ideada para hacer frente a esta preocupación, responde, por tanto, a una comprensión relativamente unidimensional del tratamiento electrónico de datos, ahormado en teoría de conformidad con las fases de que se compone el proceso (obtención y tratamiento), aunque en realidad construido sobre un modelo parcial, que responde exclusivamente a la idea de intervención e injerencia, con las consiguientes defensas o garantías.

Al poco de la creación del derecho a la autodeterminación informativa quedó, empero, claro que, por su configuración unidimensional, el legislador resultaba obligado –en contradicción con la realidad impregnada de innovaciones técnicas– a procurar adecuarse a los requerimientos de la función defensiva dominante mediante regulaciones específicas cada vez más detalladas. Al propio tiempo, se mostraba como una carencia la falta de compleción de la Sentencia sobre el censo de población, tanto por lo que respecta a la clarificación del bien jurídico protegido por el derecho a la autodeterminación informativa, como por lo que hace a la acotación del ámbito y el alcance de la protección, en relación con los planteamientos y fines legislativos. Aún hoy no parecen superadas, por ejemplo, en la legislación de seguridad ciudadana, algunas dudas de importancia sobre la aplicación del derecho; persiste un cierto debate sobre la legalización de la información, como acredita la Sentencia del Tribunal Federal Constitucional sobre escuchas[16].

Por lo demás, la jurisprudencia constitucional que ha seguido a la Sentencia sobre el censo de población poco ha contribuido a la clarificación de las cuestiones irresueltas. En la mayoría de los casos las Sentencias omiten toda puntualización acerca del bien jurídico protegido por el derecho a la autodeterminación informativa y sobre el radio de acción de su efecto protector; lo cual sucede, por ejemplo, en el caso de la «lista de deudores». La Sentencia del Tribunal Federal Constitucional sobre el procedimiento de aprobación de planes se ha pronunciado, por el contrario, de forma apodíctica en el sentido de afirmar que los criterios de medida y valoración constitucionales fundamentales por los que se ha guiar la

---

[15] *BVerfGE* 65,1 (42, 43).
[16] *BVerfGE* 109, 279 (313, 318 f.).

resolución de fondo en cada caso deben considerarse definitivamente establecidos por la Sentencia sobre censo de población –lo que en ningún momento ha tenido realmente lugar.

Una mirada más atenta permite, sin embargo, detectar algunas *líneas de evolución*. Esto vale, por de pronto, para el *alcance de la autodeterminación individual*: el Tribunal Federal Constitucional ha confirmado, en efecto, en su Sentencia sobre el «diario»[17], que la llamada teoría de las esferas, formulada en su día a propósito del ya citado art. 2.1 GG, sigue teniendo validez y existe así un ámbito intocable de configuración privada de la vida que está excluido prácticamente de toda intervención pública. Según el Tribunal Federal Constitucional, ni siquiera intereses generales de peso podrían justificar injerencias en este ámbito. Por ello, queda vedado el recurso al principio de proporcionalidad –del que de ordinario se sigue una mayor protección del derecho a la autodeterminación–. A la luz de esa *prohibición* de *ponderación* (que pueda relativizar la garantía), cabe advertir que la cercanía de una información al ámbito de la intimidad personal continúa siendo de importancia decisiva para la protección procurada por el derecho de autodeterminación informativa. En ello debería verse una contribución decisiva de la jurisprudencia constitucional al desarrollo de los derechos ciudadanos en la sociedad de la información. Sobre ello ha vuelto a insistir el Alto Tribunal en sus Sentencias, de 2004 conocida como de las escuchas[18], y de 2008, conocida como el caso «on line»[19].

Sin embargo, ni la variable cercanía de la información al «núcleo» de la protección de la personalidad, ni el contenido de la información, constituyen las únicas limitaciones a la legislación estatal. Así se desprende también del art. 13 de la Ley Fundamental[20], que protege la autodeterminación informativa en el ámbito del domicilio. El Tribunal

---

[17] *BVerfGE* 80, 367 (376 ff.).

[18] *BVerfGE*, a. a. O. (nota 5).

[19] *BVerfGE* 120, 274 (313).

[20] El art. 13 regula con un cierto grado de detalle la inviolabilidad del domicilio y, en particular, las escuchas y la utilización de medios técnicos de vigilancia, sus condiciones y garantías.

Federal Constitucional ha afirmado, aún antes de que se construyera la nueva versión de este derecho fundamental, que a disposición del individuo debía quedar «un espacio interior en aras del libre desarrollo de la personalidad y bajo su propia responsabilidad», en el que aquél «se posea a sí mismo» y «al que pueda replegarse, sea inaccesible para el mundo circundante y en el que pueda ser dejado en paz»[21]. Pero, al mismo tiempo, y en ello hay una insalvable contradicción con la argumentación de muchos detractores de la llamada «gran escucha», enfatiza también la vinculación social de ese refugio y la correspondiente posibilidad efectiva de intervención del Estado en el caso de peligros graves provenientes del domicilio.

Otra línea de evolución es reconocible en la jurisprudencia constitucional y contencioso-administrativa relativa a la protección de la seguridad interior y la capacidad funcional de la tutela jurídico-penal. Así, el Tribunal Federal Constitucional ha visto la garantía de la seguridad en el ámbito de la función pública como un fin que legítimamente justifica la investigación de funcionarios por razón de seguridad. Y, a propósito de la supervisión del pago de impuestos, ha considerado igualmente la seguridad financiera del Estado como interés público de rango constitucional; de ahí que, según reza su doctrina, los requerimientos de información con ocasión de la gestión tributaria sean compatibles con el derecho de autodeterminación informativa. Como concluyó el Tribunal, incluso las insoslayables exigencias de una efectiva persecución de los delitos y de la lucha contra la criminalidad son capaces de fijar límites a los derechos a la reserva de las anotaciones equiparables a las de un diario, derivados del derecho a la propia personalidad[22]. Por ello, no alberga duda alguna que, en el contexto de la controversia sobre la distancia del Estado respecto de la criptografía, también sería constitucional el deber de depósito de las claves de los datos en tanto que establecida legalmente y modificada en sede reglamentaria.

---

[21] *BVerfGE* 89, 1 (12); 103, 142 (150 f.).
[22] *BVerfGE* 80, 367 (375).

La más reciente jurisprudencia constitucional se ha ocupado del *deber estatal de informar* a los ciudadanos y, con ello, de la responsabilidad que asume el Estado en materia de «comunicación». En esta jurisprudencia se trataba de la problemática de la publicidad del Ejecutivo, que la Constitución permite, en relación con la propia imagen o representación que el Estado tiene de sí mismo, y en ella se suscitaban nuevas cuestiones, como la relativa a si la acción informativa del Estado, sea en forma de avisos a la ciudadanía, recomendaciones, aclaraciones especiales, advertencias, valoraciones, etc., debía sujetarse a las exigencias del derecho a la autodeterminación informativa y, más en concreto, a la reserva de ley que de él deriva.

En lo que hace a los *avisos* o *advertencias de carácter oficial*, el Tribunal Federal Constitucional ha señalado[23] a este respecto –y confirmando así la jurisprudencia sentada por el Tribunal Federal Contencioso-Administrativo (Sentencias *Glykol* y *Sekten*), criticadas con poco acierto por la doctrina–, que al Gobierno Federal le es propia, por razón de su posición orgánica, una potestad «libre de Ley» –que no deriva de la ley– de informar al público; actividades informativas, dicho de otro modo, que se infieren directamente de la Constitución y, más en concreto, del deber que a éste incumbe de suministrar o procurar la información necesaria.

Esta jurisprudencia, de un lado, supone un desarrollo de la ya tempranamente destacada idea de la dependencia comunitaria del individuo –del individuo que comunica– y, de otro lado, atiende a la concepción cooperativa entre el Estado y la sociedad en materia de comunicación, que es inherente al nuevo Derecho Administrativo, lo cual –entendido en tales términos– no representa precisamente una «intervención» o injerencia sobre el individuo.

---

[23] *BVerfGE* 105, 252 (304 f.).

(iii) Tendencias racionalizadoras de la función de los derechos fundamentales.

A esta jurisprudencia subyace la idea o la pretensión de racionalizar la función protectora de los derechos fundamentales o, lo que es lo mismo, de ampliar el contenido constitucionalmente garantizado por el ya citado art. 2.1, en relación con el art. 1.1 de la Ley Fundamental, que se encuentran en la base del sistema, con lo que se enriquece el material que encierran estos derechos y la protección ciudadana. Esta reacción o tendencia jurisprudencial parte de la constatación de que es técnicamente posible la informatización o impregnación informativa, ajena a toda traba y capaz de penetrar cualquier esfera privada, por parte del Estado y de la sociedad del conocimiento, lo que, por su parte, es manifestación de un cambio global hacia una «nueva estatalidad». Emergen, en efecto, nuevas formas políticas de dirección y regulación que, en el seno de las ciencias sociales, se enmarcan en el campo de la gobernanza, entendida como una «nueva forma de gobierno», y en la ciencia del Derecho Administrativo y de la teoría política del Estado se conceptúan como esencia de la «nueva estatalidad»[24]. El motor que subyace a esta evolución son las cuestiones relativas a la tensión entre libertad individual en el sector de la información y heterodeterminación a la luz de la capacidad prestacional y legitimidad del «Estado que comunica» en la era de la globalización. En plano de las respuestas queda claro que el desbordado Estado (del riesgo) busca en la sociedad civil y en el campo de la comunicación, por la vía de la privatización de tareas y la cooperación, socios que se consoliden como nuevos agentes no estatales de la comunicación pública en el sentido de que asuman competencias organizativas y decisorias hasta ahora en manos exclusivas del Estado, en lo que hace al tratamiento de la información y a la generación de conocimiento. De esta forma, surgen *alianzas informativas* de nuevo cuño entre el sector privado y esferas estatales; se «deshilacha» el Estado protector tradicional[25].

---

[24] Sobre este tema, véase el capítulo primero y cuarto.

[25] *Ibídem.*

En todo esto juega un papel decisivo el estado de las tecnologías de la información y de la comunicación. Cuanto más se consigue en el plano técnico, tanto más se sienten obligados el Estado y las formaciones sociales a introducir las innovaciones y, con ello, a penetrar así en el ámbito de la autodeterminación informativa. Lo que vale también, y no en último término, para el fin estatal de la «seguridad», por razones de lucha contra el crimen y el terrorismo.

b) EL DERECHO FUNDAMENTAL A LA GARANTÍA DE LA CONFIDEN-CIALIDAD E INTEGRIDAD DE LOS SISTEMAS TÉCNICOS DE INFOR-MACIÓN

Habida cuenta de que garantizar la seguridad en las sociedades fragmentadas exige justamente pagar un alto precio, todos –Estado y sociedad– convienen en introducir las nuevas tecnologías preventiva-mente para proteger la libertad. El Tribunal Federal Constitucional ha reaccionado de forma consecuente con esta evolución. En la medida en que los intereses públicos y privados en esta materia convienen en utilizar la información preventiva como el instrumento más importan-te en la defensa y prevención ante determinados peligros y, por ello, la procura policial independiente de información forma parte de los medios centrales de la lucha frente a la comunicación y actuación de ca-rácter criminal, se produce una infiltración subrepticia de los sistemas técnicos de información en mano privada que permiten la vigilancia y lectura del uso de los sistemas. El Tribunal Federal Constitucional considera que este fenómeno sólo resulta constitucionalmente legítimo en caso de concurrir indicios reales de un concreto peligro para un bien jurídico de importancia destacada. Lo que se da, por ejemplo y en opinión del Tribunal, «cuando no sea posible determinar con proba-bilidad suficiente la producción de un peligro en un futuro inminente, siempre que determinados hechos apunten al peligro que, por razón de personas determinadas, amenace en el caso concreto al bien jurídico preeminente»[26].

---

[26] *BVerfGE* 120, 274 (328); en sentido análogo, antes: *BVerfGE* 100, 313 (395).

El Tribunal Federal Constitucional otorga respaldo, de esta forma y desde una perspectiva principial, a la penetración del Estado en sistemas técnicos de información privados. Hace reposar su opción sobre el fundamento constitucional del derecho general a la propia personalidad reconocido en el art. 2.1, en conexión con el art. 1.1, ambos de la Ley Fundamental (GG). La consecuencia de esta interpretación es que el *derecho fundamental a la garantía de la confidencialidad e integridad de los sistemas técnicos de información* ha de encontrar su fundamento en el derecho general a la personalidad y construirse a partir de él[27].

En su esencia, esta jurisprudencia del Tribunal merece ser compartida. Las tendencias racionalizadoras en torno al derecho general a la personalidad apenas han buscado el apoyo del derecho a la autodeterminación informativa. Allí donde se trate de utilizar las *tecnologías de la información* para comunicarse con terceros, forzoso es concluir que la protección individualizada de la personalidad se habrá de «traducir» en una extensión de la tutela que brinda el Derecho a los instrumentos de que se haga uso. Algo similar ha sucedido con la inviolabilidad del domicilio, por ejemplo. La Constitución alemana ha considerado desde sus inicios que el domicilio constituye un espacio para el desarrollo de la esfera privada y, por lo tanto, esa función auxiliar ha de ser preservada como complemento del derecho fundamental, perspectiva ésta de la que también ha hecho uso la jurisprudencia del Tribunal Federal Constitucional de forma decisiva. No se ha producido hasta el momento ninguna declaración expresa de esta naturaleza en la jurisprudencia, en el sentido de extender la protección del derecho fundamental complementariamente a los instrumentos de las tecnologías de la información, por lo que debe saludarse que se haya recurrido aquí a las potencialidades que encierra el derecho fundamental general de la personalidad. No acierta, por tanto, la crítica de que ha sido objeto.

---

[27] *BVerfGE* 120, 274 (313).

c) La racionalización en curso. Un nuevo impulso

Este proceso de transformación de la estatalidad en relación con la información y la paralela evolución constitucional encuentran a su vez un nuevo impulso en el tránsito de la sociedad de la información a una «sociedad del conocimiento».

En este contexto, el espacio de libertad que procura el Estado (procura de libertades) mediante el Derecho Administrativo de la Información ha de garantizar la regulación de los múltiples intereses contrapuestos que se dan cita en el plano de la información y de la comunicación, y que son connaturales al uso de los datos y a su transformación en conocimiento, tanto en el Estado, como en la sociedad del conocimiento. No han de protegerse sólo las lógicas aspiraciones de la libertad individual, sino también todas aquellas expectativas que se generan en las complejas redes y estructuras colaborativas de poder, y en las que se producen bienes colectivos como el «conocimiento», y que se hallan sujetas a las condiciones de las reglas de mercado y de la influencia de las redes clientelares y del poder económico. A ello conduce la constante innovación actual de las tecnologías de la información. Ello permite considerar en una visión panorámica que el nivel de protección del derecho fundamental en materia de información constituye un mero producto temporal de la evolución social.

2. LA EVOLUCIÓN DE LA SOCIEDAD DE LA INFORMACIÓN HACIA UNA «SOCIEDAD DEL CONOCIMIENTO»

Estas *tendencias racionalizadoras* en derredor del derecho fundamental se hallan en una relación recíproca con el paso de una sociedad industrial a la sociedad global de la información y de prestación de servicios. Ésta se caracteriza por un crecimiento exponencial de las posibilidades de comunicación y de las necesidades de intercambio de información entre ciudadanos, operadores económicos y Estado. En el curso de esta transición se modifican y amplían la calidad y cantidad de información disponible, así como los medios de comunicación interactivos. Además surgen en el Estado y la sociedad y entre ellos nuevas formas de comunicación recíproca, incluso jurídicas, en el ámbito de la colaboración público-privada (*Public-Private-Partnerships*). Ejemplos de ello son la creación de una Administración virtual, la intensificación del «gobierno electrónico» y el crecimiento del «comercio electrónico», con el consiguiente desarrollo del mismo a nivel mayorista (B2B) y de la *Web 2.0*.

a) «Publificación» del individuo e «informatización» de la sociedad

En todo este proceso, la «información» constituye el factor decisivo de transformación. Ciertamente, en sí misma la información resulta irrelevante; es su agregación a otras informaciones lo que la transforma en «conocimiento»; y son los procesos de aprendizaje lo que configura el núcleo propio del estadio de la civilización, que hoy conocemos como sociedad de la información. En este sentido, se ha destacado con acierto que la conexión creciente de información de todo tipo– sin importar el contenido de la misma– conduce a una nueva calidad de la información, al «tratamiento del conocimiento»; y en ese proceso surgen nuevos modos de pensamiento y de representación de un modelo cognitivo que se basa en la generación y demanda de nuevos datos mediante toda clase de enlaces y conexiones merced al uso de las tecnologías de la información y del conocimiento.

Los *chips* e Internet transforman así nuestra vida y la estructura de la racionalidad en la sociedad. Se pueden reconocer en «Internet» formas de comunidades y vida social virtuales. Se difumina nuestro entendimiento del espacio, el tiempo y la privacidad: se contraen matrimonios en televisión, se airean amoríos en los programas nocturnos de máxima audiencia y el «resto» se comunica por *e-mail*. ¿Qué queda realmente de la esfera privada? Esta constatación de una «publificación» del individuo, en algunos casos voluntaria, se relaciona con la «informatización» de la sociedad. Las tecnologías de comunicación e información, y los «nuevos medios» vinculados a éstas, se convierten en el elemento tecnológico clave del progreso social. Posibilitan el procesamiento de la información, que ha progresado tanto en términos cuantitativos como cualitativos, así como la proliferación cada vez más intensa de datos personales.

b) La generación cooperativa de conocimiento como elemento de una nueva relación entre el Estado y el ciudadano

Este proceso, sin embargo, se puede delimitar de cara a una reformulación de un «Derecho Administrativo en la sociedad del conocimiento», a través de una serie de preguntas fundamentales. Así, por ejemplo, se trata de explicar por qué el conocimiento se ha convertido en algo tan relevante. Como segunda pregunta fundamental se puede plantear por qué, por el contrario, la falta de conocimiento es tan peligrosa. Queda por reflexionar, en tercer lugar, qué y en qué momento se puede conocer. Finalmente, hay que responder el interrogante de quién es el responsable de la ordenación y asignación del conocimiento. Se trata, en otras palabras, de las categorías del acceso al conocimiento, de su utilización, de la transferencia y de la procura de conocimiento para el futuro.

Cada uno de estos interrogantes requiere de respuestas racionales, siempre provisionales como consecuencia del permanente cambio de la sociedad del conocimiento. A ello ha de sumarse también el acento en la *gestión del conocimiento*. Gestión ésta que no ha sido confiada en exclusiva al Estado: el «conocer algo», estar seguro o no de ello, el aspirar a más conocimiento, y en su caso aprenderlo, son antes y ahora procesos individuales y esfuerzos colectivos conjuntos. Por ello, la «sociedad del conocimiento» aparece no sólo como una forma especial de organización social en el marco de la sociedad moderna. La información, su tratamiento técnico, y su producto –el conocimiento–, se convierte en el embrión de una generación cooperativa y con ello, al mismo tiempo, en elemento de una nueva relación Estado-ciudadano si se contempla la responsabilidad para la obtención y transferencia del conocimiento, su procura o facilitación y la superación del no-conocimiento. El Estado también participa y ello da lugar a una estructura híbrida de reparto de responsabilidad que no admite ninguna «división» de las esferas de responsabilidad: se trata del establecimiento de un ordenamiento intermedio del conocimiento mediante la «gobernanza del conocimiento». Además de los actores o agentes de esa gobernanza, resulta también relevante la estructura asociativa de ese ordenamiento o regulación, así como la cooperación interorgánica o la colaboración entre los actores más significativos de ambas esferas, pública y privada. En todo caso, su construcción ha de atender a las necesidades de cada sector y especialidad. Por lo demás, la gobernanza depende de una combinación o mezcla de distintas formas e instrumentos de regulación y dirección, tales como programas, normas jurídicas, negociaciones, incentivos y competencia[28]. En todo ello se percibe las señales del cambio hacia una nueva posición del Estado en la materia.

c) El comercio electrónico (*Electronic Commerce*)

El comercio de productos y el mercado de servicios se encuentran especialmente afectados por esta extensión permanente de la sociedad del conocimiento y la información. En estos mercados se aprecia un aumento de la intensidad y alcance de las interacciones e intercambios transfronterizos, bien sean transacciones económicas de contenido informativo, procesos de intercambio de información en Internet, o intercambios transfronterizos de ofertas comerciales. Es evidente que la comunicación electrónica resulta imprescindible para la integración económica internacional, supranacional y transnacional. Esto es válido tanto para la evolución de la economía mundial y los mercados globales como para el funcionamiento del mercado interior en la Unión Europea. A título de ejemplo, los Estados y las empresas obtienen, gracias a la libre circulación de datos, acceso más completo al capital que antes. Es más, la coherencia informativa que buscan *todos* los operadores económicos conlleva el progresivo incremento de los flujos intersectoriales de datos personales tanto en el sector público como privado.

d) La evolución técnica de la información de la sociedad del conocimiento hacia la *Web 2.0*

El progreso de las tecnologías de la información avala la evolución descrita. Ello se evidencia particularmente en el diseño de Internet, así como en los servicios de información y comunicación sociales y multimedia. Los datos en tiempo real y la representación tecnológica de sentimientos con los «emoticons» son alguno de los resultados que debemos al progreso tecnológico. Igualmente ofrece al usuario la oportunidad de decidir por sí mismo quién tendrá acceso a sus circunstancias vitales («datos personales») y quién no.

---

[28] *Vid.* capítulo primero y cuarto del presente volumen, así como el capítulo quinto de la primera edición de esta obra (2006). Asimismo, *vid*. J. BARNES, «Introducción. Renovación y reforma del procedimiento administrativo», en (del mismo autor, editor) *La transformación del procedimiento administrativo*, Global Law Press-Editorial Derecho Global, Sevilla, 2008.

Con todo, las tecnologías de la información y la comunicación no son las únicas relevantes. Desde hace mucho, hay que añadir otras técnicas y medios para la obtención, procesamiento y utilización de información: teléfono fijo y móvil, fax, correo electrónico y *chats*, vídeo y DVD, todas ellas agrupadas en el concepto «multimedia». En conjunto tenemos que contar con un mundo, en cambio exponencial, de procesamiento de datos, telecomunicación digital y medios integrados.

3. LA GOBERNANZA ELECTRÓNICA (*ELECTRONIC GOVERNANCE*) Y LA PARTICIPACIÓN EN LA INFORMACIÓN COMO AMENAZA Y DEFENSA DE LA LIBERTAD

a) La amenaza y el aumento de la libertad: sobre la ambivalencia de la libertad de información

Como consecuencia de este desarrollo, el aumento de la información y de la comunicación en el seno de sociedades con alta integración en las tecnologías de la información producen crecientes modificaciones en el comportamiento de los usuarios, esto es, generan procesos de individualización que suponen a un tiempo una amenaza y una oportunidad para la libertad y la autorresponsabilidad informativa del ciudadano. El progreso tecnológico dificulta la creación y el mantenimiento de monopolios totalitarios (estatales) de información, aunque también los hace posible («Google»). En la sociedad global del conocimiento, las economías nacionales sólo pueden sobrevivir si se garantiza que los sujetos o actores principales (científicos, ingenieros, directivos, entre otros) tengan libre acceso a las fuentes del conocimiento. Al mismo tiempo, el progreso científico y tecnológico acelera como un catalizador el uso peligroso del conocimiento a través de la difusión de las informaciones.

También la *individualización* de la sociedad global de la información, consecuencia de la creciente demanda personal de información, manifiesta el carácter ambivalente de esa mayor libertad. La evolución del «comercio electrónico» refleja esa autodirección de información cuando se comparte la misma, como sucede, por ejemplo, con la posibilidad de que el ciudadano, preocupado por la salud, disponga de información propia sobre el tratamiento médico óptimo para su caso, aunque no sea capaz de comprenderlo.

b) Libertad de información y «gobernanza electrónica»

Finalmente, pero no por ello menos importante, *las pérdidas y ganancias de libertad* al compartir información dependen de la instauración de una «gobernanza» informativa. En particular, el intercambio entre los actores públicos y privados acerca de las necesidades de información sociales, en el ejercicio de la dirección del Gobierno y la Administración, en especial, mediante servicios *on line*, o en red, tiene como consecuencia la ampliación de los contactos, en todos los niveles, entre ciudadanos, el mundo económico y la Administración. Hay que definir de nuevo las actividades clásicas del Estado y de la Administración en este nuevo entorno cambiante y de profunda influencia. Este esfuerzo cristaliza en el concepto de «gobernanza electrónica» cuyo objeto reside en dirigir técnicamente el gobierno y administración en la era de la información.

III. GOBERNANZA INFORMATIVA Y LA BÚSQUEDA DE UNA NUEVA BASE CONCEPTUAL EN EL DERECHO PÚBLICO ARTICULADA SOBRE LA IDEA DE LA DIRECCIÓN

A PARTIR de este presupuesto la «información» aparece, a todas luces, como el concepto clave para la transformación de las funciones estatales y la evolución del Derecho de la Información. De ello se deriva también el concepto de la «sociedad de la información» que comporta un proceso de racionalización del Estado y de la sociedad en su conjunto, de alcance mundial. Impregna los mercados globales, así como la civilización tecnológica, la individualización de las situaciones vitales, el cambio de valores sociales y la diferenciación funcional de las sociedades civiles en todo el mundo.

La segunda *tesis* que en este contexto se postula consiste en que dicho proceso de racionalización reclama un nuevo equilibrio (primero a nivel nacional, después también transnacional, en los planos comunitario e internacional) entre la libre circulación de datos, la protección estatal de los mismos y su autoprotección social, así como una paralela intensificación de la comunicación entre Estado y ciudadano, en el marco de un Estado de Derecho, de colaboración con la sociedad. Para ello es necesaria la evolución del Derecho Administrativo. En el estado actual de la disciplina científica resulta claro que su estructura deviene insuficiente, ya que dispensa una igual protección a la confidencialidad de las comunicaciones, al acceso a la información y al uso de datos en el mundo de las redes públicas. Para garantizar en el futuro la consecución de una serie de objetivos, como la disponibilidad e integridad de los datos o la imputabilidad de la comunicación en Internet y su confidencialidad, es necesaria una nueva fundamentación constitucional y una nueva configuración legal.

El primer responsable de ello es el *Estado*. A él le corresponde la tarea, como se explica de inmediato, de establecer un *marco objetivo para los derechos fundamentales*, a fin de promover la infraestructura de la «gobernanza» de la información y la comunicación, orientada hacia el mayor desarrollo posible de todos los participantes en los procesos comunicativos, de conformidad con la autodeterminación informativa y la libertad de (acceso) a la información. Dicha infraestructura y gobernanza debe garantizar también el suministro básico de información. El Derecho Constitucional y el Administrativo como herramientas de dirección estatal tienen que reaccionar, por su parte, ante los nuevos modelos comunicativos generados en la sociedad o en el marco de la cooperación con la Administración (mediante convenios y contratos). Esta estructura de información y conocimiento se construye como consecuencia, pues, de un complejo proceso de ponderación.

1. EL DERECHO ADMINISTRATIVO TRADICIONAL DE LA INFORMACIÓN PRESENTA CIERTOS DÉFICITS EN LO QUE HACE A LA *DIRECCIÓN*

El paso de la sociedad industrial a la *sociedad de la información* pone al descubierto ciertos déficits de dirección de índole jurídica derivados de la presente «racionalización» del derecho fundamental a la autodeterminación informativa y su desarrollo a cargo del Derecho Administrativo de la Información. La vertiginosa sucesión de innovaciones en el ámbito de las nuevas tecnologías de la información y la comunicación ha eliminado casi por completo las tradicionales barreras espaciales y temporales de la comunicación. Como consecuencia de ello y de la creciente deslocalización de las comunicaciones a través de la interconexión del tráfico de la información vía *Internet* o a través de la ampliación de los espacios libres interactivos en el *mundo-multimedia* digital nos adentramos, como sujetos de la información, cada vez más en nuevos «*espacios sociales virtuales*».

Por ello, hay motivos y necesidades para repensar las estructuras defensivas actuales de las bases constitucionales del Derecho Administrativo de la Información. En el momento de la entrada en la era de la comunicación y de la información subsisten técnicas de tutela constitucional del ciudadano que no han sido adaptadas (o no lo suficiente) al progreso tecnológico, y cuyos fundamentos parecen aún más propios de la «edad de piedra de las tecnologías de la información». Las posibilidades tecnológicas de los medios y servicios a distancia han desbordado además las capacidades de dirección jurídica del legislador. Esto ha provocado una proliferación cada vez mayor y más confusa de normas de detalle de carácter sectorial, sin que ello haya resuelto la discrepancia entre desarrollo tecnológico y el ordenamiento en vigor. Al contrario, Internet abre nuevos espacios de comunicación mundial y sin fronteras, por lo que crece la duda de si los problemas jurídicos de los nuevos medios puedan ser resueltos aún mediante regulaciones nacionales basadas en un derecho a la autodeterminación informativa que posee una naturaleza análoga a los derechos fundamentales.

Con este reconocimiento de la necesidad futura de una reconsideración de las bases constitucionales del Derecho Administrativo de la Información no se pretende meramente dar una nueva capa de pintura al modelo de la protección de datos en sentido tradicional o simplemente adaptarlo a las transformaciones tecnológicas, reformulando algunas leyes. Tampoco se reduce la tarea a la armonización de la protección de datos sensibles *a nivel comunitario*. Más bien, se trata de establecer de forma nueva y *a nivel mundial* el alcance y los límites de la actividad informativa individual y social en atención a las condiciones existentes en cada momento. Sobre todo, hay que redefinir el derecho a la autodeterminación informativa debido a que actualmente se entiende de forma casi exclusiva como un derecho de defensa frente a la actuación estatal. Este entendimiento resulta inadecuado para dirigir el desarrollo de una sociedad de la información sujeta a la presión transformadora de las modernas tecnologías. Ni siquiera bastaría una nueva «legislación de protección de datos» para satisfacer la transformación radical de la infraestructura de la información y el cambio funcional del Derecho a la autodeterminación informativa. Los desafíos procedentes del desarrollo tecnológico transforman el marco jurídico de la información y la comunicación y obligan en realidad a un *cambio de perspectiva* para la evolución del entero Derecho Administrativo y Constitucional de la Información.

El Derecho Administrativo de la Información debe en el futuro elaborar un *ordenamiento integrado de la comunicación*, que tenga en cuenta las condiciones y características evolutivas de la sociedad de la información en red. Los instrumentos y fines de la protección en el futuro habrán de orientarse hacia las líneas evolutivas del progreso de las tecnologías de medios e informativas, el cambio de valores social, la configuración competitiva de las relaciones informativas en un mundo de comunicaciones en red y los nuevos deberes de suministro de comunicación asociados a situaciones de riesgo (por ejemplo, en relación con las comunicaciones en el mantenimiento de la seguridad pública o para garantizar la calidad en materia sanitaria). La jurisprudencia constitucional y administrativa tanto en Alemania como en la Unión Europea así como las decisiones de otras jurisdicciones en materia de derechos de comunicación, Derecho Informático o Internet ayudarán a encontrar el camino.

2. LA REDEFINICIÓN DEL DERECHO A LA AUTODETERMINACIÓN INFORMATIVA

La jurisprudencia acompaña en un discurso continuo la profunda transformación funcional del derecho a la autodeterminación informativa, del Derecho Administrativo de la Información, así como del régimen legal de protección de datos como uno de sus «sub-ordenamientos». De ello nos ocupamos seguidamente. El análisis de la jurisprudencia constitucional y contencioso-administrativa pone de manifiesto la emergencia de ciertos elementos para *la redefinición del derecho a la autodeterminación informativa*. De ellos se derivan, de nuevo, espacios para la actuación a nivel nacional en lo que hace a la dirección que el Derecho Administrativo puede hacer respecto de la comunicación en relación con las redes virtuales, de manera que permita el tráfico libre de datos mediante el deslinde o «cercamiento» jurídico de la infraestructura de la información en una forma distinta y más fuerte de la que hasta ahora ha desempeñado la responsabilidad pública en materia de tráfico de datos («gobernanza»).

El *Derecho Administrativo de la Información* puede, por una parte y como ha destacado la jurisprudencia constitucional, referirse a la dimensión *jurídico-objetiva* del derecho a la autodeterminación informativa y sus complementos. En este contexto, gana terreno en la jurisprudencia la idea del Estado que informa, como muestra el cambio de interpretación del derecho de información y de acceso a los documentos, en el caso del Derecho de la Información Ambiental. Se trata, en suma, de la configuración de la *libertad de acceso a la información*.

Esto se corrobora igualmente de modo creciente en el sector privado, en el que existe un derecho único de información del ciudadano protegido como derecho fundamental y que debe, por tanto, hacerse efectivo en el ámbito del Derecho Privado. Este derecho de información debe tenerse en cuenta también y de forma directa en las transacciones comerciales o en los concursos de acreedores, así como para aquellas instituciones del Derecho Privado que se han establecido con carácter general para servir a la seguridad del tráfico jurídico-privado.

Lo que, sin embargo, apenas se ha desarrollado hasta hoy es una *visión participativa* específica del derecho a la autodeterminación informativa. Aun cuando el ciudadano disponga de un derecho a la información, asumido en términos generales, frente a las autoridades administrativas, sin embargo el Tribunal Federal Contencioso-Administrativo[29] –siguiendo en ello al legislador– ha tomado cierta distancia para concluir que del derecho a la autodeterminación informativa no se deriva un derecho general y amplio frente o ante la Administración. Desde luego, había motivos para pensar que sí era posible esa derivación. De hecho, la jurisprudencia constitucional ya había reconocido que existe el *derecho a conocer* el propio origen con fundamento en el derecho al libre desarrollo de la personalidad. Ello no obstante, esta interpretación constitucional nace de una perspectiva jurídica de defensa, según la cual el ciudadano ha de ser defendido frente a la indebida posesión de información.

En esta doctrina jurisprudencial todavía no puede reconocerse ninguna línea evolutiva del derecho general al libre desarrollo de la personalidad en el sentido de una nueva dimensión participativa. Ahora bien, se puede, no obstante, presuponer una «*función prestacional*» en el derecho a la autodeterminación informativa. Por ahora, ésta se extien-

---

[29] *BVerfGE* 141, 122 (128).

de exclusivamente a la garantía de la seguridad de la información desde el punto de vista de la protección de datos personales:

El propio afectado por la difusión y utilización de los datos ha de poder conocer, con fundamento en la garantía del derecho a la información, *cómo* se produce el tratamiento de sus datos personales y disponer de un derecho al acceso a las informaciones relacionadas con ellos. Esta *perspectiva prestacional* configura sólo una pequeña parte de la problemática general de las dimensiones participativas y aparece exclusivamente cuando se ven afectados datos personales y su difusión o tratamiento. No se puede deducir de ello, por ahora, un derecho general de carácter prestacional.

Se constata actualmente que, en todo caso, la limitación del derecho de autodeterminación informativa a la mera dimensión defensiva deviene demasiado estrecha e impide *entender el Derecho de la comunicación* de modo global. Frente a ello, deben fortalecerse y desarrollarse la dimensión jurídico-objetiva y el aspecto participativo del derecho a la autodeterminación informativa en el ordenamiento de la comunicación y el libre tráfico de datos.

3. DE LA «AUTODETERMINACIÓN» INFORMATIVA A LA «AUTORREGULACIÓN»

En este sentido, *la autodeterminación informativa* no se detiene ya en garantizar que la información sobre el individuo se obtenga y trate cuando así lo consienta su titular. Se trata más bien de una *autodeterminación o autodirección informativa* que se mueve en el flujo de la información que circula desde el Estado y la Administración hacia la sociedad, y dentro de ésta, y que parte del presupuesto de la participación del ciudadano en la información y el libre acceso a la misma, así como en la libre utilización o transformación a través de decisiones adoptadas bajo su propia responsabilidad. A tal efecto, el individuo por sí mismo ha de tener derecho a decidir sobre el nivel de protección de datos; a él se le reconoce *el derecho a elegir*. El derecho de autodeterminación informativa garantiza, en última instancia, *la libertad de elección de la fuente informativa*, esto es, la *libertad de información*.

También hay que abandonar la visión del Estado que «interfiere» o interviene sobre el derecho de los individuos cuando genera o difunde datos; y también la construcción de una prohibición general de informar, salvo habilitación. Como ya se ha notado, ello conduce a concebir erróneamente siempre el tratamiento de la información como una potencial invasión de la libertad del ciudadano. Igualmente hay que rechazar la idea de que exista un «dominio» idéntico al del derecho de propiedad sobre los datos, y derivado de éste, se origine una «responsabilidad por riesgo» estatal, por haber iniciado el proceso de tratamiento de datos y haber intervenido (o invadido) en la esfera de la autodeterminación informativa.

4. LA AUTORREGULACIÓN INFORMATIVA COMO LIBERTAD DE INFORMACIÓN

Así concebido y en este contexto, se puede inferir de la Ley Fundamental de Bonn un concepto estructural sobre la responsabilidad en materia de tráfico de datos («gobernanza»), hasta ahora oculto, que incluye la autorregulación informativa. La base constitucional se localiza, sobre todo, en el libre desarrollo de la personalidad, reconocido en el artículo 2.1 de la Ley Fundamental.

Este derecho constituye igualmente la piedra angular, en primer lugar, para la búsqueda del equilibrio en la resolución de los conflictos que surgen entre la responsabilidad que tiene el Estado sobre la información, la necesidad social de información y la utilización individual de ésta. Y, en segundo término, para tutelar la responsabilidad sobre los bienes jurídicos individuales, como la libertad de información, esto es, el «derecho a saber», o «al conocimiento» del individuo, en cuanto ciudadano bien informado (*informed citizen*), sobre los procesos estatales, en una nueva ampliación de su ámbito de protección.

En torno a este núcleo o «capa central» se agrupan principios estructurales de rango constitucional como, por ejemplo, la llamada división de poderes informativa; otros derechos fundamentales y sus correspondientes concreciones (caso del derecho fundamental a la garantía de la confidencialidad e integridad de los sistemas tecnológicos de información); y directivas o directrices para la organización. En su conjunto integran una *específica «Constitución de la información»* dentro de la Ley

Fundamental que, a su vez, resulta completada en el plano europeo, a resultas sobre todo de la jurisprudencia comunitaria sobre el acceso a la información medioambiental y de la jurisprudencia del Tribunal Europeo de Derechos Humanos sobre la libertad de información.

El potencial de transformación jurídica que subyace a este concepto exige llevar a cabo los oportunos cambios legislativos a fin de actualizar el régimen jurídico de protección de datos y adecuarlo a las exigencias supranacionales. Esa actualización asimismo se ha de hacer extensiva a la dimensión de tutela en el flujo de datos a nivel global. Ahora bien, ese tráfico o circulación no puede ser limitado si no es por razones de protección de datos. Es más, ha de fomentarse, con esa sola cautela. Téngase en cuenta además que justamente es de la libre circulación de donde se nutre la *gobernanza informativa*, articulada sobre la cooperación entre el Estado de nuestra era y el sector privado, y la coordinación de las relaciones de las relaciones de carácter o contenido informativo en derredor de estructuras apropiadas.

En consecuencia, pues, la mayor comunicación y transparencia, y la multiplicidad de la información conducen –como se ha indicado– tanto a la individualización de la sociedad global de la información –en el sentido de una creciente demanda personal de información– como a la inclusión de los sujetos privados en los procesos o contextos regulatorios. La perspectiva del ciudadano que se integra en las redes y participa de esas actividades y procesos regulatorios presenta dos vertientes: el ejercicio de su propia responsabilidad de acuerdo con las circunstancias; y, segundo, la apertura de esa circulación a los mercados de la información. La evolución de los servicios de información tanto de los «medios sociales» como del «comercio electrónico» constituye un reflejo de esa *gobernanza informativa, caracterizada por el reparto compartido de la responsabilidad entre la esfera pública y privada, y la participación en los procesos de la información.* Finalmente, y como ya se ha observado, resulta necesario elaborar un nuevo concepto de intervención o injerencia, así como nuevas obligaciones jurídico-privadas en materia de circulación de datos.

IV. EL NUEVO DERECHO ADMINISTRATIVO DE LA INFORMACIÓN COMO REGULACIÓN ESTRUCTURAL DE LA LIBRE CIRCULACIÓN DE DATOS

1. DE LA ESTRECHA PERSPECTIVA TRADICIONAL DE LA PROTECCIÓN DE DATOS A LA MAYOR AMPLITUD DE LA REGULACIÓN ESTRUCTURAL DE UNA SOCIEDAD TRANSNACIONAL DE LA INFORMACIÓN EN LA ERA DEL GOBIERNO ABIERTO (*OPEN GOVERNMENT*)

COMO se ha observado, la transición –ya hace tiempo producida– de la sociedad industrial y de servicios a una sociedad de la información ha alterado los límites económicos del comercio de mercancías y servicios. De ella se derivan en primer término tasas de crecimiento del tráfico mercantil electrónico muy significativas. Pero, además, la información como «oxígeno de la sociedad» exige también una transformación de los sistemas jurídicos, a fin de asegurar a escala mundial –en esta era de economía digital y de uso creciente de Internet– no sólo el éxito económico del comercio electrónico sino también la «gobernanza electrónica».

Obviamente, de aquí resulta toda una serie de cuestiones jurídicas pendientes de resolver. Entre ellas destaca singularmente la problemática en torno a la privacidad de la comunicación y de los procedimientos de firma electrónica. Estos son al tiempo desafíos que se le plantean al Derecho de la protección de datos de carácter personal. En términos más generales cabe afirmar que la evolución de una sociedad informatizada reclama que la comunicación sin fronteras, una mayor libertad de circulación de datos, y la apertura de los mercados, operen como gobierno abierto (*Open Government*). Y, asimismo, demanda determinados reajustes en la protección de datos en un entorno global y dominado por Internet.

La mera continuidad o prolongación de la vigencia de las normas existentes sobre protección de la privacidad de la comunicación, del acceso a la información, de la esfera privada y de los datos de carácter personal sería insuficiente en este mundo de redes abiertas, como en su día se puso de manifiesto en relación con la cuestión acerca de si las direcciones IP (*Internet Protocol*) podían entenderse comprendidas dentro del concepto de «números» de la legislación de telecomunicaciones. Los fines u objetivos que ha de atender la nueva legislación ya se han esbozado.

Por consiguiente, y como ya se ha observado, la «gobernanza de Internet» no es una mera cuestión de Derecho Privado, de ordenación del comercio electrónico o de la venta de bienes y servicios. Por el contrario, reclama también y al mismo tiempo la búsqueda de un *modelo regulatorio jurídico-público* para el futuro. Dicho modelo debe cumplir otras funciones, además de prestar una contribución a la ordenación del mercado. La provisión de información a la sociedad es hoy más que nunca una de las tareas nucleares del Estado, que éste debe acometer en el marco de su «responsabilidad informativa». Sin embargo, las estructuras regulatorias de la ordenación informativa y de la circulación de datos no pueden limitarse a prohibir usos ilegítimos, sino que han de garantizar también a los ciudadanos la obtención de información del sector privado, así como el acceso a la información del sector público. En particular, este nuevo «Derecho objetivado del tráfico de datos» debe hacer posible la autorregulación informativa.

2. EL DERECHO ADMINISTRATIVO DE LA INFORMACIÓN COMO FORJADOR DEL DERECHO MULTIMEDIA Y DE LA GOBERNANZA ELECTRÓNICA (*ELECTRONIC GOVERNANCE*)

En este proceso el tradicional régimen legal de la protección de datos de carácter personal pierde su función primigenia como «guía» que conduce a la sociedad de la información autorregulada. En su lugar, y al ritmo del progreso de las tecnologías de la información, surge un conjunto de elementos estructurados a modo de red al servicio de la dirección de las relaciones informativas que se dan en el seno del Estado, en la sociedad y entre ambas esferas, para constituir finalmente un *Derecho unitario de la información*. En lo que hace a la *Web 2.0* y, por tanto también, a las redes sociales, como Facebook y otras, este Derecho proporciona a los actores en el Estado cooperativo y a sus estructuras regulatorias tanto jurídico-privadas como jurídico-públicas una metaordenación del acceso a la información, del tratamiento de la información, así como de su protección frente al abuso.

El despliegue de este Derecho de la Información tropieza sin embargo cada vez más con la dificultad para atribuir las actividades de carácter informativo, *bien* al ámbito del Derecho Privado *o bien* al ámbito del Derecho Público. Esa atribución no presenta problemas cuando es una autoridad administrativa la que informa, ejerciendo de esta forma funciones públicas (por ejemplo, de policía, de prevención de riesgos o de salud pública). Pues en estos casos resulta decisiva la conexión con el fin al que sirve la información. Lo mismo cabe decir de la obtención o del tratamiento de la información por la Administración. Por el contrario, si quien asesora, instruye o trata la información es un sujeto privado, que no realiza funciones públicas por encargo de la Administración, se rige desde luego por el Derecho Privado.

Esta línea divisoria trazada de forma superficial pierde sin embargo su nitidez cuando en el Estado de Derecho «colaborativo» y en el marco de la modernización administrativa se mezclan entre sí los actores públicos y privados, como sucede en los casos en que se realizan los fines *perseguidos* a través de fórmulas de colaboración público-privada (*public-private-partnership*). El Derecho Público opera en estos casos como una suerte de ordenamiento residual, pero sin que ello deba implicar que se degrade su función a la de un mero «Derecho de garantía». En todo caso, esta forma de delimitar los ámbitos del Derecho Público y del Derecho Privado de la información resulta problemática en la medida en que, como sucede cada vez con mayor frecuencia, el Estado cooperativo recurre a las fuerzas sociales para la configuración informativa de las interacciones e incluso se sirve de aquéllas.

Este trasfondo pone de manifiesto la *función transversal* de esta disciplina jurídica –el Derecho de la Información–, en la que el Derecho Privado opera como *ordenamiento preferencial* a la hora de resolver los conflictos informativos más comunes. Por su parte, incluye, como ya nos consta, diversos *sectores de referencia* del Derecho Administrativo especial[30], así como el régimen de las *estructuras regulatorias*[31], yendo así, pues, más allá de la función de *garantía de un resultado*[32]. El Derecho de Información, pues, reconstruye por entero el sector jurídico, en el

---

[30] Sobre este tema, *vid.* el capítulo primero.

[31] *Ibídem.*

[32] *Ibídem.*

sentido de que establece un *nuevo Derecho Administrativo* cuyo objeto consiste en disponer las infraestructuras necesarias y sus conexiones transnacionales e internacionales.

La práctica y la ciencia jurídica han buscado soluciones ante estos nuevos retos y han ofrecido normas y reflexión en torno a lo que en un sentido muy amplio podríamos describir como régimen jurídico multimedia, que se ocupa en particular de la proyección de las normas civiles y penales en el tráfico de Internet. Se abordan asuntos tales como la perfección contractual en Internet, la tutela jurídica de oferentes y usuarios o cuestiones penales vinculadas en particular a la comisión de delitos de expresión o difusión en la red. Sin embargo, en muchos aspectos, la legislación tradicional no ofrece reglas uniformes para Internet, máxime si se tiene en cuenta que tanto en la normación como en la interpretación normativa se imbrican el nivel nacional, el europeo y el internacional. Por añadidura, la evolución del Derecho se halla sometida a una permanente transformación: propiedad intelectual, firma digital protección de datos de carácter personal... La Directiva europea sobre comercio electrónico armoniza en la mayor medida posible a escala comunitaria las directrices para la disciplina jurídica de este sector[33].

En la era de la economía digital y del uso creciente de Internet no se trata obviamente tan sólo de garantizar jurídicamente el éxito económico del *comercio electrónico* o, lo que es lo mismo, de regular las correspondientes relaciones jurídicas desde la perspectiva del Derecho Privado. Se trata también de resolver la cuestión acerca de si el *Estado* ha de actuar en términos regulatorios en solitario, y en qué medida, por lo que hace a la redes y a su explotación, o si, por el contrario, en la dirección de ese proceso, es necesario incluir las expectativas y necesidades sociales que se generan en el contexto de las relaciones Estado-sociedad y de la economía. Como respuesta a estas cuestiones cabe decir que tanto los procedimientos administrativos como los procesos de negocio deben, de un lado, tener en cuenta las condiciones del entorno o marco, las perspectivas de conformación y las implicaciones de los medios electrónicos, y, de otro, traducir en términos jurídicos el reparto de responsabilidades entre actores públicos y privados.

Ello quiere decir que también la «gobernanza electrónica», que tiene por objeto la aplicación de las tecnologías de la información y del conocimiento, precisa de una ordenación jurídica. En este sentido, el legislador federal alemán (a través de la Ley de Telecomunicaciones, la Ley de servicios de información y comunicación y de otras normas referidas al libre acceso a la información) y los *Länder* (por

---

[33] Directiva 2000/31/CE del Parlamento Europeo y del Consejo de 8 de junio de 2000 relativa a determinados aspectos jurídicos del comercio electrónico en el mercado interior («Directiva sobre el comercio electrónico»).

medio, entre otras, de algunas leyes reguladoras de la libertad de información y del acuerdo estatal sobre medios) han dictado normas que ofrecen un marco y una estructura en cuyo seno se puede desplegar la comunicación electrónica. Este marco regulatorio comprende, precisamente como preveía el «Libro Blanco sobre la Gobernanza Europea»[34], reglas materiales, preceptos procedimentales y, en general, pautas de conducta que, con base en las nuevas tecnologías, expresan la participación, la responsabilidad, la eficacia y la coherencia, y vinculan entre sí a los distintos actores en sus respectivas esferas de actuación. Algunas de estas normas regulan también la autorización de los proveedores de servicios.

En términos generales, este conjunto de elementos constituye un entramado regulatorio interconectado; por su parte, y en este contexto, la Unión Europea procura mediante Directivas establecer un marco jurídico-público unitario en los Estados miembros, a modo de una «gobernanza electrónica europea». En ese sentido, es posible hoy hablar de una *europeización del Derecho (Administrativo) de la Información*.

3. LA SISTEMATIZACIÓN O CLASIFICACIÓN DEL DERECHO ADMINISTRATIVO DE LA INFORMACIÓN EN UNA PARTE GENERAL Y EN UNA PARTE ESPECIAL

Al conjunto de elementos jurídico-públicos de esa «gobernanza» electrónica lo denominamos «*Derecho Administrativo de la Información*». Dentro de la *Parte General* se incluyen todas las normas estructurales y ordenadoras relativas a la comunicación del Estado y de la Administración, también de los actores sociales (por ejemplo, las normas que se ocupan de las tecnologías de la información); las atinentes a la procura de información básica en beneficio del ciudadano, como presupuesto mismo para el ejercicio de su libertad; las que se refieren a la actividad del Estado desde la perspectiva de la legitimidad democrática y de los derechos ciudadanos; o las relativas al marco de actuación del Estado en el contexto de la protección de datos y el derecho a la información del ciudadano y del empresario. Asimismo, aquí se integran las normas sobre la publicidad y transparencia de la Administración pública y la *Web 2.0*. El Derecho Administrativo de la Información contiene, en consecuencia, normas relativas tanto al acceso de los ciudadanos a la información en manos del Estado como a las zonas «libres de injerencia», en las que la comunicación del Estado y de la Administración se encuentra entrelazada con la de la sociedad y orientada a ésta.

---

[34] Comunicación de la Comisión, de 25 de julio de 2001, «La gobernanza europea - Un Libro Blanco» [COM (2001) 428 final - Diario Oficial C 287 de 12.10.2001].

La *Parte Especial*, como ya se ha notado, comprende el conjunto de normas relativas a la información y a la comunicación, a su tratamiento e intercambio, sea con los ciudadanos, o de las Administraciones entre sí. Aquí, se incluyen, por ejemplo, las habilitaciones legales específicas, propias de un sector determinado, por las que se autorizan y establecen ciertas actuaciones para la consecución de concretos fines u objetivos, como sucede en el caso de los avisos o advertencias a la población, a los consumidores o usuarios, etc. Asimismo, las normas más recientes en materia de telecomunicaciones o multimedia tienen su espacio propio en esta Parte. Igualmente, la *función reguladora que cumple el Derecho Administrativo de la Información* (o función de gobernanza) guarda una clara conexión con el Derecho Constitucional de la Información, tal y como se desprende de la Constitución de la comunicación y de la información. Según se ha destacado, esa Constitución integra, entre otros, los artículos 2 en relación con los arts. 1, 5 y 8 GG, en cuanto garantías fundamentales de la responsabilidad individual en la información y en la comunicación; así como los arts. 20 y 28.I GG, en los que se establecen las exigencias que ha de respetar la Administración en el seno de un Estado de Derecho y, en consecuencia, los deberes de observar el respeto objetivo por la verdad, la neutralidad y la imparcialidad. La protección de datos –de titularidad pública y privada– se incorpora también a esta Parte.

En este contexto, cabe preguntarse, por ejemplo, por el alcance y sentido del concepto de «injerencia» o «intervención» en el ámbito de la información. ¿Constituye intervención la utilización estatal de información sobre los consumidores o el recurso a determinadas advertencias o avisos? Porque si se trata de una intervención o injerencia y aun cuando se presuma, obvio es decirlo, que esa estrategia obedece a fines de interés general, será necesaria desde luego una ley previa que habilite a la Administración pública para realizar esa actuación. Sea como fuere, a nuestro juicio, lo cierto es que ni el deber de proteger los derechos fundamentales que al Estado incumbe ni la reserva de ley pueden hacernos olvidar que la Administración en este terreno goza de una *específica legitimación,* en el seno de la sociedad de la información, para cumplir con sus responsabilidades en materia de comunicación.

Por otra parte, en la delimitación entre la acción *del Estado* y la acción *de la Administración* resulta obligado tener en cuenta cuáles son las exigencias en cada caso de la reserva de ley para autorizar las injerencias en el ámbito de la información. La jurisprudencia constitucional antes citada distingue situaciones y planos (información estatal, llamamientos, advertencias, avisos…) y reconoce en favor de la Administración una particular legitimidad para informar al ciudadano, como ha quedado dicho. En ese contexto, ha de procederse con cautela y prudencia si se quieren abrir *nuevos espacios* a la comunicación que realiza la Administración. En todo caso, sí es claro que las obligaciones del Estado de protección y tutela de los derechos fundamentales no constituyen un título de intervención suficiente o habilitante, como tampoco puede considerarse, a la inversa, que todo acto estatal de información deba calificarse sin más, cualesquiera que sean las circunstancias, como «injerencia».

4. EL REPARTO DE LA RESPONSABILIDAD DE GARANTIZAR UN RESULTADO Y LA RESPONSABILIDAD DE LA EXISTENCIA DE UNA INFRAESTRUCTURA APROPIADA EN LA PARTE GENERAL DEL DERECHO ADMINISTRATIVO DE LA INFORMACIÓN

Al Derecho Administrativo de la Información le compete disciplinar el fenómeno del *poder* que pueden adquirir los sujetos privados sobre los *datos personales*. Sabido es que se pueden establecer perfiles personales sobre datos muy sensibles y difundirlos en Internet. El debate sobre la criptografía se mueve en este plano y constituye uno de los elementos a tener en cuenta. Por su parte, la jurisprudencia se ha ocupado hasta el momento de cuestiones diferentes, como son los derechos de autor, la competencia, los nombres de dominio, etc. Ahora bien, en la medida que Internet se ha convertido en una fuente de conocimiento ordinaria y «normal», el Derecho no puede dejarla a su libre desenvolvimiento, sin control. Ello supondría dejar el espacio libre a la criminalidad organizada y a otras amenazas para la libertad.

En este contexto, adquiere una relevancia especial el concepto de *responsabilidad* en relación con *las redes*. Hablamos aquí, pues, de la responsabilidad en el sentido de tarea o función a desempeñar, como se ha hecho en el presente capítulo[35]. El ordenamiento jurídico actual ya ofrece algunos referentes en este sentido, como sucede en el sector de la legislación de telecomunicaciones y los repartos que ésta hace

---

[35] *Vid.* igualmente capítulos primero y segundo.

entre titular de redes y proveedor de contenidos. En este terreno, la responsabilidad sobre las redes guarda también relación con la prueba. Ello explica que se hayan ensayado diversas opciones legales, bien para autorizar el control de los datos almacenados en manos privadas bien para disponer el autocontrol, en régimen de autorregulación. Aquí nos encontramos también con el problema de la censura.

No han faltado tampoco hasta ahora esfuerzos por desarrollar una suerte de «Constitución de Internet» sobre la base del necesario desplazamiento que ha experimentado el *reparto* tradicional de *responsabilidades* entre el Estado y la sociedad. Y es que el Estado por sí solo no puede ya garantizar la seguridad del individuo en todas las formas imaginables de comunicación. Es más, tampoco debiera considerarse que le corresponda como una tarea de su exclusiva competencia. Es importante tutelar la capacidad de *autocontrol libre* y *voluntario*. Todo ello supone un cambio de paradigma del *Derecho Administrativo de la Información*: cada individuo ha de estar en condiciones de decidir bajo su propia responsabilidad y con autonomía entre las posibilidades que brinda y los riesgos que genera la libertad de comunicación. Internet y los medios de comunicación electrónicos abren muchas posibilidades de comunicación y divulgación, como es obvio, al tiempo que la revelación de datos personales que a ello va asociada trae consigo también riesgos, que ya no puede conjurar el Estado por sí mismo a base de nuevas y más detalladas y específicas normas de protección de datos. El individuo ha de participar en ese proceso decisorio y debe resolver si quiere, y en qué medida, revelar datos personales. En otras palabras, el derecho a la autodeterminación informativa se impregnará y concebirá en el futuro como un «derecho a la autorregulación», que al Derecho Administrativo de la Información le corresponde garantizar.

En ese sentido, el Derecho Administrativo de la Información ha de fortalecer esa capacidad de decisión del individuo a través de mecanismos diversos: elementos de procedimiento que condicionen y dirijan la conducta; la facilitación de una infraestructura de la comunicación que permita la autoprotección de datos (claves, encriptación…); etc. El Estado asume así la responsabilidad de garantizar un resultado, una infraestructura, que permita ese ejercicio de autocontrol, de decisión personal e individual, de elección entre esas alternativas. Este elemento

–la responsabilidad estatal– se erige en principio fundamental del Derecho Administrativo de la Información.

Cuanto ha quedado dicho no es óbice, antes al contrario, para subrayar los mecanismos de control, cuando sea necesario, a fin de proteger el libre desenvolvimiento de la personalidad, el propio espacio en el ámbito de la comunicación dentro de Internet.

V. EL NUEVO DERECHO ADMINISTRATIVO DE LA INFORMACIÓN Y LA DIRECCIÓN DEL GOBIERNO Y DE LA ADMINISTRACIÓN EN LA IMPLEMENTACIÓN DEL GOBIERNO ELECTRÓNICO (*ELECTRONIC GOVERNMENT*)

COMO se ha observado, el Derecho Administrativo de la Información constituye un *ordenamiento de carácter regulatorio* e integrador: establece el marco jurídico y la estructura de las redes y servicios de la información; abre el acceso a la información; asume la protección de los sistemas y procesos que hagan posible la autodeterminación comunicativa. En eso consistirá en el futuro la específica responsabilidad o función que al Estado corresponde. Las jurisprudencias constitucionales y contencioso-administrativas parecen ir poco a poco y en cada sector en esa dirección. Sea como fuere, tanto la función de garantía que a la Administración se le atribuye como el inexcusable control judicial han de extenderse a todos esos segmentos o bloques: el acceso a la información, la difusión, la actuación de los sujetos públicos y privados en el ámbito de la libertad de información y en la comunicación del individuo.

El acento o el eje de la ciencia del Derecho Administrativo se localizan en la dimensión o perspectiva de la acción[36] (entendida ésta en el esquema de la teoría de la dirección)[37]. Aquí ello se traduce en la dirección electrónica de la sociedad de la información. La gobernanza se expresa en esta sede como «gobierno electrónico», en un diálogo permanente entre los actores privados y los poderes públicos, para la concreción y desarrollo del Derecho Administrativo de la Información. Así, por ejemplo, en sectores de referencia, como la seguridad pública, el medio ambiente, la salud pública, o la asistencia social, se hace uso de todo un conjunto de tecnologías de la información y del conocimiento y se perfilan modelos comprensivos de la información, en los que se da respuesta a las exigencias materiales respectivas y se atienden los efec-

---

[36] Véase, sobre esta perspectiva, el capítulo primero de la presente obra.
[37] Cfr. capítulos primero y segundo.

tos o consecuencias que genera sobre la libertad de información y las actuaciones comunicativas del ciudadano.

1. EL EJEMPLO DE LA SEGURIDAD PÚBLICA Y DE LAS FUERZAS Y CUERPOS DE SEGURIDAD

No es una casualidad, desde luego, que el orden y la seguridad públicos y la obtención y el tratamiento policiales de la información se hayan constituido en el centro de atención durante mucho tiempo. Basta una lectura de las leyes que regulan la actuación de las fuerzas y cuerpos de seguridad para hallar numerosos preceptos habilitantes de obtención de información. A esta legislación no sólo le preocupa la información en clave de defensa del individuo y de sus derechos, sino también la prevención del delito. Servicios de inteligencia y actividad policial se han convertido en dos elementos íntimamente unidos, como reacción o respuesta a la criminalidad internacional. Entre otras consecuencias se utilizan nuevos instrumentos, de los que ya ha tenido ocasión de ocuparse la jurisprudencia y la doctrina. Veámoslo más despacio.

a) DILIGENCIAS PREVIAS (INVESTIGACIÓN PREVENTIVA)

La investigación preventiva constituye una forma de conjurar el peligro, de evitar la consumación del delito. No basta, sin embargo, con invocar la existencia de un genérico e indeterminado peligro para justificar la investigación preventiva. Es necesario que se dé una concreta situación en la que se pueda hablar de un cierto peligro en sentido estricto. Le son de aplicación los criterios de ponderación y de proporcionalidad exigibles con carácter general.

b) VÍDEO-VIGILANCIA

El problema que se suscita en la vídeo-vigilancia (preventiva) es que no se dirige a un objetivo concreto, frente a un sospechoso en singular, puesto que se trata de una medida genérica de seguridad. La conciencia de la vigilancia es susceptible de producir un efecto disuasorio en la conducta de los que se saben observados, afectando con ello al derecho a la autodeterminación informativa.

Para que resulte legítima y compatible con la cláusula del Estado de Derecho han de darse ciertas condiciones. De entrada, ha de garantizarse que el vídeo es destruido una vez que se constate que no contiene nada relevante. No se admite la vigilancia genérica, sino sólo respecto de espacios que puedan considerarse amenazados. La norma habilitadora ha de ser específica –relacionada con una concreta situación de peligro–. Ha de ponderarse en su aplicación práctica el conflicto de intereses con la ayuda, entre otros, del principio de proporcionalidad, en particular del criterio de la necesidad de la intervención[38].

La cooperación entre el Estado y la sociedad, a la que se ha hecho referencia en las páginas precedentes, se refleja igualmente en el ámbito de la seguridad pública. Esa perspectiva permite considerar determinadas actuaciones como garantes y no como amenaza o injerencia: la vigilancia genera confianza y seguridad. Así, por ejemplo, la vigilancia de un *parking* por la noche o de una estación disuade de actuaciones delictivas. Se trata, en otras palabras, de potenciar así el libre desarrollo de la personalidad en un entorno de libertad y seguridad que al Estado, de acuerdo con la Constitución, incumbe garantizar, al tiempo que también se facilita el espacio para la decisión personal, libre y responsable.

Una consideración análoga merecen las llamadas *web-cams* –o cámaras de red–. En primer término, pueden suponer una verdadera injerencia en los derechos de la personalidad, habida cuenta de que no son públicas, aun cuando se sitúen con frecuencia a una distancia (en el punto más alto de un edificio o en una torre, por ejemplo) que no permite identificar a las personas en concreto.

Con todo, son muchas las situaciones y los dispositivos, cada uno de los cuales requiere un análisis específico (cámaras de observación del tráfico, que pueden permitir la identificación; la seguridad privada en una estación; etc.). Uno de los criterios a tener en cuenta en la ponderación será la posibilidad de reconocer a las personas, y si esa vigilancia es susceptible de utilizarse contra éstas.

2. EL EJEMPLO DE LA INFORMACIÓN AMBIENTAL

También este sector especial forma parte del Derecho Administrativo de la Información. La información aquí no sólo sirve para conocer el estado actual del medio ambiente, sino para tomar las decisiones oportunas que permitan garantizarlo de cara al futuro. Ha de disponerse de la información adecuada y el público debe conocer sus derechos. Esta es la estrategia de la Directiva europea sobre

---

[38] Sobre el principio de proporcionalidad, *vid.* el número monográfico de la revista *Cuadernos de Derecho Público*, núm. 5, 1998.

acceso a la información ambiental, en conexión con otros instrumentos internacionales[39], a la que nos remitimos.

Interesa subrayar que lo que aquí prima es la comunidad entre el ciudadano y el Estado. Uno y otro intercambian la información necesaria. La Administración se hace de cristal. El Estado opera como proveedor de información; el ciudadano actúa, con esa información, de acuerdo con su propia responsabilidad. El derecho de acceso a la información convierte al ciudadano en *colaborador* o *cooperante*. La cooperación entre el ciudadano y la Administración determina en definitiva que la transparencia se convierta en canon o parámetro central de la acción administrativa.

Algunos problemas puede plantear el alcance que deba darse al concepto de «información medioambiental»[40], así como el equilibrio con los secretos industriales.

3. EL NUEVO DERECHO ADMINISTRATIVO DE LA INFORMACIÓN COMO FACILITADOR DEL GOBIERNO ELECTRÓNICO (*E-GOVERNMENT*)

a) EL GOBIERNO ELECTRÓNICO COMO CANAL DE PARTICIPACIÓN DE LA IMPLICACIÓN CIUDADANA

Las consecuencias sobre el sector público, con todo, no terminan aquí. Las nuevas tecnologías de la información y del conocimiento transforman de un modo específico las relaciones entre el Estado y la sociedad. La libre circulación de información resulta tan esencial a la formación de los mercados globales y al establecimiento de la competencia real, como lo es, por su parte, la convergencia de las comunicaciones, la libre circulación de datos personales y la apertura de los mercados para el modo de funcionar de la *democracia*. Nótese que ésta se encuen-

---

[39] Directiva 2003/4/CE del Parlamento Europeo y del Consejo, de 28 de enero de 2003, relativa al acceso del público a la información medioambiental y por la que se deroga la Directiva 90/313/CEE del Consejo. El 25 de junio de 1998, la Comunidad firmó el Convenio sobre acceso a la información, participación del público en la toma de decisiones y acceso a la justicia en materia de medio ambiente (denominado Convenio de Aarhus), en cuyo marco se dictaron las citadas Directivas.

[40] Sobre el tema, puede verse la Sentencia del Tribunal de la Unión Europea, de 9 de septiembre de 1999 (C - 217/97).

tra realmente viva en la sociedad civil merced a la activa participación ciudadana en los procesos de decisión política y administrativa. La ciudadanía no quiere limitarse a conocer el resultado de las decisiones finalmente adoptadas, sino que desea involucrarse en la fase previa a su producción. De ahí que para asegurar la existencia de la propia sociedad civil, de una sociedad de los ciudadanos, sea necesario activar la participación en las múltiples formas y fuentes de información plural, en la creación de opinión y en la comunicación. El carácter o la condición de *lo informativo* significa aquí que el Estado ha de preocuparse por fortalecer e informar a los ciudadanos de un modo distinto a como lo hacía en el pasado, para que pueda crecer la esfera de responsabilidad y actuación propia que en una avanzada sociedad de la información le corresponde al individuo.

Ello supone una cierta traslación hacia el Estado de una concreta y específica *función informativa*. Entre las más esenciales funciones del Estado del siglo XXI se encuentra, sin duda alguna, la de facilitar y ofrecer información a la sociedad. Puede sostenerse, en efecto, que dentro de la esfera de *responsabilidades* que al Estado incumbe la *información* ocupa un lugar muy destacado. Y ello se traduce, en primer término, en la necesidad de establecer los medios y las estructuras necesarias para que el ciudadano pueda acceder a la información que se encuentra en manos del sector privado y de la Administración. El Estado y la Administración están obligados a proporcionar un mayor volumen y calidad de información a la sociedad civil: el ciudadano y las instituciones sociales han de disponer de toda la información (orientaciones, propuestas, etc.) que sea necesaria para estar en condiciones de adoptar las decisiones pertinentes, de elegir entre alternativas diferentes, ante situaciones y escenarios de riesgo e incertidumbre. Y, a la inversa, también ha de poder el ciudadano adoptar sus propias decisiones en el contexto de lo que podríamos llamar «autorregulación comunicativa». Para ello, desde luego, ha de ser informado previamente y conocer el contexto y el fundamento de las cuestiones sobre las que deba resolver y decidir. Ello supone, en otras palabras, la existencia previa de un *Estado que informa, que presta información*. La comunicación estatal y administrativa se erige así en el presupuesto tanto de la autodeterminación informativa en el seno de la sociedad civil, como del compromiso ciudadano con el «Estado en acción», de un «Estado que activa» los resortes y las estructuras.

b) La seguridad en el acceso a la información en la democracia electrónica

Desde esa perspectiva, parece necesario entender en toda su amplitud y complejidad la relevante función de carácter político que respecto de la Administración y el Estado ejerce la tecnología de la información en el contexto del gobierno electrónico, más allá del mero cambio estructural que las formas de organización y de actividad administrativas puedan experimentar como consecuencia de los avances tecnológicos. Para alcanzar esa visión más profunda resulta obligado poner en su debida relación los servicios en red de la Administración electrónica y, más en general, todas las ofertas de contenido informativo del Estado, con la vertiente participativa de la democracia electrónica y la idea de compromiso de los ciudadanos. El principio democrático en el seno del Estado de Derecho y la participación ciudadana reciben así un decidido impulso. Piénsese, por ejemplo, en la experiencia norteamericana de los *Electronic Town Meetings*, en la búsqueda de una suerte de democracia virtual. Ahora bien, al margen y con independencia de las distintas experiencias comparadas, lo cierto es que el futuro del gobierno electrónico pasa por la síntesis dialéctica entre la eficiencia de la Administración y la democracia al nivel más próximo al ciudadano, esto es, proximidad del ciudadano por medio de la «democracia electrónica». Tal es el presente, no el futuro. Internet opera desde hace largo tiempo como medio de comunicación política. Ello significa, en suma, que la sociedad civil ha iniciado un nuevo camino que avanza hacia un nuevo estadio.

Reflexionar sobre la *democracia electrónica* en una sociedad en red significa ante todo saber diferenciar con mayor precisión la función informativa que al Estado y a la Administración del siglo XXI les corresponde. En otro orden de consideraciones, cabría interrogarnos acerca de los presupuestos y condiciones necesarios para hacer realidad la democracia electrónica, entendida ésta como el entorno tecnológico al servicio de la participación política y el intercambio de información de contenido político. Es decir, ¿qué ha de hacerse para poner a disposición del ciudadano esa información y para impulsar su participación? ¿Qué hacer para que no se aísle? Finalmente, no ha de olvidarse que el Estado prestador de información habrá de ajustar su oferta de comunicación a las demandas de la sociedad civil.

El gobierno electrónico, pues, integra todas estas perspectivas. Sabe aunar la vertiente tecnológica de la acción administrativa con todo su potencial transformador, de un lado y, de otro, la elección del modelo político de Administración que se estime más adecuado. Con frecuencia, sin embargo, cuando se habla de «democracia electrónica» se incurre en la simplificación de reducirla a su dimensión participativa. Sin embargo, conviene recordar que la comunicación electrónica del Estado y de la Administración con el ciudadano excede en mucho de las tradicionales formas de participación política. Ha de notarse, en efecto, que a la democracia electrónica le importa asimismo dar respuesta a los impulsos de la sociedad civil, a las nuevas expresiones de compromiso y colaboración del ciudadano. Y ello significa, en otras palabras, que han de ponerse los medios para que el ciudadano pueda tener una activa participación virtual en los procesos decisorios y en las resoluciones de fondo. Más allá de la mera participación, se trata también de una verdadera implicación o *compromiso virtual del ciudadano*. Por otra parte, el Estado ha de tener en cuenta –en la oferta de información que realiza mediante su aparato administrativo– la creciente incertidumbre que existe en la «sociedad de riesgo». Aquí el Estado ha de gestionar adecuadamente la información relativa al riesgo a través de recomendaciones, advertencias o instrucciones. Parece evidente que el *acceso a la información* resulta de extraordinaria importancia para hacer realidad esas distintas dimensiones de la comunicación del Estado y de la Administración. Por consiguiente, el poder público, en colaboración con la sociedad de la información, se ha de preocupar por responder al desafío que representa garantizar que todos los ciudadanos puedan acceder a las fuentes de información y a las tecnologías que les sirven de soporte. Un acceso libre e igual a la información electrónica (*e-Accesibility*) constituye un elemento esencial del *Estado de Derecho que colabora con la sociedad*, en la era del gobierno electrónico.

La generación de información, la interactivdad y la transparencia, entre otros factores, determinan igualmente un cambio de mentalidad y de expectativas en el ciudadano y en la entera sociedad, en su percepción del Estado y de la Administración. Y ello tiene consecuencias inmediatas en las vías o formas de comunicación y de participación en el mundo de la información. En su vertiente activa, las tecnologías de la información abren muchos caminos para que el ciudadano pueda relacionarse en forma directa con las instituciones públicas y los representantes políticos (por ejemplo, la comunicación con los partidos políticos; el correo electrónico con Diputados; encuestas a través de Internet; foros de discusión; jornadas virtuales de los partidos; etc.). Es lo que se denomina *e-Politics*.

El ciudadano bien informado electrónicamente no es tampoco un ideal abstracto difícil de alcanzar, en contra de lo que pudiera pensarse. Constituye, por el contrario, una realidad si se tiene en cuenta que el ciudadano tiene a su disposición en Internet una ingente cantidad de información sobre tantas cuestiones políticas, análisis de todo tipo, las opiniones de los partidos, etc. Aun cuando no deba sobrevalorarse la comunicación con las instituciones, los partidos y las fuentes de información a través de Internet puesto que su mera existencia no supone sin más un plus de democracia, lo cierto es, sin embargo, que permite enriquecer el proceso democrático y de formación de la voluntad.

Por lo demás, conviene ponderar cuanto ha quedado dicho a la luz de lo que significa el acceso a la información, la calidad de la oferta informativa y su utilidad real. Quiere decirse con ello que la democracia electrónica (*e-Democracy*) no se consigue sin más poniendo en relación electrónica o virtual la propaganda de los partidos con los ciudadanos. Es necesario, por el contrario, conocer sus intereses, expectativas y necesidades. El contenido de la comunicación, en efecto, no puede establecerse a espaldas del ciudadano si se quiere que se involucre, claro es, en los procesos de decisión de la democracia parlamentaria. A ese propósito, para impulsar la participación ciudadana a través de Internet resulta obligado garantizar la transparencia de tales procesos. E igualmente, si se aspira a inducir una actitud de compromiso en los ciudadanos es obvio que éstos han de poder participar en la toma de las decisiones que les afecten. Ello entraña, en fin, no sólo la mejora de la oferta informativa, de los contenidos, etc., sino también la garantía de que el ciudadano podrá desplegar actividades específicas cuando se vea afectada la esfera de intereses de los ciudadanos.

4. LA CONSECUCIÓN DE LEGITIMIDAD A TRAVÉS DEL DERECHO ADMINISTRATIVO DE LA INFORMACIÓN

Naturalmente, parece obligado observar en cada caso los requisitos o presupuestos que cada Constitución nacional disponga si se quiere que el gobierno electrónico tenga la legitimidad necesaria. Pues bien, en ese sentido, conviene notar que el Derecho Administrativo de la Información contiene un derecho a la información que no se limita ni reduce a una simple vertiente de defensa o libertad frente al Estado. En consecuencia, la *libertad de información* (que a su vez guarda una estrecha relación con el derecho a la autodeterminación informativa) constituye una parte esencial del ordenamiento de la información en la medida que despliega una dimensión jurídico-objetiva que todo lo trasciende e impregna. De ahí se deriva, en suma, la obligación del Estado de asegurar el suministro necesario de información en sentido amplio. Esa tarea exige transparencia y publicidad en la actuación administrativa y, al mismo tiempo, requiere la garantía del acceso de todos a las infraestructuras informativas y a las redes. El Estado tiene, por lo tanto, la obligación, con base en los derechos fundamentales, de garantizar el suministro de información. Tal obligación de raíces y fundamento constitucional comprende desde luego dos funciones o responsabilidades que el Estado ha de satisfacer: de un lado, la de hacer posible el acceso de todos a las fuentes de información que sean necesarias para asegurar la comunicación del individuo y de la sociedad; de otro, la de establecer las estructuras oportunas para asegurar un nivel o estándar mínimo de información. La observancia de esas obligaciones mediante la acción política, el Estado y la Administración contribuye de forma decisiva a la legitimidad del gobierno y de la democracia electrónicos.

VI. RESUMEN

POR vía de síntesis y a modo de recapitulación se pueden hacer algunas consideraciones finales sobre el *iter* argumental que aquí se ha seguido.

La sociedad de la información ha supuesto una modificación sustancial del
punto de partida en el que se situaba la dirección de la acción informativa, estuviera ésta a cargo del Estado o del sector privado. Y, con ello, ha modificado igualmente la función que le es inherente a la legislación tradicional de protección de
datos personales. Piénsese que la información multimedia ensancha el espectro
de los fines y objetivos de ésta; que por otra parte han nacido mercados privados
de información; y que el ciudadano, en fin, se ve impulsado hacia escenarios en
los que ha de obtener información por sí mismo («obtención autorregulada de
información»). Todo ello desemboca en la necesidad de establecer un nuevo marco u ordenamiento de la información en el que, de un lado, la participación en el
proceso informativo pueda traer como consecuencia una mayor libertad, en particular mediante normas que favorezcan el acceso a la información y su utilización;
y en el que, de otro, se pueda producir un tránsito a las *Web 2.0* y a un Derecho de
la Información multimedia de carácter o naturaleza civil.

Este nuevo Derecho de la Información se caracteriza en particular por su
carácter *transversal* y por su funcionalidad e incidencia sobre la gobernanza pública. Si se tiene en cuenta que la sociedad de la información posee una naturaleza
global y que los medios de los que se sirve trascienden las fronteras nacionales
no es difícil advertir que por sí solo el Estado no puede satisfacer eficazmente
todos los intereses públicos y privados. Para paliar esas dificultades es necesario
ensayar nuevas vías que permitan, de un lado, formar un activo ciudadano de
la información capaz de autoprotegerse y actuar bajo su propia responsabilidad;
y, de otro, establecer fórmulas de interacción entre el ciudadano, la economía y
la Administración, de modo que puedan extraerse todas las virtualidades que la
tecnología ofrece para la nueva sociedad de la información, señaladamente, para
hacer posible la activa participación de los agentes sociales en las estructuras e
infraestructuras estatales de la información.

Una rama de ese ordenamiento de la información o «gobernanza» informativa a nivel nacional y supranacional la constituye el *Derecho Administrativo de
la Información*, entendido como el conjunto de normas que tienen por objeto, en
primer lugar, la dirección estructural y el establecimiento de un marco jurídico
en el que se desenvuelva la acción administrativa; y, en segundo término, la creación de los instrumentos y espacios a través de los cuales garantizar la interacción
recíproca de todos los actores que operan en el Estado y en la sociedad. Esta rama

del ordenamiento tiene, pues, que cumplir una alta misión si quiere asegurar la transición hacia el gobierno electrónico. La legitimidad del gobierno electrónico se halla en el Derecho Administrativo de la Información. El gobierno electrónico requiere además de una adecuada dirección estructural, y ello tanto para garantizar el acceso y el uso de la información como para vertebrar una Administración que sepa conjugar organización, procesos y empleados en beneficio de una nueva forma de trabajar.

SELECCIÓN BIBLIOGRÁFICA

ALBERS, Marion, «Umgang mit personenbezogenen Informationen und Daten», en Hoffmann-Riem/Schmidt-Aßmann/Voßkuhle (Hrsg.), *Grundlagen des Verwaltungsrechts*, Bd. II, 2. Aufl. 2012, S. 107 – 234, München: Beck.

BARNES, Javier, «Una reflexión introductoria sobre el Derecho Administrativo y la Administración Pública de la Sociedad de la Información y del Conocimiento», en *Revista Andaluza de Administración Pública*, núm. 40 (2000), pp. 25-76.

BARNES, Javier, «Sobre el Derecho Administrativo de la Información», en *Revista Catalana de Derecho Público*, núm. 35, 2007.

BOGDANDY, Armin von, «Informationsbeziehungen innerhalb des Europäischen Verwaltungsverbundes», en Hoffmann-Riem/Schmidt-Aßmann/Voßkuhle (Hrsg.), *Grundlagen des Verwaltungsrechts*, Bd. II, 2. Aufl. 2012, S. 365 – 434, München: Beck.

BRITZ, Gabriele, «Elektronische Verwaltung», en Hoffmann-Riem/Schmidt-Aßmann/ Voßkuhle (Hrsg.), *Grundlagen des Verwaltungsrechts*, Bd. II, 2. Aufl. 2012, S. 435 – 492, München: Beck.

GURLIT, Elke, «Das Informationsverwaltungsrecht im Spiegel der Rechtsprechung», en *Die Verwaltung*, Bd. 44 (2011), S. 75 – 103, Berlin: Duncker & Humblot.

GUSY, Christoph, «Informationsbeziehungen zwischen Staat und Bürger», en Hoffmann-Riem/Schmidt-Aßmann/Voßkuhle (Hrsg.), *Grundlagen des Verwaltungsrechts*, Bd. II, 2. Aufl. 2012, S. 235 – 320, München: Beck.

HOLZNAGEL, Bernd, «Informationsbeziehungen in und zwischen Behörden», en Hoffmann-Riem/Schmidt-Aßmann/Voßkuhle (Hrsg.), *Grundlagen des Verwaltungsrechts*, Bd. II, 2. Aufl. 2012, S. 321 – 364, München: Beck.

KAISER, Anna-Bettina, *Die Kommunikation der Verwaltung*, 2009, Baden-Baden: Nomos.

KLOEPFER, Michael, *Informationsrecht*, 2002, München: Beck.

MASING, Johannes, «Transparente Verwaltung – Konturen eines Informationsverwaltungsrechts», en *Veröffentlichungen der Vereinigung der Deutschen Staatsrechtslehrer*, Bd. 62 (2004), S. 377 – 441, Berlin: De Gruyter.

PITSCHAS, Rainer, «Staatliches Management für Risikoinformation zwischen Recht auf informationelle Selbstbestimmung und gesetzlichem Kommunikationsvorbehalt», en Hart (Hrsg.), *Privatrecht im «Risikostaat»*, 1997, S. 215 – 263, Baden-Baden: Nomos.

PITSCHAS, Rainer, «Geben moderne Technologien und die europäische Integration Anlass, Notwendigkeit und Grenzen des Schutzes personenbezogener Informationen neu zu bestimmen?», en *Verhandlungen des 62. Deutschen Juristentags*, Bd. II/1 (Sitzungsberichte, Referate und Beschlüsse), 1998, S. M 9 – 74, München: Beck.

PITSCHAS, Rainer, «Das Informationsverwaltungsrecht im Spiegel der Rechtsprechung», en *Die Verwaltung*, Bd. 33 (2000), S. 111 – 137, Berlin: Duncker & Humblot.

PITSCHAS, Rainer, «E-Government and Democratic Legitimacy in the Partnership-Based European Constitutional State», en *Sociologia, Problemas e Práticas. Revista do Centro de Investigação e Estudos de Sociologia*, No. 45 (2004), pp. 11-22, Lisboa: Instituto Universitário des Lisboa.

PITSCHAS, Rainer, «Innere Sicherheit in 'guter Verfassung'? Zur Terrorismusbekämpfung im präventiven Gewährleistungsstaat», en Butzer/Kaltenborn/Meyer (Hrsg.), *Festschrift für Friedrich E. Schnapp*, 2008, S. 231 – 252, Berlin: Duncker & Humblot.

PITSCHAS, Rainer, «Innere und zivile Sicherheit in der offenen Gesellschaft. Legitimationsprobleme collaborativer Sicherheitsgovernance im vorsorgenden Sozialstaat», en Baumeister/Roth/Ruthig (Hrsg.), *Festschrift für Wolf-Rüdiger Schenke zum 70. Geburtstag*, 2011, S. 481 – 497, Berlin: Duncker & Humblot.

PITSCHAS, Rainer, «Maßstäbe des Verwaltungshandelns», en Hoffmann-Riem/Schmidt-Aßmann/Voßkuhle (Hrsg.), *Grundlagen des Verwaltungsrechts*, Bd. II, 2. Aufl. 2012, S. 1689 – 1811, München: Beck.

POSCHER, Ralf, «Die Zukunft der informationellen Selbstbestimmung als Recht auf Abwehr von Grundrechtsgefährdungen», en Hans-Helmuth Gander et al. (Hrsg.), *Resilienz in der offenen Gesellschaft*, 2012, S. 167 – 190, Freiburg: Herder.

ROSSI, Matthias, *Informationszugangsfreiheit und Verfassungsrecht*, 2004, Berlin: Duncker & Humblot.

ROSSNAGEL, Alexander (Hrsg.), *Handbuch Datenschutzrecht. Die neuen Grundlagen für Wirtschaft und Verwaltung*, 2003, München: Beck.

SCHOCH, Friedrich, «Öffentlich-rechtliche Rahmenbedingungen einer Informationsordnung», en *Veröffentlichungen der Vereinigung der Deutschen Staatsrechtslehrer*, Bd. 57 (1998), S. 158 – 215, Berlin: De Gruyter.

SCHOLZ, Rupert/Pitschas, Rainer, *Informationelle Selbstbestimmung und staatliche Informationsverantwortung*, 1984, Berlin: Duncker & Humblot.

TRUTE, Hans-Heinrich, «Öffentlich-rechtliche Rahmenbedingungen einer Informationsordnung», en *Veröffentlichungen der Vereinigung der Deutschen Staatsrechtslehrer*, Bd. 57 (1998), S. 216 – 273, Berlin: De Gruyter.

VALERO, Julián, *Derecho, innovación y Administración electrónica*, 2012, Sevilla: Global Law Press-Editorial Derecho Global.

VESTING, Thomas, «Zur Entwicklung einer Informationsordnung», en *Festschrift 50 Jahre Bundesverfassungsgericht*, 2001, S. 219 – 240, Tübingen: Mohr.

CAPÍTULO CUARTO

ALGUNAS RESPUESTAS DEL DERECHO ADMINISTRATIVO CONTEMPORÁNEO ANTE LAS NUEVAS FORMAS DE REGULACIÓN: FUENTES, ALIANZAS CON EL DERECHO PRIVADO, PROCEDIMIENTOS DE TERCERA GENERACIÓN

Javier Barnes

Catedrático de Derecho Administrativo, Universidad de Huelva, España.

ÍNDICE

L A regulación, por ejemplo, de los mercados financieros –bancarios, bursátiles, de seguros– se expresa a través de fuentes y estrategias mucho más complejas que antaño. Poca cuenta dan del tema las leyes nacionales y sus respectivos reglamentos y jurisprudencias. Aquí, como en tantos otros sectores, la regulación no se realiza escalonadamente; ni las normas son siempre vinculantes; ni son por definición heterónomas o nacionales, ni emanan exclusivamente de un poder público. Tampoco están dotadas de abstracción, generalidad y vocación de permanencia. Es más, no toda regulación es normativa: no todo se resuelve, antes al contrario, en determinar directa o inmediatamente lo que puede o no hacer el destinatario (órdenes, mandatos, prohibiciones, límites, sanciones...).

En la regulación intervienen activamente múltiples sujetos públicos (constelaciones de bancos centrales en toda clase de foros; instituciones internacionales, organizaciones supranacionales, Gobiernos nacionales...); y sujetos privados (organizaciones a todos los niveles y en todas las materias relacionadas). Unos y otros se coordinan, interactúan o comparten información, se organizan de modo específico, se reparten las tareas a realizar, se comunican, adoptan acuerdos. La imagen en su conjunto se asemeja a una red, no a una cascada.

Hablamos, en otras palabras, de fuentes (i); de colaboración entre el Derecho Público y el Privado (ii); y de procedimiento administrativo (iii), esto es, de una selección de elementos fundamentales cuyos moldes tradicionales han quedado superados por los acontecimientos, a resultas de su apegamiento a un esquema de gobierno y administración que hoy ha perdido el monopolio.

Las tres partes que se abordan en el presente capítulo tienen, pues, una historia en común: la emergencia de otras modalidades de regulación, complementarias y alternativas a las clásicas que legara el Estado liberal, y a cuya sombra nació el Derecho Administrativo.

Modalidades y estrategias que, en última instancia, han empujado la «caída» de algunos de los muros que delimitaban el hábitat natural de nuestra disciplina: aquél que encerraba la acción administrativa dentro de las fronteras nacionales; el que aislaba a la Administración de la sociedad; y el que reducía el mundo del Derecho a un proceso bifásico –creación normativa, y ulterior aplicación–, como dos escalones rígidamente separados en el espacio y en el tiempo, y en el que la Administración no era «independiente», sino «ejecutiva», no era «innovadora», sino «aplicadora». Ese sencillo mundo pertenece al pasado. Las cosas son más complejas, pero también más interesantes.

PRIMERA PARTE

NUEVAS COORDENADAS DEL SISTEMA DE FUENTES DEL DERECHO ADMINISTRATIVO

I. LA CUESTIÓN DEL ESTUDIO DE LAS FUENTES EN EL DERECHO ADMINISTRATIVO. TRADICIÓN Y MODERNIDAD

1. ¿EL ESTUDIO DE LAS FUENTES EN EL DERECHO ADMINISTRATIVO REPRESENTA UNA REPRODUCCIÓN *EN DETALLE* O *A ESCALA* DEL ANÁLISIS DE LAS FUENTES QUE DESPLIEGA EL DERECHO CONSTITUCIONAL O CUALQUIER OTRA «LEY DE FUENTES»? ANALOGÍAS Y SINGULARIDADES

a) ¿POSEEN LAS FUENTES DEL DERECHO ALGÚN SIGNIFICADO ESPECIAL Y PROPIO PARA EL DERECHO ADMINISTRATIVO? ¿O SÓLO SE ESTUDIAN EN EL SENO DE ESTA DISCIPLINA PARA AVANZAR EN LO QUE YA NOS ENSEÑA EL DERECHO CONSTITUCIONAL?

¿SE trata, en fin, de un mero correlato o *continuación* de lo que al Derecho Constitucional importa? Porque, a juzgar desde luego por los manuales o tratados convencionales de una y otra disciplina, no parecen existir divergencias de planteamiento y enfoque. Ambas estudian las fuentes del Derecho, solapándose con frecuencia, aun cuando quepa apreciar algunas diferencias de acento entre una y otra rama. Una Constitución, podría decirse, se ocupa de establecer el sistema de fuentes del Estado en su conjunto y los *requisitos* y *límites* que el legislador, en primer término, y el resto de los poderes públicos –incluido el ejecutivo y la Administración–, han de observar en la producción y aplicación del Derecho. Así pues, el Derecho Administrativo se interesaría por las fuentes de un modo análogo a como lo hace el Derecho Constitucional, con el objeto de identificar los *límites materiales* y *formales* que hayan de asumirse, señaladamente por parte de la Administración, tanto en su producción normativa (reglamentos, planes, programas), como en lo que hace a la aplicación de la ley y el Derecho.

Cuando menos en apariencia, cabría concluir, no se aprecian disparidades metodológicas sustanciales y ambas ramas se preocupan por estudiar en términos similares y complementarios el sistema de fuentes establecido[1]. Este podría ser, en suma, el *postulado implícitamente asumido en el Derecho Administrativo tradicional*, en lo que al sistema de fuentes se refiere.

Colaboración entre disciplinas que, sin duda, tiene su razón de ser o justificación, habida cuenta la magna tarea que ante sí tiene el Derecho Administrativo en este terreno, aunque sólo sea, primero, porque el Ejecutivo y las Administraciones son «co-productores normativos» de primer orden, pues a ellos corresponde la «legislación secundaria» (normas gubernamentales con rango de ley; reglamentos de toda condición; planes y programas; planeamiento territorial y urbanístico...) (i); y, segundo, porque la Administración es la primera *destinataria* de las fuentes del Derecho en términos absolutos –de toda procedencia y clase, externas e internas, públicas y también privadas[2]–, y, en consecuencia, la *primera responsable* y encargada de su interpretación, aplicación e implementación (o materialización) (ii).

No hay, pues, ninguna otra rama del Derecho en la que las fuentes ocupen un lugar tan capital y su despliegue resulte tan relevante: las Administraciones son las primeras creadoras de normas, siquiera sea en términos cuantitativos, y las que más normas han de gestionar. Su estudio, obvio es decirlo, forma parte fundamental de la teoría general.

b) CONTINUISMO Y ESPECIALIDADES PROPIAS

Ahora bien, aun cuando se conciba la labor del Derecho Administrativo tradicional como la propia de un «estudio de detalle» del

---

[1] Por ejemplo, la validez y eficacia de las leyes, las relaciones entre ordenamientos, la jerarquía normativa y el principio de competencia, los mecanismos de resolución de conflictos, así como los distintos productos normativos emanados de los poderes públicos y su ubicación relativa, entre otros elementos.

Sobre esta temática en general pueden verse JAVIER BARNES, «Las fuentes del Derecho y las nuevas formas de regulacion y gobernanza administrativa», en la obra colectiva *Fuentes del Derecho Administrativo*, IX Foro Iberoamericano de Derecho Administrativo, 2010, Mendoza, Argentina, Ediciones RAP, Buenos Aires, Argentina, 2010; así como «Derecho Administrativo y sistema de fuentes: la insuficiencia de la perspectiva tradicional», *Revista Mexicana Staum Rei romanae de Derecho Administrativo*, núm. 6, enero de 2011.

[2] Sobre la regulación privada del sector público, véase la segunda parte del presente capítulo, núm. II.3.

Derecho Constitucional, surgen nuevos interrogantes respecto de la singularidad del sistema de fuentes en nuestra disciplina. Así, de entrada, podríamos formular dos bloques de cuestiones:

(i) En primer término, ¿las funciones que en una y otra disciplina cumplen las fuentes resultan análogas y guardan entre sí una cierta proporción o simetría? Y, más en concreto, ¿la perspectiva de los *límites* y de las *condiciones* para la emanación de las normas goza de la misma centralidad en el Derecho Constitucional que en el Derecho Administrativo?

Como se verá, aquí ya comienzan los matices[3]. Por ejemplo, de la posición estructural que ocupa la Constitución se siguen algunas diferencias. La Constitución contiene una «plantilla» formal y abstracta sobre el modo de ser del sistema. Ahí concluye su principal responsabilidad. Podrá discutirse, eso sí, si una fuente –una ley– respeta el molde. *Pero el Derecho Constitucional no entra a conocer de las concretas fuentes que resulten de aplicación para resolver un problema concreto en el plano de la legalidad ordinaria.* En otras palabras, no le interesa, como al Derecho Administrativo y al Derecho Privado, la función judicial que cumple el concepto de fuente, *en cuanto orientado a la resolución de un concreto litigio*[4], esto es, la determinación de cuáles sean las específicas normas derivables de esa plantilla, con las que se da respuesta al caso singular[5].

(ii) En otro orden de consideraciones, ¿puede decirse que las Administraciones ocupan una posición distintiva, en el plano de las fuentes, por referencia o contraste con los demás poderes públicos? Y, en caso afirmativo, ¿llevaría ello aparejada alguna especialidad digna de ser tenida en cuenta en el conjunto del sistema?

Sin perjuicio de cuanto luego se dirá[6], la respuesta es resueltamente positiva: *existen especialidades de interés por este concepto.* Nótese que la Administración llena un espacio que no tiene paralelo en ningún otro poder, no ya por el *elevado número* de normas que produce, desarrolla, implementa, gestiona, aplica o interpreta; o de la que es guardiana (vigila, sanciona, arbitra, media, juzga o resuelve), sino porque

---

[3] *Infra* núm. II y IV.

[4] *Infra* núm. II.1 y II.2.

[5] Un sencillo ejemplo. La Constitución decidirá si una ley de contratos administrativos es válida y eficaz, si respeta el sistema y la distribución de competencias... El Derecho Administrativo dispondrá, supuesta la validez y eficacia de esa ley, si es o no aplicable a un concreto contrato, o a una sociedad mercantil de capital público mayoritario, para resolver un caso.

[6] *Ibídem.*

lo hace en términos comparativos con una *cualidad distinta*, con un carácter *especial*: de un lado, por su naturaleza bifronte (es reguladora y regulada a un tiempo o, por mejor decir, es «regulada para regular»)[7], de otro, por su doble condición, y enorme adaptabilidad al medio, para ser –según demande la legislación primaria que la dirige–, meramente «ejecutante» o «autoprogramable».

c) Escasa atención de la doctrina tradicional a las singularidades de las fuentes en el Derecho Administrativo. Razones para una reelaboración

El enfoque tradicional no parece haber extraído mayores consecuencias de estas primeras observaciones elementales. Es un déficit que, como tal, habría de saldarse. No es superfluo explorar esas especialidades del Derecho Administrativo.

Ahora bien, el «descubierto» ha crecido exponencialmente a consecuencia de las nuevas y específicas cuestiones que el Derecho Administrativo de nuestro tiempo debe resolver, ante la emergencia de nuevas formas de gobierno y administración, a las que luego se hace referencia[8] (piénsese, por traer un ejemplo que será recurrente, en el sistema de fuentes en relación con los mercados financieros o el mercado de servicios económicos en el espacio europeo). Si la actualización era de suyo necesaria, ahora se ve urgida.

d) Esquema

Para esbozar esta problemática en las páginas que siguen, hemos de proceder del siguiente modo: ofrecer, primero, un breve resumen de las tesis que aquí se sostienen (núm. I.2); segundo, proponer una sistematización de las funciones que tradicionalmente ha desempeñado la teoría de las fuentes en el Derecho Administrativo, con el fin de actualizar el «mapa» que éstas representan (núm. II); y,

---

[7] Por ejemplo, un banco central, o un ente local, son regulados por el legislador –y otras muchas normas– para que uno y otro, a su vez, regulen, en sus respectivas esferas, con un amplio poder de conformación.

[8] *Infra* núm. III y IV.

tercero, desvelar una de las claves fundamentales para esa actualización, a saber: la íntima relación existente entre el sistema de fuentes y las formas de gobierno y administración. Cuando éstas cambian o mudan, aquéllas se transforman (núm. III). Finalmente, se esbozan algunas de las tareas que una teoría ampliada habrá de acometer (núm. IV).

2. RESUMEN: ¿CUÁLES SON LAS PERSPECTIVAS O LOS PUNTOS DE MIRA QUE AL DERECHO ADMINISTRATIVO CONTEMPORÁNEO INTERESAN?

La tesis central que aquí se sugiere puede expresarse en cuatro afirmaciones sucesivas:

a) UNA PRIMERA Y SENCILLA CONSTATACIÓN DE PARTIDA: LA CRECIENTE COMPLEJIDAD DEL *SISTEMA DE FUENTES DEL DERECHO ADMINISTRATIVO CONTEMPORÁNEO*

Baste señalar a nuestro limitado propósito dos manifestaciones de esa complejidad: la mutabilidad del sistema y la constelación de actores (públicos y privados, internos y externos) que componen la «cadena», «cascada» o «red» regulatoria en numerosos sectores:

(i) *Carácter móvil y cambiante del sistema de fuentes.* Para el Derecho Administrativo, el «código» o *sistema* de fuentes, y no sólo su «producto» (las fuentes en sí mismas: leyes, reglamentos…), se halla en continuo movimiento: «quién puede decir qué» no es algo que se desprenda de una vez por todas y de una «prelación» absolutamente estabilizada, como las que figuran en los venerables Códigos civiles[9].

El reparto de papeles entre los actores –fuentes– cambia.

Por ejemplo, los altos tribunales no cesan de asignar, o de reajustar, esas responsabilidades o funciones. Así lo han hecho los tribunales constitucionales europeos para condicionar el efecto directo y la aplicación del Derecho Comunitario sobre el nacional; o lo llevan a cabo diariamente tribunales sectoriales y

---

[9] *Infra* núm. II, III.3 y IV.

órganos de resolución de controversias más allá del Estado en sus respectivas esferas y relaciones[10].

(ii) *Heterogeneidad y pluralidad de actores* (o «centros» de producción). Son múltiples los sujetos o agentes que participan en la creación de normas, en el marco, por lo demás, de unas relaciones ordinamentales de extraordinaria variedad:

Lo que ayer era objeto de una ley, emanada de un único centro, hoy lo es de numerosos centros a distintos niveles internos y supranacionales, y mañana de un complejo entramado –y mezcla– de autorregulacion, corregulacion, y regulación nacional e internacional, o es objeto de una regla o doctrina de origen judicial. No es sólo que las normas con relevancia administrativa se multipliquen y fragmenten incesantemente; o que surjan «cosas nuevas», como el Derecho blando o indicativo (sea en forma de recomendación, estándar o clasificación), o normas dictadas en régimen de autorregulación. Es, sobre todo, que el sistema mismo de ordenación de las fuentes no es estático.

(iii) El carácter *mudable*, o la heterogeneidad de actores que participan en la cadena regulatoria, son ya de suyo causa del desbordamiento de la teoría clásica, que ha de ser, por consecuencia, paralelamente enriquecida. Ahora bien, la razón última de esa complejidad reside en realidad en las transformaciones que ha experimentado el mundo actual en lo que a las nuevas modalidades de gobierno y administración se refiere[11].

Podría decirse, pues, que asistimos al paso de una teoría clásica de las fuentes –lineal, escalonada y estable (casi esculpida en piedra)–, a

---

[10] Por todos, S. CASSESE, *Los tribunales ante la construcción de un sistema jurídico global*, Global Law Press-Editorial Derecho Global, Sevilla, España, 2010.

Reparto éste que, en los ejemplos citados, se hace realidad mediante un entrelazado juego de principios y doctrinas de construcción jurisprudencial (prevalencia, supremacía y preferencias aplicativas; principios de jerarquía y de competencia; autonomía, efecto directo, principio de interpretación conforme, aplicación inmediata; principio del límite o resistencia frente a otros ordenamientos jurídicos (*counter-limits doctrine*); la doctrina del margen de apreciación (como la que sostiene el TEDH respecto del legislador nacional); la doctrina de la protección equivalente…).

A lo que se suman otros con origen y asiento en la legislación primaria, como los principios comunitarios de subsidiariedad –que atribuirá competencias o no al nivel superior, en cada tiempo y lugar, de acuerdo con las circunstancias– o el de proporcionalidad –que determinará el grado, extensión, intensidad o temporalidad de esa norma emanada en el estrato superior–.

[11] Una breve referencia a esas mutaciones y cambios, en la tercera parte del presente capítulo, núm. III y IV.

una red interactiva de fuentes, multipolar y mudable. No basta ya con hablar de la «prelación de las fuentes». Veámoslo seguidamente.

b) La teoría de las fuentes y el modelo de gobierno: dos caras de una misma medalla

(i) El sistema de fuentes corre paralelo al sistema de gobierno y administración.

La regulación de la protección del medio ambiente o de la salud pública, de la seguridad alimentaria o aérea, de los mercados financieros, del comercio internacional, o la lucha contra el cambio climático, por ejemplo, no es *lineal* o *en cascada* (ley-reglamento-acto de aplicación); no es sólo ni fundamentalmente *nacional* (son múltiples los actores co-reguladores que participan desde todo el mundo); no se realiza con base en los conocimientos de *una sola* Administración y a espaldas del sector privado; no se sirve con frecuencia de mecanismos *coercitivos* u obligatorios; etc.

En tales casos, pues, pierden centralidad algunos de los elementos característicos de la teoría clásica, como son el examen de los límites y el acarreo de materiales de la norma superior hacia la inferior. Aquí las fuentes del Derecho no se comportan ya como lo hacían antaño, cuando la ley dibujaba las reglas de juego fundamentales que la Administración había de seguir, y los centros de producción normativa eran pocos. En muchos sectores, las cosas son diferentes.

Para entender la regulación de los mercados financieros, por ejemplo, es necesario conocer la compleja red que conforman la pluralidad de agentes públicos y privados intervinientes, dentro y fuera de las fronteras, cada uno con una aportación específica: desde los organismos reguladores (banca, bolsa, seguros, riesgos sistémicos) a nivel nacional, supranacional e internacional, pasando por organizaciones supranacionales (como la Unión Europea) o instituciones como el Comité de Basilea, el Banco Mundial o el Fondo Monetario Internacional, hasta las organizaciones privadas internacionales que fijan, por ejemplo, los estándares de referencia en materia de contabilidad (como la *International Accounting Standards Committee*).

(ii) No es que las fuentes en sí sean necesariamente distintas (ley, reglamento, jurisprudencia...) en un caso o en otro, pero sí el *peso relativo* de cada una de ellas, y la *órbita que describen*. Por ello, no deja de ser cierta, en el caso, por ejemplo, de la regulación de los mercados financieros, la simbólica aseveración del Código civil, según la cual «(l)as fuentes del ordenamiento jurídico español son la ley, la costumbre y los principios generales del Derecho», como reza nuestro Código civil (art. 1.1). Es, más precisamente, que con esa sola prelación *se explican pocas cosas*[12]; y *se ignoran otras muchas*[13].

Como luego se abundará[14], la teoría clásica resulta útil y suficiente para los supuestos tradicionales, en cuyo derredor y para cuyo tratamiento fue construida. No así para otros sectores o ámbitos contemporáneos más complejos[15].

c) La ampliación de la teoría clásica es, pues, consecuencia de la emergencia de las nuevas formas de regulación (gobernanza)

Las nuevas formas de regulación y gobernanza administrativa ponen las cosas en otro contexto y perspectiva, y obligan, a nuestro juicio, a dispensar un tratamiento específico a las fuentes por parte del Derecho Administrativo contemporáneo, que ha de añadirse a las funciones tradicionales (núm. II.1), a partir del marco teórico de la gobernanza (núm. II.3.c; III.4.b; Parte Tercera, núm. I.2.c).

---

[12] Así, de ahí ni tan siquiera se intuyen el protagonismo que adquiere el trabajo interactivo o «en red» de los múltiples sujetos intervinientes en la cadena regulatoria de los mercados financieros; lo inapropiado de la imagen del «proceso escalonado» o descendente de la producción normativa que el precitado precepto transmite; la riqueza de las relaciones entre la ley y el reglamento más allá de la jerarquía y de la reserva de ley; la función jurisprudencia creativa, y no meramente complementaria, de la jurisprudencia, según los casos; etc.

[13] Por ejemplo: que numerosas normas aplicables emanan de centros y sujetos más allá del Estado, sin que éste intervenga cuando aquéllas se traen a casa (no median los mecanismos clásicos del Derecho Internacional para la fase descendente); que otras normas o estándares son elaborados por sujetos privados que trabajan en régimen de autorregulación; etc. O, más ampliamente, que la «co-producción» ha sustituido al proceso en cascada y lineal.

[14] *Infra* núm. III.

[15] *Ibídem*.

d) Nuevos intereses y perspectivas para la teoría de las fuentes en el Derecho Administrativo

Al Derecho Administrativo contemporáneo le interesan, en consecuencia, además de las tradicionales, tres dimensiones íntimamente relacionadas entre sí:

(i) Determinar *cómo se regula*, o, si se prefiere, cómo interactúa el conjunto de fuentes en cada caso (sea en relación con la protección de las costas, el urbanismo, o los servicios económicos en un área regional como la Unión Europea), esto es, *cómo se organiza* en términos regulatorios cada sector o mercado (financiero, de servicios, de energía o del arte), y, más en concreto, qué funciones cumplen aquí las Administraciones, nacionales, supranacionales e internacionales.

(ii) Comprender el *proceso dinámico* en el que se inscriben los distintos actores públicos o privados que participan en las actividades regulatorias: Parlamentos y Administraciones, tribunales, ciudadanos, empresas, organizaciones privadas de la sociedad civil...; y la función o prestación que cada uno de esos agentes cumple o aporta, y, señaladamente, las que corresponden a las Administraciones[16].

(iii) Identificar lo que podríamos llamar aquí «factores de regulación», es decir, instrumentos jurídicos que, sin resolverse o expresarse en normas escritas, producen un impacto o efecto regulatorio difuso, aunque determinante, como las estrategias consistentes en el diseño del procedimiento y de la organización, en particular para dirigir y regular la acción de las Administraciones[17].

La novedad, pues, no radica tanto en la necesaria *apertura de la teoría de las fuentes* hacia otros «productos» (Derecho blando o indicativo, por ejemplo), o hacia otros productores de normas (verbigracia: estándares de sujetos privados establecidos en régimen de autorregulación para la prestación de un servicio económico o profesional), sino, ante todo, en las nuevas formas de regulación (expresión ésta utilizada en sentido muy amplio), mucho más complejas y heterogéneas que lo que la tradicional teoría de las fuentes ha presumido.

---

[16] *Infra* núm. IV.
[17] *Infra* núm. III.3.

Modalidades y estrategias nuevas surgidas de la necesidad de organizar las cosas de otro modo en tantos sectores y ámbitos de la vida social, económica, medioambiental e informativa: interacción, interdependencia, complementariedad son algunas de esas realidades, más conocidas como globalización, y colaboración o corresponsabilidad del sector privado. Modalidades y estrategias que, en última instancia, han empujado la «caída» de tres muros: aquél que encerraba la acción administrativa dentro de las fronteras nacionales; el que aislaba a la Administración, de la sociedad; y el que reducía el mundo de las fuentes a un proceso bifásico –creación del Derecho, y ulterior aplicación–, como dos escalones rígidamente separados, y en los que se agotaba todo el problema[18].

II. FUNCIONES TRADICIONALES DE LA TEORÍA DE LAS FUENTES EN EL DERECHO ADMINISTRATIVO. CLAVES PARA SU APERTURA

1. INTRODUCCIÓN: TRES FUNCIONES CLÁSICAS

La teoría de las fuentes en el seno del Derecho Administrativo clásico desempeña tres funciones fundamentales:

a) En su vertiente más elemental, sirve para *identificar las normas que integran esta rama del Derecho* (leyes, reglamentos, principios, etc.) y su aplicabilidad al caso concreto (*las fuentes como esquema para la resolución, administrativa o judicial, de una controversia*);

b) proporciona, en segundo término, una «plantilla» en la que situar ordenadamente las múltiples y variadas normas con relevancia, sus relaciones y formas de composición o depuración (*las fuentes como constelación y sistema ordenado*);

c) y, finalmente, facilita las «claves» que permiten reconstruir el puzle que cada sector o ámbito del Derecho Administrativo representa, con la suma de las distintas partes (las fuentes como explicación o reconocimiento de un sector).

---

[18] Sobre ello, véase la parte tercera del presente capítulo, núm. III y IV.

Con ello se satisfacen, respectivamente, tres necesidades básicas:

a) Hallar la *norma* aplicable al caso, tanto en sede administrativa como judicial (por ejemplo: si al contrato en cuestión le resulta aplicable o no la legislación de contratos administrativos);

b) advertir si la *posición relativa* de las distintas fuentes resulta correcta, de conformidad con el sistema establecido (v. gr.: si el reglamento ejecutivo respeta la ley; si el organismo regulador desborda la delegación legislativa de que ha sido objeto);

c) componer las distintas reglas de juego para conocer el funcionamiento del sector o ámbito de que se trate (las normas que explican y regulan el sector de los servicios económicos en la Unión Europea, por ejemplo).

2. FUNCIÓN PRIMARIA: IDENTIFICACIÓN DE LAS FUENTES Y DETERMINACIÓN DE SU POSICIÓN RELATIVA (A EFECTOS DE LA RESOLUCIÓN ADMINISTRATIVA Y JUDICIAL DEL CASO)

El sentido básico del estudio de las fuentes reside, primero, en la *tipificación* de las fuentes de las que se nutre esta rama del Derecho; y, segundo, en el establecimiento de su prelación o *posición relativa* en el conjunto. Y ello por referencia, en primer término, al caso concreto y singular para la resolución del problema planteado.

Dentro de esta función primaria conviene retener y no difuminar tres aspectos, que hoy mantienen su actualidad:

(i) La enumeración e identificación de las fuentes del Derecho Administrativo.

Pese a la madurez de la disciplina, no es ésta una cuestión resuelta de una vez por todas, acaso por la complejidad y el carácter cambiante del sistema, al que antes se ha hecho referencia[19].

---

[19] *Supra* núm. I.3.a).

La indagación, por tanto, no termina con el estudio singular de cada elemento (con el debate sobre el papel de la costumbre o del precedente en el seno del Derecho Administrativo, por ejemplo). Siempre se descubren astros nuevos. Las Constituciones, por ejemplo, representan verdaderas *fuentes de reconocimiento* del Derecho[20], de normas implícitas, que es necesario explorar.

La sobreabundancia de normas escritas en la actualidad no impide, pues, el hallazgo o *reconocimiento* de algunas fuentes y, con ello, el surgimiento de nuevas dificultades y retos. Así ocurre cuando es necesario *inducir* del vértice mismo del ordenamiento una norma jurídica no escrita, como el principio de proporcionalidad[21], convertido por cierto en el principio más invocado ante los tribunales, muy por encima del principio de igualdad[22]. O cuando la jurisprudencia *extrae* de los principios constitucionales de los Estados miembros de la Unión Europea, a través de un análisis comparado, derechos o principios a nivel comunitario europeo[23].

(ii) Las *relaciones entre los distintos actos jurídicos* provenientes de diversos ordenamientos.

También la relación que cada una de las fuentes guarda con las demás acapara numerosos debates de no fácil solución, a consecuencia, por ejemplo, de la interacción de las distintas fuentes y ordenamientos, como sucede, por sólo citar un par de supuestos, en el ámbito del Derecho local en el esquema español[24], o en la arena global, donde se generan constantes conexiones entre los ordenamientos nacionales, supranacionales, y regímenes internacionales de carácter sectorial[25].

---

[20] Con esta expresión se hace referencia a la razón o fundamento por la que algo puede considerarse Derecho. Así ocurre, por ejemplo, con los derechos fundamentales en el Derecho Comunitario: en la medida en que no han sido por completo positivizados es necesario identificarlos, para lo que tanto el Convenio como los principios comunes de las Constituciones de los Estados miembros operan como fuentes de reconocimiento.

[21] J. BARNES, «El principio de proporcionalidad. Estudio preliminar», e «Introducción a la jurisprudencia constitucional sobre el principio de proporcionalidad en el ámbito de los derechos y libertades. Análisis crítico de la doctrina jurisprudencial en torno a una selección de derechos constitucionales», *Cuadernos de Derecho Público*, núm. 5 (1998).

[22] J. BARNES, «The Meaning of the Proportionality Principle for the Administration», en la obra colectiva *Constitutional Principles in Europe*, SIPE (Societas Iuris Publici Europaei), Vierte Tagung – Fourth Congress – Quatrième Congrès, Göttingen, 2008.

[23] EHLERS (Ed.), *Allgemeines Verwaltungsrecht*, 13ª ed., Berlin, 2006, núm. marg. § 2 II 1, 29).

[24] *Vid.* a este propósito, F. VELASCO, *Derecho local. Sistema de fuentes*, Marcial Pons, 2009.

[25] S. CASSESE, *Los tribunales ante la construcción de un sistema jurídico global*, Global Law Press-Editorial Derecho Global, Sevilla, 2010.

Las relaciones de supremacía de la Constitución nacional y de preferencia del Derecho comunitario sobre el ordenamiento estatal no constituiría sino un ejemplo más en este sentido[26].

(iii) La determinación de la posición relativa de cada una de las fuentes.

La prelación de fuentes sirve –y es ésta su función más primigenia– para que el órgano jurisdiccional –y la Administración– pueda *resolver el caso*[27].

Existe, pues, una relación evidente entre el *concepto y sistema de fuentes* y la *función judicial*, y en cuya virtud fuente es todo aquello que proporciona al juez o tribunal –y, habríamos de añadir, a la Administración– las normas para decidir el caso, de modo que no pueda rehusar su resolución con el pretexto de silencio, oscuridad o insuficiencia de las leyes, sino que habrá de recurrir a la prelación de fuentes para hallar la solución (por ejemplo, acudiendo a la costumbre y a los principios generales del Derecho)[28]. Así ha sido en el ámbito del Derecho Civil, y lo es también en el del Derecho Administrativo.

3. FUNCIÓN PRESCRIPTIVA: EL CONTROL DEL SISTEMA Y DE LOS PRINCIPIOS QUE RIGEN LA PRODUCCIÓN NORMATIVA

Si la función primaria consiste en *identificar el Derecho aplicable al caso*, la segunda se resuelve en *controlar el sistema de producción normativa* que la Constitución y las leyes de fuentes hayan prescrito. La primera, pues, sirve para *hallar* la norma jurídica que predetermina la solución; la segunda, en cambio, para *asegurar la ley de fuentes*: las normas constitucionales y legales reguladoras del sistema (con su evidente y amigable apertura, por lo demás, hacia el exterior)[29].

---

[26] *Ibídem.* Véase, por ejemplo, Declaración del Pleno del Tribunal Constitucional 1/2004, de 13 de diciembre de 2004.

[27] En sentido análogo, I. DE OTTO, *Derecho Constitucional. Sistema de Fuentes*, Ariel, Barcelona, 2ª ed., 1988, pp. 72 y ss.

[28] I. DE OTTO, *ibídem.*

[29] Derecho Internacional, Derecho de la Unión Europea, Derecho Administrativo Global...

En esta finalidad *prescriptiva* –situada en el plano del *deber ser*–, el Derecho Administrativo completa la labor que compete al Derecho Constitucional cuando se ocupa de velar por las reglas de creación del Derecho que la Constitución instaura (actos normativos y relaciones entre éstos)[30].

Tres observaciones podrían aquí destacarse:

(i) Al Derecho Administrativo le importa detectar, entre otros extremos, si las normas que maneja respetan el sistema de prelación y los requisitos formales y materiales que, para la producción normativa, se hayan establecido, en particular por referencia al Ejecutivo y a las múltiples Administraciones públicas[31].

(ii) La función prescriptiva acompaña a la entera vida de la norma (en particular de la legislación secundaria), desde su nacimiento. No se agota con la observancia de las exigencias establecidas *en el momento de la producción normativa* –reserva de ley, principios de jerarquía, o de tantos otros, y cuya infracción se sanciona con la nulidad absoluta–[32]. El control se extiende, primero, a la interpretación y aplicación que del bloque normativo se haga en cada caso, y, segundo, a la «cobertura» de cada actuación administrativa, señaladamente cuando la ley habilitante delega poderes a las Administraciones, asigna objetivos sin concretar los medios, u otorga un margen de autonomía, entre otros ejemplos característicos. Se trata de un *control dinámico*:

La Universidad, el ente local, el organismo regulador, el banco central... realizan actividades jurídicas, prestacionales o materiales de todo tipo a diario.

---

[30] En esa dirección se inscriben prescripciones como la que luce en el art. 62 de la Ley 30/1992, de Régimen Jurídico de las Administraciones Públicas y del Procedimiento Administrativo Común, de acuerdo con la cual «serán nulas de pleno derecho las disposiciones administrativas que vulneren la Constitución, las leyes u otras disposiciones administrativas de rango superior, las que regulen materias reservadas a la Ley, y las que establezcan la retroactividad de disposiciones sancionadoras no favorables o restrictivas de derechos individuales.»

[31] En el centro de atención se sitúan, sin duda, las normas infralegales, esto es, la legislación secundaria de toda clase y condición que emanan las múltiples Administraciones públicas, los principios relacionales y los criterios de elaboración. Por ejemplo, los reglamentos ejecutivos o de desarrollo elaborados por las Administraciones territoriales de estructura estatal, piramidal y jerárquica; los reglamentos independientes; las ordenanzas municipales; los reglamentos de las Administraciones autónomas, como las Universidades; los elaborados por los organismos reguladores (como las circulares del Banco de España); la legislación secundaria elaborada en el seno de la Unión Europea; etc.

[32] Por ejemplo, art. 62.2 Ley 30/1992.

Todas ellas han de ser examinadas a la luz de la *delegación legislativa* –operada por la Constitución y/o las leyes– para determinar si aquéllas se mantienen dentro de la «cobertura» –a modo de *WiFi*– que les conecta con la legitimidad democrática y las exigencias del Estado de Derecho[33].

(iii) La justicia administrativa vela por esta función. Los jueces y tribunales no sólo buscan la norma aplicable al caso (función primaria del sistema de fuentes), sino que se cuestionan la legitimidad de la norma relevante para la resolución del caso, bien sea, por ejemplo, por su compatibilidad con la ley, la Constitución, el Derecho de la Unión Europea, u otras normas provenientes más allá de las fronteras; bien por el respeto de procedimiento de elaboración. La función prescriptiva adopta un lenguaje binario (si es legítimo o ilegítimo; si está bien o mal; si es legal o ilegal; si se puede o no hacer).

4. FUNCIÓN DESCRIPTIVA O EXPLICATIVA: COMPOSICIÓN Y CONOCIMIENTO DEL SECTOR O ÁMBITO DEL DERECHO ADMINISTRATIVO

Si la primera perspectiva arroja luz sobre la *norma aplicable* y la segunda se fija y concentra en la *sujeción a la ley de fuentes*, el tercer ángulo busca una *explicación coherente y panorámica de cada parcela del ordenamiento jurídico*, esto es, facilitar *las claves para la composición* del ámbito, mercado o sector objeto de consideración, que, de otro modo, se presentaría fragmentado e ininteligible y, por tanto, encriptado.

La teoría de las fuentes contribuye decididamente, con sus códigos y combinaciones, a una reconstrucción o comprensión de conjunto. De la mano de esas *claves* –sistema de prelación interno, criterios de distribución competencial, principios relacionales entre ordenamientos, actores de la cadena regulatoria dentro y fuera del Estado, etc.– se obtiene un retrato ordenado, un compuesto o agregado de múltiples elementos, integrantes de un todo.

---

[33] Para otras proyecciones de la misma idea, *vid.* tercera parte, *in fine*, del presente capítulo.

a) Relevancia de la función explicativa del sector que cumple el sistema de fuentes y su interconexión con las restantes funciones

El administrativista, en efecto, se ha acercado siempre a las fuentes con un decidido propósito *informativo* o *descriptivo*, puesto que de su análisis –señaladamente del estudio de la ley de cabecera– podrá inferir el funcionamiento del sector. Levantar acta del estado de la cuestión requiere una constante actualización. Si las fuentes constituyen su materia prima, el sistema o teoría de las fuentes representa el código de sistematización.

Con ello, nótese bien, no se trata tan sólo de satisfacer eventualmente la curiosidad académica –conocer y explicar el régimen jurídico de un sector, por ejemplo–, lo que no es poco. Antes al contrario, la composición de las distintas piezas constituye el *paso obligado* –habida cuenta la sin igual complejidad de la legislación administrativa– para, primero, apreciar el respeto del sistema de fuentes (función prescriptiva), y, segundo, hallar la norma aplicable (función primaria). La visión panorámica del conjunto representa una valiosa ayuda para el ejercicio de las restantes funciones.

b) «Método clásico» para la extracción de los materiales necesarios para la composición

El Derecho Administrativo clásico se adentra en el conocimiento de los diversos ámbitos del ordenamiento jurídico deshaciendo el ovillo o marasmo de normas a partir de una concepción lineal del ordenamiento en una constante sucesión temporal y espacial, y desde la que se presume, sobre el esquema de la división de poderes, que los contenidos más relevantes y sustantivos se encuentran «arriba» y tienen suficiente capacidad de dirección e impulso sobre el nivel «inferior»: normas internacionales y supranacionales; previsiones constitucionales; leyes generales y sectoriales; reglamentos de toda condición[34].

Esta dimensión presume que las leyes y las restantes normas son capaces de dar cumplida cuenta del contenido de la política de que se trate en cada caso, puesto que, por sí mismas y de forma explícita, contendrían las reglas de juego concernientes a la conducta que han de observar sus destinatarios[35]. En este pun-

---

[34] *Vid.* los ejemplos del núm. III.
[35] *Vid.* los ejemplos del núm. III.

to, el estudio de las fuentes deviene instrumental, pues se halla al servicio del conocimiento de una parcela del Derecho Administrativo.

c) Crisis y reorientación de la función explicativa en los nuevos escenarios

En nuestro tiempo, sin embargo, no se explica el funcionamiento de numerosos sectores a partir de los materiales tantas veces utilizados: (i) la «plantilla» que una Constitución proporciona; (ii) la preocupación del Derecho Constitucional y del Derecho Administrativo por el respeto de los límites y requisitos para la producción normativa; y (iii) la explicación o descripción del sector mediante las leyes de cabecera[36].

Y es que las leyes de cabecera, si es que existen, carecen de la capacidad informativa de antes (y de organización y dirección del sector). Ya no es tan fácil –en los territorios donde tienen lugar las nuevas formas de gobierno y administración– componer a partir de la prelación de fuentes[37]. Es necesario, por el contrario, conocer la constelación de sujetos intervinientes y el papel por cada uno de ellos asumido[38]. La teoría de la gobernanza ofrece un marco conceptual instrumental para hacer frente a estos nuevos retos[39].

---

[36] *Ibídem.*

[37] *Infra* núm. 4.

[38] *Vid.* el ejemplo de los mercados financieros, *supra* núm. I.2.b).

[39] Basten aquí las referencias a esta teoría hechas *infra* núm. IV, así como, en particular, en la tercera parte del presente capítulo, en los números I.2.c) y III.1, cuadros 2 y 3. No se pretende aquí definir la gobernanza, sino tan sólo utilizar, a nuestro limitado propósito, una acepción útil para el Derecho Administrativo. Sobre el tema, me remito también a mi reflexión «Introducción. Reforma e innovación del procedimiento administrativo», en *La transformación del procedimiento administrativo*, Global Law Press-Editorial Derecho Global, Sevilla, 2008, núm. III.

No se olvide, como con sutileza afirman H. H. Trute y A. Pilniok, que la misma imprecisión planea sobre otros tantos conceptos y teorías. No se sabe bien qué son las ciencias de la Administración, ni lo que es la gobernanza. Cfr. «Governance und Verwaltungs(rechts) wissenschaft», en Mehde, Ramsauer y Seckelmann (Eds.), *Staat - Verwaltung - Information: Festschrift für Hans Peter Bull zum 75. Geburtstag*, Berlin, 2011, pp. 849-877 (p. 849).

5. PRESUPUESTOS Y PREMISAS SOBRE LAS QUE SE BASA LA DOCTRINA TRADICIONAL DE LAS FUENTES EN EL DERECHO ADMINISTRATIVO. CONSECUENCIAS DEL ENFOQUE TRADICIONAL

a) PREMISAS Y CONTEXTO DE LAS FUENTES EN EL ESQUEMA CLÁSICO

Naturalmente, las distintas operaciones –en los tres niveles– discurren de ordinario inescindiblemente unidas. Al desentrañar o recomponer el sector del ordenamiento jurídico que en cada caso interese (regulación de los mercados financieros o protección medioambiental de las costas) (i), se pulen interpretaciones de las normas en liza (ii), se identifican eventuales excesos u omisiones en la escala de fuentes (iii), se fijan los límites de la acción administrativa (iv), o se advierten, por ejemplo, disfunciones, lagunas y contradicciones (v). Al fin y al cabo, no se trata de un estudio abstracto o formal de las fuentes, sino de un análisis *específico* y *sustantivo* del sector de que se trate.

El enfoque tradicional que venimos de relatar se asienta sobre una serie de premisas:

– *La regulación es en esencia regulación normativa.* La resolución de los problemas y, más ampliamente, la regulación de la vida social, económica, medioambiental, o informativa se lleva a cabo a través de normas jurídicas.

– *Las normas jurídicas son vinculantes e imperativas, dictadas por el poder público desde arriba.* Las normas jurídicas que interesan a la teoría clásica son aquéllas que tienen por objeto disciplinar, directa o indirectamente, la conducta o el comportamiento de sus destinatarios (Administraciones, empresarios, ciudadanos); poseen carácter heterónomo; y presentan carácter vinculante e imperativo. Esto es, importan aquellas fuentes que se imponen en sede judicial[40].

---

[40] En términos funcionales, se resuelven en mandatos, prohibiciones o autorizaciones; desde un punto de vista estructural, se articulan en teoría en torno a presupuesto de hecho y consecuencia jurídica; y, en fin, en razón de su contenido material o sustantivo, se traducen en programaciones detalladas o abiertas.

– El sistema de fuentes se basa en la jerarquía y en la presunción de que la norma superior o primaria contiene los elementos fundamentales. Las fuentes se producen en cascada, de modo lineal, de arriba hacia abajo. Las normas secundarias arrastran e incorporan el contenido de las normas primarias y lo completan.

– La Ley y el Derecho a los que se vincula la Administración se entienden como límite o subordinación. Las normas jurídicas, a la luz del principio de legalidad y de sometimiento de la Administración a la Ley y al Derecho, sirven para limitar y sujetar la acción administrativa desde el parlamento.

b) Cosas que quedan fuera

(i) Supuestos en los que no concurren las «condiciones naturales». Ejemplos.

Estas premisas o presupuestos no se dan siempre, sin embargo: no toda regulación es normativa; no todas las normas son vinculantes, ni imperativas; no toda producción normativa se realiza a través de un proceso jerárquico de arriba hacia abajo, ni todas las fuentes se ensamblan sin más escalonadamente, ni permiten el acarreo de materiales desde el curso superior, ni son por definición heterónomas. Como tampoco, en fin, todas las normas son públicas en el sentido de emanadas de un sujeto público investido de poder formal.

Dicho de otro modo, a la *teoría tradicional de las fuentes en el Derecho Administrativo*, entre otras cosas, parecían no interesarle:

– Las normas no vinculantes, y, en términos más generales, los mecanismos de Derecho blando (comparación por pares, guías y recomendaciones, etc.).

– La acción de los sujetos privados y, más en concreto, el fenómeno de la autorregulación privada (las cartas de servicio elaboradas por las asociaciones profesionales a escala comunitaria para garantizar la mejor prestación del servicio, por ejemplo)[41].

– La calidad de las normas y, más ampliamente, la política regulatoria (en los términos definidos por la OCDE)[42].

---

[41] Sobre este extremo, *vid.* segunda parte del presente capítulo.

[42] *Infra* núm. IV. Véase, en ese sentido, el documento «Draft report - Regulatory Policy and the Road to Sustainable Growth», en http://www.oecd.org/document/47/0,3343,en_2

– La capacidad directiva y reguladora que poseen instituciones estratégicas como el procedimiento administrativo y la organización administrativa[43].

– Las distintas formas de regulación alternativas o complementarias a la norma jurídica escrita y vinculante (mercado, consenso, regulación por información, etc.)[44].

Sobre todo ello habremos de volver[45].

(ii) Déficit explicativo.

En tantos sectores relevantes no hay normas portadoras de un programa legal completo y cerrado. La legislación primaria –la ley de cabecera, si se quiere– no es capaz de dar cuenta del funcionamiento del sector. Ni siquiera, por ejemplo, a nivel europeo, la legislación en materia financiera es susceptible de explicar por sí sola cómo funcionan los mercados financieros. Ello significa que la teoría tradicional de las fuentes deja fuera de su radar algunas cosas que, como seguidamente se argumenta, interesan al Derecho Administrativo. La explicación tradicional no es suficiente, se ha quedado corta para sistematizar otros elementos que en modo alguno resultan excepcionales. No basta, por ello, con mimetizar las funciones que han desempeñado el Derecho Civil y el Derecho Constitucional.

6. CUATRO CARACTERÍSTICAS DE LAS ADMINISTRACIONES PÚBLICAS EN RELACIÓN CON LAS FUENTES DEL DERECHO. RECAPITULACIÓN

Antes de avanzar hacia las nuevas coordenadas del sistema, sin embargo, conviene recapitular cuatro notas características de las Administraciones públicas, que se han dejado entrever en las páginas precedentes:

1571361_45507055_45675055_1_1_1_1,00.html, así como los documentos que sobre política regulatoria cuentan con un epígrafe específico: http://www.oecd.org/department/0,33 55,en_2649_34141_1_1_1_1_1,00.html.

[43] Cfr. segunda parte núm. III y tercera parte, núm. IV, ambas del presente capítulo.

[44] *Vid.* los ejemplos del núm. III.3.

[45] *Infra* núm. IV.

a) La Administración es destinataria y responsable

La Administración es *destinataria* de un masivo y multiforme aluvión de normas de toda suerte, procedencia y condición, lo que la convierte en el sujeto que más exigencias jurídicas ha de satisfacer en el ámbito de las fuentes: interpreta un complejo y cambiante cuadro de normas a ella dirigidas (la mayor parte de las que se dictan); las desarrolla normativamente por medio de la legislación secundaria; las aplica y las hace cumplir; las implementa y pone en práctica; organiza el sector de que se trate y lleva a cabo las actuaciones prestacionales y materiales que correspondan.

El objeto de ese torrente normativo, cada vez más complejo[46], es hacer de las Administraciones «agentes responsables» de lo que las normas disponen: conferirles una multiplicidad de encargos, tareas y responsabilidades (que casi nunca se resuelven en una mera ejecución mecánica). Administrar aquí no es «aplicar», sino «poner en práctica», «hacer realidad», «garantizar un resultado», «organizar la prestación», etc.

La Administración, pues, no es sólo la primera y mayor destinataria de normas[47], ya que esa «destinación» comporta una vertiente siempre activa, por contraste con otras ramas del Derecho (como el Derecho Privado, en que las normas pueden estar ahí sin que nos resulten aplicables, en tanto no hagamos uso de un determinado instrumento)[48]. Ninguna de las normas que tienen por objeto mediato o inmediato a la Administración le son indiferentes, ni se encuentran «dormidas». Éstas se hallan permanentemente «activadas».

---

[46] La rápida sucesión de normas de todo tipo y naturaleza (públicas y privadas; generales y sectoriales; imperativas e indicativas) y la creciente expansión y *entrelazamiento* de los ordenamientos jurídicos *dentro y fuera de las fronteras nacionales* complican exponencialmente las tareas de interpretación, aplicación y producción normativa que la Administración pública tiene atribuidas, una Administración que ya no es exclusivamente «estado-céntrica», sino que actúa al servicio o en colaboración con otras organizaciones supraestatales o internacionales, y con el sector privado. *Vid.* tercera parte del presente capítulo.

[47] Basta inventariar las leyes que emanan de cualquier parlamento, organización supranacional o internacional, para comprobarlo.

[48] Así, por ejemplo, las normas relativas al contrato de compraventa en el Derecho Civil se activan tan sólo si realizamos tal contrato. Las normas que regulan los servicios básicos de los municipios están siempre activadas.

b) La Administración, entre «ejecutante» y «autoprogramable»

La Administración es a un tiempo «ejecutante» y «autoprogramable» (dentro del marco o perímetro jurídico establecido, claro es). La Administración no sólo aplica e implementa un denso y detallado programa legal, sino que también formula y realiza políticas públicas investida de un notable poder de configuración (por ejemplo, en el ámbito del urbanismo y de la ordenación del territorio, del medio ambiente, o de la seguridad pública, entre tantos).

Constituye ésta una *posición dual* que abre toda una *escala de creatividad* en favor de la Administración ante la legislación primaria: la vinculación a la ley y al Derecho se modula o refracta en virtud de la forma o modalidad en que la ley la programe o dirija: normas sustantivas y de detalle, normas de procedimiento, normas de organización, etc.

c) La Administración, creadora y aplicadora

La Administración *crea* y *aplica* Derecho a un tiempo, en una medida y con una finalidad específicas[49]. La *función* que asume la Administración deviene *heterogénea*: de un lado, actúa *como si* de un *legislador* se tratara, y elabora legislación secundaria o subordinada, sea de complemento o desarrollo de la legislación primaria (reglamento ejecutivo, por ejemplo), o sea de normas que no representen un derivado sustantivo de ésta (planeamiento urbanístico y territorial, normas de organismos reguladores...); de otro, opera *como si* fuera un *juez*, en cuanto que interpreta y aplica a cada caso la legislación vigente (primaria y secundaria), sea o no en fase contenciosa, como «parte»[50], o como juez[51]. *Una y otra función ante las fuentes requieren aproximaciones distintas.*

---

[49] Sobre esta interesante temática –la diferente naturaleza y sentido con la que la Administración «legisla» y «enjuicia»–, véase «Final Report of the Attorney General's Committee on Administrative Procedure» *(Senate Document No. 8, 77th Congress, First Session,* 1941). Para su comentario, J. BARNES, *Tres generaciones de procedimiento administrativo*, Global Law Press-Editorial Derecho Global, Sevilla, 2012, capítulo primero.

[50] Como «parte» en cuanto actúa del lado del interés general y de su defensa y consecución. Piénsese, por ejemplo, en un procedimiento autorizatorio.

[51] Por ejemplo, en un procedimiento competitivo (acceso a la función pública, contratación administrativa, etc.).

d) Administración regulada y Administración reguladora

Las fuentes en el Derecho Administrativo presentan un carácter *bifronte*: la Administración es reguladora y regulada[52]. En efecto, la Administración es *regulada* y la Administración es *reguladora*, condición ésta que resulta indisoluble en la medida en que la Administración sea *regulada para regular*. La Administración local, la universitaria, los organismos reguladores, el banco central, por ejemplo, son regulados para, a su vez, regular el ámbito en el que respectivamente se mueven.

III. RELACIÓN ENTRE EL CONCEPTO DE FUENTES Y LA FORMA DE GOBIERNO Y ADMINISTRACIÓN. EJEMPLIFICACIÓN

Del examen de las tres funciones tradicionales de las fuentes (núm. II), se infieren dos consecuencias a nuestros efectos:

(i) La primera es que esas funciones no sólo conservan su vigencia y actualidad, sino que además han adquirido algún sentido nuevo.

(ii) La segunda es que, con todo, la teoría de las fuentes requiere una actualización y enriquecimiento.

Seguidamente nos ocupamos de esta segunda afirmación. La clave, a este propósito, y he aquí la tesis principal que se postula, reside en contemplar el sistema de fuentes a la luz y en el contexto de las formas y modos de gobierno y administración, esto es, desde la perspectiva de la regulación.

Para ilustrar esta relación, hemos de comenzar con una selección de casos tipo, o ejemplos característicos, en una escala que va de un *esquema clásico* (ley de contenidos materiales-reglamento ejecutivo-acto de aplicación, a modo de pirámide) a otro *más moderno* (leyes con esca-

---

[52] Utilizamos el término «regulación» en sentido muy amplio. Véase, sobre el tema, la segunda parte del presente capítulo. Asimismo, aunque no del todo coincidente en su amplitud, *vid.* el primer capítulo de esta obra.

sos contenidos materiales-múltiples y cambiantes normas infralegales con relevante poder de decisión-corresponsabilidad de sujetos públicos y privados, a modo de estructura reticular).

El primero –legislación de protección de las costas– responde a las premisas que subyacen a la teoría general de Derecho Administrativo clásico, y dentro de ésta, a la teoría de las fuentes (núm. 1). El segundo –legislación urbanística– presenta ya numerosas desviaciones del modelo explicativo clásico (núm. 2). El tercero –la normativa europea para la consecución de un mercado único de servicios económicos– representa un ejemplo de las nuevas modalidades de gobierno y administración, donde el eje de la teoría de las fuentes se desplaza hacia la teoría de la regulación (núm. 3).

1. *PRIMER CASO*. LA LEY DE COSTAS Y SU FORMA TRADICIONAL DE VINCULACIÓN O SOMETIMIENTO DE LA ADMINISTRACIÓN A TRAVÉS DE NORMAS MATERIALES O CONDICIONALES

a) CONTEXTO

A mero título de ejemplo, la Ley española 22/1988, de Costas, tiene por objeto proteger y racionalizar el uso de la ribera del mar y de las rías (playas, zonas marítimo-terrestre), del mar territorial y las aguas interiores, así como de los recursos naturales de la zona económica y la plataforma continental.

Es una «ley administrativa», en el sentido de que convierte a la Administración en protagonista central de la protección medioambiental de las costas, esto es, descarga sobre sus espaldas la consecución de los fines y los objetivos de esta política pública. Entre otras cosas, la Administración es la titular de los bienes de dominio público que integran las costas; a ella corresponde realizar el deslinde de los 7.880 kilómetros de litoral, de los que el 24% constituyen playas; es beneficiaria y protectora de las servidumbres legales que recaen sobre los predios de propiedad privada colindantes con el dominio público; regula y planifica la utilización de las costas, resuelve las autorizaciones y concesiones que cabe otorgar; gestiona el régimen económico-financiero de la utilización de las costas (financiación de obras, cánones y tasas); impone las sanciones pertinentes por las infracciones de la Ley, se encarga de que se restituyan las cosas por daños que se produzcan en las costas y se repongan a su estado anterior, así como de la indemnización que en su caso proceda.

b) Esquema clásico

Se trata de una Ley administrativa que es, además, «clásica», puesto que encaja a la perfección con la explicación «oficial» de la división de poderes, característica del Estado liberal. Y ello en razón de tres consideraciones:

(i) Primero, porque la Ley de Costas, en términos generales, gobierna y vincula a la Administración por medio de indicaciones muy precisas; es, en efecto, una Ley que sabe *qué* es lo que quiere y *cuáles* son los medios para alcanzarlo.

(ii) Segundo, porque la acción administrativa posee un marcado carácter *ejecutivo* o de aplicación, pues se concentra en poner en práctica el programa que la Ley contiene.

(iii) Y, tercero, porque el modo de hacer realidad el principio de legalidad o de sometimiento de la Administración a la ley y al Derecho[53] se canaliza al modo tradicional, a saber: mediante estándares *sustantivos* que regulan la conducta de la Administración y de los ciudadanos, o, lo que es lo mismo, la Ley delinea numerosos presupuestos de hecho (qué ha de entenderse por «playa», por ejemplo) y las consecuencias jurídicas que deban anudarse a esa realidad (aplicación del régimen jurídico del dominio público). La Ley de Costas, en efecto, establece una programación material de naturaleza condicional: *si* concurre una determinada circunstancia –por ejemplo, la presencia de los elementos naturales que la Ley califica de «playa» como zona de depósito de materiales sueltos, tales como arenas, gravas y guijarros–, *entonces* la consecuencia será la prevista: la entrada en escena de un concreto régimen jurídico (la demanialidad del bien y la imposibilidad de constituir derechos patrimoniales sobre las mismas).

c) Ejemplificación

Esos rasgos se aprecian en todos los pasajes de la Ley. Por ejemplo, la Ley dispone, como primera medida, determinar o identificar en cada tramo de costa el dominio público marítimo-terrestre y asegurar su integridad y adecuada conservación, adoptando, en su caso, las medidas de protección y restauración necesarias. Para ello le encomienda a la Administración que practique el oportuno deslinde «ateniéndose a las características de los bienes que lo integran»[54] con-

---

[53] Simbolizado en el caso español en el art. 103.1 de la Constitución, de acuerdo con el cual, «La Administración Pública sirve con objetividad los intereses generales y actúa (...) con sometimiento pleno a la Ley y al Derecho.»

[54] Art. 11 de la Ley de Costas.

forme a lo dispuesto en las definiciones legales de los distintos elementos (riberas, mar territorial, recursos naturales de la zona económica y plataforma continental, terrenos ganados al mar, etc.)[55].

De este primer ejemplo, en lo que hace al sistema de fuentes, conviene destacar por último la *centralidad* que aquí adquiere la idea de *límite*. Al administrativista le interesa constatar, en efecto, si la notable expansión que del concepto de dominio público marítimo-terrestre opera la Ley de Costas de 1988[56] y de los bienes que lo componen respecto de la legislación anterior de 1969[57] se encuentra dentro de los límites que la Constitución autoriza[58]; si la Administración se mueve dentro de la cobertura que la Ley le proporciona en cada caso (deslindes, autorizaciones, concesiones, etc.); si el reglamento ejecutivo de la Ley de Costas, aprobado por el Gobierno, no desborda el marco legal[59]; etc.

En resumen, las fuentes (Constitución, ley y reglamento, esencialmente) se sitúan en la relación esperada en la visión originaria del principio de división de poderes. Primero, porque responden al desiderátum clásico de que la ley se anticipe a la realidad y disponga las soluciones y respuestas frente a los problemas que se puedan suscitar –aquí de protección medioambiental y uso público de las costas–. Segundo, porque se producen en cascada (Constitución-ley-Reglamento-actos de aplicación), reservando a cada poder, legislativo y ejecutivo, lo que en teoría le está atribuido (el Parlamento legisla y la Administración aplica). Tercero, porque son productos normativos (Ley de Costas de 1988 y Reglamento de desarrollo de 1989)[60] que nacen con una cierta vocación de estabilidad y permanencia –de ahí su abstracción y generalidad–. Y, por último, en cuarto término, porque los tres poderes se sitúan en una suerte de relación lineal, en la medida en que la Ley de Costas posee una enorme capacidad de dirección y diseño y acapara el protago-

---

[55] Por ejemplo, arts. 3 y 4 de la Ley de Costas.

[56] Arts. 3-6 de la Ley de Costas.

[57] Arts. 1 y 2. Sobre el tema, puede verse JAVIER BARNES, «Ley de Costas y garantía indemnizatoria», en *Administración de Andalucía: Revista Andaluza de Administración Pública*, núm. 2, 1990, pp. 63-122.

[58] Por ejemplo, si es compatible con los arts. 132 y 33.3 de la Constitución española de 1978, entre otros. En concreto, el art. 132.1 garantiza el carácter demanial de las costas en los siguientes términos: «La Ley regulará el régimen jurídico de los bienes de dominio público y de los comunales, inspirándose en los principios de inalienabilidad, imprescriptibilidad e inembargabilidad, así como su desafectación.»

[59] Real Decreto 1471/1989, de 1 de diciembre, por el que se aprueba el Reglamento General para Desarrollo y Ejecución de la Ley 22/1988, de 28 de julio, de Costas.

[60] Real Decreto 1471/1989, de 1 de diciembre, por el que se aprueba el Reglamento General para Desarrollo y Ejecución de la Ley 22/1988, de 28 de julio, de Costas.

nismo del programa o política a desarrollar; la Administración ejecuta sus designios (lo que tampoco la convierte desde luego en una organización que aplique mecánicamente la Ley, obvio es decirlo); y los jueces y tribunales fiscalizan que ésta ha observado los mandatos de aquélla.

2. *SEGUNDO SUPUESTO*. EL DERECHO URBANÍSTICO

a) CONTEXTO

Las leyes en materia de urbanismo o legislación del suelo (por ejemplo, la Ley estatal del Suelo de 2008[61], y la legislación aprobada por las Comunidades Autónomas[62]) regulan el proceso urbanizador, esto es, cómo ha de crecer la ciudad y, más en general, los usos constructivos del suelo, de un lado, y cómo se constituyen sobre el suelo las facultades dominicales y los derechos patrimoniales de los ciudadanos, de otro. Entre los objetivos que esa legislación establece cabe destacar la utilización racional del suelo como recurso natural de conformidad con el principio de crecimiento sostenible[63] y la consecución del derecho a una vivienda digna[64].

Se trata igualmente de una legislación «administrativa», en el mismo sentido a que antes se ha hecho referencia: por mandato de la ley, es la Administración la que controla el entero proceso urbanizador, aun cuando se admita la iniciativa privada y la colaboración[65], lo que comprende la planificación o planeamiento urbanístico en todas sus modalidades y ámbitos; la gestión o ejecución; y, desde luego, la disciplina urbanística (licencias, inspección, sanciones).

---

[61] Real Decreto Legislativo 2/2008, de 20 de junio, por el que se aprueba el Texto Refundido de la Ley de Suelo.

[62] Véanse, por ejemplo, en Cataluña, el Decreto Legislativo 1/2005, de 26 de julio, por el que se aprueba el Texto refundido de la Ley de urbanismo, el Reglamento de la Ley de urbanismo, aprobado mediante el Decreto 305/2006, de 18 de julio; y finalmente el Decreto-ley 1/2007, de 16 de octubre, de medidas urgentes en materia urbanística.

[63] Por ejemplo, art. 2 del citado Texto Refundido de la Ley de Suelo.

[64] Por ejemplo, art. 4.a) del citado Texto Refundido de la Ley de Suelo; o la Ley 1/2010, de 8 de marzo, Reguladora del Derecho a la Vivienda en Andalucía.

[65] De acuerdo con el Texto Refundido de la Ley del Suelo, «(l)a ordenación territorial y la urbanística son funciones públicas no susceptibles de transacción que organizan y definen el uso del territorio y del suelo de acuerdo con el interés general, determinando las facultades y deberes del derecho de propiedad del suelo conforme al destino de éste.»

b) Desviación relativa del esquema clásico

Ahora bien, por contraste con la Ley de Costas, aquí la legislación no responde a las expectativas de la «clásica» construcción de la división de poderes. Nótese, en efecto, que esa legislación se resuelve a la postre en complejos procedimientos administrativos de creación de ciudad y adquisición de facultades urbanísticas, pero no establece por sí misma el concreto modelo de ciudad, cómo y en qué forma ésta ha de crecer, ni, menos aún, dónde se han de localizar las infraestructuras principales, los usos industriales o los residenciales, por ejemplo. La política urbanística, con todo lo que ello entraña y los efectos multiplicadores de carácter estructural que para el hábitat humano, las actividades económicas, el tráfico o el medio ambiente supone para tantas generaciones, se halla en manos de la Administración; de una Administración, nótese bien, que no escribe al dictado de lo que la Ley del Suelo le ordene, porque ésta guarda silencio sobre esas opciones. En este caso, pues, no se dan esas tres circunstancias que sí concurrían en la Ley de Costas:

(i) La legislación urbanística no gobierna, ni sujeta a la Administración a través de indicaciones materiales o sustantivas concretas relativas a los usos a asignar a cada porción del suelo, cómo y por dónde ha de desplegarse la ciudad; la estrategia territorial y las infraestructuras en cada caso necesarias; etc. Aquí, los estándares urbanísticos uniformes son escasos, tienen carácter de mínimo y constituyen la excepción (por ejemplo, zonas verdes por número de habitantes). La Ley *no sabe lo que quiere para cada ciudad o espacio en singular*, porque en realidad no se puede saber *a priori*, esto es, en abstracto, con carácter general y vocación de permanencia o, por mejor decir, sólo sabe cuál es el objetivo último y trascendente (el acceso de todos a una vivienda digna; el crecimiento sostenible y cohesionado de las ciudades; la creación de un hábitat urbano adecuado; etc.).

(ii) La acción administrativa en modo alguno posee naturaleza meramente *ejecutiva*, puesto que, en rigor, no hay apenas estándares materiales que aplicar. El programa para la ciudad no está en la ley, sino en el planeamiento urbanístico, en manos de la Administración.

(iii) El modo de sometimiento de la Administración a la Ley y al Derecho no se realiza entonces, como en el primer caso, a través de criterios, estándares o programas materiales y condicionales. La programación es, por el contrario, de carácter *finalista y procedimental*. La ley establece objetivos, finalidades, principios y objetivos a alcanzar, garantías de resultado. Y los procedimientos de elaboración y aprobación del planeamiento en todas sus modalidades y especies; de ejecución y gestión del planeamiento; de disciplina; y de adquisición de las facultades urbanísticas que al propietario correspondan. El modelo concreto de cada ciudad se difiere a la Administración, y con ello, una enorme cuota de poder en la realización y ejecución de la política pública del suelo y de la vivienda. *La Administración urbanística es mucho más poderosa que la Administración de Costas*[66]. Ahora bien, la cuestión no es que una tenga mayor poder que la otra. El problema consiste en que, en el Derecho urbanístico, las fuentes no funcionan al modo clásico o esperado, en un doble sentido: primero, porque no es la ley la que dirige el sector con sus previsiones materiales o sustantivas, con todo lo que eso significa (de entrada la ley no ofrece entonces un canon o parámetro denso y claro para controlar y enjuiciar la acción administrativa); y, segundo, porque la Ley del Suelo, por sí misma, tiene menor fuerza explicativa de la realidad y del funcionamiento del sector.

c) Relaciones «no ejecutivas» entre la ley y el Reglamento

La preocupación por la observancia de los límites entre una y otra fuente, entre la Ley y el Reglamento en particular, no tiene aquí la misma *centralidad* que en el primer caso, puesto que la norma situada en el vértice superior, la ley, posee escaso contenido material y dirige pocas indicaciones concretas y terminantes hacia las normas inferiores. El contraste y examen del trasvase que se hace en las normas inferiores de la cascada (reglamentos, planes urbanísticos) se contraerá a las cuestiones de procedimiento y organización que la Ley del Suelo haya establecido como indisponibles y, por supuesto, a la compatibilidad de esas normas inferiores con los objetivos, fines o principios de la Ley y, en última instancia, de la Constitución[67]. Pero la idea de límite juega ya un papel muy diferente, primero porque no se extiende con la misma intensidad a los contenidos materiales (si el plan respeta los mandatos o estándares materiales de la Ley del Suelo); y, en consecuencia, en segundo lugar, no agota las cuestiones que al jurista importan, pues esa perspectiva dispensa una explicación insuficiente acerca de cómo funciona el urbanismo en la realidad jurídica.

---

[66] En este caso, la Constitución abre espacios a distintas opciones legislativas; la legislación deja amplias zonas de libertad a la Administración.

[67] Véase, por ejemplo, el art. 47 de la Constitución española de 1978: «Todos los españoles tienen derecho a disfrutar de una vivienda digna y adecuada. Los poderes públicos promoverán las condiciones necesarias y establecerán las normas pertinentes para hacer efectivo este derecho, regulando la utilización del suelo de acuerdo con el interés general para impedir la especulación.

La comunidad participará en las plusvalías que genere la acción urbanística de los entes públicos.»

d) Contraste y comparación entre ambos supuestos

En efecto, si el programa político de protección y uso racional del litoral lo diseña la Ley de Costas con una cierta estabilidad y certidumbre, tiene pleno sentido, desde luego, conocer y valorar cómo incorpora la Administración ese programa en la legislación secundaria (en los reglamentos, por ejemplo) y, en definitiva, cómo se lleva a la práctica a la luz de la Ley. Ello permite identificar acciones u omisiones; desviaciones de lo dispuesto en la Ley; cuestiones pendientes; incompatibilidades o eventuales colisiones con los preceptos legales de una determinada actuación; etc. En cambio, cuando la Ley del Suelo, en nuestro caso, no fija el programa político del uso racional del suelo, no establece el modelo de cada ciudad, ni configura cómo se va a llevar a cabo la política de vivienda en cada tiempo y lugar, la tarea fundamental no puede versar sobre los contenidos materiales a respetar por las normas administrativas, tanto en lo que se refiere a la función prescriptiva, como a la explicativa.

Baste ahora dejar anotado que la idea de límite –de límite en este caso que ha de respetar la Administración en su producción normativa– ha de ser completada, puesto que poco se puede explicar del Derecho urbanístico desde ese ángulo, que es, como se ha advertido, en el que se concentra la explicación tradicional de la división de poderes. En casos como éste, más allá de la observancia de los límites impuestos por la norma superior sobre el planeamiento urbanístico, interesa conocer cómo puede la ley dirigir más y mejor la política urbanística que ha de quedar en manos de la Administración, cuando no puede anticiparse a la realidad ni gobernar todos los usos urbanísticos imaginables del suelo para cada espacio, etc.[68]

Dicho de otro modo, es necesario conocer la *estrategia reguladora* que surca el urbanismo y cuáles son las *estructuras* o *herramientas* reguladoras, entre las que destacan los procedimientos administrativos y la organización administrativa allí implantados.[69]

---

[68] Algunas consecuencias, *infra* núm. IV.
[69] Véase el ejemplo siguiente (núm. 3).

	LEY DE COSTAS	LEY DEL SUELO
CONTENIDO DE LA LEY	Ley con contenidos *materiales* (criterios o estándares sustantivos sobre la protección y uso de las costas). La Ley contiene los elementos fundamentales de la política de protección de las costas: sus elementos integrantes; las acciones que han de realizarse para su determinación e integridad; los usos de esos bienes.	Ley con contenidos *formales* (de procedimiento de creación de ciudad y de adquisición de facultades urbanísticas). La Ley no contiene los elementos fundamentales de la política urbanística: el modelo de cada ciudad, sus opciones básicas, sino fines genéricos.
PROGRAMACIÓN LEGAL DE LA ADMINISTRACIÓN	La Ley gobierna a la Administración mediante programas condicionales y materiales.	La Ley gobierna a la Administración mediante programas finalistas y normas de procedimiento y organización.
FUNCIÓN DE LA NORMA ADMINISTRATIVA	La norma administrativa (reglamento) se limita al desarrollo y concreción. Ejerce una función instrumental o de colaboración normativa con la Ley.	La norma administrativa (planes urbanísticos) contiene los elementos principales y el estatuto de cada porción del territorio.
EJECUCIÓN O CREACIÓN DEL DERECHO	La Administración actúa con carácter ejecutivo: aplica los criterios materiales dispuestos por la Ley de Costas.	La Administración no actúa con carácter meramente ejecutivo: es protagonista principal en la definición de las soluciones de fondo.
LIBERTAD DE CONFIGURACIÓN	La Administración (general del Estado) posee escasa libertad de configuración en la protección de las costas.	La Administración (local) posee una enorme libertad de configuración de cada ciudad.
EL LEGISLADOR DECIDE EL QUÉ, O DECIDE QUIÉN Y CÓMO HA DE DECIDIR	La Ley de Costas ha adoptado las decisiones fundamentales de la política medioambiental de las Costas.	La Ley del Suelo no ha tomado las decisiones fundamentales para cada ciudad, pero ha decidido *quién* ha de decidir (organización administrativa) y *cómo* ha de decidirse (procedimiento administrativo). Organización y procedimiento se convierten así en elementos fundamentales del análisis.

COMPLEJIDAD Y POSICIÓN DE LAS FUENTES	Las fuentes son simples (Ley de Costas y Reglamento ejecutivo); y se sitúan en una relación lineal y en cascada, que transporta el contenido material de arriba hacia abajo, desde la Ley al reglamento, y de éstos a la ejecución o aplicación.	Las fuentes son complejas, no se sitúan en una relación lineal, ni el contenido material se transporta desde la ley hacia abajo. Es el plan el que establece la ley. En la misma ejecución del plan caben muchas opciones posibles.
IMAGEN	La imagen en la que se sitúan el parlamento y la Administración podría representarse por dos espacios coextensos: la ley determina todo lo que ha de hacer la Administración y ésta se limita a ejecutar sólo y todo lo que la ley ha establecido.	La imagen en la que se sitúa el parlamento y la Administración podría representarse con una pirámide invertida, en cuyo vértice inferior se sitúa el primero: la ley no determina todo lo que ha de hacer la Administración, ni ésta se limita a ejecutar sólo y todo lo que la ley haya establecido.
EL ANÁLISIS DE LAS FUENTES EN FUNCIÓN DE LA OBSERVANCIA DE LOS LÍMITES MATERIALES Y FORMALES	En la relación lineal y en cascada que ocupan la Constitución, la Ley de Costas, y su Reglamento ejecutivo, la perspectiva del respeto de los límites que cada fuente ha de observar es importante: a) porque pone el acento en el control (perspectiva judicial) y permite su cuestionamiento e impugnación en caso de infracción (función prescriptiva); b) porque esa secuencia (Constitución-ley-reglamento) en estos casos da buena cuenta del sector y de la política de protección y uso de las costas (función descriptiva).	En la relación en que se sitúa la Ley del Suelo y los planes urbanísticos de cada municipio, la perspectiva del respeto de los límites (materiales o de contenido) resulta de menor relevancia: a) porque poco control material o sustantivo cabe hacer sobre el plan a partir de la Ley del Suelo (función prescriptiva); b) porque la secuencia de fuentes (Constitución-ley-plan urbanístico) no da buena cuenta de lo que ocurre en el sector (si lo que importa es determinar la observancia del inferior respecto del superior). El valor explicativo y prescriptivo queda reducido a la observancia de ese límite que no puede desbordarse. Es necesario, en consecuencia, introducir otros análisis para la comprensión del Derecho urbanístico y para aportar soluciones a problemas y déficits. De entrada, es necesario entender el papel fundamental, en el plano regulatorio, que aquí juegan la organización y el procedimiento (véase la casilla sobre la decisión del legislador sobre quién y cómo se toman las decisiones).

3. *TERCER EJEMPLO.* EL CASO DE LA DIRECTIVA EUROPEA DE SERVICIOS DE 2006

a) Contexto

La Directiva europea de Servicios (2006)[70] pretende crear un mercado único en todo el espacio europeo de servicios económicos. Renuncia, sin embargo, por razones muy heterogéneas, a uniformar las condiciones de prestación de cada uno de los servicios (hoteleros, profesionales, comerciales, etc.), a través de normas jurídicas vinculantes emanadas desde un único centro, sistema éste en que se resuelve el método tradicional.

b) Pluralidad de técnicas y estrategias

Y recurre, por el contrario, a toda una suerte de estrategias regulatorias combinadas (véase más abajo cuadro 2):

(i) Regulación normativa *tradicional*: normas uniformes, centralizadas y vinculantes, tales como prohibiciones, un mínimo de órdenes y mandatos; programaciones legales de carácter finalista (garantía de resultado); armonización selectiva. Por ejemplo: arts. 9 y ss. de la Directiva (principios de no discriminación, proporcionalidad, etc.); la exigencia de formularios armonizados a escala comunitaria para el establecimiento de un prestador; etc.

(ii) Regulación por *información* (estrategias basadas en la comunicación): la información facilitada por los sujetos intervinientes (públicos y privados) hace posible una mejor libertad de elección, condiciona o dirige determinados comportamientos, presta asesoramiento para el ejercicio de los respectivos derechos, etc. Por ejemplo: art. 7 (información para los prestadores y los destinatarios); art. 21 (asistencia a los destinatarios para facilitar la elección y la movilidad).

(iii) Regulación a través de la *competencia* (el mercado): se pretende establecer un mercado competitivo de servicios económicos en Europa como mecanismo

---

[70] Directiva 2006/123/CE del Parlamento Europeo y del Consejo, de 12 de diciembre de 2006, relativa a los servicios en el mercado interior [Diario Oficial L 376 de 27.12.2006]. Puede verse, por ejemplo, en http://eur-lex.europa.eu/smartapi/cgi/sga_doc?smartapi!celex plus!prod!DocNumber&lg=es&type_doc=Directive&an_doc=2006&nu_doc=123.

que garantice más calidad a mejor precio. Es la filosofía que subyace a la Directiva, su objetivo último.

(iv) Regulación por medio de la *cooperación público-privado*: mediante la *autorregulación* como estrategia regulatoria, el consentimiento de los participantes se erige en el método para condicionar o limitar determinadas conductas o acciones. Por ejemplo: art. 37 (elaboración de códigos de conducta a nivel comunitario). La colaboración público-privado se extiende a otros supuestos, como por ejemplo: art. 26 (sistemas de evaluación y certificación en beneficio de la calidad de los servicios); art. 7.2 (asesoramiento a proveedores y destinatarios); art. 9.1 (transferencia al sujeto privado de los costes de transacción, como los que se refieren a la obtención de la información necesaria sobre el estado de la cuestión y sobre la legalidad aplicable).

(v) Regulación a través de la *cooperación inter-administrativa*: la cooperación consiste en administrar en común, sin pérdida de la identidad individual de cada Administración (principio de separación y de cooperación funcional). La obligación de cooperar entre todas las Administraciones tiene alcance general y se extiende a todas las medidas necesarias: control, supervisión y seguimiento; evitación de duplicidades; identificación de requisitos equivalentes; determinación del Derecho aplicable. Por ejemplo: art. 28.2 (puntos de contacto: coordinadores IMI[71]); arts. 28 y 29, 34 (intercambio de información y asistencia recíproca); art. 6, 21 y 22 (ventanillas únicas).

(vi) Estrategias basadas en un diseño estructural del *procedimiento administrativo como medio de dirección*: *el legislador comunitario y nacional decide cómo decide la Administración*, es decir, el diseño legal del modo y la forma en que se toman decisiones (procedimiento) constituye una estrategia de dirección de la Administración por parte del legislador. *El legislador toca una tecla y lo transforma todo* (por ejemplo, sustitución de la autorización por la comunicación: el control se desplaza y organiza de otro modo; se obliga a trabajar en común; etc.). Otros ejemplos: art. 8 (procedimiento por vía electrónica); art. 5 (simplificación y modernización

---

[71] El IMI (sistema de información del mercado interior, destinado exclusivamente a las autoridades públicas de los Estados miembros y no accesible a los ciudadanos ni empresas) es una herramienta proporcionada por la Comisión Europea para facilitar la cooperación administrativa entre las autoridades competentes de los Estados miembros o entre éstas y la Comisión, en relación con diversos ámbitos vinculados al mercado interior.
Las autoridades finales son la razón de ser del sistema IMI. Son ellas las llamadas a participar más activamente en el sistema, intercambiándose información, consultas, etc. para llevar adelante la necesaria cooperación administrativa entre los Estados miembros. Cfr. la web oficial de la Administración General del Estado (en España, mediante la búsqueda de «IMI» y «Directiva de Servicios»).

de los procedimientos: documentos, formatos, etc.); art. 9.1 (autorización como mecanismo excepcional y transformación del control *ex ante* a un control *ex post*). El procedimiento se utiliza para garantizar que se adoptan las decisiones que el legislador comunitario desea, aunque no se sepa de antemano cuáles hayan de ser.

(vii) Estrategias basadas en una configuración estructural de la *organización administrativa como medio de dirección*. Por ejemplo, art. 7.3, 8 (la organización del gobierno electrónico; oficinas virtuales, con fachada principal y «cocina»); art. 34 (la vertiente organizativa del Sistema Electrónico de Intercambio de Información). La cooperación interadministrativa tiene alcance general y se extiende a todas las medidas necesarias: control, supervisión y seguimiento; evitación de duplicidades en los requisitos exigibles para la prestación de servicios; identificación de requisitos equivalentes; y determinación del Derecho aplicable. *La clásica regulación normativa (normas uniformes y obligatorias para cada servicio) es reemplazada por una regulación de efecto equivalente: la regulación de una organización administrativa que coopera y asiste al prestador de servicios.*

c) Contraste o comparación con el modelo clásico donde regular es igual a dictar normas escritas tendentes a disciplinar las actuaciones de los sujetos concernidos

En suma: regular es *dictar normas* de obligado cumplimiento, sí, pero también lo es *crear una organización administrativa apropiada* (establecer ventanillas únicas al servicio del prestador de servicios, erigir una estructura avocada a la cooperación interadministrativa); o *establecer el marco organizativo y procedimental de determinadas actividades privadas autorreguladas* para la fijación de códigos de conducta de los prestadores a escala comunitaria, mediante asociaciones y órganos que aseguren la necesaria representatividad y transparencia, por ejemplo (sobre ello volveremos en la segunda parte).

MODELO SUBYACENTE A LA DIRECTIVA DE SERVICIOS

Método o estrategia de regulacion	CARACTERÍSTICAS	EJEMPLIFICACIÓN EN LA DIRECTIVA DE SERVICIOS
REGULACIÓN CLÁSICA («ORDENO Y MANDO»)	– Normas uniformes, centralizadas y obligatorias. – Prohibiciones, órdenes y mandatos. – Programación finalista (garantía de resultado). – Armonización selectiva.	Arts. 9 y ss. (principios de no discriminación, proporcionalidad). Art. 5.2 (formularios armonizados a escala comunitaria para el establecimiento de un prestador).
REGULACIÓN POR INFORMACIÓN (COMUNICACIÓN)	La información facilitada por los sujetos intervinientes (públicos y privados) hace posible una mejor libertad de elección, condiciona o dirige determinados comportamientos, facilita el asesoramiento, etc.	Art. 7 (información para los prestadores y los destinatarios). Art. 21 (asistencia a los destinatarios: facilitar la elección y la movilidad).
COMPETENCIA (MERCADO)	Un mercado competitivo de servicios como mecanismo para garantizar más calidad a mejor precio.	Art. 1 (objetivo último de la Directiva). Art. 1 (la regulación del mercado y de la competencia a escala europea es un instrumento para la prestación de un nivel elevado de calidad de los servicios).
COOPERACIÓN PÚBLICO-PRIVADA (AUTORREGULACIÓN / CONSENSO)	Mediante la autorregulación, el consentimiento de los participantes se erige en el método para condicionar o limitar determinadas conductas o acciones.	Art. 26 (sistemas de evaluación y certificación en beneficio de la calidad de los servicios). Art. 37 (elaboración de códigos de conducta a nivel comunitario; guías). Art. 7.2 (asesoramiento a proveedores y destinatarios). Art. 9.1 (transferencia al sujeto privado de los costes de transacción para el conocimiento de la legalidad que le resulta aplicable).

COOPERACIÓN INTER-ADMINISTRATIVA	*La cooperación consiste en administrar en común* (principio de separación y de cooperación funcional). La obligación de cooperar entre todas las Administraciones es general y se extiende a todas las medidas necesarias: – Control, supervisión y seguimiento. – Evitación de duplicidades; identificación de requisitos equivalentes. – Determinación del Derecho aplicable.	Art. 28.2 (puntos de contacto: coordinadores IMI: sistema de información del mercado interior). Art. 28 y 29, 34 (intercambio de información y asistencia recíproca). Art. 6, 21 y 22 (ventanillas únicas).
ESTRATEGIAS BASADAS EN NORMAS DE PROCEDIMIENTO ADMINISTRATIVO	*El legislador comunitario y nacional decide cómo decide la Administración:* El diseño inteligente del modo y la forma en que se toman decisiones (procedimiento) constituye una estrategia de dirección de la Administración y de organización del sector (por ejemplo, sustitución de la autorización por la comunicación: el control se desplaza y organiza de otro modo; se obliga a trabajar en común; etc.).	Art. 8 (procedimiento por vía electrónica / Gobierno electrónico) Art. 5 (simplificación y modernización de los procedimiento: documentos, formatos, etc.) Art. 9.1 (autorización como mecanismo excepcional)
ESTRATEGIAS BASADAS EN NORMAS DE ORGANIZACIÓN ADMINISTRATIVA	*El legislador comunitario y nacional decide cómo es y trabaja esa Administración (en esencia, de forma cooperativa entre todas las Administraciones, y de éstas con el sector privado).*	Art. 7.3, 8 (gobierno electrónico; oficinas virtuales). Art. 34 (sistema electrónico de intercambio de información).

4. RECAPITULACIÓN

a) La teoría tradicional de las fuentes se asienta sobre la forma tradicional de legislar

El planteamiento convencional gira en torno a dos ejes: *las fuentes del Derecho como sistema a respetar por parte de los distintos sujetos intervinientes* (i); y *las fuentes como explicación y conocimiento del sector* (ii).

Enfoque éste que se basa en dos premisas: primero, en un Derecho Administrativo de contenido «negativo», en el que prima la preocupación por lo que «no se puede hacer»[72], y, segundo, en un sistema de fuentes característico de los sectores tradicionales, en los que la ley material encierra en sí misma la mayor parte de las reglas de juego, los estándares o recetas a aplicar en cada caso, las soluciones a los problemas de futuro[73].

Es éste, sin duda, un enfoque plenamente válido, hoy como ayer.

Cuestión distinta es que resulte insuficiente conforme se desciende gradualmente por esa escala ideal, para analizar otras formas de gobierno y administración, como las que representa la Directiva de Servicios antes citada[74].

---

[72] *Vid. infra* núm. IV.

[73] Así, en el ejemplo *supra* núm. III.1.

[74] Cfr. III.3. Lo cierto, en suma, es que la imagen idílica de la ley en el siglo XIX se ha transformado profundamente. La codificación decimonónica era la portadora de las esencias del ordenamiento jurídico. Nacía con pretensiones de estabilidad. Las necesidades regulatorias de la sociedad contemporánea y el variado objeto de regulación han complicado ese paisaje.

b) La teoría contemporánea de las fuentes ha de actualizarse para contemplar lo que sucede en otros sectores

La naciente pluralidad de modelos de administración y gobierno, con otras señas de identidad, entraña una nueva forma de hacer políticas públicas y, desde luego, de hacer Derecho, lo que implica, por consecuencia, una aproximación o análisis distintos. Al fin y al cabo, como se ha reiterado, las fuentes del Derecho operan de modo diverso en los modelos regulatorios tradicionales («gobierno») y en los modelos más participativos y cooperativos («gobernanza»)[75]:

(i) En los modelos regulatorios tradicionales, en efecto, las normas discurren de arriba hacia abajo, o en cascada; poseen carácter obligatorio; y la atención se concentra en las normas escritas. En el proceso regulatorio tradicional (y con él las fuentes del Derecho) los «regulados» no son sino meros destinatarios, y no verdaderos participantes[76].

En los modelos cooperativos, por el contrario, se constituye una densa red de actores públicos y privados, todos ellos con una cuota de responsabilidad en la cadena regulatoria, en la que participa el sector privado y la sociedad, y en donde ya no sólo importan las normas escritas, venidas de arriba con carácter vinculante, sino también las normas no obligatorias y, en general, los documentos y mecanismos de Derecho blando, así como otras estructuras e instrumentos con eficacia regulatoria indirecta, como los esbozados en el caso de la Directiva de Servicios[77].

(ii) En los primeros, las normas presentan una mayor rigidez, abstracción y estabilidad, mientras que en los segundos se combinan con normas más flexibles y fluidas, de carácter blando, para adaptarse mejor a la naturaleza dinámica del sector. La ley en el primer caso tiende a fijar *qué* hay que hacer o resolver; en el segundo, por el contrario, *cómo* hay que proceder para hallar la solución.

La gobernanza –entendida a nuestros efectos como fórmula de gobierno en la que predominan los elementos propios de los que hemos

---

[75] Véase nota 39; asimismo supra núm. I.2.c). Asimismo, Parte Tercera, núm. I.2.c).

[76] *Ibídem*, p. 45.

[77] Cfr. *supra* núm. III.3. Sobre el tema, para mayor abundamiento y ejemplos, puede verse «Sobre el procedimiento administrativo: Evolución y perspectivas», en la primera edición de esta obra, 2006, pp. 270 y ss.

llamado «modelos cooperativos»[78]– representa el hilo conductor de esas distintas piezas, explica su funcionamiento y la aportación de cada uno al conjunto, subraya la necesidad de la cooperación y colaboración, evidencia el efecto negativo que una pieza produce sobre los demás (un Ente local, por ejemplo, con pobre gestión regulatoria afecta a los demás niveles de gobierno, genera daños a la economía o reduce la competitividad y la inversión)[79]. La tarea, pues, que tiene el administrativista ante sí va mucho más lejos de la tradicional y escapa a la mera –y ya de por sí ingente– labor de fiscalización de la validez y eficacia de las normas en función del marco de valores y principios que el sistema de fuentes encierra.

A ello dedicamos el siguiente epígrafe.

IV. NUEVAS DIMENSIONES QUE INTERESAN A LA DOCTRINA DE LAS FUENTES EN EL MARCO DEL DERECHO ADMINISTRATIVO CONTEMPORÁNEO. ALGUNOS EJEMPLOS

1. PERSPECTIVAS DE INTERÉS Y ENFOQUES METODOLÓGICOS

A resultas de cuanto antecede, y a modo de síntesis, podría concluirse que la moderna doctrina de las fuentes ha de preocuparse, no ya sólo de actualizar las funciones tradicionales que ha venido desempeñando (núm. II), sino también de cultivar otros elementos:

---

[78] Véase nota 39.

[79] Piénsese, por ejemplo, en el urbanismo. La mejor legislación urbanística y la más competente Administración superior quedarían gravemente comprometidas si la gestión regulatoria del Municipio es de poca calidad o incluso negativa.

a) Objeto ampliado

(i) En primer lugar, y habida cuenta de la íntima relación entre *sistema de fuentes* y *formas de regulación* (núm. III), importa estudiar el funcionamiento u organización de los diversos sectores, ámbitos o mercados en los que ocupan un lugar preeminente las *nuevas formas de gobierno y administración* (como en el caso del mercado de los servicios económicos a escala europea, o de los mercados financieros)[80]. No es tanto la norma o producto final, sino la compleja maquinaria que lo gesta lo que nos interesa. Sólo así podrán apreciarse las «fuentes en acción» desde una perspectiva más abierta. Y es que, como se ha insistido, las fuentes operan de un modo distinto en cada uno de esos ámbitos, que es necesario conocer y tipificar. Esa mayor amplitud de miras permite ver cosas como la siguiente:

El sistema tradicional de fuentes –legado del Estado liberal– se ha construido al amparo de la división de poderes, esto es, sobre la base de una neta y clara distinción entre *norma* y *ejecución*, y en cuya virtud aquél se interesa por los *actos normativos*, y no por los de *aplicación*, puesto que éstos no serían actos creadores de normas, no innovarían el ordenamiento jurídico.

Pues bien, con independencia de que ciertos actos administrativos, sentencias o contratos pudieran ser merecedores de un renovado análisis desde la misma teoría clásica, con mayor razón habrán de serlo frente a los nuevos modos de regulación. Y ello, entre otras razones, porque la separación entre norma y ejecución parece aquí disolverse, si se tiene en cuenta que actos normativos y actos de aplicación se asimilan y convergen en soluciones adoptadas en complejos procesos, caracterizadas por su naturaleza «constitutiva» –no son expresión de una norma previa y otorgan derechos hasta entonces inexistentes–; su estatus provisional o condicional; su carácter vocacionalmente revisable; etc.

(ii) En segundo término, interesa registrar el conjunto de sujetos o actores que participan en la cadena regulatoria de ese sector o mercado, sean públicos (parlamentos, autoridades y tribunales nacionales, supranacionales e internacionales) o privados (asociaciones, fundaciones, sociedades...)[81], e identificar la respectiva aportación.

---

[80] Para una rápida caracterización de esos sectores, *vid.* la tercera parte, núm. IV.

[81] Sobre este último ejemplo, *vid.* la segunda parte del presente capítulo.

La jurisprudencia, como se ha notado[82], ocupa en ocasiones un lugar destacado, más creativo e innovador que en los ámbitos tradicionales. Ese «descubrimiento» obliga a un tratamiento distinto. Si la jurisprudencia, en ciertas condiciones, no es sin más la boca de la ley, sino co-productora de normas, le serán de aplicación elementales principios y criterios, por ejemplo, cuando proceda a cambiar las reglas de juego (la interpretación o doctrina mantenida a lo largo del tiempo) y lo pretenda hacer con carácter retroactivo[83], como la necesidad de motivar la regla y su cambio, la observancia de los principios tales de seguridad jurídica y de proporcionalidad que, de ordinario, llamarán a una aplicación de futuro...

b) Enfoques metodológicos

Ese *objeto ampliado de interés* se complementa a su vez con dos *enfoques metodológicos*:

(i) En primer lugar, la *dimensión positiva* del Derecho Administrativo obliga a pensar no ya sólo en términos de defensa, de límites o de prohibiciones frente a la Administración –el respeto de la ley de fuentes–, sino también en clave positiva y de eficacia. No basta con observar el sistema de fuentes; es necesario además que esas fuentes sean manejables, de calidad, y efectivas.

Aquí podríamos, en consecuencia, distinguir tres grupos de problemas: primero, la consecución de un ordenamiento jurídico claro, fiable, coherente, o asequible, como instrumento de dirección; segundo, una producción de calidad –medida, sopesada, basada en la información ne-

---

[82] Cfr. *supra* núm. I.2.b) y II.2.

[83] Ese mayor protagonismo ha de considerarse legítimo siempre que se trate, claro está, de una producción normativa en el ámbito de las funciones jurisdiccionales legalmente atribuidas, en defensa de la legalidad o constitucionalidad de la que el órgano jurisdiccional sea guardián, y, desde luego, con respeto a las normas escritas. Allí donde sea necesario una opción, concreción, desarrollo, alumbramiento, avance o cierre, el juez o tribunal, de ordinario situado en la cúspide del sistema, lleva a cabo, en mayor o menor medida, una actuación que excede en mucho la meramente declarativa. Y, en esa justa medida, ha de respetar los criterios derivables del Estado democrático y de Derecho, que el propio juez le exige a la ley y a la norma infralegal.

cesaria– de las normas, programas o planes; y, en fin, un ordenamiento efectivo y eficaz, que haga realidad los objetivos que persigue[84]. Se trata, desde luego, de cuestiones entrelazadas.

A mero título de ejemplo:

– Por lo que hace al primer plano (un ordenamiento jurídico *manejable*), se podrían citar, entre otras preocupaciones de interés para un sistema contemporáneo de fuentes: (i) la permanente actualización del acervo o *stock* normativo, para evitar disfunciones, duplicidades, contradicciones, incertidumbres, obstáculos innecesarios, normas inservibles u obsoletas; (ii) la claridad de las normas (lenguaje comprensible, consolidación de textos y versiones, codificación o sistematización constantes); (iii) evitación de la inflación normativa (a la que son más propensos los Estados compuestos), mediante una mayor cooperación y convergencia de los distintos niveles de poder para fijar normas comunes, análogas o equivalentes; (iv) publicidad de la programación anticipada de las reformas proyectadas; (v) publicidad efectiva de las normas ya aprobadas; (vi) ayuda, orientación, facilitación de información... para la implementación y cumplimiento de las normas; (vii) análisis comparativo de buenas prácticas para la elaboración de normas (administrativas); etc.

– En cuanto a la *calidad normativa*, son numerosas las propuestas que desde la política o reforma regulatorias[85] cabe formular, y que van desde las evaluaciones de impacto regulatorio *ex ante* y *ex post*, y la medición de los efectos de las distintas alternativas u opciones legales, pasando por mecanismos cooperativos (entre Administraciones y con el sector privado, dentro y fuera de las fronteras nacionales) para la obtención y el procesamiento de la mejor información disponible, hasta la transparencia que evite la captura del regulador y genere prestigio y confianza en

---

[84] Los movimientos de simplificación administrativa, desregulación, «regular mejor» (en el marco de la Unión Europea), o en favor de una sólida política regulatoria (por todos, la OCDE), aunque no coincidentes de la sistematización aquí propuesta, son de interés para una ampliada teoría de las fuentes del Derecho Administrativo. Por su parte, la teoría de la dirección (véanse capítulos primero y segundo de la presente obra) aporta igualmente algunos impulsos, señaladamente en lo que hace a la efectividad de las normas.

[85] Entre otras referencias para estas cuestiones, pueden citarse las propias de Naciones Unidas (*United Nations Development Programme. Democratic Governance*: http://www.undp.org/content/undp/en/home/ourwork/democraticgovernance/overview.html); la OCDE (por ejemplo, en su web oficial, en http://www.oecd.org/gov/regulatorypolicy/); *Regulatory Policy Program. Harvard University* (http://www.hks.harvard.edu/m-rcbg/rpp/index.html); *Penn Program on Regulation* (https://www.law.upenn.edu/academics/institutes/regulation/people.html); etc.

las medidas establecidas. La calidad, por lo demás, está asociada a valores, derechos y bienes constitucionalmente protegidos[86].

– Por lo que hace, en fin, a la *efectividad* del Derecho, preocupación central, según nos consta, de la teoría de la dirección[87], interesan aquí las estrategias regulatorias alternativas al margen de las estrictamente normativas[88]; el grado de consenso y aceptación que se puede suscitar entre los destinatarios con cada alternativa; la supervisión y medición de su efectividad real, de los efectos imprevistos o indeseados; la flexibilidad para revisar y reformar las medidas establecidas; etc.

(ii) En segundo lugar, es necesario hacer fructificar la diferencia entre *Administración regulada* y *Administración reguladora*, y no sólo la simple bifurcación de fuentes *para* la Administración y *de* la Administración.[89] Con ello se atiende el interés por conocer *cómo* se regula a la Administración y *cómo* la Administración regula[90].

– En cuanto Administración regulada interesa descifrar en cada caso la programación legal de que ha sido objeto (finalista, condicional, detallada, de resultado, de carácter procedimental u organizativo…); los canales o formas de legitimación democrática que se le han conferido; las modalidades de acción y las responsabilidades que se le asignan; etc.

---

[86] La calidad normativa, por ejemplo, bien puede asociarse a viejos principios, tales como el binomio «seguridad jurídica-confianza legítima», de un lado, y «respeto de la propiedad-responsabilidad extracontractual» (garantía patrimonial del ciudadano), de otro, en un sentido evolutivo: si, por ejemplo, las reglas de juego establecidas a treinta años por el legislador (sean del mercado de las energías fotovoltaicas o de las termosolares), diseñadas para atraer la inversión y apostar por un modelo de energía, se cambiaran una vez realizada la inversión a los dos años de iniciado el período, y esos cambios sucesivos no estuvieran asentados en las evaluaciones pertinentes, sino que respondieran a impulsos improvisados, sin ponderación, faltos de elementales criterios de regulación normativa, se podría sostener que la falta de calidad termina por repercutir, con relevancia, sobre los referidos principios y derechos.

[87] Cfr. capítulos primero y segundo del presente volumen.

[88] Véase el cuadro 2, y el ejemplo relativo a la Directiva de Servicios.

[89] A esa distinción hacía referencia F. GARRIDO FALLA, en virtud de la procedencia de las fuentes: «hay fuentes para la Administración (por ejemplo, la ley que es dictada por órgano distinto de los administrativos) y fuentes de la Administración (los Reglamentos). Cfr. el capítulo relativo a las fuentes del Derecho, en *Tratado de Derecho Administrativo*, volumen I (Parte General), 9ª ed., Centro de Estudios Constitucionales, Madrid, 1985, p. 265.

[90] *Vid.* núm. II y III.

Aquí, una «mejor regulación» se traduce, de inmediato, en una regulación más racional e inteligente de la Administración, con efectos estratégicos y multiplicadores. El legislador puede así conseguir una mejor dirección política *en positivo* de la Administración (y no sólo su sujeción o sometimiento a la ley y al Derecho entendidos como conjunto de límites no superables). Si el acervo es coherente y claro se evitan los riesgos de una legislación masificada e inescrutable y, con ello, la ejecución e interpretación incompleta o parcial de la legalidad vigente. Regular mejor hace más real y efectivo el principio de legalidad.

– Como Administración reguladora, se suscitan problemas en parte iguales y en parte distintos. Aquí podrían aislarse por de pronto dos puntos de interés:

La Administración, en cuanto productora de normas infralegales y reguladora de mercados y sectores diversos, estará obligada a regular en iguales términos y condiciones de *manejabilidad, calidad,* y *efectividad*, extendiendo así los benéficos efectos que se siguen de esa triple exigencia.

En cuanto sujeto que dirige un mercado o sector, la Administración, además, ha de preocuparse por *obtener y procesar la mejor información disponible*, no ya sólo para adoptar decisiones sobre una base sólida (la aprobación o no de un medicamento para el consumo humano, por ejemplo), sino, con un alcance más general, para determinar cuáles pueden ser las prioridades de una política pública, las alternativas posibles, el grado de aceptación y consenso, la cooperación que puede suscitar y, desde luego, las consecuencias o impacto que una política, plan, programa o regulación depara. La Administración en cuanto reguladora es, ante todo, una «máquina» de obtener información, lo que le obligará a un continuo contacto con otras Administraciones –dentro y fuera del propio Estado– y con el sector privado y la sociedad civil.

¿LE IMPORTAN AL DERECHO ADMINISTRATIVO LAS ORGANIZACIONES Y LOS PROCEDIMIENTOS SUJETOS AL DERECHO PRIVADO?*

RESUMEN

La respuesta es resueltamente positiva: al sistema científico del Derecho Administrativo le interesan, y mucho, las *organizaciones* (asociaciones civiles, fundaciones, sociedades mercantiles...), así como los *procedimientos* (de carácter decisorio) que éstas siguen, aun cuando sea el Derecho Privado el que rija a unas y a otros.

La cuestión, más bien, es *por qué* le importan. Desentrañado ese interrogante, podrá establecerse, seguidamente, *en qué casos* presentan la organización y el procedimiento interés para el Derecho Administrativo, y, en segundo término, qué le corresponde a éste hacer.

En términos muy simples, cabe sintetizar el contenido del presente capítulo del siguiente modo:

Cuando los actores u organizaciones privadas (asociaciones, fundaciones, sociedades, individuos) realizan –en régimen de colaboración con el sector público– actividades de relevancia, como las que aquí se han seleccionado –prestaciones de servicios de interés general y actividades de carácter regulatorio–, es

---

* Esta parte tiene sus precedentes en otros trabajos: «Hacia una teoría contemporánea de la organización administrativa», en *Retos de la Organización Administrativa Contemporánea*, X Foro Iberoamericano de Derecho Administrativo, El Salvador 2011, Corte Suprema de Justicia, Sección de Publicaciones, San Salvador, 2011, pp. 469-514; «El sujeto privado en la Constitución económica: de la vertiente de defensa de los derechos y libertades, a la dimensión activa de los actores privados en cuanto protagonistas y corresponsables de la vida económica», en *Constitución Económica*, Actas de las XVII Jornadas de la Asociación de Letrados del Tribunal Constitucional (2011), coeditado por el Tribunal Constitucional y el Centro de Estudios Políticos y Constitucionales, 2012; «La transposición de valores públicos a los agentes privados por medio de elementos de organización y de procedimiento», en el marco del proyecto dirigido por la profesora María Mercè Darnaculleta Gardella en el Cluster de la Universidad de Constanza, en la obra colectiva de la que es editora la propia profesora (en prensa, Editorial Justel).

de esperar que, en función de la responsabilidad que asumen, incorporen pautas, criterios, principios o garantías análogos o equivalentes a los que se siguen o practican en el Derecho Público, ajustados naturalmente a la lógica del Derecho Privado. Al fin y al cabo, en los supuestos que se consideran, sujetos públicos y sujetos privados constituyen una suerte de «conglomerado» al servicio de una causa común; operan en el marco de una compleja red de actores, todos ellos necesarios; cada uno representa una pieza dentro de un conjunto, y en cuyo engranaje todos han de participar de una *cultura común*. Y ello no ya sólo por razones de eficacia, sino de legitimidad y de respeto de las exigencias derivadas del Estado de Derecho.

Un simple ejemplo para ilustrarlo:

Las asociaciones (civiles) de profesionales (abogados, economistas, arquitectos, etc.), cuando se reúnen a escala europea, en este caso por encargo o imperativo de la Ley[1], para establecer sus respectivos códigos de conducta comunitarios, fijan por medio de éstos las normas mínimas de comportamiento para los profesionales en toda Europa y complementan así los requisitos legales de los Estados miembros[2]. En función de cada profesión, esos códigos incluyen, entre otras cosas, normas de comunicación comercial relativas a las profesiones reguladas, así como normas de deontología y conducta profesional de dichas profesiones, con vistas a garantizar, en particular, la independencia, la imparcialidad y el secreto profesional[3]. De ahí se infieren o derivan concretas obligaciones, prohibiciones, condiciones, o límites, para el ejercicio de las profesiones y la prestación de los diversos servicios económicos en el mercado único europeo[4].

Ello significa que estas asociaciones privadas despliegan alguna forma de control y de regulación de las actividades en cuestión[5], y que establecen reglas que disciplinan el acceso a las actividades de servicios o su ejercicio. Y esas actividades regulatorias se llevan a cabo en colaboración con otros poderes públicos (legislador, autoridades administrativas, tribunales)[6]. Se trata de una «coproducción».

---

[1] Cfr. Directiva 2006/123/CE del Parlamento Europeo y del Consejo, de 12 de diciembre de 2006, relativa a los servicios en el mercado interior, considerandos números 114, 115, art. 37; y las respectivas normas de transposición nacionales.

[2] *Ibídem*.

[3] *Ibídem*.

[4] Art. 4.7) de la citada Directiva de Servicios.

[5] Art. 4.9) de la misma Directiva.

[6] *Ibídem*.

Siendo ello así parece que el proceso decisorio de estas asociaciones, y su composición, habrán de estar presididas por principios derivables del Derecho Administrativo, tales como la *representatividad* (del sector en su integridad, y no sólo, por ejemplo, de las grandes empresas, lo que determinaría la imposición anticompetitiva de sus propias prácticas); la *transparencia* (como forma natural de control de la actividad regulatoria desplegada), la *motivación* de sus decisiones (para que puedan estar sujetas a supervisión y modificación, se evite la arbitrariedad, y quepa su debate y revisión); la *proporcionalidad* de los límites o prohibiciones que para el ejercicio de la profesión o prestación del servicios se exijan; etc.[7]

¿Y por qué nos importan la organización (órganos, composición, funcionamiento...) y el procedimiento (toma de decisiones...)? Por el valor estratégico de estos dos componentes y sus efectos estructurales. El uno determina genéticamente el modo de ser de esa organización; el otro, la forma de tomar decisiones.

En otras palabras, el presente capítulo trata acerca de *en qué casos y condiciones* se han de transponer determinados *valores propios de la cultura del Derecho Administrativo en el territorio del Derecho Privado* (núm. II). Y, en segundo término, acerca de la organización y el procedimiento, como vehículos para esa transposición (núm. III). Antes resulta conveniente, sin embargo, poner las cosas en su contexto (núm. I), a fin de subrayar el siguiente mensaje: la *summa divisio* del Derecho se relativiza a la medida de las nuevas relaciones de cooperación y corresponsabilidad entre el Estado y la sociedad. Si en sus orígenes simbolizaba la separación y la distancia, hoy, sin embargo, representa la colaboración.

---

[7] Los ejemplos podrían multiplicarse, por pensar tan sólo en tantos otros casos de autorregulación (de fabricantes de productos, de prestatarios de servicios, de prácticas de cultivos, de control de la publicidad en los medios audiovisuales...).

I. UNA NUEVA PERSPECTIVA DE LOS ACTORES PRI-VADOS: DE SUJETO PASIVO (REGULADO) A SUJETO ACTIVO (CO-REGULADOR Y PRESTADOR)

1. INTRODUCCIÓN Y CONTEXTO: EL DESPLAZAMIENTO DE LÍNEA DIVISORIA ENTRE EL ESTADO Y LA SOCIEDAD, Y LA NUEVA FORMA DE ENTENDER SUS RELACIONES. CONSE-CUENCIAS: LA COLABORACIÓN Y COMPLEMENTARIEDAD DEL DERECHO PÚBLICO Y DEL DERECHO PRIVADO

a) LA EXPANSIÓN DEL DERECHO ADMINISTRATIVO CONTEMPO-RÁNEO

El Derecho Administrativo contemporáneo no se concibe a sí mismo como un sistema aislado, encerrado en los moldes que le vieron nacer, es decir, como Derecho típicamente *nacional* (i), concentrado en el ejercicio de *poder* o de *autoridad* (ii), y como Derecho de vocación «*ejecutiva*» o de aplicación cuasi-mecánica de una todopoderosa y omnisciente legislación primaria (iii). Ninguna de esas tres coordenadas clásicas ha permanecido inalterable a lo largo del tiempo.

La expansividad –por no decir «gran explosión»– que aquél ha experimentado en las últimas décadas se mueve en diversas direcciones, en un claro desbordamiento de esos cauces o premisas clásicas. Así, la *globalización e internacionalización de la acción administrativa* (i); la *corresponsabilidad del sector privado* en numerosas tareas (ii); o el singular *protagonismo* de no pocas Administraciones –como los organismos reguladores y las agencias independientes– *en la realización de políticas públicas* de notable impacto (iii), no son sino una muestra de ello.[8]

La expansión «hacia arriba» o «hacia el exterior» se representa, entre otras cosas, en las relaciones que mantienen las Administraciones nacionales más allá del Estado; la expansión «hacia los lados» se manifiesta en las nuevas relaciones

---

[8] Cfr. tercera parte, núm. IV.

entre el Estado y la sociedad, en la que ésta adquiere una mayor implicación; y la expansión «hacia adentro», en el crecimiento de la naturaleza y capacidad directiva de la Administración en la realización de nuevas y relevantes políticas públicas.

b) La expansión «por los lados»: colaboración, cooperación, corresponsabilidad, interpenetración y mutua dependencia entre el Estado y la sociedad

La dilatación que ahora importa considerar es la segunda de las enunciadas, la que se refiere a la extensión de los valores de la cultura del Derecho Administrativo por el territorio del sector privado, a consecuencia de las nuevas responsabilidades que éste asume, esto es, por el espacio en que no se opera investido de poder o autoridad.

Hacemos referencia aquí al fenómeno de la *corresponsabilidad* entre el Estado y la sociedad, entre el ciudadano y la Administración, también denominada «cooperación público-privada» (en sentido amplio), y en cuya virtud el sector privado colabora en infinidad de tareas y funciones antes reservadas exclusivamente a la Administración, en una medida e intensidad hasta ahora desconocidas. Sin entrar en el debate acerca de si este modelo obedece a una posición ideológica, o a una necesidad práctica[9], lo cierto es que estamos ante una forma distinta de organizar tantos sectores y ámbitos de la vida social, económica, ambiental o informativa, de un nuevo modo de gobierno en suma[10], que nos viene dado.

En este contexto, la primera constatación consiste en que no constituye una *retirada del Estado*, como ciertas descripciones parciales desde otras disciplinas podrían inducir a pensar (privatización, liberalización, desregulación), sino una *nueva estrategia*, en cuya virtud se

---

[9] Sobre el tema, de interés Jody Freeman, «Extending Public Law Norms through Privatization», *116 Harv. L. Rev. 2002-2003*, pp. 1291 y ss.

[10] Nuevo modo de gobierno que abreviadamente llamamos a veces «gobernanza». *Vid.* primera parte, nota 39 y 75; tercera parte, núm. I.2.c).

le transfieren al sector privado tareas que hasta ahora llevaba a cabo la Administración sin colaboración o ayuda[11]. En compensación, si no realiza directamente la actividad, garantiza su resultado: la Administración asume una función de vigilancia, dirección y garantía[12]. Asistimos, pues, en algunos ámbitos, al paso del Estado prestador al Estado garante[13].

En realidad, no es ya sólo que la frontera entre la esfera pública y privada se haya movido y que en la nueva división o reparto le correspondan más cosas que antes al sector privado (estandarización, acreditación, control, inspección, satisfacción de servicios de interés general, o instrucción del procedimiento en materia ambiental, por ejemplo), sino que esa línea se ha hecho más porosa y, en definitiva, ha terminado por transformarse en una densa *red* de «puntos de encuentro» y *tareas compartidas bajo la dirección pública*, en un complejo de organizaciones y sujetos, cada uno de los cuales constituye una pieza necesaria y aporta una función complementaria[14].

---

[11] La colaboración público-privada entraña una más compleja constelación de organizaciones públicas, privadas y mixtas, en cualesquiera de los sectores o ámbitos que se examinen.

A título de ejemplo: el denominado proceso de «privatización» de los aeropuertos en el modelo español (2010-2011), como acontece en otros países, implica pasar de un esquema organizativo relativamente simple: un Ministerio, el de Fomento, con diversas Direcciones Generales, y una Entidad de Derecho Público (AENA), es decir, de un sistema de organización administrativa más o menos tradicional, a un escenario sumamente complejo: de entrada, implica la disociación de los servicios de navegación aérea, reservados a una Entidad de Derecho Público (AENA), de la gestión aeroportuaria (mediante sociedad mercantil, una sociedad estatal, inicialmente con capital íntegro público y más adelante con una mayoría de un 51%). En ese esquema, la gestión aeroportuaria puede ser llevada a cabo por sí misma a través de esta sociedad mercantil, por medio de sociedades filiales, y concesiones para cada aeropuerto. A esas concesiones se pueden superponer otras sociedades de vigilancia, con participación política y territorial en función de cada infraestructura aeroportuaria concesionada. Más allá se pueden situar la Agencia de Seguridad Aeronáutica, la Agencia que fija las tarifas y otras muchas entidades.

[12] Sobre la Administración de garantía, véase el primer capítulo de esta obra.

[13] En última instancia se le exige al sector privado una mayor corresponsabilidad en términos de actividades a desarrollar (instrucción del procedimiento de autorización medioambiental, por ejemplo) y asunción de los correspondientes costes de transacción (costes para obtener la información medioambiental necesaria como soporte de la toma de decisión).

[14] Así, por ejemplo, en el ámbito de la Directiva europea de Servicios, de 2006, la colaboración interadministrativa para facilitar la prestación de servicios entre los distintos países tiene una relevante función que cumplir en pro de la consecución del mercado único de servicios económicos, como se desprende, entre otros, de los puntos de contacto y coordi-

El Estado y la sociedad, la Administración y el ciudadano, no se sitúan ya en compartimentos estancos; la Administración no define en solitario en tantos sectores lo que al interés general conviene: si un medicamento es apto para el consumo humano; cuál sea la mejor tecnología disponible que han de utilizar los empresarios para la mejora del medio ambiente; o el plan de estudios más adecuado. Ni, menos aún, el sector privado puede vivir, desinteresado, a espaldas de la regulación. La co-regulación y la autorregulación no son sino dos manifestaciones más de las nuevas estrategias regulatorias en las que se implica activamente al sector privado[15].

La protección del medio ambiente o el funcionamiento del mercado de los servicios económicos, por ejemplo, no se pueden concebir sin la participación y corresponsabilidad de la acción pública y la privada. La tradicional separación o equidistancia –sin pérdida de identidades– da entrada a una intensa y multiforme colaboración público-privada, sea en el plano del intercambio de información (y de las obligaciones de comunicación e información que recaen sobre el sector privada), sea en el establecimiento de estándares para la elaboración de productos[16], o para la realización de un cultivo[17], sea para supervisar y controlar la publicidad en los medios de comunicación[18], la prestación de servicios de interés general en régimen de competencia regulada (sectores regulados), o sea, por ejemplo, para vigilar los efectos de los productos químicos[19].

---

nadores (art. 28.2), del intercambio de información y asistencia recíproca (arts. 28, 29, 34); o de las ventanillas únicas (arts. 6, 21 y 22).

Pero también la cooperación público-privada, la corresponsabilidad entre las Administraciones nacionales y el sector privado resulta esencial para la satisfacción de tales objetivos. Así, por ejemplo, a través de los sistemas de evaluación y certificación de beneficio de la calidad de los servicios (art. 26); la elaboración de códigos de conducta a nivel comunitario (art. 37); el asesoramiento a proveedores y destinatarios (art. 7.2); la transferencia al sujeto privado de los costes de transacción (para conocer las exigencias legales que le resultan de aplicación), según se desprende del art. 9.1; etc.

En otro orden de consideraciones, la mejor legislación de urbanismo imaginable fracasaría ante una pobre gestión regulatoria del urbanismo por parte de los municipios.

[15] Véase, por ejemplo, el Acuerdo interinstitucional del Parlamento, Consejo y Comisión – «Legislar mejor» [Diario Oficial C 321 de 31.12.2003], arts. 18-23.

[16] Normas ISO, por ejemplo, para el establecimiento de estándares en relación con la empresa, el gobierno y la sociedad. Véase http://www.iso.org/iso/home.html.

[17] GlobalG.A.P., por ejemplo. Véase http://www.globalgap.org/.

[18] Por ejemplo, la prestigiosa *ASA, Advertising Standards Authority* británica. Véase http://www.asa.org.uk/.

[19] Véase, por ejemplo, el sistema *REACH* de la Unión Europea: http://ec.europa.eu/environment/chemicals/reach/reach_intro.htm.

Cualquier modificación, por pequeña que sea, de la línea que une o separa la Administración y el ciudadano –y de sus respectivos cometidos y funciones–, se transmite inmediatamente, y con efectos multiplicadores, a todas las instituciones del Derecho Administrativo, que, por refracción, terminan por adquirir un sentido nuevo. Es como si el Derecho Administrativo estuviera asentado sobre una falla tectónica, representadas por la sociedad y el Estado. Cualquier movimiento sísmico es susceptible de producir un efecto extraordinario en la superficie.

c) Una primera consecuencia de la expansión «hacia los lados»: una nueva actitud y entendimiento entre el Derecho Público y el Derecho Privado

Sabido es que la *globalización* trae consigo nuevos retos y construcciones, como los que representan el Derecho Administrativo Internacional[20], o el movimiento del Derecho Administrativo Global[21]. Pues bien, no menos desafíos y respuestas, por su parte, reclama este otro movimiento de *corresponsabilidad* y cooperación del sector privado con el público, aun cuando se trate de un fenómeno menos visible que el primero. Entre otras consecuencias de ahí derivables es de destacar, a nuestro propósito, la emergencia de unas *nuevas relaciones* –de interacción, colaboración y complicidad– entre el Derecho Administrativo y el Derecho Privado, antaño marcadas por el antagonismo y el carácter alternativo o excluyente –visión por cierto de la que no logró sustraerse la vieja preocupación por la «huida del Derecho Administrativo»[22]–. Hoy, en cambio, se sitúan las cosas en otra perspectiva. Hemos pasado de la «huida hacia», a la «colaboración con» (el Derecho Privado)[23], siempre que éste se utilice adecuadamente o equipe de los oportunos complementos.

---

[20] Capítulo primero de la presente obra, cuarta parte.

[21] *Vid.* el proyecto académico de la Universidad de Nueva York: http://www.iilj.org/GAL/.

[22] Cfr. capítulo quinto de la primera edición de esta obra (2006).

[23] *Ibídem.*

Esta necesidad sentida de entrelazamiento de ambas ramas, paralela a la nueva posición de las esferas pública y privada, se advierte desde diversas culturas y enfoques metodológicos. Así, por ejemplo, se habla de extender los valores públicos a través del Derecho Privado –y donde la «privatización» podría entenderse como una especie de «publificación»[24], a modo de «troyano»–; o se señala la complementariedad del Derecho Privado para la acción del Derecho Administrativo, en el servicio de los fines de interés general[25].

No se trata, sin embargo, de una «publificación» del Derecho Privado, ni, menos aún, de una «des-privatización» de éste, sino de una manifestación más de la *colaboración público-privado*, que encuentra su correlato en la recíproca ayuda e interacción entre ambas ramas del Derecho, en otra época separadas. Esos mismos términos (publificación, desprivatización) en cierto modo no son sino consecuencia de un punto de vista acaso caduco[26].

En síntesis, podríamos decir que *el objetivo es sumar lo mejor de cada casa*, en determinados casos y condiciones: la flexibilidad del Derecho Privado (i) y los valores del Derecho Administrativo (ii)[27]. De todo ello se habla en las páginas que siguen.

---

[24] Desde los EE. UU., por todos, JODY FREEMAN, «Extending Public Law Norms through Privatization», 116 *Harv. L. Rev.* 2002-2003 pp. 1291 y ss.; de la misma autora, «The Contracting State», *Florida State University Law Review*, 2000; y también «The Private Role in Public Governance», *75 N.Y.U. L. Rev.* 2000.

[25] Desde Alemania, por todos W. HOFFMANN-RIEM y E. SCHMIDT-ASSMANN, *Öffentliches Recht und Privatrecht als wechselseitige Auffangordnungen*, Nomos, Baden-Baden, 1996.

[26] Desde una perspectiva académica, no estamos tampoco ante una (vieja) «huida» del Derecho Administrativo –dejando al margen las patologías consistentes en la huida de todo Derecho y de sus controles y fuentes de legitimidad–, ni, a la inversa, ante una «colonización» del Derecho Privado a impulsos del Derecho Público, aunque aquí las metáforas resultan muy ilustrativas, sino, más bien, de una interacción y colaboración que sigue el mismo curso y la misma suerte que las relaciones colaborativas Estado-sociedad. Si la bipolaridad o división dialéctica Estado-sociedad se relativiza porque a lo largo de la línea ambos se entremezclan para colaborar, habrá de superarse la dicotomía tradicional entre el Derecho Público y el Derecho Privado, en cuanto reflejo de ese nuevo trabajo en común.

[27] *Vid.* nota anterior.

d) Objeto y delimitación: el trasvase de valores de la cultura administrativa a determinadas actividades sujetas al Derecho Privado

Con ello llegamos al punto que nos interesa dentro de esta amplia temática: *cuándo*, y *en qué condiciones*, cabe esperar esa colaboración del Derecho Administrativo y el Derecho Privado.

A nuestro limitado propósito, conviene seleccionar dos tipos de tareas o responsabilidades que los actores o agentes sujetos al Derecho Privado desempeñan:

– Las actividades de participación en la cadena regulatoria (establecimiento de normas, códigos o estándares; control y supervisión de su cumplimiento, por ejemplo);

– y aquellas otras que se resuelven en la directa prestación de servicios de interés general (telecomunicaciones o energía, por ejemplo).

Nótese que en ninguno de esos escenarios se ejerce poder o autoridad, ni, obvio es decirlo, se trata de Administraciones, sino de sujetos privados, ni, necesariamente, esas actividades tienen lugar sólo a escala nacional. Y, sin embargo, y esta es la tesis que aquí se postula, el sistema científico del Derecho Administrativo se ha de ocupar de exportar o de inocular, en estrecha alianza con el Derecho Privado, los valores que le son propios, esto es, de su transposición a determinados actores y actuaciones privados, a través, entre otras estrategias, de un diseño inteligente del *procedimiento* –toma de decisiones– y de la *organización* –modo de ser– de esos actores.

Hablamos, pues, de organización y procedimiento privados, sujetos al Derecho Privado, aunque influenciados por el sistema del Derecho Administrativo (cfr. núm. III).

2. PUNTO DE PARTIDA: LA CORRESPONSABILIDAD DEL SUJETO PRIVADO EN DETERMINADOS ESCENARIOS. DE SUJETO *PASIVO*, A SUJETO *CORRESPONSABLE*. DE SUJETO A DEFENDER Y PROTEGER, A SUJETO DEL QUE ESPERAR LA ASUNCIÓN DE DETERMINADOS VALORES Y CRITERIOS

Distingamos dos situaciones o supuestos básicos:

a) De un lado, la *actividad prestacional de las empresas privadas que satisfacen servicios de interés general* (una operadora de telefonía, por ejemplo).

b) De otro, la *actividad regulatoria que desempeña un sujeto privado* (por ejemplo, asociaciones de profesionales que establecen los estándares de la prestación del correspondiente servicio, empresas privadas de certificación (y, por tanto, de control y seguimiento)[28].

En estos casos, la fundación, la sociedad mercantil o la asociación asumen un papel especial, bien sea por el carácter prestacional de la actividad, por ejemplo, de servicio público de interés general que lleven a cabo (transporte, telefonía, energía...), bien sea por su actividad evaluadora o acreditadora (en materia de educación, investigación o medioambiental), o bien por su carácter normativo mediante el establecimiento de códigos de conducta de servicios profesionales (de abogado o arquitecto).

Ciertamente, esos sujetos privados no ejercen realmente «poder» o *imperium*, elemento éste que parece haberse erigido en la «unidad de medida» del Derecho Administrativo. Desde luego, para el enfoque tradicional, el Derecho Administrativo poco tendría que decir aquí, en la medida en que gira en torno a la órbita del *ejercicio de potestades públicas*[29]. Sin embargo, no por ello han de ser desatendidas estas situaciones por parte del Derecho Administrativo contemporáneo.

---

[28] Advirtamos que una y otra cosa (prestación y regulación) las lleva a cabo igualmente la Administración sujeta al Derecho Privado (vestida «de civil»). La *vida privada de la Administración pública* cuenta ya con una larga historia en ambas direcciones (por ejemplo: fundaciones para la evaluación de la calidad y la acreditación; sociedades mercantiles para la gestión de transportes urbanos o la gestión de las infraestructuras aeroportuarias, o cajas de ahorro). Ha sido objeto, por lo demás, de una mayor atención. Aquí interesa, por el contrario y por mantener el símil a la inversa, la «vida pública de las organizaciones privadas».

[29] No es el ejercicio de poder o de potestades públicas por parte del sujeto privado, supuestos éstos más limitados, lo que reclama nuestra atención, sino la corresponsabilidad en la realización de la política sectorial de que se trate.

En suma, a nuestros efectos, interesa reparar en aquellos sujetos privados que, con base en las opciones realizadas por el legislador, llevan a cabo *actividades prestacionales de interés general*; y, en particular, en aquellos otros que participan en *actividades de carácter regulatorio*, bien sea a consecuencia de una expresa habilitación o encargo legal *ex ante*[30], o, *ex post*, a la vista del prestigio adquirido en una determinada actividad privada[31], o bien sea porque *de facto* participan en tareas regulatorias aceptadas y asumidas comúnmente por el sector de que se trate[32].

Siendo ello así, el punto de partida se sitúa en la siguiente consideración: el actor privado es *co-partíe del proceso regulatorio* en una medida y con un alcance hasta ahora desconocidos. Y es igualmente *prestador de servicios de interés general*, que antes satisfacía el Estado por sí mismo. En muchos casos, el ciudadano ha pasado de ser *mero destinatario de prestaciones y medidas económicas, a corresponsable en la tareas regulatorias y prestacionales*; y, por tanto, *de sujeto (sólo) a proteger, a sujeto (también) a exigir*.

El sujeto privado –en cuanto titular del derecho de propiedad, de la libertad de empresa, del derecho de asociación, del derecho al trabajo, a la libre circulación, a ejercer libremente una profesión u oficio, a la defensa como consumidor y usuario, a sindicarse, entre tantos– no es ya sólo una persona que deba ser protegida frente a la injerencia del poder público, merecedora de un abigarrado sistema que equilibre en apretada síntesis las exigencias dimanantes de la vida en común y el respeto a los valores y bienes que las libertades encierran. Ni es tampoco sólo un sujeto acreedor a determinadas prestaciones e infraestructuras

---

Por ejemplo, participan en la actividad regulatoria la asociación de profesionales de la abogacía que se autorregula a los efectos de establecer la carta de servicios y los estándares de calidad en Europa; la entidad que se encarga de medir la capacidad de pagar las deudas, de poner la nota crediticia; los sindicatos en la negociación colectiva; etc.

[30] Como sucede con las asociaciones privadas de profesionales a nivel comunitario de cara a la prestación de servicios económicos en el marco de la Directiva de Servicios, ya citada.

[31] Como la de estandarización de las normas ISO.

[32] Por ejemplo, respecto de los cultivos, GlobalG.A.P.

para asegurar que las condiciones de libertad e igualdad sean reales y efectivas[33].

Es, *también*, un sujeto que ha asumido –en numerosos supuestos– relevantes cuotas de corresponsabilidad en la vida social, económica, medioambiental e informativa, y no un mero jugador. Lo cual supone y entraña la asunción –y transposición– de valores, criterios, y principios, propios de la cultura del Derecho Público, al Privado. No hablamos de límites, requisitos o restricciones al uso (horarios comerciales, moratorias para grandes superficies, o licencias de apertura, respecto de la libertad de empresa en el plano del comercio, por ejemplo), sino de algo muy distinto: de específicas exigencias como consecuencia de la nueva *posición activa* –en la actividad *regulatoria* y *prestacional*– que el sujeto económico privado ha adquirido en tantos casos[34].

3. CUESTIONES A RESOLVER: *SI* Y *CÓMO* HA DE PRODUCIRSE ESE TRASVASE

Constatada la relevancia de esas actividades privadas (núm. 2), surge de inmediato un interrogante: si le son exigibles a estos actores sometidos al Derecho Privado específicas conductas o comportamientos, asimilables o equivalentes, con las naturales adaptaciones, a las que le serían requeridas de operar con sujeción al Derecho Administrativo. Por ejemplo:

– Si una sociedad mercantil de capital público mayoritario (por ejemplo, la sociedad mercantil que es titular de las infraestructuras aeroportuarias y gestiona sus servicios) debiera regirse (organización) y decidir (procedimiento), de acuerdo con criterios adicionales a los que rigen en una sociedad cualquiera, inspirándose

---

[33] Como propugna el constitucionalismo contemporáneo, y reza el art. 9.2 C.E., en abierta inspiración en el art. 3.2 de la italiana.

[34] Como se apuntaba en el resumen, si tradicionalmente se ha puesto el acento en la defensa de las facultades del derecho de asociación (vertiente positiva y negativa), extremo éste debatido con fuerza respecto de las cámaras de comercio en una abundante jurisprudencia constitucional, ahora es obligado ocuparse también de la representatividad, transparencia y motivación de las decisiones que adopten las asociaciones cuando, en régimen de autorregulación, establecen códigos de conducta.

en el Derecho Administrativo, bien mediante su acto de creación, o a través de sus estatutos: publicidad y transparencia; órganos de apoyo técnico; procedimientos decisorios basados en consulta y en obtención de la información más completa y actualizada; solvencia técnica de sus miembros; etc.

– Si la ley debiera modular la actividad de los operadores privados que prestan servicios de interés general en los sectores regulados, estableciendo obligaciones de servicio universal; o la observancia de los principios de contratación pública en ciertos supuestos.

– O si resulta exigible que los órganos de una asociación civil, cuando han de resolver en régimen de autorregulación sobre los estándares de prestación de un servicio económico o profesional, se sujeten a criterios procedimentales en la toma de decisiones, tales como los derivables de los principios de transparencia, motivación, y representatividad de todo el sector.[35]

– O si el legislador habría de regular la actividad regulatoria de los sindicatos, y disponer que en los órganos de gobierno de los sindicatos estén real y efectivamente representadas las personas desempleadas, cuando éstos ejercen tareas regulatorias, para que su voz sea oída, es decir, para que los sindicatos actúen con neutralidad *en lo que hace al mundo del trabajador*, sea o no empleado, y sintetizar y ponderar en su seno las diversas perspectivas que el derecho al trabajo encierra (generacionales, de empleabilidad...), habida cuenta la enorme corresponsabilidad regulatoria que el ordenamiento ha reconocido en favor de los sindicatos en ciertos supuestos.

[35] Véase, por ejemplo, la primera Ley 48/1998, de 30 de diciembre, sobre procedimientos de contratación en los sectores del agua, la energía, los transportes y las telecomunicaciones, por la que se incorporan al ordenamiento jurídico español las Directivas 93/38/CEE y 92/13/CEE, y la que le sucedería después, la Ley 31/2007, de 30 de octubre, sobre procedimientos de contratación en los sectores del agua, la energía, los transportes y los servicios postales.

II. SOBRE EL TRASVASE DE VALORES PÚBLICOS A LOS AGENTES PRIVADOS

1. ARGUMENTOS EN *PRO* DE LA EXTENSIÓN DE LOS VALORES PÚBLICOS AL SUJETO PRIVADO

Abundan, desde luego, los argumentos favorables, con sus matices y modulaciones, en función de la posición (prestacional o regulatoria) que asuma el sujeto privado.

– Por ejemplo, en el plano *prestacional*, no hay inconveniente, como así ha sido por otra parte, en trasplantar los principios inducidos a lo largo del tiempo en torno a la institución del servicio público tradicional o «a la francesa» (monopolio, concesionario), tales como la universalidad del servicio, la accesibilidad o la continuidad, a los nuevos escenarios de los sectores regulados, de autorregulación regulada o de servicio público «a la norteamericana»: universalidad de la actividad (de telefonía móvil o de Internet), a un precio razonable, y a un nivel técnico adecuado. En el primer caso, el Estado es prestador. En el segundo, garante de la prestación. Los principios, sin embargo, en su sustancia se mantienen, aunque se hagan realidad a través de instrumentos distintos.

– En lo que hace a la participación del agente privado en la *actividad* o *cadena regulatoria*, los argumentos tienden a fortalecerse. Piénsese, por ejemplo, en los graves efectos multiplicadores que puede generar la calificación de la deuda soberana por parte de las agencias de calificación del crédito, función ésta, la de calificación, que se sitúa en la fase de control del ciclo regulador. Aquí, el valor *transparencia* y el valor *neutralidad* adquieren un sentido especial. Si la calificación es pagada por la entidad calificada, o si los métodos de medición de la deuda no son públicos, los problemas están servidos. En esa dirección, por cierto, se mueve el Reglamento comunitario en la materia[36].

---

[36] Reglamento (CE) núm. 1060/2009, del Parlamento Europeo y del Consejo, de 16 de septiembre de 2009, sobre las agencias de calificación crediticia. *Vid.* la página oficial, con las sucesivas actualizaciones: http://ec.europa.eu/internal_market/securities/agencies/index_en.htm.
«El presente Reglamento introduce un planteamiento regulador común para mejorar la integridad, la transparencia, la responsabilidad, la buena gobernanza, y la fiabilidad de las actividades de calificación...» (art. 1). Son numerosos los preceptos que persiguen asegurar la independencia y la inexistencia de conflicto de intereses (por ejemplo, art. 6) o la publicidad, modelos e hipótesis fundamentales de calificación (art. 8); informes de transparencia (art. 12), prohibición de la subcontratación de funciones operativas importantes (art. 9).

– O considérese, aunque no sean objeto preferente de nuestra atención los sujetos públicos, la reunión, informal, y no sujeta a Derecho Público, de los Bancos centrales miembros del Comité de Basilea[37], reuniones que, como ha ocurrido con el paso del tiempo, han terminado por incorporar principios propios del Derecho Público, tales como la transparencia y publicidad, consultas públicas, ponderación, motivación y búsqueda de consenso[38].

Con carácter general, la sujeción de la Administración al Derecho Privado, cualquiera que sea la fórmula (personalidad jurídica pública, o privada) no empece a la aplicación de numerosos principios y valores públicos, como ya acontece, entre otros terrenos, en el ámbito de la contratación, en la que, por imperativos comunitarios, se considera a los sujetos privados «poder adjudicador», bajo ciertas condiciones, y, en consecuencia, «sector público»[39].

– Desde otra perspectiva, bien sea por su carácter prestacional, o bien por su naturaleza regulatoria, no faltan tampoco actividades de los sujetos privados que guardan una relación directa con los derechos fundamentales, bienes y valores constitucionales (educación, intimidad, sanidad...), lo que puede reclamar igualmente la incorporación de valores y principios públicos, como ya sucede, por ejemplo, en punto a la prohibición de trato discriminatorio.

Basten esos ejemplos para apreciar que constituyen razones de peso para propugnar una matizada proyección de principios o elementos organizativos y procedimentales característicos del Derecho Público (en lo que ahora interesa, del Derecho Administrativo) sobre la variada tipología de sujetos privados, de acuerdo con las responsabilidades que hayan de desempeñar en cada caso, principios y elementos éstos que pueden referirse a su composición, representatividad, funciones, mecanismos de control o modalidades de transparencia, entre otros, esto es, en sustancia, al proceso decisorio y a la organización interna[40].

---

[37] Cfr. http://www.bis.org/bcbs/.

[38] Por todos, resulta sumamente ilustrativo en este sentido, MICHAEL S. BARR y GEOFFREY P. MILLER, «Global Administrative Law: The View from Basel», *The European Journal of International Law*, vol. 17, núm.1, pp. 15-46.

[39] Art. 3.3 del Texto Refundido de la Ley de Contratos del Sector Público (Real Decreto Legislativo 3/2011, de 14 de noviembre).

[40] *Infra* núm. V.

2. FUNDAMENTO: LA INSERCIÓN DEL SUJETO PRIVADO EN LA CADENA REGULATORIA DE UNA DETERMINADA POLÍTICA PÚBLICA O EL DESEMPEÑO DE ACTIVIDADES DE INTERÉS GENERAL

En síntesis, pues, la razón o fundamento explicativo más profundo o radical para justificar ese interés del Derecho Público por el sujeto privado radica en su *inserción*, junto a otros actores o agentes públicos, *en el proceso regulatorio*, y en las actividades *prestacionales* de interés general.

Si el conjunto de actores –públicos y privados– se integran en una compleja red de actividades regulatorias y prestacionales, es lógico pensar que, con los necesarios ajustes, todos participen de los mismos valores, tanto por razones de eficacia (todos representan piezas que se necesitan recíprocamente); como por razones de legitimidad democrática o de respeto a las garantías inherentes al Estado de Derecho (carecería de sentido que la colaboración privada quedara exenta). Cómo se estructuren y se integren esas asociaciones profesionales, cuáles sean sus órganos, y, en definitiva, cómo decidan –lo que remite a normas de organización y de procedimiento– no es algo que pueda resultar indiferente al Derecho Administrativo contemporáneo[41].

Por lo demás, si son o no de aplicación determinados valores o principios organizativos y procedimentales propios del Derecho Administrativo a concretos escenarios privados no es algo que se resuelva definitivamente y sin más por una mera remisión a la «naturaleza de las cosas» (que es de donde la jurisprudencia infiere en ocasiones tal exigencia, por entender que una organización o actividad ha de ser tratada a determinados efectos como una organización o actividad pública). Para un tratamiento sistemático, resulta necesaria la intervención del legislador disponiendo esa aplicación, bien directamente (por medio de la ley misma), o bien indirectamente (remitiendo a su desarrollo y/o a la negociación contractual, según los casos).

---

[41] Máxime cuando de la calidad de esas actividades regulatorias y prestacionales se siguen consecuencias trascendentes para la política en su globalidad, como por ejemplo mediante las cartas de calidad, o códigos de conducta.

3. EN PARTICULAR, SOBRE LA PARTICIPACIÓN EN LAS ACTIVIDADES REGULATORIAS Y SUS CLASES EN FUNCIÓN DE LA NATURALEZA PÚBLICA O PRIVADA DEL «REGULADOR» Y DEL «REGULADO»

Para mejor entender el sentido de la *participación de los actores privados en las actividades regulatorias*, conviene distinguir una sencilla tipología, en función de quién regule a quién.

Desde una concepción muy amplia de regulación[42], podríamos distinguir, a efectos meramente ilustrativos, los siguientes niveles:

a) En primer lugar, la *Administración regula el sector privado*, como sucede con el organismo regulador en materia de telecomunicaciones respecto de las operadoras de telefonía, o el Banco central con relación a las entidades financieras del país. Las características de la regulación pueden ser muy variadas, en virtud de una multiplicidad de factores, tales como la naturaleza del mercado (financiero, o de servicios profesionales, por ejemplo); su ámbito (nacional, supranacional o internacional); o las potestades que adopten los organismos reguladores.

b) En segundo término, el *sector público u otra Administración regula a otras Administraciones*. Puede ser el caso de la ANECA[43], que vigila, certifica y evalúa a las Universidades y a los profesores; la Agencia de Protección de Datos[44], que supervisa y controla a las Administraciones públicas; o el de la Administración ambientalmente responsable que garantiza que la Administración competente siga el curso del procedimiento de consultas públicas y ponderación antes de adoptar un plan o programa, de acuerdo con la legislación de evaluación estratégica ambiental[45].

---

[42] Toda actividad –normativa o no– que pretenda influir directa o indirectamente en las conductas o comportamientos de los agentes y operadores, y en la consecución de los objetivos deseados. Incluye normas, imperativas o no, pero también otros instrumentos. Y se extiende por todas las fases del ciclo de la política pública de que se trate, esto es, de la fijación de prioridades y agenda, avance de borradores y consultas; implementación; vigilancia y supervisión; reforma y modificación...

[43] Agencia Nacional de Evaluación de la Calidad y Acreditación (www.aneca.es/). Creada a partir de la previsión de la Ley Orgánica 6/2001, de 21 de diciembre, de Universidades.

[44] http://www.agpd.es/portalwebAGPD/index-ides-idphp.php.

[45] Que trae su causa de la legislación comunitaria, la Directiva 2001/42: http://europa.eu/legislation_summaries/environment/general_provisions/l28036_es.htm.

c) El *sujeto privado* regula asimismo a otros sujetos *privados*, como sucede, por ejemplo, en el caso de la auditoría ecológica o con las actividades de certificación. Tales actividades se sitúan en el plano del control, supervisión o vigilancia de lo establecido.

d) Sin embargo, mayor interés, en lo que ahora importa, presenta por su importancia el supuesto de *regulación privada del sector público*. En esta sede, resulta oportuno distinguir, para su mejor comprensión, la fase o momento en que se puede producir la actividad regulatoria del sujeto privado:

(i) La regulación puede situarse en el plano de creación de *códigos y estándares* (a modo de normas o criterios). Es el caso, por ejemplo, de la denominada «Autoridad de Estándares para la Publicidad» de Gran Bretaña (*Advertising Standards Authority*)[46], que afecta a la publicidad tanto en los medios de comunicación privados, como públicos, escritos, de radiotelevisión y digitales. A falta de un cuerpo de estándares públicos establecidos por ley o reglamento, más allá de algunos principios básicos (como la prohibición de publicidad engañosa), esta organización privada opera como regulador independiente para fijar los códigos y estándares, y resolver los conflictos y reclamaciones que se susciten. Su fuerza radica en su prestigio, independencia, neutralidad y apoyo de la industria publicitaria, en un sistema que tiene por objeto tanto la protección del consumidor como la creación de un campo de juego limpio y honesto para las empresas de publicidad[47].

A nivel internacional, constituyen ejemplos elocuentes ISO[48], o Global-

---

[46] http://www.asa.org.uk/.

[47] http://www.asa.org.uk/Regulation-Explained.aspx.

[48] «ISO is a non-governmental organization that forms a bridge between the public and private sectors. On the one hand, many of its member institutes are part of the governmental structure of their countries, or are mandated by their government. On the other hand, other members have their roots uniquely in the private sector, having been set up by national partnerships of industry associations.

Therefore, ISO enables a consensus to be reached on solutions that meet both the requirements of business and the broader needs of society.» Cfr. http://www.iso.org/iso/about.htm. Los procedimientos de elaboración de sus estándares satisfacen los valores públicos: http://www.iso.org/iso/standards_development/processes_and_procedures/iso_iec_directives_and_iso_supplement.htm.

Es de interés la norma ISO 26000, de noviembre de 2010, que representa una guía para el establecimiento de sistemas de responsabilidad social. No tiene propósito de certificación de conformidad, pero parece llamada a ejercer una influencia sensible. Puede verse HALINA WARD, «The ISO 26000 International Guidance Standard on Social Responsibility: Im-

G.A.P.[49]

(ii) La regulación privada, de otra parte, puede ubicarse en la fase de *control*, *vigilancia* o *ejecución*, y para ello puede servirse de la *publicación* de la información que posea. Es el sistema de las agencias de calificación de crédito; de la ONG *Transparencia Internacional*[50] o de las evaluaciones y *rankings* de las instituciones educativas[51]. Otro ejemplo lo constituyen las auditorías (privadas) externas al sector público, como sucede con los entes locales en Gran Bretaña[52].

Por lo demás, el ejercicio de funciones regulatorias por parte del sector privado ha de sujetarse a toda una serie de condiciones y requisitos, propios del sector público: de entrada, al control judicial y parlamentario, pero también a principios de procedimiento y a componentes organizativos.

Por otro lado, cuando esa regulación privada del sector público se lleva a cabo en régimen de autorregulación[53], se suscitan nuevos problemas, en la medida en que la autorregulación no constituye un sistema diseñado para producir efec-

---

plications for Public Policy and Transnational Democracy», *Theoretical Inquiries in Law*, vol. 12, núm. 2, julio de 2010, art. 10.

[49] «GLOBALG.A.P. is a private sector body that sets voluntary standards for the certification of production processes of agricultural (including aquaculture) products around the globe.

The GLOBALG.A.P. standard is primarily designed to reassure consumers about how food is produced on the farm by minimising detrimental environmental impacts of farming operations, reducing the use of chemical inputs and ensuring a responsible approach to worker health and safety as well as animal welfare.» Cfr. http://www.globalgap.org/cms/front_content.php?idcat=9.

La elaboración de sus estándares incorporan criterios de Derecho Público, como los ya reseñados: http://www.globalgap.org/cms/front_content.php?idcat=3.

[50] Por ejemplo, mediante la publicación de los índices de percepción de corrupción: http://cpi.transparency.org/cpi2011/results/.

[51] Aquí compiten diversos índices y organizaciones: http://www.shanghairanking.com/, o http://www.timeshighereducation.co.uk/world-university-rankings/, por citar las más conocidas en el plano internacional.

[52] Cfr. sobre este extremo y con carácter general, COLIN SCOTT, «Private Regulation of the Public Sector: A Neglected Facet of Contemporary Governance», *Journal of Law and Society*, vol. 29, núm. 1, marzo de 2002.

[53] Como sucede, por otro lado, con frecuencia. Recuérdese, por ejemplo, el caso de la *Advertising Standards Authority*, antes citado.

tos sobre el sector público. Así, por ejemplo, la independencia y la rendición de cuentas en estos casos requiere ciertos ajustes[54].

En particular, la ausencia de base normativa o contractual de la actividad regulatoria genera las mayores dificultades, tanto de legitimidad, como de control[55].

4. EJEMPLOS ESPECÍFICOS. PROBLEMAS Y ENFOQUES

a) ICANN: LA GOBERNANZA TÉCNICA DE INTERNET (NOMBRES DE DOMINIO)

Constituye un ejemplo positivo en punto al trasvase de los valores del Derecho Público. Se trata de una entidad privada que gestiona la gobernanza técnica de Internet: los estatutos y la composición garantizan una gestión acorde con los intereses generales, sin perjuicio, como todo, de la crítica o mejora de la que pueda ser acreedora[56]. «ICANN se fundó en 1998 como asociación sin ánimo de lucro y en ella se reúnen personas de todo el mundo cuyo objetivo es asegurar que Internet sea segura, estable e interoperativa»[57]. Establece los nombres de dominio y permite con ello el funcionamiento técnico de Internet[58].

Sus estatutos, en el artículo primero, sección segunda[59], establecen los valores esenciales que presiden su acción, entre los que cabe citar, una amplia parti-

---

[54] SCOTT, *cit.* (nota 52), p. 74; J. BLACK, «Constitutionalising Self-Regulation», 1996, *The Modern Law Review* 1996 (MLR 59:1, enero).

[55] Sobre ello, *vid.* núm. 5 siguiente.

[56] Véase la página oficial en español: http://www.icann.org/tr/spanish.html. Además de su estructura y órganos, resultan de particular interés sus estatutos al hilo de nuestra reflexión: http://www.icann.org/en/general/bylaws.htm (en su versión de 18 de marzo de 2011).

[57] Cfr. http://www.icann.org/es/about/participate/what.

[58] *Vid.* S. CASSESE, *El Derecho Global. Justicia y democracia más allá del Estado*, Global Law Press-Editorial Derecho Global, Sevilla, 2010, pp. 109 y ss.

[59] http://www.icann.org/en/about/governance/bylaws#I.

cipación[60], la representatividad[61], neutralidad[62], transparencia[63], responsabilidad y control, ponderación y motivación[64]. El resto de los estatutos constituye un buen modelo en el mismo sentido[65].

b) AGENCIAS DE CALIFICACIÓN CREDITICIA

Representan un ejemplo negativo en lo que hace a la transferencia de los valores públicos, tanto por los conflictos de intereses en que puede incurrir en su actuación, cuanto, en particular, por la falta de transparencia de los indicadores que sirven para medir la fiabilidad del prestatario, esto es, los métodos de calificación que son, hasta ahora, secretos y forman parte del negocio, lo que unido a que se trata de un oligopolio dominado por tres grandes empresas genera no pocas preocupaciones, máxime ante la enorme influencia que tienen en los mercados en general y en la deuda soberana en particular[66]. El inversor se deja guiar ciegamente por la calificación, sin conocer qué peso y medida han podido tener, por ejemplo, el riesgo político (estabilidad, seguridad, transparencia); la estructura de ingresos; las perspectivas de crecimiento; la flexibilidad fiscal (balance, métodos de financiación del déficit y su repercusión sobre la inflación...); la carga de deuda soberana; responsabilidades y cargas no previstas en los presupuestos; la estabilidad monetaria; la liquidez externa; la deuda privada; las deudas del sector público; etc. Ni, menos aún, el método para medir cada uno de esos conceptos. No sólo el inversor, también la banca privada y los Gobiernos y Administraciones nacionales podrían hacer los ajustes necesarios de conocer y, en su caso, debatir, cuáles son esos indicadores que habrán de ser tenidos en cuenta.

---

[60] Núm. 4.

[61] Núms. 2, 3, 4.

[62] Núm. 8.

[63] Núms. 4, 7. Asimismo, el artículo III dedicado a la transparencia.

[64] Núm. 10, segundo párrafo.

[65] Artículo II sobre el ejercicio de poderes de atribución, consenso, restricciones y prohibición de trato discriminatorio; el artículo III sobre transparencia y su organización, así como la participación del público; artículo IV sobre rendición de cuentas y revisión; etc.

[66] Anticipándose al futuro, *vid.* GAUTAM SETTY y RANDALL DODD, «Credit Rating Agencies: Their Impact on CapitalFlows to Developing Countries», *Special Policy Report* 6, April 2003, Financial Policy Forum, Derivatives Study Center, www.financialpolicy.org.

c) *ADVERTISING STANDARDS AUTHORITY*

A nivel nacional, representa un ejemplo también positivo, como ya se ha observado, la ASA –*Advertising Standards Authority*[67]–, o autoridad para el establecimiento de estándares en la publicidad, que tiene incorporados igualmente determinados valores públicos: independencia, experiencia y prestigio, organización adecuada, cooperación y coordinación con otros reguladores nacionales y europeos, transparencia y publicidad, motivación y ponderación.

5. LA LEGITIMACIÓN DE LA ACTIVIDAD REGULATORIA PRIVADA

Sin duda, es la ley democrática la fuente de legitimación, la que habrá de otorgar o reconocer las funciones regulatorias de los sujetos privados (establecimiento de estándares, control y evaluación...), así como resolver qué valores y criterios han de incorporar los sujetos privados que se inscriben en la cadena regulatoria. Ciertamente, son muchas las estrategias y las fórmulas posibles, cada una con su particular problemática[68].

Sea como fuere, conviene distinguir, en efecto, ambas dimensiones. De un lado, la *fuente* misma de la legitimación de la función regulatoria privada, cualesquiera que sean las operaciones que cubra. Por ejemplo, la ley que delega expresa y directamente una actividad en el sector privado[69]; o la ley que confía en el contrato para que sea éste el que reconozca la actividad regulatoria privada[70]. De otro,

---

[67] http://www.asa.org.uk/.

[68] Véase, COLIN SCOTT, *cit.* (nota 52). Del mismo autor, «Regulatory Goverance and the Challenge of Constitutionalism», en *EUI Working Paper RSCAS* 2010/07. Y, más en general, la serie Private Regulation Series, del Robert Schuman Centre for Advanced Studies, del EUI.

[69] Por ejemplo, en una asociación o conjunto de asociaciones determinadas, como las de protección de los consumidores o de los animales. Así, por ejemplo, la legislación británica le atribuye a la sociedad protectora de animales una función de vigilancia e inspección acerca del trato dado a los animales, tanto en el sector privado, como en el público, lo que incluye a los perros de la policía; la legislación europea le asigna la función inspectora a las asociaciones de consumidores. Sobre el tema COLIN SCOTT, *cit.* (nota 52).

[70] Un ejemplo en tal sentido lo representa la ya citada *Advertising Standards Authority*, que ejerce sus funciones de estandarización y control en virtud de contrato.

los criterios o valores que por mimetización del Derecho Administrativo deban asumirse.

En otro orden de consideraciones, no ha de olvidarse, por lo demás, que el propio Derecho Privado ofrece posibilidades de acomodación, sin necesidad de modulaciones legales, aunque se trate de mecanismos en origen voluntarios[71].

III. ELEMENTOS Y ESTRATEGIAS PARA REALIZAR EL TRASVASE

En este epígrafe nos ocupamos de las consecuencias o impacto de los cambios en las relaciones entre el Estado y la sociedad; y del paso de la organización y procedimiento *administrativos*, a la organización y procedimiento *privados*.

Hasta ahora la teoría de la organización administrativa y del procedimiento administrativo se han situado tradicionalmente *del lado del* Estado, a partir de la premisa de una neta separación entre Estado y sociedad[72]. Ahora bien, ese estado de cosas no es más que un episodio,

---

[71] En el reiterado ejemplo de la asociacion profesional, los estatutos de la asociación pueden exigir una adecuada representatividad en la asamblea de todos los profesionales del sector a fin de garantizar que la autorregulación no sea aprovechada en su propio beneficio por los que ejerzan una posición dominante en el mercado imponiendo sus criterios en detrimento de la competencia.

[72] José Esteve, *Lecciones de Derecho administrativo*, Marcial Pons, Madrid, 2011, p. 117. En el caso de la organización se aprecia con particular intensidad la fuerte conexión que el Derecho Administrativo mantiene con esa divisoria. «La comprensión de la estructura y funcionalidad propia de los sujetos que estudiamos en la organización administrativa se encuentra en muy buena medida en la posición que ocupan con relación al Estado y a la sociedad.» (*ibídem*).

Hay genuinas Administración públicas que se encuentra adscritas en la organización estatal (Administración general del Estado), y otros sujetos que desempeñan funciones públicas que se sitúan, sin embargo, en el seno de la sociedad (colegios profesionales, por ejemplo), y otros, en fin, que se ubican en una posición intermedia e interconectada (*ibídem*).

una fase de la evolución, como puede desprenderse de cuanto ha quedado dicho.

Muchos de los valores o principios a los que se ha hecho referencia en las páginas precedentes resultan reconducibles en última instancia a dos instituciones básicas: el *procedimiento* (en cuanto proceso decisorio) y la *organización* (en cuanto determinante de la forma de ser). Un diseño inteligente del procedimiento y de la organización (sea respecto de las Administraciones, como de los sujetos privados) posee carácter estructural. En primer término, pues, hemos de explorar esa opción (1), para, después, reflexionar sobre el papel de la ley (2).

1. EL DISEÑO DE LA REGULACIÓN PRIVADA POR MEDIO DE LA MANIPULACIÓN DE DOS GENES: LA ORGANIZACIÓN Y EL PROCEDIMIENTO PRIVADOS. UNA FORMA DE CONDICIONAR SU NATURALEZA Y COMPORTAMIENTO CON EFECTOS DIFUSOS Y MULTIPLICADORES

a) INTRODUCCIÓN: NO HAY NADA MENOS INOCENTE QUE EL PROCEDIMIENTO Y LA ORGANIZACIÓN, SEAN ÉSTOS DE CARÁCTER PÚBLICO O PRIVADO

El procedimiento y la organización constituyen dos estrategias regulatorias de primer orden. Es como manipular el código genético. Son dos «genes» cuya configuración condiciona la naturaleza, que producen efectos difusos, aunque permanentes.

Si queremos que las zonas verdes de los municipios no se centrifuguen y se «externalicen», para luego recalificar el suelo liberado, bastaría con sujetar esa decisión municipal a los procedimientos característicos de la evaluación estratégica ambiental (consultas del público, participación de otras Administraciones, ponderación, motivación) para hacer ciertamente difícil una decisión de tal naturaleza[73].

---

[73] Tal es el propósito y el medio establecido en el sistema de la evaluación estratégica ambiental.

Si deseamos que no influyan los laboratorios en la decisión de aprobar la comercialización de un producto farmacéutico, será necesario acudir a reglas de organización y procedimiento: prohibición de toda participación o contacto con los laboratorios; participación de los equipos científicos de las agencias del medicamento nacionales y europea; etc.[74]

Si aspiramos a que un restaurante adopte normas de higiene, puede bastar con que la cocina sea transparente, de cristal, y que todos los clientes puedan ver cómo se manipulan los alimentos.

La organización y el procedimiento de los sujetos importan, y mucho, para la regulación de la vida social, económica, medioambiental e informativa. Cómo sea el sujeto (organización) y cómo decida (procedimiento) resulta sumamente trascendente, no ya sólo cuando se actúa sometido al Derecho Público, sino también cuando la Administración o el sector privado operan bajo el Derecho Privado.

El procedimiento y la organización poseen, en efecto, una dimensión defensiva del ciudadano, por cuanto racionalizan y sujetan a garantías la potencial actuación pública (o privada). Y, además, una vertiente activa –y de eficacia o excelencia–, que condiciona y predetermina el modo de ser y el modo de decidir del sujeto. Mediante la «manipulación genética» de esos dos «genes» (procedimiento y organización) no sólo se consiguen altas cotas de protección y defensa –la preocupación dominante o exclusiva en los inicios–, sino también, y esto es ahora relevante, elevados niveles en términos de eficacia (efectividad en la consecución de los objetivos, eficiencia en el uso de los medios, calidad de los servicios, celeridad, generación de consenso, confianza, certidumbre y fiabilidad, etc.)[75]. Tal operación le corresponde hacerla al legislador[76].

---

[74] Véase la página oficial de la UE, su explicación y presentación del Reglamento 726/2004, de procedimiento de autorización y control de medicamentos en http://europa.eu/legislation_summaries/internal_market/single_market_for_goods/pharmaceutical_and_cosmetic_products/l22149_es.htm

[75] Téngase en cuenta que la responsabilidad social corporativa o gobernanza corporativa se traduce en buena medida en criterios de procedimiento y organización. Paradigmáticamene, véanse los documentos de la OCDE: «OCDE Principles of Corporate Governance», 2004; y «OCDE Guidalines for Multinational Enterprises», 2011.

[76] *Infra* núm. 2.

b) Organización privada

La regulación de la economía –como la de otras esferas– es hoy en alta medida una *regulación de carácter organizativo* o, si se prefiere, en la terminología más clásica, es «intervención organizativa». Tocando esa tecla se generan numerosos efectos.

Por ejemplo, hablar de la reforma de los mercados financieros es hablar en una alta proporción de la *organización* de los agentes que en ellos operan, sean éstos públicos o privados.

Así, en los análisis, estudios o debates habidos desde 2007 la *cuestión organizativa* ha acaparado la máxima atención: desde la creación de nuevos organismos reguladores o la mejora de los existentes (en materia de banca, seguros, bolsa o riesgos sistémicos), hasta la renovación de la gobernanza corporativa de las entidades financieras privadas, todo parece pasar por un mejor diseño de su organización.

– Cuando, por ejemplo, la Comisión Europea se plantea mejorar la *supervisión* de las agencias de calificación crediticia[77], la primera cuestión que se suscita reside en el alumbramiento de nuevas estructuras organizativas capaces de atender eficazmente las funciones de vigilancia y control, para, seguidamente, estudiar la forma de lograr una mayor corresponsabilidad del gobierno corporativo de las entidades financieras[78].

– Lo mismo sucede cuando el problema consiste en mejorar la competitividad de esas agencias, ante la constatación de que se trata de un mercado en situación de oligopolio. La mayor parte de las medidas que la Comisión y los actores participantes barajan durante el proceso de reforma adquieren naturaleza

---

[77] Puede verse el debate sobre su reforma, iniciado en 2008, en la web de la Unión Europea: http://ec.europa.eu/internal_market/securities/agencies/index_en.htm, en la que se da entrada a los documentos y noticias relacionados con el proceso de reforma conducente a la propuesta de un nuevo Reglamento que reforma el 1060/2009, sobre agencias calificadoras de crédito.

[78] Así, para garantizar una mayor protección de los intereses de los consumidores y otros interesados, una gestión más sostenible de las empresas y una reducción de los riesgos de quiebra a largo plazo, el Libro Verde de la Comisión se plantea la reforma del gobierno corporativo y abre una consulta pública sobre una serie de actuaciones, todas ellas con un marcado carácter organizativo: mejora del funcionamiento y la composición de los consejos de administración de las entidades financieras; establecimiento de una cultura del riesgo a todos los niveles de las entidades; aumento de la participación de los accionistas, los supervisores financieros y los auditores externos en el gobierno corporativo; etc.

organizativa: si se les puede atribuir al Banco Europeo o a los Bancos centrales nacionales la función de emitir calificaciones que puedan ser utilizadas por las instituciones financieras europeas a efectos regulatorios; si es preferible fomentar a nivel nacional la creación de nuevas entidades de calificación; si conviene establecer una nueva agencia europea independiente de calificación articulada sobre una estructura mixta o público-privada, de modo análogo a las experiencias que representan la institución *d'utilitè publique*, la *public interest company*, la fundación europea o la *public-private partnership*; o si es suficiente una red europea de pequeñas y medianas agencias de calificación del crédito[79].

– Y si lo que se pretende es que las decisiones públicas atinentes a la estabilidad financiera no se vean mezcladas con decisiones políticas a corto plazo, la respuesta es, de nuevo, organizativa: para asegurar, por ejemplo, la imparcialidad y la neutralidad que la política monetaria reclama, los bancos centrales adquieren autonomía para sustraerse de los impulsos políticos de los Gobiernos y actuar de acuerdo con las necesidades de la estabilidad financiera.

La organización no es ya un mero ropaje *externo* con el que revestir un conjunto de medios personales y materiales para el cumplimiento de una función. Es además una forma de condicionar y predeterminar *desde dentro* –con carácter estratégico– el comportamiento de una Administración o entidad privada a consecuencia de la estructura organizativa que se le asigne: la división y el modo de trabajo, la composición y cualificación de sus miembros, la forma de integración de sus relaciones internas y externas, la distancia o dependencia de otras organizaciones, las vías de obtención y procesamiento de la información, los principios operativos o de funcionamiento; etc.

En suma, interesa por medio de la *estrategia de la organización* (sea pública o privada) evaluar y determinar:

– cómo desarrollar satisfactoriamente las funciones y tareas encomendadas (i);

– cómo influenciar la vida de las organizaciones y de sus miembros a través de sus elementos estructurales (ii);

---

[79] Véase el documento de trabajo «Public Consultation on Credit Rating Agencies», European Commission, Directorate General Internal Market and Services, *FINANCIAL SERVICES POLICY AND FINANCIAL MARKETS, Securities markets*, 05.11.2010, p. 21.

– cómo transmitir y encarnar en su seno los valores y principios constitucionales (como la legitimidad democrática)[80] (iii);

– y cómo dirigir la actuación de aquellas actividades privadas a través de sus respectivas estructuras organizativas, en la medida en que participen en el proceso regulatorio (por ejemplo, para asegurar que las organizaciones que llevan a cabo actividades autorregulatorias sean suficientemente representativas del sector) (iv).

Para ello, y con la ayuda de otras ciencias, habrán de sopesarse las medidas o componentes de la organización, en función de la naturaleza y de la conducta que quiera imprimirse, y que se extienden a todos los elementos posibles: desde la naturaleza del personal (electo, o constituido por expertos, por ejemplo); pasando por la racionalidad del trabajo (descentralizada o no; cooperativa o jerárquica...); a la dependencia o independencia respecto de otras organizaciones horizontales y verticales.

c) Procedimiento privado

En términos análogos, *cómo decida el sujeto* (procedimiento) resulta sumamente trascendente, no ya sólo cuando se actúa sometido al Derecho Público, sino también cuando la Administración o el sector privado operan sometidos al Derecho Privado.

Si el proceso para la promulgación de estándares (normas ISO, por ejemplo, o estándares de carácter profesional) tiene lugar en foros exclusivos y cerrados, con escasa transparencia, la probabilidad de la captura es muy alta. Por el contrario, cuando las estructuras responden a principios elementales de procedimiento, y los interesados tienen ocasión efectiva de hacer valer sus puntos de vista y de comprender lo que se propone, la posibilidad de generar estándares en beneficio del interés común o general es alta. Lo mismo puede decirse del sector público (sean las cajas de ahorro o la sociedad AENA Aeropuertos, S.A., por ejemplo): si la sociedad se sujeta a principios de transparencia, experiencia, publicidad, neutralidad, participación pública, motivación o de responsabilidad social, los riesgos de ineficacia, corrupción o captura, y, en definitiva, de pérdida de los valores del Derecho Público, son menores.

---

[80] En la Constitución española de 1978, por ejemplo, se encuentran plasmados expresamente en los artículos 1.1 y 103.1.

Los ejemplos antes destacados –tales como la representatividad de todos los profesionales del sector en el seno de una asociación; la transparencia en el método de evaluación de las agencias de calificación; los criterios de independencia y neutralidad; o la resolución basada en la mejor información disponible para hallar a su vez la mejor tecnología en el ámbito de la protección del medio ambiente; entre otros– no son sino principios de procedimiento. Su proyección sobre los sujetos privados posee, como se ha dicho, efectos multiplicadores[81].

Por medio de la *estrategia del procedimiento* (público o privado) se condicionan y determinan, entre otras cosas:

– Cómo se obtiene y procesa la información necesaria para resolver (lo que tradicionalmente se conocía como «instrucción»); los sujetos que han de participar en ese proceso de recogida y tratamiento de información y quién lo costea.

– Cómo se garantiza o concreta la independencia o neutralidad, la ausencia de conflicto de intereses; con qué grado de amplitud; y a quién se confía su vigilancia.

– El grado de transparencia y representatividad en la toma de decisiones.

– Las funciones que cumplen, y posición que guardan, los distintos intervinientes o participantes, sean Administraciones o sujetos privados.

– Cómo el legislador controla y dirige a la Administración (por ejemplo, obligando a una amplia consulta pública antes de tomar la decisión de que se trate).

– Cómo y quiénes participan en la elaboración de normas, programas o planes; si la participación es tardía y puntual, o acompaña el ciclo completo de la elaboración, aprobación, implementación, ejecución y revisión; etc.

2. LA FUNCIÓN DEL LEGISLADOR

La ley resulta hoy más relevante y necesaria que nunca como vehículo del principio democrático y del principio del Estado de Derecho,

---

[81] La emergencia del «procedimiento privado» de los sujetos privados a los que aquí se hace referencia se inscribe en lo que puede denominarse como «procedimientos de tercera generación» (tercera parte del presente capítulo).

aun cuando el legislador no puede gobernar por sí mismo los mercados, por ejemplo, en los términos convencionales, a consecuencia de las nuevas formas de regulación.

a) El parlamento ha de hacer un uso estratégico de la organización y procedimiento privados

En ello ya se ha abundado[82]. Es al legislador, bien directamente, o bien por su remisión a otros instrumentos (convenios, contratos, por ejemplo), al que incumbe, en primer término, resolver qué funciones regulatorias atribuir al sujeto privado, y, en su caso, qué valores han de presidir las organizaciones y su composición, la racionalidad del trabajo, y el proceso decisorio. Sea en forma de principios o de reglas específicas, de garantías de resultado o de normas finalistas, lo cierto es que se trata de inocular los valores propios del Estado de Derecho y del principio democrático, a los que, por vía de ejemplo, se ha aludido en las páginas anteriores.

b) De un Parlamento que dicta normas estipulando conductas, a un Parlamento que dirige y supervisa el proceso regulatorio. Cuando regulación y normación no son conceptos coincidentes, ni magnitudes coextensas

Si la *regulación* de un sector o actividad no es sólo *normativa*, esto es, si la prescripción de conductas no se hace ya exclusiva, ni principalmente, en numerosos sectores, por medio de normas escritas y vinculantes emanadas previamente de un Parlamento, y se hace uso de otras estrategias, el legislador, y con él, el Derecho Administrativo, con las directrices pertinentes, habrá de prestar en paralelo una creciente atención a esas otras formas de regulación que, desde el Parlamento, pueden ser controladas y dirigidas. Piénsese, por ejemplo, en la relevancia de las siguientes actividades de carácter regulatorio y en la consiguiente necesidad de su atención:

---

[82] *Vid.* asimismo núm. II.5.

– El Parlamento ha de dirigir la política de privatizaciones y supervisar la política de externalización de servicios que las Administraciones practiquen (contratación administrativa); establecer los criterios y valores públicos (sustantivos y de procedimiento) que la actividad privatizada o externalizada deba observar; los nuevos mecanismos de control que corresponda instaurar; etc.[83]

– El Parlamento ha de conocer y supervisar la política de los organismos reguladores, cuando menos a los efectos de decidir si son necesarios cambios de su marco legislativo.

– El Parlamento ha de decidir y vigilar la delegación –nueva o no– de determinadas actividades privadas en régimen de autorregulación, disponiendo igualmente, entre otras cosas, los criterios y valores públicos que han de respetarse en cada caso.

– El Parlamento ha de considerar el alcance estratégico que posee el diseño del procedimiento y de la organización.

Si el Parlamento dejara fuera de su observatorio y de su campo de acción las distintas formas de regulación que se producen más allá de la meramente normativa (entendida ésta como normación al modo tradicional), estaría entonces condenado a cumplir una simbólica misión.

c) LA RESERVA DE LEY Y LA DELEGACIÓN LEGISLATIVA

En la visión tradicional las cuestiones procedimentales y de organización han gozado de escasa consideración. La capitalidad se localizaba en el corazón de los derechos y libertades de los sujetos, sus facultades y sus deberes.

---

[83] CHERYL SAUNDERS y KEVIN YAM, «Government Regulation by Contract: Implications for the Rule of Law», *Public Law Review*, vol. 15, n° 41, 2004, p. 51; ANN CL DAVIES, «English Law's Treatment of Government Contracts: The Problem of Wider Public Interests», en Mark Freedland y Jean-Bernard Auby (Eds.), *The Public Law: Private Law Divide*, Hart Publishing, 2006, p. 11; JODY FREEMAN, «The Contracting State», *Florida State University Law Review*, 2000, p. 155; JEAN-BERNARD AUBY, «Contracting Out and 'Public Values': A Theoretical and Comparative Approach», *Comparative Administrative Law* (edited by Susan Rose-Ackerman and Peter L. Lindseth), Edward Elgar Publishing, 2011.

Hoy día, sin embargo, estas dos *estructuras reguladoras*[84] –organización y procedimiento– de los sujetos privados han de revalorizarse, tanto más cuanto menos espacio o acceso se deje a la programación material por parte del legislador, es decir, cuando éste no pueda adelantarse a la realidad para predeterminar la conducta futura.

No basta con que el legislador y la Administración cumplan, en sus respectivas posiciones, con la *reserva de ley*. Es necesario también que la Administración actúe en los términos de la *delegación legislativa*, vertiente ésta menos cultivada y atendida en ocasiones, pero de suma relevancia cuando se le atribuyen relevantes poderes a los organismos reguladores (por ejemplo, al Banco central), o se delegan, como se ha dicho, facultades regulatorias a los sujetos privados.

d) Legitimidad democrática. La teoría de la cadena (*ADSL*) y la teoría del *WiFi*

La teoría clásica consideraba legitimada democráticamente la decisión de una autoridad administrativa en virtud de la imagen que proporciona la «cadena»: si quien decide aplica una ley democráticamente aprobada y, además, depende jerárquicamente de un vértice que ha sido elegido por el pueblo, la decisión a la postre resulta reconducible al pueblo.

Todo ello ha de redefinirse cuando nos encontramos, no ya ante Administraciones jerárquicas y piramidales, para las que se construyó la citada teoría, sino ante Administraciones independientes o, como aquí se considera, ante sujetos privados prestadores o co-reguladores.

Baste un apunte para la reflexión. La teoría clásica ha de ser apurada, en primer término. Y ello porque, como se ha notado, la reserva de ley y el principio de legalidad y de sometimiento de la Administración a la Ley y al Derecho (art. 103.1), le obligará al legislador a ocuparse

[84] *Vid.* el primer capítulo de la presente obra colectiva.

de la vertiente procedimental y organizativa con mayor atención que hasta ahora.

Adicionalmente a esa perspectiva, que por convención y a efectos ilustrativos, podríamos denominar de «cable» o de *ADSL*, habría que añadir la del *WiFi*, es decir, la observancia de la delegación legislativa por parte del sujeto público o privado: mientras éstos no pierdan la cobertura tendrán legitimidad democrática. Ello remite en buena medida a una visión funcional y finalista. El sujeto habrá de tener presente en todo momento si sus decisiones y actuaciones se mueven en el ámbito de los fines y objetivos para los que se le ha otorgado esa delegación.

La cobertura –o legitimidad– puede contemplarse, bien en términos de pérdida (perspectiva tradicional), en cuyo caso adquieren un claro protagonismo los jueces y tribunales, que intervienen *ex post*; o bien en clave positiva, o de dirección *ex ante*. En este último supuesto, la configuración legal del procedimiento y de la organización juega un papel significativo, por cuanto puede servir para condicionar estratégicamente las actuaciones de futuro del sujeto, facilitando su conectividad, que se mueva en la zona *WiFi*.

TRES GENERACIONES DE PROCEDIMIENTO ADMINISTRATIVO*

I. INTRODUCCIÓN

1. EL PROCEDIMIENTO ADMINISTRATIVO EN PERSPECTIVA COMPARADA

La proliferación en las últimas décadas de leyes de procedimiento administrativo en extensas áreas regionales como la Europa del Este, el Sudeste asiático o la América Latina constituye un positivo fenómeno que recuerda la expansión del constitucionalismo de principios del siglo XIX, y supone, por otra parte, un evidente florecimiento del Derecho Administrativo contemporáneo.

Ahora bien, el análisis comparado de una institución como el procedimiento administrativo excede en mucho del contraste y cotejo de las legislaciones nacionales y de las respectivas construcciones jurisprudenciales y doctrinales, por más que ese intercambio de experiencias –siempre en su debido contexto– pueda ser de sumo provecho, por ejemplo, para reflexionar sobre las mejores opciones sobre la sustanciación del derecho de acceso a la documentación administrativa.

Tampoco se detiene el estudio comparado en la datación histórica de las recíprocas influencias entre países o en la filiación y genealogía de las leyes y de los sistemas jurídicos, pese al interés que ello despierta por la rica información que ofrece. Por ejemplo, esa perspectiva expli-

---

* Esta parte tiene su antedecende en el trabajo: «Towards a Third Generation of Administrative Procedure», en *Comparative Administrative Law*, University of Yale, Edited by Rose-Ackerman and Peter L. Lindseth, Edward Elgar Publishing, 2010, y en otras publicaciones posteriores en diversos países; constituye una síntesis de una investigación de más largo recorrido, que verá la luz en una próxima monografía, con el mismo título que esta parte, en la colección de *Cuadernos* de esta Editorial.

ca, por razones de historia y cultura, la autonomía y singularidades de la gran familia de leyes iberoamericanas de procedimiento administrativo. Aunque la mera antigüedad no sea argumento bastante, sí resulta ilustrativa cuando menos de una fuerte tradición: las primeras leyes de procedimiento se remontan a la España de 1881[1] y 1889[2], y las primeras no peninsulares, para Cuba, Puerto Rico y Filipinas, a 1888[3].

En realidad, la institución del procedimiento administrativo es tan poliédrica en sus funciones y morfología, y resulta tan transversal –recorre el entero Derecho Administrativo–, que la comparación sólo puede emprenderse por categorías de procedimiento. ¿De qué procedimiento administrativo hablamos en cada caso? Puesto que, entre un procedimiento sancionatorio y un procedimiento de evaluación estratégica ambiental o de elaboración del planeamiento parecen existir diferencias de sustancia. Tal sería el primer interrogante a despejar. La primera cuestión que ha de resolverse, pues, reside en su identificación y ulterior clasificación.

Las categorías, clases o tipos de procedimiento, en contra de lo que ha podido pensarse durante largo tiempo, no vienen determinadas, a nuestro juicio, en razón de la materia (procedimientos para el otorgamiento de licencias en el ámbito del comercio o la vivienda, por ejemplo), ni por el contenido o naturaleza de la resolución que ponga fin al procedimiento (acto declarativo o constitutivo, por ejemplo). Las cosas son más complejas, pero también más interesantes. La clasificación que aquí se propone resulta más radical y profunda, puesto que se basa, en

---

[1] Real Decreto de 31 de diciembre de 1881, aprobando el Reglamento provisional sobre el procedimiento administrativo en las reclamaciones económico-administrativas. Se trata, en efecto, de una norma de rango infralegal.

[2] Ley de 19 de octubre de 1889, disponiendo que por cada Ministerio se haga y publique un reglamento de procedimiento administrativo para las dependencias centrales, provinciales y locales del mismo. Se trata de una ley de bases que sirven de marco y denominador común a los reglamentos que, en razón del ramo y la especialidad, habrían de dictarse seguidamente.

[3] Real Decreto, de 29 de Septiembre de 1888, por el que se aprueba el procedimiento administrativo de la Secretaría de Ultramar y todas las dependencias administrativas de Cuba, Puerto Rico y Filipinas; y Real Decreto, de 13 de junio de 1890, declarando subsistente con las modificaciones que se expresan, de 1890 (*Gaceta de Madrid*, núm. 177, de 26/06/1890).

última instancia, en el modelo de Administración y en la forma de gobierno y regulación en el que aquélla se inserta. Hablamos aquí de generaciones para hacer referencia a la sucesión –y convivencia– de esos distintos modos de operar. Una cosa es la Administración resolviendo como si de un juez se tratara (primera generación); otra, la Administración dictando normas en modo análogo a como lo hace el legislador tradicional (segunda generación); y otra, muy distinta, cuando la Administración, y otros actores, se sirven de elementos o principios de procedimiento en las nuevas formas de gobernanza, marcadas por la colaboración entre Administraciones, y entre éstas y el sector privado, tanto dentro de las propias fronteras, como más allá del Estado.

Esta clasificación por generaciones permite entender mejor la institución del procedimiento dentro del propio sistema y establecer un adecuado término de comparación. No son magnitudes comparables, por ejemplo, los procedimientos administrativos sancionadores[4], con los de evaluación estratégica ambiental[5]. Y no lo son, no ya porque se refieran a «materias» distintas (sanción y medio ambiente, respectivamente), sino porque se basan en modelos y modos de Administración muy diferentes entre sí y, en definitiva, en modelos de gobierno y regulación diversos, y en donde el procedimiento cumple funciones cualitativamente distintas. En el primer caso, se trata de una Administración «imperativa», que actúa investida de autoridad, y que, al igual que el juez, utiliza el procedimiento como herramienta de una correcta aplicación del Derecho, a fin de determinar si el interesado ha cometido o no una infracción y si ésta es merecedora de sanción. *Utiliza el procedimiento para hacerle hablar a la ley.* En el segundo, por el contrario, la Administración opera *en modo cooperativo*, busca la colaboración de otras Administraciones, del público en general, y del sector privado, no para hallar lo que la ley haya predeterminado, porque no ha predeterminado nada, sino para construir la mejor solución –entre todos– de cara a alcanzar un crecimiento sostenible, con ocasión de una concreta

---

[4] Véanse, a título de ejemplo, los arts. 134 y ss. de la Ley de procedimiento española, 30/1992.

[5] Por ejemplo, arts. 6-25, de la Ley 9/2006, de 28 de abril, sobre evaluación de los efectos de determinados planes y programas en el medio ambiente.

política energética o de infraestructuras, por ejemplo y, en definitiva, la obtención de la información necesaria. *Utiliza el procedimiento como foro donde encontrar la solución o la respuesta más adecuada.* El procedimiento cumple aquí una función más ambiciosa, de dirección política, ante la incapacidad de la ley para programar la solución correcta. La comparación, en otras palabras, ha de hacerse «por pares», esto es, con iguales, tanto dentro del propio ordenamiento jurídico, como fuera de él.

Esa clasificación, sea o no con pretensiones comparatistas, ofrece un mapa o sistema no sólo descriptivo, sino también de carácter prescriptivo, en la medida en que pone en evidencia los déficits –en términos de principio democrático, de Estado de Derecho o de eficacia– que cada procedimiento pueda presentar. Comencemos desde el principio.

2. RESUMEN Y GLOSARIO

A modo de síntesis de cuanto luego se dirá, esta parte pretende explicar o describir las diversas generaciones de procedimiento, primero; para esbozar, después, a partir de sus virtualidades y déficits, algunos de los valores y principios en juego.

Un breve glosario:

a) ¿Qué entendemos por «Administración imperativa»?

Aquella que opera y trabaja haciendo uso de potestades públicas y resuelve con carácter unilateral; en un proceso de carácter jerárquico o en cascada (de arriba hacia abajo), puesto que su función consiste en aplicar el Derecho emanado desde arriba. Es una Administración que sabe lo que quiere. Por el contrario, hablamos de «Administración cooperativa» para hacer referencia al supuesto contrario, cuando la Administración no es autosuficiente y, bien sea por el tamaño de los problemas, o bien por la incertidumbre acerca de su tratamiento o respuesta, requiere de la colaboración de otras Administraciones y del sector privado. El proceso no es jerárquico, sino en red, y en donde una multiplicidad de actores pueden participar con una aportación específica. Es lo propio, por ejemplo, de las Administraciones independientes, a diferencias de las meramente ejecutivas.

b) ¿A qué se hace referencia con las tres generaciones –cumulativas– de procedimiento administrativo (cuadros 4 y 5)?

La primera generación, como ya se ha notado, tiene por objeto el dictado de resoluciones que afectan a los derechos e intereses de los ciudadanos, a cargo de una Administración que, por convención, llamamos aquí «imperativa». Se trata de una clase de procedimiento que se inicia antes de que se inventara la electricidad.

La segunda generación tiene por misión la elaboración de toda clase de normas reglamentarias, programas, planes o proyectos, en un entorno también de Administración imperativa. En este escenario, la Administración opera como si de un legislador se tratara. Es un procedimiento que se propaga en la segunda mitad del siglo XX, antes de la invención de Internet.

La tercera generación de procedimientos se mueve en el marco de las nuevas formas de gobernanza, en un medio ambiente de colaboración, cuando no se trata de aplicar el Derecho preexistente, sino de buscar, entre múltiples actores y en forma cooperativa, la mejor solución. Aquí, la Administración realiza políticas públicas en colaboración con otras Administraciones y con el sector privado, dentro y fuera de las fronteras.

c) ¿A qué aludimos cuando hablamos de «gobernanza», como complemento o alternativa al modo de gobierno tradicional?

Por gobernanza «a secas» o por «gobernanza administrativa» o, también, «gobernanza cooperativa», se hace referencia en nuestro contexto a un nuevo estilo de gobierno, en el que la Administración goza de un particular protagonismo en la realización y ejecución de las políticas públicas, pues se desenvuelve en ámbitos y sectores en los que su actuación no consiste en aquella originaria actividad de ejecución o de mera aplicación de la ley. Se alude, en efecto, a un modo de gobierno y regulación alternativo o complementario del tradicional en el que predomina la colaboración inter-administrativa y público-privada, dentro y fuera de las fronteras nacionales. En ese sentido, el término «gobernanza» se presenta como opuesto al modo clásico de «gobierno», caracterizado por la dirección política de arriba hacia abajo, esto es, por un proceso y una estructura jerárquicos, y el recurso a la decisión unilateral y a las técnicas coercitivas. Se trata de una Administración que no es autárquica, ni autosuficiente.

d) ¿Qué concebimos actualmente bajo el término «procedimiento»?

El concepto de procedimiento administrativo no se detiene ya, como antaño, en la exclusiva idea de procedimiento como *proceso decisorio*, seguido o impulsado de oficio por una Administración de carácter imperativo para concluir en un acto, sino que asimismo comprende, además de otros procesos decisorios basados en la colaboración interadministrativa y público-privada, la *obtención y el intercambio de información* y, más ampliamente, el código básico de las *relaciones entre la Administración y el ciudadano*.

El procedimiento es entonces proceso decisorio (para el dictado de un acto administrativo o resolución, la aprobación de un reglamento, o la celebración de un contrato, por ejemplo), pero es también obtención e intercambio de información (para elaborar un mapa medioambiental, realizar una inspección, recabar informes y estudios científicos, por ejemplo)[6]; o una prestación o asistencia médica[7].

---

[6] Con carácter general, y *como punto de partida* de las reflexiones que seguidamente se hacen, pueden verse las siguientes obras colectivas: *La transformación del procedimiento administrativo* (editado por JAVIER BARNES), Global Law Press-Editorial Derecho Global, Sevilla, 2008 (véase un sumario en http://www.globallawpress.org/Transformacion.htm); *Innovación y reforma en el Derecho Administrativo*, en particular, capítulos primero (E. SCHMIDT-ASSMANN) y quinto (JAVIER BARNES), Global Law Press-Editorial Derecho Global, Sevilla, 2006 (véase un sumario en http://www.globallawpress.org/Innovacion.htm). Asimismo, y como introducción al Derecho Comparado, puede verse J. BARNES, *El procedimiento administrativo en el Derecho Comparado*, Civitas, Madrid, 1993. La lectura de la obra –en particular de su capítulo sexto– de E. SCHMIDT-ASSMANN, *La teoría general del Derecho Administrativo como sistema*, Marcial Pons-INAP, Madrid, 2003, resulta fundamental como marco de las líneas de evolución conceptual del Derecho Administrativo contemporáneo.
Un análisis más detallado de algunas de las cuestiones que aquí se apuntan, señaladamente en el epígrafe III, me remito a los siguientes artículos propios: J. BARNES, «El procedimiento administrativo y las nuevas formas de dirección, regulación y gobernanza», en *Hacia la modernización del procedimiento administrativo*, Instituto Andaluz de Administración Pública, Sevilla, 2009, pp. 57-71; y «Procedimientos administrativos de tercera generación», en *Revista AIDA*, núm. 7, México, enero-junio, 2010, pp. 11-54.
[7] *Vid.* JOSÉ MARÍA RODRÍGUEZ DE SANTIAGO, «Un modelo de procedimiento administrativo para las prestaciones de servicios o materiales. El ejemplo de la prestación de asistencia sanitaria», en *La transformación del procedimiento administrativo*, Global Law Press-Editorial Derecho Global, Sevilla, España, 2008.

3. EL ORIGEN DEL PROCEDIMIENTO ADMINISTRATIVO: CUANDO LA CONQUISTA HISTÓRICA RESULTA INSUFICIENTE

La idea de secuenciar el proceso decisorio, esto es, de establecer una serie o sucesión de actuaciones encadenadas conducentes a la toma de decisiones, es tan antigua como el Derecho mismo. Con la instauración de la división de poderes, se abriría paso la necesidad de establecer un procedimiento específico para cada uno.

Las decisiones jurisdiccionales –sentencias, autos, providencias– se adoptarían a través de un proceso. Las decisiones parlamentarias –desde la entrada del proyecto o proposición en la cámara o asamblea, el debate y enmienda, hasta su aprobación y promulgación– seguirían su propio cauce, un procedimiento legislativo. Finalmente, el Ejecutivo y la Administración sujetarían sus decisiones dotadas de autoridad (concesiones, permisos, sanciones, etc.) a un procedimiento administrativo.

El modelo que para el procedimiento administrativo ha representado el proceso judicial ha resultado ser eficaz cuando se trata de resolver asuntos relacionados con los derechos e intereses de los ciudadanos. Si se tiene o no derecho a un permiso o autorización; si se es o no el mejor candidato a un puesto de la función pública; cuál sea la oferta económicamente más ventajosa en la licitación de un contrato, son cuestiones que podrán ventilarse adecuadamente a través de un proceso o, lo que es lo mismo, de un procedimiento llamado «administrativo» porque es la Administración y no el juez la que lo impulsa.

Éste es el tipo de procedimiento administrativo que acapara la atención de la doctrina y a la que reservamos la expresión misma; es la clase de procedimiento del que hablan de ordinario las leyes de procedimiento administrativo contemporáneas y del que se ocupaban ya las primeras leyes decimonónicas; y sobre el que se debate en tantos foros y congresos a fin de mejorar sus prestaciones y funcionalidad (principios, simplificación, instrucción, por ejemplo). Es, en fin, el procedimiento concebido o representado en una imagen *lineal*, como conjunto de actos de autoridad encadenados con el objeto de dictar una resolución final dotada de autoridad. Es el procedimiento administrativo «en papel», hijo de la cultura de la imprenta[8].

Éste es, en otras palabras, el procedimiento administrativo que venimos en llamar «de primera generación», y que constituye sin duda un elemento esencial de todo Estado de Derecho y representa, probablemente, la mejor aportación que ha realizado el Derecho Administrativo en términos sistemáticos o «macroeconómicos», más allá de la evidente conquista histórica que representa el singular y ulterior control jurisdiccional. El procedimiento administrativo, pues, como proceso decisorio, cualesquiera que sean las formas que las decisiones encarnen: acto administrativo (protagonista indiscutible), contratos, normas, planes o programas; como *método de la correcta determinación del Derecho aplicable*, de una aplicación imparcial, igual para todos y sin discriminaciones, previsible y fiable.

Estos indudables avances, sin embargo, no impiden hacer una fácil constatación crítica. Y es que la Administración no se limita a dictar resoluciones formales en aplicación del Derecho, como hacen los jueces y tribunales, puesto que de entrada no sólo interpreta y aplica el Derecho, sino que crea y establece nuevas reglas y normas. Dicho de otro modo: la Administración hace muchas más cosas que decidir; y tiene muchos más «modos» que el imperativo o jerárquico, propio del dictado de los actos administrativos. Ello significa en la práctica que el procedimiento tipo –de primera generación– se ha quedado corto o, mejor expresado, que deviene escasamente representativo de la realidad administrativa contemporánea, como más adelante se insiste.

II. PROCEDIMIENTOS DE PRIMERA GENERACIÓN

1. CUATRO NOTAS CARACTERÍSTICAS

En términos muy simples, podríamos destacar, en lo que ahora importa, cuatro notas que singularizan a los procedimientos adminis-

---

[8] Sobre el tema, J. Barnes, «Una reflexión introductoria sobre el Derecho Administrativo y la Administración Pública de la Sociedad de la Información y del Conocimiento», *Revista, Andaluza de Administración Pública*, 2000, núm. 40.

trativos de primera generación, aquéllos que tienen su sede en la legislación tradicional:

a) El procedimiento administrativo de primera generación constituye ante todo un instrumento o mecanismo para la *correcta aplicación de Derecho*, en manos de la Administración imperativa, especialmente diseñado para el dictado de actos administrativos singulares (decisiones unilaterales), potencialmente de gravamen o restrictivos de derechos. Ello justifica las garantías que el procedimiento establece, tanto en lo que hace a la iniciación, comparecencia e instrucción, como en punto a la resolución definitiva, el recurso administrativo o la revisión.

b) El procedimiento cumple una función *adjetiva*, accesoria o subordinada respecto del Derecho material, es decir, una función instrumental o al servicio de la mejor aplicación del Derecho: lo relevante a la postre es que la decisión adoptada sea correcta en términos jurídicos. Si la decisión de la Administración resulta conforme a Derecho, las infracciones de procedimiento, salvo que causen indefensión, no adquieren de ordinario trascendencia invalidante (si la denegación de una licencia es correcta, una infracción formal o de procedimiento puede resultar irrelevante). Por ello, si el acto se ajusta materialmente a lo que la ley haya dispuesto, los vicios de forma resultarán fácilmente subsanables (piénsese, por ejemplo, en la regla de la anulabilidad y en el criterio de las irregularidades no invalidantes, y sus equivalentes en tantos otros ordenamientos)[9]. En ese sentido, el procedimiento tiene un carácter *adjetivo*. La consecuencia más plástica y conocida reside en la teoría de los vicios del acto y del procedimiento, donde se aprecia una cierta indulgencia o, si se quiere, una menor severidad: la nulidad absoluta como excepción; la regla de la anulabilidad, matizada a su vez con el criterio de las irregularidades no invalidantes[10]; la subsanabilidad y conservación; etc.

---

[9] Por ejemplo, en la legislación general en vigor en España, pueden verse los arts. 62-67 de la Ley 30/1992, de procedimiento administrativo (denominada Ley 30/1992, de 26 de noviembre, de Régimen Jurídico de las Administraciones Públicas y del Procedimiento Administrativo Común). Puede verse J. BARNES, *El procedimiento administrativo en el Derecho Comparado*, Civitas, Madrid, 1993.

[10] Por ejemplo, en el caso español, el artículo 63 de la Ley 30/1992 dispone lo siguiente:
«1. Son anulables los actos de la Administración que incurran en cualquier infracción del ordenamiento jurídico, incluso la desviación de poder.
2. No obstante, el defecto de forma sólo determinará la anulabilidad cuando el acto carezca de los requisitos formales indispensables para alcanzar su fin o dé lugar a la indefensión de los interesados.
3. La realización de actuaciones administrativas fuera del tiempo establecido para ellas sólo implicará la anulabilidad del acto cuando así lo imponga la naturaleza del término o plazo.»

c) El procedimiento administrativo se estructura conforme a una visión *procesalista*, que todo lo impregna: las fases en que se articula, las potestades de impulso, la prueba y su práctica, las formas de terminación, etc.

d) Constituye, en fin, un proceso *decisorio*, puesto que, como ya notábamos, sirve para dictar actos, aprobar normas, celebrar contratos, elaborar normas, redactar planes, confeccionar proyectos.

Dentro de esta categoría podrían incluirse, por ejemplo:

– Los procedimientos en vía de petición (de un permiso, autorización o licencia, por ejemplo) y en vía de recurso (reposición, alzada, reconsideración, etc.).

– Los procedimientos de carácter bilateral (entre un ciudadano y la Administración), sean de carácter declarativo, constitutivo, de contenido sancionatorio, etc. Y los procedimientos de carácter multilateral, como los procedimientos competitivos –para la licitación de un contrato, o el concurso para el acceso a la función pública, por ejemplo–; o los de naturaleza contradictoria, porque canalizan múltiples intereses encontrados, como sucede, por ejemplo, en la elaboración del planeamiento urbanístico y territorial o en la construcción de grandes obras públicas.

– Procedimientos de carácter no decisorio, como los de contenido prestacional (entrega de información; prestación de un servicio médico o asistencial, por ejemplo); de evaluación o estudio (emisión de informes, evaluaciones, análisis); de inspección y control.

Con todo, la pertenencia a esta generación no viene determinada por la tradición o la «naturaleza de las cosas» sino, en última instancia, por el medio o hábitat en el que se cursa el procedimiento: una Administración imperativa, un proceso jerárquico, una ley con programación material a ejecutar por la Administración.

Aunque un procedimiento administrativo así concebido deje muchas cosas fuera (cuadro 1) y responda a un específico «modo» de Ad-

---

En términos equivalentes se expresa el art. 46 de la Ley federal alemana de procedimiento administrativo de 1976, del que se desprende que las infracciones de forma, competencia y de procedimiento –siempre que no incurran en nulidad absoluta– no pueden ser objeto de impugnación, si resulta patente que no han influido en la decisión final.

ministración que no agota todas las opciones (cuadro 2), lo cierto es que posee una extraordinaria relevancia y efectos multiplicadores.

Nótese, a tal propósito, primero, que la evolución y madurez del Derecho Administrativo corre paralela en muchos casos a la emergencia del procedimiento administrativo como institución, como sucedió paradigmáticamente con la Ley federal norteamericana de procedimiento (APA, 1946) y aún hoy acontece en tantos países (Europa del Este, América Latina, Sudeste asiático, por ejemplo); segundo, que el procedimiento es a la Administración lo que la Constitución al Estado, su norma básica, que acompaña en la transformación de la realidad a las funciones que asume la Administración; tercero, que el procedimiento sirve de correa de transmisión en la Administración de valores fundamentales propios de un Estado democrático de Derecho (racionalidad, control y rendición de cuentas, motivación, participación, transparencia, consenso, etc.); cuarto, que el procedimiento, en cuanto guía de la acción administrativa, facilita la lucha contra la corrupción y la discriminación, ya que hace previsibles y fiables sus decisiones, garantiza la independencia y neutralidad en la aplicación del Derecho, y promueve su conformidad con los derechos fundamentales; quinto, que racionaliza el trabajo administrativo; y, sexto, que el procedimiento se ha mostrado notablemente expansivo en numerosos países, al incorporar, más allá de trámites, derechos o principios procedimentales, parámetros materiales de actuación (igualdad y no discriminación, proporcionalidad, por ejemplo); las normas de acceso a la información administrativa; la teoría del órgano administrativo (creación, competencia, relaciones, etc.); la teoría del acto administrativo y de los vicios; las fuentes del Derecho Administrativo (como en el caso peruano); el asesoramiento de la Administración (como en Japón); actuaciones no vinculantes o Derecho indicativo; sistema de responsabilidad extracontractual (como en el Derecho español); etc.

Pese a ello, y como seguidamente se abunda, la institución del procedimiento administrativo, tal y como se encuentra regulada en la legislación tradicional, ofrece un retrato insuficiente de la realidad.

2. LA DISTANCIA O DESFASE HISTÓRICO ENTRE LA LEGISLACIÓN TRADICIONAL (PROCEDIMIENTO DE PRIMERA GENERACIÓN) Y LA REALIDAD

El procedimiento constituye, como acaba de notarse, la columna vertebral del Derecho Administrativo y representa la pieza que contiene mayor información genética sobre el Derecho Público en un tiempo y espacio determinados, como si de una piedra de Rosetta se tratara. La lectura de una Constitución ofrece, sin duda, un extraordinario retrato de la sociedad de su tiempo, pero de ella no se deriva el grado de consecución de los objetivos que persigue, la efectividad y plenitud de los derechos que consagra o de sus mismos contenidos, siempre fijados por la jurisprudencia ulterior. La legislación de procedimiento, por su parte, ayuda, más que ninguna otra institución del Derecho Público, a desvelar, entre otras cosas, los siguientes rasgos o elementos del sistema:

– Las modalidades o clases de Administración actuante (de ordeno y mando o de policía; prestacional o de garantía del resultado prestacional; estructurada jerárquicamente como si de una unidad autárquica se tratara, o en forma de red, abierta a la colaboración interadministrativa y público-privada; etc.).

– La posición real que ocupa el ciudadano en el sistema: si es tratado como un ciudadano mudo, mero destinatario de la acción administrativa, o como un ciudadano activo.

– La organización interna, y el modo de gestión de los asuntos públicos.

– La línea de separación entre el Estado y la sociedad; entre la Administración y el ciudadano.

– El grado de eficacia que se pretende asegurar en la consecución de los objetivos; si el procedimiento se preocupa de la fase de aplicación (supervisión y revisión).

– La forma de limitación y control de la Administración.

– La noción de Estado y de empleado público.

– Las relaciones de la Administración con los demás poderes.

– Eventualmente, la teoría del acto y de los vicios; la teoría de la organización; etc.

Sin embargo, la legislación actual de procedimiento no serviría para retratar a la Administración contemporánea a comienzos del siglo XXI. La Ley española 30/1992, en su regulación del procedimiento, como tantas otras en el panorama comparado, no es representativa de la realidad actual (véanse cuadros 1 y 2). La lectura de ésta y otras leyes es como la de esas Constituciones que seguían recogiendo el voto censitario pese a haber sido superado en la legislación ordinaria.

Poca información ofrecen sobre una realidad más compleja. Y ello por dos razones fundamentales: porque no da cuenta de otras «vidas» o modos de ser de las Administraciones actuales (a), ni de otras formas de gobierno y regulación que no sean las tradicionales (b).

a) Otras vidas que importan a la institución del procedimiento y que encuentran escaso o nulo eco en las leyes tradicionales:

– La *vida privada de la Administración*: ¿cómo ha de decidir y comportarse la Administración cuando se viste de civil y deja su «uniforme» y actúa como una organización sujeta al Derecho Privado? ¿Qué principios habrían de regir o inspirar esa actuación?

– La *vida pública de entidades privadas que llevan a cabo actividades de interés general*: ¿cómo han de decidir y comportarse los sujetos privados cuando realizan tareas o funciones que se consideran de interés general en relación con terceros? *O de las entidades privadas que participan en la cadena regulatoria*: ¿cómo han de decidir las asociaciones privadas que en régimen de autorregulación establecen los estándares de conducta de los profesionales, de la fabricación de un producto, o de la práctica de un cultivo?

– La *vida exterior de la Administración* (más allá del Estado): ¿cómo han de decidir y comportarse más allá de las fronteras del Estado, y a quién representa, cuando la Administración cruza la frontera?

– La *vida pública de la Administración* cuando no actúa con instrumentos *formales*, imperativos o vinculantes: adopta decisiones informales; aprueba normas de Derecho indicativo o blando («soft law»), como guías o recomendaciones; negocia; busca el consenso; informa (estado de la salud pública o de la economía).

b) Otros modelos de gobierno que subyacen a las distintas generaciones de procedimiento:

Tampoco refleja la legislación tradicional o de primera generación las nuevas formas de gobierno y de regulación administrativas, distintas a las tradicionales, esto es, de los nuevos métodos de dirección, regulación y gobernanza sustentados, en esencia, sobre una intensa colaboración público-privada e interadministrativa. La legislación de procedimiento muestra una sola clase de Administración (la imperativa o de policía) y un único modelo de gobierno, de arriba hacia abajo (véanse núm. III.1 y cuadros 2 y 3).

En suma, la institución del procedimiento administrativo, en el plano legislativo y doctrinal, se ha mantenido en esencia invariable pese a las profundas transformaciones del Derecho Administrativo contemporáneo.

¿Cómo ha evolucionado el Derecho en esa encrucijada?

– Primero, con una segunda generación de procedimientos, muy incompleta, marcada por la misma idea de una Administración jerárquica, imperativa y autosuficiente (núm. III).

– Segundo, con una emergente tercera generación, basada en formas de colaboración, alejadas de toda autosuficiencia (núm. IV).

III. SEGUNDA GENERACIÓN: NORMAS ADMINISTRATIVAS APROBADAS POR ADMINISTRACIÓN JERÁRQUICA

La segunda generación de procedimientos surge con fuerza a partir de la segunda mitad del siglo XX y tiene por objeto la aprobación de normas administrativas infralegales (reglamentos ejecutivos o independientes; planes territoriales o urbanísticos; circulares de organismos reguladores o agencias independientes; ordenanzas locales; etc.). Teóricamente, el procedimiento reglamentario se habría de construir sobre la imagen del proceso legislativo. Ahora bien, como son pocas las reglas que disciplinan la elaboración de leyes, en realidad este procedimiento se acoge en buena medida a la plantilla del proceso judicial[11]. Se trata, en todo caso, de un proceso decisorio.

---

[11] Véase E. RUBIN, «It's Time to Make the Administrative Procedure Administrative», 89 *Cornell L. Rev.* 95, 135 (2002).

Con carácter general, señaladamente cuando se trata de la producción normativa –legislación secundaria o subordinada– de las Administraciones de corte ministerial, el procedimiento que disponen las leyes se canaliza a través de un proceso que se desarrolla de arriba hacia abajo, en manos de una Administración jerárquica e imperativa, y con una participación ciudadana que tiene lugar en una fase tardía, cuando la norma está ya por completo prefigurada.

Se trata en la mayor parte de los casos de procedimientos un tanto rudimentarios[12], lo cual no deja de ser paradójico si se tiene en cuenta la trascendencia que la actividad reglamentaria ha adquirido desde la segunda posguerra, tanto por el número de normas infralegales aprobadas en relación con las leyes, como en términos cualitativos a la luz del impacto real que el reglamento cumple en la sociedad postindustrial, en ámbitos como el medio ambiente, la seguridad alimentaria, seguridad pública, salud pública, regulación de los mercados financieros, planeamiento, etc. De ordinario, además, la legislación general se ha concentrado en la aprobación de reglamentos ejecutivos (o de desarrollo de las leyes emanadas del Parlamento), dejando fuera de su consideración la gestación de otras muchas clases de normas administrativas. En ese sentido, sorprende que para la elaboración de una norma reglamentaria de un organismo regulador o de un banco central se puedan exigir los mismos o menos requisitos procedimentales que para la elaboración de un reglamento que se limita a desarrollar una ley previa.

Dentro de esta generación, pueden citarse dos tipos característicos: los procedimientos de elaboración de disposiciones reglamentarias y los que tienen por objeto la gestación del planeamiento urbanístico y territorial.

La legislación tradicional tampoco ha prestado tanta atención a cuestiones que hoy han adquirido una notable importancia, como pueden ser la elaboración de normas no vinculantes (Derecho indicativo, blando o «soft law»); la producción normativa que emana de la autorregulación privada; o las normas, vinculantes o no, construidas más allá del Estado.

Ese estado de cosas comienza a ser corregido a impulsos, entre otros factores, de las múltiples iniciativas tendentes a mejorar las políticas regulatorias, en el

---

[12] Por ejemplo, *vid.* el art. 24 de la Ley española 50/1997, del Gobierno.

plano interno, regional (europeo) e internacional (señaladamente, de la OCDE y del Banco Mundial).

IV. TERCERA GENERACIÓN: ACTOS, NORMAS Y, EN GENERAL, POLÍTICAS PÚBLICAS ELABORADOS EN EL ENTORNO DE LAS NUEVAS FORMAS DE GOBERNANZA

Por contraste con los procedimientos de primera y segunda generación, en otros escenarios, la Administración no es autárquica, puesto que no lo sabe todo, ni lo puede todo, y, en consecuencia, necesita de las demás Administraciones, y del sector privado para realizar numerosas políticas públicas. Cuando la magnitud de los problemas excede la talla de una determinada Administración o de la del Estado, y/o cuando las cuestiones que han de afrontarse están marcadas por la incertidumbre, entre otras razones, es necesario colaborar y gobernar de un modo diferente al tradicional. Así surge lo que puede denominarse como «gobernanza», en tantos ámbitos y sectores como el medio ambiente, la regulación de los mercados financieros, la salud pública, la energía, la seguridad pública, etc.

1. LAS COORDENADAS DE LAS NUEVAS FORMAS DE GOBIERNO Y ADMINISTRACIÓN: LA GOBERNANZA ADMINISTRATIVA, COMO PRESUPUESTO Y ENTORNO DE LOS PROCEDIMIENTOS ADMINISTRATIVOS DE TERCERA GENERACIÓN

El sistema de producción normativa y de gobierno heredados del Estado liberal del siglo XIX se caracteriza por tres notas: primero, el Derecho emana de un único centro; segundo, el curso del proceso regulatorio desciende de arriba hacia abajo; y, tercero, la Administración se concibe a sí misma como una organización destinada a ejecutar o aplicar la ley, haciendo uso de técnicas coercitivas (cuadro 3).

Ese sistema se asienta en la premisa de que la ley formal todo lo contempla. A partir de ese postulado, se construye el edificio:

– El Estado es el único «productor» de normas y la regulación tiene, en consecuencia, carácter estado-céntrico.

– La Administración se estructura jerárquicamente y actúa de modo imperativo para llevar a su debido efecto lo establecido en la norma.

– Las leyes se resuelven en órdenes o mandatos positivos y en prohibiciones.

– La regulación se articula en torno a dos fases netamente diferenciadas: la *creación* de la norma y su *aplicación*. Se fundamenta, por tanto, en el binomio «programación-ejecución». La primera, reservada al Parlamento, y la segunda a la Administración. La discrecionalidad –en virtud de la cual el legislador difiere a la Administración la respuesta o la decisión– tiende a concebirse en el plano teórico como algo excepcional, un privilegio a reducir y «combatir»[13].

Esta forma de legislar y administrar ha perdido su monopolio, como consecuencia de las profundas transformaciones del Estado y Administración contemporáneos[14], consecuencia inmediata, entre otros factores, de la apertura de tres fronteras celosamente guardadas durante largo tiempo[15].

a) La primera es la caída del muro que divide el plano nacional y el supranacional. La Administración y el Derecho Administrativo ya no son sólo ni exclusivamente «estatales». La acción exterior de las Administraciones nacionales ha crecido exponencialmente. A ello se añade la existencia más allá del Estado de una variada gama de organismos reguladores, públicos, privados y mixtos, con efectos

---

[13] Para mayor abundamiento, me remito a mi trabajo «Introducción. Reforma e innovación del procedimiento administrativo», en *La transformación del procedimiento administrativo, cit.* (nota 6), pp. 31 y ss.

[14] Sobre el tema, véanse las dos primeras obras colectivas citadas en nota 6.

[15] Sobre este tema, y para mayor desarrollo de cuanto aquí se dice, me remito a mi trabajo «Towards a Third Generation of Administrative Procedure», en *Comparative Administrative Law*, Edited by Rose-Ackerman and Peter L. Lindseth, Edward Elgar Publishing, Yale, 2011.

multiplicadores para las políticas públicas nacionales. Al fin y al cabo, las políticas relevantes ya no son sólo «nacionales» o «domésticas»[16].

b) La disolución de la segunda frontera –la que separaba lo público y lo privado– tampoco ha pasado desapercibida. La permeabilidad entre ambas esferas resulta no menos trascendente. El Estado y la sociedad, la Administración y el ciudadano no constituyen ámbitos aislados que nunca se tocan; la Administración no define en solitario en tantos sectores lo que al interés general conviene: si un medicamento es apto para el consumo humano; cuál sea la mejor tecnología disponible; o el plan de estudios más adecuado. Ni el sector privado puede vivir, desinteresado, a espaldas de la regulación. Hoy día la Administración y la sociedad tienden a actuar de consuno, como socios que se necesitan. La co-regulación y la autorregulación no son sino dos manifestaciones más de las nuevas estrategias regulatorias en las que se implica activamente al sector privado[17].

c) La tercera frontera que parece relativizarse es la que distinguía la formulación de las políticas, de su gestión posterior; la creación del Derecho, de su aplicación. Las rígidas fases en que se escalonaba el proceso regulatorio –la creación de reglas sustantivas a cargo del legislador, primero, y, más tarde, su aplicación, confiada a la Administración– parecen desdibujarse en numerosos sectores, como consecuencia de la incapacidad de la ley para anticiparse a la realidad y dirigir en consecuencia la acción administrativa en los términos en que tradicionalmente era concebida esa vinculación o sometimiento. En tantos casos, la Administración ya no encuentra en la ley la receta a aplicar. Si la ley no puede definir cuáles sean las sustancias químicas peligrosas, el crecimiento sostenible en cada caso, los estándares técnicos que hayan de seguirse para la elaboración de un producto o la prestación de un servicio, por dónde, en qué forma y con qué usos constructivos ha de crecer la ciudad, o qué determinaciones se han de adoptar para asegurar la competitividad de un concreto mercado de las telecomunicaciones, por ejemplo, habrá de idear, en compensación, mecanismos, foros y reglas para hallar la solución correcta, en términos de eficacia, de legitimidad democrática y de control. Entre otros mecanismos, el legislador establece procedimientos cualitativamente distintos a los tradicionales, a través de los cuales dirige a la Administración y asegura la búsqueda de la solución más adecuada.

---

[16] Véase, a título de ejemplo, JAVIER BARNES, «Un Estatuto de Autonomía y una Constitución del siglo XX», *Revista de Administración Pública*, núm. 173, Madrid, mayo-agosto 2007, pp. 293-315, señaladamente pp. 303 y ss.

[17] Véase, por ejemplo, el Acuerdo interinstitucional del Parlamento, Consejo y Comisión - «Legislar mejor» [Diario Oficial C 321 de 31.12.2003], arts. 18-23. Para mayor abundamiento, véase la Parte Segunda, núm. I.

A través de ellos, y en un proceso continuo, se establece la regla o el criterio; se aplica y proyecta en la práctica; se vigilan y supervisan las consecuencias o efectos que genera; se modifica o revisa la regla en función del resultado deseado, como si se tratara, no de una foto fija, sino de una imagen en movimiento. El proceso regulatorio se concibe como un ciclo constante, en permanente movimiento.

La Administración (los bancos centrales, la agencia europea del medicamento, el organismo regulador en materia de telecomunicaciones o energía, o la Administración medioambientalmente responsable, por ejemplo) adquiere en consecuencia una mayor responsabilidad y protagonismo, puesto que su papel se aleja de la mera ejecución de una previa ley material que programe y predetermine su acción en términos condicionales (si concurre tal presupuesto de hecho, la acción a tomar o consecuencia habrá de ser la específicamente determinada).

d) La apertura de esos nuevos espacios, como si de la liberación de un gas se tratara, expande el Derecho Administrativo. La quiebra de esas fronteras o líneas divisorias abre, en efecto, nuevos territorios que son colonizados por nuevas formas de gobierno y regulación (cuadro 3). El modo tradicional de gobierno se había construido sobre la impermeabilidad de esas fronteras (global-nacional; público-privado; creación-aplicación). El *nuevo* Derecho Administrativo no es sólo nacional o supranacional, sino global; no es sólo Derecho Público, sino también privado; no es ya sólo el Derecho que controla la aplicación administrativa de las leyes y regula los instrumentos de que ésta se sirve, sino el que guía la creación de normas, reglas y soluciones y, más ampliamente, la realización de las amplias políticas públicas que a la Administración contemporánea se le confían.

Si, en efecto, el Derecho Administrativo deviene global, interactúa con el sector privado y se ocupa de la dirección de las nuevas políticas públicas a través de procesos regulatorios mucho más complejos, será necesario organizar las cosas de otro modo. Esa necesidad da lugar a nuevos modelos o modos de gobernanza para regular la salud pública, la seguridad aérea o alimentaria, los mercados financieros, las telecomunicaciones o los servicios en el marco de la Unión Europea. Y ahí el procedimiento tiene un protagonismo especial. De entrada, ha de abandonar su molde procesal para desempeñar nuevas y más altas funciones: la elaboración de normas, públicas o privadas con relevancia pública, vinculantes o no; la dirección, guía o asistencia en las nuevas políticas públicas en las que la ley no ha establecido la solución material, sino que difiere su hallazgo al procedimiento.

2. LA FUNCIÓN DEL PROCEDIMIENTO EN EL MARCO DE LA GOBERNANZA ADMINISTRATIVA: EL PROCEDIMIENTO COMO INSTRUMENTO DE DIRECCIÓN DE LA ADMINISTRACIÓN POR PARTE DEL PARLAMENTO, Y DE DIRECCIÓN DEL SECTOR POR PARTE DE LA ADMINISTRACIÓN

El procedimiento aquí no opera como una mera herramienta para la correcta aplicación del Derecho material, ni persigue preferentemente controlar la discrecionalidad administrativa en sentido defensivo o *ex post*, como acontece en la primera generación. En escenarios en los que la Administración no cuenta con un conjunto de soluciones preparadas por el legislador, a modo de instrucción, hoja de ruta o receta, la institución del procedimiento cumple una finalidad de *dirección*, y no es ya un simple mecanismo de aplicación del Derecho, sino un espacio de creación e innovación jurídicas, de búsqueda de soluciones. El procedimiento se erige en el foro donde hallar la solución. Satisface así una función de guía y dirección de carácter positivo, previo y sistemático, puesto que es capaz de condicionar *ex ante* y predeterminar a su través la acción administrativa futura en un doble sentido:

a) Primero, porque el Parlamento dirige la acción administrativa en la medida en que decide cómo ha de decidir la Administración, precisamente en aquellos ámbitos en los que la ley no puede anticiparse a la realidad, esto es, cuando el Parlamento no puede diseñar un programa de actuación concreto y determinado. Así, por ejemplo, el legislador no sabe si se podrá autorizar un futuro medicamento para el consumo humano, pero sí puede decidir cómo habrá de tomarse esa decisión: mediante el consenso de una red de científicos; sin la presencia de los laboratorios farmacéuticos, esto es, entre otras cosas, mediante reglas de procedimiento.

b) Segundo, porque la Administración dirige el sector mediante la exigencia de normas de procedimiento aplicables a los restantes actores, públicos o privados, que participan en el proceso regulatorio. Así, por ejemplo, la Administración puede supervisar si los códigos de conducta establecidos a través de la autorregulación sobre la prestación de cada servicio económico a escala europea se han formulado con la suficiente representatividad, consenso y transparencia, elementos éstos con una clara dimensión procedimental (véase la Parte Segunda).

Pues bien, las reglas de procedimiento tienen mucho que decir en la elaboración y desarrollo de estas nuevas políticas públicas (cuadro 3). Al procedimiento le preocupa satisfacer muchas de las necesidades que aquéllas demandan: una mayor responsabilidad del ciudadano en la gestión del procedimiento (v. gr.: instrucción del procedimiento en los supuestos de licencias medioambientales; comunicación de la actividad proyectada *versus* autorización en el ámbito de la prestación de servicios, por ejemplo), pasando por el constante intercambio de información entre Administraciones a todos los niveles, la evaluación de las distintas opciones o alternativas, el análisis de impacto regulatorio o de coste-beneficio, hasta la supervisión de las decisiones adoptadas y su modificación cuando se detecte la desviación de los objetivos propuestos, etc.

3. ALGUNAS NOTAS DE LOS PROCEDIMIENTOS DE TERCERA GENERACIÓN (CUADROS 4 Y 5)

a) *Estructura flexible, reticular o abierta, y no sólo lineal.* Cuando hablamos de procedimientos administrativos de tercera generación no hacemos referencia necesariamente a un proceso *lineal*, secuencial y sucesivo conducente a una decisión, como sucede tradicionalmente en la primera generación.

De entrada, puede tratarse de procedimientos completos (por ejemplo, el procedimiento para la evaluación estratégica ambiental); de procedimientos compuestos o escalonados en los que intervienen diversas Administraciones nacionales y supranacionales (como acontece en muchos supuestos en el ámbito europeo)[18]; o de componentes aislados, tales como un «trámite» (conferencia o foro de discusión de todas las Administraciones implicadas y el sector privado, por ejemplo); un principio (transparencia y representatividad en los procedimientos privados de establecimiento de normas o estándares técnicos en el ámbito de la autorregulación, por ejemplo); un derecho (a participar, aunque no se sea interesado, y entablar un diálogo con la Administración responsable del procedimiento, por ejemplo); etc.

---

[18] Véase H. C. RÖHL, «El procedimiento administrativo y la Administración 'compuesta' en la Unión Europea», en *La transformación del procedimiento administrativo*, Global Law Press-Editorial Derecho Global, Sevilla, 2008, capítulo tercero.

b) *Presencia en todas las fases del ciclo.* Además, esos componentes procedimentales pueden hallarse en cualesquiera de las distintas fases en que puede descomponerse el ciclo de la política pública de que se trate: la construcción de prioridades o fijación de agenda; análisis, evaluación, debate y discusión sobre las diversas alternativas; aprobación; aplicación; supervisión y modificación. Mientras los procedimientos administrativos de primera generación se limitan a aplicar la ley y en consecuencia adquieren una estructura característica, propia de los procesos de aplicación del Derecho, en la tercera, por el contrario, se trata de hallar una solución no escrita, de establecer una nueva regla, estándar o criterio, y de hacerlo además entre todos, pues todos son necesarios, y sin que tenga el producto final (norma, estudio, evaluación, recomendación o acto administrativo singular, por ejemplo), un carácter definitivo, ya que se trata de ámbitos y sectores marcados por la incertidumbre y el constante cambio y aprendizaje. La luz verde para volar ante la erupción de un volcán y la expulsión de cenizas puede cambiar a cada instante; como también la autorización ambiental o la licencia para comercializar un producto farmacéutico. Nos movemos, en otras palabras, en escenarios mucho más complejos.

c) *Pluralidad de sujetos públicos y privados.* En ese proceso participan no sólo las Administraciones territoriales y organismos reguladores investidos de autoridad, sino también otros actores, como entidades y empresas del sector público (sociedades sujetas al Derecho Privado, por ejemplo); el sector privado en régimen de autorregulación (normalización de productos, por ejemplo); el sector privado en el desempeño o prestación de servicios de interés general (sectores regulados); las organizaciones privadas subvencionadas (organizaciones no gubernamentales, por ejemplo); contratistas de la Administración; el público; entre otros. Los procedimientos de tercera generación se extienden, con las necesarias adaptaciones, por esos territorios, en la medida en que cada actor contribuye de alguna manera al conjunto (cfr. Parte Segunda).

Ello significa, en síntesis, que el procedimiento se extiende no sólo a las *Administraciones públicas* (territoriales, organismos reguladores o agencias independientes) cuando actúan predominantemente en modo cooperativo (i), sino también al *sector privado* en cuanto se inscribe en el proceso regulatorio (autorregulación, sectores regulados, actividades subvencionadas, incluso actividades meramente privadas –gobernanza corporativa–, etc.) (ii), y al *sector público* (empresas y entidades públicas) (iii).

– Así, y a mero título de ejemplo, el procedimiento se ocupará de resolver, en el primer caso (i), los problemas de intercambio de información entre las Administraciones actuantes, y entre éstas y el público o los interesados (procedimientos de evaluación estratégica ambiental; procedimientos de los organismos reguladores en materia de telecomunicaciones; etc.); o de la forma de hallar un consenso entre los expertos (procedimientos de aprobación para el consumo humano de un medicamento, por ejemplo).

– En el segundo (ii), el procedimiento se proyecta para asegurar, por ejemplo, la transparencia del sector privado en la toma de decisiones que afectan a los interesados, consumidores o usuarios (mediante la publicidad, el acceso a la información, o la sujeción a los principios de la contratación administrativa); o para garantizar la representatividad de todos los productores o prestadores de servicios en el ámbito de la autorregulación, entre otras cosas (cfr. segunda parte).

– En el tercer supuesto (iii), las exigencias procedimentales pueden referirse igualmente a la transparencia en la toma de decisiones, a la publicidad de sus actividades y presupuesto, a la observancia y control de los principios de igualdad, no discriminación y proporcionalidad, al respeto de los principios de la contratación pública, etc.

El procedimiento de tercera generación es, pues, *público y privado*; sirve de correa de transmisión de los valores que encierran los principios constitucionales estructurales (principio democrático, Estado de Derecho, eficacia); y cumple una función sustantiva: participar activamente en el proceso regulatorio en modo o clave de cooperación.

d) *La decisión final pierde la centralidad y protagonismo.* La presencia en todas las fases, y no sólo en la toma de decisiones, expande el radio de acción. Los procedimientos de tercera generación, por de pronto, comprenden procesos decisorios (decisiones singulares, normas infralegales), y no decisorios (análisis, obtención e intercambio de información, acciones de supervisión y vigilancia, por ejemplo). En los procedimientos de primera y segunda generación el eje pivota en torno a la decisión final (acto definitivo, reglamento, paradigmáticamente). En los de tercera, importa ante todo el camino en sí (la obtención de la información necesaria para aprobar o no la comercialización de un producto farmacéutico, por ejemplo), hasta el punto de que ahí radica su diseño y estructura, su razón de ser.

– Entre los procedimientos decisorios de tercera generación que tienen por objeto resoluciones singulares se pueden citar los procedimientos simplificados de la Directiva de Servicios de 2006[19], en la medida en que esta norma aboga por la mera comunicación de la actividad proyectada, lo que supone, primero, una

[19] Directiva 2006/123/CE del Parlamento Europeo y del Consejo, de 12 de diciembre de 2006, relativa a los servicios en el mercado interior [Diario Oficial L 376 de 27.12.2006. Para una introducción, *vid.* http://europa.eu/legislation_summaries/employment_and_social_policy/job_creation_measures/l33237_es.htm.

transferencia al ciudadano de la responsabilidad de observancia de la legalidad, con los costes que ello implica, y, en segundo lugar, una colaboración interadministrativa en el espacio europeo sumamente avanzada (simplificación del procedimiento significa de ordinario un trabajo técnicamente más elaborado y refinado por parte de la Administración).

– Pero el procedimiento de tercera generación se preocupa también por la elaboración de normas reglamentarias, tales como la elaboración del planeamiento territorial y urbanístico con una participación y diálogo entre Administraciones y el público más intenso y efectivo; la elaboración de las circulares de un organismo regulador en materia de telecomunicaciones, en una forma más participada o con una iniciativa mayor en manos de los operadores para hacer propuestas; la elaboración de documentos de Derecho indicativo o «soft law» (manuales, recomendaciones, vademécum, revisión por pares, etc.); reglas de representatividad de los sujetos privados dentro de la autorregulación cuando elaboran normas técnicas; etc.

– Son numerosas, y en ocasiones más relevantes, las fórmulas, criterios o principios de procedimiento que, sin desembocar directamente en la toma de decisiones, tienen por objeto satisfacer las múltiples necesidades de las nuevas formas de trabajo y elaboración de las políticas públicas: obtención e intercambio de información[20], consultas para identificar las prioridades de una determinada política, colaboración entre organismos reguladores, evaluación periódica de las opciones políticas, análisis de los efectos; la prestación de un servicio, como el sanitario o médico[21]; etc.

---

[20] Por ejemplo, en lo que hace a la CMT, responden a esta idea del procedimiento como intercambio de información los requerimientos de información de carácter formal a que se refiere el art. 9 LGT; los requerimientos informales de información por cualquier medio (correo electrónico, teléfono); el intercambio de información sin requerimiento (entre organismos reguladores, por ejemplo, a través del *European Regulatory Group* o cualquier otro foro) y comunicaciones constantes de los operadores hacia el organismo regulador (sin requerimiento previo); las consultas de la CMT a todos los operadores; etc.

[21] *Vid.* José María Rodríguez de Santiago, «Un modelo de procedimiento administrativo para las prestaciones de servicios o materiales. El ejemplo de la prestación de asistencia sanitaria», en *La transformación del procedimiento administrativo*, Global Law Press-Editorial Derecho Global, Sevilla, España, 2008.

V. TRES GENERACIONES DE PROCEDIMIENTO ADMINISTRATIVO, TRES «TEORÍAS GENERALES»

La manera en la que nosotros pensamos el procedimiento está muy lejos de corresponderse con la manera en la que se llevan a cabo o cursan los procedimientos en la realidad. Hay modelos muy diferentes –generaciones, aquí llamadas– que, sin embargo, se explican a la luz de una escasa y única teoría que tan sólo da cuenta, y muy parcialmente, de uno de esos modelos.

Con la expresión, conscientemente exagerada, que encabeza el presente epígrafe, se quiere llamar la atención sobre la necesidad de distinguir y matizar, hasta donde sea necesario, cada uno de los pilares o elementos del procedimiento administrativo clásico. La instrucción del procedimiento, la participación, la motivación de las decisiones, los vicios del procedimiento (mucho más exigente en la última generación), la estabilidad y conservación del producto final, y tantas otras cosas no admiten una consideración unitaria y uniforme.

Veámoslo, a mero título de ejemplo, con la transparencia.

Aquí, como en otros elementos, no se puede hablar de «la» transparencia, sino de «las» diversas formas de transparencia, según el tipo de procedimiento de que se trate y, en última instancia, de acuerdo con las distintas formas o modos de regulación y administración en que aquél se inscriba. La transparencia constituye, en ese sentido, un fenómeno transversal que recorre y atraviesa el terreno de las tres generaciones.

En lo que aquí interesa –la modulación o proyección de la transparencia en los procedimientos administrativos–, cabe apreciar una diversa fisiología y finalidad en cada generación, y, dentro de ésta, en cada subtipo o especie. En otras palabras, el derecho de acceso a la información administrativa, cuando menos en el marco del procedimiento, no es reconducible a la unidad, a un régimen unitario, puesto que, según se inserte en una u otra generación y especie, responderá a funciones y estructuras diversas. Una cosa es, por ejemplo, el acceso a la información administrativa con fines de defensa de los propios derechos e intereses, y otra, muy distinta, el acceso a la información medioambiental del público como instrumento de supervisión y control de la legalidad medioambiental y, más ampliamente, de la política en materia de medio ambiente, o el derecho de acceso a la información para su reutilización. Son magnitudes diferentes, sin perjuicio de que participen de raíces y fundamentos comunes.

– Así, la transparencia, en buena parte de los procedimientos de aplicación del Derecho material o de primera generación, se expresa, por ejemplo, en el derecho de acceso al expediente en que se articula el procedimiento, o en el acceso a otros expedientes análogos para su contraste o comparación; así como en una motivación adecuada de la decisión adoptada. Presenta una evidente vertiente defensiva. El acceso a la información, en efecto, permite diseñar una estrategia defensiva frente a actos administrativos potencialmente de gravamen o restrictivos de derechos. En otros casos, por el contrario, como acontece en los procedimientos de carácter o contenido prestacional, la transparencia asegura el ejercicio de otros derechos, como en materia de medio ambiente. La información facilita la elección. Así, por ejemplo, el procedimiento de solicitud de información ambiental, si desemboca en la entrega de la información requerida, podrá permitir el control y la supervisión de la acción administrativa y del sector privado, y actuar en consecuencia. El ciudadano se convierte en un eventual agente fiscalizador del respeto al medio ambiente. La transparencia aquí constituye un instrumento regulatorio: el público como sujeto activo, al que se le reconoce la acción popular[22]. Otro supuesto lo constituye el procedimiento de solicitudes de reutilización de documentos administrativos (información social, económica, geográfica, meteorológica o turística y sobre empresas, patentes y educación), sea o no con fines comerciales, y cuyo objetivo radica en asegurar un mercado interior en el acceso a materia prima tan esencial, como es la información administrativa, en condiciones equitativas, proporcionadas y no discriminatorias. La transparencia en el procedimiento de autorización y de puesta a disposición del documento asegura esas condiciones y la observancia de las normas de la competencia[23].

En suma, cuando se trata de un procedimiento que puede desembocar en un acto potencialmente limitativo, acordado por una Administración imperativa, la transparencia contribuye a la defensa individual. Cuando, por el contrario, estamos ante procedimientos con un cierto carácter prestacional –como el de acceso a la información medioambiental o el de reutilización de la información administrativa–, la transparencia cumple otras finalidades de naturaleza regulatoria, esto

---

[22] *Vid.*, por ejemplo, los arts. 20 y ss. de la Ley 27/2006, de 18 de julio, por la que se regulan los derechos de acceso a la información, de participación pública y de acceso a la justicia en materia de medio ambiente (incorpora las Directivas 2003/4/CE y 2003/35/CE).

[23] Cfr. Ley 37/2007, de 16 de noviembre, sobre reutilización de la información del sector público, arts. 10 y ss., así como la Directiva 2003/98/CE del Parlamento Europeo y del Consejo, de 17 de noviembre de 2003, relativa a la reutilización de la información del sector público.

es, como instrumento de control y supervisión; y de garantía de la competencia en el mercado único del bien en cuestión, como sucede en el caso europeo.

– En los procedimientos de segunda generación, y habida cuenta de que se trata de procesos que siguen un curso de arriba hacia abajo o de secuencia jerárquica, y en los que la Administración sabe lo que quiere (por ejemplo, tiene clara la filosofía que ha de presidir un anteproyecto de ley, el desarrollo reglamentario que ha de darle a una concreta ley, o el contenido de un plan urbanístico, por ejemplo), la transparencia garantiza el conocimiento anticipado de lo perseguido y, por consiguiente, la defensa y participación del colectivo afectado y, en su caso, la búsqueda del consenso. Sirve además, en un sentido más amplio, como presupuesto o nutriente del derecho a ser informado.

– En la tercera generación, la transparencia cumple funciones diversas y heterogéneas, como heterogéneos son los procedimientos o elementos procedimentales que conviven bajo esa rúbrica. Si el entorno y hábitat en el que éstos viven reside en la colaboración (sea entre Administraciones y/o con el sector privado), la transparencia representa aquí el aire que respira el entero proceso, el presupuesto inexcusable para que una tal colaboración pueda producirse, máxime, primero, cuando ésta se extiende a todas las fases del ciclo de las diversas políticas públicas (fijación de prioridades y agenda; determinación de las líneas básicas; ponderación de las diversas opciones; aprobación definitiva; constante revisión sobre su efectividad; modificación); y, segundo y no menos importante, cuando intervienen una multiplicidad de sujetos o actores, públicos y privados, insertos en una red o proceso regulatorio. La transparencia se convierte entonces en la lengua franca que permite la participación de todos. A ello se añade que cada actor estatal o no estatal, todo agente público o privado, en cuanto participantes en el proceso regulatorio, ha de ser objeto de control, ha de rendir cuentas de modo continuado, para lo que la transparencia relativa a esa función regulatoria resulta ser un presupuesto inexcusable.

A partir de ahí la transparencia puede adoptar una multiplicidad de expresiones, en virtud de las especies o subtipos de procedimientos –o elementos procedimentales– de tercera generación. Se trata de deberes u obligaciones que se sustancian a través de reglas de procedimiento:

– Administraciones territoriales en modo cooperativo (colaboración interadministrativa y público-privado): por ejemplo, la transparencia en la evaluación estratégica ambiental hace viable la participación del público y de las Administraciones interesadas, representa la sangre que circula por el entero sistema. El acceso a la información en el marco del procedimiento de evaluación estratégica ambiental posibilita una decisiva participación del público en general y de otras Administraciones. En ese sentido, entraña una forma de corresponsabilidad de los sujetos participantes en el proceso regulatorio. El acceso a la información responde aquí, de nuevo, a una estrategia regulatoria: el público, y otras Administraciones, podrán impedir opciones políticas (por ejemplo, centrifugar una zona verde) por parte de las Administraciones responsables que sean contrarias a un crecimiento sostenible, en la forma en que éste haya sido apreciado en el curso del procedimiento.

– Sector público sujeto al Derecho Privado: por ejemplo, la publicidad del gasto realizado, la motivación de las decisiones adoptadas, o la contratación de acuerdo con los principios de la contratación pública y su inherente transparencia pueden servir como instrumento de control.

– Sector privado en régimen de autorregulación: en la medida en que ostenten un poder delegado (para establecer, por ejemplo, el código de conducta de una profesión, o las normas técnicas de elaboración de un producto), la transparencia asegura la fiabilidad y representatividad de los intervinientes, a fin de garantizar que ningún sector o empresa dominante impone sus propios criterios.

– Sector privado en el desempeño de servicios públicos o actividades de interés general («sectores regulados»): la transparencia permite elegir al consumidor e invertir con conocimiento de causa. De ahí la necesidad del acceso de la información en manos de estas compañías, y la obligación de difundir e informar tanto al público como al organismo regulador, señaladamente de aquellos extremos que afecten a la esencia del servicio: universalidad, precio razonable y calidad. En la medida en que el sector privado participa en el proceso regulatorio, mediante la prestación de servicios de interés general, resulta exigible la aplicación de las normas de acceso a la información administrativa, aunque ésta deba serlo por analógica y ajustada a la flexibilidad propia del Derecho Privado.

Otro ejemplo lo constituye la transparencia en la contratación que realizan, se sujete o no a los principios de la contratación administrativa; etc.

– Actividades de entidades privadas, con o sin ánimo de lucro, que sean subvencionadas con fondos públicos (investigación, economía, cultura, educación, cooperación, asistencia, etc.): la transparencia podrá manifestarse en la publicación de los beneficiarios y los motivos de la adjudicación, la cuantía de las subvenciones, su destino y justificación final, etc.

– Contratistas de la Administración: la transparencia puede servir, respecto de terceros, para informar sobre el servicio; como modo de control y garantía de respeto de los valores y derechos constitucionales, tales como la igualdad y no discriminación, proporcionalidad, y, según los casos, respeto al medio ambiente y a la vida, protección de la infancia, de la salud, etc.

El fundamento último que justifica la aplicación de los principios y valores del procedimiento administrativo, con las necesarias adaptaciones desde luego, radica en que esas actividades, aunque sujetas al Derecho Privado, en realidad se integran en un único y complejo proceso regulatorio. El Derecho Privado opera aquí como un instrumento de colaboración e interacción con el Derecho Público, no como un puerto franco o una zona exenta de los valores y principios que acompañan a la regulación, gobierno y administración. El sector privado ha comenzado a desempeñar en las últimas décadas relevantes funciones públicas y numerosas actividades económicas de interés general, que antes correspondían a la Administración. Es lógico esperar que las garantías y deberes hacia los ciudadanos que incumbían a la Administración cuando realizaba por sí misma esas tareas se desplacen ahora hacia los actores no estatales cuando se integran en ese proceso regulatorio (cfr. segunda parte).

CUADRO 1

CARACTERÍSTICAS DEL PROCEDIMIENTO ADMINISTRATIVO TRADICIONAL Y DÉFICITS QUE PRESENTA

	NOTAS CARACTERÍSTICAS DEL PROCEDIMIENTO ADMINISTRATIVO TRADICIONAL	ALGUNOS EJEMPLOS DE LOS DÉFICITS DE LA LEGISLACIÓN DE PROCEDIMIENTO ADMINISTRATIVO TRADICIONAL
ÁMBITO DE APLICACIÓN	El *ámbito subjetivo* de la legislación se circunscribe a las Administraciones públicas y a las entidades de Derecho Público «cuando ejerzan potestades administrativas» (art. 2.2).	La legislación tradicional de procedimiento no contempla, por ejemplo, la acción administrativa sujeta al Derecho Privado.
CONCEPTO	El procedimiento administrativo constituye un *proceso decisorio*: El procedimiento tiene por objeto la adopción de decisiones (que habrán de desembocar en actos, contratos o normas). En otras palabras, el procedimiento clásico nace ligado a supuestos y situaciones específicas a las que pretende dar respuesta.	Por tanto, quedan fuera de su consideración, por ejemplo, aquellos procedimientos que no están diseñados, al menos de modo directo, para concluir en la adopción de una concreta decisión, puesto que su objeto consiste más bien en la obtención y tratamiento de la información (ejemplos: procedimientos de control de subvenciones; procedimientos de elaboración de la cartografía medioambiental; etc.). Tampoco caen dentro de la definición del procedimiento como proceso decisorio las actividades y prestaciones materiales que lleva a cabo la Administración (asistencia social, mediación, etc.).
ESTRUCTURA Y MORFOLOGÍA	Es un *proceso formal*: La legislación regula la actividad administrativa que se sujeta a un procedimiento formalizado cuyo objeto final es, igualmente, una decisión formal (acto, contrato, reglamento). Presenta una estructura lineal, secuencial y sucesiva.	Ello excluye, por ejemplo, la acción administrativa no formalizada (negociaciones previas y tratos preliminares, consultas, asesoramiento, etc.); la elaboración de los instrumentos de carácter no vinculante (mecanismos de Derecho indicativo o *soft law*: recomendaciones, interpretaciones, guías, etc.). Puede presentar otras estructuras (en forma de red) o representar elementos o componentes de procedimiento aislados.
PRODUCTO TÍPICO DEL PROCEDIMIENTO	El *producto* característico de la legislación de procedimiento es el acto administrativo singular (en particular, de gravamen).	El reglamento, por ejemplo, ocupa un lugar muy secundario (salvo excepciones, como en la Ley federal norteamericana de procedimiento).

FINALIDAD DE APLICACIÓN NORMATIVA / CREACIÓN DEL DERECHO	El procedimiento constituye un instrumento para la correcta *aplicación* del Derecho material. El procedimiento administrativo posee una función secundaria respecto del Derecho sustantivo. Si la resolución final es conforme con la legalidad, la infracción de procedimiento carece de relevancia en muchos casos. El procedimiento, inserto en la clásica división entre la *creación* del Derecho y su *aplicación*, se concibe esencialmente como un instrumento al servicio de la segunda.	No tiene en cuenta, por ejemplo, el procedimiento como foro para la *creación* o búsqueda de la mejor solución no predeterminada por la ley (plan urbanístico; evaluación estratégica ambiental; etc.). El procedimiento no acompaña el ciclo completo de las políticas públicas. En la legislación tradicional, no se contempla el procedimiento como un mecanismo que se extiende a todas las fases: preparación de la política pública; establecimiento de prioridades; toma de decisiones; desarrollo; aplicación; revisiones y modificación; control; etc.
ACTIVIDAD DE EJECUCIÓN	La única actividad de ejecución o de aplicación del Derecho que se recoge es la ejecución forzosa. Se parte de la premisa de que las fases de creación y de aplicación se hallan rígidamente separadas.	No se hace referencia a la búsqueda del consenso o a la cooperación público-privada, en la ejecución y desarrollo de la norma; no se regula, ni parece formar parte del procedimiento, la supervisión o control de las decisiones adoptadas (por ejemplo, autorizaciones provisionales; los efectos indeseados o no previstos de una evaluación medio-ambiental, etc.).
ACCIÓN ADMINISTRATIVA INTERIOR / EXTERIOR	La legislación de procedimiento mira «hacia adentro».	Descuida las relaciones interadministrativas en el plano europeo e internacional.
CANALES DE COMUNICACIÓN ADMINISTRACIÓN - CIUDADANO	La *comunicación* entre la Administración y el ciudadano se encuentra definida en términos muy estrechos. La posición de los interesados y de sus derechos e intereses, amparada por la seguridad jurídica, de un lado, y la de la Administración, defensora en exclusiva de los intereses generales, de otro, están definidas de un modo rígido y distante. En consecuencia, la instrucción del procedimiento se realiza de oficio, con un carácter un tanto paternalista.	No se regula la instrucción practicada por el sujeto privado (como sucede, por ejemplo, en el ámbito del medio ambiente).

DIVISIÓN DE PODERES	Comprensión del *principio de separación de poderes*, como sinónimo de funciones rivales. Desde la estrecha comprensión tradicional del principio de división de poderes, el ejecutivo (un término que en tantos sistemas jurídicos sirve para designar al Gobierno y a la Administración) se limita a «ejecutar» y a «administrar», y, en consecuencia, no formula políticas públicas. Como se trata tan sólo de eso, de aplicar, el procedimiento adquiere una estructura a imagen y semejanza del proceso, bien sea con la rúbrica norteamericana del *due process*, de la británica *natural justice* o francesa de los «derechos de defensa».	Las tres funciones son *complementarias y aliadas*: Las nuevas formas de dirección y gobernanza se alejan de ese reduccionismo y reclaman una comprensión del procedimiento que no responda a una estructura procesal para abarcar el ciclo completo de la política pública.
VERTIENTE DEFENSIVA / ACTIVA	El procedimiento opera como un mecanismo de control del poder: – que las decisiones sean imparciales; – que sean adoptadas por el órgano competente; – que se respeten los derechos de los ciudadanos.	El procedimiento representa un instrumento de *dirección* del poder: – que las decisiones discrecionales sean razonables y eficaces, las mejores posibles; – que se condicionen y enmarquen dentro de una sólida participación y transparencia; – que ponderen todos los bienes, derechos e intereses en presencia.
RIGIDEZ / FLEXIBILIDAD DE LOS ELEMENTOS DEL PROCEDIMIENTO	Los procedimientos son «duros» y rígidos. Se establecen requisitos muy poco flexibles, por ejemplo, sobre: – el alcance de la participación y momento en que se produce; – los canales de participación y la forma de intercambio de información; – el modo y la forma en que ha de tomarse la decisión	Resultan escasos los requisitos procedimentales de carácter «blando» y flexible. Por ejemplo, para conseguir una: – comunicación abierta; – participación fluida; – deliberación basada en la búsqueda del consenso.

Se toma como ejemplo la Ley española de procedimiento administrativo (Ley 30/1992, de 26 de noviembre, de Régimen Jurídico de las Administraciones Públicas y del Procedimiento Administrativo Común).

MODELO DE ADMINISTRACIÓN QUE SUBYACE A LA LEGISLACIÓN DE PROCEDIMIENTO ADMINISTRATIVO TRADICIONAL

	MODELO DE ADMINIS-TRACIÓN DE LA LEGIS-LACIÓN TRADICIONAL DE PROCEDIMIENTO ADMINISTRATIVO	ALGUNOS EJEMPLOS DE MODELOS DE ADMINISTRACIÓN IGNORADOS EN LA LEGISLACIÓN TRADICIONAL DE PROCEDIMIENTO ADMINISTRATIVO
MODELO BÁSICO DE ACTUACIÓN ADMINISTRATIVA	La Administración caracte-rística de la LPA es la propia de la actividad administrativa de policía (orden y seguridad públicas), o, más ampliamen-te, la de una Administración que actúa con «imperium».	Otras formas y modalidades de Adminis-tración son ignoradas: por ejemplo, la Ad-ministración que garantiza la prestación en el ámbito de la autorregulación regulada; la Administración que coopera con los sujetos privados; la Administración que trabaja en común con otras Administraciones en el espacio europeo e internacional; la Admi-nistración prestacional; la Administración mediadora; etc.
ESTRUCTURA DE LA ADMINISTRACIÓN	Es una Administración jerár-quica, cerrada y piramidal. Está diseñada para transmi-tir órdenes e información de arriba hacia abajo.	No contempla la Administración en red que coopera horizontal y verticalmente con otras Administraciones; los organismos re-guladores de los sectores regulados; etc.
TÉCNICAS COERCITIVAS	La legislación de procedimien-to concibe a la Administración como una organización que dicta resoluciones unilaterales y obligatorias, acompañadas de técnicas coercitivas.	La Administración que informa, la Admi-nistración que elabora instrumentos de Derecho blando (recomendaciones, guías, etc.); la Administración que realiza activi-dades materiales, etc., no tiene espacio en la legislación general de procedimiento.
ORGANIZACIÓN ADMINISTRATIVA E INFORMACIÓN	El flujo de información den-tro de la estructura interna de la Administración carece de interés para la Ley. Las técnicas de colaboración que se siguen en los procedi-mientos que se utilizan en el marco del método tradicional (por ejemplo, la evacuación de informes de una Adminis-tración a otra en los proce-dimientos de elaboración del planeamiento territorial) re-sultan pobres e insuficientes en muchos casos.	Por ejemplo, obtención, procesamiento e intercambio de información que requiere la Administración en el marco de la autorre-gulación regulada, y, más aún, de las Admi-nistraciones del espacio comunitario no son objeto de atención.

PARTICIPACIÓN Y COLABORACIÓN INTERADMINISTRATIVAS	La participación de otros órganos o Administraciones en el curso del procedimiento clásico ocupa un lugar secundario. El procedimiento no está concebido como un instrumento de colaboración interadministrativa: se trata de una Administración encerrada en sí misma.	En consecuencia, quedan fuera de la legislación tradicional, por ejemplo, la Administración «compuesta» o conjunto de Administraciones que actúan en conjunto dentro del espacio europeo, y más ampliamente, todos los supuestos en los que la colaboración no se basa en un encuentro puntual y en una relación jerárquica; o no se asienta sobre las premisas de una posición fragmentada o sectorial.
ADMINISTRACIÓN INTERNA / EXTERIOR	Es una Administración «estado-céntrica», que no opera más allá de las fronteras nacionales.	No contempla a la Administración nacional en su condición de Administración comunitaria, menos aún la acción administrativa internacional.

Se toma como ejemplo la Ley española de procedimiento administrativo (Ley 30/1992, de 26 de noviembre, de Régimen Jurídico de las Administraciones Públicas y del Procedimiento Administrativo Común).

CUADRO 3

DE LA REGULACIÓN TRADICIONAL A LA GOBERNANZA

	MODELO CLÁSICO DE REGULACIÓN	NUEVAS FORMAS DE DIRECCIÓN Y GOBERNANZA
Naturaleza del Derecho	– Predominio de normas de carácter material o sustantivo. – Derecho emanado desde un único centro. – Derecho imperativo (prohibiciones y mandatos). – Normas abstractas, generales y rígidas.	– Elevado número de normas de procedimiento. – Derecho emanado de forma descentralizada. – Pluralidad de centros de producción normativa. – Normas flexibles y adaptadas al contexto y a las variables. – Coordinación descentralizada y en red. – Autorregulación (Derecho reflexivo).
Organización institucional	Organización jerárquica, piramidal y formal (estructurada de arriba hacia abajo)	Organización horizontal estructurada en forma de red.
Actores fundamentales	Estado centralizado, como sujeto protagonista.	– Cooperación entre los múltiples niveles de gobierno (local, regional, transnacional, internacional). – Participación de múltiples agentes públicos y privados. – Descentralización y principio de subsidiariedad.
Proceso de creación del Derecho	– El Derecho es estático y estable, permanece «petrificado» hasta su derogación. – Regulación es dictar órdenes, mandatos y prohibiciones.	– El Derecho es un proceso abierto, dinámico, y en constante adaptación. – Gobernar es un proceso de aprendizaje y de innovación. – Los nuevos modelos están mejor posicionados para aceptar la incertidumbre y la diversidad, para ensayar y avanzar de forma repetitiva la búsqueda de soluciones eficaces. – El Derecho tiene por objeto promover prácticas que permitan la revisión y la mejora constantes.
Modos de acción	Canales formales de actuación. Actividad administrativa de policía.	Pluralidad de canales de actuación.

FUNCIÓN DE LOS AGENTES PRIVADOS	– El individuo es objeto de la regulación. – El individuo es un sujeto que puede o no cumplir la norma.	– El individuo participa activamente en la producción normativa. – Ciudadano activo.
COACTIVIDAD DEL DERECHO	Derecho «duro» o imperativo, acompañado de técnicas coercitivas	– Derecho indicativo o «blando». – Cooperación voluntaria.
USO DEL CONOCIMIENTO Y DE LA INFORMACIÓN	La información que ofrece el ciudadano es selectiva por miedo a incurrir en responsabilidad.	La información es compartida y el flujo permanente.
MARCO PROCEDIMENTAL	El procedimiento tiene carácter defensivo y se centra en el resultado final. El control se produce *ex post*.	El procedimiento se centra en el proceso mismo. El control se produce *ex ante*.

Fuente: ORLY LOBEL, «The Renew Deal: the Fall of Regulation and the Rise of Governance in Contemporary Legal Thought», *2004 Minnesota Law Review Foundation* (*89 Minn. L. Rev. 342*) y elaboración propia.

CUADRO 4

TRES GENERACIONES DE PROCEDIMIENTO

PROCEDIMIENTO ADMINISTRATIVO	MODELO DE PROCEDIMIENTO	MODELO DE ADMINISTRACIÓN	MODELO DE REGULACIÓN
1ª GENERACIÓN: PROCEDIMIENTO CLÁSICO: DICTADO DE ACTOS ADMINISTRATIVOS	Modelo «judicial»	Administración jerárquica y piramidal.	Tradicional (*command and control regulation* / actividad administrativa de policía).
2ª GENERACIÓN: PROCEDIMIENTO CLÁSICO: ELABORACIÓN DE REGLAMENTOS	Modelo «legislativo»	Administración jerárquica y piramidal. La Administración se limita a ejecutar o «administrar», y no formula políticas públicas.	Tradicional (*command and control regulation*). — Normas basadas en el mandato y la prohibición. — Normas emanadas desde arriba. — Administración que actúa imperativamente y con técnicas coercitivas.
3ª GENERACIÓN: PROCEDIMIENTO MODERNO: INSTRUMENTO QUE ACOMPAÑA EL CICLO COMPLETO DE LA POLÍTICA PÚBLICA	Modelo «administrativo»	Administración cooperativa o en red. La Administración no sólo aplica o ejecuta, sino que formula políticas públicas.	Nuevas formas de dirección, regulación y gobernanza: — Cooperación público-privado. — Cooperación interadministrativa (horizontal y vertical).

Fuente: elaboración propia

CUADRO 5

CARACTERISTICAS GENERALES DE LAS TRES GENERACIONES DE PROCEDIMIENTO

1ª GENERACIÓN DE PROCEDIMIENTOS ADMINISTRATIVOS	2ª GENERACION DE PROCEDIMIENTOS ADMINISTRATIVOS	3ª GENERACION DE PROCEDIMIENTOS ADMINISTRATIVOS
LEGISLACIÓN TRADICIONAL DE PROCEDIMIENTO ADMINISTRATIVO	LEGISLACIÓN TRADICIONAL DE ELABORACIÓN DE DISPOSICIONES REGLAMENTARIAS	NORMATIVA SECTORIAL (POR EJEMPLO, USA, UE): Medio Ambiente Política Social Autorregulación ... Gobernanza internacional Colaboración público-privada
(Por ejemplo, Ley española de Procedimiento Administrativo de 1889)	(legislación de las décadas de los 50 y 60)	
MODELO JUDICIAL (actos administrativos puramente aplicativos)	MODELO LEGISLATIVO (reglamentos ejecutivos tradicionales)	MODELO ADMINISTRATIVO (nuevas formas de regulación y gobernanza)
El procedimiento es una secuencia de actos de autoridad orientada al dictado de una resolución singular.	El procedimiento tiene por objeto elaborar una norma infralegal	El procedimiento acompaña el ciclo completo de la política pública: el procedimiento se extiende a la formulación de las políticas públicas y sus prioridades, al desarrollo y diseño, y a su aplicación efectiva.
Rígida separación entre la creación del Derecho y la aplicación al caso.		Mayor integración entre las distintas fases del proceso legal: normación, desarrollo, aplicación, ejecución forzosa, resolución de conflictos.
Procedimiento como *control* de la discrecionalidad administrativa		Procedimiento como *dirección* de la discrecionalidad administrativa

Procedimiento decisorio (actos administrativos)	Procedimiento decisorio (normas reglamentarias)	– Procedimiento decisorio – Procedimiento no decisorio: cubre actuaciones que no están orientadas a una situación concreta (procedimientos de control; de intercambio de información; etc.).
APLICACIÓN DE LA LEY MATERIAL Instrumento para la correcta aplicación del Derecho material (acto administrativo singular)	DESARROLLO NORMATIVO Instrumento para dictar una norma de desarrollo (reglamento ejecutivo) o para la aprobación de un plan territorial o urbanístico	CREACIÓN Y APLICACIÓN DEL DERECHO Instrumento para hallar la mejor solución posible no predeterminada por la ley material (Disolución de las fases «creación del Derecho-aplicación»)
El procedimiento no se preocupa de la aplicación, más allá de la ejecución forzosa	La aplicación de la norma queda fuera del procedimiento, más allá de las situaciones conflictivas	La aplicación forma parte esencial del procedimiento y acompaña toda la vida de la resolución, incluye el control y la supervisión
Obtención de la información: principio de instrucción de oficio	Obtención de la información: información pública	Obtención de la información: cooperación público-privada; cooperación interadministrativa

Fuente: elaboración propia

CAPÍTULO QUINTO

TRANSFORMACIÓN Y ¿REFORMA? DEL DERECHO ADMINISTRATIVO EN ESPAÑA

Luciano Parejo

Catedrático de Derecho Administrativo, Universidad Carlos III, Madrid, España.

ÍNDICE

LISTADO DE PRINCIPALES ABREVIATURAS

Cc: Código Civil.

CE: Constitución Española de 27 de diciembre de 1978.

Cp: Código Penal.

LJCA: Ley 29/1998, de 13 de julio, reguladora de la Jurisdicción Contencioso-Administrativa.

LECr: Ley de Enjuiciamiento Criminal.

LoPJ: Ley Orgánica 6/1985, de 1 de julio, del Poder Judicial.

LPAP: Ley 33/2003, de 3 de noviembre, de Patrimonio de las Administraciones Públicas.

LrBRL: Ley 7/1985, de 2 de abril, Reguladora de las Bases del Régimen Local.

LRjPAC: Ley 30/1992, de 26 de noviembre, de Régimen Jurídico de las Administraciones Públicas y del Procedimiento Administrativo común.

LPNB: Ley 42/2007, de 13 de diciembre, de Patrimonio Natural y de la Biodiversidad.

PRIMERA PARTE

DERECHO ADMINISTRATIVO Y CAMBIO

E L cambio es ciertamente consustancial al Derecho Administrativo, pero no por ello deja, en la actualidad, de presentar perfiles inéditos por la importancia y la extensión de sus requerimientos, especialmente para la ciencia jurídico-administrativa. Donde, en nuestro inmediato contexto, se ha manifestado primero, de manera más persistente y con mayores repercusiones[1], Alemania, se viene hablando, en efecto y desde los años ochenta del siglo pasado, de crisis, nuevas tendencias y cambios radicales, incluso de ruptura (*Umbruch*)[2] en el edificio dogmático-jurídico y hasta de una segunda fase del Derecho Público alemán[3] y demandando, por ello, una verdadera renovación. En todo caso se ha generalizado, con mayor o menor intensidad, como ponen de relieve las aportaciones dedicadas recientemente a la transformación o mutación del Derecho Administrativo en Europa[4].

---

[1] Sobre la base del contraste entre Derecho positivo y su sistematización dogmática. Pues, como certeramente advierte E. SCHMIDT-ASSMANN («Das Allgemeine Verwaltungsrecht vor den Herausforderungen neuer europäischer Verwaltungsstrukturen», en *Staat und Recht. Festschrift für Günther Winkler*, Springer, Wien/New York, 1997) es justamente el estado de la dogmática el que, por contraste, permite conceptuar y valorar como cambio la evolución del Derecho positivo.

[2] Así H. BAUER, «Verwaltungsrechtslehre im Umbruch?», *Die Verwaltung. Zeitschrift für Verwaltungswissenschaft*, vol. 25, 1992, pp. 301 y 302.

[3] Así R. WAHL, «Die zweite Phase des öffentlichen Rechts in Deutschland», *Der Staat*, 38, 1999, pp. 495 y ss.

[4] Advierte, en efecto, T. SCHMITZ (en *European Law Books* –www.europeanlawbooks.org–, en su comentario a la obra colectiva *The Transformation of Administrative Law in Europe / La mutation du droit administratif en Europe*, M. Ruffert –Ed.–), en este sentido, que, en muchos Estados europeos, el Derecho Administrativo ha cambiado sustancialmente durante las pasadas dos décadas, y continúa haciéndolo aún; cambio a cuyos diversos aspectos aluden conceptos clave tales como gobernanza (*Governance*), dirección (*Steuerung*), nueva gestión pública (*new public management*), crítica managerial (*critique managériale*) y privatización, pero también constitucionalización y europeización. Véase también el libro así comentado: M. RUFFERT (Ed.), *The Transformation of Administrative Law in Europe*, Sellier European Law Publishers, München, 2007.

Aunque en la praxis administrativa puedan emplearse sin gran precisión los conceptos modernización, innovación y reforma, en la ciencia del Derecho Administrativo parece obligada, sin embargo, una mayor precisión. Mientras la modernización carece de perfiles nítidos (pudiendo cualificarse como especie de la innovación que se manifiesta como optimización continua –en su interacción– de los medios e instrumentos para la ejecución de las tareas de la Administración)[5], los procesos de innovación y reforma se diferencian[6]:

– Bien por su grado de abstracción y, por tanto, radio de acción, siendo entonces el primero el género y el segundo la especie;

– bien por tener distinto significado o alcance, remitiendo el primero a un fenómeno continuo –o una sucesión de fenómenos discretos en sí mismos– de alteraciones por así decirlo connaturales al Derecho y el segundo, es decir, la reforma, a un acontecimiento o serie de acontecimientos con consecuencias de índole estructural[7];

– bien por su diferente origen y sentido: planificación con vistas a determinados objetivos en el caso de la reforma y no necesaria vinculación con un tipo de causa la innovación[8].

---

[5] En este sentido, por ejemplo, es de suyo expresivo el título de la obra de D. Budäus, *Public Management, Konzepte und Verfahren zur Modernisierung öffentlicher Verwaltungen*, Berlin, 1995. Esta diferenciación parece ser clara al menos en el ámbito continental europeo, pues en el anglosajón (tanto inglés como norteamericano) y también en la literatura en lengua inglesa se emplea, más frecuentemente, el término más comprensivo de transformación (véase, por ejemplo, el libro colectivo de M. Ruffert, *cit.* en nota anterior y en el que el propio editor titula su trabajo en inglés «The Transformation of Administrative Law as a Transnacional Methodological Project»; y también Sam Kalen, «The Transformation of Modern Administrative Law: Changing Administrations and Environmental Guidance Documents», *Ecology Law Quarterly*, vol. 35, pp. 657 a 719).

[6] Sin perjuicio de la dificultad de determinar cuándo una o una serie de innovaciones mutan en reforma por su cantidad, su objeto o su trascendencia.

[7] En este sentido (diferenciación por el alcance del cambio), por ejemplo, W. Brohm, «Funktionsbedingungen für Verwaltungsreformen», *Die Verwaltung*, 21, 1988, pp. 1 y ss.

[8] En este sentido, J. Hauschild, «Facetten des Innovationsbegriff», en W. Hoffmann-Riem y J. Peter Schneider (Eds.), *Rechtswisswnschaftliche Innovationsforschung, Grundlagen, Forschunsansätzen, Gegenstandsbereiche*, Nomos, Baden-Baden, 1998.

Según la formulación que debe considerarse más atinada, la innovación juega a partir de, y gracias a, la estructura dada del Derecho existente, mientras que la reforma lo hace incidiendo e interviniendo en éste desde fuera y con determinado objetivo de cambio en la referida estructura[9]. De donde resulta plausible hablar –con N. Luhmann[10]– de la innovación como modificación «morfogenética» y de reforma como modificación «teleológica» o, si se prefiere y con S. Kirste[11], de automodificación del Derecho (cuyo límite viene dado por la capacidad de éste para absorber alteraciones) y modificación inducida del Derecho (operación precisa a partir de la insuficiencia o el agotamiento de la referida capacidad para hacer frente a los retos del Derecho).

Como ha dicho N. Brunsson[12] puede afirmarse incluso que, en la Administración pública, la reforma es una rutina, es decir, una normalidad (en modo alguno una excepción), pues en ella la estabilidad de una organización se consigue, paradójicamente, con el cambio (la adaptación) y no con la invariación. Lo prueba el hecho de que pocas son las reformas orgánicas en las que, obedeciendo sólo a determinados objetivos, la consecución de éstos determina su conclusión[13]. En la medida en que tales reformas –lejos de descansar en el análisis y la

---

[9] Por eso W. Hoffmann-Riem habla de «apertura a la innovación» como cualidad del Derecho para facilitar innovaciones tanto en su estructura propia y sus instrumentos, como en los campos por él regulados («Ermöglichung von Flexibilität und Innovationsoffenheit im Verwaltungsrecht. Einleitende Problemskizze», en la obra colectiva W. Hoffmann-Riem y E. Schmidt-Aßmann (Eds.), *Innovation und Flexibilität des Verwaltungshandelns*, Baden-Baden, 1994, p. 13.

[10] N. Luhmann, *Soziologische Aufklärung 3, Soziales System, Gesellschaft, Organisation*, Westdeutscher Verlag, Opladen, 1991, p. 377.

[11] S. Kirste, «Innovatives Verwaltungsrecht und Verwaltungsrechtsreform», en G. Corsi y E. Esposito, *Reform und Innovation in einer unstabilen Gesellschaft*, Lucius & Lucius Verlagsgesellschaft, Stuttgart, p. 110.

[12] N. Brunsson, «Reform als Routine», en G. Corsi y E. Esposito, *Reform und Innovation*, Lucius & Lucius Verlagsgesellschaft, Stuttgart, 2005, pp. 9 y ss.

[13] Una de las causas, quizás la más importante, de que esto sea así radica en que las reformas se plantean en un contexto previo relativamente simple (teórico) que luego, al realizarse (concretarse en normas operativas), se desnaturaliza por la sola virtud de la complejidad de la «transposición» y las dificultades prácticas que en la materialización sobrevienen, con la consecuencia de pérdida por el planteamiento inicial de gran parte de su atractivo y el surgimiento de críticas desencadenantes de nuevas iniciativas de reforma.

determinación del modo de alcanzar determinados objetivos– suelen articularse sobre principios que no necesariamente son coherentes o, siquiera, compatibles entre sí, determinan de suyo, al interior de las organizaciones, la tendencia a priorizar dichos principios en su acción, dando lugar a la necesidad de una nueva reforma y así sucesivamente. La sola volatilidad de las condiciones económico-sociales a las que deben atender e, incluso, la mera exigencia continua de incremento de la eficacia (eficiente) de las organizaciones públicas provocan en éstas, además y necesariamente, alteraciones, aunque sean de mera adaptación a circunstancias y requerimientos nuevos. Más aún, de ordinario las organizaciones públicas se ven compelidas a una adaptación continua para resolver: i) la incoherencia de los programas normativos que concurrentemente definen sus tareas; ii) el conflicto de éstos con otros programas provenientes de la esfera internacional y –sobre todo– de la supranacional (europea) o sencillamente gestionados por otras organizaciones (de instancia territorial distinta o dotadas de autonomía); y, en general, iii) los cambios que los términos de la realización de cualesquiera programas sustantivos plantean las diferentes opciones de la política económica, en general, y presupuestaria en particular. Cabe así afirmar, en contra del tópico recurrente, que la Administración pública no es precisamente más resistente a la «reforma» que cualquier otra organización. Lo prueba de suyo su sujeción frecuente a medidas de reforma orgánicas (parciales o de mayor aliento) y permanente por razón de los cambios inducidos, sea por medidas anuales (orgánicas y funcionales al hilo de la política presupuestaria), sea por alteraciones en los programas normativos que determinan sus tareas y, por tanto, su funcionamiento.

Según ha puesto de relieve S. Kirste[14], la innovación afecta, por el contrario, al contenido del Derecho, en tanto que éste es, al menos formalmente y por tener un tiempo propio, refractario a la innovación. De este modo cabe hablar, en su caso, de un deber de apertura de las comunidades organizadas sobre los principios democrático y del Estado de Derecho, en el sentido no tanto de renuncia del Derecho a la autonomía de su dimensión temporal, como de exigencia de sincro-

---

[14] S. Kirste, *cit.*, nota 11.

nización del tiempo jurídico con otros tiempos sociales. Desde este punto de vista, la innovación se ofrece al mismo tiempo como inducción por el Derecho de cambios en órdenes distintos (innovación por el Derecho) y apertura del Derecho a un abanico de decisiones (considerándolas admisibles: innovación del Derecho). De lo que resulta que la eficacia directiva del Derecho reside, en realidad, en la canalización de la innovación: la novedad que representa la modificación se reconduce inmediatamente al presente continuado del mandato normativo (siempre idéntico), en la medida en que éste incorpora cuando menos la expectativa de la posibilidad de determinadas futuras decisiones.

Como quiera que sea, la diferenciación entre reforma e innovación no pretende una neta separación de los dos procesos aludidos, ya que éstos responden a un mismo fenómeno último: el de transformación o mutación. En todo caso, la situación a este respecto es en nuestro contexto europeo inmediato muy parecida por lo que hace a la innovación e, incluso, reforma del Derecho Administrativo positivo, pero desigual en lo atinente a la innovación en, y especialmente, reforma o renovación de la ciencia del Derecho Administrativo. Lo primero encuentra su explicación en la sustancial identidad de los factores determinantes de las transformaciones que viene experimentando el Estado y su ordenamiento[15] y que tienen directa repercusión sobre la Administración pública y el Derecho referido a su actuación: la rápida evolución de la actual sociedad altamente dependiente de la ciencia y la tecnología y generadora de riesgos de dimensiones y consecuencias hasta hace bien poco desconocidas, los continuos nuevos retos que tal evolución plantea, la ruptura de la simbiosis economía-Estado[16], la mundialización de la economía (y sus efectos, en particular la llamada globalización del Derecho Administrativo, aún en ciernes), la «contaminación económica» de los órdenes constitucionales y el proceso de integración supranacional y de internacionalización con carácter más general. Lo

---

[15] E imponen, por ello, respuestas de relativa uniformidad.

[16] Ruptura en todo caso unilateral (por parte de la economía, especialmente la financiera, que se ha desterritorializado y, por tanto, desvinculado en muy buena medida del Estado nacional) y parcial y relativa (en cuanto no implica, en ausencia de un espacio público correlativo al económico desresponsabilización del Estado siquiera sea en épocas, como la actual, de crisis).

segundo obedece sin duda a la diversidad no sólo de las culturas político-administrativas y, por tanto, de los sistemas jurídico-administrativos, sino también del tratamiento y la construcción científico-dogmáticos de éstos en un contexto de relativamente débil desarrollo del comparatismo en relación con otras ramas del Derecho (especialmente la jurídico-civil y mercantil)[17].

La época actual, de carácter complejo y contradictorio, está presidida por la incertidumbre, agravada por la crisis sistémica que padece –desde 2008– el sistema económico a escala mundial, y presenta por ello los rasgos propios de toda transición, en la que la nueva situación hacia la que se va, el nuevo sistema a alumbrar, está aún fraguándose y resulta más que difícil vislumbrar y prefigurar los principios y las coordenadas sobre los que éste va a quedar definitivamente asentado.

En este contexto, procede resaltar dos procesos:

1º. De un lado, y como bien explicó tempranamente M. García Pelayo[18], el Estado, encerrado aún en buena medida en los esquemas establecidos y sujeto a la inercia de su propia evolución desde el Estado liberal al social –incluso bajo la forma, más actual, de redistribuidor de riesgos y garantizador de las infraestructuras y las prestaciones sociales básicas–, se revela incapaz para absorber la creciente complejidad de su ambiente, de reaccionar con prontitud a las nuevas exigencias planteadas por las transformaciones sociales y los requerimientos derivados de las mismas para la dirección y el control de la sociedad. Tanto más cuanto que la lógica del mercado, erigido progresivamente –a escala global– en mecanismo primario de satisfacción de las necesidades sociales en virtud del crecimiento de aquél en detrimento del espacio público (desde luego del nacional), se ha ido afianzando como criterio de medida de la actividad del Estado y la Administración, y uno y otra han ido viendo mermada su capacidad efectiva de configuración social por

---

[17] Como señala M. Ruffert («The Transformation of Administrative Law as a Transnacional Methodological Project», *cit.*, pp. 4 y ss.), hoy por hoy sólo cabe establecer la hipótesis (precisada de ulterior confirmación por la investigación) de la existencia en Europa de procesos de innovación y reforma convergentes bajo la superficie aparente de las cosas. Falta, en efecto, un método de comparación de reconocimiento generalizado, por lo que en realidad se siguen multiplicidad de métodos en las tareas comparativas que efectivamente se desarrollan.

[18] M. García Pelayo, *Las transformaciones del Estado contemporáneo*, Alianza Editorial, Madrid, 1977.

razón de la emergencia e intensificación no ya de límites, sino de condicionantes económico-financieros. El centro de gravedad se ha desplazado así hacia la tensión entre control de la deuda y expansión de las responsabilidades (tareas) públicas con aparición de los fenómenos de la colaboración público-privada, la desregulación y la privatización[19] y, en definitiva, el «activador» Estado informal redistribuidor de riesgos[20].

2°. De otro lado, el desarrollo de una situación calificada por E. Denninger[21] de «desorden global»[22], en la que desde los atentados terroristas de Nueva York, Madrid y Londres, pero también la creciente evidencia científica del cambio climático y la ruptura de equilibrios ecológicos básicos, el centro de gravedad del Estado democrático y social (sea prestador de bienes y servicios, sea mero garante de su prestación) se desplaza hacia la «prevención» y, por tanto, la garantía de la seguridad (*Präventionsstaat*) en función del pase a primer plano del riesgo – todos ellos y a escala local, nacional, regional y mundial– en la vida social. Con la consecuencia de que en el mundo actual la paz y la seguridad han pasado a ser, aunque amenazados (y precisamente por ello), bienes de primerísimo rango, determinando el crecimiento de la necesidad-demanda de protección de la población, generadora, a su vez, del peligro de pérdida de la perspectiva (por sobrevaloración y sobreactuación) sobre todo cuando se quiere garantizar la seguridad a costa de los valores que, en realidad, deben ser protegidos: los derechos fundamentales de los ciudadanos[23]. Éstos son, en efecto y desde la Ilustración y la Revolución francesa, la clave de bóveda del orden de la convivencia y el fluido del funcionamiento de la democracia, de manera que su efectividad y tutela no pueden depender de las

---

[19] En este sentido, R. Schmidt, «Die Reform von Verwaltung und Verwaltungsrecht», *VerwArchiv*, 91, 2000, pp. 150 y 151.

[20] La acuñación de estas categorías, respectivamente, en A. Vosskuhle, «Schlüsselbegriffe der Verwaltungsreform –Eine kritische Bestandsaufnahme–»,*VerwArch*, 92, 2001, p. 185; E. Bohne, *Der informale Rechtsstaat. Eine empirische und rechtliche Untersuchung zum Gesetzesvollzug unter besonderer Berücksichtigung des Immissionsschutzes*, Duncker & Humblot, Berlin, 1981; y U. Di Fabio, *Risikoentscheidungen Im Rechtsstaat: Zum Wandel der Dogmatik im öffentlichen Recht, insbesondere am Beispiel der Arzneimittelüberwachung*, J. C. B. Mohr (Paul Siebeck), Tübingen, 1994.

[21] Erhard Denninger, «Der Präventionsstaat», artículo incluido en la recopilación llevada a cabo en el libro *Der gebändigte Leviathan*, Nomos Verlagsgesellschaft, Baden-Baden, 1990.

[22] Generador del miedo como factor de legitimación de medidas de seguridad, que justifica el título del trabajo de Günther Frankenberg, *Angst im Rechtsstaat*, KJ, 1977, pp. 353 y ss.

[23] Sobre el actual proceso de desequilibrio entre los valores de libertad y seguridad, véase L. Parejo Alfonso, «Reflexiones sobre la libertad, la seguridad y el Derecho», *Justicia Administrativa. Revista de Derecho Administrativo*, 21, octubre 2003, pp. 5 a 19.

circunstancias y la coyuntura. El problema es crucial, pues como ha señalado agudamente E.-W. Böckenförde[24], la gran apuesta del Estado de Derecho, secularizado y basado en la libertad, consiste en que vive de presupuestos que él mismo no puede garantizar. Pues sólo puede existir, en cuanto Estado basado en la libertad, si regula la que garantiza a sus ciudadanos desde «dentro», desde la sustancia moral de cada uno y la homogeneidad de la sociedad. El resultado está siendo por ahora doble. De un lado, la ampliación del concepto de seguridad y, de otro lado, la afirmación de un derecho (incluso fundamental) a la seguridad (así, J. Isensee[25]) como nuevo derecho que postula incluso preferencia sobre los demás (relativizándolos, especialmente los vinculados con la tensión libertad-seguridad)[26/27]. Pero también y especialmente el dilema de la frontera entre la prevención y la vigilancia total (propia, esta última, del por B. Hirsch llamado *Überwachungsstaat*[28] o Estado de vigilancia).

---

[24] E.-W. BÖCKENFÖRDE, *Staat, Gesellschaft, Freiheit. Studien zur Staatstheorie und zum Verfassungsrecht*, Suhrkamp, Frankfurt a. M., 1976, p. 60.

[25] JOSEF ISENSEE, *Das Grundrecht auf Sicherheit*, De Gruyter, Berlin, 1983.

[26] Una posición crítica en G. FRANKENBERG, «Crítica al derecho a combatir. Tesis acerca del paso de la defensa contra el peligro a la prevención de la criminalidad», traducción del original alemán de María José Falcón y Tella, *Anuario de Derechos Humanos del Instituto de Derechos Humanos de la Universidad Complutense de Madrid* (Nueva Época), vol. 7, t. 1. 2006, pp. 371 a 386.

[27] Aunque no pueda justificarse, ni compartirse, éste es el origen y el caldo de cultivo de la aparición de planteamientos desorientadores de la función del Derecho Penal como el del Derecho Penal del enemigo (como categoría diferente del Derecho Penal del ciudadano: éste tiene por objeto la vigencia del Derecho, aquél combate peligros) definido por G. JAKOBS, según el cual nuestro ordenamiento no es aplicable a los autores de acciones que, por principio, no quieren reconocer dicho ordenamiento, de modo que para ellos (los nuevos bárbaros) debe regir un nuevo Derecho Penal liberado de las limitaciones propias del Estado de Derecho (véase G. Jakobs, «Das Selbstverständnis der Strafrechtswissenschaft vor den Herausforderungen den Gegenwart. Kommentar», en B. Burckhardt, A. Eser y W. Hassemer [Eds.], *Strafrecht*, C. H. Beck, 2000, pp. 47 y ss.; «Die deutsche Strafrechtswissenschaft vor der Jahrtausendwende», en *Bürgerstrafrecht und Feindstrafrecht*, HRRS (Online-Zeitschrift HRRS & Rechtsprechungsdatenbank) 3/2004, pp. 88 a 95; y «Zur Theorie des Feindstrafrechts», en H. Rosenau y S. Kim (Eds.), *Straftheorie und Strafgerechtigkeit, Augsburger Studien zum Internationalen Recht*, vol. 7, Internationaler Verlag der Wissenschaften, Frankfurt, 2010, pp. 167 a 182). Véase en castellano también G. JAKOBS y M. CANCIO MELIÁ, *Derecho penal del enemigo*, Thomson/Civitas, Madrid, 2003.

[28] B. HIRSCH, *Gesellschaftliche Folgen staatlicher Überwachung. Beitrag zur Sommerakademie 2007 «Offene Informationsgesellschaft und Terrorbekämpfung – ein Widerspruch?»*, Unabhängiges Landeszentrum für Datenschutz Schleswig –Holstein, Kiel, 2007, así como «Auf dem Weg in den Überwachungsstaat?», exposición realizada el día 24 de octubre de 2007 en la Dresdner Juristischen Gesellschaft (http://www.djgev.de/download/Vortrag_Hirsch.pdf).

La situación actual es, pues, de considerable confusión. Si, de un lado, el Estado –seriamente condicionado por mercados financieros de lógica transnacional– continúa basando su organización y acción en ideas, esquemas, principios, categorías, conceptos y técnicas trabajosamente elaborados y establecidos a lo largo de varias décadas y aún de siglos de evolución histórica, por otro lado, la realidad los pone diariamente en cuestión, demanda profundos cambios y una radical adaptación a las nuevas circunstancias, haciendo surgir con pujanza nuevas soluciones. La vida actual del Estado se caracteriza, pues, por un proceso de radical transformación.

Este proceso se manifiesta en la idea persistente de la crisis del Estado en su forma nacional de Estado del bienestar, que se proyecta sobre la Administración pública[29] en forma de cuestionamiento del concepto básico de dirección o control de la sociedad, que se ha venido reconociendo sin problemas en favor del Estado y de la Administración.

Las primeras dudas sobre la capacidad de dirección y control de los sistemas y, en particular, del Derecho se plantearon en las ciencias sociales. Así, desde el concepto de *autopoiesis*, traído desde la biología a la teoría de sistemas, y el institucionalismo más radical, por considerarse que el Derecho estático no puede mantener el paso con los desarrollos dinámicos e imprevisibles de las modernas tecnologías[30]. De donde han pasado también al ámbito jurídico-administrativo. La consecuencia es que el Estado y el Derecho experimentan, cada vez más, una reducción a instrumentos para la adaptación al cambio continuo y a la complejidad social. O, más precisamente, a la condición de mecanismos de di-

---

[29] Además de, como ya se ha dicho, en términos de reducción de medios personales, económicos y materiales con paralela exigencia de productividad, economía y celeridad, así como de replanteamiento crítico del número y características de las funciones y cometidos.

[30] En cuanto a la teoría de sistemas aplicada al Derecho, N. LUHMANN, «Politische Steuerung: Ein Diskussionsbeitrag», *Politische Vierteljahresschrift (PVS)*, vol. 1, 1989, pp. 4 y ss.; y G. TEUBNER, *Recht als autopoietisches System*, Suhrkamp, Frankfurt, 1989, capítulo III; y en cuanto al planteamiento institucionalista, R. MAYNTZ y F. W. SCHARPF (Eds.), *Gesellschaftliche Selbstregelung und politische Steuerung*, Campus, Frankfurt/New York, pp. 9 a 38.

rección de la actuación de todo tipo de sujetos para la efectividad de los procesos sociales, es decir, evitar perturbaciones en éstos y, por tanto, no sólo, ni preferentemente, de organización y control de situaciones y relaciones sociales y del tráfico de bienes. Y ello en un contexto de quiebra del modelo de reparto de responsabilidades entre el propio Estado y el ciudadano y, en el seno de la sociedad, singularmente entre el empresario y el trabajador.

Éste y no otro es el problema de la relación entre el cambio y la innovación social, de un lado, y el Derecho como sistema de control, de otro. Aunque el Derecho se ha ocupado siempre de acompañar e, incluso, de fomentar el cambio, la rapidez, continuidad e importancia del propio de la época actual están desbordando su capacidad para cumplir eficazmente tal función. Y ello por la dificultad inherente a la cuestión de cómo pueden ser evitados los riesgos de la continua innovación social y maximizadas sus ventajas. Lo que vale decir: cómo puede anticiparse hoy si las innovaciones llevan a resultados deseados o no. De esta suerte, el Derecho debe operar sin contar con el soporte en la experiencia, menos aún segura, indispensable para ello, es decir, en un contexto de inseguridad e incertidumbre, pues el buen orden social depende de él incluso para la preparación del futuro. Su posición se torna así equívoca, pues si la perspectiva del valor «innovación» favorece su percepción negativa –concretamente como obstáculo, cuando no impedimento, a la creatividad y el éxito en el mercado y, por tanto, al progreso del bienestar–, las actualizaciones de los riesgos generados por la innovación renuevan, reforzándolas, las apelaciones al Derecho, especialmente cuando se trata de determinar las responsabilidades por las consecuencias negativas de los nuevos procesos sociales.

El Derecho no puede, sin embargo, escapar a tal destino. Pues su papel nuclear es el de la tutela y la protección, de modo que al procurar seguridad general, coarta, constriñe inevitablemente las posibilidades del o de lo protegido. Pero, al propio tiempo, debe cumplir ese papel despejando igualmente las incertidumbres cara al futuro, lo que apunta principalmente a la prevención de riesgos (lo que todavía no es realidad o actualidad), a la regulación de lo nuevo aunque todavía no sea conocido del todo. Al cumplirlo fija sin duda límites y excluye unas posibilidades, pero también abre otras posibilidades y acota y distribuye riesgos. La importancia de la adecuada consideración de las consecuencias deriva de la posibilidad, en una época que, como la actual, U. Beck[31] –el teórico de la sociedad del riesgo y de la modernidad reflexiva– ha calificado como la de los «efectos secundarios o colaterales»[32], de que las no tenidas en cuenta anulen los posibles efectos positivos.

Constituye así una comprobación elemental la de la persistencia del carácter imprescindible del Derecho (en particular en su función de prevención de riesgos), por más que su capacidad de control y, más aún, de configuración social se encuentre significativamente disminuida al menos en algunas dimensiones. Y ello porque tales límites de capacidad no implican necesariamente, y paradójicamente, descenso de las expectativas y esperanzas en él depositadas cara al aseguramiento del bien común, lo que explica el activismo normativo (incluso para reformar el elenco de los instrumentos de acción) y las importantes transformaciones en curso, a las que no son ajenos las mutaciones del orden y las relaciones internacionales, el proceso de integración europea y la presión de la mundialización de la economía (especialmente la financiera). De ahí la reclamación por W. Hoffmann-Riem[33] de la necesidad de:

a) La persistencia de la construcción por el Derecho de confianza mediante predictibilidad, sin perjuicio de su reorientación también, caso necesario y afrontando la inseguridad, hacia el manejo de la incertidumbre mediante una mayor flexibilidad y capacidad de aprendizaje para conseguir que las innovaciones de todo tipo se produzcan, pero lo hagan en términos que estén dentro del interés de la generalidad de los ciudadanos (lo que requiere de la ciencia jurídica una investigación sobre la innovación).

---

[31] Véase U. BECK, «Das Zeitalter der Nebenfolgen und die Politisierung der Moderne», en U. Beck, A. Giddens y S. E Lash (Eds.), *Reflexive Modernisierung. Eine Kontroverse*, Suhrkamp, Frankfurt am Main, 1996.

[32] Que son tanto los no pretendidos o buscados por la acción, como los de segundo grado o derivados de la inacción.

[33] W. HOFFMANN-RIEM, «Recht als Instrument der Innovationsoffenheit und der Innovationsverantwortung», en H. Hof y U. Wengenroth (Eds.), *Innovationsforschung. Ansätze, Methoden, Grenzen und Perspektiven*, LIT, Münster, 2007, pp. 387 y ss.

b) El entendimiento de la ley desde luego (en sentido tradicional) como límite de la actuación lícita estatal, pero igualmente como encomienda de configuración y optimización de la vida social en un «corredor de lo permisible jurídicamente» y, por tanto, instrumento normativo para la garantía de la calidad de la actuación con impregnación jurídica (y, en tal sentido, de «dirección y control sociales»). Con la consecuencia de la imprescindible ampliación tanto de las formas de control social y de la actividad (administrativa esencialmente) y de las estrategias de regulación (complementación del Derecho imperativo –órdenes y prohibiciones– por el Derecho habilitante, posibilitador –incluso de la autorregulación–), como de los criterios jurídicos (ampliación a fines «blandos» o «grises» tales como los de efectividad, eficiencia, aceptación social o factibilidad).

c) La operación con la vista puesta en el juego, no de normas determinadas y aisladas, sino más bien del conjunto de normas, aún pertenecientes a diferentes ramas del Derecho y niveles de jerarquía, que sea necesario y para su complemento recíproco, incluso con carácter subsidiario o supletorio en caso de insuficiencia o deficiencia de la primariamente aplicable. Lo que vale decir: la importancia progresiva de enteras estructuras regulatorias complejas.

SEGUNDA PARTE
LAS POTENCIALIDADES DEL DERECHO EN PUNTO A LA INNOVACIÓN

EL Derecho vigente no sólo opera ya como factor de estabilización, pues contiene también importantes potencialidades de innovación que es preciso tener en cuenta e insertar adecuadamente en el edificio del Derecho Administrativo. Así sucede desde luego en el plano constitucional, pues por más que –en el plano formal y gracias a la mayor rigidez de su reforma– la norma fundamental procure primariamente estabilidad, no opera en igual forma en el plano de su contenido prescriptivo sustantivo; plano en el que no son infrecuentes las normas abiertas, abstractas e indeterminadas (así, los valores superiores, los derechos y las libertades en su dimensión objetiva y los principios de la política económica y social) que, por ello mismo, diluyen la exigencia de modificación en la misma medida en que permiten diversas posibilidades de concreción. De esta suerte, el marco constitucional, aún permaneciendo el mismo y sin perjuicio de sus mutaciones, posibilita una cierta innovación. Pero ocurre igualmente en el escalón del Derecho Administrativo positivo y no sólo del que es expresión ya del Estado social preventivo, prestador y garantizador dotado de nuevas formas de actuación, sino incluso del que aún responde al que sigue utilizando la forma tradicional de la intervención en la vida social. Pues justamente el sometimiento por la policía administrativa tradicional de la libertad y propiedad a precisas limitaciones previas es también liberador de las energías de la iniciativa privada al establecer un marco conocido, sea de exigencia, sea de exclusión de determinados comportamientos o posibilidades de acción. Buenos ejemplos de las potencialidades de innovación del Derecho actual son:

– De un lado, la acotación temporal de la vigencia de las normas, sean leyes formales, sean simples reglamentos, que incrementa –vía autolimitación temporal– la capacidad de aquéllas para la innovación[34]. Se trata de un fenómeno cada

---

[34] En modo alguno se trata de un mecanismo reciente o novedoso. Ya Montesquieu, en *L'esprit des lois*, dejó dicho que (párrafo final del capítulo 2º del libro segundo): «C'est encore une loi fondamentale de la démocratie, que le peuple seul fasse des lois. Il y a pourtant

vez menos infrecuente como consecuencia de la percepción de la progresiva inadecuación de las normas para regir largos períodos de tiempo. La creciente dinámica social precariza el aseguramiento tradicional por el Derecho del futuro.

---

mille occasions où il est nécessaire que le sénat puisse statuer; il est même souvent à propos d'essayer une loi avant de l'établir. La constitution de Rome et celle d'Athènes étaient très sages. Les arrêts du sénat avaient force de loi pendant un an; ils ne devenaient perpétuels que par la volonté du peuple». El mecanismo consiste en la sustitución de la tradicional regla de *la ratio cessante legis*, que figura aún en el artículo 4.2 del Código civil que prescribe textualmente que: «Las leyes penales, las excepcionales y *las de ámbito temporal no se aplicarán a supuestos ni en momentos distintos de los comprendidos expresamente en ellas*». Esto es así porque la eficacia de todas las normas jurídicas está limitada en el tiempo y en el espacio. Su limitación en el tiempo hace referencia a su duración, pues cualquier disposición tiene, por lo que hace al tiempo, principio y fin. Si el principio es el momento en que entra en vigor, el fin, que es el momento en que cesa su eficacia obligatoria, puede ocurrir por diferentes causas. Lo que significa: puede tener lugar no sólo por causas extrínsecas a la norma misma (la abrogación o derogación, total o parcial, expresa o tácita), sino también por causas intrínsecas o internas de la propia norma (el transcurso del tiempo fijado para su vigencia, esté éste determinado expresamente o resulte sólo del objeto mismo de la norma o disposición; la consecución del fin pretendido por la norma; o la desaparición de una situación jurídica o la imposibilidad de un hecho que era presupuesto necesario de ella). A este respecto, la doctrina (así, por todos, M. ALBALADEJO, *Derecho Civil I. Introducción y Parte General*, Edisofer, 2006,17ª ed., p. 185) precisa que la cesación de la vigencia de las leyes por consecución de su fin o desaparición del estado de cosas presupuesto de la misma sólo se da cuando la norma aparece vinculada o ligada a tales circunstancias en calidad de verdadera *ratio legis*, pero no así cuando las mismas –aún habiendo impulsado a su dictado– integran únicamente la simple *occasio legis*. Como señala CASTÁN (en su obra clásica *Derecho Civil español, común y foral*, I. *Introducción y Parte General*, Reus, Madrid, 1986, p. 600) el correspondiente estado de cosas o el pertinente género de relaciones jurídicas debe para ello constituir el necesario presupuesto de la norma. Si bien determinar cuándo se está ante la desaparición de la *ratio legis* y cuándo sólo ante la de la *occasio legis*, es decir, cuando se está ante la definitiva desaparición de la norma en términos de límite final de su vigencia, es cuestión más bien casuística, con J. L. LACRUZ BERDEJO (*Elementos de Derecho Civil*, tomo I, Parte General, vol. I, Dykinson, 2006, p. 207) cabe decir que, con carácter general, cuando la referencia a las circunstancias de que se viene hablando es concreta, tales circunstancias integran la *ratio legis*, de modo que *cesante ratione legis cesat lex ipsa*. El Tribunal Constitucional admite no sólo las leyes temporales, sino incluso la presencia en leyes típicamente temporales (como las presupuestarias), de disposiciones de vigencia indefinida (SSTC 65/1990, de 5 de abril; 32/2000, de 3 de febrero; 274/2000, de 15 noviembre; y 7/2010, de 27 de abril). En Derecho Administrativo es más frecuente que en ninguna otra rama del Derecho, por razones obvias, el fenómeno de las leyes o normas temporales o de ámbito temporal. Y éstas, como señala M. VAQUER CABALLERÍA (*La eficacia territorial y temporal de las normas*, Tirant lo Blanch, Valencia, 2010, p. 44), «...son aquéllas *cuya vigencia expira automáticamente por el acaecimiento de un hecho futuro pero cierto o por el transcurso de un plazo, sin necesidad de acto alguno de contrario imperio, es decir, de declaración o producción de tales efectos extintivos*, porque tienen acotada su vigencia por imperio de la disposición que la prescribe o de otra previa o de superior rango».

Pues la sociedad del riesgo induce una tendencia al acercamiento del horizonte de futuro considerado por el Derecho[35].

– De otro lado, la flexibilización del contenido prescriptivo de las normas, es decir, el establecimiento de «regulaciones elásticas»[36] como consecuencia de la progresiva imposibilidad de anticipar en éstas –es decir, en su regulación y vinculando indefinidamente los comportamientos– el futuro, pues la creciente complejidad y, por tanto, incertidumbre de éste obliga a una cierta sustitución de la seguridad por una mera fiabilidad en beneficio de la apertura hacia ese futuro. Este mecanismo consiste en la formulación normativa abierta de los criterios de gobierno de la ejecución administrativa a fin de permitir soluciones adaptadas a la naturaleza de las cosas y el contexto social. Las fórmulas de introducción de flexibilidad o elasticidad en las regulaciones son variadas: la programación normativa finalista, en la que la elección por el legislador de uno de los escenarios futuros posibles (el identificado por el fin) permite innovar respetando tal fin; la fijación de un marco para la adopción de medidas administrativas posibilitadoras de una elección «situativa» de la que procede en el caso; la opción no por el reconocimiento de derechos subjetivos, sino de la fijación de los intereses relevantes a efectos de la necesaria ponderación, que –frente a la rigidez que supone la garantía de posiciones individualizadas– proporciona la flexibilidad propia de los mandatos de optimización para la garantía de aquéllos intereses que lo merezcan en consideración de los restantes; el otorgamiento en la norma –ordinariamente en la consecuencia– de discreción a la Administración, que otorga licitud a las diversas soluciones que se mantengan dentro de los límites de la discreción; las encomiendas legales, los encargos de tutela y protección o de optimización de determinados bienes o intereses, en todos cuyos supuestos la solución deriva de la ponderación de principios, valores, bienes e intereses[37]; y también los estándares legales, que implican la vinculación a estados medioambientales o de la ciencia y la técnica abriendo una vía para la innovación jurídica[38].

---

[35] Sobre este extremo, véase P. HILLER, *Der Zeitkonflikt in der Risikogesellschaft: Risiko und Zeitorientierung in rechtsförmigen Verwaltungsentscheidungen*, Duncker & Humblot, Soziologische Schriften, vol. 59, Berlin, 1993, p. 56.

[36] Véase U. DI FABIO, *Das Recht offener Staaten*, Mohr Siebeck, Tübingen, 1998, p. 450.

[37] Fórmula ésta no exenta ciertamente de riesgos para el Estado de Derecho y que precisan ser evitados. Sobre este extremo, véase R. SCHMIDT, *Die Reform von Verwaltung und Verwaltungsrecht. Reformbedarf-Reformanstösse-Reformansätz*e, Verwaltungsarchiv, 2000, pp. 149 a 168.

[38] El recurso a esta técnica implica ciertamente un reto a la autonomía del Derecho, que requiere un esfuerzo específico de juridificación de conceptos procedentes de otros campos.

Siguiendo a S. Kirste[39] cabe identificar distintas fuentes de estabilidad e innovación. Por de pronto y en su función de fijación de premisas para el Derecho Administrativo, el Derecho Constitucional contiene normas tanto estabilizadoras, como permisivas o fomentadoras de la innovación. Entre las primeras sobresale el principio de seguridad jurídica, que, sin embargo, debe ser hoy compatibilizado con el de cambio (por la precarización del seguro tradicional frente al futuro que impone la actual dinámica económico-social, como pone en evidencia, con toda crudeza, la actual crisis del sistema económico). Así sucede, por ejemplo, en el campo del medio ambiente y por exigencia de los principios de prevención y cautela que, asentados en el Derecho Comunitario europeo, deben considerarse inscritos en el bien «medio ambiente adecuado» tutelado por el artículo 45 CE. Pero también cabe citar las garantías institucionales que, al asumir instituciones recibidas, las afianzan en sus elementos esenciales, sin perjuicio de permitir su adaptación progresiva a la evolución social, así como las normas que imponen requisitos especiales a determinadas decisiones (unanimidad, mayoría cualificada, etc.). Pero, junto a ellas, la norma fundamental establece igualmente regulaciones propiciadoras de la innovación, en las que también pueden inscribirse, por las razones dichas, las garantías institucionales (en su juego de mediación entre pasado y futuro vía adaptación conservadora de la esencia), pero entre las que destacan, de un lado, los derechos y las libertades que, en su dimensión objetiva, implican verdaderos mandatos de optimización requirentes de continuados procesos de interpretación y aplicación, si es que no imponen a la Administración –cuando presentan dimensión prestacional– una permanente adaptación a las circunstancias sociales, y, de otro lado, los principios de la política social y económica, en la medida en que –vía artículo 9.2 CE– expresan encomiendas de actuación estatal. Para calibrar la ventana de innovación que todo ello supone basta con hacerse presente algunos desarrollos constitucionales ya habidos y que han supuesto, por ejemplo, la modificación de la función del instituto de las relaciones de sujeción especial, que –al quedar integrado en la órbita de los derechos y las libertades– debe calibrarse ponderando las exigencias de éstos y los intereses atendibles de la Administración pública (con

---

[39] S. Kirste, *cit.* en nota 11, pp. 113 y ss.

reserva de tal ponderación al legislador formal) y la ampliación de las garantías de la posición fundamental del ciudadano a las nuevas formas «blandas» de actuación administrativa, significativamente las meras recomendaciones e, incluso, las simples informaciones. Pero también otros desarrollos que, si bien postulados ya por alguna doctrina[40], no acaban de tener acabado reflejo en la legislación positiva, cual sucede con la extensión del papel de la ciudadanía en la Administración cuando ésta –cual sucede en el caso de la Administración local, singularmente la municipal– adopta la forma de autoadministración con propia legitimación democrática (trasladable, en cierta medida, a las corporaciones públicas de agrupación forzosa de sectores en las que se descarga el desarrollo de tareas administrativas).

No puede olvidarse, por último, la actual interdependencia europea e internacional como fuente igualmente de innovaciones en las estructuras estatales actuales, abiertas a dicha interdependencia (en función tanto de la integración supranacional, como de la mundialización económica). Es evidente que el Derecho Comunitario europeo viene operando, al compás justamente del desarrollo del proceso de integración y a través de la primacía, como factor dinamizador y transformador del Derecho Administrativo interno[41], pero lo mismo puede predicarse del Derecho Internacional convencional y en mayor medida aún del Derecho de las organizaciones internacionales en la medida en que se habla ya de la emergencia de un Derecho Administrativo global[42].

---

[40] Véase L. Parejo Alfonso, *La defensa de la autonomía local ante el Tribunal Constitucional*, Marcial Pons, Madrid-Barcelona, 1998; y, más recientemente, del mismo autor, *La autonomía local en la Constitución española, Tratado de Derecho Municipal*, tomo I, 3ª ed., Iustel, Madrid, 2011.

[41] En este sentido y por lo que hace al Derecho alemán, D. H. Scheuing, «Europarechtliche Impulse für innovative Ansätze im deutschen Verwaltungsrecht», en W. Hoffmann-Riem, E. Schmidt-Aßmann (Eds.), *Innovation und Flexibilität des Verwaltungshandelns*, Baden-Baden, 1994, pp. 289 a 354.

[42] Como señalan M. Ruffert y S. Steinecke (*The Global Administrative Law of Science*, Springer, Heidelberg, 2011, pp. 17 y ss.) el Derecho Internacional viene sufriendo una transformación en la que son discernibles tres etapas (coordinación, cooperación y comunidad), en la última de las cuales es identificable la aspiración al desarrollo de una función de legitimación y limitación del poder público por la vía de la extensión de los cometidos del Derecho Público a la esfera internacional (lo que sería ya lo propio del Derecho Ad-

ministrativo global). Sobre el Derecho Administrativo global es ilustrativo el trabajo de S. Cassesse, *Global Administrative Law. An Introduction*, accesible en www.iilj.org/GAL/documents/Cassesepaper.pdf. Sobre la existencia actual de un verdadero Derecho Administrativo global y –con escepticismo– su conveniencia, véase C. Harlow, «Global Administrative Law: The Quest for Principles and Values», *The European Journal of International Law*, vol. 17, 1, 2006.

LA ACTUAL TENSIÓN ENTRE LOS COMETIDOS DEMANDADOS HOY DEL DERECHO ADMINISTRATIVO Y LA CAPACIDAD EXPLICATIVA Y ORDENADORA DEL AÚN ESTABLECIDO

Las consideraciones precedentes bastan para justificar el cuestionamiento del Derecho Administrativo construido por la dogmática aún dominante en cuanto centrado en el establecimiento de reglas, categorías, figuras, técnicas e institutos jurídicos desde la perspectiva de la protección frente a la Administración por medio del control de la regularidad jurídica de su actuación, descuidando las condiciones de la programación de esa actuación y de la efectividad de ésta (lo que es igual a la efectividad del Derecho).

En este contexto, ha de recuperarse la construcción continuada y la aplicación constante del Derecho Administrativo (como ciencia[43]) según una comprensión conforme a la cual:

a) Establece orden en la masa heterogénea de las normas positivas administrativas y orienta así el desarrollo de las tareas jurídicas mediante la construcción dogmática (que incluye también el análisis empírico). Y, al efecto, ha de actuar desde sí mismo, sin esperar a impulsos exógenos y constituyéndose en «foro de reflexión» para la determinación –considerando las relaciones con el «Derecho Administrativo especial»– de las tareas y los objetivos del «Derecho Administrativo general»[44].

---

[43] Sustancialmente en este sentido, E. Schmidt-Assmann, «Zur Funktion des allgemeinen Verwaltungsrechts», *Die Verwaltung. Zeitschrift für Verwaltungswissenschaft*, 27, 1994, pp. 137-139; y R. Schmidt, «Die Reform von Verwaltung und Verwaltungsrecht», *VerwArchiv*, 91, 2000, pp. 149 y ss.

[44] La relación entre los Derechos Administrativos general y especial no debe entenderse como interacción entre dos planos de abstracción independientes entre sí, pues en esa interacción la producción de categorías y técnicas generalizables recibe su impulso fundamentalmente de la permanente ebullición de las ordenaciones de los sectores «especiales». Se ofrece más bien, pues, como un proceso sin cesuras graves, ni saltos bruscos, e integrado por grados de abstracción y, por tanto, generalidad diversos en los que las categorías obtenidas disciplinan, cada vez, ámbitos materiales de extensión progresivamente mayor hasta alcan-

b) Se identifica con el acervo de categorías, conceptos, instituciones, institutos, principios y reglas jurídicos que pretenden validez para todos los campos o sectores de actuación administrativa, es decir, el Derecho Administrativo especial, e integra, así y por ello, el Derecho Administrativo general.

c) Constituye un sistema abierto, pero que ha de tener sólidas bases constitucionales. Si la norma constitucional debe regir para cualquier tipo de actuación administrativa, ésta debe estar sujeta a reglas generales y estándares que desborden los campos específicos y sean capaces de concretar de forma única las pautas del orden constitucional en cuanto (él mismo) unidad y sistema. La universalidad de la Constitución como norma suprema debe continuar, pues, en las líneas fundamentales del Derecho Administrativo, operando éste –en el contexto del proceso de retroalimentación que le une al Derecho Constitucional– a modo de correa de transmisión y, por tanto, de concreción y realización de aquélla (clave es, al efecto, la triple vinculación a los derechos constitucionales y los principios rectores de la política social y económica, la ley y el principio de legitimación democrática). Pero, además, la necesaria interacción entre aplicación y construcción permanentes del sistema administrativo determina el continuo intercambio de éste con el Derecho Administrativo especial como condición misma de su actualidad e idoneidad. Así pues, aunque no tenga una referencia coherente y compacta semejante a la que el Derecho Civil tiene en determinado modelo de sociedad, está ante igual reto científico: ser consciente permanentemente de sus hipótesis y presupuestos fundamentales.

d) Es, finamente, un sistema que «gobierna», de un lado, la Administración en tanto que complejo organizativo parte del Estado y dirigido y controlado por otros poderes (el legislativo y el judicial), y, de otro lado, el conjunto de los sistemas sociales «administrativizados». Elemento central sigue siendo, obviamente, el Derecho, ya que –con todas las deficiencias que se quiera– éste sigue siendo el instrumento al que el Estado constitucional fía el control social.

---

zar el de la parte general (con aspiración, aquí, de disciplinar el conjunto del ordenamiento administrativo, dotando a éste de unidad y coherencia). Gracias a ello es posible encuadrar (adaptándolas, además, a la correspondiente evolución) las heterogéneas actividades administrativas mediante una serie de principios y reglas generales, controlando así el riesgo de caída en la maraña de regulaciones obedientes a intereses particularizados que padece, como consecuencia de la fragmentación social, el Estado actual. Dicha queda así la importancia de la atención prestada precisamente a los sectores en los que los cambios se manifiesten con especial intensidad y deban tenerse, así, por «sectores de referencia o testigo».

CUARTA PARTE

EL DERECHO, EN PARTICULAR EL
ADMINISTRATIVO, Y SU APLICACIÓN

I. LA NECESARIA REVALORIZACIÓN DEL DERECHO OBJETIVO Y DE SUS DIVERSAS FUNCIONES ACTUALES, EN ESPECIAL LA DE PROGRAMACIÓN DE SU EJECUCIÓN

La especificidad del Derecho Administrativo positivo y dogmático radica, como ya advirtió A. Merkl[45], en la superación del dualismo de su objeto: el Derecho y la Administración[46], que proporcionan así las referencias orientativas mayores de la ciencia jurídico-administrativa en cuanto necesariamente sistemática. Por tanto, las cuestiones relativas a su transformación, mutación y, en definitiva, reforma deben encuadrarse en la más amplia relativa a la actual idoneidad del Derecho para cumplir, a la altura de las exigencias actuales, la funciones de tutela de intereses y resolución de conflictos, de un lado, y limitación del poder garantizando, al propio tiempo, la efectividad de sus previsiones, de otro, lo que, en el ámbito jurídico-administrativo, implica también: la oferta de institutos, técnicas, instrumentos funcionales y operativos de programación de la Administración[47].

1. LA FUNCIÓN DE TUTELA DE INTERESES Y RESOLUCIÓN DE CONFLICTOS

Por su planteamiento y método –en particular el énfasis en la tutela judicial de situaciones jurídicas individuales– la dogmática jurídico-ad-

---

[45] A. Merkl, *Allgemeines Verwaltungsrecht*, J. Springer, Wien/Berlin, 1927.

[46] E. Schmidt-Assmann (*Das allgemeine Verwaltungsrecht, cit.*, p. 996) ha destacado certeramente que ni el Derecho puede reducirse a la normatividad (toda vez que debe comprender los supuestos de la realidad que regula), ni la Administración es sólo actuación (pues está constituida por el Derecho).

[47] C. Franzius, «Funktionen des Verwaltungsrechts im 'Steuerungsparadigma' der Neuen Rechtswissenschaft», *Verwaltung*, 39, 2006, pp. 335 a 372.

ministrativa ha reducido considerablemente la dimensión relevante de esta básica e insustituible función, haciendo pasar a un segundo plano, cuando no marginando completamente, el juego en ella del Derecho objetivo. Los procesos de decantación de intereses en las sociedades actuales, en efecto, dan lugar no sólo a discretas y separadas situaciones individuales (con las que se corresponde el modelo de relación jurídico-administrativa bipolar clásica Administración-ciudadano, interés público-interés privado), sino, sobre todo, bien a intereses a largo plazo difícilmente articulables en términos tradicionales (y en todo caso imputables a sujetos determinados), bien a constelaciones complejas de intereses (que se corresponden con intrincadas relaciones jurídico-administrativas multipolares entre sujetos de naturaleza diversa, públicos y privados)[48]. La cuestión no es por ello tanto, aunque también (porque conserva su vigencia), la de la protección de los primeros, cuanto sobre todo la de cómo puede el Derecho objetivo proteger, organizándolos y armonizándolos, a los implicados en las apuntadas constelaciones; cuestión que hace precisa la revalorización del papel de dicho Derecho[49].

Se entiende la focalización actual de la atención en las decisiones administrativas complejas[50], toda vez que los procesos que traducen[51] ponen en cuestión tanto las posibilidades de la tutela efectiva de los intereses implicados (precisamente por los tribunales), como la idoneidad de la distribución de las responsabilidades entre poder ejecutivo y judicial. Se caracterizan, en efecto, por su enrevesada estructura material y una plural y diversa e incluso contradictoria, pero trabada, constelación de intereses, participantes y Administraciones. Y, por ello, demandan trascender (conservándolo desde luego) el protagonismo ac-

---

[48] Véase el importante trabajo de A. NIETO, «La vocación del Derecho Administrativo de nuestro tiempo», *RAP*, 76, 1975.

[49] Sobre este problema y la importancia del procedimiento para su resolución, ya R. WAHL, «Verwaltungsverfahren zwischen Verwaltungseffizienz und Rechtsschutzauftrag», *VVDStRL*, 41, 1983.

[50] E. SCHMIDT-ASSMANN, «Verwaltungsverantwortung und Verwaltungsgerichtbarkeit», *Veröffentlichungen der Vereinigung der Deutschen Staatsrechtslehrer*, 34, 1976, pp. 223 y ss.

[51] Como, por ejemplo, las cuestiones económicas; la localización, construcción y funcionamiento de grandes instalaciones industriales, aeropuertos, puertos o carreteras; la planificación del territorio y de las ciudades.

tual del procedimiento y la decisión de objeto concreto para incorporar la consideración del contexto y las interdependencias que operan en las actuaciones administrativas de configuración y distribución sociales.

Sólo esta aproximación más real y amplia a la función tradicional de tutela de intereses, propia del Derecho en general y del Administrativo en particular, puede posibilitar, en efecto, la identificación y el tratamiento de problemas hasta hoy descuidados o deficientemente abordados: desde los relativos a la operatividad de las reglas simples sobre prelación, prevalencia o priorización de intereses concurrentes o en contradicción, pasando por la consistencia defensiva de las posiciones individuales, la distribución de las cargas de motivación o justificación y el régimen de las potestades administrativas y –correlativamente– el de su control en sede judicial, hasta los que derivan del hecho de que el Derecho –sobre todo como consecuencia del desarrollo del llamado Estado cooperativo– ha dejado de regular únicamente en forma clásica para hacerlo también, y en medida no despreciable, articulando, con diferente grado de precisión, procesos decisionales que deben abocar a un resultado satisfactorio y aceptable socialmente.

En esta función, lo que se demanda hoy del Derecho Administrativo es pues: a) la anticipación al conflicto, teniendo en cuenta ya que la gestión de intereses se lleva a cabo por instancias estatales y no estatales (sociales, privadas); b) la potenciación de la armonización de intereses como mecanismo para la resolución de conflictos, lo que remite a la estructuración de redes (con diversos actores portadores de diferentes intereses)[52] y la articulación de mecanismos organizativos y procedimentales facilitadores de la aceptación de las decisiones[53] en el entendido de que: i) el Estado ha dejado de monopolizar la posición de «tercero neutral»; ii) el Derecho no es capaz ya por sí sólo de imponer la referida armonización y sí sólo de propiciarla, por tratarse de una

---

[52] Sobre las redes y la pertenencia de la recepción y utilización de la categoría por el Derecho Administrativo, véase Jörn Lüdemann, *Netzwerke, Öffentliches Recht und Rezeptionstheorie*, Preprints of the Max Planck Institute for Research on Collective Goods, Bonn, mayo 2007.

[53] Sobre ello, véase ya T. Würtenberger, *Die Akzeptanz von Verwaltungsentscheidungen*, Nomos, Baden Baden, 1996.

tarea social situada más allá, o más acá, si se prefiere, de la tutela judicial; y iii) la «transacción» no sólo presupone el conflicto de intereses, contribuye a su superación[54].

a) La tensión entre las funciones de limitación del poder público y realización del Derecho, en particular en sede de la programación de la actuación administrativa

También esta función del Derecho –igualmente esencial– aparece distorsionada en su extensión y alcance por el método jurídico y la concepción de la actuación administrativa como simple ejecución –equivalente, en la hipótesis ideal típica, a aplicación mediante subsunción– hasta hoy dominantes[55]. Como destaca C. Franzius[56], las funciones protectora y de realización integran, en efecto, un binomio inseparable. Pues, sin perjuicio de su dimensión tutelar, el Derecho persigue su efectividad o realización. La perspectiva que proporciona la primera, conservando su trascendencia, ha dejado ya de ser suficiente. El Derecho no sólo disciplina el poder público administrativo, genera igualmente ámbitos de actuación de los actores –públicos y privados– que intervienen en la satisfacción del interés general. Lo que, en relación con la Administración pública: i) resalta la asignación de tareas o cometidos con vistas a objetivos y fines determinados; y ii) plantea la cuestión de los términos en los que el Derecho puede dirigir de forma efectiva y, por tanto, plena (no sólo con criterios estrictamente jurídi-

---

[54] Véase W. Hoffmann-Riem y E. Schmidt-Assmann (Eds.), *Konfliktbewätigung durch Verhandlungen*, vo. 2, Baden-Baden, 1992.

[55] No se trata con ello tanto de denunciar la obsolescencia del modelo establecido, cuanto más bien de afirmar su insuficiencia actual: la que deriva de la colocación del acento en los indispensables e insustituibles límites jurídicos al poder público, velando la dimensión principal de la función de que ahora se trata. Ésta no es otra que la de atribución a la Administración de tareas de configuración de la realidad social o, en otras palabras, de realización efectiva del programa normativo y, con ello, del Derecho mismo.

[56] C. Franzius, *cit.* en nota 47.

cos) los comportamientos y las actuaciones para controlar el cumplimiento de dichas tareas y la consecución de estos objetivos[57].

Gracias a esta última función, el Derecho, sin abdicar de su criticado, pero esencial, efecto «catecóntico»[58], puede proporcionar la adecuada «infraestructura» de los procesos que son indispensables para su realización y, en particular, la programación de la actuación administrativa mediante la asignación de tareas y el control del cumplimiento de éstas. Pues esta actuación se ofrece como respuesta al programa normativo, continuándolo por otros medios. De modo que la función de que ahora se trata adopta la forma de un proceso interactivo que obliga a contemplar las relaciones e interacciones entre actores e instrumentos de dirección. Es claro, en efecto:

– Por de pronto, que el Derecho no puede anticipar y, por tanto, predeterminar completamente, sólo con criterios jurídicos, la acción de la Administración. En la medida en que el programa normativo, por su propia naturaleza y función, comprende inevitablemente el plano de la realidad a configurar, el cumplimiento de la tarea que asigna a la Administración (mediante la atribución a ésta de la o de las potestades pertinentes) no puede reducirse a la observancia de los límites jurídicos impuestos. Pues si impone a la Administración el cumplimiento efectivo de su cometido, ha de dirigir necesariamente su actuación con criterios de más amplio espectro, comprensivo de la eficacia, la eficiencia, la aceptabilidad social, la viabilidad o factibilidad y, en suma, la optimización[59]. Lo que remite al plano de la aplicación del Derecho en el seno o en el curso de la ejecución administrativa.

– Lo cual supone, a renglón seguido, la falsificación de la premisa de que la corrección o regularidad de la acción administrativa es idéntica a estricta lega-

---

[57] Al respecto véase la obra colectiva H. HILL y HOFF (Eds.), *Wirkungsforschung zum Recht*, Baden-Baden, 2000.

[58] En este sentido, H. HOFFMANN, *Natur und Naturschutz im Spiegel des Verfassungsrechts*, JZ, 1988. Por efecto «catecóntico» se entiende el de estabilización y, por tanto, ralentización de los cambios inducidos por la evolución científico-técnica que sigue a la adaptación del Derecho a tales cambios. La crítica de tal efecto se concentra en la supuesta ineficacia e ineficiencia de los procesos normativos, ejecutivos y de control judicial. Junto a lo que pueda tener de verdad, esta crítica olvida en todo caso la dimensión eficaz que igualmente pueden presentar tales procesos al evitar iniciativas que se revelan *con el tiempo* indeseables.

[59] Lo que no quiere decir tanto que estos otros criterios no sean jurídicos –puesto que lo son desde que el Derecho los incorpora–, cuanto que suponen la interiorización por el Derecho de estimativas relevantes en otros campos, especialmente en la economía y la técnica.

lidad; premisa que viene incapacitando a la ciencia jurídico-administrativa para afrontar y resolver los nuevos retos en términos de mera evolución o adaptación. Sólo el reconocimiento sin reticencias de que la programación legal puede contener y contiene, junto a los estrictamente jurídicos (cuya trascendencia debe quedar incólume), criterios de otra procedencia y que ello es una necesidad del sistema para posibilitar una actuación flexible y «situativa» de la Administración en función de la lógica de los destinatarios de la misma y en modo alguno un fenómeno constitutivo de excepción a contener e incluso desterrar, le puede permitir abordar con éxito –superando el reduccionismo del esquema binario potestad reglada/ potestad discrecional– la realidad de los ámbitos de decisión administrativa entre alternativas igualmente conformes a Derecho. Pues tal es el presupuesto, en efecto, de la posibilidad de «estructurar» jurídicamente todos los factores relevantes para la toma de las decisiones administrativas, sin por ello desplazar o desvalorizar la perspectiva clásica del control jurídico y, en especial, judicial.

b) La función de «puesta a disposición» de técnicas y mecanismos para la efectiva dirección de la actuación administrativa

En línea de continuación con la anterior y conforme a G. F. Schuppert[60], el Derecho cumple igualmente una función de «puesta a disposición» de cuanto requiere la dirección de la actuación administrativa para el cumplimiento por ésta de sus tareas y fines. La efectividad del Derecho como mecanismo de dirección o control requiere, desde luego en el caso del Administrativo, la vinculación de la Administración, pero por ello mismo también la organización idónea de ésta para colocarla en condiciones de cumplir su cometido propio y su disposición para ello de las formas, los procedimientos y medios de actuación adecuados.

Aflora aquí nuevamente la insuficiencia del Derecho Administrativo actual derivada del descuido del mundo interior de la Adminis-

---

[60] G. F. Schuppert, «Verwaltungsrechtswissenschaft als Steuerungswissenschaft», en W. Hoffmann-Riem y E. Schmidt-Aßmann (Eds.), *Reform des Allgemeinen Verwaltungsrechts. Grundfragen*, 1993, pp. 65 y ss.; antes ya, del mismo autor, «Recht als Steuerungsinstrument: Grenzen und Alternativen rechtlicher Steuerung», en Ellwein y Hesse (Eds.), *Staatswissenschaften. Vergessene Disziplin oder neue Herausforderung*, 1990, pp. 73 y ss.

tración: su organización y funcionamiento[61]. Pues esta nueva dimensión funcional del Derecho revela que su eficacia para la dirección o el control social depende del juego de múltiples factores que, por ello mismo, precisan ser adecuadamente articulados por el Derecho. De ahí la importancia de la ampliación del análisis de la ciencia jurídico-administrativa a cómo el Derecho suministra efectivamente las estructuras precisas e idóneas para la realización del interés general.

De donde, siguiendo a C. Franzius[62], resultan dos consecuencias:

– El Derecho Administrativo se ofrece no tanto como una promesa estatal de resultado, cuanto como estructuración de espacios sociales de posibilidades en los que la actuación de los actores (fundamentalmente los sujetos públicos, pero también ahora los privados) queda guiada por prescripciones jurídicas.

– Las categorías abstractas y, en especial, la de interés general o público se revalorizan y lo hacen allí donde el Derecho ha de articular el ámbito no estatal relevante para los fines perseguidos y precisamente porque en él el Estado ni puede ni debe poder hacerlo todo. La relativización de la posición y el papel del Estado no significa, en efecto, tanto mero repliegue y desentendimiento, cuanto transformación de las formas de operación y de cumplimiento de sus responsabilidades en un escenario de pérdida de su sentido tradicional por la diferenciación de Estado y sociedad, de lo público y de lo privado. Lo que conduce de nuevo a la perspectiva «directiva» para captar el giro funcional del Derecho hacia la orientación de la actuación de todos los actores relevantes, incluidos, pues, los privados y no sólo la Administración, de suyo genéticamente vinculada a aquél. Junto a las de ordenación, prestación, garantía de la prestación y distribución aparece, pues, una forma de dirección del Derecho que se caracteriza por la ausencia de regula-

---

[61] El descuido es evidente en el caso de la ciencia jurídico-administrativa española. Existen, sin embargo, notables excepciones, entre las que destacan A. NIETO, *Estudios históricos de Administración y Derecho administrativo*, INAP, Madrid, 1986; A. GALLEGO ANABITARTE, *Derecho General de la Organización*, Madrid, 1971, y –junto con A. de Marcos Fernández– *Derecho General de la Organización*, en *Derecho administrativo I. Materiales*, Madrid, 1993; así como –con la colaboración de otros autores– *Conceptos y principios fundamentales del Derecho de organización*, M. Pons, Madrid, 2001. En absoluto se trata de una situación peculiar, dándose también en los países de nuestro inmediato entorno. Como para la situación en Alemania ha destacado D. CZYBULKA, *Die Legitimation der öffentlichen Verwaltung unter Berücksichtigung ihrer Organisation sowie der Entstehungsgeschichte zum Grundgesetz*, C. F. Müller, Heidelberg 1989, el abandono por la dogmática de la organización justifica en este campo la afirmación de N. Achterberg de la existencia de un balance deficitario en la teoría del Estado.

[62] C. FRANZIUS, *cit.* en nota 47.

ciones detalladas del comportamiento y la concentración en la articulación de una infraestructura jurídica que garantice en su conjunto que los actores –no todos ya obligados, por su propio *status*, por el servicio al interés general– no yerran o desconocen los objetivos y fines preestablecidos.

II. LA CONSECUENTE PERTINENCIA DE LA RECON-SIDERACIÓN DE LA APLICACIÓN DEL DERECHO

TRADUCIÉNDOSE la múltiple funcionalidad del Derecho en programación de la actuación de la Administración en un doble plano: el organizativo-procedimental y el sustantivo-material, el esfuerzo reformador que tiene lugar en Alemania destaca que el efecto de dicha programación se consigue por el juego combinado de ambos planos, sin que pueda descuidarse ninguno de los dos.

La complejidad de la programación así destacada cuestiona por sí sola la bondad del modelo dogmático establecido en tanto que basado en la potencia de la programación normativa sustantiva para determinar (prefiguración anticipada) el proceso de ejecución y en la consecuente reducción de éste a la aplicación operada mediante «subsunción» (imputación de todo resultado, si correcto, a la norma sustantiva aplicada)[63]. La realidad desmiente el modelo, pues las operaciones de la Administración presentan con normalidad una complejidad mayor que la simple y automática (gracias al método estricto jurídico) subsunción[64]. Surge aquí la «posición propia» de la Administración en

---

[63] Lo que vale decir: la explicación de la actuación administrativa como máquina en cuyo funcionamiento el *input* es la norma, el funcionamiento correcto es la subsunción del supuesto concreto en el abstracto de la norma aplicable conforme al programa y el *output* es el acto.

[64] Preciso es salir al paso aquí de un posible malentendido. La subsunción sigue siendo un modelo necesario y vigente, lo único cuestionable es su absolutización y generalización a la entera actividad administrativa. La simplificación que comporta la hace indispensable para la racionalización y estandarización de los procesos de trabajo en el seno de la Administración sin las que ésta se vería desbordada. Pero su radio de acción propio es sólo el de la programación normativa acabada o completa de tareas cuyo objeto sea adecuadamente prefigurable. Ocurre que en muchos casos la norma no opera en términos convencionales

el entramado de poderes públicos, pues –como con acierto apunta C. Franzius[65]– de un lado y a diferencia de los tribunales, utiliza además del Derecho otras referencias de actuación[66] y, de otro lado y a diferencia del legislador, no puede disponer en absoluto de tales criterios. En todo caso, el método de la subsunción tampoco responde estrictamente a la imagen del autómata, pues desde R. Alexy[67] parece indiscutible que comporta valoraciones y es más que un proceso no lineal[68].

Si bien hay ámbitos de la acción administrativa susceptibles de ser descritos en términos de estricta o mera aplicación según el ideal de la subsunción, no es menos cierto que existen también otros –en continua expansión– en los que tal ideal es insuficiente porque la aplicación implica también verdadera concreción –en sede ejecutiva– del programa normativo. El Derecho Administrativo debe partir, pues, de la diversa textura de la programación normativa y, como consecuencia, de la diferente situación de la Administración a efectos de la toma de decisiones.

A la hora de la determinación de las estructuras decisionales, R. Alexy[69] distingue, en efecto, las gobernadas por la ponderación de las que lo están por la subsunción, definiendo las primeras como aquéllas en las que la Administración no ha de cumplir –interpretando– tareas de ejecución, sino –concretando las normas– realizar tareas de con-

---

(determinación del supuesto y fijación de la consecuencia jurídica) o debe emplear conceptos que dificultan sobremanera o resultan sencillamente inidóneos para la operación de subsunción; referirse a hechos respecto de los que hay aún incertidumbre; o directamente encomendar la ulterior configuración de la realidad social a la Administración.

[65] C. FRANZIUS, *cit.* en nota 47.

[66] Las cuales deben ser reconducidas, en último término, a criterios jurídicos (en su caso de nuevo cuño), garantizándose, así, el control jurídico pleno de la actuación administrativa. Más adelante se volverá sobre el difícil proceso de incorporación al Derecho de referencias provenientes de otros campos, singularmente de la economía y la técnica.

[67] R. ALEXY, *Theorie juristischer Argumentation*, Suhrkamp, Frankfurt 1978.

[68] En este sentido K. ENGISCH, *Logische Studien der Gesetzesanwendung*, 1963.

[69] R. ALEXY, «Ermessensfehler», *JZ*, 1986; y también «Die Gewichtsformel», en J. Jickeli, P. Kreutz y D. Reuter (Eds.), *Gedächtnisschrift für Jürgen Son-nenschein*, Walter de Gruyter, Berlin, 2003, pp. 771-792.

figuración social, las cuales cubren, bajo la forma de habilitaciones y encomiendas de tal configuración, todo el campo actual de la discrecionalidad[70].

Según E. Schmidt-Aßmann[71], la ponderación[72] puede significar:

a) Sólo la resolución de colisiones entre normas o bienes conforme a criterios fijados anticipadamente en la norma-programa misma, la cual no precisa, así, de complemento ulterior alguno a este respecto (de los criterios).

b) Pero también la determinación misma del rango entre los criterios a aplicar, en la medida en que la norma-programa sólo estructura el elenco de los que contempla excluyendo aquéllos que, conforme a ella, no pueden guiar la actuación administrativa.

La ponderación del segundo tipo es la que caracteriza la discrecionalidad administrativa: el fin de la norma habilitante orienta la opción que debe tener lugar en sede administrativa, en la que se cumple (en grado mayor o menor) una verdadera concreción de la norma-programa. La perspectiva que así se abre permite colocar bajo nueva luz las categorías establecidas, pues la ponderación –en tanto que dirigida por el Derecho– ni exime de las reglas generales, ni releva sin más a la subsunción. Expresa sólo[73] las singularidades de la función de dirección y orientación por el Derecho de las tareas administrativas; singularidades

---

[70] En nuestro Derecho, el Tribunal Constitucional (STC 51/2004, de 13 de abril) ha caracterizado justamente como ponderación el contenido de la potestad discrecional típica de ordenación territorial y urbanística mediante el planeamiento, al afirmar que la decisión sobre éste consiste esencialmente en un juicio de ponderación en el que deben incluirse, por mandato constitucional, los efectos sobre la cohesión social.

[71] E. SCHMIDT-ASSMANN, *Das allgemeine Verwaltungsrecht als Ordnungsidee. Grundlagen und Aufgaben der verwaltungsrechtlichen Systembildung*, Springer, Berlin/Heidelberg, 2ª ed., 2006. Existe versión española (a cargo de diversos traductores) de la primera edición bajo el título *La teoría general del Derecho administrativo como sistema. Objeto y fundamentos de la construcción sistemática*, M. Pons, Madrid, 2003.

[72] En nuestro Derecho han analizado la ponderación: J. M. RODRÍGUEZ DE SANTIAGO, *La ponderación de bienes e intereses en el Derecho Administrativo*, M. Pons, Madrid, 2000; y, más recientemente, L. ORTEGA ÁLVAREZ y S. DE LA SIERRA (Coords.), *Ponderación y Derecho Administrativo*, M. Pons, Madrid, 2009.

[73] En este sentido, C. FRANZIUS, *cit.* en nota 47.

reconducibles, en términos de la jurisprudencia contencioso-administrativa alemana[74], a que el mandato de ponderación propio del Estado de Derecho desborda la exigencia de la conformidad al Derecho y, con la incorporación de criterios en origen no jurídicos (como, por ejemplo, el de la mejor tecnología utilizable a precio asequible), apunta al acierto en la ponderación (en el que se incluye, por cierto y en especial, la racionalidad en la utilización de los recursos naturales o sostenibilidad).

De donde se sigue la apertura por el mandato así entendido de nuevas perspectivas en el tratamiento de las dificultades que plantea la racionalización del desarrollo de las tareas administrativas. Pues el mandato no representa tanto otorgamiento de espacio de libre decisión, cuanto estructuración de criterios (no necesariamente de origen jurídico) para la toma de decisiones sobre el resultado a obtener y no predeterminado normativamente. Con lo que coloca en el campo del análisis jurídico la dimensión del proceso decisional hasta ahora en sombra. La incapacidad del Derecho para predeterminar acabadamente la totalidad de la acción administrativa no significa ya, en efecto y gracias a la permeabilidad hacia los criterios no jurídicos, renuncia de aquél a dirigirla, orientarla o gobernarla de forma determinante. Y ello, porque, sin perjuicio de las cuestiones que sin duda plantea, la ponderación, en cuanto forma de tomar decisiones vocada a la armonización adecuada de fines, objetivos e intereses, es capaz de perfundir su lógica y, por tanto, su pretensión de racionalidad a la entera actuación administrativa.

La novedad radica en que la ponderación no es el extremo de una gradual diferencia con la subsunción. Representa la afirmación de una forma de toma de decisiones con perfil propio que, aunque no totalmente predeterminada por el Derecho, es igualmente gobernada por

---

[74] *BVerwGE*, 34, 310; 45, 309; y 56, 110.

éste[75]. Y en la elaboración dogmática de ese perfil radica el reto, de cuya entidad dan cuenta los siguientes apuntes de C. Franzius[76]:

a) Fin de la ponderación es la fijación motivada de relaciones de prelación entre argumentos contrarios y ello en el contexto de sustitución de la anticipación normativa sustantiva de la solución (la decisión correcta) por la imposición de requerimientos normativos al proceso decisional mismo.

b) El centro de gravedad se desplaza así hacia este último y la consecuente estructuración de la utilización efectiva del ámbito de decisión bajo la propia responsabilidad (adquiriendo renovada importancia la recogida y selección de toda la información –incluida la de la realidad– relevante para la decisión; la participación de los afectados; la determinación «situativa» de puntos de vista y necesidades y la valoración y armonización de éstas), pero comprendiendo también la motivación adecuada de la decisión y su declaración.

La dirección por el Derecho se manifiesta, pues, en el gobierno «jurídico» no sólo del proceso decisional mediante la determinación del llamado gráficamente «corredor» de posibles decisiones lícitas articulando el hallazgo de éstas, sino también determinando su grado de complejidad y, por tanto, la posibilidad de su simplificación mediante, por ejemplo, la consecución de acuerdos y convenios.

En el terreno de la decisión misma y su formalización se localiza otra insuficiencia de la dogmática vigente en tanto que volcada hacia el control judicial de los vicios de la ponderación reflejados obviamente en el acto administrativo y, por tanto, centrando la atención en las normas de control (*locus* de los criterios de fundamentación del acto, complementados, todo lo más, por los procedimentales más esenciales), con paralelo descuido de las normas de actuación (*locus* de los criterios de valoración del comportamiento y, por tanto, del proceso decisional). Así, no puede alcanzarse la entera racionalización jurídica de la aplica-

---

[75] Según C. FRANZIUS (*cit.* en nota 47) lo que caracteriza la decisión mediante ponderación es que, por su complejidad y su finalidad armonizadora de intereses públicos y privados y jurídicos y no jurídicos, su resultado en cuanto proceso no está anticipado normativamente como consecuencia de inseguridades cognoscitivas y requerimientos de pronóstico.

[76] C. FRANZIUS, *cit.* en nota 47.

ción del Derecho por la Administración, al quedar fuera de la visión el proceso de búsqueda y encuentro de la solución. Pues exige que la corrección de la actuación administrativa derive no sólo de la ausencia de vicios en la declaración motivada de la decisión, sino también de la coincidencia de los motivos declarados con los determinantes de la adopción de la decisión. Es cierto que la exigencia de la formalización de los motivos con ocasión de la decisión opera anticipadamente sobre el proceso de adopción de ésta, pero también lo es que no lo hace en medida bastante para orientar efectivamente el proceso como tal. La dimensión de «concreción normativa» presente en la aplicación del Derecho difumina la frontera entre normación y ejecución (sin perjuicio de la persistencia de la utilidad de la diferenciación de las correspondientes funciones) demandando la prestación de atención a todas las condiciones y los factores de la formación de la decisión, incluidos los que operan en la fase de la aplicación. Pues, como ha destacado H. H. Trute[77], no todo lo que determina el proceso de toma de decisiones administrativas es por ello sólo ya relevante para la norma programadora, lo que implica –caso de concentración exclusiva en ésta– el riesgo de entregar sin más a la Administración los espacios no considerados por dicha norma.

El objetivo no debe ser aquí tampoco la superación o el desplazamiento del control tradicional de la decisión (irreemplazable en un Estado de Derecho y útil también en la nueva perspectiva, en la medida en que incorpore el control de los criterios materiales de la actuación administrativa). Debe ser su complemento, evitando la amputación de la flexibilidad en la actuación, con el control del proceso conducente a la referida declaración en situaciones de alta complejidad en las que el legislador ha debido operar en un contexto de incertidumbre refractario a una programación de la necesaria densidad y precisión. Y ello para mantener la inevitable «posición propia» de la Administración en términos excluyentes de la entrega a ésta de la decisión en régimen de «liberación» de la vinculación por el Derecho.

---

[77] H. H. TRUTE, «Methodik der Herstellung und Darstellung verwaltungsrechtlicher Entscheidungen», en E. Schmidt-Aßmann y W. Hoffmann-Riem (Eds.), *Methoden der Verwaltungsrechtswissenschaft*, Baden-Baden, Nomos, 2004, pp. 293-325.

QUINTA PARTE

LA SITUACIÓN DEL DERECHO ADMINISTRATIVO EN NUESTRO CONTEXTO EUROPEO INMEDIATO

I. EL REINO UNIDO

Los Derechos Constitucional y Administrativo han experimentado en el Reino Unido profundas transformaciones en los últimos años, con especial intensidad y alcance durante el gobierno laborista de T. Blair[78].

Por lo que hace al Derecho Constitucional positivo, D. Lewis[79] señala, en efecto, que, tomadas en su conjunto, esas transformaciones han alterado el mapa constitucional inglés en términos en su mayor parte irreversibles.

Con independencia de su impacto directo en el ordenamiento inglés por razón de su objeto y como apunta el citado autor, la *Human Rights Act* de 1998 está incidiendo en el control judicial de la Administración pública en materias no relativas a los derechos humanos mediante la superación del insuficiente test proporcionado por la célebre y criticada fórmula de la razonabilidad (*Wednesbury unreasonable*)[80] por nuevos

---

[78] El Gobierno laborista de T. Blair adoptó un amplio e impresionante programa de transformaciones en materias que van desde los derechos humanos, el acceso a la información, la devolución de poderes a Gales, Escocia, la revitalización del Gran Londres, las regiones y el gobierno local, las Cámaras del Parlamento, el sistema electoral y de partidos y el *civil service*.

[79] D. Lewis, *Constitutional and Administrative Law Reform in the UK since 1997*, accesible en www.britishcouncil.org/china-society-publications-constitution-3.pdf.

[80] Conforme a D. Lewis (*cit.* en nota anterior) la medida empleada hasta ahora por el *judicial review* para determinar la legalidad o ilegalidad de una decisión administrativa y condensada en la expresada fórmula se reconducía a la identificación de un comportamiento ilegal sólo concurrente en el caso de que ningún Ministro razonable e informado de toda la evidencia pertinente nunca habría posiblemente alcanzado la conclusión puesta en cuestión. Los comentaristas han criticado este test porque imponía una carga excesiva al ciudadano

criterios de medida de la conformidad a Derecho. Lo que quiere decir: acercando los criterios de control a los utilizados en los sistemas de EE. UU. y de los países del continente europeo. Tampoco es despreciable la incidencia de las innovaciones en materia de acceso a la información en mano pública. Tras el denominado código de la práctica del acceso a la información gubernamental, aprobado durante el Gobierno conservador de Major, se aprobó, a iniciativa del Gobierno laborista de Blair, la *Freedom of Information Act* de 2000. Esta Ley supone un paso adelante en materia de transparencia, aunque conceda inicialmente acceso sólo a la información, en modo alguno a los documentos, y, además, contenga un amplio elenco de excepciones tanto absolutas, como relativas (prevalencia del interés público en la reserva)[81].

El sistema político-administrativo mismo no ha quedado preservado del proceso de modificaciones, las cuales han afectado al régimen electoral[82], la *House of Commons*[83], la *House of Lords*[84] y el Banco de Inglaterra[85], pero, también y de forma muy importante (en sentido descentralizador), a la organización territorial del Reino Unido.

---

por equivalente a un «test de locura» (*lunacy test*): «…only a lunatic could have come to that conclusion and no court is willing to brand a Minister of the Crown a lunatic».

[81] Esa incidencia se debe a la labor de supervisión en la materia encomendada al *Information Commissioner*, que –además y teniendo en cuenta que gran parte de las quejas recibidas lo eran por mala administración debido a no suministro de adecuada información– condujo a un debate sobre la procedencia de fusionar dicha figura y las de ciertos *Ombudsman* del sector público (*Parliamentary Ombudsman, Local Government Ombudsmen* y *Housing Ombudsmen*, básicamente).

[82] Establecimiento por la *Political Parties and Referendum Act* de 2000 de una *Elections Commission* dotada de amplias funciones en los procesos electorales y la celebración de *referenda*.

[83] En punto al funcionamiento interno, los procedimientos legislativos y las relaciones con el Gobierno, fundamentalmente.

[84] La Ley de 1999 y las reformas sucesivas han acabado con una muy larga tradición, al establecer que nadie puede ser miembro de la Cámara en virtud de nobleza hereditaria, salvo, desde 2011, 90 miembros.

[85] Reconocimiento de su independencia en materia de política monetaria.

La *Scotland Act* de 1998 ha establecido, en efecto, un Parlamento[86] y un Ejecutivo[87] escoceses, permitiendo, así, la emergencia en el Reino Unido –en un marco limitado y desde la perspectiva territorial– de cierta competencia en las políticas públicas formuladas en diferentes instancias territoriales. Y la *Welsh Assembly Government of Wales Act* de 1998, aunque de mucho menor alcance descentralizador, ha creado también la Asamblea de Gales[88] y el Comité Ejecutivo galés[89].

El movimiento de signo descentralizador condujo a la creación, en 1994, para Inglaterra y como escalón territorial superior en manos del Gobierno, de nueve Agencias de Desarrollo Regional (*Regional Development Agencies*) para contribuir –bajo el control de Cámaras regionales– a las políticas de generación de los fundamentos del desarrollo y la regeneración de las correspondientes regiones[90]. Contaron, desde 2007, con una Oficina de Gobierno (*Government Office*) con responsabilidades de coordinación[91], desde 2009 (salvo Londres) con los llamados *Select Committees*[92], y, desde 2010, además con un Ministro regional a tiempo parcial dentro del Gobierno nacional[93].

---

[86] Las leyes emanadas de este Parlamento sólo pueden referirse a las materias objeto de «devolución» y su validez depende de su compatibilidad con la *Human Rights Act* de 1998 y el Derecho Comunitario europeo. Las cuestiones de competencia y validez son resueltas por el *Judicial Committee of the Privy Council*.

[87] El Ejecutivo está formado por el Primer Ministro y los Ministros por él designados, así como por el *Lord Advocate* y el *Solicitor-General for Scotland*.

[88] Este Parlamento no puede adoptar la legislación calificada como «primaria» y sí tan sólo la calificada como secundaria o delegada (con los mismos condicionantes que la escocesa), pero debe ser consultada sobre la legislación primaria que afecte a Gales.

[89] Integrado por el Primer Secretario y otros Secretarios nombrados por la Asamblea.

[90] La configuración inicial de 1994 ha sido reemplazada: en la región de Londres en virtud de su coincidencia con el Gran Londres, que tiene un Alcalde (*Mayor*) directamente elegido y una Asamblea; y en las restantes regiones por la consistente en órganos de gobierno integrados por miembros designados por las autoridades locales; órganos que tienen básicamente funciones delegadas del Gobierno central.

[91] Estas oficinas han sido suprimidas en 2011.

[92] Desaparecieron con la disolución de Parlamento en 2010 y no han vuelto a ser establecidos.

[93] El actual Gobierno de coalición no ha vuelto a nombrar este tipo de Ministros regionales.

Los cambios en el gobierno local se remontan, por su parte, a los años setenta del siglo pasado, bajo el signo –durante el Gobierno de M. Thatcher– de la reducción del gasto público. El gobierno laborista de T. Blair reemprendió la política de ubicación de servicios públicos en el escalón local; política que se vio complicada a partir de la devolución de poderes a Escocia y Gales y la potenciación del escalón regional con la aparición de un entramado de relaciones financieras con las nuevas instancias territoriales. A pesar de esta política, no puede decirse que la descentralización a este escalón haya modificado excesivamente la posición de «limitada autonomía» de los gobiernos locales, que siguen estando sujetos al control legal y económico del Gobierno central[94]. No obstante, sí ha tenido como efecto que los gobiernos locales sean los responsables de la provisión de importantes servicios públicos, por más que reducidos en buena medida a la garantía de su prestación por mor de la política de privatización. En todo caso y como señala J. McEldowney[95], existe toda una plétora de estatutos, regulaciones, directrices y sistemas de auditoría que enmarca y gobierna la actuación de los gobiernos locales en el cumplimiento de las funciones que tienen asignadas en materia de educación, servicios sociales, planificación de la salud pública y de intervención de la actividad privada (*licensing regulation*).

La última hora en la evolución del gobierno local la representa, sin embargo, la *Local Government Bill* de 2002, que plantea la identificación de «autoridades locales excelentes» para su recompensa con la libertad para actuar sin los controles ordinarios del Gobierno central.

Caso especial es el Gran Londres conforme a la *Greater London Authority Act* de 1999, que prevé un Alcalde directamente elegido y una Asamblea igualmente elegida de forma directa. Su competencia se extiende a cuanto considere que promueva cualquiera de sus fines princi-

---

[94] A tenor de la jurisprudencia sentada por los Tribunales –en sede del *judicial review*– se trata, al igual que en el continente europeo, de una autonomía en el marco de la ley, toda vez que los gobiernos locales deben actuar en todo caso en el marco de sus competencias y de conformidad con la ley.

[95] JOHN McELDOWNEY, «Public, Management Reform and Administrative Law in Local Public Service in the UK», *International Review of Administrative Sciences*, Marzo 2003, pp. 69 a 82.

pales: el desarrollo económico y social y la mejora del medio ambiente, contando con competencias específicas en materia de transporte, planeamiento, desarrollo económico, protección civil, medio ambiente y cultura. Mientras al Alcalde corresponde la elaboración de las estrategias en transporte, planeamiento y medio ambiente, la Asamblea tienen por función debatir sus propuestas y ejercer el control de su actuación. Se trata de una superestructura de gobierno local (no sustitutiva de los *Boroughs*) sin poder legislativo ni tributario propio (su financiación procede básicamente del Gobierno central).

A la vista de las transformaciones de porte constitucional expuestas, es lógico que el Derecho Administrativo haya experimentado también cambios apreciables, que, en los últimos años, se han puesto de manifiesto en los términos en que se lleva a cabo el *judicial review* (control judicial). Las técnicas tradicionales de éste ya antes aludidas (la *Wednesbury unreasonableness* y el *ultra vires*) están cediendo protagonismo, en efecto, en beneficio de la perspectiva de la protección de los derechos y el control de la proporcionalidad. El resultado está siendo el desplazamiento del énfasis desde el examen de la competencia y el procedimiento hacia un control sustantivo de fondo, por más que el nuevo modelo no presente aún contornos bien definidos. Buen número de autores apuntan, en efecto, al comienzo de una nueva fase del Derecho Administrativo[96] sobre la base del desarrollo de un principio general de legalidad de rango constitucional (que impone la motivación

---

[96] Algunos autores llegan a afirmar, como señala T. POOLE («The Reformation of English Administrative Law», London School of Economics and Political Science Law Department Law, Society and Economy Working Papers 12/2007, con referencias doctrinales en nota número 8), que el nuevo modelo emergente implica que el Derecho Administrativo atraviesa actualmente, en el Reino Unido y Nueva Zelanda, un proceso agónico de ajuste para la mejora de su función. Y M. HUNT («Reshaping Constitutionalism», en J. Morison, K. McEvoy y G. Anthony (Eds.), *Judges, Transition and Human Rights*, Oxford University Press, Oxford, 2007, p. 470) sostiene –basándose en el impacto de la ley sobre derechos humanos– el desarrollo, desde hace tiempo, de un proceso de reconfiguración del Derecho Público inglés en torno al concepto de motivación, así como de una reconceptualización de las nociones de Derecho y legalidad que, abandonando categorías formalistas (como las de la voluntad histórica del legislador, la separación de poderes y el *ultra vires*), asume conceptos sustantivos de valor y razón.

de las decisiones[97] y expresa un proceso de «constitucionalización» de aquel Derecho o de «constitucionalización» del *judicial review*). Para T. Poole[98], este giro hacia el plano sustantivo socava la preexistente distinción entre procedimiento y fondo; genera un proceso de ponderación constitucional entre los derechos y los motivos aducidos como soporte de la actuación administrativa; incrementa la importancia del Derecho Internacional, en la medida en que éste pone a disposición valores-guía que potencian la nueva cultura de la motivación; y supone, en definitiva, una reinvención o «reelaboración» (*reworking)* del modelo clásico o tradicional inglés de *judicial review*, que afecta, en particular, a la noción de «deferencia», es decir, al espacio de libre decisión o discreción reconocido por los tribunales a la Administración, como consecuencia de la opción a favor del criterio de la proporcionalidad. La tendencia apunta, así y en fórmula de T. Poole[99], hacia una cultura de los derechos, cuya consolidación no deja de encontrar resistencias.

No es sorprendente, pues, que –en el contexto de un análisis comparado de la situación en torno a la reforma del Derecho Administrativo en Europa– M. Ruffert[100] afirme que el estado del Derecho Administrativo inglés no propicia precisamente planteamientos de reforma, fundamentalmente por tres razones:

1. Su misma juventud[101], pues el dominio del *rule of law* y la falta de percepción de su necesidad[102] impidieron durante mucho tiempo su surgimiento como

---

[97] Entendida la motivación como verdadera justificación (aportación de «buenas razones» para la toma de la decisión, lo que implica la determinación de lo que entienden los tribunales por buenas razones) y no como simple explicación.

[98] T. POOLE, *cit.* en nota 96.

[99] T. POOLE, *cit.* en nota 96, p. 17.

[100] M. RUFFERT, «The transformation of Administrative Law», en M. Ruffert (Ed.), *The Transformation of Administrative Law in Europe*, Sellier European Law Publishers, München, 2007, pp. 13 a 19.

[101] Para A. V. DICEY el sistema de Derecho Administrativo y los principios sobre los que reposa eran más bien desconocidos todavía a finales del siglo XIX. El argumento fundante de esta posición no era otro que el político general de que no debía haber un Derecho habilitante de específicas competencias a la Administración.

[102] La razón de ello radica en la tradicional generosidad del control ejercido por los tribunales y la sustancial entrega del control del Gobierno central al Parlamento.

rama especial del Derecho. Su desarrollo, aunque ciertamente con fuerza, data así de los años sesenta del pasado siglo. Desde entonces ha habido un crecimiento enorme de la actividad administrativa y de la legislación estatutaria (esto es, emanada del Parlamento) y delegada, con emergencia, por tanto, de principios y reglas jurídico-administrativas[103].

2. Las dificultades derivadas de la específica historia inglesa para la consolidación del ámbito del Derecho Administrativo y su concreto alcance. De modo que aún hoy no son cuestiones sencillas, ni la separación entre el Derecho Público y el privado (a efectos de la habilitación y forma de actuación de la Administración y la determinación de la jurisdicción competente), ni los términos del control judicial, al menos por lo que hace a las autoridades independientes y las asociaciones que desempeñan tareas públicas, pero actúan conforme al Derecho Privado[104].

3. La situación del centro de gravedad en muy buena medida en el contencioso (la *litigation*) y la dependencia de su desarrollo, así, de la evolución del *judicial review*[105].

La consecuencia es incertidumbre e imprecisión en el método, pues el Derecho Administrativo sigue siendo tributario en gran medida de las técnicas del *common law*, de modo que resulta difícil su liberación de la categoría fundamental del precedente o *stare decisis*. Con la consecuencia de la preeminencia de la interpretación gramatical en detrimento de la teleológica y la posición minoritaria de la línea de análisis funcionalista que considera el Derecho como instrumento del *policy making*. Lo que quiere decir que el Derecho Administrativo inglés se

---

[103] La creación de la expresamente denominada *Administrative Court* (división en el seno de la *High Court* en Londres) no se ha producido hasta 2000.

[104] El criterio determinante al respecto es el de cumplimiento o no de un deber público establecido por la ley, en particular el Derecho estatutario.

[105] Tradicionalmente el control judicial no autoriza la total revisión material de la decisión administrativa, ni la sustitución de ésta. Y el Derecho Administrativo inglés está muy vinculado a los principios y reglas aplicadas para controlar la actividad administrativa en sede del *judicial review*, complementado por el control cumplido por el *Ombudsman* y los *Tribunals* (sujetos ellos mismos a *judicial review*). Los motivos clásicos de *judicial review* (ilegalidad, irracionalidad e impropiedad procedimental) se concentran en el procedimiento y no en la sustancia de la decisión. En este contexto, la base del control es todavía cuestión controvertida, moviéndose entre los extremos de la corrección jurídica de la ejecución de la ley (según el mandato del legislador) y el respeto al *rule of law* (lo que permite que la legalidad sea sólo uno de los motivos de control).

encuentra aún en fase de construcción dogmática. Situación ésta que está lejos de proporcionar o siquiera permitir el planteamiento de una verdadera reforma.

II. FRANCIA

A<small>L</small> igual que en el Reino Unido también en Francia los Derechos Constitucional y Administrativo han venido experimentando transformaciones notables.

La Constitución ha sido objeto recientemente (Ley constitucional de 23 de julio de 2008) de una importante reforma (que ha afectado a la Presidencia de la República y el Parlamento) y el Derecho Constitucional ha evolucionado de forma significativa gracias a la acción del *Conseil Constitutionnel*[106]. Aunque se ha producido desde luego una constitucionalización del Derecho Administrativo[107], cuyas bases se sentaron en el orden fundamental establecido en 1958[108], el impacto directo en aquél de la reforma constitucional de 2008 no ha sido significativo[109], centrándose en la introducción de la excepción de inconstitucionalidad, que abre la posibilidad del planteamiento por el *Conseil d'Etat* o la *Cour de Cassation* –ante el *Conseil Constitutionnel* y con ocasión de cualquier

---

[106] L. F<small>AVOREU</small>, «L'apport du Conseil Constitutionnel au droit public», *Pouvoirs*, 1991, nº 13; y «Le droit constitutionnel, droit de la Constitution et constitutionnalisation du droit», *RFDC*, 1990. G. V<small>EDEL</small>, préface à Bernard Stirn, en *Les sources constitutionnelles du droit administratif*, LGDJ, 2006.

[107] P. D<small>EVOLVÉ</small>, «La constitutionnalisation de droit administratif», *EDCE*, 8, p. 21; L. F<small>AVOREU</small>, *La constitutionnalisation du droit*, Mélanges Roland Drago, Economica, 1996; y G. V<small>EDEL</small>, préface à Salem Ould Bouboutt, en *L'apport du Conseil Constitutionnnel au droit administratif*, PUAM, Economica, 1987.

[108] P. B<small>ON</small>, «Constitution de 1958 et droit administratif», *Les petites affiches*, 01/12/93, nº 144; G. V<small>EDEL</small>, «Les bases constitutionnelles du droit administratif», *EDCE*, 1954; y C<small>H</small>. E<small>ISENMANN</small>, *La théorie des «bases constitutionnelles du droit administratif»*, *RDP*, 1972.

[109] En este sentido, P. D<small>EVOLVÉ</small>, «L'apport de la réforme constitutionnell au droit administratif», *Revue Française de Droit Administratif*, 5, septiembre-octubre 2008, pp. 861 y 862.

proceso del que conozcan– de la lesión por una ley formal de derechos o libertades garantizados por la norma constitucional.

Por lo que hace al Derecho Administrativo, las transformaciones recientes tienen por objeto –según P. Devolvé[110]– dar nuevas soluciones a problemas sobrevenidos, trayendo causa de dos factores principales: la misma evolución socio-económica después de la Segunda Guerra Mundial, que ha convertido al administrado sometido al poder público en ciudadano defensor de sus derechos y exigente de una tutela judicial efectiva[111] y la poderosa incidencia del proceso de «construcción europea» tanto en términos de integración supranacional como de incidencia de la acción del Consejo de Europa[112]. Aunque no hayan provocado ciertamente una verdadera «revolución», estos factores sí han tenido el efecto de forzar importantes innovaciones en torno a dos ejes fundamentales: la mejora del contencioso-administrativo y la intensificación del control de la Administración pública.

La primera se ha visto forzada fundamentalmente por:

a) La aparición en la organización administrativa de las autoridades independientes, en especial en materia de libertades públicas[113] y la economía[114]. Se trata de organizaciones no sujetas a la dirección del Gobierno (poniendo en cuestión el

---

[110] P. DEVOLVÉ, *Les développements récents du droit administratif français: Discours inaugural du Colloque du 22 novembre 2009*, Academia Sinica, Institutum Jurisprudentiae, Taiwan (www.iias.sinica.edu.tw/cht/index.php?code=list&ids=39& eng=1).

[111] Con la consecuencia de un importante desarrollo de la jurisdicción contencioso-administrativa y la transformación del *Conseil d'Etat* básica, aunque no exclusivamente, en juez de casación.

[112] Destacando, por lo que hace a la integración supranacional, la influencia de los principios y las reglas desarrollados por el Tribunal de Luxemburgo; y, en cuanto al Consejo de Europa, el efecto de arrastre de la jurisprudencia del Tribunal de Estrasburgo en aplicación del Convenio Europeo de Derechos del Hombre.

[113] La *Commission nationale de l'informatique et des libertés*, creada en 1978; el *Conseil supérieur de l'audiovisuel* establecido en 1989; y el *Médiateur de la République*, constituido en 1973 y reemplazado por el *Défenseur des droits* previsto por la reforma constitucional de 2008.

[114] El *Conseil de la concurrence*, creado en1987 y sustituido –en virtud de la Ley de 8 de agosto de 2008– por la *Autorité de la concurrence*, la *Commission de régulation de l'énergie*, establecida en 2000; y el *Conseil des marchés financiers* y la *Commission des opérations de bourse*, sustituidos por la *Autorité des marchés financiers*, constituida en 2003.

equilibrio de poderes) y dotadas de potestades importantes (incluida, en su caso, la reglamentaria), cuyo control plantea nuevas cuestiones.

b) La descentralización administrativa en favor de las instancias territoriales, comenzada en 1982 y 1983 y reforzada por la reforma constitucional de 2003.

Ambos fenómenos han contribuido, en efecto, a la creación de nuevas instancias judiciales (los *Tribunaux administratifs* en 1953 y las *Cours administratives d'appel* en 1987) y la ampliación de su número, así como al establecimiento de jurisdicciones especializadas (en lo social y lo relativo a extranjería). Pero sobre todo lo han hecho para potenciar el control ejercido por la jurisdicción contencioso-administrativa, cuyo punto culminante es por ahora –tras un conjunto de innovaciones legislativas y reglamentarias– el Código de justicia administrativa aprobado por la *Ordonnance* de 4 de mayo de 2000. Esa potenciación ha afectado al ámbito, extensión y alcance de la jurisdicción administrativa tanto para el otorgamiento de tutela (cautelar y definitiva), como para la ejecución de sus pronunciamientos[115]. Han determinado igualmente la reorganización interna del sistema contencioso-administrativo ordinario para satisfacer las exigencias del Tribunal de Derechos del Hombre de supresión, en el Consejo de Estado, de prácticas ligadas a la combinación, en su seno, de las funciones jurisdiccional y consultiva (de ahí la reorganización acordada por Decreto de 6 de marzo de 2008 a fin de evitar que cualquiera de sus miembros que hubiera conocido de un asunto en sede de la formación consultiva pudiera intervenir

---

[115] Este acelerado perfeccionamiento de la jurisdicción administrativa no ha pasado desapercibida a la doctrina española. Como ha destacado E. GARCÍA DE ENTERRÍA (*Las transformaciones de la Justicia administrativa: de excepción singular a la plenitud jurisdiccional. ¿Un cambio de paradigma?*, Thomson-Civitas, Cizur Menor, 2007; y «La formación y el desarrollo en Europa de la Jurisdicción contencioso-administrativa. Su adquisición definitiva de un status de jurisdicción plena y efectiva», *RAP*, 179, pp. 167 a 183), el recurso contencioso-administrativo se ha convertido «en una verdadera y plenaria acción procesal de condena de la Administración», que puede dar lugar a una sentencia no sólo anulatoria, sino de condena (una *injonction*); condena hasta hace bien poco excluida en virtud de la separación de autoridades administrativas y *judiciairie*. Para hacer efectiva las condenas, los tribunales disponen ya de poderes suficientes, incluidas las *injonctions préventives* para la ejecución de la cosa juzgada, susceptibles de ser incluidas en el fallo mismo de las sentencias declarativas sin necesidad de incidente de ejecución posterior.

también en la decisión en sede contencioso-administrativa) y al papel de los Comisarios del Gobierno (el Decreto de 7 de febrero de 2009 cambia la denominación de Comisario del Gobierno por la de Ponente público, autoriza la intervención de los Abogados antes y después de la emisión de sus conclusiones, facilita la oralidad y garantiza la plena contradicción).

En punto a la efectividad de la tutela judicial misma, las mejoras se han concentrado en:

– De un lado, en la vía administrativa previa (a fin de evitar, mediante la facilitación de soluciones en esta sede, el aumento imparable del número de contencioso-administrativos)[116].

– Y, de otro lado, en la superación de la insatisfactoria situación en punto a la tutela judicial cautelar (rigurosidad de los requisitos de la adopción de la medida suspensiva) ha dado lugar a la regulación, por la Ley de 30 de junio de 2000, de nuevos *référés en urgence*, de entre los cuales destacan el de suspensión (procedencia de la medida en caso de justificarlo la urgencia y exista duda seria de la legalidad del acto impugnado) y el de libertad (posibilidad de adopción de cualesquiera medidas necesarias para salvaguardar la integridad de una libertad pública)[117].

Más importante si cabe es, como se ha adelantado, la evolución del control ejercido por la jurisdicción contencioso-administrativa, en la que –sin perjuicio de lo que luego se dirá– destacan la ampliación del ámbito y la intensificación de aquél, así como el tratamiento específico

---

[116] A la vista del éxito de la implantación, en 1927 y en materia fiscal, de la obligatoriedad del recurso administrativo previo (drástica reducción del número de recursos contencioso-administrativos), la tendencia ha venido siendo la generalización de tal solución, como muestran los supuestos de intervención necesaria (a partir de 1978) de la Comisión establecida al efecto en materia de acceso a documentos en poder de la Administración y la implantación (en 2000) del recurso administrativo en materia de función pública, ambos como requisito para acceder al juez contencioso-administrativo.

[117] También el Derecho Comunitario ha sido motor de innovación en este campo, pues ha dado lugar, en materia de contratación pública, a la introducción primero de los *référés pré-contractuels* y luego (en 2009) del *référé contractuel*, que han sido incluso extendidos a los contratos no sujetos a regulación armonizada (las concesiones de servicios públicos).

de las decisiones de las autoridades independientes[118]. El progreso en el control del poder público se ha verificado por diversas vías[119].

---

[118] Los actos de las autoridades independientes han planteado, por razón de la independencia de la Administración pública y consecuente sujeción únicamente al control judicial, la cuestión de cuál sea el orden jurisdiccional al efecto competente: si el juez ordinario o, por el contrario, el contencioso-administrativo. No es constatable una solución ni constante ni uniforme: mientras en unos casos el control se reserva primero al juez ordinario (actos del Consejo de la concurrencia) y luego (al crearse la Autoridad de la concurrencia) se reparte entre dicho juez y el Consejo de Estado, en otros (así en las materias financiera, energética y audiovisual) se adopta desde el principio esta segunda fórmula y en otros, finalmente, se entrega al juez administrativo.

[119] Debe destacarse, en primer lugar, la disminución de la extensión de la categoría de medidas administrativas a las que no se reconoce la condición de actos administrativos impugnables, quedando así comprendidos en la de éstos últimos: i) las medidas internas relativas al funcionamiento de las organizaciones públicas, tales como las disciplinarias a los militares, los alumnos y los reclusos en las prisiones, pero también –por desaparición de la distinción entre circulares interpretativas y reglamentarias– las instrucciones sobre aplicación de las normas (a la inclusión de tales medidas no ha sido ajena la influencia del reconocimiento por Convenio Europeo de Derechos del Hombre, del derecho a la tutela judicial); ii) parte de los actos de gobierno y de los actos parlamentarios (mediante una interpretación más restrictiva de las respectivas categorías); y iii) las decisiones de las autoridades independientes que vayan más allá de la simple recomendación o impliquen una sanción. El control judicial mismo se ha ido diversificando, de otro lado, en función del tipo de contencioso, especialmente los de legalidad y responsabilidad. En los recursos de anulación es apreciable su «constitucionalización» y «comunitarización»: apreciación de la derogación implícita de la ley anterior a la norma constitucional y opuesta a ella en que se base el acto impugnado; posibilidad del planteamiento de la cuestión de la constitucionalidad de la ley posterior a dicha norma; y valoración de los actos adoptados en aplicación de Derecho Comunitario a la luz de los principios constitucionales, cuando éstos no tengan equivalente en aquél (en otro caso, es decir, el de coincidencia entre los principios constitucionales y comunitarios, el asunto queda remitido al juicio del Tribunal de Justicia de la Unión Europea). Y en los recursos de responsabilidad, el sentido de la evolución es el de la reducción de la exigencia (implantada en 1992) de *faute lourde*, el progreso en la responsabilidad por hecho de la justicia (bajo influencia de la jurisprudencia tanto del Tribunal de Justicia de la Unión Europea, como del Tribunal de Derechos Humanos de Estrasburgo) y la ampliación de la admisión de la responsabilidad por hecho del legislador (por ejemplo, en caso de violación por la ley de obligaciones derivadas de compromisos internacionales y, en particular, comunitarios). Por último, la ejecución de las sentencias contencioso-administrativas se ha visto reforzada por la introducción en 1995 de la *injonction* (dictado, bajo ciertas condiciones, de órdenes a la Administración para la adopción de las medidas necesarias, con superación, así y en beneficio de la autoridad de la cosa juzgada de la interpretación tradicional de la separación de los poderes judicial y administrativo) y la admisión, sin base legislativa expresa y a partir de 2004, de la *modulation* de los efectos de los fallos (ya sea en el tiempo, ya sea como con-

Las anteriores transformaciones no dan entera cuenta, sin embargo, de su verdadero porte, que se desvela examinando la reacción de la doctrina. Como señalan Y. Poirmeur y E. Fayet[120], sus planteamientos, si bien siempre atentos y, en su caso, críticos con la evolución, se han ido radicalizando a partir de los años setenta del siglo pasado y centrando en cuestiones basales, incluyendo nada menos que la de la pertinencia de la existencia de la jurisdicción especializada administrativa y, con ella, del Derecho Administrativo mismo, hablándose de crisis del Derecho Administrativo[121] e, incluso y quizás un tanto excesivamente, de fin del Derecho Público[122]. Los autores citados aducen como razones la extensión del campo de acción administrativa y la consecuente diversificación de los mecanismos de regulación y gestión, con la consecuencia de la multiplicación de regímenes específicos y la pérdida de homogeneidad del *régime administratif* (al determinar la progresiva reducción de los principios capaces de explicarlo en su conjunto, de unificarlo); y la progresiva debilidad –al compás de la revelación de los límites del Estado mismo– del modelo establecido, que equipara regularidad jurídica de la actuación con buena gestión, incapacitándolo para contener la emergencia de la asunción[123] de modelos de gestión propia del *management* y la introducción de nuevos valores, tales como la eficacia, la rentabilidad, la economía de medios y la transparencia, que remodelan los principios clásicos de funcionamiento de los servicios públicos y

---

secuencia de cambio en la jurisprudencia y para evitar que la nueva solución sea aplicable a asunto anterior a tal cambio).

[120] Y. POIRMEUR y E. FAYET, *La doctrine administrative et le juge administratif. La crise d'un modele de production du droit*, accesible en http://www.u-picardie.fr/labo/curapp/revues/root/31/yves_poirmeur_al.pdf_4a07dd6b32b27/yves_poirmeur_al.pdf, pp. 97 y 98.

[121] A. DE LAUBADÈRE, «Réflexions sur la crise du droit administratif française», *Dalloz Chronique II*; J-J. BIENVENU, «Le droit administratif une crise sans catastrophe», *Droits, Revue française de Théorie Juridique*, 4, 1984; y J. CHEVALLIER, «Presentation», en J. Chevallier (Ed.) *Les mutations du droit administratif*, Presses Universitaires de France, Paris, 1993.

[122] O. VALLET, «La fin du droit public?», *Revue Administrative*, 265, 1992; C. DEBBASCH, *Le Droit administratif, droit dérogatoire au droit commun?*, Mélanges Chapus, Montchrestien, 1992, pp. 127 a 133; *J. Boulouis*, «Supprimer le droit administratif?», *Pouvoirs*, 46, 1988; R. DRAGO, «Le juge judiciaire, juge administratif», *RFDA*, 1990, p. 757.

[123] Bajo la influencia del requerimiento, desde la ciencia de la Administración, de racionalización de la gestión. Véase J. CHEVALLIER y D. LOCHAK, «Rationalité juridique et rationalité manageriale dans l'administration française», *RFAP*, 24, 1982.

colocan el Derecho Administrativo bajo la luz negativa de dificultar, si no impedir, la modernización y la búsqueda de la eficiencia[124].

Son dos los factores más determinantes de esta situación doctrinal[125]:

1. La transformación, por la incidencia de otros modelos concurrentes, incluso del modo de producción del Derecho Administrativo. Siendo el Derecho Administrativo francés obra eminentemente de la jurisprudencia (de donde la expresión de *jurislation*[126]) la restricción por el *Conseil Constitutionnel* de su garantía constitucional al contencioso de anulación y revisión de actos adoptados en ejercicio de prerrogativas de poder público ha despojado de ella al restante ámbito de la jurisdicción, colocándolo en la disposición del legislador ordinario, de modo que M. Bazex[127] ha podido decir que el dominio reservado al juez administrativo queda finalmente restringido y se reconoce al legislador una amplia libertad para definir y redefinir la normas de atribución del contencioso-administrativo. De esta forma muchos aspectos del contencioso de la Administración pueden y vienen siendo confiados al juez ordinario. En este punto la evolución se ofrece como lenta erosión de la competencia del juez administrativo, al penetrar cada vez más el juez ordinario –convertido en un paralelo juez administrativo– en la producción del Derecho Administrativo. Se habla así, incluso, de la emergencia, junto al *droit administratif-administratif* de un *droit administratif judiciaire*[128].

2. La redefinición del contenido y los límites Derecho Administrativo, con relativización del papel del juez administrativo, por conversión del proceso de

---

[124] J. Caillosse, «La réforme administrative et la question du droit», *A. J. D. A.*, 1, 1989, pp. 3 y ss.; «Le droit, verrou de la modernisation?», en P. Muller, *L'administration française est-elle en crise*, L' Harmattan, 1992, pp. 251 a 258; «L'administration française doit-elle s'evader du droit administratif pour relever le défi de l'efficience?», *Politique et Management Public*, vol. 7, 2, pp. 163 a 182.

[125] Que se caracteriza por la coexistencia de dos corrientes extremas: la defensora de un liberalismo a ultranza, que denuncia el Derecho Administrativo establecido como liberticida, y la que sigue manteniendo la bondad del servicio público y, por tanto, deplora el deterioro del régimen administrativo.

[126] R. Chapus, *Droit administratif général*, Montchrestien, Paris, 2001, vol. I, pp. 124 y ss.

[127] M. Bazex, «L'implosion du dualisme de juridiction», *Pouvoirs*, 46, 1988, p. 39.

[128] P. Devolvé, *Paradoxes du (ou paradoxes sur le) principe de séparation des autorités administrative et judiciaire*, Mélanges R. Chapus, Montchrestien, 1992, p. 140; P. Weil, *A propos de l'application par les tribunaux judiciaires des règles du droit public, ou les surprises de la jurisprudente Giry*, Mélanges Eisenmann, 1975, p. 379.

generación de principios en un proceso fruto de una pluralidad de actores de distinta lógica (positivación más frecuente por el legislador, incidencia del Derecho Comunitario e Internacional) y el establecimiento de estructuras de regulación no jurisdiccionales (autoridades independientes).

3. La constitucionalización del Derecho Administrativo, que está poniendo en riesgo la autonomía de éste, que se ve amenazado así de desaparecer tras el Derecho Constitucional[129].

El juicio que, desde un enfoque comparatista, merece a M. Ruffert esta situación del Derecho Administrativo francés es, con todo, el de que las transformaciones que viene experimentando no han logrado aún cuestionar seria y decisivamente el modelo establecido, que sigue centrado en la legalidad de la actuación administrativa y la sistematización de ésta y su organización (persistiendo, así, en su aislamiento respecto de las restantes ciencias sociales, especialmente la de la Administración y la economía). De forma que en él no es apreciable impulso decidido para abordar una sustancial reforma de su perspectiva y planteamientos.

III. ALEMANIA

MIENTRAS las características peculiares y distintas de los Derechos Administrativos francés e inglés han permitido hasta hoy, con entera independencia de la importancia de las transformaciones experimentadas, su adaptación a los cambios sin que en ellos se haya llegado al planteamiento de la pertinencia de una reforma sistemática, el Derecho Administrativo alemán se encuentra inmerso en ella, como verdadera empresa colectiva, probablemente por la percepción de haber alcanzado un grado extremo la tensión entre las funciones que dicho Derecho debe hoy cumplir y las posibilidades que al respecto ofrece la dogmática establecida[130]. El origen del cuestionamiento de ésta, es decir, del lla-

---

[129] Así ya G. TIMSIT, *Théorie de l'Administration*, Economica, Paris, 1986.

[130] En este sentido, H. BAUER, «Verwaltungsrechtslehre im Umbruch?», *Die Verwaltung. Zeitschrift für Verwaltungswissenschaft*, vol. 25, 1992, pp. 301 y ss.

mado Derecho regulativo (entendido como aquél que pretende obtener un efecto intencionado por medio de órdenes, prohibiciones, reserva de autorizaciones o amenaza de sanciones, como es característico del clásico Derecho de policía), está, en efecto, en la comprobación de su insuficiencia y el desencadenamiento de una serie de estudios empíricos (desarrollados en los años setenta del siglo pasado) desveladores tanto de la inefectividad práctica de buena parte del Derecho medioambiental (existencia de déficit de ejecución), como de la normal cooperación informal de la Administración con empresas y ciudadanos a fin de alcanzar soluciones aceptables para problemas surgidos en la por ello acuñada como «actividad informal»[131]. Sumados a ellos, el clima de reforma del Estado mismo y la consecuente necesidad de caminar hacia un Estado «activador» basado en el compromiso del ciudadano, implicado en las condiciones de realización del Derecho y acorde con los procesos de europeización e internacionalización[132], explican la puesta en marcha a finales de los años ochenta del siglo pasado de un proceso de reflexión científica y práctica colectiva que, financiado por la *Deutsche Forschungsgemeinschaft* y liderado por los profesores. E. Schmidt-Aßmann y W. Hoffmann-Riem, ha venido reuniendo, en sucesivos encuentros, a un buen número de expertos de la academia y de la *praxis* con el objetivo de superar, sin afectarla, la limitada perspectiva dogmática: la del control jurídico y esencialmente judicial de la actuación administrativa mediante la incorporación de otra nueva, la de la dirección o gobierno (*Steuerung*)[133] capaz de otorgar soporte a una reconstrucción sistemática del Derecho Administrativo[134]. La nueva

---

[131] A. Vosskuhle, «'Schlüsselbegriffe' der Verwaltungsreform –Eine kritische Bestandsaufnahme», *VerwArch*, 92, 2001, pp. 185 y 186.

[132] R. Wahl, «Die zweite Phase des öffentlichen Rechts in Deutschland», *Der Staat*, 38, 1999, pp. 495 y ss.

[133] M. Ruffert, *The transformation...*, *cit.* en nota 4, p. 11.

[134] El resultado por ahora de este esfuerzo colectivo es la publicación de los siguientes diez volúmenes que recogen las distintas contribuciones a los diferentes temas de las reuniones y conferencias celebradas: Hoffmann-Riem, Schmidt-Assmann y Schuppert, *Reform des Allgemeinen Verwaltungsrechts – Grundfragen* (1993); Hoffmann-Riem y Schmidt-Assmann, *Innovation und Flexibilität des Verwaltungshandelns* (1994); Hoffmann-Riem y Schmidt-Assmann, *Öffentliches Recht und Privatrecht als wechselseitige Auffangordnungen* (1996); Schmidt-Assmann y Hoffmann-Riem, *Verwaltungsorganisationsrecht als Steuerungsressource* (1997); Hoffmann-Riem y Schmidt-Assmann, *Effizienz als Herausforderung an das*

perspectiva pone el acento en la actuación y sus resultados, lo que vale decir también en las condiciones precisas al efecto; en definitiva: en la compleja tarea del aseguramiento y realización del bien común. Como dice R. Schmidt[135], el de dirección es un concepto que posibilita el análisis jurídico de las fuerzas, la dinámica interna y las formas que inciden en la producción de efectos; concepto, para el cual la Administración es al mismo tiempo sujeto y objeto.

Así pues, el Derecho Administrativo alemán se halla comprometido en un proceso de verdadera reforma desde la crítica del establecido a partir de la Segunda Guerra Mundial y del método estrictamente jurídico en que descansa[136]; método, cuyas características son en síntesis las siguientes:

– Radical reducción del campo de visión a los actos jurídicos, de modo que el sistema legal queda circunscrito a un entramado de reglas –escritas o no, concretas o generales– susceptibles de ser analizadas de forma separada e independiente de las tareas efectivas y actuales de la Administración.

– Concentración de la atención, a partir y por razón del principio de Estado de Derecho, en el acto, en el entendido de que –para la generación de las condiciones precisas para la realización del interés general– basta con la sumisión permanente de la actuación administrativa al Derecho legitimado democráticamente. A lo que se añade, como complemento, el desplazamiento del centro de gravedad –sobre la base de la importancia atribuida al control jurídico externo– hacia la decisión final (judicial) y su efecto legal. El énfasis en la tutela judicial determina la marginación del proceso administrativo interno de toma de decisiones y sus factores determinantes (organización, personal, recursos materiales), con la excepción de las más esenciales de entre las regulaciones procedimentales.

Verwaltungsrecht (1998); SCHMIDT-ASSMANN Y HOFFMANN-RIEM, *Strukturen des Europäischen Verwaltungsrechts* (1999); HOFFMANN-RIEM Y SCHMIDT-ASSMANN, *Verwaltungsrecht in der Informationsgesellschaft* (2000); SCHMIDT-ASSMANN Y HOFFMANN-RIEM, *Verwaltungskontrolle* (2001); HOFFMANN-RIEM Y SCHMIDT-ASSMANN, *Verwaltungsverfahren und Verwaltungsverfahrensgesetz* (2002); y SCHMIDT-ASSMANN Y HOFFMANN-RIEM, *Methoden der Verwaltungsrechtswissenschaft* (2004).

[135] R. SCHMIDT, «Die Reform von Verwaltung und Verwaltungsrecht», *VerwArchiv*, 91, 2000, pp. 149 y 150.

[136] En este sentido, A. VOSSKUHLE, «The Reform Approach in the German Science of Administrative Law: The 'Neue Verwaltungsrechtswissenschaft'», en la obra colectiva *The Transformation of Administrative Law in Europe...*, cit. en nota 4.

– Enfoque sistémico idóneo para la organización del material normativo al servicio precisamente de la efectividad del principio de Estado de Derecho. Todo el material es reconducido, así, a institutos y principios generales que lo articulan de modo consistente y convincente, con la consecuencia de que las operaciones fundamentales responden a un esquema binario: norma-acto, legal-ilegal, validez-invalidez, Derecho público-Derecho privado, Derecho externo-Derecho interno, Estado-sociedad[137].

– Desarrollo, en íntima relación con la sistematización, de la dogmática legal en tanto que conjunto de categorías de reglas (definiciones, principios, etc.) que hacen relación al Derecho positivo, pero no se identifican con él; dogmática que es simultáneamente utilización y creación del sistema.

Nadie duda de los logros conseguidos desde este planteamiento, pues son evidentes desde el triple punto de vista de las funciones de estabilización (orientación confiable gracias a la sistematización y la dogmática centradas en el acto), facilitación de la solución (descarga de la complejidad a la práctica legal en los casos concretos), racionalización (permisión de un control racional jurídico) y posibilitación de nuevos desarrollos (mediante la identificación de valores y deficiencias)[138]. Pero, como ha destacado W. Hoffmann-Riem[139], el método jurídico y la reducción del campo a lo regulado jurídicamente y, con ello, a los actos jurídicos, con preocupación centrada en la tutela judicial, abo-

[137] La sistemática tradicional ha sido calificada, en efecto, como un orden dual compuesto de divisiones (Derecho público y privado, Derecho externo e interno) y separación estricta de legislación y ejecución sobre el trasfondo de representación de una separación estricta de Estado y sociedad. Y criticada por su no correspondencia ni con la realidad ni con la imagen constitucional. Sin que ello signifique ni renuncia a los instrumentos regulativos ni abandono de las estructuras jurídicas establecidas.

[138] Del porte de la construcción resultante da una idea la reflexión acerca de si, sobre sus elementos portantes, está emergiendo o no, y si ello es conveniente, incluso, un Derecho Administrativo global. En tal sentido, véanse las contribuciones al *Symposium* sobre *Global Governance and Global Administrative Law in the International Legal Order*, recogidas en el vol. 11 [2006], 1, de *European Journal of Internacional Law*. Es significativo, no obstante, que la respuesta sea negativa por razón tanto de suponer un impacto negativo para las economías en desarrollo, como de conducir a una indeseable juridificación del proceso político Así al menos la de C. Harlow, en la obra colectiva citada.

[139] W. Hoffmann-Riem, «Eigenständigkeit der Verwaltung», en W. Hoffmann-Riem, E. Schmidt-Aßmann y A. Voßkuhle, *Grundlagen des Verwaltungsrechts*, vol. I, C. H. Beck, München, 2006.

can a un Derecho Administrativo no pensado para abarcar la realidad completa de la actuación administrativa y judicial e incapaz, por ello, para reproducirla. Descuida, si no margina, en efecto, el cometido principal de la Administración: la resolución de problemas sociales y, por tanto, la decisiva dimensión de la actuación administrativa misma y sus efectos. La esencia de tales cometido y actuación no radica en la evitación de vicios legales susceptibles de corrección *ex post* por el juez, sino el arreglo efectivo de las cuestiones sociales (la satisfacción real de las necesidades colectivas) mediante la utilización de los recursos puestos a la disposición de la Administración y el uso de las múltiples posibilidades ofrecidas por el Derecho (evitando desde luego la incursión en irregularidades o infracciones jurídicas). Se abre así un campo para el análisis científico que implica el cuestionamiento de algunas de las reducciones y también de los enfoques del Derecho Administrativo con la pretensión no tanto de superar paradigmas, cuanto de ajustar y complementar los establecidos. El autor citado justifica el programa de reforma resultante en los términos siguientes:

a) El Derecho objetivo ciertamente limita, pero también dirige y determina la actuación de la Administración pública de modo diverso y con diferente intensidad. No es infrecuente así que su aplicación deba ser también concreción creativa y comportar, incluso, elección entre opciones, equivalente a capacidad de configuración en función de fines cada vez más diversos y amplios como resultado –en contraste con la tradicional Administración de policía y prestacional– de los requerimientos de la llamada «Administración garante de las prestaciones»[140].

El modo de programación por el Derecho hace, pues, que sea normal la no predeterminación completa de la actuación administrativa. Cuando, dependiendo su efectividad de ulteriores concreciones (en sede aplicativa), la norma misma contiene todos los criterios precisos al efecto, el necesario proceso «ejecutivo» de concreción debe ciertamente operar con criterios jurídicos. No sucede lo mismo, sin embargo, en el caso, igualmente posible, de que la norma contemple el juego también de criterios no jurídicos, es decir, de las que se califican como «orientaciones prescriptivas no jurídicas del actuar administrativo», que se caracterizan, en general, por no comportar ni una expectativa de observancia fijada en una norma (pero sí en otro lugar), ni una amenaza normativa de sanción para el caso de inobservancia.

---

[140] En este sentido, A. Vosskuhle, «Beteiligung Privater an der Wahrnehmung öffentlicher Aufgaben und staatlicher Verantwortung», *VVDStRL*, tomo 62, 2003.

b) El Derecho programador de la actuación administrativa es siempre y sólo Derecho objetivo, que, por ello, vincula a los destinatarios (desde luego a la Administración) incluso aunque los ciudadanos no puedan recurrir a la tutela judicial para garantizar su observancia.

Desde esta perspectiva, las normas con las que el Derecho determina la actuación administrativa se ofrecen primero y ante todo como normas de conducta (programas normativos) y sólo secundaria y ulteriormente como normas de control (programas de control, especialmente judicial). Consecuentemente, el proceso de toma de decisiones tiene una entidad propia, reclamando la ampliación de la perspectiva establecida y usual.

Los programas normativos encomiendan la solución de problemas, es decir, la satisfacción de necesidades sociales. Las consecuencias desencadenadas por la Administración en el cumplimiento de sus cometidos son decisivas, pues, para la calidad de dicho cumplimiento y, por lo mismo, el enfoque «directivo» (la *Steuerung*) centrado en los efectos de la acción administrativa, para la valoración de la actuación administrativa.

De lo que se sigue que tal enfoque debe determinar la ciencia jurídico-administrativa, necesitada así de superar su actual estadio de ciencia interpretativa orientada por los textos normativos (reducción del método a la interpretación de las normas) y centrada en los límites de la actuación administrativa, para ampliarse hasta pasar a ser ciencia de la decisión y actuación administrativas para la solución de problemas sociales, comprensiva de los ámbitos de acción bajo la propia responsabilidad con los que cuenta la Administración.

c) De todo lo cual deriva: i) la relativa «posición propia» (*Eigenständigkeit*) de la Administración pública cuando opera en ámbitos entregados a su decisión; y, como consecuencia y en tal caso, ii) la legitimación democrática no se induce sólo mediante la observancia de la legalidad (entendida como ausencia de vicios jurídicos), requiere el complemento con otros factores, en especial las garantías procedimentales; y ello porque la ley no sólo impone límites a la intervención administrativa, sino que programa el cumplimiento de tareas con una determinada calidad. Todo lo cual tiene dos importantes consecuencias: de un lado, la necesidad de revisar el método de la aplicación del Derecho, y, de otro, la exigencia de la apertura vigilante y crítica, pero abierta, a otras disciplinas (especialmente, la ciencia política, la económica y la de la Administración).

De esta suerte, el proceso de reforma sintéticamente descrito:

1. Concibe el Derecho Administrativo como un «sistema directivo», en el que operan nuevos conceptos-guía (en particular los de publicidad y transparencia; flexibilidad y apertura a la innovación; eficiencia; responsabilidad y aceptación social) y se consideran nuevas estrategias, muy particularmente las de progresión de la cooperación y, por tanto, del Derecho cooperativo[141], desregulación[142], privatización[143], mercadismo[144] y autorregulación regulada.

2. Se despliega a lo largo de dos líneas de evolución principales: a) la dotación de estructura jurídica al cumplimiento de tareas públicas con arreglo a un amplio espectro de fórmulas cooperativas Estado-particulares[145]; y b) la ampliación del horizonte de la parte general para abordar la complementación del modelo decisional con criterios idóneos a la nueva dinámica cooperativa en la satisfacción del interés general, intensificar el tratamiento del mundo interior de la Administración y la contemplación de la programación administrativa como un *continuum* organizado por el principio de la retroalimentación en el que juega un papel no despreciable la complementariedad de los Derechos público y privado.

---

[141] Aunque, dada la complejidad del fenómeno, no existe aún consenso sobre lo que sea la cooperación, sí existe acuerdo, sin embargo, en la importancia del juego del llamado contrato (convenio) administrativo.

[142] Entendida no como pérdida de papel de la regulación, sino precisamente como movimiento que aboca en más, aunque distinta y más compleja, regulación. De ahí que se hable de re-regulación.

[143] Tomada como clave hoy de la diversidad de procesos de redistribución de tareas entre sector público y privado.

[144] Empleada esta expresión en el sentido de la tendencia a la articulación de la satisfacción de necesidades sociales mediante la incorporación de técnicas e instrumentos de mercado.

[145] A cuyo efecto se considera que son precisos el estudio y la sistematización de las situaciones de interés complejas; las funciones del Derecho público y el privado; las nuevas formas de actuación no regulatorias; las decisiones en el contexto de las relaciones multipolares; la aplicación de la ley más allá de la de ejecución y en términos de concretización de habilitaciones de diversa configuración; y la organización administrativa.

SEXTA PARTE

EL PROCESO DE RENOVACIÓN DEL DERECHO ADMINISTRATIVO: SU SENTIDO, ALCANCE Y OBJETIVOS. LA UTILIDAD AL RESPECTO DEL EJEMPLO DE LA DOGMÁTICA ALEMANA

Está afirmándose, pues, y especialmente en Alemania[146], una corriente de renovación del Derecho Administrativo cuyo propósito no es en modo alguno falsificar y sustituir paradigmas, sino más bien ampliar el horizonte científico y actualizar el método para superar las deficiencias e insuficiencias del edificio actual. Como quiera que entre nosotros los esfuerzos, tanto individuales como los incipientes colectivos, no han logrado cuajar aún en un planteamiento, una dirección y unos objetivos claros y asumidos por un sector doctrinal amplio y significativo, es de utilidad el ejemplo de la doctrina alemana, cuyo avance denota su acuñación expresiva de su empeño como «nueva ciencia del Derecho Administrativo» (*Neue Verwaltungsrechtswissenschaft*). La cuestión de la posición definitoria de la Administración se plantea así en el contexto del complejo de estructuras regulatorias (integradas por múltiples actores públicos y privados en comunicación múltiple entre sí) resultante de la suma de 1) el conjunto, diverso, de programas normativos materiales y formales relevantes para la solución en cada momento de los problemas sociales; 2) el acervo, también diverso, de orientaciones cognoscitivas y prescriptivas de la organización actuante y sus miembros; y 3) el entramado de incentivos positivos y negativos correspondientes.

La acometida de la reforma o renovación, cuya necesidad queda identificada, hace indispensable, como ha puesto de manifiesto C. Franzius[147], una cuidadosa reconsideración del método que permita corregir el descuido, producido en aras de la integridad, de las funciones del

---

[146] Con una capacidad de influencia notable –dada la del Derecho alemán en el de la Unión Europea a través de las instituciones de ésta– sobre el de los demás Estados Miembros de ésta.

[147] C. FRANZIUS, *cit.* en nota 47.

Derecho Administrativo, es decir, retomar la cuestión de la determinación de tales funciones. Lo que vale decir: la recolocación de éstas en el edificio del Derecho Público y su replanteamiento para la superación de la perspectiva, negativa, del control de la actuación administrativa ante la evidencia de su programación positiva; funciones éstas ambas que cumple a un doble escalón –normativo y de aplicación– cuya consideración permite un análisis transversal de los problemas existentes y la formulación, por tanto, de un programa de reforma o renovación.

SÉPTIMA PARTE

UN PLANTEAMIENTO PARA LA REFORMA EN ESPAÑA. LA PERTINENCIA DE LA CONSIDERACIÓN DEL DERECHO ADMINISTRATIVO, AL MODO DE LA NUEVA CIENCIA JURÍDICO-ALEMANA, COMO MECANISMO DE DIRECCIÓN Y PROGRAMACIÓN DE LA ACTUACIÓN ADMINISTRATIVA

Si E. Schmidt-Aßmann[148] ha llamado la atención sobre los riesgos de la vinculación del ejecutivo por la ley y el Derecho no es porque deba ponerse en cuestión el paradigma irrenunciable de la ley como directriz determinante de la actuación administrativa, sino porque limita la capacidad para asumir todas las consecuencias que resultan de: i) la transformación del papel y la función de la ley parlamentaria[149] y ii) la necesidad de la comprensión de ésta como reto permanente y continuado de la aplicación del Derecho.

Las limitaciones que impone el aludido paradigma derivan, por de pronto, del modelo de ejecución normativa establecido[150], pero también inciden la conversión del Estado prestacional en Estado de redistribución de riesgos y garantía de las prestaciones y el deterioro de su papel de control social fundamentalmente por razón de la entidad adquirida por el fenómeno de la innovación.

---

[148] E. Schmidt-Assmann, «Gefährdungen der Rechts- und Gesetzbindung der Exekutive», en *Verfassungsstaatlichkeit. Festschrift für Klaus Stern*, 1997, pp. 745 y ss.

[149] Sobre esta transformación véase W. Hoffmann-Riem, «Gesetz und Gesetzesvorbehalt im Umbruch. Zur Qualitäts- und Gewährleistung durch Normen», *AöR*, 130, 2005.

[150] Modelo que, al apurar el régimen de la ejecución de la ley, propicia la reducción al esquema binario actuación administrativa legal-discrecional (libre de dirección legal), desviando la atención del hecho evidente de que la ley no sólo fija límites, sino que atribuye potestades y, con ello, encomienda tareas, presuponiendo la necesidad de la concreción de sus prescripciones en sede aplicativa. Con la consecuencia de que la dirección legal no siempre es acabada o totalmente determinadora de la actuación administrativa, con la consecuencia de que la ejecución, en sede aplicativa, de la ley también concreta ésta y participa, por ello, de la acción de configuración social.

Lo primero comporta la dificultad de la progresiva dependencia de la efectividad de la dirección y el control normativos estatales de la autorregulación social[151], que desdibuja la diferenciación entre el sujeto y el objeto de la dirección y el control sociales[152] y la distribución y asignación de las responsabilidades de dirección y control sociales; problema este último que sólo puede afrontarse con éxito reconociendo a la Administración un discreto «papel propio» en la dirección social (la que los alemanes resumen en el concepto ya aludido de *Eigenständigkeit*)[153]. La pérdida por el Estado, especialmente en su dimensión de administrador, de capacidad de control social está inducida sin duda, además de por la quiebra, siquiera sea transitoria y evidente en nuestro caso, de su capacidad económico-financiera para afrontar el coste de la configuración social desde los valores constitucionales, por: i) la privación de muchas de las posibilidades para el cumplimiento de sus tareas y cometidos, muy especialmente de la de realización de éstos por sí mismo para evitar situaciones de déficit de implementación; y ii) la presión por el cambio en el instrumentario de la acción administrativa en el contexto de entronización de la confianza en el mercado. La reticencia al recurso a medios imperativos y de intervención, unida a la mayor dependencia de la colaboración de los particulares que implica la privatización, dificulta la influencia en los comportamientos de los actores sociales, de los que depende en definitiva la protección de los bienes jurídicos. Y la consecuente renuncia a controles preventivos (supresión de autorizaciones; recurso a simples comunicaciones e, incluso, autocertificaciones o, al menos, certificaciones, acreditaciones u homologaciones privadas; simplificación de procedimientos; potenciación de

[151] La cual se manifiesta en la interposición entre el Estado y los destinatarios de la dirección y el control sociales de organizaciones privadas y la asunción por ellas de importantes tareas directivas y de control.

[152] Sobre este desdibujamiento: U. Di Fabio, «Verwaltung und Verwaltungsrecht, zwischen gesellschaftlicher Selbstregulierung und staatlicher Steuerung», *VVDStL*, 56, 1997.

[153] Se trata de una dificultad, en modo alguno del acta de relevo de la ley, pues, aunque ésta haya perdido el monopolio de la dirección y el control sociales, sigue representando el «cuadro de mando» del proceso directivo y de control, por más que con ello la técnica de la reserva de ley precise de actualización (siquiera sea en los términos de su satisfacción). La superación de la dificultad sólo tiene como presupuesto la aceptación de la evidencia de que los límites directivos son consustanciales al Derecho.

los efectos del silencio administrativo positivo, etc.)[154] aboca a la consecuencia indeseada del incremento o el reforzamiento de la vigilancia, la supervisión, la intervención imperativa o el control represivo *ex post*, el recurso a la tipificación de infracciones y la imposición de sanciones cada vez más severas (en su caso, a golpe de la coyuntura y sin observancia de la proporcionalidad); con la consecuencia del agravamiento del déficit en el control social por la dificultad de la implementación de tales medidas y la regresión –en búsqueda de la «eficacia»– en las conquistas alcanzadas por el Estado de Derecho como respuesta a aquel déficit y esta dificultad (especialmente por recurso al efecto intimidatorio inherente a la sobre-prevención general, en detrimento obviamente del espacio reconocido a la libertad y los derechos-garantías a ellos conectados).

Este deterioro de la capacidad de control social del Derecho y la acción administrativos en el contexto, ya descrito, de cambio continuo –generador de nuevos riesgos– basado en el alza del valor de la innovación favorecido por el avance científico y técnico, es manifiesto a escala nacional, de modo que no hace falta aludir siquiera a la situación en materia de medio ambiente y cambio climático, bastando con remitir a la inoperancia de las técnicas de disciplina de la ordenación territorial y urbanística para contener, durante años, los aberrantes procesos de ocupación y transformación del suelo.

Se entiende, pues, que la nueva ciencia jurídico-administrativa en desarrollo en Alemania postule, desde la crítica a la triple idea básica y atrayente, pero reduccionista, de que la ley dirige la Administración, ésta se circunscribe a «trasponer» su voluntad y los tribunales contro-

---

[154] Sobre todo esto último es decisiva, además, la influencia del Derecho Comunitario europeo –marcado, como se sabe, por las reglas de las libertades comunitarias sobre libre mercado– que tiene su última manifestación en la Directiva sobre Servicios y cuya compleja transposición ha dado lugar, mediante reforma del régimen jurídico básico de las Administraciones públicas y del procedimiento administrativo común, además del reforzamiento del silencio positivo, a la supresión, como regla y salvo la existencia de razones imperiosas de interés general, de la intervención administrativa previa usual hasta hora entre nosotros, con alteración radical, sin mayores precisiones, del modo operativo sobre el que estaba montada hasta ahora nuestra Administración.

lan este último proceso, la conversión del Derecho Administrativo en ciencia de la dirección social en cuanto perspectiva ésta que permite superar el horizonte del acto para alcanzar el de los efectos y consecuencias de la acción administrativa. Desde tal enfoque, las normas muestran plenamente su faceta primaria de programación de conductas y actuaciones con arreglo a criterios de corrección y acierto y con la pretensión de configurar la realidad según una lógica que, junto a la dimensión de lo legal/ilegal, comprende la de lo seguro/inseguro, así como lo deseado/indeseado (claramente en el Derecho de la técnica, los productos farmacéuticos y el medio ambiente). La ampliación del campo científico posibilita así la plena incorporación de las fórmulas para tratar la crisis de capacidad de control social y, en especial, adaptar el Derecho Administrativo a fin de que pueda seguir dirigiendo efectivamente la actuación administrativa incluso más allá del estricto y tradicional criterio de legalidad.

Como advierte C. Franzius[155] este paso no está exento de riesgos, concretamente de los de: i) defraudación de prescripciones normativas no compensada por ganancia en racionalidad; y ii) regresión a tiempos premodernos por sobrecarga de la perspectiva del deber ser con la del ser (que se reputa supuestamente ajena al Derecho). Por eso debe darse con la precaución de evitar la defraudación del orden estimativo constitucional, que impide desde luego la completa entrega al ser, a la realidad, abandonando la selectividad reduccionista que es inherente a la perspectiva normativa, constitutivamente diferenciadora entre Derecho y no Derecho. De lo que se deduce, y en ello debe convenirse con dicho autor, que el camino a seguir por la ciencia jurídico-administrativa presupone la concepción de la dirección o el control social como posibilitación normativa de una actuación administrativa acorde con las tareas encomendadas para la consecución de los efectos pretendidos y evitación de los no deseados y apunta, así, a la captación de la eficacia directiva del Derecho programador hasta ahora descuidada. Y ello tanto en el momento de la normación, como en el de su aplicación. Pues en el primero se hace precisa la desmitificación[156] de la confusión de Esta-

[155] *Cit.* en nota 47.

[156] Pues nunca el Estado ha tenido el monopolio absoluto de la producción de normas.

do y Derecho (tabú alimentado, en nuestro sistema, por el art. 1 CE), pues ni el Estado ostenta ya el monopolio de la normación, ni el control social se cumple sólo por la legislación. Y el segundo, el momento de la aplicación, demanda mayor atención en aras: i) del reconocimiento de la evidencia de la utilización por el Derecho, en virtud de su pretensión de programación de una actuación administrativa no sólo legal sino eficaz, de un elenco de criterios directivos que desborda los jurídicos y ii) de la elaboración dogmática de los hasta ahora excluidos. Lo que comporta una visión no circunscrita a la tutela jurídica en términos de control, sin que la prevención frente a la juridificación conduzca a caer en el peligro contrario de exceso de desjuridificación.

En otros términos: concibiendo normación y aplicación como un continuo funcional, pero manteniendo la diferenciación entre ellas, el Derecho Administrativo debe centrarse en la segunda, pues en ella se cumple la toma de decisiones administrativas bajo la propia responsabilidad que participa, por ello y en esa medida, en la creación del Derecho. El control social se verifica, pues, a lo largo de todo el proceso del expresado continuo funcional, de modo que se traduce en una gestión compleja plagada de interdependencias y guiada por el Derecho, en la que juegan estructuras regulativas diversas (jurídicas y no jurídicas) en una dinámica transversal a la diferenciación entre normación y aplicación. Obvio resulta decir que esto implica la apertura de la ciencia jurídico-administrativa al acervo de conocimientos y técnicas de disciplinas afines, en especial la economía y las ciencias política y de la Administración. La recepción de categorías y técnicas de tales disciplinas y su integración en el sistema dogmático propio constituye, pues, uno de los retos (plagado también de riesgos) del Derecho Administrativo[157].

---

[157] Sobre esta importante cuestión, véase Jörn Lüdemann, «Netzwerke, Öffentliches Recht und Rezeptionstheorie», issue 2007/07, Bonn, Max Planck Institute for Research on Collective Goods, 2007, p. 17. El trabajo es ilustrativo de la entidad de la tarea a desarrollar, pues distingue, por de pronto, los planos de la operación de recepción y señala las dificultades que cada uno comporta en los siguientes términos:

1) La incorporación de conceptos (*Begriffsrezeption*), que –teniendo en cuenta que todo concepto adquiere sentido en el seno de una teoría– ha de superar la tendencia inicial a una reacción autoinmune. Lo que significa que en cada caso la importación requiere, para que el

Que esto es así, resulta del hecho incontrovertible de que el Derecho no es un fin en sí mismo, persigue su efectividad y, por tanto, el efecto de la configuración de la realidad; configuración que, cuando se produce en términos de programación administrativa, remite a la eficacia de la actuación administrativa. Lo que exige del Derecho Administrativo una respuesta científica adecuada cuya formulación está lejos de exigir el abandono del Estado y del Derecho como mecanismos principales de dirección y control social. Pues como acertadamente apunta C. Franzius, cuya línea argumental venimos siguiendo, la única solución plausible –a pesar de los riesgos que comporta[158]– al problema de cómo el Derecho puede cumplir las expectativas sociales en la eficacia de sus funciones directivas y de control reside en la comprensión de la pluralidad de factores, relevantes jurídicamente, que inciden en su efectividad; factores cuya reproducción por el Derecho exige, superando el código binario legalidad-ilegalidad, una matriz pluridimen-

---

concepto de que se trate no permanezca siendo un cuerpo extraño, la elaboración teorética indispensable en el seno del propio Derecho Administrativo y, en todo caso, la pertinente elaboración propia para que el menos pueda desempeñar la función de «puente» hacia la o las disciplinas no jurídicas correspondientes.

2) La utilización o incorporación de teorías normativas ajenas (*Rezeption normativer Theorie*), que demanda asimismo una elaboración valorativa propia por el Derecho Administrativo. Un buen ejemplo es el de la teoría de la ciencia política sobre las redes como manifestación actual de la gobernanza política, recomendada por autores como Renate MAYNTZ («Policy-Netzwerke und die Logik con Verhandlungssystemen», en P. Kenis y V. Schneider (Eds.), *Organisation und Netzwerk*, 1996, pp. 471 y ss.) y F. W. SCHARPF («Positive und negative Koordination in Verhandlungssystemen», en A. Héritier (Ed.), *Policy-Analyse*, 1993, pp. 57 y ss.) y que se considera de utilidad para la sistematización dogmática del fenómeno de la cooperación del Estado con privados.

3) La recepción de teoría positiva y empirismo (*Rezeption positiver Theorie und Empirie*), es decir, de teorías y análisis de casos en las ciencias sociales descriptivos, explicativos y predictivos de la realidad (en su caso, en relación con un supuesto real determinado), en cuanto de suma utilidad para la ampliación del campo de visión de la ciencia jurídico-administrativa.

Pero, después de señalar la necesidad de una teoría de la recepción dirigida a garantizar la correcta adaptación de los conocimientos de otras ciencias sociales y el recurso acertado a éstas, que remite a la cuestión de la identificación de las fuentes idóneas, señala igualmente las siguientes tres etapas de toda recepción: la de preparación, la de valoración y la de elaboración.

[158] En sentido crítico y en relación con los riesgos apuntados, véase R. SCHMIDT, «Flexibilität und Innovationsoffenheit im Bereich der Verwaltunsmasstäbe», en W. Hoffmann-Riem y E. Schmidt-Aßmann (Eds.), *Innovation und Flexibilität des Verwaltungshandelns*, 1994.

sional en la que tengan cabida también criterios no jurídicos de acierto y corrección de las decisiones y acciones. Pues es evidente, como ha señalado W. Hoffmann-Riem[159], que la Administración opera siguiendo como criterio no sólo el Derecho, sino igualmente las posibilidades que éste ofrece.

[159] W. HOFFMANN-RIEM, «Tendenzen der Verwaltungsrechtsentwicklung», *DÖV*, 1997, pp. 433 y ss.

OCTAVA PARTE

LA POSIBLE REFORMA
DEL DERECHO ADMINISTRATIVO
EN ESPAÑA

I. LA EVOLUCIÓN DEL DERECHO POSITIVO, CONSTITUCIONAL Y ADMINISTRATIVO

EL Derecho español –Constitucional y Administrativo– ha venido experimentando, desde la Constitución de 1978, decisivas transformaciones.

1. EL DERECHO CONSTITUCIONAL

a) ESTABILIDAD, MODIFICACIÓN Y MUTACIÓN DEL TEXTO CONSTITUCIONAL; LA AFECCIÓN A LA LÓGICA INTERNA DEL ORDEN CONSTITUCIONAL DE VALORES SUPERIORES

La Constitución ha resistido, en cuanto texto escrito, el paso del tiempo, la incorporación de España a la entonces Comunidad y hoy Unión Europea[160] y la subsecuente creciente incidencia del ordenamiento comunitario, así como la reconversión del Estado centralizado previo en un Estado altamente descentralizado política y administrativamente y la consiguiente transformación radical (en su organización, funcionamiento y tareas) del poder público administrativo. No lo ha logrado frente a la grave crisis económico-financiera en curso y sus importantes consecuencias sobre el Estado en cuanto miembro de la unión monetaria establecida en el seno de la Unión Europea, sufrien-

---

[160] Con la única salvedad de un ligero retoque, el 27 de agosto de 1992, en el artículo 13.2 para extender a la dimensión pasiva –conforme al criterio de reciprocidad y mediante tratado o ley– el derecho de sufragio ya reconocido, en su dimensión activa, a ciudadanos no españoles en las elecciones municipales.

do una modificación[161] que, si bien formalmente limitada a su artículo 135, tiene una gran trascendencia, incluso para la interpretación del orden fundamental como un todo unitario y sistemático[162]. Pues impone la adecuación de la actuación de todas las Administraciones públicas al principio de estabilidad presupuestaria (y a la local, en particular: el equilibrio presupuestario), prohibiendo al Estado central y las Comunidades Autónomas incurrir en un déficit estructural que supere el máximo fijado –en relación con el producto interior bruto– por ley orgánica y, en todo caso, los que pueda establecer la Unión Europea para los Estados Miembros, así como reservando a la ley formal la autorización para que puedan emitir deuda[163] o contraer crédito[164]. Los límites financieros a que se sujeta así al Estado en su conjunto se flexibilizan sólo para el caso (apreciado por mayoría absoluta del Congreso de los Diputados) de catástrofes naturales, recesión económica o situaciones de emergencia extraordinaria que escapen al control del Estado y perjudiquen considerablemente la situación financiera o la sostenibilidad económica o social del Estado, apreciadas por la mayoría absoluta de los miembros del Congreso de los Diputados. Con ello se consolida (vía limitación financiera del Estado) la lógica de un ciclo de mutación que se ha venido desarrollando en la práctica por alteración (en sede interpretativa y aplicativa) del equilibrio interno nada menos que del orden constitucional de valores superiores del Estado-ordenamiento; alteración que, si bien no ha alcanzado aún entre nosotros los extremos

---

[161] Aprobada el 27 de septiembre de 2011, previa una tramitación relámpago objeto de muchas críticas.

[162] Es significativa del condicionamiento financiero del Estado por los mercados a los que éste apela al efecto la garantía que se otorga a aquéllos –aparte la que representa la constitucionalización misma de límites al déficit estructural y al endeudamiento– mediante la restricción de la soberanía parlamentaria para alterar las condiciones establecidas en las leyes de emisión de deuda pública y el otorgamiento *ex constitutione* de prioridad absoluta al pago de ésta.

[163] El volumen de deuda pública del conjunto de las Administraciones públicas en relación con el producto interior bruto del Estado no puede superar el valor de referencia establecido en el Tratado de Funcionamiento de la Unión Europea.

[164] Los créditos para satisfacer los intereses y el capital de la deuda pública de las Administraciones se entienden siempre incluidos en el estado de gastos de sus presupuestos y no pueden ser objeto de enmienda o modificación mientras se ajusten a las condiciones de la ley de emisión, gozando su pago de prioridad absoluta.

a que se ha llegado en otros países en lo que hace al binomio básico –en tensión– de libertad y seguridad, ha avanzado significativamente por lo que respecta a la relación entre los bloques de órdenes constitucionales atinentes a la dignidad de la persona en una sociedad justa respetuosa con el medio ambiente, de un lado, y a la economía de mercado y sus requerimientos, de otro. Y lo ha hecho obviamente decantando la balanza del lado del segundo, con puesta interesada y sesgada del acento en el Estado de Derecho (con creciente tono positivista) en detrimento del Estado democrático y social[165].

La no alteración del texto constitucional en todo lo demás no ha impedido tampoco una considerable evolución que, efectivamente, se ha cumplido y continúa cumpliéndose sin previa reforma formal y, en su caso, sobre la base de una muy escueta cláusula de autorización constitucional (art. 93 CE) de la cesión de poderes constituidos incapaz por sí misma de explicar la lógica del nuevo sistema de fuentes resultante[166]; lo que vale decir por la vía de la mutación del orden constitucional

---

[165] El peligro es el de evolución, de hecho, hacia lo que ha sido ya calificado como «mercadocracia». Se trata de un peligro real, como acredita la llamada de atención del filósofo del Derecho M. J. Sandel –efectuada desde el corazón actual del sistema occidental de mercado: los Estados Unidos– sobre la expansión de los mercados y del razonamiento de corte «mercadista», invasora de las esferas de la vida tradicionalmente gobernadas por normas ajenas al mercado, como una de las tendencias más llamativas de nuestro tiempo; llamada de atención que se formula en el contexto de la postulación de la recuperación de la «política del bien común» como condición de la toma de conciencia sobre la «vida buena» que es presupuesto de una sociedad justa (M. J. SANDEL, *Justice. What's the Right Thing to Do?*, Farrar, Straus and Giroux, New York, 2010, pp. 261 y ss. (especialmente pp. 261 y 265).

[166] La Declaración del Tribunal Constitucional 1/2004, de 13 de diciembre, efectuada en el contexto del frustrado proceso de ratificación del proyecto de Constitución europea, en modo alguno despeja el problema generado por la convivencia de la supremacía de la norma constitucional y la primacía del Derecho Comunitario. Pues difícilmente satisface la afirmación de que esta última está estrictamente referida al ámbito competencial de la Unión Europea y se entiende como exigencia existencial del Derecho de ésta, siendo categoría distinta a la de supremacía, por lo que ambas se mueven en planos distintos. Mientras la primera opera en el propio de la aplicación de las normas válidas (Derecho objetivo de la organización a la que el Estado miembro correspondiente pertenece), la segunda hace lo propio en el de los procedimientos de normación. La supremacía de la Constitución es por ello compatible con regímenes de aplicación preferente de normas de otro ordenamiento no nacional siempre que la propia Constitución así lo haya dispuesto, como ocurre en el caso por intermedio del artículo 93 de ésta.

por obra tanto del legislador capaz de integrar el llamado bloque de la constitucionalidad (principalmente a propósito del llamado proceso autonómico), como de la doctrina sentada por el Tribunal Constitucional y, por supuesto, la incidencia del Derecho Comunitario. No es éste lugar para dar cuenta de todas estas mutaciones, pero sí para destacar, al efecto que interesa y por su importancia, las siguientes:

b) LAS MUTACIONES CONSTITUCIONALES POR OBRA DEL LEGISLADOR ORDINARIO

La afirmación temprana por autorizada doctrina de la desconstitucionalización del modelo territorial del Estado[167], además de desvalorizar la regulación constitucional de la organización territorial para dirigir y enmarcar el proceso de construcción de aquél, explica que, una vez afirmadas institucional y competencialmente, las Comunidades Autónomas que inmediatamente alcanzaron el máximo grado de autonomía introdujeran, no obstante la restrictiva regulación constitucional en este punto y mediante simples leyes autonómicas ordinarias (las respectivas leyes reguladoras de los correspondientes Gobiernos), fórmulas habilitantes de facultades políticas (como las de disolución anticipada de la Asamblea o el Parlamento o del dictado de decretos-leyes) no previstas inicialmente en los correspondientes Estatutos de Autonomía[168]. Este adelanto de tales facultades en sede legislativa supuso ya, en su momento, una verdadera mutación del bloque de la constitucionalidad, que se vio seguida pronto por otra[169] cumplida por el legislador estatutario incluso de las Comunidades Autónomas de la vía lenta: a pesar de la clara diferenciación de los procedimientos de reforma en los artículos 146 y 152 CE, los Estatutos se redactaron a imagen y se-

---

[167] En este sentido, por todos, P. CRUZ VILLALÓN, «La estructura del Estado o la curiosidad del jurista persa», *Revista de la Facultad de Derecho de la Universidad Complutense de Madrid*, 4, 1981.

[168] Así sucedió en 1981 en el País Vasco; en 1985 en Cataluña; en 1988 en Galicia; en 1994 en Andalucía, generando una tendencia a la generalización de las correspondientes innovaciones.

[169] Así, R. L. BLANCO VALDÉZ, *Nacionalidades históricas y regiones sin historia*, Alianza Editorial, Madrid, 2005.

mejanza de los Estatutos de Autonomía aprobados por la vía especial de acceso a la autonomía, quedando así desdibujada por completo la diferencia de naturaleza jurídica entre unos y otros Estatutos. Con la consecuencia de la introducción en los resultantes de la aplicación de la vía de acceso general, como exigencia para su reforma –no prevista en el citado artículo 142 CE– de la concurrencia de la voluntad reformadora del Parlamento autonómico.

Mayor trascendencia tienen las serias dificultades de encaje en la norma fundamental planteadas por las recientes reformas de los Estatutos de Autonomía de Cataluña –2006– y Andalucía –2007–, anunciadas ya por el planteamiento de éstos en términos y con el contenido propio de «Constituciones» materiales de los correspondientes territorios[170], toda vez que sólo han podido ser superadas mediante forzamiento al máximo por el Tribunal Constitucional (en su Sentencia 31/2010, de 28 de junio) de la técnica de las sentencias interpretativas, perturbando en cualquier caso la relación de las normas estatutarias con la Constitución y, por tanto, la lógica y la economía interna del bloque de la constitucionalidad.

El resultado no es otro que la introducción de una notable incertidumbre, con gran trascendencia sobre la Administración y su actuación, sobre el marco definido por el bloque de la constitucionalidad, máxime cuando éste, además, ha de integrarse en el más amplio comunitario-europeo, cuando no internacional.

c) La mutación constitucional por obra de la doctrina constitucional

El Tribunal Constitucional ha sido cuando menos tan activo como el legislador. Su acción creativa ha afectado incluso al corazón mismo del orden constitucional sustantivo: la definición de los derechos

---

[170] S. Muñoz Machado, «El mito del Estatuto-Constitución y las reformas estatutarias», en *Informe sobre las Comunidades Autónomas 2004*, Instituto de Derecho Público, Barcelona, 2005.

fundamentales y las libertades públicas. Y lo ha hecho tanto para encontrar en él nuevos derechos no expresamente consagrados, cuanto para ampliar el contenido constitucionalmente declarado de los que sí lo están, dotando con ello de plena subjetividad en el plano constitucional, incluso a efectos del amparo de este carácter, a elementos cuya decantación como derechos, capaces todo lo más de desencadenar la tutela judicial ordinaria, aparece precisada en principio de la intervención del legislador ordinario. Ejemplos de lo primero es la ampliación del contenido del derecho a la intimidad proclamado en el artículo 18 CE con facultades positivas de información, con vinculación directa de los poderes públicos haya o no, por tanto, desarrollo legislativo ordinario[171]; de lo segundo, la apreciación del reconocimiento implícito en el mismo precepto constitucional de la llamada libertad informática[172]; y, de lo tercero, la incorporación del contenido de principios de la política social y económica (como el de medio ambiente adecuado) al contenido constitucionalmente declarado de derechos fundamentales, concretamente los de integridad física y moral e intimidad personal y familiar[173].

d) Los cambios de porte constitucional inducidos por el proceso de integración europea

El proceso europeo de integración supranacional ha ido produciendo una alteración sustancial del régimen establecido por la Cons-

---

[171] STC 254/1993, de 20 de julio, que se apoya en pronunciamientos que datan de 1981 y 1991.

[172] SSTC 290/2000 y 292/2000, ambas de 30 de noviembre.

[173] SSTC 119/2001, de 24 de mayo, y 16/2004, de 23 de febrero, que operan sobre la base de la «apertura» del orden constitucional español al internacional en punto a la interpretación de las normas relativas a derechos constitucionales (art. 10.2 CE) y, por tanto, en el contexto representado por la jurisprudencia sentada, en aplicación del Convenio Europeo de Derechos Humanos, por el Tribunal Europeo de Derechos Humanos de Estrasburgo, fundamentalmente en las Sentencias *Airey v. Irlanda* de 9 de octubre de 1979, *Powell y Rayner v. Reino Unido* de 21 de febrero de 1990, *López Ostra v. España* de 9 de diciembre de 1994, *Guerra y otros v. Italia* de 19 de febrero de 1998, y *Hatton y otros v. Reino Unido* de 2 de octubre de 2001.

titución[174] en términos de verdadera y continuada mutación constitucional, incluso por la vía de la imposición de regulaciones comunitarias secundarias-derivadas frente a las propias normas constitucionales. Esa repercusión ha determinado una lenta y paulatina transformación de instituciones constitucionales o de relevancia constitucional, comportando –cuando menos de hecho– un proceso paralelo de traslación del poder constituyente a las instituciones comunitarias[175]. Las mutaciones así inducidas[176] pueden agruparse del siguiente modo:

i) La transferencia masiva de competencias a la instancia supranacional, de la que resultan limitaciones para el ejercicio del poder legislativo interno y cambios en la posición de éste y los demás poderes públicos

De un lado, la ley interna, es decir, la facultad constitucional del legislador nacional de ocupar y regular con preferencia cualquier materia, se restringe como consecuencia de la traslación al legislador comunitario-europeo de la responsabilidad sobre la regulación de determinadas materias, de modo que la institución de la reserva de ley sólo juega ya plenamente, de acuerdo con su lógica interna, en las materias que restan aún en la competencia de los poderes estatales. Alguna doctrina ha calificado ya este fenómeno como suplantación de las reservas constitucionales internas de ley[177]. Esta calificación es pertinente desde luego cuando la ocupación de la materia por el Derecho Comunitario es parcial (cual sucede en el supuesto del dictado de directivas), consistiendo propiamente en una compresión del ámbito material interno reservado a la ley. Pero, si se considera en el contexto del debate sobre la construcción dualista o monista del proceso de integración

---

[174] S. MUÑOZ MACHADO, *La Unión Europea y las mutaciones del Estado*, Alianza Universidad, Madrid, 1993.

[175] Como acredita la reforma constitucional de 28 de septiembre de 2011, que puede calificarse de impuesta desde la Unión Europea a la vista de la grave situación económico-financiera.

[176] S. MUÑOZ MACHADO, *Constitución*, Iustel, Madrid, 2004.

[177] J. M. BAÑO LEÓN, «Reserva de Administración y Derecho comunitario», Papeles de Derecho Europeo e Integración Regional/Working Papers on European Law and Regional Integration, Cátedra Jean Monnet Prof. Ricardo Alonso García, WP IDEIR, 7, 2011.

europea, el fenómeno es, en realidad, de mayor porte, al ser resultado de la transformación radical –en las materias de competencia de las instituciones comunitarias– del papel de los referidos poderes públicos en su conjunto, con entera independencia de su diferenciación constitucional interna. En la perspectiva propia del Derecho Comunitario europeo, en efecto, todo el proceso ulterior a sus decisiones normativas se inscribe en la lógica de la ejecución, sin distinción alguna de si dicho proceso deba producirse mediante decisiones del poder legislativo o del complejo orgánico-funcional ejecutivo. Se coloca así al legislador parlamentario en una posición subordinada (ejecutora)[178] y en medida diversa desconectada de su función interna de desarrollo constitucional, en la cual su papel aparece descrito por el principio comunitario de autonomía institucional y procedimental[179].

---

[178] Por ello y por relación al ámbito ocupado por el Derecho Comunitario, la doctrina comienza ya a calificar la posición del legislador interno, y no sólo ya la de la Administración y el juez, como la propia de un órgano comunitario europeo indirecto. Véase A. BUENO ARMIJO, *El reintegro de subvenciones de la Unión Europea. Especial referencia a las ayudas de la política agrícola común*, Instituto Andaluz de Administración Pública, Sevilla, 2011.

[179] Véase L. PAREJO ALFONSO, «El principio de autonomía procedimental e institucional», en la obra colectiva *Tratado de Derecho y Políticas de la Unión Europea*, tomo IV dedicado a las fuentes y los principios del Derecho Comunitario, Aranzadi, Cizur Menor (Navarra), 2011. Ejemplo paradigmático de lo que se afirma en el texto es la introducción, con ocasión de la transposición de la Directiva comunitaria *Bolkenstein*, de la *exigencia de la motivación por el legislador formal* de toda nueva solución que comporte excepción a la regla general de la resolución de procedimientos cuyo objeto afecte a la libertad de prestación de servicios. Esta exigencia –debe entenderse que como requisito de validez– constituye tal novedad que, para que pueda ser efectiva, al menos en el ámbito interno, habría sido preciso su establecimiento con rango constitucional. Salvo que el Tribunal Constitucional desarrolle una doctrina que la afirme como implícita en el texto constitucional, no parece, pues, que aquél pueda llegar a declarar la inconstitucionalidad de una ley reguladora de un régimen de autorización previa para una actividad de servicios y que no motive expresamente el carácter no discriminatorio, necesario y proporcional de dicho régimen. Siempre, naturalmente, que mantenga su doctrina de limitación de su jurisdicción al enjuiciamiento de los textos legales exclusivamente desde la Constitución y, todo lo más, el bloque de la constitucionalidad pertinente. En principio, pues, la exigencia comentada está destinada a jugar un papel efectivo exclusivamente en sede del control de legalidad primero (con el problema que ha de derivar del posible planteamiento en esta vía de la cuestión de constitucionalidad de la ley que impone la exigencia) y luego de la conformidad con el ordenamiento comunitario, con la consecuencia *de la residencia de la última palabra en el Tribunal de Justicia de la UE*; sede ésta en la que adquiere plena lógica desde la indicada perspectiva «ejecutiva» del Derecho interno en su conjunto.

La aproximación en nuestra doctrina a dicho principio presupone la homogeneidad de su contenido (no diferenciación clara de las dimensiones institucional y procedimental), lo que explica su escoramiento del lado de la construcción u organización de la Unión Europea; escoramiento que condiciona notablemente la interpretación de la jurisprudencia del Tribunal de Justicia[180]. De esta forma la construcción entre nosotros del principio no responde a la realidad de la evolución práctica del ordenamiento supranacional. Pues contempla ésta sólo como expresiva de un límite y una contrapartida a una supuesta autonomía plena de los Estados Miembros. Su punto débil es doble: el descuido de la perspectiva funcional comunitaria y la no resolución del evidente conflicto entre los principios de eficacia uniforme (desde su primacía) del Derecho supranacional –que postula enérgica prevalencia– y el de la autonomía institucional y procedimental. Esto último es decisivo, toda vez que, en tal situación, resulta prácticamente imposible un sistema coherente.

La clave para una correcta determinación del fundamento del principio la proporciona sin duda C. N. Kakouris[181], que, realizando un examen diferenciado de las dimensiones institucional y procesal de aquél, alcanza (respecto del segundo) las siguientes conclusiones: i) el término autonomía procedimental no aparece, como tal, en la jurisprudencia del Tribunal de Justicia; ii) nada indica en dicha jurisprudencia que la aplicación –para la «ejecución» del Derecho Comunitario– del Derecho nacional procedimental (en particular, Procesal) constituya una manifestación de la soberanía de los Estados Miembros (por el contrario, tal aplicación es sólo provisional y tiene lugar únicamente en la medida de, y hasta tanto exista, Derecho Comunitario aplicable); y el Derecho nacional procedimental (en especial, el Procesal) es utilizado como cuerpo ancilar dentro del sistema de Derecho Comunitario, por lo que sólo es aplicable en tanto asegure la efectiva aplicación del Dere-

[180] Es ilustrativa al respecto la posición de L. M. Díez-Picazo, «El principio de autonomía institucional de los Estados Miembros de la Unión Europea», *RVAP*, 73 (I), 2005, pp. 217 y ss.; y también, «La Sentencia Unibet y el principio de autonomía procesal», *Noticias de la Unión Europea*, 287, diciembre 2008, pp. 91 y ss.

[181] C. N. Kakouris, «Do the Member States Possess Judicial Procedural 'Autonomy'?», *Common Market Review*, 34, 1997, pp. 1.389-1.412.

cho sustantivo comunitario. Confirma esta posición la realidad misma del Derecho Comunitario derivado positivo, en el que no es en modo alguno infrecuente encontrar normas que, de un lado, predeterminan o cuando menos condicionan la organización interna de los Estados y, de otro lado, inciden en los procedimientos (administrativos y judiciales) establecidos en los Derechos nacionales, así como el dato de que la afirmación (siempre implícita) del principio ha ido y va acompañada siempre de tantas cautelas, reservas, limitaciones y excepciones, que –conforme ha señalado el Abogado General Tesauro[182]– es, en verdad, más aparente que real.

En la jurisprudencia del Tribunal de Justicia no hay propiamente, pues, tanto reconocimiento de autonomía procesal a los Estados Miembros como una clara tendencia a contemplar el Derecho Procesal nacional como puro instrumento servidor del comunitario y al que, por ello, es propia la función de asegurar la efectiva aplicación del Derecho sustantivo comunitario. Las consecuencias para la posición de los poderes públicos internos y el ordenamiento por ellos creado son, así, enormes: partiendo del reparto competencial decantado en el proceso de integración supranacional y del dato decisivo de que la validez de toda norma deriva de la superior que, al mismo tiempo, la ampara y la desencadena, parece claro que las normas estatales (legislativas, administrativas o judiciales) son simplemente «ejecutoras» del Derecho Comunitario-europeo[183], de modo que sus objetivos sólo en apariencia

---

[182] En el informe final del XV Congreso de la Federación Internacional de Derecho Europeo, Lisboa, 1992.

[183] Conviene precisar que el concepto de «ejecución» tiene significado distinto en el Derecho nacional y el supranacional. Mientras en el primero alude a una organización-función constitucional precisa y subordinada a los órganos parlamentarios y sus decisiones legislativas (programadoras justamente de la acción ejecutiva gubernativo-administrativa), en el segundo refiere –por su misma lógica y al no estar implicado aquí el principio constitucional de división funcional del poder– al conjunto de organizaciones, funciones y acciones precisas, en el escalón nacional, para la efectividad del ordenamiento comunitario, incluyendo así indistintamente a los órganos internos legislativos, ejecutivos y judiciales. De modo que la ley, el reglamento, el acto administrativo y la decisión judicial entran, para el Derecho Comunitario, en el mismo paquete enunciado como «ejecución» o «aplicación». Justamente esta indiferencia del Derecho Comunitario para con respecto a las diferencias internas que median entre actos legislativos, administrativos y judiciales es la que hacen posible que

son (al menos plenamente) «nacionales», ya que –debiendo ser interpretadas y aplicadas en el contexto de aquel Derecho supranacional– forman parte funcionalmente, en realidad, del mismo. De Derecho nacional, la ley (o cualquier otra decisión) nacional que transpone una directiva sólo posee la apariencia, la que le presta su adopción por el legislador (u otra autoridad) nacional. Porque, en realidad, dicha ley (o cualquier otra decisión) se inscribe funcionalmente en el orden legal comunitario (su base legal es la directiva en conjunción con el tratado; son estas normas las que le otorgan cobertura y efectúan el mandato de transposición), actuando el legislador nacional –desde un punto de vista funcional, se insiste– no por propia iniciativa y como lo hace ejercitando competencias radicadas aun en la Constitución, sino como órgano de la UE.

Además de estar trufada de cautelas, salvedades y limitaciones, la doctrina del Tribunal de Justicia aparece establecida, en efecto, desde el presupuesto de la ausencia de normas comunitarias aplicables o relevantes[184]. En ella no hay atisbo, pues, de la afirmación de un principio de aplicación integral del Derecho nacional en su condición de tal, sino que la rotunda afirmación, desde su primacía, de la exigencia de aplicación uniforme y efectiva del Derecho Comunitario la desmiente. De ahí que no plantee dificultad alguna para el Tribunal de Justicia: i) la exigencia por la garantía de tutela judicial de la exclusión de las normas nacionales que no garanticen la aplicación plena y efectiva del Derecho Comunitario y, muy particularmente, de las que no lo hagan

---

en él se pueda hablar de «autonomía» de los Estados Miembros, pues desde su perspectiva se trata exclusivamente de la descarga, en bloque y como un todo, de la tarea de asegurar la efectividad de las decisiones comunitarias.

[184] El empleo de esta expresión no alude al reconocimiento de un «estado constitucional» que debe aceptarse hasta tanto no se modifique el reparto competencial; antes al contrario, porta implícitamente la afirmación de la posibilidad del establecimiento por las instituciones comunitarias de su propio sistema procesal armonizado. La prueba es que en la Sentencia de 15 de mayo de 1974, *Fleischkontor* (asunto 39/70), se dice que la aplicación uniforme del Derecho Comunitario autoriza a no recurrir a reglas nacionales excepto en la medida necesaria para cumplir las regulaciones correspondientes. Lo que quiere decir: aplicación del Derecho nacional en el lugar el comunitario en la medida en que, y hasta tanto, éste no exista. Y prueba el carácter ancilar y provisional que se atribuye al Derecho nacional.

respecto de la tutela de derechos conferidos a individuos[185]; e, incluso y en aras ya sólo de la plena efectividad del Derecho Comunitario, ii) la modulación, alteración o sustitución, de ser necesario, de las referidas normas[186], incluida nada menos que la de la *res iudicata*, es decir, la santidad de la cosa juzgada[187].

En definitiva: el principio jurisprudencial de la autonomía institucional y procedimental no tiene un contenido único del que resulte su alcance en todos los casos. Si en su dimensión institucional no debe verse tanto una manifestación de una autonomía de autoorganización de los Estados en el seno de la UE, cuanto una consecuencia directa de la construcción misma del proceso de integración supranacional (aunque el poder estatal de autoorganización no sea ni refractario a cual-

---

[185] Para el Tribunal de Justicia, en efecto, el sistema de tutela judicial establecido por el Derecho originario implica la disponibilidad (en las mismas condiciones de admisibilidad y procedimiento que en Derecho interno) de cualquier tipo de acción provista por el Derecho nacional para asegurar la observancia de previsiones comunitarias que tengan efecto directo. Así recientemente la Sentencia de 16 de diciembre de 2008, *Cartesio* (asunto C-210/06), avala la exclusión de la aplicación de norma procesal nacional que, previendo recurso de apelación contra la decisión de órgano judicial de suscitar decisión prejudicial del Tribunal de Justicia, permitiría al órgano judicial *ad quem* anular el planteamiento de la cuestión a este último. Y ello, por incompatibilidad de tal norma procesal con el Derecho originario comunitario. Esta Sentencia ha sido matizada, sin embargo, por el posterior Auto de 24 de marzo de 2009, *Nationale Loterij* (asunto C-525/06).

[186] Buen ejemplo de ello es la Sentencia de 23 de marzo de 2000, *Dionysios Diamantis v. Elliniko Dimosio y Organismos Oikonomikis Anasygkrotisis Epicheiriseon AE (OAE)* (asunto C-373/97), que tiene por objeto una petición de decisión prejudicial formulada por *Polymeles Protodikeio Athinon* (Grecia) y que recuerda que el Tribunal ya había declarado, en la Sentencia de 12 de mayo de 1998, *Kefalas y otros* (asunto C-367/96), que la Directiva aplicable tiene por objetivo garantizar a los accionistas que, sin su participación en el ejercicio del poder decisorio de la sociedad, no se adoptará ninguna decisión de aumento del capital social y que, por consiguiente, afecte a la proporción de las cuotas accionariales de los accionistas y que, según la jurisprudencia, este objetivo correría un serio peligro si los Estados Miembros pudieran dejar de aplicar las disposiciones de la Directiva, manteniendo en vigor unas normativas, incluso calificadas de especiales o excepcionales, que permiten decidir, mediante una medida administrativa y sin cualquier acuerdo de la junta general de accionistas, un aumento del capital social.

[187] En la Sentencia del Tribunal de Justicia de 18 de julio de 2007, *Ministero dell'Industria, Commercio ed Artigianato v. Lucchini* (asunto C-119/05) se afirma, en efecto, que el Derecho Comunitario impide la aplicación de la regla jurídico civil de la *res iudicata* en la medida en que impida la recuperación de una ayuda pública otorgada en infracción de aquél.

quier condicionamiento o incidencia comunitarios, ni puede ser ilimitado cuando se proyecta sobre materias de la competencia de la UE[188]), en la procedimental se plantea en términos diferentes, pues constituye la sustancia de un principio cuyo radio de acción no depende tanto de una, en este orden, inexistente autonomía estatal, cuanto de la inexistencia de Derecho propio, es decir, comunitario procedimental y, por tanto, de la precisión del recurso instrumental a las reglas procedimentales estatales. Pues aquí la perspectiva dominante no puede ser (como en la dimensión institucional) la constructiva que va de lo estatal a lo supranacional, sino la funcional de sentido inverso: la que discurre de lo supranacional a lo estatal. La realización, en su ámbito propio, del Derecho Comunitario no se ofrece, ni puede serlo, en el contexto de dualidad alguna de principios en conflicto (la efectiva aplicación de aquel Derecho *versus* la autonomía estatal en tal aplicación). Prevalece absolutamente el primero sobre el segundo, por más que –como ha expuesto P. Nebbia[189]– la efectividad del Derecho Comunitario tenga

---

[188] En este sentido es clara la Sentencia del Tribunal de Primera Instancia de 12 de diciembre de 1991 –*NV Samenwerkende Elektriciteits-Produktiebedrijven v. Comisión*–, cuando –conforme a la jurisprudencia consolidada– recuerda que, según el principio de autonomía institucional, los Estados Miembros pueden cumplir las obligaciones que les incumben en virtud del Derecho Comunitario según las modalidades de su elección, siempre que estas modalidades no perjudiquen los derechos otorgados por el Derecho Comunitario a las empresas (Sentencias de 15 de diciembre de 1971, *International Fruit Company*; 27 de octubre de 1971, *Rheinmuehlen/Einfuhr– und Vorratsstelle für Getreide*; y, en el marco de la colaboración de los Estados con la Comisión en el ejercicio de las facultades de investigación de ésta con arreglo al Reglamento 17: Sentencias de 17 de octubre de 1989, *Dow Chemical Ibérica y otros v. Comisión* y *Dow Benelux v. Comisión*; y 21 de septiembre de 1989). Sin embargo, la esencialidad del poder de organización para la soberanía determina que aquí la regla general deba ser la de la libertad de los Estados Miembros (que no precisa justificación), de suerte que su modulación al servicio de la ejecución del Derecho supranacional sea estrictamente la excepción. Es ésta, pues, la que, desde la perspectiva de la subsidiariedad (y la proporcionalidad), precisa ciertamente justificación; y ello en un doble plano: i) el de la validez del Derecho Comunitario que reclama ciertas disposiciones organizativas para su ejecución, por razón de la competencia ejercida para su establecimiento; y ii) el de la estricta necesidad de tales disposiciones organizativas para la correcta y eficaz ejecución del Derecho Comunitario, por razón de la repercusión sobre las estructuras organizativas de las exigencias de la ejecución plena, uniforme y efectiva de dicho Derecho. Lo que dependerá, obviamente, de las características de la acción a desarrollar (de la materia sobre la que ésta verse) y de los objetivos a alcanzar, lo que guarda relación con el grado de «comunitarización» o integración supranacional de dicha materia.

[189] P. NEBBIA, *cit.*, p. 435.

un doble sentido (y consecuentemente un grado de exigencia diverso): el de «ejecución» real, plena y uniforme del Derecho objetivo y el de garantía de la tutela judicial de los derechos subjetivos individuales de él derivados. Con la consecuencia de que los actos internos de «ejecución» o «aplicación» del Derecho Comunitario son actos debidos y funcionalmente comunitarios; lo que significa: subordinados a dicho Derecho y de él dependientes en su validez; consecuencia inevitable ésta de la visión monista, ordinamental y funcional adoptada por el Tribunal de Justicia, que pudo ser discutible en un principio, pero que está hoy firmemente instalada y generalmente aceptada.

ii) El desplazamiento del Derecho estatal interno (incluida la ley) por el Derecho Comunitario en virtud de la primacía y el efecto directo de éste, cuando ambos concurren en la regulación de un mismo objeto, con alteración de la posición y la función internas del juez (adquisición por éste de la condición de juez indirecto comunitario) y también de las Administraciones públicas

Jurisprudencia consolidada[190] del Tribunal de Justicia sobre inaplicación de las normas estatales internas contrarias al Derecho Comunitario implica asimismo la imposición de una actitud positiva consistente en la abstención de toda práctica que pueda confundir sobre el origen comunitario de determinada norma o perturbar la aplicación de ésta (obligación de derogación de las propias normas).

De esta suerte, la ratificación de cada nuevo tratado en el curso del proceso de integración supranacional representa, al día de hoy, la única ocasión en la que la Constitución del Estado miembro sirve efectivamente de criterio de valoración. Pues el juicio sobre el propio tratado y las normas de él derivadas corresponde ya, una vez en vigor aquél, a las instituciones que el propio tratado haya establecido y regulado. Por tanto, la competencia para apreciar la validez de tales normas corresponde al Tribunal de Justicia comunitario europeo, siendo el juez

---

[190] A partir de la Sentencia del Tribunal de Justicia de 1963 en el asunto *Van Gend en Loos* y hasta la Sentencia de 1978 recaída en el asunto *Simmenthal*; jurisprudencia que luego no ha hecho sino confirmarse y perfeccionarse.

nacional un colaborador del mismo (un juez comunitario indirecto a través de la cuestión prejudicial).

Aunque hubiera podido pensarse en principio que, de acuerdo con el Derecho interno, la inaplicación de las normas nacionales contrarias al Derecho Comunitario europeo debería corresponder al Tribunal Constitucional (para las leyes formales) y al juez ordinario, en su caso contencioso-administrativo (para las normas reglamentarias), no es esa, sin embargo, la solución que se ha impuesto. Pues el juego del Derecho Comunitario europeo ha producido la ampliación de la competencia de los jueces ordinarios a la inaplicación por sí mismos de todas las normas internas, cualquiera que sea su rango, discrepantes del Derecho Comunitario[191]. Solución ésta que es la de la doctrina del Tribunal de Justicia sentada desde la Sentencia *Simmenthal* de 9 marzo de 1978 y

---

[191] En este contexto, el Tribunal Constitucional se acomodó relativamente temprano a la jurisprudencia del Tribunal de Justicia en sus Sentencias 28/1991, de 14 de febrero, y 264/1991, de 22 de marzo, a partir de las cuales su doctrina ha sido ya uniforme. No teniendo necesariamente que ser inconstitucional una ley interna contraria al Derecho Comunitario, esta circunstancia habilita al juez ordinario para inaplicar ésta y, además y tratándose de una norma reglamentaria, declarar su invalidez. De hecho así procede efectivamente el Tribunal Supremo (SsTS, por ejemplo, de 3 de noviembre de 1997; 15 de marzo de 1999; y 22 de enero de 2000). Pero si el juez ordinario duda sobre la incompatibilidad de una norma interna con otra comunitaria, se le ofrece en principio una triple alternativa: i) la de alcanzar un juicio positivo tanto de constitucionalidad como de comunitariedad de la norma interna, procediendo a su aplicación sin más; ii) la de, no dudando de la constitucionalidad, dudar empero de la comunitariedad de la norma interna, debiendo proceder entonces al planteamiento de la pertinente cuestión prejudicial ante el Tribunal de Justicia; y iii) la de dudar incluso de la constitucionalidad, supuesto en que procedería el planteamiento de la cuestión inconstitucionalidad ante el propio Tribunal Constitucional. Si bien las dos primeras alternativas no suscitan problema alguno, no sucede lo mismo con la tercera y, de hecho, la consecuencia que de ella se deriva queda excluida tanto por el Tribunal de Justicia, como por el Tribunal Constitucional (que considera que el Derecho Comunitario no constituye referencia habilitante de pronunciamiento alguno de constitucionalidad, ya que su competencia queda limitada por la Constitución). El Tribunal de Justicia tiene establecida, en efecto, una doctrina (la del acto claro y del acto aclarado) con arreglo a la cual el juez interno puede y debe proceder a la inaplicación de la norma interna en caso de interpretación previa de la norma comunitaria por su parte con el límite de la no invasión por aquél de la competencia exclusiva del Tribunal de Justicia para el pronunciamiento sobre la validez de las normas comunitarias (Sentencia *Foto-Frost* de 22 octubre 1987); doctrina que presupone la plena competencia y responsabilidad del juez nacional para el planteamiento de la cuestión prejudicial.

que tiene la importante consecuencia de una decisiva innovación de la posición propia del juez ordinario, tal como ésta es definida en el orden constitucional interno (innovación que guarda relación con el cambio de posición-función del legislador ordinario actuante en el campo ocupado por el Derecho Comunitario europeo).

Esta mutación del orden constitucional arrastra aún otra, menos estudiada y destacada, que afecta a la posición y función de las propias Administraciones públicas internas. Éstas son también, de acuerdo con la arquitectura interna de la UE, Administraciones comunitarias indirectas. Pero, precisamente por ello, están encargadas de la ejecución de las normas comunitarias. Ello significa que, al igual que el juez, se ven confrontadas –en caso de concurrencia de normas internas y comunitarias pertinentes al caso, pero discrepantes– con el dilema de aplicar las unas en detrimento de las otras o viceversa. Los principios de legalidad y de lealtad institucional conducen de suyo, teniendo en cuenta los principios de primacía y efecto directo del Derecho Comunitario, al deber de las Administraciones de aplicar preferentemente la normativa comunitaria, lo que significa: inaplicar las normas internas contradictorias con ellas. En términos más amplios: constitucionalmente hablando, las Administraciones públicas internas sirven tanto al interés general del ordenamiento propio, como, cuando corresponde, al interés general comunitario europeo.

iii) La afectación del equilibrio constitucional interno entre los poderes territoriales del Estado por razón de la transferencia de competencias a la instancia supranacional, al no tener ésta en cuenta el carácter centralizado o descentralizado de los Estados Miembros cedentes

La adaptación en bloque del ordenamiento interno al acervo comunitario llevada a cabo mediante una compleja operación habilitada por una amplia delegación de la potestad legislativa en el Gobierno[192] y la obvia incidencia posterior de la normativa comunitaria en el or-

---

[192] Ley 47/1985, de 27 de diciembre, de Bases de delegación al Gobierno para la aplicación del Derecho de las Comunidades Europeas.

denamiento interno han tenido lugar en España en paralelo con la construcción del Estado autonómico definido por la Constitución. De este modo, la inmediata repercusión de la cesión de competencias a la instancia supranacional en el sistema constitucional interno de distribución territorial de competencias ha incidido de modo específico –no precisamente beneficioso– sobre la relación entre los poderes central y autonómicos y, en especial, la efectividad de los principios de lealtad institucional y de colaboración positiva interterritorial, a pesar de las medidas organizativas adoptadas para articular una adecuada coordinación interadministrativa[193].

2. EL DERECHO ADMINISTRATIVO

Como no podía ser de otra forma, el Derecho Constitucional y el Comunitario europeo, actuando de forma combinada, han repercutido decisivamente sobre el Derecho Administrativo. Como aspectos sobresalientes y suficientemente ilustrativos de esa repercusión pueden señalarse los que se abordan a continuación.

a) La constitucionalización del Derecho Administrativo[194]; sus manifestaciones positivas y negativas

Las manifestaciones positivas se han concretado primero en la oponibilidad de los derechos fundamentales (muy significativamente el de inviolabilidad del domicilio) a la ejecutividad de las decisiones

---

[193] La Conferencia para Asuntos Relacionados con las Comunidades Europeas regulada por la Ley 2/1997, de 13 de marzo, que opera aparte de la participación de las Cámaras parlamentarias a través de una Comisión Mixta de ambas regulada por la Ley 8/1994, de 19 de mayo, cuyas competencias se han ampliado por la Ley 24/2009, de 22 de diciembre, tras el Tratado de Lisboa, a la emisión de dictámenes motivados sobre la posible vulneración del principio de subsidiariedad, la solicitud de interposición de recurso de anulación ante el Tribunal de Justicia y la participación en los procedimientos de revisión simplificada de los Tratados, así como en las actividades de Eurojust y Europol. El punto de conexión lo proporciona la regulación por la Ley 38/2010, de 20 de diciembre, de la comparecencia de representantes del Gobierno central y de los Gobiernos autonómicos.

[194] En la doble dimensión material interna clásica, y en la nueva comunitario-europea.

administrativas[195], seguidamente en el respeto por éstas del contenido constitucionalmente declarado de aquéllos como condición de validez[196] y luego, más estructuralmente, en la renovación y depuración del concepto de servicio público y la tendencia al progresivo abandono, explícito o implícito, de la calificación formal como tal, especialmente de los servicios prestados en red (por incorporación de la noción comunitaria de servicio económico de interés general; así, desde finales del siglo XX hasta hoy, los sectores eléctrico, de hidrocarburos, telecomunicaciones, correos y ferroviario)[197]; fenómeno éste con directo reflejo en la doctrina del Tribunal Constitucional, establecida fundamentalmente a propósito de la radio y la televisión y teniendo en cuenta el Derecho Comunitario[198]. Pero también –lo que debe destacarse especialmente– en el perfeccionamiento del control judicial tanto en la vertiente organizativa (creación de los Juzgados de lo contencioso-administrativo a escala provincial y nacional) y procedimental (intro-

---

[195] Dando lugar a la atribución en 1998 a los jueces del orden jurisdiccional contencioso-administrativo, por la Ley reguladora de tal orden jurisdiccional de ese año, actualmente vigente, de la competencia para autorizar la entrada en el domicilio con ocasión del desarrollo de tareas administrativas.

[196] Positivizado por la reforma en 1999 del artículo 62.1 de la Ley 30/1992, de 20 de noviembre, de régimen jurídico de las Administraciones públicas y del procedimiento administrativo común.

[197] En este sentido, G. Fernández Farreres, «El concepto de servicio público y su funcionalidad en el Derecho Administrativo de la nueva economía», *Justicia Administrativa*, 18, enero 2003.

[198] La jurisprudencia constitucional puede resumirse así: i) la CE es un marco en el que la calificación como servicio público, al igual que la entrega de una actividad a la libertad de empresa, es sólo una más de entre las opciones políticas legítimas (SSTC 12/1982, de 31 de marzo; y 127/1994, de 5 de mayo); ii) la decisión del legislador tiene por objeto una cuestión de Derecho objetivo y no de derecho subjetivo (SSTC 119/1991, de 3 de junio; y 127/1994, de 5 de mayo); iii) la clave de la decisión legal reside en el interés que se haga presente en cada caso (SSTC 74/1982, de 7 de diciembre; 79/1982, de 20 de diciembre; 206/1990, de 17 de diciembre; 8/1992, de 16 de enero; y 127/1994, de 5 de mayo); iv) la decisión del legislador tiene por objeto cualesquiera recursos y actividades, no sólo los de carácter económico (STC 127/1994, de 5 de mayo), y está sujeta desde luego a evolución en función de los cambios en los condicionamientos técnicos y los costes de infraestructura, pero también en los valores sociales (SSTC 88/1995, de 6 de junio); y vi) la decisión del legislador precisa, en todo caso, estar justificada y está sujeta desde luego al control del propio Tribunal Constitucional (STC 206/1990, de 17 de diciembre), debiendo la regulación resultante ser proporcionada (STC 127/1994, de 5 de mayo).

ducción, junto al ordinario, del procedimiento abreviado, por ejemplo), como en la sustantiva (conversión del contencioso-administrativo en el orden jurisdiccional de control del ejercicio de todo poder público cuya actuación deba sujetarse al Derecho Administrativo; ampliación del recurso de este carácter a la entera actuación administrativa; compleción del ámbito de control; y mejora de la tutela cautelar y definitiva, así como adecuación de la ejecución de las resoluciones judiciales al orden constitucional); perfeccionamiento, que luce en la vigente Ley reguladora de dicho orden jurisdiccional de 1998 y que ha sido acompañado por el de la jurisprudencia contencioso-administrativa[199]. Lo que ha repercutido en la potenciación de la posición y función del juez contencioso-administrativo, si bien lastrada por una inadecuada ordenación de la jurisprudencia que es forzoso rectificar[200].

---

[199] Este perfeccionamiento tiene su cara negativa, que luce especialmente en dos aspectos. En primer lugar en la tendencia –concretada en las dos últimas reformas legales de agilización procesal de 2009 y 2011– a la reducción de la doble instancia por la doble vía de la exclusión de la apelación o la casación: i) en determinadas materias (la electoral en ambos casos y las cuestiones de personal que no afecten al nacimiento o la extinción de la relación de servicio de los funcionarios de carrera y las relativas a la protección del derecho de reunión, además y en el de la casación) y ii) en cualesquiera asuntos (salvo los relativos a los derechos fundamentales) inferiores a determinada cuantía (30.000 euros para la apelación y nada menos que 600.000 euros para la casación). Y luego en la resolución de los problemas de sobrecarga de trabajo de los órganos judiciales resultante del éxito comentado –derivado éste sin duda de la dotación de efectividad, por obra del Tribunal Constitucional, al derecho fundamental a la tutela judicial efectiva– mediante el expedito procedimiento de restricción práctica de acceso a la casación por agravamiento de los requisitos y las condiciones a cumplir al efecto (interpretados restrictivamente, además, por la jurisprudencia del Tribunal Supremo). Esta opción por la restricción de las condiciones de prestación de la tutela ha afectado también a la de los derechos fundamentales en sede subsidiaria ante el Tribunal Constitucional mediante la ampliación de las facultades de éste para la inadmisión a trámite de los recursos de amparo (introducción, en 2007, de la causa de inadmisión de no justificación de un pronunciamiento sobre el fondo).

[200] Sobre ello ha llamado la atención S. MUÑOZ MACHADO (*Tratado de Derecho administrativo y Derecho público general, I: La formación de las instituciones públicas y su sometimiento al Derecho*, Iustel, 3ª ed., 2011), reconduciéndola a la acumulación de varios factores y, en particular, la redacción de los pronunciamientos judiciales no atenta a la función real de éstos en el sistema de fuentes, la impredecibilidad de su sentido a partir de los previamente existentes y pertinentes al efecto (productora, en efecto, de una situación objetiva de inseguridad en el tráfico jurídico) y el inadecuado empleo de los mismos (en toda su extensión y con entera independencia de su lógica interna). A las razones que más que aconsejar hacen imperiosa la ordenación propuesta, cuya dificultad práctica –dada nuestra cultura jurídica

La constitucionalización del Derecho Administrativo ha comportado también –paradójicamente y por efecto de la ya apuntada «desconstitucionalización» de la organización territorial del Estado– la prolongación, por extensión y bajo la norma fundamental, del tratamiento laxo de todo el ámbito interno de la Administración, es decir, lo relativo a su organización y funcionamiento y, por tanto, también de sus tareas; ámbito desde siempre descuidado por la doctrina científica. De ahí la dificultad para identificar, sistematizar y describir los trazos de la evolución de las políticas organizativas en la presente época constitucional. Pues las decisiones y medidas de organización de las actividades y los servicios públicos se han tomado, en general, como si no existiera marco constitucional que las encuadre, sin sujeción a sistema general alguno e, incluso, con independencia del programa legislativo de cuya ejecución se trata (ejemplo paradigmático de esto último –en el plano territorial– es la dificultad que ha encontrado la descentralización para traspasar la instancia autonómica y alcanzar la local, y –en el plano funcional o de las tareas– la reforma de la gestión de la asistencia hospitalaria, llevada a cabo con independencia de la legislación sectorial reguladora, es decir, permaneciendo constante el programa legislativo a ejecutar). Y se han tomado y siguen tomando, además, desde el doble postulado básico subyacente siguiente: el ejercicio de la potestad de organización es esencialmente libre, al operar en un ámbito de muy baja, por no decir nula densidad de regulación previa que deba ser respetada, no existiendo, en concreto, reglas o criterios de corrección de las soluciones organizativas, que establezcan una determinada correspondencia entre éstas y el estatuto de la Administración[201].

---

real– no puede, sin embargo, desconocerse, debe añadirse aún, en el orden jurisdiccional contencioso-administrativo, la de la desatención por los propios jueces y tribunales del carácter de enjuiciamiento *ex post* (tanto más grave cuanto mayor el retraso en la respuesta judicial) de la decisión o actuación administrativas y del cumplimiento por el control judicial (la jurisprudencia) de una función de codirección de la acción administrativa (complementaria de la que cumple el legislador), que imponen específicas y rigurosas exigencias a las decisiones judiciales.

[201] No es de este lugar, obviamente, el estudio de esta cuestión. Su importancia obliga, sin embargo, a señalar que ya el punto de partida en el plano constitucional es erróneo. Pues la norma fundamental define un verdadero sistema de organización del poder público administrativo, que, aunque amplio y flexible, establece no sólo límites, sino también directrices

Se explica así que las reformas administrativas efectivamente llevadas a cabo hayan respondido en general a planteamientos no basados en análisis empíricos y modas sucesivas que van desde la racionalización y la simplificación, en la década de los sesenta del siglo pasado, hasta los surgidos en la década de los años ochenta del mismo siglo bajo las ideas de la desregulación, privatización o, si se prefiere, desestatalización y que ya se refieren tanto a la fase de la ejecución, como también a la normativa del ciclo de gestión de los asuntos públicos. Aunque en todos ellos se hace presente un tópico indemostrado empíricamente[202] –la irreformabilidad de la Administración pública– y es detectable un objetivo común: la reforma «desde fuera» de la Administración dirigida especialmente a la reducción de su ámbito y cometido propios, responden a estrategias de alcance diverso. En todo caso descansan (como factores desencadenantes) en la deficiencia en el cumplimiento real de los programas legislativos, como en los cambios en los fines y objetivos que están en la base de la ejecución administrativa. Y operan, en función de la estrategia a que responden, en campos distintos: los factores desencadenantes de la actividad administrativa; los procesos internos de funcionamiento de las organizaciones administrativas; los productos de ese funcionamiento (decisiones, prestaciones, dación de bienes); y los procesos de realimentación del funcionamiento y la actividad administrativos.

Estos procesos de reforma pueden ser agrupados en los siguientes tres tipos ideales: la racionalización, la desburocratización y la reducción e, incluso, supresión o liquidación de tareas administrativas e, incluso, políticas públicas. Son precisamente sus objetivos los que ponen de relieve que responden a legítimos planteamientos ideológicos en el marco constitucional, aunque su aspecto criticable reside en que a ellos subyace –en último término, el contexto de la elevación a paradigma del mercado– una pretensión de hallazgo «científico» de la política correcta y, por ello, verdadera. Así, recientemente, se llega

---

positivas para el ejercicio de la potestad de organización. Sobre este punto se volverá más adelante al tratar de la reforma del Derecho Administrativo.

[202] La realidad suministra, por el contrario, una imagen de la Administración pública en constante mutación o transformación, como ya ha sido expuesto.

a postular la necesidad de la reinterpretación del orden constitucional del Estado social y democrático de Derecho[203]. Y, sin embargo, los fenómenos en curso no implican tanto una reconsideración de éste, cuanto su adecuación a las necesidades actuales de redefinición de las relaciones Estado-sociedad y con manifestaciones tanto en cuanto al ámbito o la extensión de lo público, como en cuanto al papel de las funciones de los poderes públicos, y especial incidencia desde luego en el modelo establecido de ejecución administrativa. Pues continúa plenamente vigente la articulación estatal de la convivencia social sobre la base de la responsabilización universal del Estado por las condiciones de vida y, por tanto, una necesidad y una estrecha imbricación recíprocas de acción estatal y vida social en libertad. No hay, por tanto, puesta en cuestión por los fenómenos aludidos de la constitución del Estado, en tanto que perfectamente encuadrables en ella, cualquiera que sea su evolución y resultado. En efecto, el Estado, entendido en su doble dimensión actual de sistema autoprogramado (con Constitución propia) y subsistema del más amplio comunitario-europeo (dotado también de Constitución propia: el llamado Derecho originario), funciona con arreglo a un código (resultante de la sintonía de los dos sistemas de programación que lo determinan) en el que: i) se distingue netamente –a efectos de la recreación constante, en su desarrollo, del orden político y la paz social– entre acción del poder público y acción social (individual y colectiva), sometiéndolas a claves de programación diferentes, sin por ello contraponerlas o hacerlas incompatibles; ii) ningún campo y ninguna dimensión de la vida individual y colectiva, ni siquiera el orden de los derechos fundamentales y las libertades públicas, están excluidos de la acción de los poderes públicos; y iii) la acción estatal goza, sin perjuicio de la existencia de límites constitucionales, de un muy amplio margen de actuación a la hora de la configuración social, lo que guarda relación obviamente con los principios de Estado democrático y pluralismo político.

Si se tiene en cuenta que son muy escasos los preceptos constitucionales que imponen una determinada forma –pública– a la realización

[203] J. E. Soriano, «Liberalización económica, sector público y Derecho administrativo», *Asamblea. Revista Parlamentaria de la Asamblea de Madrid*, 24, 2011, pp. 179 a 231.

de las políticas públicas (ejemplo el art. 41 CE), con carácter general puede decirse que el legislador es –respetando el mínimo que exige su responsabilización constitucional– libre para determinar la forma y el alcance de dichas políticas, especialmente por lo que hace a la formalización o no de programas de ejecución administrativa clásicos. Lo que viene sucediendo no es otra cosa que la obsolescencia de los esquemas y categorías establecidos sobre la relación Estado-sociedad, en particular los referidos a la organización de la ejecución administrativa de las políticas públicas, es decir, de los servicios públicos, poniendo en evidencia el atraso del estudio y teorización de la aludida organización.

b) La hipertrofia, conducente a verdaderas aporías, de los mecanismos de garantía en sede administrativa; el caso testigo del llamado silencio administrativo

La evolución del procedimiento administrativo en nuestro ordenamiento desde finales del siglo XIX señala el progresivo abandono de su instrumentalidad respecto del encuentro de la decisión óptima para el interés general. Tal proceso se manifiesta en la tendencia hacia su regulación formal legal y el desplazamiento de la técnica de la decisión implícita negativa a favor de la positiva o estimatoria hasta el extremo de la completa inversión de la relación entre ambas (regla general-excepción); en otras palabras: a la progresiva acentuación de la vertiente de garantía del ciudadano[204] desde la perspectiva subjetiva del incumplimiento reprochable del deber legal de resolución del procedimiento. A su vez, el fortalecimiento de esta vertiente ha sido continuo hasta ahora gracias a: i) la exigencia primero de la intervención del

___

[204] La jurisprudencia ha propiciado, en sus inicios, esta línea de evolución: STS de 3 de enero de 1917, que introduce la perspectiva del silencio como técnica de sanción de la inactividad de la Administración en los procedimientos de otorgamiento de licencias y para protección del derecho de propiedad; y STS de 8 de abril de 1933, que entiende ya el silencio como mecanismo a favor de los administrados y, por tanto, presunción de garantía de los derechos e intereses de éstos, que no puede ser interpretada en perjuicio de los mismos. El carácter garantista del instituto luce hoy en la restricción de su operatividad a los procedimientos iniciados a instancia de interesado o, en otro caso, de los que puedan derivarse efectos positivos para los interesados.

legislador formal, sea interno, sea, en su caso, comunitario para el juego de la opción desestimatoria y, luego (al hilo de la transposición de la Directiva de Servicios, conocida como *Bolkenstein*), la limitación de tal intervención a supuestos en que así lo requieran razones imperiosas de interés general[205]; ii) el otorgamiento al acto estimatorio producido por silencio positivo la consideración, a todos los efectos, de acto finalizador del procedimiento, con prohibición a la Administración del dictado –con posterioridad a su existencia– de cualquier acto expreso distinto del confirmatorio del mismo; y iii) la consecuente y plena subjetivización de la técnica por la vía de su vinculación a la obligación de la Administración de resolver expresamente, la cual se inscribe en la evolución de nuestro Derecho Administrativo en su época, en palabras de S. Martín-Retortillo[206], de afirmación y esplendor.

El resultado de esta evolución es, hoy, una auténtica conversión del silencio positivo. Generado éste como concreta técnica ficcional al servicio de la superación, para el acceso a la vía judicial, del obstáculo de la falta de pronunciamiento administrativo, ha pasado a ser un efecto universal –dotado de los atributos propios de un acto expreso (salvo excepción de su producción por norma legal o comunitaria equivalente)– del incumplimiento del deber de resolver en plazo cualquier

---

[205] Sin que por ello parezca haberse conseguido del legislador formal un comportamiento consecuente. Así lo demuestra la solución inversa (silencio negativo) a la hoy establecida adoptada en el artículo 23 del Real Decreto-Ley 8/2011, de 1 de julio, precisamente en la materia en que tradicionalmente ha jugado el silencio positivo (la de la intervención administrativa previa de actos de transformación, construcción, edificación y uso del suelo y el subsuelo), sin que se haya motivado o siquiera expresado cuál pueda ser la sobrevenida razón imperiosa de interés general que justifique semejante cambio radical.

[206] Para S. Martín-Retortillo Baquer (*Instituciones de Derecho administrativo*, Thomson & Civitas, Cizur Menor, 2007, pp. 68 y 69) la etapa de «afirmación y esplendor del Derecho administrativo español» consiste, primero en que «desde los años sesenta una serie de leyes, que en todo caso hay que ubicar en el contexto del momento, van a establecer nuestro Derecho administrativo actual conforme a criterios en extremo depurados, en un proceso progresivo y creciente de búsqueda y afirmación de lo que es el Estado de Derecho», teniendo lugar «el fenómeno (…) su origen, y posterior desarrollo en torno a la 'Revista de Administración Pública' en la que, sencillamente, se escribe un Derecho administrativo del todo distinto al hasta entonces al uso (...) será bastión en el proceso de juridificación sustantiva del actuar administrativo y, también, conforme al conocido título del trabajo de Eduardo García de Enterría, en la 'lucha contra las inmunidades del poder'».

procedimiento iniciado a instancia de interesado (con independencia de su objeto).

La apuntada evolución del Derecho Administrativo, en la que las instituciones generales han ido adquiriendo vida propia y dejado de nutrirse de, y servir a, los sectores de la realidad que –por reflejar la dinámica real de la actividad administrativa y de los requerimientos del interés general– deberían marcarle su dinámica, ha reforzado sin duda la lógica propia del último desarrollo del instituto del silencio administrativo. Se explica así que, desbordando su función originaria, el silencio administrativo se haya convertido en un instituto general dotado de vida y lógica propias. Y ello, a pesar de haber desaparecido hoy las premisas que dieron lugar, en su momento, a su surgimiento y desarrollo[207]. Más aún, en el sistema actual –tal como resulta del estado de la jurisdicción contencioso-administrativa– han aparecido piezas que colocan el silencio bajo la luz de la obsolescencia[208]. La consolidación del instituto es

---

[207] Concretamente: i) el complejo Estado actual no es en modo alguno ya el Estado liberal de la segunda mitad del siglo XX en que surgió, circunscrito en principio a la policía de la vida social y que habría de irse procurando laboriosamente vías de penetración en ella; y ii) el sistema administrativo dotado de autotutela reduplicativa plena y determinante de la inicial necesidad de facilitar la resolución final de los asuntos contenciosos ha sido sustituido por el del control judicial pleno de la actuación administrativa capaz de otorgar, además, la tutela cautelar de los derechos e intereses.

[208] Así: i) la «normalización» del proceso contencioso-administrativo, con la consecuencia de la superación definitiva del control judicial como mera revisión de un acto (o disposición) previo (con la consecuente necesidad de la «conversión» de la actuación administrativa no formal-jurídica en «actividad jurídica» revisable) a favor de su construcción como vía para el conocimiento pleno de las pretensiones deducidas, por razón de la relación jurídico-administrativa en cada caso existente, a propósito de una actuación de la Administración pública (concepto éste mucho más amplio); ii) la admisibilidad del recurso contencioso-administrativo, por tanto, no sólo contra disposiciones y actos administrativos, expresos o presuntos, sino también con la inactividad de la Administración (entendida como el incumplimiento de una obligación correlativa del derecho a una prestación concreta; y la inejecución de actos firmes) y con la actuación administrativa constitutiva de vía de hecho; y iii) el mantenimiento de la técnica del silencio a pesar de que el control judicial de la inactividad no pasa por la ficción de un previo acto; mantenimiento para el caso tradicional del recurso deducido en relación con la inejecución de actos que, si justificable –por razones obvias (la existencia ya de un acto firme)–, choca cuando se considera el de la inactividad. El contraste salta a la vista de estarse, como debería ser, al ámbito funcional nuclear y más propio del silencio: el del ejercicio de derechos subjetivos sujeto a intervención administrativa reglada. La explicación, que no justificación, debe encontrarse en el desbordamiento por el

tal, pese a todo, que en la doctrina pueden hallarse ciertamente dudas y críticas relativas a su articulación y funcionamiento, pero muy difícilmente a su existencia misma, faltando desde luego su cuestionamiento radical. La clave de esta situación está en el desplazamiento de la perspectiva central y decisiva –la de la relación material jurídico-administrativa en la que el interés general se juega su destino– por el protagonismo que el sujeto –la Administración–, estigmatizado por razón del goce de «privilegios», ha adquirido en la concepción dominante del Derecho Administrativo.

Porque tal perspectiva subjetiva trastoca, en realidad, se quiera o no, la visión del plano constitucionalmente obligado y preferente: el interés general y su realización. Conforme deja claro el artículo 103 CE, en efecto, la Administración es sólo un instrumento servicial de dicho interés general, de cuya efectiva satisfacción se trata. De modo que –prescindiendo de la patología– la actuación administrativa en general y el acto administrativo en particular no son sino la última concreción del Derecho: la norma del caso. Lo decisivo es, pues, dicha actuación, la acción administrativa, siendo secundario el sujeto que la lleva a cabo. La concentración de la atención en éste, es decir, en la Administración, al enfatizar el estatuto de ésta, lo proyecta, contaminándolo inevitablemente, sobre el sustantivo de la realización del interés general, que se ofrece así bajo la luz odiosa del supuesto privilegio de la autotutela, galvanizando todos los esfuerzos en torno a su compensación vía limitación y reducción[209]. Sin perjuicio de su lado positivo, su efecto negativo –excesivamente descuidado– ha sido y sigue siendo el progresivo deterioro de la eficacia de la acción administrativa por la senda de la

silencio de su radio de acción lógico, es decir, su conversión en el bálsamo de Fierabrás para la inactividad jurídica, de efectos inexistentes y, en su caso, contraproducentes en el plano real (de Sancho Panza) y benéficos sólo en el ideal (de don Quijote).

[209] La distorsión resultante alcanza –dado el carácter en principio universal adquirido por el silencio positivo en sede justamente del procedimiento administrativo común– a la materia objeto de regulación administrativa y la textura y el alcance de la acción administrativa por ésta prevista, lo que quiere decir: los términos de la tensión entre el interés general y el interés particular y de su resolución, por el contraste entre la solución general, simple y única, que aquél impone y la diversidad y heterogeneidad de las regulaciones administrativas sustantivas de los diferentes sectores de la realidad.

rebaja a «provisional» de la decisión administrativa (en caso de ausencia de pronunciamiento prevalece el interés particular) en beneficio de la judicial de control, cuyo reflejo procesal es la «normalización» del recurso contencioso-administrativo (según el modelo del proceso ordinario entre partes en igual posición).

Se entiende así que el silencio positivo haya pasado a ser una verdadera aporía de porte constitucional. Pues subvierte, gracias al desvío por la obligación subjetiva de tempestiva resolución expresa, la economía constitucional de la relación entre el interés general y el particular, gobernada por la subordinación incondicional del segundo al primero según el artículo 128.1 CE[210]. En el orden cubierto por el contenido prescriptivo del Título VII CE[211], es decir, de las actividades, públicas y privadas, de interés y utilidad económicos y los bienes y, por tanto, la propiedad de éstos, es claro en todo caso que la resolución de la tensión y, en su caso, contradicción entre el interés general y los intereses parti-

[210] La interpretación de este precepto constitucional en su contexto sistemático inmediato (el Título VII relativo a la economía y la hacienda) y en el del orden constitucional en su conjunto lleva en principio a la limitación de la regla que establece al ámbito social de relevancia económica y a su inaplicación directa en el orden más inmediatamente vertebrado por el valor superior de la libertad (art. 10.1 CE), estrechamente vinculado con los de idéntica condición proclamados al hilo de la constitución de España en Estado social y democrático de Derecho (art. 1.1 CE). Siendo la libertad (el libre desarrollo de la personalidad en sociedad) el valor superior que sustenta el orden político y la paz social, ninguna duda puede haber, sin embargo, sobre su primacía indiscutible y, con ella, la de las libertades en las que se desagrega en calidad de derechos fundamentales (como deriva, sin más, de la textura que al contenido del Título primero CE da el artículo 53 de la norma fundamental). Ocurre que, en su dimensión objetiva de principios del ordenamiento, aquélla (la libertad) y éstos (los derechos fundamentales de libertad) integran, por ello mismo y en el campo en el que afirman la aludida primacía, el interés general. No otra cosa significa la concreción de éste, es decir, del que debe servir la Administración pública (art. 103.1 CE), en términos precisamente de protección del libre ejercicio de los derechos y libertades cuando de la función administrativa nuclear estatal se trata: la de garantía de la seguridad ciudadana o pública (art. 104.1 CE). De lo que resulta que en este otro orden no hay tanto excepción, cuanto formulación de la regla general en otros términos.

[211] Referido a: iniciativa pública económica; participación de los interesados en la Seguridad Social; promoción de las formas de participación en la empresa y en la propiedad de los medios de producción y de las sociedades cooperativas; modernización y desarrollo de los sectores económicos; planificación de la actividad económica; régimen de los bienes demaniales y patrimoniales; tributos; presupuestos públicos; deuda pública; y control de las cuentas y de la gestión económica públicas.

culares debe ser consecuente con la regla constitucional. Sin embargo, es más que discutible que así sea en el caso del silencio positivo siquiera sea porque –en la hipótesis principal de los procedimientos iniciados a instancia de interesado– la producción por aquél de un efecto legal dotado de los atributos propios del acto expreso favorable comporta la prevalencia de un interés particular[212] al trasladar al gestor del interés público la carga de la destrucción de la situación jurídica individualizada así generada. Esta inconsecuencia se manifiesta en la relación, de un lado, del límite general consistente en la prohibición –sancionada con la nulidad radical (*ex tunc*, lo que vale decir: no producción válida de efectos jurídicos)– de otorgamiento, infringiendo el ordenamiento jurídico, de facultades o derechos a quienes carezcan de los requisitos esenciales para su adquisición[213] y –en la medida de su subsistencia– el sectorial más contundente (tradicional y nuclear en el juego del silencio positivo: el ejercicio del *ius aedificandi* y su intervención administrativa previa) de no adquisición de lo que no pueda ser adquirido mediante acto expreso[214], y de otro lado, la consecuencia de la infracción de tal límite: el surgimiento *ex lege* de un acto nulo que debe ser destruido bien por la Administración[215], bien por terceros afectados por el mismo. Pues desvela la ya apuntada inversión de términos a la que aboca el silencio positivo, al comportar –vía imposición de la carga de la destrucción del acto generado *ex lege*– la transformación de la posición y función del gestor del interés general (y, a su través, de las de este último): de

---

[212] En la medida en que, en la relación jurídico-administrativa de que se trate, pueden estar presentes otros intereses particulares distintos e, incluso, contrapuestos que no se tienen en cuenta.

[213] Artículo 62.1, f) LRJPAC.

[214] Artículo 8.1, párrafo 2º, letra b) del Real Decreto Legislativo 2/2008, de 20 de junio, por el que se aprueba el texto refundido de la Ley de suelo.

[215] Así, por ejemplo, en la Ley canaria 7/2011, de 5 de abril, de actividades clasificadas y espectáculos públicos y otras medidas administrativas complementarias, el régimen de otorgamiento de las licencias prevé, incluso para las actividades sujetas a evaluación ambiental y saltándose la regla básica de prohibición de obtención por silencio de lo inautorizable por acto expreso, que «en los supuestos en que opere el silencio positivo, *la Administración se abstendrá de dictar cualquier resolución expresa distinta de la confirmatoria del silencio operado, y si entendiera que la autorización obtenida por silencio es contraria a Derecho deberá iniciar las actuaciones pertinentes para su revisión de oficio o impugnación jurisdiccional, según proceda*» (arts. 24.4 y 27.4).

controlador de la conformidad del interés particular con el general y, por tanto, decisor sobre tal extremo, en revisor, cuando no impugnador (en sede judicial) de la situación generada en contra del interés general. Posibilita, pues, la hipótesis de mejor condición del interés particular que el general, en perjuicio de la consistencia del sistema jurídico y, en definitiva, de la ciudadanía (sus intereses comunes condensados en el general).

El supuesto[216] castigo o la sanción al sujeto instrumental gestor, por mandato constitucional, del interés general, lejos de proporcionar compensación o alivio, constituye la causa misma de semejante fallida construcción. Tanto más, cuanto ni siquiera dicho castigo recae tanto en tal sujeto, cuanto en las personas individuales que invisten y actúan sus órganos o prestan servicios profesionales en él[217]; fórmula ésta de cuya inanidad da cuenta suficiente su carácter inédito. Y es –el aludido castigo o sanción– la causa, porque es el efecto natural de la incorrecta transformación del problema de fondo en el de efectividad de una obligación en sentido estricto de la Administración de resolver expresamente dentro del plazo máximo legal. La incorrección de esta subjetivización del problema luce mediante el expediente de imaginar su aplicación[218], por ejemplo, al del retraso en la resolución de los procesos judiciales; ejercicio que aboca sin duda en el rechazo por improcedente de la solución (a pesar de que los justiciables son titulares del derecho fundamental a la tutela judicial efectiva y, por tanto, a obtener una decisión en tiempo razonable) y alerta, así, de que algo falla en la construcción del silencio administrativo. Y lo que falla no es otra

---

[216] Supuesto, porque puede verse también, al revés, como un premio, ventaja o, incluso, incentivo a la abstención de toda resolución. Piénsese en los procedimientos con objeto sensible, complejo o con intereses confrontados, en los que la inactividad retribuye, pues proporciona impunidad, ya que no hay riesgo, en la omisión negligente o dolosa, de incurrir en prevaricación.

[217] Artículo 42.7 LRJPAC.

[218] *Mutatis mutandis*, pero sin que pueda aceptarse –para descartarla– la distinta «naturaleza» de la función ejecutivo-administrativa y la judicial. Pues ambas son, constitucionalmente, funciones, es decir, potestades públicas. Y, no habiendo tenido inconveniente el legislador en trasladar a la Administración la prohibición del *non liquet* (art. 89.4 LRJPAC), no se alcanza a ver que no pueda realizarse, siquiera sea a efectos dialécticos, la operación contraria.

cosa que la arbitraria conversión general en obligación sinalagmática (en función de la relación jurídico-procedimental tipo o modelo) de lo que no es sino elemento del contenido propio de toda potestad administrativa en cuanto función (al igual que la judicial, cuyo ejercicio define la CE, en su artículo 117.3, justamente como la acción de juzgar, es decir, decidir las controversias, y ejecutar lo juzgado en todo tipo de procesos[219]) y, por tanto, regla o norma de Derecho objetivo. La solicitud de un interesado que inicia un procedimiento administrativo tiene derecho ciertamente, por este solo hecho, a la tramitación y resolución tempestivas de aquél, pero en cuanto a dicha resolución únicamente a que ésta sea conforme a Derecho, en modo alguno a que estime la solicitud, cualquiera que sea su contenido[220]. Es obvio que cuando la solicitud sea conforme a Derecho (en su caso, por respetar el ejercicio del correspondiente derecho subjetivo o interés legítimo –protegido por el ordenamiento– los límites propios de uno u otro) la resolución habrá de ser estimatoria. Pero ésta es una cuestión sustantiva y, por ello, ajena a la de cuál deba ser la consecuencia de la inactividad jurídica del órgano competente de la Administración titular de la potestad de cuyo ejercicio se trata; consecuencia que no proporciona, así, base alguna –menos aún de modo general y alzado– para decidir el contenido mismo de la resolución expresa que debió producirse en determinado tiempo en un concreto procedimiento, con independencia de su objeto. Al punto es esto así, que no faltan argumentos para sostener que la opción del legislador por semejante fórmula de carácter indiscriminado y general podría ser inconstitucional por infracción del principio de división funcional del poder propio del Estado de Derecho: invasión indebida de la función ejecutiva del complejo orgánico-funcional integrado por el correspondiente Gobierno y la Administración por él dirigida, por incongruente con la propia solución legislativa –en la norma sectorial correspondiente– de entrega de la decisión última en el caso concreto

---

[219] El paralelismo entre uno y otro tipo de potestades es evidente, confirmando el razonamiento hecho en la nota anterior.

[220] Esto es justamente a lo que obedece tanto la referencia del régimen de validez de los actos administrativos, como criterio de la misma, al ordenamiento jurídico, como lo dispuesto en el artículo 89.4 LRJPAC citado en nota 218.

a la Administración y, por tanto, reserva legal de ésta –en desarrollo de la CE– a favor de esta última.

Con todo, el factor principal que hace del silencio positivo una senda sin salida, cuando menos una razonable, es su generalización o universalización. Pues su simplicidad –implica la traslación a la acción administrativa del sistema binario matemático o informático mediante la «reducción» de cualquier posible resolución a la alternativa «sí/no»– la excluye del campo de las idóneas para el tratamiento de la compleja, heterogénea y proteica materia administrativa. La generalización de la técnica es, además y en la actualidad (pertenencia de España a la UE), meramente aparente (se predica, formalmente y en los mismos términos, del ordenamiento exclusivamente nacional y el comunitario-europeo, así como el nacional de «ejecución» de éste), ya que, en realidad, es asimétrica: su instalación en el ordenamiento exclusivamente nacional no se da en el ordenamiento integrado por el bloque supranacional-interno de ejecución, de modo que la referencia a este último tiene significación específica, pues sólo puede entenderse como recepción de las concretas previsiones que en él se contengan. La no percepción adecuada de tal asimetría conduce a soluciones formalmente internas, pero funcionalmente comunitarias, difícilmente cohonestables con el Derecho europeo ejecutado[221]. En éste mismo, el planteamiento funcional que le es propio le permite no incurrir en semejantes planteamientos genéricos y formales. Las normas comunitarias pueden contener o no previsión del plazo máximo para la resolución de los correspondien-

---

[221] Así sucede con la dada a los supuestos de silencio administrativo negativo preexistentes en la disposición adicional cuarta de la Ley 25/2009, de 22 de diciembre, de modificación de diversas leyes para su adaptación a la Ley sobre el libre acceso a las actividades de servicios y su ejercicio (transposición ésta –con retoque del régimen del silencio positivo– de la llamada Directiva *Bolkenstein*). Solución, que, para mantener el *status quo*, consiste en proyectar indiscriminadamente –en negativo– sobre el silencio desestimatorio –aunque sólo para el previamente existente, no para el futuro– la generalización propia del de sentido estimatorio, al disponerse que se entiende a todos los efectos que concurren razones imperiosas de interés general en los procedimientos que, habiendo sido regulados con anterioridad por normas con rango de ley o de Derecho Comunitario, prevean efectos desestimatorios a la falta de notificación de la resolución expresa del procedimiento en el plazo previsto.

tes procedimientos[222], pero el ordenamiento supranacional derivado desconoce una fórmula general equivalente a la española del silencio positivo, incluso –en rigor– esta misma técnica[223]. De modo que hasta las «traducciones» en términos de «silencio» que de soluciones comunitarias de efectos equivalentes (pero no idénticos) para el interesado hace el legislador español resultan cuestionables[224]. Concluyente es, en todo caso, la doctrina que el Tribunal de Justicia de la UE ha sentado en esta misma materia medioambiental[225].

---

[222] Así, por ejemplo, la importante Directiva 2008/1/CE del Parlamento Europeo y del Consejo, de 15 de enero de 2008, relativa a la prevención y el control integrados de la contaminación (que ha sustituido formalmente a la Directiva IPPC 96/61).

[223] Valga el caso –por emplear normalmente las numerosas normas medioambientales comunitarias la técnica de la autorización previa– de la Directiva 90/219, de 23 de abril, relativa a la utilización confinada de microorganismos modificados genéticamente que dispone que, en ausencia de pronunciamiento administrativo contrario (a la comunicación que se le haya hecho por el interesado), ciertas utilizaciones confinadas pueden llevarse a cabo cuarenta y cinco días después de la referida comunicación; solución ésta que es sustantiva y cualitativamente diferente a la de preconstituir *ex lege* un acto administrativo favorable, ya que permite a la Administración actuar al servicio del interés general sin necesidad de destruir previamente un acto presunto.

[224] Así, por ejemplo, la previsión que del juego del silencio administrativo positivo (en los procedimientos autorizatorios de las instalaciones industriales más contaminantes) hace la Ley 16/2002, de 1 de julio, al transponer la citada Directiva 96/61, no puede considerarse conforme con ésta (como tampoco podría serlo la previsión del silencio negativo). Pues tal previsión choca con su exclusión implícita que resulta de la interpretación sistemática y teleológica de la norma que se refiere una y otra vez a la necesidad de una autorización escrita, acompañada de las condiciones que garanticen el cumplimiento de los requisitos establecidos por dicha norma.

[225] Esta jurisprudencia se ha plasmado por ahora en los siguientes pronunciamientos:
La Sentencia de 28 de febrero de 1991, *Comisión v. Italia* (asunto C-360/87) declaró, saltando por encima del principio de autonomía institucional y procedimental de los Estados Miembros, la incompatibilidad con la Directiva 80/68 (sobre protección de las aguas subterráneas) de una «autorización presunta» para ciertas clases de vertidos prevista por la normativa italiana que la transpuso al ordenamiento italiano.
La Sentencia de la misma fecha, es decir, 28 de febrero de 1991, *Comisión v. República Federal de Alemania* (asunto C-131/88) afirma ya, en relación con la normativa alemana de transposición de la misma Directiva 80/68 –igualmente previsora de la desestimación presunta de las solicitudes de autorizaciones de vertido transcurrido determinado plazo máximo legal– la exigencia por la Directiva de la existencia de una resolución expresa estimatoria o desestimatoria, no en último término como consecuencia del requerimiento de que la autoridad estatal competente practique, con motivo de toda solicitud de vertido, las

Lo dicho no quiere tener ninguno de los siguientes significados:

– La oposición del Derecho Comunitario (como tampoco del propio) al establecimiento de mecanismos resolutorios de la incidencia negativa de la inactividad jurídica de la Administración. Buena y reciente prueba de ello es la ya invocada Directiva *Bolkenstein* para el sector de prestación de servicios. Pero debe hacerse notar que en modo alguno postula o siquiera lleva más o menos indirectamente a la fórmula del silencio. Antes al contrario dispone la libertad de acceso a la actividad correspondiente, sin perjuicio de la declaración-comunicación de tal acceso (y del cumplimiento de las condiciones legales para ello), desmontando así la necesidad de una intervención administrativa previa capaz de motivar presunciones legales de estimación o desestimación y permitiendo consecuentemente el paralelo pleno ejercicio de la o las potestades administrativas pertinentes respecto de la actividad a emprender o ya emprendida y, por tanto, en ejercicio. Desde la perspectiva interna, pues, la «ejecución» de tal sistema no puede pasar por la técnica del silencio, sino por la reconstrucción –sin afectación del *status* del interés general– de la intervención administrativa capaz de acompañar el nacimiento, desarrollo y cancelación de la actividad privada.

– La procedencia sin más del abandono completo de la técnica del silencio administrativo y si únicamente de su carácter de mecanismo general y universal (que sólo cede ante expresas excepciones legales) productor de situaciones equiparadas a las derivadas de actos administrativos favorables expresos. Es claro que nada se opone a su empleo como técnica concretamente referida a aquellos supuestos tasados (aunque determinables por materias) en los que, por sus características, sea posible predeterminar normativamente la solución a la tensión y el conflicto entre el interés general y el interés particular. Lo que ocurrirá en

---

averiguaciones y los análisis pertinentes. Con idéntico resultado de incompatibilidad del mecanismo estatal con la norma comunitaria.

Y, finalmente, la posterior Sentencia de 14 de junio de 2001, *Comisión v. Bélgica* (asunto C-230/00), referida a legislación belga de transposición de varias Directivas (75/442, sobre residuos; 76/464, sobre contaminación causada por determinadas sustancias peligrosas vertidas en el medio acuático; 80/68, sobre protección de las aguas subterráneas contra la contaminación causada por determinadas sustancias peligrosas; 84/360, sobre contaminación atmosférica procedente de las instalaciones industriales; y 85/337, sobre evaluación de impacto ambiental), ratifica y amplía su doctrina. Ante la previsión por la aludida legislación belga, para algunos supuestos, de un régimen de denegación (de la solicitud) y estimación (del recurso contra la denegación de la solicitud) presuntas de las pertinentes autorizaciones (es decir, un esquema de presunciones legales muy parecido al general establecido por la LRJPAC), el fallo afirma la exigencia de un examen de las solicitudes caso a caso y, por tanto, la incompatibilidad de la solución legal con el Derecho europeo de pertinente aplicación.

todo caso allí donde, de un lado, la posición constitucional del ciudadano sea fundamental (ámbito más cercano al valor de la libertad) y, de otro lado, la intervención administrativa esté rigurosamente reglada (agotándose prácticamente en el modelo de la aplicación de la norma del tipo subsunción en ella del caso concreto). Y, por supuesto, nada obsta tampoco a la subsistencia de su juego en las relaciones interorgánicas de fiscalización y tutela y las interadministrativas en las que esté en juego la autonomía garantizada por la norma constitucional, con relevancia constitucional o cuya configuración legal responda a un sustrato real; relaciones todas ellas que no han sido contempladas en este trabajo.

La superación de la aporía que supone hoy el silencio administrativo en general, pero particularmente el de signo positivo o estimatorio, pasa, pues, por la correcta identificación de la cuestión de cuya resolución se trata. Ésta no reside –o no reside principalmente– en las consecuencias negativas que para el interés particular se derivan del incumplimiento de una pretendida obligación *stricto sensu* de la Administración de resolver expresamente en tiempo, pues si así fuera únicamente se habría conseguido desplazar aquélla de lugar, convirtiéndola –por coherencia– en la de las consecuencias negativas que para el interés general comporta el ejercicio de la facultad o el derecho o la actuación del interés privados sin pronunciamiento expreso sobre su conformidad con él. Reside en asegurar la resolución expresa sobre el interés general en tiempo razonable. Planteada así la cuestión, el silencio administrativo: i) sólo debería ser en principio posible ya en los supuestos en que, dada la constelación de intereses, no sea constitucionalmente preferible la solución de permisión del ejercicio del derecho o facultad o desarrollo de la actividad privados desde su declaración o comunicación a la Administración, sin perjuicio de la procedencia del expedito ejercicio por ésta de las potestades que tenga atribuidas para hacer efectivo el interés general, o, dicho de otra forma: únicamente es pertinente allí donde el interés general exija, en términos justificables constitucionalmente, un pronunciamiento previo administrativo; y debería quedar desprovisto –en el campo donde fuera en principio posible– de su condición de fórmula general de superación de la inactividad jurídica y reducido su juego –allí donde se justifique su superioridad sobre la fórmula que debería establecerse con carácter general– a los supuestos excepcionales expresamente previstos por el legislador formal. Y ello tanto para el silencio positivo, como para el negativo y los procedimientos iniciados a instancia de interesado, como incoados de oficio (en los que –estos últimos– la regla general debería seguir siendo, por cierto, la caducidad). Quiere decirse, pues, que, como apuntan ya claramente las recientes fórmulas adoptadas, en sede de la ley de la jurisdicción contencioso-administrativa, para superar la inactividad administrativa no cubierta hoy por la técnica del silencio administrativo, la dirección correcta en el aludido campo no sería otra que la que –volviendo a lo esencial de la idea a que en su origen respondió el establecimiento de dicha técnica– facilite y garantice al máximo la resolución efectiva de los asuntos según sus características y circunstancias concretas.

La evolución y configuración actual del recurso contencioso-administrativo como proceso cuyo objeto se agota en las pretensiones deducidas a propósito de una actuación (por acción u omisión) de la Administración posibilita la actualización de la referida idea originaria con garantía de su efectividad y sin afección alguna al *status* del interés general. Para ello bastaría con: i) el establecimiento de la admisibilidad del recurso contencioso-administrativo deducido directamente, una vez transcurrido –desde su iniciación o incoación– el plazo máximo legal de duración del correspondiente procedimiento, contra la inactividad jurídica consistente en la no notificación de resolución expresa; y ii) la previsión de la posibilidad del dictado por la Administración de resolución expresa hasta el trámite de contestación a la demanda, con la doble consecuencia posible de archivo de las actuaciones por satisfacción extraprocesal, cuando así proceda[226]; y continuación de la tramitación del proceso, ampliado el recurso al conocimiento del acto dictado, en caso de disconformidad total o parcial con éste del recurrente. En esta solución, que preserva la economía de la relación entre el interés general y el particular sin incurrir en escoramiento a favor o disfavor del segundo, el dictado de resolución expresa (en términos constitucionales: el servicio eficaz del interés general de conforme a la ley y al Derecho) está plenamente asegurado, en último término, en sede de la ejecución de la sentencia que se dicte y gracias a los poderes

---

[226] Con más, lo que redondearía la fórmula, la condena en costas a la Administración.

de que en tal sede goza actualmente el juez contencioso-administrativo según los artículos 108 y 112 LJCA.

c) El replanteamiento de la policía administrativa de las actividades privadas, en particular de las de prestación de servicios

En el contexto de los procesos de reforma aludidos, los términos de la transposición general de la Directiva comunitaria *Bolkenstein* de 2006 han comportado, en efecto, la liquidación[227] del «sistema autorizatorio» clásico[228] sobre el que había venido girando la referida policía con consecuencias en el triple orden normativo, administrativo y aplicativo (propio de los llamados operadores), sin ser sustituido por otro alternativo. En la medida en que la Directiva (y, por tanto, su transposición) somete a límites el establecimiento interno de condiciones al acceso y ejercicio (con o sin establecimiento) de las actividades de prestación de servicios, independientemente de si tales condiciones son o no potencialmente susceptibles de tener efectos diferenciados, es decir, de afectar a aquel mercado, supone en todo caso un verdadero salto cualitativo. Pues aún habiéndose avanzado previamente en el muestrario tradicional de técnicas de intervención administrativa *ex ante* y no siendo del todo desconocidas en Derecho interno las nuevas técnicas puestas al servicio del control administrativo *ex post*[229], tal evolución no representa por ahora una verdadera quiebra del apuntado sistema tradicional. El efecto es, así y de una vez, un cambio radical en el régimen de la policía adminis-

[227] Salvo los supuestos excepcionales en los que se haga presente una razón imperiosa de interés general, si bien la pertinencia de tales supuestos queda bajo el control último de la instancia judicial comunitario europea

[228] Así califica su efecto E. Linde Paniagua, «Notas sobre el objeto, ámbito y reglas de aplicación de la Directiva relativa a los servicios en el mercado interior», *Revista de Derecho de la Unión Europea*, 14, 2008, ejemplar dedicado a la Directiva relativa a los servicios en el mercado interior, pp. 35-46.

[229] Sobre los precedentes históricos y actuales de las declaraciones juradas y las comunicaciones, véase F. López Menudo, «La transposición de la Directiva de Servicios y la modificación de la Ley 30/1992: el régimen de la declaración responsable y de la comunicación previa», *Revista Española de la Función Consultiva*, 14, julio-diciembre 2010, pp. 111 y ss.

trativa de la actividad particular que, si puede discutirse si determina o no el montaje de un nuevo Derecho Administrativo, no puede cuestionarse que obliga a un profundo cambio de la «cultura» administrativa establecida con repercusiones en la organización, el funcionamiento, los medios personales de las Administraciones e, incluso, el régimen sustantivo y procedimental de sus actos y, en general, su actuación, así como en el entendimiento de la relación Administración-destinatario de ésta. Desde el punto de vista del control de los procesos sociales, el impacto sobre la Administración pública y, sobre todo, la práctica administrativa es, pues, ciertamente negativo, puesto que ni se regula con la suficiente densidad el nuevo modelo de policía[230], ni se asegura el necesario proceso de «reconversión» del sistema administrativo (para su paso, sin pérdida de efectividad –en garantía del orden social–, de la lógica y la praxis propias de la intervención previa de las actividades a las inherentes a la supervisión que acompaña el desarrollo de éstas), con agravación del fenómeno de mutación constitucional por virtud de la integración europea antes expuesto[231]. Pero tampoco se establece, lo

---

[230] La regulación en la legislación general del procedimiento administrativo común de las nuevas técnicas sustitutivas de la autorización y la concesión es a todas luces excesivamente genérica, confusa e insuficiente, no permitiendo una explicación suficiente de su régimen jurídico completo (en este sentido S. MUÑOZ MACHADO, «Las transformaciones del régimen jurídico de las autorizaciones administrativas», *Revista Española de la Función Consultiva*, 14, julio-diciembre 2010, pp. 85 y ss.). Falta por completo, por ejemplo, la regulación legal de los procedimientos, los contenidos y las garantías respecto de los actos de verificación y control de las actividades privadas, así como del régimen de cesación en las mismas y, en su caso, la subsanación de los defectos que en su declaración o comunicación hayan incurrido los particulares consecuencias de la actuación irregular del interesado y desde luego la relación entre responsabilidad administrativa y penal. El resultado actual es la inseguridad jurídica, de un lado, y, de otro y como consecuencia del expuesto «carácter endeble» (expresión acuñada por F. LÓPEZ MENUDO, *La transposición...*, cit. en nota anterior), la ruptura de la condición común del procedimiento administrativo vía aparición de regímenes autonómicos que lo fragmentan, incidiendo incluso en el régimen de validez de declaraciones y comunicaciones (aparición de la que el citado autor califica de *validez territorial*).

[231] Dada su lógica (en particular, la erección del principio de proporcionalidad, y precisamente el determinado por el Tribunal de Justicia de la UE, en el criterio último y decisivo de cuantas normas regulen internamente los distintos servicios por él cubiertos), el bloque formado por la Directiva y su simple traducción interna tiene, en tanto que desarrollo del Derecho originario comunitario, vocación de imponerse en sede aplicativa por la vía de la intervención última, en garantía de la primacía del Derecho supranacional e incluso después de un pronunciamiento del Tribunal Constitucional efectuado sobre la base de la interpre-

que no es menos grave, el régimen general de la actividad administrativa indispensable (llámese vigilancia, supervisión o inspección) para la efectividad del control administrativo *ex post*; actividad cuya vigencia general en la Administración se ha perdido en el Derecho Administrativo español.

El impacto ha alcanzado incluso al régimen de la intervención administrativa *ex ante* que aún pervive y es doble: i) la restricción de la salvedad al juego del silencio positivo –en los procedimientos iniciados a instancia de interesado– a los supuestos en los que una norma con rango de ley por razones imperiosas de interés general o una norma de Derecho Comunitario establezca lo contrario; y ii) la conversión de la técnica del silencio positivo, de concreta técnica ficcional al servicio de la superación del obstáculo de la falta de pronunciamiento administrativo para el acceso a la tutela judicial efectiva en efecto universal, dotado de los atributos propios de un acto expreso (salvo excepción de su producción por norma legal o comunitaria equivalente), del incumplimiento del deber de resolver en plazo cualquier procedimiento iniciado a instancia de interesado (con independencia de su objeto).

d) La introducción, al hilo de la fragmentación funcional del control administrativo por espacios sociales y consecuentemente de la organización administrativa, de la llamada «regulación» como nuevo instrumento administrativo de control social, puesto en manos de las llamadas Administraciones independientes, en determinados y completos sectores económico-sociales

El perfil de este nuevo instrumento es todo menos claro, siendo seguro sólo la no identidad de regulación y normación. Trae causa fun-

---

tación de la Constitución y la ponderación, por lo tanto, de los bienes constitucionales en presencia. Con el resultado del desmantelamiento de su posición de garante exclusivamente de la constitucionalidad (sin contaminación alguna de cualquier otra normatividad, sobre todo la comunitaria europea) hasta ahora cuidadosamente construida por el Tribunal Constitucional y el consecuente posible deterioro –por desvirtuación de su propio sistema– de la posición de la Constitución misma.

damentalmente del proceso de desmantelamiento progresivo, mediante su entrega al mercado, del papel de la empresa y el servicio públicos
en sentido estricto en la dación de bienes y servicios básicos propia
de la llamada Administración prestacional, especialmente en los sectores de funcionamiento en red como las telecomunicaciones, el correo,
el ferrocarril y la energía; consiste en el instrumento adecuado para
asegurar el funcionamiento mínimamente eficiente del correspondiente sector-mercado; y ha dado lugar ya a un «Derecho administrativo
de la regulación»[232] que se ofrece –no obstante la indeterminación de
su objeto– como la cifra misma de una Administración a la altura de
los tiempos o, simplemente, «moderna», en tanto que expresión de la
transformación del Estado prestador en mero garante de las prestaciones con transmutación de su responsabilidad de dar en otra de regular
la dación. Su especificidad –ilustrativa de la novedad que aporta– puede
verse quizás en consistir en una *autorregulación regulada*, siendo «autorregulación», el conjunto de los efectos del mercado tras una privatización por medio de la competencia; y «regulación», la intervención
estatal que asegura la efectividad de los intereses públicos. En todo
caso, se está ante la respuesta a fenómenos en curso que imponen la
reestructuración del papel del poder público en la configuración de las
condiciones de vida social como consecuencia de la lógica de la economía (la liberalización y la privatización en el contexto de la llamada
globalización).

II. LA SITUACIÓN DE LA CIENCIA JURÍDICO-ADMI-NISTRATIVA ESPAÑOLA: LA NECESIDAD DE UNA VERDADERA REFORMA

La situación en el Derecho español es distinta a la de los Derechos
inglés y francés y similar a la del alemán. Es clara, en efecto, la necesidad de una reforma ya por razón de la distancia que se ha ido estable-

---

[232] Serie de volúmenes (ocho) incluidos en la colección dirigida por S. Muñoz Machado
sobre Derecho de la regulación económica en Iustel (en coedición con distintas instituciones), Madrid.

ciendo entre el Derecho Administrativo como construcción dogmática y el Derecho Administrativo jurídico-positivo y real[233]. No puede olvidarse que los fundamentos de la dogmática actual y dominante en la comunidad científica:

– Son fruto no tanto de la decantación de una labor histórica colectiva de construcción sistémica, cuanto, en lo esencial, de la labor de señalados juristas preocupados por la puesta al día de España en el contexto europeo y abiertos por ello desde el principio a la influencia de los sistemas dogmáticos de nuestro entorno. Lo que al propio tiempo que explica la especial posición de la doctrina científica y su relación tanto con la legislación, como especialmente la jurisprudencia, ha dado lugar, hasta ahora, a una notable estabilidad del edificio dogmático no obstante los cambios en el Derecho positivo, incluido el de rango constitucional, sea interno o supranacional (en particular, por inexistencia de una fluida y adecuada retroalimentación desde los sectores claves y más innovadores del mismo)[234].

– Su planteamiento queda condicionado –en su primer y decisivo desarrollo en el régimen autocrático franquista– por la doble necesidad de suplir la ausencia de Constitución y Derecho Constitucional y racionalizar, por tanto, la acción del poder público (todo él) desde las pautas propias del Estado de Derecho de corte europeo. Se entiende así su énfasis, hasta hoy, en: i) el método jurídico (con separación radical respecto de la ciencia de la Administración, a la que queda

---

[233] En este sentido J. A. Santamaría Pastor, *Principios de Derecho Administrativo General*, I, Iustel, Madrid, 2004, pp. 61 y 62, ha indicado acertadamente que el impacto de la nuevas realidades y necesidades «han dado lugar a cambios sustanciales en la forma de actuar de las Administraciones públicas y en la propia configuración de los Estados constitucionales» que, sin embargo, «no se han visto seguidos de una revisión a fondo de las instituciones del Derecho administrativo, que permanecen ancladas en unos presupuestos históricos, sociales y económicos que ya no corresponden a los de las sociedades actuales».

[234] A este respecto son ciertamente expresivas las palabras que dentro del apartado dedicado por S. Martín-Retortillo Baquer en *Instituciones de Derecho administrativo*, Thomson & Civitas, Cizur Menor, 2007, pp. 68 y 69, a la etapa de «Afirmación y esplendor del derecho administrativo español», nos recuerdan, primero, que «desde los años sesenta una serie de Leyes, que en todo caso hay que ubicar en el contexto del momento, van a establecer nuestro Derecho administrativo actual conforme a criterios en extremo depurados, en un proceso progresivo y creciente de búsqueda y afirmación de lo que es el Estado de Derecho» y, en segundo lugar, que «el fenómeno que ahora refiero tendría su origen, y posterior desarrollo en torno a la *Revista de Administración Pública* en la que, sencillamente, se escribe un Derecho administrativo del todo distinto al hasta entonces al uso (...) será bastión en el proceso de juridificación sustantiva del actuar administrativo y, también, conforme al conocido título del trabajo de Eduardo García de Enterría, en la 'Lucha contra las inmunidades del Poder'».

remitida la dimensión real o «no jurídica» de ésta); ii) la consideración de la Administración esencialmente como *potentior personae*[235]; y iii) la concentración en la actuación «externa» de la misma, entendida como ejecución-aplicación de la Ley y el Derecho y derechamente dirigida a producir actos jurídicos, para el control de sus límites jurídicos, especialmente por el juez y en términos de tutela de los intereses individuales de sus destinatarios[236].

Se entiende perfectamente su éxito en el momento constituyente y en la primera fase del desarrollo constitucional. Pero también las difi-

---

[235] La dificultad prácticamente insuperable de la acotación orgánica y funcional de la Administración ha conducido (con gran éxito para la autonomía, la integridad y el desarrollo de la disciplina), en efecto, a su definición por el dato formal de la personalidad, que permite el tratamiento dogmático «general» de la peculiar relación jurídica entre el Estado administrador y el ciudadano: el Derecho Administrativo como Derecho estatutario. Noción acuñada, como se sabe, por E. García de Enterría en su ya clásico trabajo «Verso un concetto di Diritto Amministrativo come Diritto statutario», *Rivista Trimmestrale di Diritto Pubblico*, 23, 1960, y que hoy dicho autor mantiene inalterable, junto con T. R. Fernández, en el *Curso de Derecho administrativo* (vol. I, 15ª ed., Civitas/Thomson Reuters, Madrid, 2011, pp. 48 y ss.), al conceptuar el Derecho Administrativo como el Derecho propio y específico de las Administraciones públicas en cuanto personas y, más concretamente, el Derecho común de éstas, cuya especificidad y características derivan del equilibrio entre privilegios y garantías. Sobre la línea de continuación de esta perspectiva del Derecho Administrativo es bastante clara la conclusión de L. Martín Rebollo en su excelente «Introducción general sobre Derecho Administrativo», *Leyes administrativas*, 17ª ed., Thomson & Aranzadi, Cizur Menor, 2011, p. 60: «En suma, el Derecho Administrativo como conjunto de potestades y de sometimientos, como un mecanismo de búsqueda de la eficacia y como instrumento de control también. En síntesis del todo apretada, como un *conjunto de privilegios y de un fuero especial*». Esta conclusión resulta de la afirmación de los siguientes contenidos básicos del Derecho Administrativo: i) el sometimiento a la Ley y al Derecho; ii) la regulación concreta de los privilegios y de los sistemas de control (calificados como esencia del Derecho Administrativo); y iii) la regulación del sistema de fuentes y el de control de la actividad de la Administración (calificados como el núcleo del Derecho Administrativo).

[236] Destacadamente, sobre esta cuestión, puede verse, recientemente, E. García de Enterría, *Las transformaciones de la justicia administrativa: de excepción singular a la plenitud jurisdiccional. ¿Un cambio de paradigma?*, Thomson & Civitas, Madrid, 2007, p. 147, donde concluye afirmando que «hoy el juez contencioso-administrativo tiene la obligación de tutelar en su plenitud ese espacio de libertad que el ciudadano contemporáneo ha conquistado definitivamente y sólo desde el cual puede ser capaz de construir y proteger su vida personal, en su integridad. Sólo ahora, por vez primera en toda su larga historia, el juez contencioso-administrativo es definitivamente capaz de otorgar a los ciudadanos una justicia plenaria y efectiva. Esta es la formidable actualidad de la técnica contencioso-administrativa de protección del ciudadano tras sus últimas y bien recientes regulaciones».

cultades a que se viene enfrentando desde entonces ante los retos que plantea el desarrollo real del Estado bajo la fórmula constitucional de Estado autonómico social y democrático de Derecho, abierto, además, a la integración comunitario-europea y al Derecho Internacional. La reacción en el sentido simplemente de encajar en el edificio establecido el nuevo orden constitucional (sin consideración efectiva, además y en toda su extensión e intensidad, de la importancia real del orden comunitario-europeo), conducente a una comprensión demasiado rígida de la relación entre Derecho Constitucional y Administrativo, ha venido cegando las posibilidades de generación de las condiciones para la puesta en marcha de un verdadero proceso de reforma del Derecho Administrativo como tal. La prueba está en la visible pérdida por la ciencia jurídico-administrativa de su papel orientador, cuyo efecto más visible es la huida hacia el estudio de cuestiones concretas de alcance sectorial, cuando no al mero comentario de las novedades legislativas. Y ello, a pesar de no faltar las llamadas indirectas, pero contundentes, de atención[237], que han puesto sobre la mesa la necesidad y la urgencia de puesta al día del Derecho Administrativo.

El desequilibrio de esta forma, inducido entre los valores de estabilidad y flexibilidad, unido a excesos y desviaciones en la acción del poder público, explican quizás que, por el contrario, la reacción ante las rápidas transformaciones en curso, especialmente en los planos constitucional y legislativo, consista más bien en cierta tendencia en la ciencia jurídico-administrativa: i) al reforzamiento del modelo establecido y la insistencia en la dimensión de aseguramiento de la sumisión al Derecho (en el caso concreto); y ii) a la desconfianza frente a cualquier evolución o innovación que pueda poner en cuestión o riesgo lo uno o lo otro. Pero en modo alguno justifican tal posición y, menos aún, su permanencia.

El Derecho Administrativo ha perdido así entre nosotros en gran medida su capacidad de establecimiento y garantía de un suficiente or-

---

[237] Como la reflexión de S. Muñoz Machado, *Constitución*, Iustel, Madrid, pp. 312 y ss., en torno al orden comunitario de porte constitucional, en la que pone descarnadamente al descubierto la distancia entre la dogmática y la realidad.

den por lo que hace al poder público administrativo y su actuación. Y desde luego falla en su función de ordenación, orientación y puesta a disposición de categorías, institutos y técnicas idóneos para las demandas actuales. Reina en él una apreciable desorientación en cuestiones centrales para el entero sistema, abundando el tratamiento sectorializado, en muchas ocasiones a título de mero comentario, de las novedades legislativas y administrativas y a remolque de unas y otras; tratamiento carente, por ahora, de verdadera repercusión retroalimentadora del edificio dogmático.

Los intentos habidos en la década de los años ochenta por suscitar en la doctrina científica un proceso de reforma desde la óptica de la constitucionalización del Derecho Administrativo[238] no han logrado cuajar, sin perjuicio de la muy meritoria tarea cumplida aisladamente por algunos autores ya en la década de los noventa y hasta hoy[239] y alguna iniciativa, aún incipiente, de carácter colectivo[240]. En la actualidad es imperioso generar un clima propicio a la toma de conciencia por la doctrina científica de la inaplazabilidad en términos –tomando a préstamo la expresión

---

[238] L. PAREJO ALFONSO, *Estado social y Administración pública. Los postulados constitucionales de la reforma administrativa*, Civitas, Madrid, 1983 y, más tarde, *Crisis y renovación en el Derecho público*, CEC, Madrid, 1991. No obstante, deben recordarse intentos anteriores como el ya citado de A. NIETO, «La vocación del Derecho administrativo de nuestro tiempo», *RAP*, 76, 1975.

[239] Es de destacar la ambiciosa empresa individual acometida por S. MUÑOZ MACHADO en su obra, aún no desarrollada por completo, *Tratado de Derecho administrativo y Derecho público general*, Iustel, Madrid, comenzada a publicar (vol. I) en 2005 y que ha avanzado hasta el vol. IV (editado en 2011).

[240] Como la impulsada desde la Universidad de Huelva por J. Barnes de reuniones periódicas hispano-germanas en torno justamente a la cuestión de la reforma o renovación del Derecho Administrativo y que ha logrado, por ahora, la celebración de dos jornadas entre sendos grupos de administrativistas, aglutinado –el alemán– por E. Schmidt-Aßmann, uno de los más destacados representantes de la corriente doctrinal que recibe la denominación de «nueva ciencia-jurídico-administrativa». Las contribuciones a la primera jornada han sido publicadas ya en la obra colectiva *Innovación y reforma en el Derecho Administrativo*, Javier BARNES (Ed.), Global Law Press-Editorial Derecho Global, Sevilla, 2006. Las efectuadas a la segunda se encuentran recogidas en J. BARNES (Ed.), *La transformación del procedimiento administrativo*, Global Law Press-Editorial Derecho Global, Sevilla, 2009. Igualmente, se había celebrado con anterioridad un seminario en Madrid sobre el método del Derecho Administrativo, que fue también recogido en la primera obra antes citada, bajo el mismo impulso y dirección.

utilizada en Alemania por E. Schmidt-Aßmann[241]– de empresa colectiva (que aúne y sistematice los esfuerzos aislados existentes en una tarea de conjunto)[242].

A este efecto, la situación de partida entre nosotros es equiparable, en lo esencial, a la de Alemania: permanencia, como referencia, del modelo tradicional de Administración correspondiente a la versión clásica del Estado de Derecho. La peculiaridad propia consiste en que ese modelo aparece lastrado, por las siguientes características (sin las cuales no puede explicarse el carácter dominante de la llamada concepción estatutaria del Derecho Administrativo, a pesar de la realidad de la extensión de éste a toda acción de poder público distinto al legislativo y el judicial):

a) Inercia de la configuración objetiva y típica de los dos sujetos de la relación jurídico-administrativa básica conducente al acto (cuya teorización aparece escorada del lado del control judicial[243]) a pesar del socavamiento de sus fundamentos por el Derecho Constitucional en función de la posición fundamental que otorga al ciudadano desde la centralidad del valor de la libertad (el libre desarrollo de la personalidad en una sociedad ordenada conforme al orden constitucional) desagregado en un elenco de derechos fundamentales y libertades públicas; posición que diversifica la que ostenta, según su contenido y objeto, en las diferentes relaciones que traba con la Administración pública. Con focalización de la atención en el acto y el contrato y marginación de la realidad y la dinámica de la relación misma, así como de todo lo referente a la organización y el funcionamiento inte-

---

[241] Véase E. Schmidt-Assmann, ya en *Das Allgemeine Verwaltungsrecht als Ordnungsidee*, Heidelberg, Springerverlag, 1998. Hay traducción española de varios autores aparecida con el título: *La teoría general del Derecho administrativo como sistema. Objeto y fundamentos de la construcción sistemática*, INAP/PONS, Madrid, 2003.

[242] A esta necesidad de una profunda reforma del Derecho Administrativo me he referido también en «Problemas actuales del Derecho Administrativo», ponencia presentada en el XVII Congreso Italo-español de Profesores de Derecho Administrativo, celebrado en la Universidad de Zaragoza del 23 al 25 octubre de 2008, publicado en A. L. Ruiz Ojeda (Coord.), *El gobierno local: estudios en homenaje al Prof. L. Morell Ocaña*, Iustel, Madrid, 2010, pp. 953 a 984.

[243] R. Bocanegra Sierra, *Lecciones sobre el acto administrativo*, Civitas, Madrid, 2002, y luego «El concepto de acto administrativo», en *Estudios de Derecho público económico. Libro homenaje al Prof. Dr. D. Sebastián Martín-Retortillo*, Civitas, Madrid, 2003. También, más recientemente y con propuestas renovadoras, *La teoría del acto administrativo*, Iustel, Madrid, 2005.

rior de la Administración. La relación jurídico-administrativa típica sigue siendo así la bilateral Administración-ciudadano interesado-afectado y tiene, en principio, un contenido también típico determinado por el Derecho objetivo (el estatutario de la Administración) que, en cuanto exorbitante del Derecho común, conduce a la consideración de la posición de la Administración como un privilegio que demanda la normalización por el rasero del Derecho común, especialmente en el terreno definitivo de la contienda judicial, que es la que produce la única decisión verdaderamente final (lo que supone la paralela relativización de la decisión administrativa sólo como primera palabra; relativización congruente con la identificación de la acción administrativa con la ejecución-aplicación del Derecho Administrativo carente de cualquier otra legitimación distinta de la jurídica).

b) Tendencia a la administrativización al máximo del poder público como técnica para lograr la más plena sujeción de éste al Derecho, el entendimiento de la actividad administrativa como ejecución de éste (capaz de prefigurar todas sus aplicaciones posibles) y el control de dicha ejecución por la jurisdicción contencioso-administrativa. Con la consecuencia de la focalización del Derecho Administrativo en la lucha por la completa sumisión del poder público al Derecho, entendiendo así los ámbitos en que la decisión está entregada a la Administración en diversa medida (cláusulas generales, conceptos jurídicos indeterminados, margen de apreciación, discrecionalidad) como inmunidades a batir por incompatibles con el modelo[244].

Específico es por ello también el juego del modelo como criterio de referencia (no ya de normalidad, sino de admisibilidad o corrección científicas). Opera como barrera no escrita en el proceso de actualización de la dogmática. La posición básica de la comunidad científica es defensiva de la integridad y consistencia del modelo establecido (la creativa, dependiente del entendimiento de la función propia como generación y actualización de las condiciones para que la Administración pueda cumplir las tareas que le son propias en el Estado autonómico democrático y social de Derecho integrado en la Unión Europea, es todavía minoritaria, dispersa e insuficiente). Utilizando la imagen

---

[244] Este enfoque ya en el trabajo de E. GARCÍA DE ENTERRÍA, «La lucha contra las inmunidades del poder en el Derecho Administrativo (poderes discrecionales, poderes de gobierno, poderes normativos)», *RAP*, 38, mayo/agosto 1962; y luego *La lucha contra las inmunidades del poder en el Derecho Administrativo*, Civitas, Madrid, 1974, con ediciones ulteriores. Al respecto también T. R. FERNÁNDEZ, *De la arbitrariedad de la Administración*, 5ª ed. ampliada, Civitas, Madrid, 2008.

acuñada por E. Schmidt-Aßmann: en el sistema español la doctrina científica no es tanto precursora como mero acólito-comentador y todo lo más sistematizador.

El resultado es esquizofrénico: mantenimiento del modelo, pero continuada propuesta-aceptación de soluciones –especialmente por recepción acrítica desde otros sistemas ajenos– que implican la huida, la ruptura o la excepción; soluciones que simplemente se adicionan y no integran suficientemente –renovándolo– el edificio dogmático.

Estas circunstancias vienen impidiendo que las ventajas de la ciencia jurídico-administrativa española, entre las que son destacables el dinamismo y el comparatismo, puedan venir traduciéndose en avances dogmáticos acordes con el espectacular desarrollo científico habido en las últimas décadas. En general, el panorama doctrinal es, a este respecto, más confuso que clarificador.

III. LA REFORMA DEL DERECHO ADMINISTRATIVO COMO CONDICIÓN PARA HACER FRENTE A LOS RETOS ACTUALES Y DE FUTURO

En este contexto no ha sido posible hasta ahora, en el sistema español, el establecimiento –a la luz del Derecho Constitucional, Comunitario-europeo e Internacional– de una adecuada relación de alimentación recíproca entre el Derecho Administrativo general y el especial. El anclaje del primero en el modelo y las categorías tradicionales y la rápida evolución que viene experimentando el segundo (y que se ha acelerado a partir de los años noventa del siglo pasado; dinámica que va a mantenerse e, incluso, intensificarse), sumada a su diversificación como consecuencia de la distribución territorial de la competencia legislativa, determinan: i) el carácter más que dudoso de la influencia del Derecho Administrativo general en el especial y del reflejo adecuado y la capacidad de explicación y encuadramiento del segundo por el primero, como pone de relieve un simple repaso de la situación, por ejemplo, en los campos de la organización, el procedimiento administrativo, los bienes públicos o las ayudas o subvenciones públicas, no digamos ya del llamado Derecho de la regulación económica o del medioambiental; y, por tanto, ii) la escasa retroalimentación por el Derecho Administrativo especial del general, con la expresada consecuencia de que éste ha ido perdiendo paulatinamente en capacidad de ordenación y orientación. Los ejemplos que aquí pueden traerse a colación son múltiples, pero el fenómeno se produce con especial intensidad en los campos de la economía, la técnica, el medio ambiente, la ordenación del territorio y el urbanismo, así como –desde luego– la ordenación de los sectores liberalizados (electricidad, telecomunicaciones, hidrocarburos, etc.).

La disfunción comentada puede expresarse igualmente en términos de desequilibrio de los valores de estabilidad y flexibilidad. Las rápidas transformaciones en los planos constitucional y legislativo, que impiden además la decantación de una jurisprudencia contencioso-administrativa de referencia, explican quizás, especialmente en su unión con excesos y desviaciones en la acción del poder público, la tendencia de la ciencia jurídico-administrativa al reforzamiento del modelo establecido y a la desconfianza frente a cualquier evolución o innovación que pueda ponerlo en cuestión o riesgo. Pero en modo alguno justifican esta posición; menos aún su permanencia.

De resultas de lo dicho, puede decirse que el Derecho Administrativo general español muestra, en particular, signos de cierto ensimismamiento por insuficiencia en su permeabilidad a su real e inevitable europeización e internacionalización pese a que tales procesos han progresado visiblemente (aunque quizás no de manera ordenada y adecuada) en los diversos sectores administrativos concretos, como resulta de los ya abundantes estudios monográficos dedicados a éstos.

El déficit apreciable así en el desarrollo científico del Derecho Administrativo general amenaza con agravarse seriamente por razón tanto de la creciente constitucionalización de la Unión Europea (formal, pero no materialmente frustrada), como de la reforma formal y material de la Constitución (comprensiva del replanteamiento de las condiciones de financiación de la acción estatal y de la organización territorial del Estado, cumplida ésta desde abajo y sobre la base de la reforma de los

Estatutos de Autonomía). La primera multiplica y hace más complejos los problemas ligados a la constitucionalización del Derecho Administrativo. Y la segunda se desenvuelve sin poder contar con orientaciones claras y útiles por parte de éste.

IV. LOS PRESUPUESTOS DE LA REFORMA

Ciertamente es preciso un cambio en el modo de pensar en la línea de la autocomprensión de la ciencia jurídico-administrativa como la que tiene por objeto el Derecho Administrativo en tanto que ciencia de la dirección social que: i) ha de suministrar los idóneos instrumentos al efecto incorporando la perspectiva de la exigencia de efectividad del Derecho objetivo y que ii) es consciente de que éste opera en el seno de una compleja constelación de «relaciones sociales directivas» (con aceptación de que no posee el monopolio, pero sin renunciar por ello a las pretensiones que le son inherentes). El cambio aparece facilitado, además, por el desarrollo en los últimos tiempos de líneas de investigación en tal sentido, desde la economía (el análisis económico del Derecho) y la ciencia política y de la Administración, pero igualmente desde la propia ciencia jurídica, incluso la jurídico-administrativa.

Es desde luego igualmente necesaria (especialmente desde la perspectiva de la integración del Estado en la estructura de poder supranacional europea, pero también del proceso llamado de globalización del Derecho Administrativo) la conexión con la gobernabilidad en general y la gobernanza en particular; lo que no es, en último término, sino una específica dimensión de lo anterior (la de las estructuras multinivel, abiertas a la participación social, que operan en el concierto europeo e internacional). Hasta ahora el tratamiento de estas cuestiones por la ciencia jurídica no ha ido más allá de la toma en consideración de su existencia y desarrollo, a pesar de la incidencia que el programa de la gobernanza europeo ha tenido en el frustrado proyecto de tratado por el que se instituye una Constitución para Europa y ha de seguir teniendo en la evolución del proceso de integración supranacional y de relaciones internacionales.

Pero antes de cualquier otro empeño, todo ensayo de reforma ha de acometer la tarea de la superación de:

a) La separación entre Derecho material o sustantivo y Derecho de la organización, que coloca fuera de la atención científica la estrecha relación entre el tipo de organización y la efectividad de la programación normativa. El objetivo ha de ser así: i) el reconocimiento de la dependencia del Derecho Administrativo real en gran medida de la organización; y ii) la introducción de nuevas perspectivas en la cuestión de la relación entre Derecho público y privado en la Administración, que permitan romper el bloqueo actual determinado por la ecuación «naturaleza jurídica del sujeto actuante-servicio público como giro o tráfico específico-formas de actuación-Derecho material aplicable» (el ejemplo paradigmático de la necesidad de la superación de este bloqueo lo suministra la compleja e insatisfactoria reciente nueva regulación legal de la contratación pública rebautizada ahora como contratación del sector público).

b) El paradigma de la predeterminación normativa (programación convencional de tipo condicional) de la entera actuación de la Administración, que sitúa en la sombra y en todo caso en posición marginal-anormal otras formas de programación normativa y, en particular, la finalista (especialmente importante en la economía y la ordenación del territorio y el urbanismo, pero también los servicios de carácter personal, como todos los comprendidos en el amplio campo de la asistencia social); la actuación no vinculada a una norma concreta (en el marco del Derecho y no ejecutiva de una precisa Ley); la planificación y la programación administrativas; etc. Los resultados a que puede conducir tal posición marginal se han hecho evidentes ante la magnitud de los indeseables procesos de transformación urbanística a los que ha dado cobertura una planificación territorial y urbanística carente de guías jurídicas directivas.

c) El centramiento del Derecho Administrativo en la tarea de la limitación del poder (reducción al Derecho). El objetivo aquí ha de consistir en la recuperación, de un lado, de los planos propios del Derecho objetivo y el contenido de las relaciones jurídico-administrativas para romper los estrechos límites impuestos por la visión subjetiva tradicional, y, de otro lado, de la Administración como instancia con contenido decisional y de actuación propio, cuya legitimación depende de factores múltiples (sin perjuicio de la importancia del jurídico derivado del principio de legalidad), y, por tanto, replanteamiento de la relación entre actuación administrativa y control judicial, lo que vale decir de la función y el alcance de éste (su colocación sistemática en el sistema más complejo de controles derivados de la Constitución).

d) La teorización actual, claramente limitativa y reduccionista, de los términos de la transformación de los deberes-fines del Estado (la responsabilidad de éste respecto de las condiciones de vida en sociedad) en tareas administrativas y, en particular, de las categorías de potestad, competencia y atribución, de un lado, y formas de la actividad administrativa y formas de gestión de ésta, de otro lado.

El cumplimiento de estos presupuestos básicos (que no únicos) aparece estrechamente imbricado con las tareas de:

– Re-constitucionalización del Derecho Administrativo (en el sentido que luego se precisa). Éste, tras haber pasado por una fase de constitucionalización (en los primeros años de vida constitucional), ha digerido mal su relación con el Derecho Constitucional al reoperar luego éste sobre él. Pues se ha entendido indebidamente, en efecto, como su mera ejecución como muestran la sobrevaloración de principios constitucionales excesivamente abstractos; la interpretación de los derechos constitucionales desde la legalidad (como el de tutela judicial, por ejemplo); y la indefinición de la línea entre Derecho Constitucional y Derecho Administrativo, que viene perturbando el sistema de control de la constitucionalidad y el de tutela de los derechos fundamentales.

– Replanteamiento del concepto mismo de Derecho Administrativo y, por tanto, de su posición y función en el ordenamiento total y sus relaciones con otras ramas del Derecho, particularmente con el Derecho Civil y el Derecho Penal.

– Reconstrucción sistemática de la llamada parte general, es decir, de la teoría general, sobre la base del análisis detallado de los sectores del Derecho Administrativo especial identificados como idóneos para operar como referencia.

1. LA RE-CONSTITUCIONALIZACIÓN DEL DERECHO ADMINISTRATIVO

De re-constitucionalización del Derecho Administrativo se habla aquí en el doble sentido de: i) la superación de la idea general (implícita, subyacente) de que el orden constitucional ha consagrado los pilares y postulados fundamentales de aquél y opera como norma, aunque superior, ordinaria del entero ordenamiento jurídico-administrativo, de modo que: a) no suscita la necesidad de replanteamiento sistemático del Derecho Administrativo; y b) de ella pueden extraerse, en su caso, consecuencias directas para el control jurídico de la actuación de la Administración; y ii) la consecución de una verdadera sinergia con el Derecho Constitucional y la filosofía del Derecho para formar un efectivo Derecho Público del Estado.

Por orden constitucional no puede tenerse ya sólo la Constitución española. Como ha puesto de relieve S. Muñoz Machado[245], se viene operando en nuestro sistema, en general, como si el Derecho Comunitario europeo primario u originario no fungiera, como, sin embargo, funge en calidad de normativa de porte constitucional[246]. A los efectos que aquí interesan, pues, la «Constitución» de que debe partirse, como realmente operativa, es la compuesta –en calidad, en terminología alemana, de un verdadero *Verfassungsverbund* (complejo asociativo de normas de valor constitucional)–, integrada por: i) el Derecho Comunitario originario (el de los Tratados); y b) la Constitución de 1978. Formando ambos un bloque que, en Derecho interno, se enriquece con la noción de bloque de la constitucionalidad, cuyos elementos fundamentales son, además de la Constitución, los Estatutos de Autonomía de las Comunidades Autónomas.

La teorización del apuntado bloque de rango constitucional, con apertura a y en colaboración con el Derecho Constitucional (así como la ciencia política y de la Administración), ha de permitir la renovación de las bases constitucionales del Derecho Administrativo para ir hacia un Derecho común del Estado (entendido éste como referido a la estructura total de poder público, con entera independencia de si éste es supranacional o nacional).

---

[245] S. Muñoz Machado, *Constitución*, Iustel, Madrid, 2004.

[246] De haberse producido la ratificación del Tratado por el que se instituía una Constitución para Europa, esta situación habría sido ya insostenible: más allá del debate doctrinal que se produjo (lastrado por la perspectiva y las categorías del Derecho Constitucional nacional) sobre si a la europea debería reconocerse o no la condición de verdadera Constitución (reunión o no por ella de las notas que identifican una norma constitucional), lo cierto es que el Derecho Comunitario originario viene siendo ya Derecho Constitucional efectivo y la Constitución que se propuso se habría limitado a consagrar formalmente su primacía sobre los textos constitucionales nacionales.

Como bien señala E. Schmidt-Aßmann[247]: el objetivo es aquí la orientación del Derecho Administrativo por el sistema constitucional básico y estructural de valores sin desvirtuar la especificidad normativa del orden constitucional; orientación a título de marco de encuadre y perspectiva de evolución, pero interactuando en un proceso de alimentación e influencia recíprocas.

Bastaría con la clarificación de los campos respectivos de la constitucionalidad y la legalidad para justificar este objetivo, pues la difuminación de la frontera entre ambas constituye una de las manifestaciones negativas más evidentes del estado actual de la dogmática jurídico-pública en general y jurídico-administrativa en particular. Las consecuencias se hacen especialmente evidentes en el plano procesal de la tutela de los derechos fundamentales: la desproporcionada apelación al mecanismo subsidiario del amparo constitucional. La clarificación postulada podría contribuir notablemente a corregir la verdadera causa del problema, hoy por hoy atendido exclusivamente desde la perspectiva del síntoma: bien la restricción de las condiciones de admisión del amparo, bien la reforma legal asimismo restrictiva (incluso distorsionadora de la regulación constitucional)[248].

En las bases constitucionales existe un notable paralelismo con Alemania susceptible de ser aprovechado con especial rendimiento por la fertilidad que promete aquí el comparatismo (fertilidad ya acreditada por la experiencia). En el caso español deben ser concretadas en la fórmula compleja de Estado social y democrático de Derecho que, en cuanto organización y ordenamiento, es, además, simultáneamente Estado autonómico integrado en la Comunidad-Unión Europea y abierto al Derecho Internacional, puesto que la primera aparece (art. 1.1 CE)

---

[247] E. Schmidt-Assmann, «Cuestiones fundamentales sobre la reforma de la teoría general del Derecho Administrativo. Necesidad de la innovación y presupuestos metodológicos», en *Innovación y reforma en el Derecho Administrativo*, Javier Barnes (Ed.), Global Law Press-Editorial Derecho Global, Sevilla, 2006. En esta línea se ha pronunciado también en múltiples ocasiones el propio autor de estas líneas.

[248] En este sentido es ilustrativo el trabajo de G. Fernández-Farreres, *El recurso de amparo constitucional: una propuesta de reforma*, Laboratorio de la Fundación Alternativas, Documento de Trabajo 58/2004, de 2 de febrero de 2005, Madrid.

ligada estrechamente al orden de valores superiores integrado por los de libertad, justicia, igualdad y pluralismo político, y la segunda está impregnada por los conjuntos de principios unidad-autonomía-solidaridad (art. 2 CE), de un lado, y soberanía retenida-soberanía cedida/compartida-interpretación conforme (arts. 10.2 y 93 CE), de otro lado. Y ello, teniendo en cuenta que el fundamento del entero orden político y social es la persona, su dignidad y el libre desarrollo de la personalidad (los derechos que le son inherentes) en el seno de la sociedad (art. 10.1 CE). Pues este fundamento tiene enormes consecuencias para el entero edificio del poder público en su doble dimensión de organización y ordenamiento: la persona está en una posición constitucional definida por los derechos reconducibles a la libertad derivada de la dignidad y, por tanto, no precisada de justificación; el Estado (lato sentido, es decir, como poder público, comprensivo, por tanto, de la Unión Europea) es una mera construcción al servicio de la persona (vista como ser social y, por tanto, en sociedad), por lo que está siempre precisada de justificación: en su existencia, en su organización, en sus decisiones y, por tanto, como actividad y como ordenamiento.

No es preciso entrar aquí en el análisis de las distintas bases. Se requiere, sin embargo, poner énfasis en la relación entre, de un lado, el Estado democrático de Derecho, que es autonómico y social[249], y, de otro, con el Estado abierto a miembro activo de la integración europea[250].

Lo primero, porque –en el contexto de la reforma constitucional y estatutaria y a la luz de la experiencia del proceso de construcción y consolidación del Estado autonómico– es imperativo:

– Recuperar la unidad del doble orden constitucional organizativo y sustantivo: el Estado constituido no tiene entidad por sí mismo sino en cuanto instrumento cultural idóneo para la realización permanente del orden sustantivo

---

[249] Quienes hacen profesión de fe en la dignidad y libertad de la persona no son sólo los principios de Estado democrático y Estado de Derecho, sino también el de Estado social.

[250] No habiendo sido España miembro fundador de la actual Unión Europea, la adecuada construcción de las bases requiere una específica integración, aún por hacer enteramente, de los valores-principios estatales internos y los comunitario-europeos.

constitucional. Éste es la formalización jurídica del proyecto de convivencia, del proyecto común constituido, es decir, de la unidad política, social y jurídica del Estado.

La reforma del artículo 135 CE y el último proceso de reforma estatutaria ponen al descubierto la sustancial disociación entre ambos planos: i) introducción como medidas simplemente económico-financieras de funcionamiento de las que, en realidad, representan una alteración del sistema constitucional básico de valores; ii) cambios organizativos efectuados sin considerar su repercusión sobre el orden sustantivo (como si para la realización efectiva de éste fuera igual cualquier organización); y iii) reformas planteadas desde las distintas piezas estatutarias del bloque de la constitucionalidad como si carecieran de repercusión en el Estado-ordenamiento total. Y en todo lo anterior falta por supuesto la decisiva perspectiva europea, a pesar de la preocupación por formar parte de la vanguardia en la frustrada ratificación del Tratado por el que se instituye una Constitución Europea (la consulta al Tribunal Constitucional y el dictamen de éste son muy ilustrativos).

Desde este punto de vista y a la vista de la doctrina del Tribunal Constitucional, está por indagar y establecer la relación, para el Estado social de Derecho territorialmente articulado en autonomías, entre el cuadro de derechos y libertades (Capítulo II del Título I CE) y los principios rectores de la política económico-social, es decir, los fines de la entera acción estatal (Capítulo III del Título I CE); entre el orden total integrado por ambos cuadros y el Estado social de Derecho que ha de actuar a través de varias instancias territoriales dotadas de autonomía y condicionadas por la comunitario-europea (además de por la economía globalizada). Y ello teniendo en cuenta la especificidad que en el esquema de distribución territorial de competencias introduce la atribución a la instancia central nacional de la competencia para la regulación de las condiciones básicas que garanticen la igualdad de todos los españoles en ejercicio de los derechos y el cumplimiento de los deberes constitucionales (art. 149.1.1ª CE).

– Identificar las consecuencias para el Derecho Administrativo de la libertad de la persona como fundamento del orden político y la paz social.

– Situar el poder público administrativo en el contexto del sistema de poder público diseñado sobre la base de la doble división funcional y territorial del poder (en todos los escalones, incluido el europeo).

Debe tenerse en cuenta que entre nosotros no existen aún ideas claras acerca de si el orden constitucional predetermina un poder público administrativo territorial plural o, por el contrario, permite la concentración de éste (y hasta qué punto y con qué límites) en una o las dos instancias territoriales (la autonómica y la local).

– Definir y precisar el orden constitucional organizativo por lo que hace al complejo orgánico funcional «gobierno y administración»: diferenciación de uno y otra; elenco de tipos de organización administrativa y criterios de elección entre éstos en función de los factores de legitimación prefijados por la Constitución; y compatibilidad-armonización de tales elenco y criterios con los que resultan del orden comunitario-europeo[251].

– Clarificar el marco constitucional de referencia por lo que hace a las formas de actuación de la Administración pública y la organización del cumplimiento de la responsabilidad de ésta en la realización del interés general (clarificación de las alternativas y los criterios para su elección, en particular de la teoría del servicio público).

2. EL REPLANTEAMIENTO DEL CONCEPTO DE DERECHO ADMINISTRATIVO, SU POSICIÓN Y FUNCIÓN ORDINAMENTALES Y SU RELACIÓN CON EL DERECHO PRIVADO Y EL DERECHO PENAL

La afirmación de la pertinencia de la reconsideración del concepto del Derecho Administrativo en modo alguno debe interpretarse en el sentido de negación del estatutario dominante. Este último no ha perdido su utilidad, requiriendo únicamente la corrección o modulación precisa para su adaptación a las necesidades actuales, en la línea crítica constructiva desarrollada ya por S. Muñoz Machado[252]. Y ello para despojarla de las distorsiones que provoca su dimensión excesivamente formal: su fijación en el dato subjetivo de la personalidad, con consecuente reducción de las características precisas para el cumplimiento de la pro-

[251] Sobre este extremo, cabe remitir a L. Parejo Alfonso, *Constitución y valores del ordenamiento*, Centro de Estudios Ramón Areces, Madrid, 1990; *Manual de Derecho Administrativo. Parte General* (en colaboración con A. Jiménez-Blanco y L. Ortega), 5ª ed., Ariel, Barcelona, 1998; *Manual de Derecho Administrativo. Instituciones Generales*, Ariel, Barcelona, 2003; y «Gobierno y Administración pública en la Constitución española», en la obra colectiva *La Administración pública española*, INAP/MAP, Madrid, 2002, pp. 89 a 161; entre otras obras y trabajos.

[252] S. Muñoz Machado, *Tratado de Derecho administrativo…, cit.*, vol. I, 3ª ed., 2010.

teica y finalista función o tarea administrativa a cualidades exorbitantes de la persona que ésta es capaz de proyectar sobre cualesquiera de sus actuaciones. Esta fijación reduce el campo de visión que difumina la diversidad de la textura de las relaciones jurídico-administrativas que resulta tanto de la índole del interés o los intereses generales implicados como de la consistencia de la posición o posiciones del sujeto o sujetos privados involucrados[253]. Quedan así indebidamente fuera del campo de visión, en efecto, los requerimientos y condicionantes diversos de la satisfacción del interés general en los diferentes casos; requerimientos al servicio de los cuales están justamente, modulándolas o, incluso, enervándolas, las prerrogativas administrativas. La línea de trabajo así apuntada promete la mejora del análisis de muchas cuestiones y, en particular, las relacionadas con las distintas variantes de la institución de la autotutela administrativa, así como la prestación de una mayor atención a las tareas administrativas y la actuación de la Administración.

En cualquier caso quedaría establecida así una sólida base para abordar la posición tanto de la Administración en cuanto parte de la estructura de poderes públicos, como del Derecho Administrativo en el ordenamiento total y, en particular, sus relaciones con el Derecho Privado y el Derecho Penal.

Uno de los puntos débiles, en su función explicativa, de la concepción estatutaria reside, en efecto, en el fenómeno, desarrollado fundamentalmente a lo largo del siglo XX (especialmente antes de la incorporación a la actual Unión Europea), del creciente recurso de la Administración al Derecho Privado[254] (acuñado doctrinalmente como

---

[253] Consistencia que alcanza su punto mayor en las sostenidas por derechos constitucionales y libertades públicas, tanto más cuanto que –en su dimensión objetiva– determinan igualmente el interés general.

[254] Los principales defensores de la concepción estatutaria (E. García de Enterría y T. R. Fernández, *Curso...*, *cit.*, vol. I, 15ª ed., 2011, pp. 435 y ss.) admiten, en efecto, la libertad del poder público para la elección tanto de la forma organizativa y, en su caso, de personificación, como del régimen jurídico aplicable a la actividad. Y lo hacen recurriendo al argumento de que el recurso al Derecho Privado es instrumental (con apoyo en las SSTC 14/1986, de 31 de enero, y 19/1994, de 24 de febrero, que lo calificaron, en efecto, como arbitrio instrumental y medio práctico para la ampliación la acción social y económica de la Administración) y no supone una liberación de la sumisión a la legalidad definida por el

«huida del Derecho Administrativo[255]). La reacción doctrinal, aparte de afirmar la aplicación efectiva –en última instancia por el juez– de los principios constitucionales a todos los poderes públicos, cualquiera que sea su forma de organización y el régimen de su actuación[256], se divide entre la afirmación de una reserva constitucional de Derecho Administrativo[257] y la de vinculación constitucional positiva del poder de organización[258] –con la consecuencia de la negación a la Administración de la capacidad jurídica propia de los sujetos privados[259]– y, por tanto, la

---

Derecho Público, comenzando por los principios de la propia Constitución que, en su caso, pueden hacerse efectivos en sede del control judicial. Fundamentalmente en el mismo sentido, J. A. SANTAMARÍA PASTOR, *Principios de Derecho Administrativo*, Iustel, Madrid, 2004.

[255] M. CLAVERO ARÉVALO, «Personalidad jurídica. Derecho general y Derecho singular de las Administraciones Autónomas», *DA*, 58. El fenómeno ha dado lugar a una abundante literatura en la que se ha llegado a hablar incluso de la huida del Derecho en general (J. M. SALA ARQUER, «Huida al Derecho privado y huida del Derecho», *REDA*, 133, 1994) y de crisis de identidad del Derecho Administrativo (E. DESDENTADO DAROCA, *La crisis de identidad del Derecho administrativo, privatización, huida de la regulación pública y Administraciones independientes*, Tirant lo Blanch, Valencia, 1995).

[256] I. BORRAJO INIESTA, «El intento de huir del Derecho administrativo», *REDA*, 78, pp. 233 y ss.

[257] En particular, S. DEL SAZ, «La reserva constitucional de Derecho administrativo y de su jurisdicción tutelar», en C. Chinchilla, B. Lozano y S. Del Saz, *Nuevas perspectivas del Derecho Administrativo, Tres estudios*, Civitas, Madrid, 1992, pp. 172 y ss.

[258] En términos, como resulta sin más de los artículos 103.1 y 106 CE, de exclusión de cualquier libertad del poder público al respecto, no incluyendo, en particular (por ser una contradicción que el propio sujeto sometido al estatuto predeterminado por la Constitución tenga potestad para eximirse del mismo– la de generar nuevas organizaciones con personalidad que desborden la lógica impuesta por la norma fundamental).

[259] Negación basada en la (sostenida por firme doctrina del Tribunal Constitucional) de la titularidad por el poder público de derechos fundamentales y libertades públicas, por lo que su construcción descansa en las antípodas del valor constitucional central de la libertad (del que deriva la autonomía que está en la base de la capacidad jurídica universal jurídico-privada) y concretamente en el valor constitucional de la completa sumisión al servicio del interés general en la Ley y el Derecho. De esta suerte sólo puede hablarse, a título instrumental (al igual que en el caso del derecho fundamental a la tutela judicial efectiva), de una capacidad jurídica de Derecho Privado (aplicable en la función de complemento-integración de éste) en la medida necesaria para el ejercicio de potestades efectivamente atribuidas a la Administración. La posición a este respecto es, en el contexto del concepto estatutario del Derecho Administrativo, la del reconocimiento, si bien con modulaciones importantes, de la referida capacidad a la Administración, diferenciando, eso sí, una de Derecho Público y otra de Derecho Privado. Véase E. GARCÍA DE ENTERRÍA y T. R. FERNÁNDEZ, *Curso...*, *cit.*, vol. I, 15ª ed., 2011, pp. 443 y ss.

dependencia de su válida actuación de su ejercicio en el campo de y para la Administración pública (en su dimensión de actividad), resolviéndose la aplicabilidad eventual en tal campo del Derecho Privado sobre la base de la unidad del ordenamiento y la función de complemento-integración de aquél respecto del administrativo[260]. La cuestión dista aún de ser pacífica, habiéndose afirmado más recientemente, de modo más matizado y en la línea de los esfuerzos realizados en la dogmática alemana, de una reserva constitucional no tanto de Derecho Administrativo como de Administración[261]. Si bien esta última posición es compartible, el razonamiento en que se fundamenta parece precisado de mayor ajuste en punto precisamente a la posición constitucional del poder público administrativo. Pues conduce a una distinta consistencia constitucional de las respectivas posiciones –establecidas por relación a la del legislativo– de los poderes judicial y público administrativo. Justamente desde el punto de vista de la división y el equilibrio entre poderes constituidos, el mero distinto tenor literal de la definición de las funciones gubernativo-administrativa (arts. 97 y 103.1 CE) y judicial (art. 117 CE) no parece que pueda justificar sin más y por completo, en efecto, la asimetría del tratamiento de la relación del legislador con la una y la otra. Antes al contrario, el resultado debería ser el de un tratamiento si no igual, sí al menos de parecida consistencia. Pues si una ley debe ser inconstitucional cuando excluya el control judicial, ello será porque las decisiones correspondientes no deben ser legislativas de acuerdo con la norma fundamental, por lo que idéntico argumento debe valer también en la hipótesis en la que el legislador no ya comprima, sino penetre en el núcleo de la función ejecutivo-administrativa. Así pues, en este punto ha todavía de insistirse para llegar a delinear bien la posición propia (la que los alemanes llaman *Eigenständigkeit*) de la Administración en el conjunto de poderes constituidos.

Ésta de las llamadas reservas de Administración y de Derecho Administrativo debe seguir siendo, pues, y por su calado, cuestión central de la reflexión científica, la suma de la construcción formal-subjetiva

---

[260] L. PAREJO ALFONSO, *Eficacia y Administración. Tres estudios*, INAP, Madrid, 1995.

[261] En este sentido, S. MUÑOZ MACHADO, *Tratado de Derecho Administrativo...*, cit., vol. I.

del Derecho Administrativo como estatuto de una persona jurídica y la ausencia de claridad sobre aquella reserva conducen de suyo al desembarazado predicado de capacidad jurídica para la persona Administración pública, siendo así que en ella precisamente es –entre todas las personas jurídicas– en la que el dato de la personalidad alcanza el grado de ficción máximo posible: mero recurso de identificación de un centro de imputación en las relaciones jurídicas a puros efectos instrumentales y prácticos. En ella no es posible, en efecto, ni siquiera la referencia indirecta (vía la idea de la cooperación social para la superación de las limitaciones individuales) a sustrato personal alguno. Por ello no es factible reconducción alguna (como, en su caso matizadamente, lo es para todas las personas jurídicas privadas) al valor de la libertad y, por tanto, de la autonomía de la voluntad, lo que vale decir a la capacidad (universal) como trasunto de ésta y de la consecuente posición del sujeto en el ordenamiento jurídico. Lo impide la construcción no ya distinta, sino cabalmente inversa, de la Administración como sujeto servicial heterónomo por imposición del principio de legalidad. Se trata, pues, de un puro mecanismo objetivo de actuación de la ley, dotado de subjetividad a efectos del tráfico jurídico y que no tiene más voluntad que la que la ley (el Derecho) le confiera. Lo que significa: la Administración no tiene tanto verdadera capacidad jurídica (en términos equivalentes a las personas de Derecho común), como funciones organizadas y dinamizadas mediante potestades (habilitaciones-deberes de actuación), al servicio de las cuales puede jugar, en la medida necesaria y en el ámbito de aplicación del Derecho Privado, el instituto jurídico-civil de la capacidad jurídica. Esto es así incluso cuando la Administración actúa la potestad de iniciativa económica[262], pues el ejercicio mismo de ésta no es sino actuación de la correspondiente potestad, en modo alguno desarrollo ya de la actividad empresarial (remitida ya plenamente al Derecho común). Se comprende, así, por qué no puede (tirándose de los propios cabellos) disponer sobre su propio estatuto. Quebraría, en efecto, el principio básico –ligado al de división funcional del poder– de motor único (la programación constitucional-legal) que la rige, al reconocerse, junto a él (con potencialidad de contornos difícilmente

---

[262] De ahí la necesidad del artículo 128.2 CE, en otro caso superfluo *ex* art. 38 CE.

precisables), la posibilidad de la actuación exclusivamente por propia voluntad.

Centrado así el objeto y, por tanto, el campo propio del Derecho Administrativo, se entiende el deficiente estado actual de sus relaciones sistémicas con las restantes ramas del Derecho y, en especial, el Derecho Privado y el Derecho Penal.

A pesar de la, en todo caso relativa, atención prestada a ellas por la doctrina, las relaciones con el Derecho Privado distan de estar bien establecidas, ya por el solo hecho de que conducen de suyo a la apuntada y aún no clarificada cuestión de la reserva de Derecho Administrativo. En particular, parece poder echarse en falta la comprensión de que la posición postuladora de la vinculación de la Administración pública al Derecho Administrativo *ex artículo* 103.1 CE no significa reserva constitucional de Derecho Administrativo en el sentido de otorgamiento a éste de un monopolio para la definición del régimen de la actuación administrativa y sí únicamente que la Administración, cuando opera como tal, no está habilitada para disponer sobre su propio estatuto, librándose –siquiera parcialmente– de él, sencillamente porque está sujeta constitucionalmente por completo y sin excepciones al mismo. Lo que, siendo el Derecho Administrativo sólo una rama más del Derecho, nada obsta ni al recurso por aquél al Derecho Privado para la integración del régimen de la actuación propiamente administrativa, ni a la compleción de la programación administrativa misma (incluso en sede aplicativa) con normas idóneas puestas a disposición por el Derecho Privado (en calidad, éste, de lo que los alemanes llaman «sistema de recíproco apoyo» o «Auffangordnung»). Lo decisivo es que este mecanismo –lógico en el funcionamiento del ordenamiento como sistema desde el punto de vista de la economía normativa– no transforma el Derecho Administrativo en Derecho Privado. Antes al contrario, las regulaciones puestas a disposición por este último a las que, no en último término por economía, remita el Derecho Administrativo (para autointegrarse), pasan a formar parte del mismo como una componente más de la regulación de la actuación de la Administración pública. Basta con aludir bien a las posibilidades de configuración de las relaciones consensuales que ofrece el principio de libertad de pactos (con el límite del interés general y del

Derecho imperativo) en la celebración tanto de convenios administrativos *ex articulo* 88 LRJPAC, como de verdaderos contratos del sector público (art. 25 TRLCSP), pero también al juego normal del Derecho Privado en la gestión en materia de bienes patrimoniales conforme a la LPAP y su aplicación supletoria a la contratación propiamente pública.

Por su parte, las relaciones con el Derecho Penal se encuentran en un estado de deterioro evidente por razón tanto de las deficiencias propias del Derecho Administrativo, como por la amenaza que para el sistema jurídico supone la reciente deriva de aquél, incentivada por el fenómeno de la corrupción; deriva, que –al prescindir del principio de *ultima ratio* en la política criminal y afirmar el directo conocimiento de la jurisdicción penal con arrinconamiento del mecanismo de la prejudicialidad administrativa– cuando menos dificulta seriamente el despliegue por el Derecho Administrativo de su específica función propia, afectando, incluso, el correcto funcionamiento de la Administración pública. Y más allá aún: pone en riesgo la seguridad jurídica no sólo en el funcionamiento interno de la Administración, sino en sus relaciones con los ciudadanos y por lo que hace a éstos mismos. La doctrina penal, pero también la administrativa, han reaccionado ya ante el alcance y la gravedad del fenómeno (que no es exclusivo de nuestro Derecho, pero que en él reviste caracteres muy preocupantes)[263].

La recomposición de estas relaciones sólo es posible si se parte de:

1. La caracterización del Derecho Administrativo –en la que descansa su singularización respecto de las demás ramas del Derecho– por su construcción en función de y para la ejecución –y de la ejecución sistemática, en términos específicos y precisamente por un sujeto diseñado a tal fin– de las normas que, por su carácter y objeto, precisan de ella para cumplir su cometido y, justamente por ello, la presuponen y «programan» o, dicho de otro modo, por serle constitutiva –estructural y funcionalmente– una radical dependencia entre normación (programación de la actuación) y ejecución (actuación programada).

---

[263] Véase, L. Parejo Alfonso, «La deriva de las relaciones entre los Derechos administrativo y penal. Algunas reflexiones sobre la necesaria recuperación de su lógica sistémica», *Documentación Administrativa*, números 284-285, 2009, pp. 273 y ss.; y S. Muñoz Machado, *Tratado de Derecho administrativo…*, *cit.*, vol. I, 3ª ed., 2011, pp 82 y ss.

2. La significación de la elección por el legislador, en el marco de la Constitución, de la «administrativización» de una materia o sector de la realidad de una responsabilidad y cualificación específicas del aludido sujeto, que no es otro que el complejo orgánico-funcional «gobierno-administración», para la determinación de lo que deba ser Derecho en el caso concreto.

Medido por tales criterios de referencia, nuestro Derecho Administrativo dista, en su estado real actual, de poder calificarse como maduro y consistente. Pues carece de la capacidad para asegurar, en la realización del Derecho, las consecuencias que son corolario natural de la «administrativización» legislativa de las materias por él ocupadas. Más aún: en la evolución más reciente son perceptibles procesos que contribuyen a minar su posición y función con grave deterioro de principios estructurales del Estado-ordenamiento.

Esta evolución se produce sobre el trasfondo del ya apuntado desplazamiento del centro de gravedad del Estado social hacia la «prevención» y, por tanto, la garantía de la seguridad (constitutivo del caldo de cultivo de los fenómenos actuales de desorientación de la función propia del Derecho Penal) y viene alterando gravemente la relación recíproca del Derecho Administrativo y el Derecho Penal[264], que es tradicional, inevitable y frecuente por las zonas de contacto e, incluso, solapamiento existentes entre ellos; zonas que propician la utilización por el legislador de uno y otro como «reserva de implementación» respectiva para asegurar el adecuado control social. Habiéndose progresado desde luego en este terreno[265], lo cierto es que, hasta hace poco, el

---

[264] Así lo he señalado ya en L. Parejo Alfonso, *Seguridad y policía de seguridad*, Tirant lo Blanch, Valencia, 2008.

[265] A partir de la CE se han clarificado los ámbitos respectivos de la policía administrativa de la seguridad y el orden públicos y la persecución judicial del ilícito penal, sobre todo gracias a la supresión, en esta última, de las medidas de seguridad referidas a la peligrosidad predelictual y, por tanto, social, por efecto de la doctrina del Tribunal Constitucional (STC 23/1986, de 14 febrero, conforme a la cual son contrarias al principio de legalidad penal la imposición de medidas de seguridad con anticipación a la punición de la conducta penal y la concurrencia sobre un mismo hecho de pena y medida de seguridad, ya que –siendo la medida de seguridad una condena– no es permisible otra condena que la que recaiga sobre quien haya sido declarado culpable de la comisión de un ilícito penal. Además, supone un quebrantamiento del principio *ne bis in idem*, hacer concurrir penas y medidas de seguridad

recurso al Derecho Administrativo había venido siendo preferente[266], dando lugar a un dilatado y notable proceso de administrativización de medidas penales. Pero en la actualidad esa preferencia parece poder estar siendo sustituida por una de signo inverso: la criminalización de supuestos antes tratados con técnicas jurídico-administrativas o, en otros términos, la utilización de la pena al servicio de la efectividad de normas de comportamiento con sede en el Derecho Administrativo o, incluso, sustituyendo a éste en su función propia. El desbordado Estado regulador actual está, pues, y ante su impotencia para asegurar el control social que promete, reconsiderando la anterior construcción y, en todo caso, la jurisdicción penal está asumiendo, en la aplicación del Derecho Penal, una posición de decidido y más que cuestionable activismo.

La gravedad de la alteración comentada:

a) Descansa en la combinación de la autosuficiencia universal que postula de sí misma la valoración penal de las relaciones sociales con el avance de la técnica de la criminalización de la infracción de las normas administrativas (con abandono del principio de intervención mínima o *ultima ratio*).

b) Radica en la quiebra de la lógica de las relaciones e interacciones entre las ramas del Derecho (en la medida en que desconoce e impide el despliegue por cada una de ellas de su función propia y específica) y, en definitiva, la del orde-

---

sobre tipos de hecho, igualmente definidos, y ello aunque se pretenda salvar la validez de la concurrencia de penas y medidas de seguridad diciendo que en un caso se sanciona la «culpabilidad» y en el otro la «peligrosidad»; en el mismo sentido, STC 21/1987, de 19 febrero). En la actualidad persiste, sin embargo, la zona de fricción que representa la peligrosidad postdelictual (véase, J. M. MAZA MARTÍN, «La necesaria reforma del Código Penal en materia de medidas de seguridad», en volumen colectivo, serie *Cuadernos de Derecho Judicial*, Escuela Judicial del Consejo General del Poder Judicial, 2007, pp. 13 a 45).

[266] Lo que es consecuente con el orden sustantivo constitucional. Es ésta, por su porte, cuestión que no puede aquí ser tratada con la extensión y el detalle que reclama. Baste a los efectos que aquí importan (la justificación de la preferencia de la técnica jurídico-administrativa de dirección y control sociales) con decir que de la fundamentación del entero orden constitucional en el valor superior de la libertad (art. 10.1 CE) deriva la preferencia de las opciones de dirección y control sociales con menor incidencia en las libertades y los derechos constitucionales sobre los que la tengan mayor y, por tanto, del recurso a las soluciones organizativas y regulatorias civiles sobre las militares y, en lo que aquí interesa, de las jurídico-administrativas sobre las penales.

namiento como sistema (unidad, compleción y coherencia, es decir, ausencia de contradicciones internas), arrastrando con ella la de los principios últimos que lo sostienen: seguridad jurídica y, a su través, Estado de Derecho.

En la base del fenómeno está sin duda la ya comentada acelerada y continua transformación de la sociedad y el Estado, con la contribución eficaz tanto del actual «tacticismo coyunturalista» propio –quizás por necesidad– de la gestión de los asuntos públicos[267], como la indisposición del Derecho Administrativo para ofrecer un sistema trabado de técnicas a la altura de los retos del tiempo. Así lo prueba la ausencia de toda preocupación por las cuestiones sistémicas de que se trata en las obras generales sobre el Derecho Administrativo más autorizadas[268], centrada como está su atención en la defensa del concepto establecido de Administración y actividad administrativa, lastrado por una visión tópica, distanciada, desconfiada y pesimista de la Administración-poder[269]. Es cierto que el desarrollo espectacular del Derecho Administrativo hasta la Constitución de 1978 se mantiene –con el auxilio ahora, al propio tiempo decisivo y perturbador, del Derecho Comunitario europeo– siquiera sea en el plano extensivo de la ocupación de materias. Pero no lo es menos su actual impotencia, bajo tal apariencia expansiva, para evitar el deterioro estructural y cualitativo de su posición y función en

---

[267] Que lleva al desmantelamiento, sin alternativas claras y perfiladas, de técnicas administrativas tradicionales al servicio de nuevos objetivos abstractos (flexibilización, eficiencia, liberalización), privando progresivamente a la Administración pública –sin por ello poder exonerarla de responsabilidad última alguna– de los instrumentos precisos para hacer frente a su cometido y colocándola así forzosamente bajo una luz negativa que no hace sino retroalimentar el proceso.

[268] Por todas, E. García de Enterría y T. R. Fernández, *Curso de Derecho Administrativo*, I (15ª ed.) y II (12ª ed.), Thomson/Civitas, 2010; y J. R. Parada Vázquez, *Derecho Administrativo I, Parte General*, 18ª ed., Marcial Pons, 2010.

[269] Es ilustrativa la conclusión a la que, en el punto relativo a la Administración y los jueces, llega gráficamente J. R. Parada Vázquez, *cit.* en nota anterior, p. 38: «A pesar, pues, de que teóricamente estamos en un Estado de Derecho, cuando los ciudadanos se relacionan con una Administración Pública deben tener muy presente, si no quieren caer en la aludida trampa del cuento de Caperucita que, tras la apariencia de un sujeto de Derecho, de una persona jurídica –de una débil abuelita–, el poder ejecutivo, suma de todas las administraciones públicas, esconde las garras normativas, ejecutorias y sancionadoras del que, por su posición política y jurídica, y su manipulación del poder judicial, sigue siendo el más fuerte y arrogante de los poderes públicos».

la dirección y el control sociales. Habiéndose en su momento beneficiado paradójicamente de su condición de instrumento preferente en el régimen político franquista al que simultáneamente cuestionó y racionalizó, sus debilidades propias se han hecho notar con la pérdida, en el Estado constitucional abierto, de tal apoyo externo, no por no buscado menos eficaz. Debilidades debidas al descuido de la actualización de la propia construcción, que ya no permiten identificarlo claramente, por su mayor eficacia, como instrumento preferente de dirección y control sociales y proceden, entre otras fuentes, de la desatención de la organización (entregada al arbitrismo decisional), la degradación del *status* de la función pública (visto progresivamente como «privilegio» en un mundo de relaciones de trabajo rescindibles), la contribución a la visión crítica de la «administrativización» vía juicios de valor genéricos: negativo para el proceso decisional administrativo y su resultado (desprestigiando, por énfasis en el control judicial como última palabra, toda pretensión de ser, aunque discutible, definitivo) y positivo para los procesos de desmontaje (por «entrabar» la dinámica económico-social) de las técnicas de intervención administrativa y, en general, de protección de lo público, así como para el recurso a las instituciones y técnicas del Derecho Privado. Ha sido finalmente la corrupción en el ejercicio de cargos públicos y, en particular, la gestión urbanística la que, finalmente, ha hecho aflorar la incapacidad del sistema administrativo en su conjunto (en el doble ciclo gubernativo-administrativo y judicial contencioso-administrativo) y propiciado sin duda el activismo judicial penal, cuya intervención parece haber venido a acreditar –en la opinión pública– su superior eficacia en el control de los fenómenos correspondientes.

La reconstrucción adecuada de las relaciones con el Derecho Penal debe tener lugar, en todo caso, de forma diferenciada en los distintos planos en que aquéllas se despliegan.

En el plano de la legislación, el interés se centra en la determinación de las condiciones de validez del injerto en el tejido normativo penal de otro extrapenal por el procedimiento de reenvío por el primero al segundo, fijando la atención no tanto en el rango de la norma remitida, cuanto en el juego combinado de ésta con la penal (equivalencia o no de su resultado a certeza del tipo penal)[270]. Así en principio debe entenderse legítimo el frecuente reenvío penal a las disposiciones de carácter general o, simplemente, a las normas reglamentarias[271], tanto si son, a su vez, complemento indispensable de una ley o responden a la lógica del sistema por ella establecido[272], como si operan en el marco de la ley (como las ordenanzas locales) o son independientes. Mayores dificultades puede representar el reenvío (como efectivamente hace en ocasiones el Código penal) no sólo a normas, sino también a «medidas» o simplemente a las «exigencias técnicas», pues este concepto no se corresponde con categoría alguna del sistema de fuentes y es capaz de comprender todo tipo de decisiones, incluso no directamente emanadas de la Administración, capaces de fijar estándares (excluyentes de la ilicitud penal) en la prevención de peligros o riesgos abstractos. Quedan muy a la mano los ejemplos, propios sobre todo del Derecho medioambiental, de la autorregulación y de las normas de referencia establecidas por entidades privadas. Aquí la dificultad se acrecienta notablemente, en el decisivo plano material, por razón no ya sólo de la certeza, sino de la accesibilidad de la norma misma (no publicada en forma ordinaria y el acceso a cuyo conocimiento puede depender del pago del precio fijado al efecto).

En este orden de cosas no puede olvidarse que la categoría de la impronta administrativa (del Derecho Penal) permite captar con aún mayor riqueza de matices la remisión al Derecho Administrativo. Desde esta perspectiva se explica y justifica mejor, por de pronto, el anterior fenómeno, incluso en su manifestación extrema: la que alcanza al

---

[270] Cuando la regulación jurídico-administrativa remitida pertenezca a un campo ocupado por el ordenamiento comunitario-europeo, obvio resulta decir que el reenvío debe entenderse hecho asimismo a las normas (reglamentos y directivas, básicamente) comunitarias que rijan en la materia. Dado que el sistema de fuentes comunitario-europeo queda fuera de la disposición del ordenamiento español, los aludidos tipos de normas deben estimarse idóneos desde luego para cumplir la reserva de ley establecida por la Constitución.

[271] Incluidas, por supuesto, las autónomas locales y otros instrumentos a los que se otorga dicha condición, como los planes de ordenación territorial y urbanística, las catalogaciones y calificaciones o declaraciones propias del Derecho de protección del patrimonio histórico y la naturaleza.

[272] Cual ocurre en la ordenación territorial y urbanística, protección del patrimonio histórico y conservación de la naturaleza.

estadio último de aplicación, en el caso concreto y sede administrativa, de la normativa pertinente[273]. Porque lo que en tales referencias se expresa no es tanto un reenvío recepticio en blanco a otra norma para que complemente la imperfecta regulación propia, cuanto la utilización del estándar administrativo como elemento de ésta última, en sí misma completa. El supuesto de hecho se define directamente por la norma penal[274], ocurriendo sólo que ésta, o bien fija la frontera «interior» del ilícito penal a partir de la frontera «exterior» del campo de lo lícito administrativamente, o bien incluye necesariamente en la caracterización de aquél la existencia de un ilícito administrativo[275]. Es este un modo de proceder del Derecho Penal que debe calificarse con carácter general como «sistémicamente» correcto, en la medida en que –conforme a su función propia– hace operar a dicho Derecho como «reserva de implementación» del Derecho Administrativo (refuerza, con el cualificado reproche penal, la eficacia de las normas administrativas). Pero la impronta administrativa se manifiesta también en forma de «incrustación» en el tipo penal de categorías, institutos o calificaciones jurídico-administrativos[276]. La ausencia aquí de una previa concreción por la Administración de la normativa correspondiente suscita el problema de la posible doble (discrepante) calificación o valoración y apunta, así y como solución, al recurso a la «cuestión prejudicial» (administrativa) para evitar justamente aquélla.

Cuando el reenvío de la norma penal se sitúa, sin embargo, en la consecuencia jurídica a extraer de la concurrencia del tipo penal, las

---

[273] Lo que sucede siempre que el Código penal se refiere a la situación de «autorización» o «licencia» (o no), «permiso» (o no) o «aprobación» (o no), así como de «funcionamiento clandestino», o, en su caso, vigencia o no de la autorización o el permiso de que se trate, así como a «la resolución arbitraria» o «en el ejercicio de su competencia».

[274] Cuestión diferente es si lo hace satisfactoriamente o no desde el punto de vista de las exigencias constitucionales.

[275] Lo que luce muy claramente en el caso en que, aún habiendo existido un ilícito administrativo, la tempestiva «regularización de la situación» en sede administrativa y antes de la reacción, también en tal sede, frente a aquélla excluye la «perseguibilidad» penal (así en el art. 305.4 Cp).

[276] Tales como las de «servicio público», «bienes de dominio o uso público o comunal», «cosas destinadas al servicio público», «resolución arbitraria», «debido cumplimiento» (de orden de superior jerárquico), «autorizable», etc.

cuestiones afloran no tanto, como es lógico, en la pena, cuanto en el efecto anulatorio de un acto administrativo de la condena, de un lado, y en la posibilidad de la adopción en el pronunciamiento penal de «medidas» (legalmente no siempre predeterminadas) que pueden por supuesto estar en contradicción con actos administrativos que otorguen cobertura a la actuación o situación de que se trate. La anulación o pérdida de eficacia de actos administrativos como consecuencia de la condena penal por la comisión de infracción penal puede parecer, en principio y desde el punto de vista jurídico-administrativo, chocante. Pero, en realidad, debe considerarse no sólo legítima, sino plenamente acorde con la construcción del ordenamiento como un todo y el juego, en su interior, de los ordenamientos particulares que lo integran[277]. Lo que desde luego presupone que éstos se mantengan dentro de los límites derivados de su posición y función propias, que es lo que empieza a no cumplirse en el caso del Derecho Penal. Si éste supone la *ultima ratio* y constituye la respuesta (universal) más enérgica a la transgresión de la legalidad, nada más lógico que la comprobación de una infracción penal comporte la desaparición de todos los efectos de los actos jurídicos, incluidos los administrativos, que integren o formen parte de aquélla.

Más problemático se ofrece, sin embargo, el juego de medidas judiciales añadidas a la condena, en la medida en que dichas medidas pueden alcanzar a actos administrativos (o partes de éstos) no afectados por la condena o, en todo caso, sustituir a la Administración pública en su función de concreción de lo que proceda en Derecho a partir de la condena penal[278]. Pues en tal caso se reproduce en este plano el problema de la en principio innecesaria e injustificada interferencia penal en el campo administrativo por la vía de una paralela valoración penal de la situación jurídica legitimada por decisión administrativa o el desplazamiento puro y simple del proceso de ejecución administrativa de la

---

[277] Debe recordarse que el régimen de invalidez de los actos administrativos otorga preferencia al Derecho Penal: conforme al artículo 62.1, d) LRJPAC, son nulos los actos constitutivos de infracción penal o sean consecuencia de ella. De suerte que la existencia de una infracción penal es, en Derecho Administrativo, una cuestión prejudicial de orden penal.

[278] Por ejemplo en orden a la «reconstrucción» de la parte demolida de un edificio catalogado o a la «reposición» de bienes naturales alterados.

norma asimismo administrativa. Sobre ello, la indeterminación de las medidas posibles plantea (cuando se da) el problema de la tipicidad de la respuesta penal.

La impronta administrativa en el Derecho Penal es siempre consecuencia de una opción de política legislativa del legislador penal, por lo que suscita la doble cuestión siguiente:

– Por de pronto, la del grado de libertad del legislador penal para proceder o no desde la impronta administrativa (recurrir a ella) cuando de la criminalización de comportamientos y actuaciones en sectores cuya configuración sea tarea de la Administración pública, es decir, en materias administrativizadas, se trate.

Parece claro que ninguno de los principios invocables permiten negar al legislador penal capacidad (por impedirlo la autonomía y la función y posición propias propia del Derecho Penal) para, por razón de la valoración que le merezca un concreto ilícito que desea cualificar como penal, proceder a su directa tipificación sin más, incluso si aquél pertenece a materia sujeta a régimen administrativo. Pero a escala del sistema jurídico el papel determinante debe corresponder sólo a la ponderación –a la luz del ilícito de que se trate– de las posiciones y funciones ordinamentales respectivas del Derecho Administrativo y del Derecho Penal, lo que determina la pertinencia del respeto de las del primero (siquiera sea en su núcleo)[279].

– En segundo lugar y supuesta la opción a favor de la impronta administrativa, la del grado de libertad del mismo legislador penal, a su vez, para estampar dicha impronta en el supuesto de hecho definitorio de la infracción penal o en cualquiera de los ámbitos de la culpabilidad o de las consecuencias jurídicas extraíbles de la concurrencia del supuesto de hecho.

---

[279] En el Derecho alemán R. Breuer («Konflikte zwischen Verwaltung und Strafverfolgung», *Die öffentliche Verwaltung [DÖV]* 1987, pp. 169 y 179) ha razonado convincentemente la inexistencia de plena libertad del legislador penal para articular su política legislativa, pues debe introducir siempre la impronta administrativa, salvo que se trate de la sanción «autónoma» de ilícitos «supercualificados» (lo que remite a la existencia de motivos de entidad suficiente para una valoración y, por tanto, tipificación estricta o, al menos, preferentemente penales). La tesis es convincente, porque es la que mejor se acomoda al criterio sistémico aquí defendido, que es, además, plenamente respetuoso, en lo debido, de la autonomía y, por tanto, de la posición y función del Derecho Penal. En otro caso, el propio legislador estaría fomentando la incoherencia del ordenamiento por la vía de la multiplicación de las colisiones entre normas administrativas y penales.

No es ésta de la ubicación de la impronta administrativa cuestión de menor importancia, tanto más dada su vinculación estrecha con la anterior. Pues de ella depende la densidad de la conexión con el Derecho Administrativo y, con ella, la «fuerza» de la impronta de éste: mayor si se produce en el supuesto de hecho y menor si en la culpabilidad o la consecuencia jurídica. Es clara por ahora la preferencia abrumadora del legislador penal por una conexión a través del supuesto de hecho y, por tanto, densa o estrecha, lo que vale decir «fuerte» con el Derecho Administrativo (lo que se corresponde con la «corrección sistémica» de tal opción legislativa). Lo que no puede sino repercutir en una limitada libertad para la valoración penal del comportamiento o la actuación de que en cada caso se trate como infracción penal. En cambio, si, dándose las condiciones (motivación suficiente) para una tipificación penal autónoma, la norma penal sólo toma en consideración el Derecho Administrativo a efectos de culpabilidad o de determinación de la sanción o de cualesquiera otras consecuencias derivables del ilícito penal, tal decisión debe estimarse –en correspondencia con la justificada autonomía de la valoración penal– como manifestación de un mayor margen para la ponderación en sede penal de la incidencia de la regulación jurídico-administrativa.

En el plano ya del acto administrativo concreto, éste puede, gracias a la impronta administrativa, tener relevancia penal. Esta eficacia puede parecer, vista desde el Derecho Penal, un fenómeno anormal y rechazable, en especial cuando la Administración goza, para el dictado del acto, de algún margen de apreciación y, desde luego, de discrecionalidad (por oponerse aparentemente al menos al principio de legalidad penal). Es, no obstante, perfectamente lógica, si se tiene en cuenta –como bien apunta M. Schröder[280]– que aquí el acto administrativo no experimenta transmutación alguna, es decir, no es expresión de un indebido desarrollo por la Administración autora de la función de represión penal; antes al contrario, continúa siendo «ejecución» administrativa de la correspondiente normativa extrapenal, por más que la norma penal le otorgue relevancia en su campo propio. Y esta relevancia no precisa de previsión específica alguna que la determine[281], ya que éste

---

[280] M. Schröder, «Verwaltungsrecht als Vorgabe für Zivil- und Strafrecht», en *Veröffentlichungen der Vereinigung der Deutschen Staatsrechtslehrer*, 50, De Gruyter, Berlin, 1991, p. 221.

[281] Sin perjuicio naturalmente de la libertad del legislador penal para restringir la relevancia penal (pues nada obsta a ella), cuando proceda, a los que sean ejecutivos o, incluso, los que sean firmes en vía administrativa. Pero obviamente tal restricción de los efectos jurídicos del acto sólo tiene lugar en el caso de la aludida expresa previsión legal. La prueba

es uno más de los efectos (jurídicos) que, con carácter general, producen los actos administrativos conforme al artículo 57.1 de la LRJPAC sobre la base de la presunción de su legitimidad y su consecuente ejecutividad (art. 56 LRJPAC). Por ello han podido decir F. O. Kopp y U. Ramsauer[282] que la existencia y el contenido de un acto administrativo deben ser aceptados por todos los órganos y tribunales que carezcan de competencia para su anulación o revocación.

Queda puesto de manifiesto, así y como ha destacado F. Ossenbühl[283], el fundamento último del efecto de la impronta administrativa: los principios de división de poderes y seguridad jurídica propios del Estado de Derecho, los cuales protegen, ante todo, el ámbito funcional de responsabilidad de la Administración pública y, como consecuencia, también la confianza del destinatario de todo acto administrativo en que la situación declarada o constituida por éste no sea desconocida, modificada o anulada por un sujeto ajeno a aquella Administración (carente, por tal razón, de competencia para ello). Desde este crucial punto de vista, todo planteamiento dirigido a justificar la desvinculación del juez penal de los efectos derivados de los actos administrativos, hacer depender su vinculación a éstos de la conformidad a Derecho de los mismos o condicionar tal vinculación a una comprobación en sede penal de dicha conformidad a Derecho según criterios jurídicos-penales, deben considerarse, en principio y con carácter general, carentes de fundamento[284].

Es cierto, sin embargo, que las particularidades de los Derechos Administrativo y Penal y la complejidad de sus relaciones pueden determinar el surgimiento, en la aplicación de la norma penal al caso

---

de la apuntada libertad del legislador penal es la normalidad con la que el Cp matiza la conexión con actos administrativos, aludiendo, por ejemplo, a su legitimidad o a su vigencia. Por más que estas matizaciones puedan ser cuestionables desde otros puntos de vista.

[282] F. O. Kopp, U. Ramsauer, *Verwaltungsverfahrensgesetz- Kommentar*, C. H. Beck, 2007, comentario al parágr. 35 (relativo al concepto de acto administrativo).

[283] F. Ossenbühl, «Verwaltungsrecht als Vorgabe für civil- und Strafrecht»; *Deutsches Verwaltungsblatt (DVBl)*, 1990, pp. 963 y ss.

[284] En este sentido, M. Schröder (con cita de otras opiniones), *cit.* en nota 280, p. 222.

concreto, de problemas interpretativos difíciles de solventar[285] y también de situaciones de tolerancia administrativa de realización (sin autorización) de actos o actividades precisados legalmente de aquélla o de actos administrativos declaratorios de la innecesariedad de autorizaciones legalmente preceptivas. Estas dificultades no parecen justificar un apartamiento de la solución de principio y sí únicamente su afrontamiento con las herramientas que proporciona el Derecho Penal, muy particularmente el Procesal.

En el plano de la represión penal de la conducta de autoridades y funcionarios públicos, la expuesta vinculación de principio del juez penal por los efectos de un acto administrativo autorizatorio determina la posibilidad de que la conducta de un ciudadano (amparada por aquél) pueda llegar a no ser sancionable penalmente, lo que lleva de la mano al problema de la sanción penal de la conducta de autoridades y funcionarios públicos (actos u omisiones realizados con ocasión del ejercicio del cargo o la función correspondiente). Pues la posibilidad de que esta última sanción se produzca directamente –de forma paralela e independiente a la valoración de la disconformidad con el Derecho Administrativo– implica para el ejerciente de cargo o función públicos el añadido a los riesgos de responsabilidad administrativa y civil del de responsabilidad penal ya por razón de cualquier contravención del Derecho Administrativo, como parece que comienza a demostrar la *praxis*. El problema presenta especial gravedad, en cuanto no sólo implica los principios estructurales superiores del Estado y del ordenamiento, sino que supone una amenaza potencial, pero cierta, a la idoneidad de la Administración pública para actuar, en cuanto poder público, conforme a su propio estatuto constitucional. Pues es claro que el titular del cargo o del puesto de trabajo en la Administración no puede dejar de tener en cuenta, al ejercer el primero o desarrollar la función asignada al segundo, el apuntado riesgo, con las inevitables consecuencias sobre su disposición para actuar con plena e incondicional entrega a los requerimientos pertinentes. Lo que vale especialmente para aquellas ramas de

---

[285] Así sucede, a título de ejemplo, en los casos de actos administrativos (particularmente los autorizatorios) que padezcan (o a los que se impute) algún vicio grave de legalidad (administrativa).

la Administración pública que deben operar con competencias dotadas de amplios márgenes de apreciación o, incluso, de discrecionalidad o, simplemente, referidas a cuestiones jurídica, o fácticamente de gran complejidad, sensibilidad o conflictividad social y a cuya actuación es inherente, por ello, una significativa probabilidad de incursión (objetiva) en vicios. La vía de solución que debería imponerse en este punto es la postulada, en el Derecho alemán, por H-J. Papier[286]: la responsabilidad penal del titular de un cargo o función sólo procede cuando su conducta constituya un ilícito cualificado por desbordar la frontera exterior del ilícito puramente administrativo.

Finalmente, en el plano procesal, es constatable un muy escaso recurso a la cuestión prejudicial administrativa[287]. Se trata de un fenómeno imputable a la lógica del funcionamiento de los órdenes jurisdiccionales diferenciados, capaz de introducir serias distorsiones en el principio ideal de la unidad jurisdiccional. Que nuestro caso en modo alguno es peculiar lo demuestra igual lamento sobre la situación en el Derecho alemán por parte de H-J. Papier, antes citado. Y ello, a pesar de la específica idoneidad del aludido mecanismo para mantener el equilibrio en el tándem que, en la dirección y el control sociales, forman Derecho Administrativo y Derecho Penal, resolviendo las situaciones de potencial conflicto entre normas de uno y otro y evitando, por tanto, posibles valoraciones y decisiones jurídicas contradictorias. La actual jurisprudencia[288] pretende hallar la justificación de tal modo

---

[286] H-J. PAPIER, en W. Krebs, M. Oldiges y H-J. Papier, *Aktuelle Probleme des Gewässerschutzes*, C. Heymann, 1990, pp. 63 y ss.

[287] En este sentido, S. MUÑOZ MACHADO, *Tratado de Derecho administrativo...*, *cit.*, pp. 89 y 90. Sobre la cuestión prejudicial administrativa, véase E. GARCÍA DE ENTERRÍA, «La nulidad de los actos administrativos que sean constitutivos de delito ante la doctrina del Tribunal Constitucional, sobre cuestiones prejudiciales administrativas apreciadas por los jueces penales. En particular, el caso de la prevaricación», en J. Ortiz Blasco y P. Mahillo Garcías (Coord.), *La responsabilidad penal en la Administración pública. Una imperfección normativa*, Fundación Democracia y Gobierno Local, Barcelona, 2010.

[288] SsTS de 24 de febrero de 1993 y 25 de febrero de 1998 (RJ 1993, 1530 y 1998, 1193, respectivamente) y 1688/2000, de 6 de noviembre (RJ 2000, 9271); 1772/2000, de 14 de noviembre (RJ2000, 9294); 1490/2001, de 24 de julio (RJ 2001, 7720); 1807/2001, de 30 de octubre (RJ 2001, 5); y 2059/2001, de 29 de octubre (RJ 2002, 939). En sentido más ponderado, la STS 784/2002, de 3 mayo (RJ 2002,7340).

de proceder en una supuesta contradicción entre el artículo 10.1 LoPJ –que postularía así, vía extensión, y a los efectos prejudiciales, de la competencia del pertinente orden jurisdiccional en los asuntos atribuidos a otros distintos, el ejercicio en ellos de tal competencia[289] como única solución– y el artículo 3 LECr, que aclara que esa solución es sólo la regla general, aplicable únicamente cuando las cuestiones propias de otro orden jurisdiccional aparezcan tan íntimamente ligadas al hecho punible que sea racionalmente imposible su separación[290]. Contradicción (con efecto derogatorio del art. 3 LECr y la consiguiente desaparición de las cuestiones devolutivas con efecto suspensivo), que confirmaría el apartado 2 del propio art. 10 LoPJ y corroborarían tanto el principio de la unidad de la jurisdicción consagrado en el artículo 3 LoPJ[291], como el artículo 24.2 CE (interdicción de las dilaciones indebidas), pues se considera que la doctrina del Tribunal Constitucional no es concluyente en esta materia (véase, no obstante, la STC 278/2000, de 27 de noviembre).

No existe, sin embargo, la contradicción de este modo afirmada. La extensión de la competencia a las cuestiones prejudiciales de otro orden jurisdiccional, de un lado, se predica de todos estos órdenes y no sólo del penal, y, de otro lado, se formula en términos de pura habilitación, que, por sí mismos, no excluyen la procedencia de la remisión –con efecto devolutivo y, por tanto, suspensivo– de la cuestión extrapenal al orden pertinente (lo que quiere decir: no se opone en modo alguno a la regla más precisa y matizada del art. 3 LECr). Razonamiento éste que la regla (orgánica) más precisa que impone la cuestión prejudicial penal con efecto devolutivo (y, por tanto, suspensivo) lejos de desmentir

---

[289] Aunque admitiendo que tal ejercicio debe producirse en todo caso en los términos del artículo 7 LECr.

[290] Regla general, que es matizada en el siguiente artículo 4.

[291] Esta jurisprudencia (véase STS 1490/2001, de 24 de julio; RJ 2001, 7720) argumenta, en este sentido, que el precepto legal orgánico: «... dispone que 'la Jurisdicción es única y se ejerce por los Juzgados y Tribunales previstos en esta Ley, sin perjuicio de las potestades jurisdiccionales reconocidas por la Constitución a otros órganos'. Como consecuencia de este principio de 'unidad de jurisdicción', que no permite hablar de distintas jurisdicciones sino de distribución de la jurisdicción única entre diversos 'órdenes' jurisdiccionales, el art. 10.1 de la citada LOPJ establece...».

corrobora plenamente. Pues obedece justamente a la función de *ultima ratio* del Derecho Penal e, incluso así, la procedencia en todo caso de dicha cuestión no sólo es libremente excepcionable por el legislador, sino que aparece restringida, con carácter general, justamente a los supuestos de imbricación inextricable entre la cuestión extrapenal y la penal o de condicionamiento por ésta del contenido de aquélla. Restricción del campo de juego de la cuestión penal (cuya imposición «en todo caso» se enfatiza por la jurisprudencia que se critica) que no viene a ser sino la formulación en forma distinta de la regla general (ligazón íntima que haga imposible racionalmente la separación) establecida para todos los órdenes jurisdiccionales en el artículo 3 LECr. Con lo que, situada la cuestión en su contexto obligado, el de los principios superiores del Estado-ordenamiento, el razonamiento se vuelve contra la tesis jurisprudencial: si la cuestión prejudicial penal es preceptiva en un ámbito acotado, el correcto examen de la cuestión principal penal debe demandar inexcusablemente también (por identidad de razón y en virtud del principio de legalidad penal) el recurso, suspensivo, a la cuestión prejudicial administrativa, cuando ésta aparezca inextricablemente imbricada con la penal o condicione el contenido de ésta. Pues sólo el correcto enjuiciamiento de la misma (únicamente institucionalmente asegurado por la intervención del orden jurisdiccional contencioso-administrativo) puede conducir a un enjuiciamiento asimismo correcto, es decir, acorde con las garantías pertinentes, de la cuestión penal.

Siendo más difícil conseguir que el legislador sea plenamente consecuente con los requerimientos del sistema a la hora de establecer improntas administrativas en el Derecho Penal, pero teniendo en cuenta la utilidad, en el plano de la aplicación del Derecho, de la figura de la cuestión prejudicial administrativa, es imperativo reivindicar la recuperación de la funcionalidad de esta técnica clave en la articulación del juego del bloque Derecho Administrativo-Derecho Penal para su correcto funcionamiento en el cumplimiento de la función de dirección y control sociales que conjuntamente les corresponde en los sectores de la realidad «administrativizados». Y es imperativo, dados el rumbo que vienen siguiendo tanto el Derecho Penal como, en su aplicación y a la luz de la jurisprudencia del Tribunal Supremo, los órganos judiciales del orden penal, y la situación de riesgo que generan para el funcionamiento correcto del sistema jurídico por distorsión de las condiciones mínimas exigibles al expresado funcionamiento del bloque «Derecho Administrativo-Derecho Penal».

3. LA PENDENCIA DE UNA TEORÍA GENERAL JURÍDICO-PÚBLICA Y, MÁS CONCRETAMENTE, JURÍDICO-ADMINISTRATIVA DE LA ORGANIZACIÓN

a) ORGANIZACIÓN Y PODER DE ORGANIZACIÓN: LA SITUACIÓN ACTUAL Y SUS DEFICIENCIAS

Radicando la clave de la organización pública en el poder de organización de los órganos estatales resultantes de la «división» del poder público constituido se entiende que entre nosotros, al igual que en Francia y a diferencia de Alemania, la organización se haya tratado y siga tratando en el plano administrativo sin suficiente referencia a sus indispensables bases constitucionales[292]. La razón no es otra que la dilución de la cuestión de la potestad de organización en el plano constitucional por la mezcla de órgano y función inherente a los términos, desde el primer constitucionalismo, de la división funcional del poder. Pues esta mezcla ha dificultado la decantación, con claros perfiles propios, del poder de organización, al quedar éste embutido sin mayor pre-

---

[292] En nuestro caso, en efecto:

a) El Estado constitucional no hubo de afrontar problema alguno –en términos equiparables al suscitado por el dualismo Monarca-Parlamento propio de la Monarquía constitucional alemana– de integración de una *potestas instituendi* claramente diferenciada y decantada como ámbito doméstico perteneciente en exclusiva al Monarca.

b) La práctica totalidad de los proyectos y textos constitucionales históricos –corroborando la afirmación anterior– estableció reservas «organizativas» de ley en materia militar, judicial y de la Administración local (y regional) y distribuyó, en lo demás (es decir, para el ámbito gubernativo-administrativo propiamente dicho), entre el legislativo y el ejecutivo la competencia para adoptar decisiones organizativas.

La vigente Constitución de 1978 expresa con claridad, su carácter «instituyente» en tanto que fruto de un acto reflexivo cumplido en ejercicio del poder de organización; ejercicio pleno y no arbitrista, sino realizado precisamente para establecer un preciso «orden político».

cisión en los tipificados constitucionalmente, resurgiendo con fuerza como tal sólo en un escalón ulterior: el administrativo.

Teniendo en cuenta la dialéctica que le es propia –la que media entre entre organización y poder para establecerla–, su tratamiento ha desbordado siempre el terreno jurídico[293] para comprender igualmente aquéllos en que se ofrece –contemplando la dinámica de toda organización– como instrumento técnico y de gestión de procesos[294] para hacer operativo el Estado. La sustancia última de la organización es, sin embargo, de índole jurídico-política, sede en la que se mueve el poder que establece la organización y determina, por tanto, su dinámica instrumental[295]. A despecho del desplazamiento de su centro de gravedad, en tanto que instituto jurídico, hacia el ejecutivo[296] y de su actual cultivo sólo y de modo, además, insuficiente e inadecuado[297], el problema de la potestad de organización sigue aludiendo hoy a una cuestión general de primer rango y alto componente político: la pretensión de participa-

[293] Especialmente en el ámbito anglo-americano, pero, por influencia del mismo, también, más recientemente, en el continental europeo.

[294] Enfoque propio de la organización de empresas.

[295] La enfatización de la vertiente técnico-gestora es la que está en la base del fenómeno de paulatina pérdida de alcance general y trascendencia política por la llamada ya significativamente tan sólo «reforma administrativa», en la que únicamente se ventilan posibles soluciones y arreglos en el «aparato administrativo gestor» para mejorar su funcionalidad, economía, eficiencia y eficacia. Obvio resulta decir que el aludido proceso ha sido facilitado por la pérdida por los Parlamentos de capacidad efectiva para cumplir directamente, por sí mismos, la tarea legislativa en toda su dimensión. El beneficiario de la progresiva emergencia de límites técnicos prácticos al pleno desarrollo de la tarea legislativa en sede parlamentaria ha sido obviamente el complejo Gobierno-Administración.

[296] A. MERKEL (*Allgemeines Verwaltungsrecht*, 1927) se lamentaba ya a principios del siglo XX de la especialización en el tratamiento de la organización (su consideración como cuestión específica de la teoría general del Derecho Administrativo) y del consecuente malentendido en que aboca: la restricción de la validez de los resultados obtenidos a esa parte del orden jurídico, como si los sistemas organizativos fueran peculiares de la misma y no del todo, más concretamente como si fueran posibilidades únicamente de la organización administrativa.

[297] Con notables excepciones, entre las que destaca A. GALLEGO ANABITARTE, *Derecho General de la Organización*, Madrid, 1971, y también –junto con A. de Marcos Fernández– «Derecho General de la Organización», en *Derecho administrativo I. Materiales*, Madrid, 1993; así como *Conceptos y principios fundamentales del Derecho de Organización*, Marcial Pons, Madrid/Barcelona, 2001.

ción en un poder atribuido directamente por la norma constitucional, un poder constitucional originario.

Aunque se suela dar por supuesto su sentido, la organización trata del ejercicio de un poder que existe en todas las funciones estatales e incluye el de establecer, por intermedio de los órganos de carácter legislativo, ejecutivo y judicial y según la respectiva competencia de éstos, las estructuras de acción pertinentes en todos los órdenes y cada una de las funciones estatales. Lo que significa, según reza significativamente un trabajo de E. Schmidt-Aßmann[298], que la organización se produce en y como resultado del campo de tensión generado por la dirección universal que incumbe al Parlamento y el poder de organizar inherente al ejecutivo (el complejo Gobierno-Administración).

Sin perjuicio de la persistencia de la atención marginal dedicada, a pesar de su trascendencia, a la organización, recientemente es apreciable un resurgimiento del interés por ella[299], tanto más teniendo en cuenta la incidencia del Derecho Comunitario, para asegurar su efectividad, en la tan proclamada y cada día menos real y efectiva autonomía organizativa y procedimental de los Estados Miembros.

---

[298] E. SCHMIDT-ASSMANN, «Verwaltungsorganisation zwischen parlamentarischer Steuerung und exekutivischer Organisationsgewalt», en *Hamburg, Deutschland, Europa, Festschrift für Hans Peter Ipsen zum 70.* Geburtstag (hrsgg. Von R. Stödter und W. Thieme), J. C. B Mohr-Paul Siebeck, Tübingen, 1977.

[299] Iguales fenómenos constatan en el Derecho alemán E. Schmidt-Aßmann y F. A. Schnapp. E. SCHMIDT-ASSMANN (*Das allgemeine Verwaltungsrecht als Ordnungsidee. Grundlagen und Aufgaben der verwaltungsrechtlichen Systembildung*, Springer, Berlin-Heidelberg-New York, 1998, pp. 205 y 206; existe traducción española de diversos autores bajo el título *La teoría general del Derecho administrativo como sistema*, INAP/Marcial Pons, Madrid, 2003, pp. 252 y 253) destaca el carácter de ámbito estático que ofrece el derecho de la organización, en el que las nuevas evoluciones encuentran reflejo sólo con mucho retraso, y el agotamiento de la dogmática tradicional en la descripción, sin que sus formas sean idóneas para contribuir significativamente a la dirección de los procesos. F. A. SCHNAPP (*Dogmatische Überlegungen zu einer Theorie des Organisationsrechts*, AöR, tomo 105, J. C. B Mohr-Paul Siebeck, 1980, pp. 244 a 248) proporciona, naturalmente a partir de la experiencia del Derecho alemán, pero en términos en buena medida perfectamente extrapolables al nuestro, toda una enumeración, de un lado, de las causas y las consecuencias de la desatención a la materia, y, de otro lado, de las razones para el interesamiento por la organización.

La centralidad del Derecho de la organización es en todo caso indudable, pues, como bien ha indicado E. H. Ritter[300], el Estado moderno, entendido como sujeto capaz de decidir y actuar, sólo existe en la medida del Derecho de la organización que lo constituye. Las actividades del poder público en general y del administrativo en particular se desarrollan efectivamente en y a través de organizaciones. La teoría de la organización hasta ahora elaborada, básicamente en sede jurídico-administrativa, dista de proporcionar, sin embargo, un sistema de conceptos, técnicas y categorías a la altura de los tiempos y capaz, por ello, de encuadrar, encauzar y explicar la cada vez más compleja realidad, estructural y funcional, de los Estados y de los poderes públicos en que éstos se concretan, especialmente el administrativo. No puede, pues, sino compartirse la afirmación[301] de que la ciencia del Derecho de la organización se encuentra aún ante la tarea de crear, más allá de investigaciones concretas, un verdadero sistema, operativo y susceptible de consenso, que se corresponda con el estadio evolutivo del Derecho sustantivo o material. Siguiendo a E. Schmidt-Aßmann[302], la crítica del estado actual de la organización afecta a todos sus elementos nucleares; sean éstos:

– Las formas organizativas (el cargo, la unidad, el órgano y las diversas organizaciones personificadas en régimen de Derecho público y privado), destinadas a articular la actuación en el tráfico jurídico, precisar la posición y función en el seno de las organizaciones y respecto de otras organizaciones y la capacidad para defender –incluso ante los tribunales– tal posición, especialmente poco tratadas cuando sólo constituyen «parte» de una organización personificada.

– Las diferenciaciones o clasificaciones con finalidad sistemática entre: i) organizaciones con y sin personalidad (a efectos de la determinación de los centros de imputación de relaciones jurídicas básicamente con los ciudadanos y de la mal llamada capacidad jurídica)[303], con simultánea revitalización del interés por las

---

[300] E.-H. RITTER, «Organisationswandel durch Expertifizierung und Privatisierung im Ordnungs- und Planungsrecht», en E. Schmidt-Aßmann y W. Hoffmann-Riem (Eds.), *Verwaltungsorganisationsrecht als Steuerungsressource*, 1997, p. 207.

[301] F. E. SCHNAPP, *cit.*, p. 278.

[302] E. SCHMIDT-ASSMANN, *Das allgemeine Verwaltungsrecht…*, *cit.*, pp. 206 y ss.

[303] La significación de la personalidad y la capacidad jurídica, en cuanto categorías «traídas» sin más del Derecho Civil, son cuestionadas hoy en Alemania. En sentido crítico res-

cuestiones hasta ahora descuidadas y relativas a la autonomía o no de las unidades-órganos de las organizaciones; y ii) Derecho organizativo y Derecho sustantivo o material[304], que conduce al tratamiento menos exigente del primero siquiera sea desde el punto de vista del procedimiento (proceso de toma de decisiones) y del control judicial y a la entronización como principios-paradigmas de la jerarquía y la ejecución por órgano monocrático incluso desde el punto de vista del Derecho material (pues en éste se valoran las representaciones de «unidad» teniendo como referencia o estándar la Administración directa estatal, organizada burocráticamente, de suerte que cualquier otra representación se lastra con la carga de su justificación y se minusvalora el *status* de los componentes o miembros de las unidades y los órganos).

– O, incluso, el método mismo, claramente guiado hasta ahora por el modelo representado por la Administración directa estatal en calidad de destilado jurídico del principio de legalidad; modelo hoy también puesto en cuestión, en cuya base está la mera suposición (no contrastada) de que el efecto de vinculación de la ley es reconducible sin pérdida alguna al esquema teorético de la subsunción[305].

Atendiendo, en lo esencial, a las consideraciones de los autores citados (F. E. Schnapp y E. Schmidt-Aßmann), cabe establecer el siguiente elenco de déficits y retos al respecto:

---

pecto de la utilización sin más del concepto de capacidad jurídica en el Derecho Público, en efecto: H.-H. Rupp, *Grundfragen der heutigen Verwaltungsrechtslehre*, 2ª ed., 1991, pp. 81 y ss.; Rudolf, en H.-W. Erichsen (Hrs.), *Allgemeines Verwaltungsrecht*, Walter de Gruyter, Berlin/New York, 1995, 10ª ed., Verwaltungsrecht, § 53, Rn. 6 y ss.

[304] Una crítica a este respecto puede verse en W. Krebs, «Verwaltungsorganisation», en P. Kirchhof y J. Isensee (Hrsg.), *Handbuch des Staatsrechts*, tomo 3, 2ª ed., 1996, § 69, Rn. 84 y ss.

[305] De esta suerte, así se argumenta, la confiabilidad de la dogmática establecida reposa en juicios de una convencional plausibilidad, pero que las más recientes investigaciones científico-sociales no confirman siquiera sea en los términos de su formulación. Pues las burocracias no son instancias neutrales de ejecución, ya que tienen sus intereses propios y sus problemas en la recepción y elaboración de las informaciones que elaboran. Las relaciones que el Derecho de la organización establecido encuadra y capta se representan en función de procesos decisionales que se supone fluyen de manera lineal, vertical. Se prescinde, pues, de las inevitables retroconexiones y de la realidad de las actuales estructuras que funcionan en red. Esta deficiencia está relacionada con la escasa atención al Derecho procedimental organizativo interior, por ejemplo en todo lo relativo a los procesos decisionales en el seno de los órganos colegiados. Y desde luego también con la desatención a todo el mundo de lo informal.

a) La recuperación, como condición previa, de la relatividad de diferenciaciones y clasificaciones básicas tales como la de Derecho material (que, al regular conductas entre sujetos, se refiere a la relación jurídico-pública) y Derecho organizativo (que, al no regular directamente conductas, sólo indirectamente incide en la referida relación y, por tanto, en la esfera de los sujetos jurídicos, básicamente los privados)[306] y, por tanto, la de ámbito *ad extra* (paradigmáticamente, el de la relación del Estado con los sujetos privados) y *ad intra* (esfera propia de una acción estatal por así decirlo reflexiva del Estado sobre sí mismo[307]). La primera, porque una misma norma puede ser adscrita con normalidad tanto a uno como a otro Derecho. Es imperativa, así, la superación del lastre que supone la concentración prácticamente total en la dimensión constructiva o estática de la organización, inidónea para otorgar soporte a un verdadero edificio teórico que vaya más allá de un modelo esquemático. Y la segunda, porque aún teniendo consistencia desde el punto de vista de la referencia a distintos círculos de destinatarios, no es legítimo entenderla en términos de separación entre dos conjuntos normativos cualitativamente diferentes por obedientes a reglas sustancialmente diversas. Tiene como función más bien abrir el horizonte para un determinado repertorio de cuestiones, como, en especial, las relativas a la relación entre normas organizativas y materiales, la multifuncionalidad de las normas y, sobre todo, la complejidad del llamado ámbito doméstico o interior del Estado en general y del Gobierno y la Administración en particular. A este último respecto, el reconocimiento de la ordenación jurídica de tal ámbito abre la puerta a la percepción de la que N. Achterberg[308] ha denominado su «politomía» y, al propio tiempo, obliga al análisis de las relaciones jurídicas específicas, no ya entre personas jurídico-públicas, sino entre órganos y al interior de éstos. Pues, como ya destacó este último autor[309], todo lo que queda por encima de la unidad básica de la organización (el cargo, el puesto

---

[306] F. E. SCHNAPP (*cit.*, pp. 252 y 253) pone de relieve cómo el Derecho material no puede proporcionar por si solo la garantía de la actuación estatal, al requerir no sólo un sistema diferenciado de funciones, instituciones y órganos (hasta la última y final unidad organizativa –el cargo–, ya que sólo las personas físicas pueden actuar), sino también el establecimiento de deberes estatutarios de función pública que motiven a los titulares de los cargos para realizar una tarea debida desde el punto de vista del ciudadano. Lo que quiere decir: los impulsos del Derecho material *ad extra* precisan ser «transmitidos» a los aludidos titulares de cargos para su «trasposición»; efecto de transmisión que sólo se logra mediante la instalación de la relación orgánica, ya que el legislador formal no está en condiciones –ya incluso por razón de técnica legislativa– de acertar con el titular del cargo concreto pertinente en tanto que destinatario del correspondiente mandato (a fin de actualizar el deber de actuación que pesa sobre éste).

[307] Por emplear una expresión acuñada por el Tribunal Constitucional en STC 76/1983, de 5 de agosto.

[308] N. ACHTERBERG, *Rechtstheorie*, p. 388.

[309] N. ACHTERBERG, *cit.*, pp. 339 y 340.

de trabajo, referidos a un conjunto de tareas diseñado para una persona física) se revela accesible al análisis bajo el punto de vista de la relación jurídica.

b) La superación de la perspectiva tradicional limitada prácticamente a la dimensión estructural o institucional y, por tanto, estática de la organización, lo que la incapacita para ofrecer algo que vaya más allá de un modelo esquemático. Tal superación requiere cuando menos la modulación del tratamiento dispensado hasta ahora a la institución sobre la que reposa –la persona jurídica–, sin que la misma pierda desde luego el lugar central que ocupa. Pues la preocupación doctrinal se centra casi exclusivamente en la cuestión de la imputación a la persona jurídica, por intermedio del cargo y el órgano, de los actos de las personas físicas. De donde la trascendencia de la condición de órgano, pues es tal condición la que permite diferenciar el órgano (articulación de atribuciones ejercitables) de la o las personas físicas que lo invisten y actúan. La perspectiva que así se impone en el análisis de la organización queda inevitablemente impregnada, de modo excesivo, por la idea de articulación de los órganos en el seno de la persona y, por tanto, el principio de jerarquía[310].

Resulta indispensable, pues, una exploración más decidida del terreno situado al interior mismo del Estado, pero sin que ello signifique una caída en la metodología sociológica[311]. Los conceptos jurídico-organizativos fundamentales precisan ciertamente captar la realidad jurídico-social, pero no son libremente construibles desde cualesquiera planteamientos metodológicos. De lo que se sigue que la organización debe continuar abordándose desde una perspectiva normativo-institucional, pues, en otro caso (sustitución de la ficción legal de la persona jurídica por la organización real existente en cada momento): i) el legis-

---

[310] La apuntada perspectiva ha sido ya objeto de crítica en Alemania, entre otros, por W. Brohm («Die Dogmatik des Verwaltungsrechts vor den Gegenwartsaufgaben der Verwaltung», *Veröffentlichungen der Vereinigung der Deutschen Staatsrechtslehrer*, 30, 1972, pp. 245 y ss.) para quien coloca cada vez en peor situación para articular dogmáticamente de modo correcto la también cada vez más compleja realidad administrativa (procesos decisionales escalonados y multiplicidad de centros decisionales), con el resultado de que la *praxis* estatal y administrativa se ha desarrollado y desarrolla en gran medida al margen de los principios dogmáticos establecidos.

[311] Las propuestas en tal sentido efectuadas en Alemania no han tenido éxito. Así, por ejemplo, la realizada por E.-W. Böckenförde («Organ, Organisation, Juristische Person. Kritische Überlegungen zu den Grundbegriffen und der Konstruktionsbasis des staatlichen Organisationsrecht», en *Fortschritte des Verwaltungsrechts, Festschrift für H. J. Wolf*, München, 1973, pp. 278 y 279) de unión de la organización en sentido jurídico y en sentido fáctico por tratarse tan sólo de momentos imposibles de concebir como independientes y resultantes de presupuestos y principios propios, en tanto que dimensiones de una misma y única realidad.

lador quedaría privado de toda categoría fija y estable definitoria del círculo de destinatarios (pluralidad de personas) al que, con su norma y con independencia del correspondiente sustrato real (personal, espacial y material), quiera referirse en cada momento; y ii) el ciudadano carecería de interlocutor, accesible, capaz de actuar y responsable, al que referirse, en su caso en sede judicial.

Pero, sin perjuicio de que siga siendo precisa la técnica de la personalidad y pertinente desde luego el enfoque constructivo-estático[312], éste debe complementarse con la dimensión dinámica que es propia del Derecho procedimental, cuya diferenciación del Derecho de organización es cada vez más problemática (organización y procedimiento, estructura y funcionamiento son dos caras del mismo fenómeno organizativo).

c) La elaboración de las cuestiones que suscitan las normas y decisiones organizativas. En la medida, en efecto, en que las medidas organizativas pueden adoptarse también mediante normas, se hace preciso determinar:

– Por de pronto, la competencia para su adopción a fin de determinar si ésta corresponde al legislador formal o al complejo Gobierno-Administración.

– Sobre ello, y en el campo de acción propio del referido complejo que tiene atribuida la función ejecutiva, la existencia o no de una potestad organizatoria «independiente» (originaria o derivada) o, por el contrario, el requerimiento o no de una habilitación previa del legislativo para el dictado de normas reglamentarias organizativas.

– Además y supuesta la no discusión hoy del carácter jurídico de las normas organizativas y su pertenencia, por tanto, al sistema general de fuentes, la adecuada inserción de aquéllas en éste y las condiciones de su producción y, por tanto, régimen de validez. Y ello teniendo en cuenta que, como ha puesto de relieve W. Krebs[313], no existe «la» norma organizativa que pueda tener un preciso lugar en el catálogo de fuentes (lo que no es sino trasunto de la inexistencia de la norma material como categoría independiente al mismo efecto).

Lo dicho remite a la constatación de que sólo el análisis de cada medida organizativa concreta permite determinar su cualidad jurídica. Ello explica que

---

[312] Su necesidad es clara, como expone F. E. Schnapp, en el momento de la aplicación del Derecho, en el que la valoración de la conformidad o no a Derecho de una decisión estatal en función de la actuación o no del órgano procedente sólo puede hacerse desde una «instantánea» organizativa.

[313] W. Krebs, «Probleme des vorläufigen Rechtsschutzes gegen Schulorganisationsakte», *Verwaltungsarchiv*, vol. 69, 1978, pp. 231 y ss.

buena parte del esfuerzo en esta materia se venga dedicando a discernir si las medidas organizativas son normas o actos en función, en su caso, de si establecen o no una regulación de caso concreto. A este respecto conviene también advertir sobre la improcedencia de utilizar sin más el concepto mismo de acto administrativo, atendiendo así no ya –aunque también– la vieja advertencia de O. Mayer de que el acto está en el Derecho Público como mosca o gusano caído en el tocino, sino la elemental comprobación de que el acto no es, ni debe ser precisamente, la categoría central del Derecho de la organización. El instrumentario de éste es, en efecto, muy abierto: la panoplia va desde la ley, pasando por la norma reglamentaria, hasta la proteica medida organizativa (no identificable con el acto administrativo).

La inexistencia en todo caso de un canon de las fuentes organizativas parecido al del Derecho material impone la tarea científica del establecimiento de una fenomenología de la norma organizativa, para la cual puede servir de punto de partida el triple escalón organizativo ya clásico establecido por H. J. Wolff: creación, instalación o estructuración y puesta en funcionamiento de las organizaciones, al que cabría añadir el instrumentario de dirección de éstas.

La importancia de estas cuestiones no precisa ser ponderada. La escasa densidad de la programación normativa del poder de organización permite una apreciable libertad en la actuación de éste; libertad cuyo incorrecto ejercicio (como demuestra la experiencia) puede conducir a la manipulación (vía elección de la forma de actuación) del sistema de tutela frente a las medidas organizativas.

d) La ubicación del centro de gravedad de la potestad de organización y la legitimación de la correspondiente al complejo Gobierno-Administración como responsable de la función ejecutiva.

La determinación de la distribución del poder de establecer la organización a partir y en desarrollo del orden constitucional y la localización de su centro de gravedad en la función ejecutiva sólo pueden llevarse a cabo sobre la base de las previsiones organizativas constitucionales. Ello permite adelantar, dada la determinación directa por la norma constitucional de la función ejecutiva, que dicho centro de gravedad se sitúa justamente en ésta. Pero esto sólo significa que dicha función (el complejo Gobierno-Administración) tiene reconocido un amplio campo de acción en la materia, en modo alguno dice algo sobre si los términos del desarrollo de la función ejecutiva (especialmente en sede administrativa) se definen constitutivamente por la ley o ésta juega respecto de dicho desarrollo únicamente como límite. Las indudables notas de indispensabilidad, permanencia y ubicuidad de la función ejecutiva tampoco resuelven la cuestión, porque desde aquéllas no cabe concluir sobre el régimen de despliegue de la acción estatal. El criterio sólo lo puede proporcionar la legitimidad constitucional de un poder normativo ejecutivo para establecer la organización (dentro de los correspondientes límites). El reconocimiento al ejecutivo de una potestad organizatoria originaria (para la generación de la infraestructura precisa para la actuación) se ofrece en principio como emanación natural del mandato jurídico-constitucional de realización, en favor del ciudadano, del interés general.

e) La clarificación de la competencia para la dirección del proceso organizativo.

Como quiera que el análisis de la tensión entre la dirección parlamentaria y el poder de organización es cuestión que dista de estar estudiada y resuelta de forma pacífica, toda aproximación teórica a dicha potestad requiere la consideración de las alternativas posibles, que en la formulación de F. E. Schnapp[314] son las siguientes: 1) monopolio parlamentario; 2) competencia general del Parlamento para la ocupación de la materia; 3) exigencia (con diverso alcance) de habilitación previa legal para la actuación organizativa del ejecutivo; y 4) potestad de organización originaria y ubicua del ejecutivo (sin perjuicio del derecho del Parlamento a intervenir, con independencia de la cuestión del alcance de tal intervención).

El hecho manifiesto y diario de la creciente intervención del legislativo en el ámbito de la organización al socaire de la regulación sustantiva de las distintas materias, reduce y simplifica la tarea investigadora, pues permite excluir como en principio no plausibles las alternativas extremas, siquiera en su formulación más radical. De todas formas, dicha tarea debe comenzar, descansar en, y orientarse por, la regulación organizativa directamente constitucional.

f) La definición del régimen jurídico de la validez de las medidas organizativas.

La esencial libertad del orden jurídico para determinar las condiciones de validez y los efectos de los vicios que puedan padecer las medidas organizativas suscita interrogantes insuficientemente clarificados.

Una primera cuestión surge de la pregunta acerca de la existencia o no –por analogía al Derecho Procesal– de un derecho al órgano competente. Si así fuera (lo que parece que debe negarse), habría que concluir que cualquier vicio competencial determinaría necesariamente la invalidez de cualquier medida organizativa. Debe tenerse en cuenta que la competencia no es una magnitud única (por lo que no toda infracción del orden competencial debe tener igual sanción) y el

---

[314] F. E. SCHNAPP, *cit.*, p. 269.

concepto, incluso jurídico-positivo[315], de órgano no es precisamente unívoco y preciso (por lo que la afirmación de si se está o no ante una unidad con la categoría de órgano precisa o, al menos, puede precisar operaciones interpretativas de mayor o menor dificultad).

La precedente cuestión lleva de la mano a otra: la medida en que el derecho a la legalidad, es decir, a la observancia por el poder público del Derecho estatuido (la organización como determinación de orden público) tiene capacidad para, levantando el velo de la personalidad jurídico-pública, exigir también una actuación conforme al orden de distribución de tareas y cometidos en el seno de ésta (de la organización). Así debe entenderse que es en el ámbito judicial donde el derecho al juez predeterminado por la ley alcanza, más allá de la distribución legal de competencias entre órganos judiciales, al sistema de reparto de asuntos entre éstos y, en el seno de los colegiados, entre los magistrados (ponentes). En el ámbito administrativo el correlato sería un «derecho al funcionario predeterminado por la ley». Con todo lo problemático que un tal derecho pueda ser, la aceptación de que la incompetencia es una ilegalidad no sólo objetiva, sino lesiva de los derechos del interesado, obliga al planteamiento y a la respuesta a la cuestión.

Igualmente importante y más descuidado aún, especialmente entre nosotros, es la cuestión acerca del régimen de las específicas relaciones, por razón de la distribución de las competencias de actuación, entre organizaciones (relaciones interadministrativas), órganos (relaciones interorgánicas) y en el seno de los órganos (relaciones intraorgánicas). Y, por tanto, el régimen de invalidez de las actuaciones en el seno de estas relaciones por infracción básicamente del orden organizativo competencial. Recurriendo al ejemplo alemán, desde hace ya tiempo (al menos desde la obra de R. Thoma[316]), existe consenso sobre el reconocimiento incluso a las unidades administrativas de la condición de titulares de derechos subjetivos (a efectos de la defensa de su acervo competencial) y, por tanto, de la posibilidad (no necesidad) de la dotación de las competencias con acciones reaccionales frente al desconocimiento de la propia competencia. Base sobre la que se analizan dos cuestiones (aquí igualmente poco o nada tratadas): la de si las competencias integran un derecho de la persona o personas que in-

---

[315] El legislador positivo no está vinculado obviamente por ningún sistema conceptual previo, menos aún doctrinal. De ahí que su tarea normativa adolezca frecuentemente del debido rigor en el uso de términos (a lo que no es ajeno el proceso de trasposición de normas comunitarias), lo que tiene repercusiones en la claridad y certeza del Derecho incluso organizativo.

[316] R. Thoma, «Das System der subjektiven öffentlichen Rechten und Pflichten», HD-StR II, pp. 607 y ss.

visten o actúan el órgano correspondiente (que, desde G. Jellinek[317], se responde negativamente), y la que se desglosa en los conflictos que pueden presentarse, de un lado, entre organizaciones y órganos y, de otro, dentro de los órganos (especialmente los colegiados)[318].

Queda claro, así, que es imperativo y urgente reaccionar frente a las evoluciones, cada vez más rápidas y de mayor alcance, que, desde la *praxis*, adquieren carta de naturaleza jurídico-positiva. Y para ello ha de alzarse la vista desde la estructura (sin descuidar, sin embargo, ésta) a la dinámica de funcionamiento, como hizo ya en su momento E. Forsthoff llamando la atención sobre la significación de la organización –en especial, la administrativa– como «institución de trabajo» (*Arbeitsinstitution*), relativizando así correctamente la incomunicación radical entre organización pública y organización privada.

H. Hill y H. Klages[319] han descrito la actual situación, en efecto, en términos de emigración de la Administración del mundo de la organización de corte weberiano, es decir, burocrático, altamente formalizado y centralizado y estructurado jerárquicamente, hacia el mundo de la en buena medida informal y descentralizada «organización fractal», determinada por conexiones horizontales y relaciones de cooperación. Así lo corrobora un simple repaso a los sectores administrativos de referencia, que revela, además de un amplio proceso de privatización (y su consecuencia: la organización para la regulación del mercado), que la organización padece ya el que W. Krebs[320] ha calificado de síndrome de la pluralización hacia el interior y hacia el exterior, con implicaciones jurídicas que desbordan el Derecho de la organización clásico y alcanzan al Derecho de la función pública y el Derecho presupuestario.

---

[317] G. Jellinek, *System der subjektiven öffentlichen Rechte*, reimpresión de la 2ª ed. de 1905, Darmstadt, 1963, p. 231.

[318] Los primeros demandan toda una construcción dogmática, aún por hacer (especialmente en el plano jurídico-administrativo), del peculiar tráfico jurídico que suponen las relaciones que se entablan entre las organizaciones y los órganos jurídico-públicos por razón de su actuación en el ejercicio de sus respectivas competencias y, por tanto, de las consecuencias (sanciones de invalidez) que deben derivarse del desconocimiento o la infracción del orden público competencial. Los segundos aluden al respeto de la posición y función (normalmente determinadas por medidas organizativas internas), en el seno de los órganos, de los miembros de éstos, lo que –junto a problemas de índole procedimental– suscita el interrogante acerca de la existencia o no de derechos subjetivos (derivados del cargo) de tales miembros, lo que dependerá obviamente de los términos en los que estén normativamente definidos la posición y la función de éstos.

[319] H. Hill y H. Klages (Hrsg.), *Reform der Landesverwaltung*. Tagung der Hochschule für Verwaltungswissenschaften Speyer vom 29.-31. März 1995, Raabe, Stuttgart, 1995.

[320] W. Krebs, *cit.*, pp. 339 y 340.

Desde esta perspectiva se perfila la condición de la organización –y no sólo el Derecho sustantivo– como mecanismo e instrumento de dirección y, por tanto, la trascendencia de las tareas de organización para el correcto desempeño de las tareas sustantivas del poder público[321]. Lo que es especialmente evidente en los ámbitos de acción refractarios a una programación material o sustantiva al menos completa: la ciencia y la investigación y la asistencia social, por ejemplo. El reto que supone el recurso a la organización como técnica de dirección (y, por tanto, «programación» de la actividad) no es de índole menor, toda vez que exige: i) el análisis de las especificidades internas de las organizaciones (los elementos de éstas que pueden/deben ponerse al servicio de la dirección) y su correcta disposición como una suerte de «encuadre orgánico» del que resultan los condicionantes-límites y los impulsos-directrices de la actuación administrativa; así como ii) la contemplación conjunta de la estructura (organización en sentido estricto:

---

[321] Parece procedente en este punto dar cuenta de las interesantes reflexiones que al respecto hace E. SCMIDT-ASSMANN (*Das Verwaltungsrecht...*, *op. cit.*, pp. 213 y 214); reflexiones, que pueden sintetizarse así:

a) El Derecho sólo puede desarrollar correctamente sus planteamientos regulativos en la medida en que establezca las correspondencias oportunas entre organización y tareas. No es posible, en efecto, discutir con sentido sobre las condiciones de eficacia del Derecho de la organización sin el preciso análisis de las tareas.

b) Las tareas administrativas sólo se comprenden correctamente si se las encuadra por campos determinados en función de las características de la materia (*Sachaufgabe*); las modalidades de cumplimiento; y la distribución de papeles entre el Estado y la sociedad. Las materias se presentan, en relación con las responsabilidades de las instancias básicas del estado, como grandes bloques (por ejemplo, seguridad pública, seguridad y asistencia sociales, medio ambiente, economía, tráfico, industria, energía, etc.), por lo que su determinación no es aún suficientemente significativa a efectos organizativos. En éstos inciden de forma más concreta inciden las modalidades de cumplimiento de tareas, en cuanto condicionan procesos de trabajo típicos y las relaciones de trabajo y, por tanto, demandan determinadas disposiciones constructivas y en materia de medios personales y técnicos (haciendo así posible distinguir, por ejemplo, tareas ejecutivas, tareas de planificación y tareas de control; pero también: tareas decisorias, tareas prestacionales reales y tareas financieras).

c) La decisión que establece el vínculo entre tarea y organización es normalmente política y se traduce en una atribución competencial por la ley. Los elementos constructivos organizativos tradicionales importantes (territorio, profesionalidad, jerarquía) tienen su correspondencia en las formas de la competencia por razón del territorio, de la materia y de la función. El Derecho de la organización opera aquí una función facilitadora, en tanto que autoriza a establecer –a través de la competencia– conexiones con determinados tipos de organización a los que puede recurrir el legislador en sus operaciones de atribución de competencias. No se trata de llegar a predeterminar un tipo de organización concreto como adecuado jurídicamente para una cierta materia, pues el número de variables a considerar es demasiado grande y la valoración de la adecuación es demasiado compleja. Pero sí debe poderse establecer criterios dotados de flexibilidad capaces de orientar sobre si una construcción organizativa es más o menos idónea para la realización de una tarea.

construcción, ámbito de acción, competencias), el funcionamiento (procesos internos), la conexión de éste con el procedimiento, el régimen tanto de los medios (personales y técnicos) como de los ingresos y gastos (Derecho presupuestario)[322]. Pues sólo la consciente combinación de tales elementos permite una idónea organización y, por tanto, una correcta actividad de ésta[323].

b) La necesidad de una reelaboración sistemática de la materia desde sus bases constitucionales

La tarea de reelaboración teórica demanda, pues, un enfoque sistémico que, descansando sobre las indispensables bases constitucionales (nacionales y, en su caso, comunitario-europeas), aborde –según el «programa» que al efecto formula E. Schmidt-Aßmann[324]–: i) la complejidad del poder público en general y del administrativo en particular[325]; y ii) las cuestiones fundamentales de la dogmática jurídico-organizativa: a) la función de la ley en la materia; b) la unidad y la pluralidad

---

[322] Citando nuevamente a E. SCHMIDT-ASSMANN (*Das allgemeine Verwaltungsrecht...*, *cit.*, p. 214), la funcionalidad específica de las organizaciones consiste en la *transformación* de actos de voluntad individual en actuaciones colectivas justamente organizadas. Por ello es de suma trascendencia la ordenación jurídica de ese proceso de transformación mediante el que cabe calificar como Derecho procedimental interno. Así sucede ya, de Derecho positivo, en el caso de las decisiones colegiadas. Ocurre, sin embargo, que tal necesidad se da también en la transformación en el seno de los órganos monocráticos (problemas en el tratamiento de la información; participación, delegación y transferencia de poder decisional organizativo interno). La necesidad es especialmente visible cuando la estructura monocrática debe adecuarse a las técnicas de *management*. Pues la dirección por objetivos y previsiones presupuestarias globales exige nuevas formas de control, con incidencia y puntos de conexión con el Derecho financiero, presupuestario y de contabilidad.

[323] Desde esta perspectiva se pone de relieve –cuestión de método ya conocida, pero que precisa ser recordada una y otra vez– que el Derecho no puede actuar aquí de modo autosuficiente, precisando de la incorporación de las experiencias y los modelos que facilitan las ciencias de la organización y se revela también como problema de método. La tarea específica de la ciencia jurídico-organizativa no puede negar o desconocer esta exigencia de interdisciplinariedad; debe consistir, por el contrario, en su elaboración al servicio de la dogmática jurídica.

[324] E. SCHMIDT-ASSMANN, *Das allgemeine Verwaltungsrecht...*, pp. 216 y ss.

[325] Comprendiendo, por lo que hace a la Administración, seis tipos organizativos específicos: organizaciones con estructura jerárquica; organizaciones con estructura colegiada; formas organizativas con incorporación de saber científico o técnico; formas organizativas

de la Administración pública, especialmente desde el punto de vista constitucional y con análisis del problema de la «independización» y, por tanto, el grado de «desconexión» de determinadas organizaciones o partes de ellas[326], la incorporación de saber externo y la organización de intereses locales, así como de las organizaciones de construcción «pluralista» o que incorporan intereses sociales, las organizaciones creadas en ejercicio de la iniciativa económica y las organizaciones «intermediarias» o adscribibles no tanto al sector público como al sector privado o social.

El apuntado enfoque sistémico debe descansar, además, en las pertinentes bases constitucionales, es decir, en un concepto amplio de potestad de organización como parte del poder estatal con un contenido material propio no condensado en uno de los poderes-funciones estatales típicos, sino distribuido, de manera diversa, entre ellos. Tal concepto cuadra a nuestro Derecho y precisa, por ello, ser asumido entre nosotros, abandonando la reducción a un concepto restringido (comprensivo sólo de las acciones organizativas del poder ejecutivo, más concretamente administrativo) acontecida en nuestra doctrina científica histórica y actual, que obedece a factores específicos de su evolución propia (ligados a la ruptura de la unidad del Derecho Público y el enfoque adoptado por el Derecho Administrativo), estando lejos de reflejar adecuadamente la de nuestro Derecho Constitucional histórico y, desde luego, de ser conforme con el vigente. Pues, como ya advirtiera E. Forsthoff, tal potestad está dada *ipso iure* con el poder estatal. El Estado, como toda entidad social, es una unidad de orden y acción, por lo que existe sólo en cuanto organización y únicamente puede actuar a través de órganos (en último término personas). De donde se sigue: el ejercicio de poder organizatorio es presupuesto y al mismo tiempo contenido necesario de la actividad estatal, lo que nada dice, sin embar-

---

de la autoadministración; formas organizativas de empresas económicas; y estructuras de organizaciones intermediarias.

[326] Entendida la desconexión como técnica de dotación de distancia frente a la influencia de la política en cuanto perturbadora de una ponderación equilibrada de los intereses; y de división «intraadministrativa» del poder. El Tribunal Federal Constitucional alemán habla en este contexto, ilustrativamente, de «regulaciones de estanqueidad» [*BVerfGE* 65, 1 (49)].

go, sobre quién está habilitado para organizar. Pues en el Estado constitucional la norma fundamental no es limitación de un poder estatal preexistente, sino el fundamento mismo de todo poder y su ejercicio. Qué órgano u órganos tengan competencia para desarrollar determinadas funciones es ya, por ello, cuestión de «poder constituido», que sólo puede responderse a partir de la Constitución aplicable.

La Constitución de 1978 instituye un orden político (al que se refiere el fundamental art. 10.1 CE), que es el que justifica la sujeción de determinados actos organizativos a directrices, limitaciones o prohibiciones, especialmente cuando son realizados por sujetos privados[327]. La fórmula reflexiva empleada por el artículo 1.1 (España *se constituye* en un Estado…), puesta en relación con la de su artículo 137 (el Estado *se organiza* territorialmente en…), no deja lugar a duda alguna, teniendo en cuenta que el sujeto al que se refiere es el soberano –el pueblo español–, de cuya decisión constitutiva y organizativa se dice que *emanan* (porque los crea y define) todos los poderes del Estado (art. 1.2 CE)[328]. Conforme al texto constitucional:

---

[327] Los artículos 6, 8.2 y 27.6 CE exigen acuerdo o respeto de la Constitución o de sus principios por parte de la organización militar y la creación de centros docentes. Y los artículos 6, 7, 36 y 52 CE requieren conformidad con los requerimientos del principio democrático de los sindicatos, los colegios profesionales y las organizaciones profesionales.

[328] De modo congruente, los términos «constituir» y «organizar» se reservan en el texto para el ulterior ejercicio de la potestad organizatoria, por los poderes ordinarios y ya en sede constituida, para completar la labor constituyente con cuantos elementos básicos de la estructura estatal no han sido directamente establecidos por aquélla: la «organización militar», es decir, de las Fuerzas Armadas (art. 8.2 CE); la «constitución, funcionamiento y gobierno» de los juzgados y tribunales (art. 122.1 CE); y la acción de «constituirse (los correspondientes territorios-poblaciones o, en su caso, ciudades) en Comunidades Autónomas» (art. 143.1 y disp. trans. 7ª CE) o de «autorizar la constitución» de éstas [art. 144, a) CE]. Para referirse a la determinación, en desarrollo de la norma fundamental, de los restantes aspectos de la estructura estatal se refiere a actos organizatorios que identifica, por el contrario, como «creación» (o también «organización») de órganos o entidades y establecimiento de su «composición» (en el caso de órganos colegiados), «estructura (en su caso, interna) y funcionamiento» y «competencias» o «funciones», así como «disolución» de entidades. Así en los artículos 6, partidos políticos; 36, colegios profesionales; 52, organizaciones profesionales; 103.1, órganos de la Administración pública; 107, Consejo de Estado; 136.4, Tribunal de Cuentas; 141.3, agrupaciones de municipios distintas de las provincias; y 165, Tribunal Constitucional; así como disp. trans. 7ª CE. Es ésta última una terminología que pretende expresar heteronomía y plena disposición sobre el objeto de

1. La textura y el contenido material de la potestad organizatoria son únicos. No hay tanto fragmentación de la potestad en tipos diferenciados, sea orgánica o funcionalmente, sea incluso por razón de su objeto, cuanto participación en ella de los poderes en que, funcional y territorialmente, sí se fragmenta o divide el poder constituido (y los que traigan causa de éstos); participación, en términos de atribución de competencia, que lo es en la actividad material de organización estatal que se despliega en desarrollo de la Constitución como proceso continuamente renovado y desagregado en actos organizatorios diversos (objeto de las correspondientes competencias). De ahí que sólo impropiamente, es decir, en sentido descriptivo y alusivo más bien a la dimensión competencial, quepa hablar de potestad organizatoria administrativa. Y, por ello,

2. La potestad organizatoria misma no está atribuida en bloque (como asunto o competencia propios) a ninguno de los poderes en que se divide, funcional y territorialmente, el poder constituido, pues más bien la materia organizativa se distribuye primariamente –en términos de competencias diferenciadas– entre el legislativo y el ejecutivo[329].

Esta última circunstancia puede hacer caer en la distorsión, inducida por la centralidad del legislador en el Estado, de conceptuar la organización como materia y actividad formales accesorias que deben seguir la suerte de las materiales.

---

la decisión y que contrasta con la utilizada cuando del poder de organización inscrito en derechos fundamentales de los sujetos privados se trata. Así, «constitución» (de asociaciones; art. 22.3 CE) o «fundación» (de sindicatos –arts. 7 y 28 CE– o de fundaciones –art. 34 CE–), pero que vuelve a coincidir con aquélla cuando de medios instrumentales para el ejercicio de dichos derechos se trata: «creación» de centros docentes (art. 27.6 CE).

[329] Aunque el artículo 66.2 CE no acota a favor de la potestad legislativa campo material alguno, tampoco fija límites al ejercicio de la misma por razón de la materia (de lo que se sigue que no establece reserva alguna a favor de la potestad reglamentaria del Gobierno). Sí establece numerosas reservas específicas de ley, de carácter absoluto y relativo: de ley orgánica para la organización en materia militar (art. 8 CE), Consejo de Estado (art. 107 CE), juzgados y tribunales (art. 122 CE), Ministerio Fiscal (art. 124.3 CE), Tribunal de Cuentas (art. 136.4 CE) y Tribunal Constitucional (art. 165 CE); e incluso de ley orgánica de características muy específicas (Estatuto de Autonomía), que la hacen formar parte del llamado bloque de la constitucionalidad (art. 147 CE); así como de ley ordinaria: colegios profesionales (art. 36 CE), organizaciones profesionales (art. 52 CE); Administración General del Estado (art. 103.2 CE); Administración local (arts. 140 y 141, en relación con el art. 149.1.18 CE). De esta suerte, no sólo puede, sino que debe entenderse que en la definición del cometido del Gobierno y, concretamente, de la triple función normativa (reglamentaria), ejecutiva y de dirección de la política interior y la Administración General del Estado (art. 97 CE), está comprendida desde luego la potestad de organización (en el ámbito de las competencias propias del Gobierno), pero en modo alguno al punto de entender que ésta es un poder doméstico del Gobierno.

Frente a este peligro reduccionista advierte acertadamente E.-W. Böckenförde[330], llamando la atención sobre el hecho de que la organización es, al mismo tiempo, presupuesto y posibilitación del desarrollo y cumplimiento de las actividades materiales del Estado. Siendo éste organización que sólo puede actuar por intermedio de ella, existe una íntima relación funcional, que no competencial, entre, de un lado, responsabilidad, función o tarea estatal y, de otro, potestad-actividad de organización. Pues no sólo la organización condiciona la actividad material, sino que ésta induce necesariamente, a su vez y en su asunción y desarrollo, consecuencias organizativas. Esta relación se cumple –probando el aserto– incluso en la función legislativa[331], pero aparece igualmente en algunas de las previsiones constitucionales que establecen cometidos de los poderes públicos[332]. Por lo que hace a la función ejecutiva, ello significa: allí donde haya un cometido, una actividad gubernativo-administrativa, ha de haber necesariamente también, en la medida necesaria, potestad organizatoria. En el bien entendido de que tal relación funcional, aunque pueda justificar una presunción, no integra por sí sola título competencial suficiente (en el sentido de la reunión siempre de potestad material y potestad organizatoria), ya que la competencia para la organización se rige siempre, en último término, por su distribución constitucional (o del bloque de la constitucionalidad). Esto es así porque la organización es, de suyo, también una actividad-materia de contornos ciertamente difíciles, pero definidos, como acredita desde luego el artículo 149.1.18 CE, por más que esté circunscrito al poder público administrativo[333]. Cobra así importancia decisiva la desagregación de la actividad de organización en actos organizativos (susceptibles de agregación o clasificación según múltiples perspectivas: su objeto, su carácter –normativo o no– y su relevancia *ad extra*, entre otros), en la medida en que éstos –a pesar de la lógica falta de precisión del texto constitucional– pueden y deben jugar como criterios de atribución-reconocimiento de título competencial.

Si la negación de su condición de título de acción es condición de la afirmación de su existencia (E.-W. Böckenförde[334]) y su esencia debe verse, por ello, en la ausencia de necesidad de específica habilitación

---

[330] E.-W. Böckenförde, *cit.*, p. 38.

[331] Como resulta, sin más, del artículo 72 CE.

[332] Así, por ejemplo, en los artículos 43.2 CE: organización y tutela de la salud pública mediante medidas preventivas y las previsiones y los servicios necesarios; y 50 CE: promoción del bienestar mediante un sistema de servicios sociales.

[333] Como dejó establecido ya la STC 76/1983, de 5 de agosto, que emplea, para su conceptuación la expresión «acción reflexiva del Estado sobre sí mismo».

[334] E.-W. Böckenförde, *cit.*, p. 55.

(H. P. Ipsen[335]), la potestad de organización no está en el orden constitucional tanto junto a los poderes-funciones clásicos, cuanto en éstos mismos en la medida en que agotan el contenido total del poder constituido. Y lo está de modo que no es ella la que condiciona el contenido de las funciones a las que es inherente, sino el diferente contenido de tales funciones el que determina el *locus* de la potestad de organización[336]. De donde se sigue la trascendencia de la cuestión de su posición sistemática en el orden constitucional: es decisiva para la interpretación adecuada de la distribución competencial que éste lleva a cabo en materia organizativa.

c) El carácter y la ubicación de la potestad de organización en la estructura constitucional de poderes

A este respecto parece que debe partirse, por de pronto, del carácter jurídico, incluso normativo, de las medidas organizativas, no sólo por razón de la aportación que en su momento supuso la teoría del ordenamiento como institución de Santi Romano[337], sino de la convincente tesis de E.-W. Böckenförde[338] según la cual en Derecho Público es siempre norma la fundamentación y la determinación de la medida del ejercicio de poder público y el desarrollo de actividades estatales. Lo que no significa que no tenga utilidad hoy la diferenciación de dos círculos jurídicos (articulados e incluso solapados entre sí de modo imposible de determinar en abstracto): el orgánico (el Derecho en el ámbito de los cargos, órganos y entidades públicos) y ii) el general (el Derecho común en el ámbito de las relaciones entre sujetos)[339]. Precisa-

---

[335] H. P. Ipsen, «Diskusionsbeitrag (Organisationsgewalt)», *VVDStRL*, 16, 1958, p. 257.

[336] En este sentido, E.-W. Böckenförde, *cit.*, p. 57.

[337] Santi Romano, *L'ordenamento giuridico*, Sansoni, Firenze, 1951 (*El ordenamiento jurídico* –traducción de Sebastián y Lorenzo Martín-Retortillo–, Instituto de Estudios Políticos, Madrid, 1963). Véanse, principalmente, pp. 11 y ss.; 113 y ss.; 122 y ss.; 128; 130; 135; y 141 y 142.

[338] E.-W. Böckenförde, *cit.*, pp. 70 y ss.

[339] Que no coincide, ni se confunde, pues, con la diferenciación entre legislación y ejecución.

mente la Constitución forma parte del segundo. Y ello, sin consideración a la distinción entre ámbito estatal interno y externo, pues se trata de la organización de la comunidad en cuanto tal.

Aunque entre nosotros el reconocimiento del carácter normativo de la organización no plantee excesivas dificultades, difícilmente puede sobrevalorarse la importancia de esta conclusión, si se tiene en cuenta, como ha puesto de manifiesto E. Detlef Czybulka[340], que el Derecho organizativo constitucional –en modo alguno formal y desde luego imperativo y reductor de la libertad de organización– es de todo punto decisivo para la necesaria legitimación institucional del poder público (no en último término mediante su correcta organización)[341]. Y ello, en virtud de la elemental comprobación de R. Stettner[342] de que el Derecho de la organización es multifuncional, por lo que, entre otras, tiene por misión «poner en acción» el Derecho *ad extra*.

En el sistema actual del Estado constitucional democrático ha dejado de ser cierta la idea, que contribuía a determinar el sentido de la división del poder y proviene del primer Estado liberal, de la dependencia del progreso en la realización del principio democrático del fortalecimiento de la posición del Parlamento básicamente mediante el incremento de sus competencias. En tanto que la totalidad del Estado ha de estar legitimada democráticamente, la organización y articulación funcionales del poder constituido se ofrece bajo nueva faz, de tinte cooperativo, cabalmente la del condicionamiento del óptimo cumplimiento de las tareas estatales en función de los fines asumidos por el constituyente.

---

[340] D. Czybulka, *Die Legitimation der öffentlichen Verwaltung unter Berücksichtigung ihrer Organisation sowie der Entstehungsgeschichte zum Grundgesetz*, C. F. Müller, Heidelberg, 1989, pp. 67 y ss.

[341] Esta visión puntual-estática considera no problemático el ejercicio diario y práctico de poder estatal. Aunque su organización en la Constitución es ciertamente objeto del Derecho de Estado, pero en tanto que acontecimiento precisado de legitimación sólo viene a cuento la «Staatswerdung» (la formación o constitución como Estado). Una vez que el Estado, con sus órganos, está en situación de actuar, al Derecho del Estado basta con la legalidad.

[342] R. Stettner, *Grundfragen einer Kompetenzlehre*, Berlin, 1983.

Debe tenerse en cuenta, sin embargo, que el servicio del principio de división de poderes y, por tanto, del de Estado de Derecho al valor de la libertad del ciudadano desvía la atención de lo institucional (la organización del poder público) hacia lo material (la incidencia de la acción misma del poder público). Ésta es la razón por la que: i) los defensores del carácter originario de la potestad organizativa del ejecutivo, comenzando por G. Anschütz, han utilizado justamente el argumento de la nítida diferenciación-separación entre dichos campos; y ii) los críticos de tal carácter, desde L. Richter, ponen de relieve la trascendencia de lo institucional en el plano material, posición que puede valerse –además de la exigencia que dimana del orden constitucional mismo– de la verdad de Perogrullo de la interacción inevitable entre ambos. Aún siendo esto último cierto, A Köttgen[343] ha advertido agudamente cómo la evidencia de la identidad entre administración –necesariamente diversa– y ejecución programada de la ley conduce de suyo a una encomienda constitucional general de ésta a la Administración (y, por tanto, al complejo que forma con el Gobierno) que implica de suyo la «administración libre de Ley» (expresamente en el caso de la Administración local e implícitamente en el resto), la cual incluye conceptualmente las indispensables premisas institucionales u organizativas. Y que éstas sólo están dadas con una potestad organizatoria igualmente libre del legislador, pues si el orden constitucional reconoce espacios de iniciativa ejecutivo-administrativa no puede al mismo tiempo contradecirlo con la exigencia absoluta de la creación previa por el legislador de los presupuestos de su operatividad. De donde resulta: i) el reconocimiento al ejecutivo de una potestad organizatoria propia; y ii) la diferenciación del juego de éste según opere en el campo de iniciativa propia o de ejecución de una previa ley.

Queda dicho así también que la tesis comentada no supone negación de la competencia que al legislador deba reconocérsele en la materia, aunque sí la modulación de la intervención de ésta sobre la base de la referida diferenciación. Con carácter general, es decir, con efecto de limitación de la entera actividad ejecutivo-administrativa (en espe-

---

[343] A. Köttgen, «Die Organisationsgewalt», en *Parlament und Regierung im modernen Staat. Die Organisationsgewalt, Veröffentlichungen der Vereinigung der Deutschen Staatsrechtslehrer*, 16, Walter de Gruyter & Co., Berlin, 1958, pp. 170 y ss.

cial, la que no precise de cobertura previa de ley), el legislador, aunque no esté constitucionalmente habilitado para impedir la legítima libre iniciativa ejecutivo-administrativa (estableciendo una reserva general de ley), sí puede limitar la potestad organizativa mediante el establecimiento de un cuadro de tipos de organización (y, en algún caso, ir más allá, como sucede en el caso de la Administración local) e, incluso, para adoptar decisiones de creación de organizaciones determinadas (significativamente allí donde se trate de la actuación en sectores o para cometidos nuevos y en los que no hay experiencia o las fórmulas organizativas se han mostrado inadecuadas, pero también cuando se trate de trasladar tareas estatales a nuevas personas jurídicas diferenciadas). De todas formas, esta limitación debe ser prudente y adecuada, pues en ella –la rigidez organizativa que provoca– radica una de las causas eficientes de la «huida» de la Administración hacia formas organizativas del Derecho Privado. En el ámbito de la ejecución de una previa ley, la determinación de la intervención obligada del legislador es especialmente delicada por razón justamente de la dificultad de las implicaciones institucionales de la reserva de ley, la cual tiene primariamente carácter material y cuyo alcance es, incluso en éste su terreno propio, controvertida. Desde la tesis establecida de que, al asignar cometidos ejecutivo-administrativos de carácter prestacional opera el legislador más allá del campo que le está constitucionalmente reservado, la solución consiste en la innecesariedad de cobertura legal para la dimensión organizativa de la encomienda o atribución, pero con reconocimiento al legislador de la capacidad de decisión sobre si debe, además, decidir por sí mismo los aspectos institucionales conexos a la misma. Es, pues, en el campo de la intervención en las posiciones de los ciudadanos donde la cuestión adquiere verdadera dificultad, que viene dada ya por el mandato de concreción (*Konkretisierungsgebot*) que la doctrina jurisprudencial alemana anuda a la tarea del legislador a la hora de cumplir las reservas constitucionales materiales en su favor; mandato del que dicho legislador no puede liberarse por decisión propia. Lo cierto es que la *praxis* no se atiene, por lo que hace a lo organizativo o institucional, a estas estrictas exigencias derivables, por razón de la reserva de ley, del principio de Estado de Derecho. Y que los críticos con esa *laxa* praxis estatal no han podido precisar hasta ahora (ni parece que vayan a lograrlo en el futuro) la línea exacta del avance del legislador (impelido por los requerimientos de dicho principio) hacia el interior de la organización estatal. Por ello, no parece posible abandonar la teoría dominante, auque complementándola con el reconocimiento de que el Estado de Derecho no puede prescindir de un mínimo sistema de organización fijado legalmente. La controversia se reduce así a cuál deba ser este mínimo; cuestión ésta cuya resolución negando al legislador libertad para decidir el alcance de sus previsiones organizativas requeriría la demostración –que no parece posible– de que la Constitución ha establecido directamente una regulación vinculante para dicho legislador. Hasta tanto, la reserva de ley ha de continuar interpretándose con un alcance material o sustantivo y no organizativo o institucional.

Sobre estas bases, y considerando la organización y articulación funcional del poder público en nuestro orden constitucional, debe considerarse que al ejecutivo corresponde claramente, en dicho orden, una posición central y activa, en tanto que función estatal realmente actuante (en funcionamiento permanente y con iniciativa propia)[344]. Posición ésta, que es propia, originaria y no derivada, de forma que el Gobierno en modo alguno es puro instrumento para la simple ejecución de las decisiones parlamentarias. Se trata, sin embargo, de una posición: i) acotada por las reservas constitucionales de ley y ii) delimitable y vinculable por la prevalencia de esta última. En la Constitución no existe más que una reserva general y absoluta de ley[345], que se establece desde

---

[344] Así resulta de los artículos 97 y 103.1 CE, el primero de los cuales atribuye expresamente al Gobierno, incluso, la potestad reglamentaria, dejando clara su configuración como función compleja que, por razón ya de sus propios requerimientos funcionales, posee de suyo (sin necesidad de atribución por el Parlamento) el poder de mando, incluso mediante disposiciones de carácter general. Lo que no empece ni a la preeminencia democrática del Parlamento sobre el Gobierno, ni a la subordinación jurídica de éste a aquél en virtud de la superior jerarquía de las leyes.

[345] Debe entenderse que las reservas de este tipo y no así las concretas y generalmente relativas son las determinantes para la comprobación del campo de acción propio del ejecutivo. La aludida en el texto es la consignada en el artículo 53.1 CE (que cubre la totalidad de los derechos y deberes constitucionales), complementada, así, por los artículos 103.3 y 104 CE (para el estatuto de los funcionarios públicos, especialmente de los pertenecientes a los cuerpos y fuerzas de seguridad del Estado). De esta suerte, aunque a lo largo del texto constitucional existan desde luego reservas concretas de ley en materias organizativas (significativamente, las de los artículos 98.1, 103.2 y 105 CE), éstas sólo permiten concluir la atribución al Parlamento de las correspondientes decisiones organizativas, siendo de todo punto insu-

el criterio tradicional de la salvaguarda de la posición del ciudadano (incluida, por extensión, la del colocado en relaciones de supremacía especial). Y es evidente la estrecha imbricación funcional de la potestad de organización con la posición y el cometido constitucionales del ejecutivo, especialmente en el estadio actual del Estado social prestacional y garantizador, toda vez que el ejercicio de aquélla es –como afirma E.-W. Böckenförde[346]– un elemento necesario de la función de configuración y actuación del ejecutivo por cuanto crea las condiciones previas para el cumplimiento de las múltiples y concretas tareas materiales; más aún, coloca al complejo Gobierno-Administración en situación de poder proceder a tal cumplimiento. De donde se sigue:

i) La pertenencia en principio de la potestad organizatoria al complejo Gobierno-Administración, en cuanto implícita, por inscrita, en la actividad ejecutiva y de dirección de la política interior y exterior y de la Administración civil y militar, que prosigue en esta última en términos de actuación que sirve, desde la legalidad y con objetividad y eficacia, a la realización del interés general.

ii) La habilitación del ejecutivo para adoptar por sí mismo decisiones organizativas en la medida en que no invada campo alguno reservado a la ley, dichas decisiones no estén adoptadas ya por ley o no exista cualquier otra limitación constitucional.

La conclusión alcanzada no significa afirmación de la adscripción de la potestad organizatoria en cuanto tal al ejecutivo (en calidad de actividad propia de éste, por inscrita totalmente en su función específica); expresa, más simplemente, la consecuencia de la negación de su asignación implícita (reserva) en el sistema constitucional a la función legislativa. Por ello, ni niega las competencias asignadas constitucionalmente (mediante las correspondientes reservas) al legislador, ni impide y ni siquiera dificulta, como es lógico, la ocupación por éste de la materia organizativa (más allá de las reservas constitucionales). Dicho de otro modo: la condición «ejecutiva» de la potestad organizativa implica de

---

ficientes para concluir que el sistema constitucional de configuración y articulación de las funciones estatales integra básicamente la potestad organizatoria en la función legislativa.

[346] E.-W. Böckenförde, *cit.*, p. 86, recogiendo las posiciones dominantes en el debate doctrinal sobre la potestad organizativa desarrollado en la reunión anual de Profesores de Derecho del Estado de 1956 en Berlín y citando la opinión de H. J. Wolf, *Organschaft und juristische Person*, C. Heymann, Berlin, 1934, tomo II, p. 95.

suyo, justamente por estar «adscrita» a la función ejecutiva, su caracterización constitucional en los mismos términos que ésta, es decir, como potestad que el legislador o, si se prefiere, la ley siempre puede restringir (en su extensión y contenido), determinar en su alcance y, en todo caso, dirigir. Por ello, la competencia del ejecutivo en materia organizativa encuentra sus límites en la suma, en cada momento, de los campos «reservados» y «ocupados» por la ley; siendo los primeros fijos y últimos (en tanto que constitucionales) y los segundos móviles (en tanto que legales o dependientes de la legislación en vigor).

d) El marco constitucional de la organización de la Administración

Lo dicho no es suficiente, sin embargo, para dar cuenta cabal de la entera ordenación por el constituyente de la función ejecutiva y sus formas organizativas. De la Constitución cabe deducir, en efecto, otra serie de reglas en este orden de consideraciones. Pues define nada menos que un verdadero esquema o marco de organización de la Administración y, en general, de la prestación de servicios públicos, que, aunque amplio y flexible, establece –para el proceso de desarrollo en sede de la legislación ordinaria– no sólo límites, sino también directrices. Y lo hace en términos tales, además, que de la observancia de aquel marco depende la necesaria legitimación de las correspondientes estructuras administrativas y de su acción y, por lo tanto, la base misma para el efectivo cumplimiento por éstas de su función constitucional, así como, en último término, la ineludible adecuación del Estado administrativo a las demandas del sistema económico-social. La idoneidad de la solución organizativa, medida por el orden constitucional, induce por sí misma, en el plano institucional, legitimación, pero, además, constituye condición de la también necesaria legitimación ulterior de la actuación administrativa en concreto, pues predetermina los elementos relevantes para la efectividad de ésta, incluso mediante la aceptación por sus destinatarios, es decir, por el medio social de la organización administrativa (distinto según los casos). Y constituye una comprobación ya vieja la de que el tipo de organización condiciona decisivamente los términos de la ejecución del programa normativo correspondiente[347]. De ahí que el desconocimiento o la inobservancia del marco constitucional favorezca la deslegitimación de la Administración pública y de su acción.

Interpretado sin someterlo a condicionamiento alguno desde el plano jurídico-administrativo, el orden constitucional es, por sí mismo, suficientemente significante a efectos del cumplimiento de una función directiva cierta. La pregunta elemental acerca de para qué la Administración lleva de suyo a la conexión de ésta –como organización y actividad y en tanto que parte del Estado constituido– con el orden superior de principios y valores fijado en los artículos 1.1 y 10.1 CE[348]. Y esta conexión condiciona, como no puede ser de otra manera, los fines, la construcción, el funcionamiento y la actividad de la Administración. Porque desde la perspectiva que proporcionan las características de la «posición fundamental» que la norma constitucional ofrece a la persona en general y al ciudadano en particular, y de las necesidades a cubrir y la realidad a configurar, operan obviamente sobre las condiciones de legitimación de la organización misma y del desarrollo por ésta de su actividad. Es decir, se ofrece la Administración, en cuanto poder o sistema administrativo, como una constelación de soluciones de organización y acción. Y una constelación, además, que si hace posible un muy amplio margen en la selección de las opciones que pone a disposición, no permite, sin embargo, que dicha selección se verifique con total libertad. De donde se sigue la negación de la libertad, por indiferencia jurídica, en el ejercicio de la potestad de organización[349].

---

[347] En este sentido, ya tempranamente, y a propósito del establecimiento en Alemania de una única organización específica para la gestión tributaria, véase A. HENSEL, «La influencia del Derecho tributario sobre la construcción de los conceptos de Derecho público», conferencia pronunciada en Berlín en 1927 y publicada en *Hacienda Pública Española*, 22, 1973, p. 178.

[348] Sobre dicho orden, véase L. PAREJO ALFONSO, *Constitución y valores del ordenamiento*, CEURA, Madrid, 1990.

[349] En la doctrina alemana se ha producido a este respecto un interesante debate donde destacan CHR. V. PESTALOZZA, *Formenmissbrauch des Staates*, München, 1973; B. KEMPEN, *Die Formenwahlfreiheit der Verwaltung. Die öffentliche Verwaltung zwischen öffentlinchem und privatem Recht*, München, 1989. Por lo que hace al Derecho español véanse E. GARCÍA DE ENTERRÍA y T. R. FERNÁNDEZ, *Curso de Derecho administrativo*, I, 10ª ed., Civitas, Madrid, 2000; G. ARIÑO ORTÍZ y L. LÓPEZ DE CASTRO, *¿Privatizar el Estado? Un retroceso en el camino*

i) La Administración como complejo de organizaciones diversas objeto de regulación imperativa o indisponible

La formalización positiva de la división de poderes consagra no sólo el contenido propio del axioma clásico de la división funcional, sino también la idea más concreta e histórica de la fragmentación y diversificación más amplias del poder constituido. Esta idea incluye la dimensión territorial, pero igualmente la desagregación interna del poder encargado de la función ejecutiva en términos que hacen de la Administración pública no sólo un poder diferenciado del Gobierno, sino también un poder público complejo, por internamente descompuesto en una pluralidad de organizaciones distintas con funciones de contenido y alcance diversos.

Las regulaciones constitucionales referidas a esta diversificación del poder público constituido tienen carácter jurídico-normativo y son, además, taxativas, en el sentido de que todo su contenido es imperativo, no siendo reductible ni siquiera a la técnica del contenido o núcleo esencial. Pues todas esas regulaciones definen el poder público. Dicho de otra manera: en las regulaciones constitucionales organizativas no cabe la diferenciación entre normas principales o esenciales y normas accesorias o secundarias. La organización constitucional, es, pues, indisponible e irrenunciable, pertenece al orden público constitucional.

Consistiendo la función constitucional de ejecución, en su variedad específica administrativa, en el desarrollo de procesos decisionales y de prestación de servicios públicos (o su garantía) conforme a programas normativos diversos, pero referidos siempre a la satisfacción del interés general, la organización de los referidos procesos integra el núcleo de la Administración determinada constitucionalmente, indisponible, por tanto, en sede constituida. Entre el orden constitucional organizativo y el orden constitucional material o sustantivo existe una relación específica, puesto que en aquél se fija el entero sistema de programación del conjunto de poderes públicos, cuya organización sólo se justifica,

---

de la Historia o la antítesis del Estado de Derecho, Centro de Publicaciones de la Fundación BBV, Madrid, 1994; y L. PAREJO ALFONSO, *Eficacia y Administración, cit.*

pues, por su idoneidad para hacerla efectivo, lo que vale decir por su capacidad de servicio al sistema de programación. Circunstancia ésta que corrobora el carácter normativo de las determinaciones organizativas.

Así lo acredita el dato de la fundamentación en, y la configuración desde, el valor de la libertad (art. 10.1 CE) del entero orden constitucional, es decir, del Estado definido en el artículo 1.1 CE como organización y ordenamiento. Es perfectamente extrapolable a nuestro Derecho, así, la rotunda afirmación del Tribunal Federal Constitucional alemán, en su pronunciamiento de 2 de mayo de 1987, de la interdependencia entre libertad y organización del poder público; afirmación que descansa en la idea de que, si bien en la norma fundamental se da –especialmente en el ámbito de la Administración– un amplio elenco de formas organizativas, desde la decisiva perspectiva del ciudadano todas ellas no son más que manifestaciones específicas del poder estatal constituido como un todo. A lo que suma el dato decisivo de que las tareas públicas, lejos de ser refractarias, son perfectamente accesibles a la intervención directa del ciudadano en su desarrollo[350].

ii) La orientación de la entera regulación de la organización administrativa por el cuadro de principios y valores superiores fijado por la norma fundamental

El Derecho de la organización pública, y desde luego el Constitucional, despliega, pues, una función directiva precisa y vinculante. Si, por lo que hace a la Administración, toda organización implica el ejercicio de cierta parte del poder constituido y, por tanto, la incidencia potencial en la esfera de derechos y libertades de los ciudadanos, es claro que el empleo del *imperium* y, por tanto, de la coacción, más concretamente el grado en que tal empleo pueda tener lugar demanda el juego del o de los pertinentes factores constitucionales de legitimación de la Administración. De la evidencia de la postulación por el sistema de organización institucional de la transmisión por la Administración pú-

---

[350] Como prueban el derecho fundamental del artículo 23 CE y las diversas exigencias constitucionales de participación en la actividad administrativa y la previsión de la misma incluso en la administración de justicia: art. 125 CE.

blica (por intermedio de la fragmentación y diversificación, lo que vale decir, desconcentración-descentralización) del principio constitucional de limitación o moderación del poder se deduce el criterio de preferencia, de entre las idóneas y según los casos, de la solución organizativa más desconcentrada o descentralizada (incluso en la ciudadanía o el espontáneo proceso social) y con menor grado de potencia de coacción. Lo que vale decir: se deduce la prioridad de la Administración civil sobre la militar (que debe ser objeto de un interpretación restrictiva), con aplicación en todo caso del principio de proporcionalidad, que requiere el manejo de la solución organizativa en términos de medio idóneo y necesario para los fines públicos a alcanzar.

iii) La puesta a disposición por la norma fundamental de un entero elenco de tipos de «Administración»

En la Constitución no existe un único tipo de «Administración» y sí más bien un elenco de tipos o soluciones organizativas. Con la pluralidad de las Administraciones públicas se corresponde, en efecto, la que la doctrina alemana ha calificado como «diversidad tipificada» de los principios administrativos[351].

La ausencia de correspondencia entre organización del Gobierno y de la Administración explica que no toda la Administración deba responder al principio de departamentalidad propio de aquél, lo que es importante para la viabilidad de las fórmulas organizativas de autoadministración e «independientes»[352]. El principio de organización departamental del Gobierno (en las distintas instancias territoriales del Estado) no excluye en modo alguno, pues, la localización de competencias administrativas conforme a soluciones ajenas a su lógica, pues aquélla sólo se impone allí donde sea inexcusable el juego de la responsabilidad parlamentaria (o equivalente auntonómica o local). Esta responsabilidad (en concreto la parlamentaria) no es universal, como lo demuestra ya el hecho de que siempre resultaría constitucionalmen-

---

[351] D. Czybulka, *cit.*

[352] En relación con el fenómeno de las Administraciones y/o autoridades independientes véase A. Betancor, *Las Administraciones independientes*, Tecnos, Madrid, 1994.

te posible (y, en su caso, preceptivo) la localización de competencias administrativas en el escalón local de la organización territorial del Estado.

El elenco constitucional de tipos de soluciones organizativas administrativas:

– De una parte, comprende la diferenciación entre: i) Administración universal (la territorial, tal cual resulta del artículo 137 CE, que por ello hace referencia a la gestión *in totum* de los respectivos intereses de las comunidades o colectividades diferenciadas que dan lugar a la organización cabalmente territorial del Estado) y ii) Administración especial (el resto, entre las que destacan las organizaciones dotadas de un *status* constitucional específico, como los centros de enseñanza y, particularmente, las Universidades –artículo 27.10 CE–, y las sociales de configuración legal para la autoadministración, cuyo prototipo son los Colegios Profesionales del artículo 36 CE).

– De otra parte, va desde: i) la Administración institucional-burocrática directamente incardinada al correspondiente Gobierno (la General del Estado y cada una de las de las Comunidades Autónomas) y carente, así, de legitimación democrática de origen y directa, a ii) la Administración democrática y de autoadministración (prototipo: el municipio), pasando, obviamente, por iii) todas las fórmulas intermedias, entre las que destacan las soluciones corporativas de autoadministración.

A todo ello se suma la admisibilidad de la puesta al servicio del cumplimiento de programas administrativos tanto de los mecanismos propios del juego de las fuerzas económico-sociales (en particular, el mercado), como del ciudadano en cuanto tal (lo que en modo alguno es una novedad, toda vez que esta solución siempre ha existido, si bien con el carácter de marginal) o –aprovechando el fenómeno de solidaridad social espontánea– de las organizaciones por él creadas, grupalmente o no (fundaciones, asociaciones y otras entidades, constitutivas hoy del mundo en expansión englobado bajo la denominación de organizaciones no gubernamentales). En estos dos últimos casos, cuando la regulación administrativa de la actuación de los sujetos ordinarios sea suficiente para garantizar la consecución del interés general o el carácter personal de los servicios a realizar los haga especialmente refractarios a la programación normativa y la gestión profesional-burocrática «ejecutiva», sin que el orden constitucional demande, en concreto, otras alternativas en virtud de específicos factores de legitimación de la acción estatal[353]. De esta manera el elenco de fórmulas organizativas administrativas en sentido estricto se enriquece con y prolonga en el de las organizaciones privadas y sociales, al igual que la Administración pública siempre ha continuado «por otros medios» en el llamado «sector público».

iv) La fragmentación de la Administración en cuanto poder público

En el ámbito de la función ejecutiva, la división constitucional del poder incluye la dimensión territorial, de suerte que, por lo que hace a la Administración (en tanto que poder diferenciado dentro del complejo Gobierno-Administración), a la diversificación territorial ha de añadirse su desagregación en múltiples organizaciones. La Administración pública no es, pues, una categoría compacta y homogénea, sino más bien un complejo sistema de piezas de lógica distinta. Y no se agota en su caracterización subjetiva, pues funcionalmente alcanza, como consecuencia del mismo fenómeno de fragmentación (sólo que ahora en el plano del proceso de gestión del interés general), a las organizaciones sociales e, incluso, ciudadanos prestadores de colaboración en el cumplimiento de los programas normativos administrativos (en los que tiene lugar una específica «descarga» de tareas materialmente administrativas).

La fragmentación del poder público administrativo así dispuesta constitucionalmente debe interpretarse como factor de legitimación que no puede contraponerse legítimamente al de la eficiencia-eficacia, puesto que, por definición, no cabe una eficiencia-eficacia al margen del orden constitucional y sí sólo en y de conformidad con el mismo[354].

---

[353] Sobre la apuntada característica de los servicios dirigidos preferentemente a las personas, M. VAQUER CABALLERÍA, «Los servicios atinentes a la persona en el Estado social», *Cuadernos de Derecho Público*, 11, 2000, pp. 31 y ss.

[354] Para un mayor detalle, véase LUCIANO PAREJO ALFONSO, *Eficacia y Administración. Tres estudios, cit.*, en particular p. 126.

Ese sistema carece, en virtud de la estructuración territorial del Estado (que es constitutiva como resulta sin más del artículo 137 CE), de articulación piramidal y, por tanto, de cúspide presidida por un «centro». Cada instancia territorial del Estado tiene que ver con la otra en cuanto tal y no con sus organizaciones administrativas. De acuerdo con y en el seno de la estructura territorial del Estado rige la que podría calificarse de «tipología de la organización administrativa», dotada en cada caso de un «centro de gravedad», cuya situación es diferente en las instancias central o general y autonómica, de un lado, y local, de otro. En todos los casos es el tipo de Administración territorial-universal el que ocupa el centro de gravedad del conjunto administrativo, pero mientras en las dos instancias superiores se trata de una Administración institucional-burocrática con legitimación democrática mediada por el Gobierno que la dirige, en la local adopta la forma de una Administración con legitimación democrática propia (directa o, más normalmente, representativa) que, además, responde a la autoadministración (gestión por los propios destinatarios-afectados por la actividad de la organización). En torno a estos centros de gravedad giran, en cada instancia territorial, todas las demás organizaciones administrativas obedientes a los diversos tipos admitidos constitucionalmente y las sociales puestas al servicio de tareas administrativas o públicas.

v) Los criterios constitucionales concretos para la organización administrativa

Además de la precedente articulación básica del sistema administrativo y de la fijación de la tipología fundamental de formas de organización administrativa y social de «descarga» de la misma, la Constitución contiene también –presididos los básicos ya expuestos– criterios organizativos, referidos tanto a la configuración de las organizaciones, como a la distribución entre ellas de las competencias y a la determinación de la forma de desarrollo y cumplimiento de la correspondiente actividad. Todos esos criterios, más concretos, responden a la relación de la índole de las tareas a desempeñar, el medio en que ha de actuar la organización, los fines de ésta, los bienes constitucionales en presencia y el grado de afección en su *status* de los ciudadanos destinatarios más directos de la acción pública.

Es claro, así, que cuando se trata de tareas fundamentales que requieren la interpretación de necesidades sociales y su «conversión» en actuaciones del poder público (la asunción y el cumplimiento de «responsabilidades» constitucionales estatales), aquéllas demandan el tipo de la Administración territorial-universal, en cuanto único que posee la necesaria nota de creatividad y capacidad de «ocupación» de materias nuevas; razón por la que precisamente las Administraciones de ese tipo integran, como se ha dicho, el centro de gravedad de cada subsistema administrativo. Es este tipo de Administración, además, el único que puede desempeñar la principal de las calificables como tareas administrativas «secundarias»: la planificación política, es decir, el apoyo al respectivo nivel de gobierno en la preparación y, en su caso, formulación de nuevas políticas administrativas. Así resulta claramente de lo dispuesto en el artículo 137 CE: si a cada instancia territorial corresponde la gestión de los intereses propios de la colectividad que institucionaliza, en cada una de ellas debe existir una Administración territorial-universal que sea capaz de asumir los comentados cometidos en el plano ejecutivo.

En la elección entre las distintas Administraciones territoriales-universales como destinataria de competencias, el criterio de la participación ciudadana (mayor realización del derecho previsto en el artículo 23 CE), reforzado por el principio de descentralización (artículo 103.1 CE), determina la preferencia de la Administración local y, más concretamente, la municipal, por razón de sus peculiares características: legitimación democrática propia y autoadministración sin perjuicio de la profesionalización-especialización[355].

De resto, los criterios de mayor legitimidad de origen (tracto democrático) y por función (limitación, moderación del poder), idoneidad para hacer efectivos los bienes constitucionales en presencia, participación de los afectados, grado de apertura al control, especialización,

---

[355] Un estudio más detenido de estas cuestiones en L. PAREJO ALFONSO, «Algunas reflexiones sobre el poder público administrativo, como sistema, en el Estado autonómico: una contribución al debate sobre la llamada Administración única», *DA*, 232-233, octubre 1992-marzo 1993, pp. 271 y ss.

profesionalización y tecnificación son los que deben determinar el tipo de organización y la forma de desarrollo de la actividad, a la vista, como se ha adelantado, de los fines a alcanzar, el medio en que ha de operar y el grado de incidencia en el *status* de los ciudadanos requerido: organización especial de carácter instrumental (descentralización funcional); organización corporativa de autoadministración dotada de autonomía en diverso grado; organización independiente; o, en su caso, «descarga» en el ciudadano o sus organizaciones.

De lo dicho ha quedado claro ya que la Constitución no prefigura, en concreto, la forma en que ha de cumplirse la tarea de ejecución de los programas normativos administrativos. De ahí que el fenómeno apuntado de renuncia a la creación de una específica organización pública para determinadas actividades por encomienda o «descarga» de éstas –incluso a través de la institución del mercado– a personas u organizaciones privadas, que resultan ser, así, colaboradoras en la ejecución administrativa (siendo su actividad, por tanto, objetiva y materialmente administrativa), deba considerarse una opción organizativa legítima más. Esta opción, que es ya una realidad creciente en muchos campos, es especialmente idónea constitucionalmente en las materias en que los bienes públicos y las prestaciones de cuya dación o realización se trata presentan un fuerte componente personal (asistencia social o a sectores sociales discapacitados, marginales o con dificultades para la plena integración) o una clara dimensión internacional (no obstante su importancia para el orden interno; es el caso de la extranjería o la cooperación internacional ligada al problema de las migraciones por razón económica) con consecuente dificultad para su convencional programación normativa administrativa convencional y ejecución directa administrativa estricta.

También sienta la Constitución criterios sobre el funcionamiento del necesariamente plural poder público administrativo, como denota ya la denominación misma de su Título VIII; criterios cuya determinación –incluso y precisamente en el plano administrativo– es tarea pendiente, como acredita la denuncia por L. Morell Ocaña[356] del uso

---

[356] L. MORELL OCAÑA, *Una teoría de la cooperación*, pp. 51 y ss., publicado en el número monográfico de *Documentación Administrativa* dedicado al principio de cooperación coor-

anfibológico o indistinto de los términos en el campo de las relaciones interadministrativas. Se echa de menos aquí, según también este último autor, el tratamiento mínimamente satisfactorio del haz de problemas en los que la interdependencia entre los poderes y los entes públicos puede y debe resolverse mediante el acceso de los unos a la esfera jurídica de los otros.

Los términos en que se ha desarrollado el Estado autonómico no han favorecido precisamente el cultivo de la materia y su construcción dogmática: i) en el primer momento primaron las relaciones bilaterales (la lógica dual; la separación) por razón del peso específico de las dos Comunidades Autónomas con Gobierno nacionalista, quedando colocadas las relaciones interadministrativas bajo la sospecha implícita de portar un recorte de competencias y, por tanto, de la autonomía por más que la doctrina científica[357] y el Tribunal Constitucional (SSTC 18/1982, 4 mayo; 64 /1982, 4 noviembre) resaltaran la importancia de

---

dinado por A. Menéndez Rexach, *DA*, 240, octubre-diciembre 1994. El citado número monográfico da cuenta, por demás, del estado doctrinal en la materia, siendo destacables las contribuciones del propio coordinador, «La cooperación, ¿un concepto jurídico?», pp. 11 y ss., la de L. MORELL OCAÑA, que acaba de ser citada y, desde la perspectiva constitucional, de E. ALBERTÍ ROVIRA, «Los convenios entre Comunidades Autónomas», pp. 107 y ss. Véase también J. TAJADURA TEJADA, «El principio de cooperación en el Estado autonómico: concepto, presupuesto y fines», en *El Estado autonómico: cooperación y conflicto, Anuario Jurídico de La Rioja*, 8 de 2002, pp. 73 y ss. Con relación al mundo local, deben destacarse los trabajos de A. JIMÉNEZ-BLANCO, «Las relaciones interadministrativas de supervisión y control», en S. Muñoz Machado, *Tratado de Derecho Municipal*, Iustel, t. I, 3ª ed., Madrid, 2011, pp. 427 y ss.; J. L. RIVERO YSERN, «La cooperación interadministrativa local», *Administración de Andalucía (Revista Andaluza de Administración Pública)*, 46, abril-mayo-junio 2002, pp. 57 y ss. y también nº extraordinario 2/2003, vol. I, pp. 61 y ss.; MARÍA TERESA CARBALLEIRA, «La cooperación interadministrativa en la LBRL», *REALA*, 257, enero-marzo 1993, pp. 45 y ss.; así como también el propio autor, L. PAREJO ALFONSO, «Relaciones interadministrativas y régimen local», *REALA*, 40/41, enero-marzo 1984, pp.195 y ss.; y tambien, más recientemente, comentarios a los artículos 10, 55, 56, 57, 58 y 59 de la Ley básica de régimen local, en la obra colectiva dirigida por M. Rebollo Puig, *Comentario a la Ley reguladora de las bases de régimen local*, Tirant lo Blanch, Valencia, 2006. Posteriormente, también A. MENÉNDEZ REXACH y J. J. SOLOZÁBAL ECHAVARRÍA, *El principio de colaboración en el Estado autonómico*, Fundación Manuel Giménez Abad, Zaragoza, 2011.

[357] Por todos, los trabajos contenidos en el libro colectivo E. GARCÍA DE ENTERRÍA (Coord.), *La distribución de las competencias económicas entre el poder central y las autonomías territoriales en el Derecho comparado y en la Constitución española*, IEE, Madrid, 1980.

la colaboración, la cooperación y la coordinación; ii) la Ley 12/1983, 14 octubre, del proceso autonómico, primera regulación legal ordinaria en clave cooperativa, ha fracasado, lo que en buena medida puede imputarse al apuntado contexto inicial; iii) la LrBRL, que pretendió en 1985 y desde la perspectiva que le es propia, una regulación sistemática de las relaciones de colaboración, ha sido incapaz de inducir por sí sola una dinámica cooperativa al conjunto de la estructura estatal; iv) los acuerdos autonómicos de 1992 se ocuparon de la cuestión y efectuaron propuestas para desarrollar justamente el principio de cooperación, pero sus apuestas no lograron introducir la lógica cooperativa en las reformas estatutarias que indujo para la homogeneización de los techos competenciales de las Comunidades Autónomas; v) la LRJPAC, llamada constitucionalmente a desarrollar en este punto –y por lo que hace al poder público administrativo– la Constitución, se ocupa ciertamente de la materia desde 1992, pero, además de hacerlo de modo insuficiente, margina el núcleo duro de los problemas relacionados con la coordinación y renuncia en todo caso a la definición de un verdadero sistema general de relaciones interadministrativas (de la que queda fuera por supuesto la ya obligada perspectiva de la integración supranacional); y, finalmente, vi) las últimas reformas de algunos Estatutos de Autonomía están muy lejos de propiciar una mejora de la situación en este terreno.

Lo cierto es que al poder público administrativo, en su dimensión administrativa, se refiere el artículo 149.1.18 CE, del que la STC 76/1983, de 5 de agosto, tiene dicho que comprende –a título de reflexión del Estado sobre sí mismo– la regulación de las relaciones entre las Administraciones que lo integran y, por tanto, las bases, de y para la coordinación de las mismas. De donde se sigue que tales bases no son otra cosa que continuación, en sede legislativa ordinaria, de la organización constitucional del Estado, la cual, a pesar de su carácter escueto y gracias a su condición de Derecho imperativo, excluye también aquí la conceptuación de la organización administrativa como un «indiferente constitucional» y, por tanto, una ilimitada libertad de configuración del legislador ordinario. Toda regulación del poder público administrativo y, en particular, del sistema de relaciones entre sus piezas es, pues, desarrollo precisamente del orden constitucional organizativo y él mismo es, consecuentemente, Derecho de la organización. El artículo 103.1 CE es sin duda el precepto clave y de referencia para el conjunto de las Administraciones públicas que integran aquel poder. Y hace descansar la organización de éste sobre la trilogía descentralización-coordinación-eficacia. Se entiende perfectamente, por ello, la anfibología que se suele lamentar en el concepto de coordinación. Pues con él ha de significarse y se significa, gracias a su alto grado de abstracción, el conjunto de requerimientos organizativos, de funcionamiento, de acción y de resultado inscritos en el principial estatuto constitucional de la Administración pública; conjunto que, con A. Menéndez Rexach[358], cabe reconducir a tres técnicas de elevada abstracción y, por tanto, débil contenido significante propio: la colaboración, la cooperación y la coordinación. La doctrina maneja estos conceptos unas veces como sinónimos (sin que la doctrina del Tribunal Constitucional, aún introduciendo ciertas precisiones, haya logrado tampoco su definitivo deslinde) y otras como diferentes y aún contrapuestos, si bien la dominante considera sinónimos la colaboración y la cooperación, poniendo así el acento en su diferenciación de la coordinación. Sea como fuere, el significado, contenido y alcance respectivos de estas categorías distan de ser pacíficos, como tampoco lo es su articulación en un esquema de técnicas enmarcado, a su vez, en un cuadro completo de relaciones interadministrativas.

En otro lugar[359], me he esforzado por contribuir a rellenar esta laguna sobre la base de la conceptuación de las tres categorías aludidas como institutos del Derecho de la organización que, sin perjuicio de su individualidad propia (especialmente la coordinación), tienen simultáneamente la condición de principios de la acción administrativa y elementos del *status* de los poderes públicos (las organizaciones administrativas en tanto que sujetos) y, por proyección, también del régimen jurídico de las potestades-competencias de éstos (ofreciéndose en tal sentido como deberes).

---

[358] A. MENÉNDEZ REXACH, *cit.* en nota 356.

[359] L. PAREJO ALFONSO, «Notas para una construcción dogmática de las relaciones interadministrativas», *RAP*, 174, septiembre-diciembre 2007, pp. 161 a 191.

En su calidad de principios del sistema total del poder público administrativo operan desde y en la estructura interna que les es inherente y determina el de coordinación (en su dimensión de resultado eficaz) en tanto que más general, abstracto y comprensivo (por incluir los requerimientos de todos ellos). Incorporan *ex constitutione*, por ello, los fines comunes inherentes a la coordinación como resultado al *status* de cada uno de los sujetos-organizaciones (vinculación jurídica general de éstos a tales fines) y a su respectiva actividad (vinculación de ésta y, por tanto, de todas las potestades-competencias de que la misma constituye actuación a dichos fines). De esta suerte los fines comunes, siendo transversales, forman de suyo bloque con los peculiares (según su específica legislación programadora) de las correspondientes concretas potestades-competencias (cara a la trascendencia, en la gestión, de los respectivos intereses para realizar el interés general objetivo). Y ello, en virtud de la exigencia constitucional de su interiorización por el régimen de dichas concretas potestades-competencias.

En su dimensión de deberes generales de los sujetos-organizaciones y parte del contenido funcional de sus potestades, modulan *ex constitutione* la autonomía (gestión bajo la propia responsabilidad) de aquéllos en lo estrictamente necesario (y, por tanto, en diverso grado: de menor a mayor; mediante o a través de diversas técnicas) para la referida trascendencia de las visiones subjetivas del interés público y en función de la textura e imbricación de éstos (los círculos de intereses públicos gestionados con autonomía *ex articulo* 137 CE), hasta llegar –en el supuesto máximo (la coordinación forzosa)– a imponer un límite al ejercicio de la propia competencia.

Desde esta perspectiva, el sistema de relaciones interadministrativas se ofrece como mecanismo de corrección o ajuste, para supuestos determinados, del ejercicio de potestades-competencias diversas (incluso del sistema mismo de reparto de éstas) que, en el supuesto límite de la coordinación forzosa, traduce la estructuración constitucional misma de los círculos de intereses públicos, asegurando –gracias al principio de solidaridad– la supremacía de los más amplios y generales sobre los más estrechos o reducidos y particulares. El sistema mismo reposa sobre un fondo o fluido común: el formado por el binomio colaboración *lato sensu* y coordinación como resultado (inherente a la lealtad institucional y, por tanto, en su caso implícito en el orden constitucional[360]), el cual: i) comporta una modulación de la independencia, separación o autonomía de las instancias territoriales del Estado y, en general, las organizaciones administrativas en el ejercicio de sus potestades-competencias (constituyendo el género del que resultan las especies de la colaboración *stricto sensu*, la cooperación y la coordinación), y ii) define el fin institucional de la totalidad de las técnicas puestas al servicio del esquema de las relaciones interadministrativas. A su través, los deberes de colaboración, cooperación y coordinación se proyectan sobre todas las potestades-competencias sustantivas o materiales con distinto alcance (dependiendo de las exigencias del sistema) y se concretan por tanto: en principio en obligaciones generales (de colaboración) y, sucesivamente y sobre el fondo que ellas proporcionan, en las de acción cooperativa y acción coordinada en función del grado de coherencia o integración de la acción administrativa que demande la textura e imbricación de los intereses públicos presentes en cada caso y del juego, por tanto, de unas u otras técnicas articuladoras justamente de la colaboración administrativa: la cooperación y la coordinación. Estas últimas no son, pues, sino concreciones sucesivas de la colaboración en el sistema, moduladoras de la incidencia de los requerimientos de dichas relaciones producen en la(s) autonomía(s) correspondiente(s). Con la importante consecuencia, como ha destacado ya especialmente J. Tajadura Tejada[361], de que su violación puede hacerse valer ante los órganos jurisdiccionales.

Un simple repaso a las técnicas susceptibles de ser puestas hoy al servicio de la cooperación, institución central –como queda visto– en las relaciones interadministrativas, arroja, sin embargo y a la luz de lo dicho, un saldo negativo, signado por la insuficiencia de la elaboración dogmática. En efecto:

---

[360] Se trata, pues, de una exigencia existencial del complejo Estado de las autonomías: la colaboración es, en el plano del funcionamiento, la otra cara de éste, el reverso de la que, en el plano de la estructura, dibuja la autonomía de las organizaciones con el deslinde de las competencias a ejercer bajo la propia responsabilidad.

[361] J. Tajadura Tejada, *cit.* en nota 356.

– Las técnicas de neto carácter organizativo, o bien carecen de una regulación general (lo que se corresponde con su escaso empleo); o bien son objeto de una regulación sea deficiente, sea establecida desde perspectiva insuficiente. Sobre ello, el Derecho positivo y la práctica administrativa han renunciado a explorar la vía de la Administración mixta para la cooperación[362]. Y ello, a pesar de que hoy debe considerarse solventado el problema constitucional que plantea la organización mixta, sobre la base de su voluntariedad y de la no implicación de renuncia a la titularidad-disposición sobre la propia competencia. Está pendiente, pues, una regulación legal común amplia y flexible de este tipo de técnicas, que permita su segura y expedita utilización.

– Las técnicas sólo indirectamente –vía convenio– de carácter organizativo presentan el inconveniente de su limitación a organizaciones asociativas (incluso bajo forma privada: sociedades para la realización de obras y servicios) y consorcios. Las dificultades que el régimen jurídico común de las Administraciones públicas para el empleo (mediante encomienda de gestión) a las primeras (sólo previstas, en realidad, en la LrBRL) explican, junto con la flexibilidad propia de la fórmula, el recurso más que preferente al consorcio. Esta figura se utiliza, además, como puente para la constitución de sociedades de titularidad común. También existe aquí un déficit regulatorio, que sería más que conveniente superar mediante el establecimiento de un régimen general aceptable.

– Las técnicas procedimentales (audiencias, consultas, concertación, informes, etc.) se desconocen pura y simplemente en la regulación del procedimiento común (que ni siquiera singulariza su utilización para la cooperación, sirviéndose, en el caso de los informes, por ejemplo, de la variedad de los determinantes), de modo que se encuentran totalmente entregadas a la libertad de configuración del legislador sectorial. Esta entrega supone un serio problema de coherencia para el sistema total de relaciones interadministrativas, al menos en el plano de los principios y de deslinde de las diversas técnicas. La situación normativa descrita precisa, pues, una enérgica corrección.

– Las técnicas orgánicas ofrecen un panorama más positivo. Si a los órganos generales cooperativos en la escala local puede extendérseles un certificado de fracaso, mayor éxito puede ser acreditado a los órganos sectoriales en las relaciones entre la Administración General del Estado y las de las Comunidades Autónomas (las Conferencias Sectoriales de la LRJPAC), aún reconociendo su eficacia

---

[362] Esta técnica, ni se introdujo en la iniciativa para un proyecto de Ley General de Cooperación del último Gobierno del Partido Popular anterior a las dos últimas legislaturas de gobierno del Partido Socialista, ni (habiéndose planteado en este último periodo) se ha aceptado incluir su regulación (bajo la forma de Agencias de Cooperación Interterritorial) en la iniciativa que ha acabado conduciendo a la vigente Ley de Agencias Estatales.

limitada. De ahí la reciente previsión de una Conferencia Sectorial u órgano similar con participación de las entidades locales (modificación de la LrBRL por la Ley 57/2003, 16 diciembre), en cuyo seno se contempla –además– una conferencia de grandes ciudades con participación también de las tres instancias territoriales. La situación no es aquí, pues, tan deficiente, pero es desde luego mejorable, sobre todo por lo que hace a la concertación interadministrativa, cuya regulación sólo han ensayado verdaderamente las leyes autonómicas de ordenación territorial y urbanística con escasa virtualidad práctica.

– Las técnicas funcionales, en especial la consensual (los convenios), son las que pueden presentar un registro de mayor éxito, a pesar de su escasa regulación general. Según datos de E. Alberti Rovira[363], los convenios de cooperación vertical (no previstos en la CE) han venido experimentado un aumento constante (hasta superar, en el año referencia, 2000, la cifra de quinientos anuales). Los convenios de cooperación horizontal (o entre Comunidades Autónomas, sí previstos en la CE) no han logrado, sin embargo, afianzarse, probablemente por el control de las Cortes Generales a que están sujetos: en el mismo año de referencia, 2000, no llegaron a veinte en total. Positiva debe considerarse, en todo caso y cara a una mejor regulación legal, la diversificación de la figura, en la LRJPAC, en las variedades de protocolos y convenios en sentido estricto. Porque no reduce los primeros a la condición de instrumentos meramente políticos, sino que, más simplemente, traduce y formaliza un menor grado de intensidad en la cooperación, que circunscribe ésta a la configuración de métodos y procedimientos de actuación homologados.

Característica común a las técnicas desarrolladas es su perspectiva, dimensión y alcance interiores, que las reconduce efectivamente a una reflexión del Estado sobre sí mismo. Ocurre que tal planteamiento les priva de la dimensión supranacional inexcusable, incluso en el contexto de tal reflexión, en tanto que el Estado, abierto a la integración europea, es miembro de una estructura de poder público más amplia –la Unión Europea– y, en tal calidad, pieza ejecutiva (en la terminología comunitaria) de su ordenamiento propio. Porque implica el descuido de la estrecha imbricación actual tanto con las instituciones comunitarias y su específica organización administrativa cada vez más desarrollada, especialmente mediante Agencias (cooperación vertical), como de las Administraciones de los Estados Miembros entre sí (cooperación horizontal).

---

[363] E. ALBERTÍ ROVIRA, *cit.* en nota 356.

En este otro terreno impropiamente calificable ya de externo: i) poco o nada se ha avanzado en materia de cooperación horizontal; y ii) los avances en la cooperación vertical son aún de todo punto insuficientes; pues pivotan sobre la Conferencia para Asuntos Relacionados con las Comunidades Europeas (alcance positivo, pero limitado); la Consejería para Asuntos Autonómicos en la Representación Permanente de España ante la Unión Europea (integrada por un funcionario estatal para canalización de información); y la participación de las Comunidades Autónomas en los Comités de la Comisión Europea (un representante por turno rotatorio para todas). Es clara, pues, la necesidad y la urgencia de abordar y desarrollar adecuadamente esta dimensión supranacional, sobre todo tras la implantación entre nosotros de la figura de las Agencias Estatales, pues forma parte también de las relaciones interadministrativas del Estado definido efectivamente por la CE.

4. LA RECONSIDERACIÓN DE INSTITUTOS CENTRALES DE LA TEORÍA GENERAL

La insuficiencia del edificio dogmático en el que se viene viviendo alcanza a elementos portantes tan esenciales como la potestad, el acto administrativo y la clasificación de las formas de actividad administrativa.

a) LA POTESTAD ADMINISTRATIVA

A pesar de constituir un pilar soporte del edificio del Derecho Administrativo, esta categoría ha recibido y sigue recibiendo una atención escasa, que no va mucho más allá de su definición genérica como función que es, a la vez, habilitación y deber de actuación[364] que constituye una especie dentro de un género más amplio (que incluye las de sujetos privados, tales como la de la patria potestad, por ejemplo) que

_____

[364] A título de monografía destaca la de J. M. DE LA CUÉTARA, *Las potestades administrativas*, Tecnos, Madrid, 1986.

–como ya dejó establecido Santi Romano– se diferencia del derecho subjetivo en que implica la existencia correlativa no de sujetos obligados sino de sometidos a su ejercicio y efectos y que en todo caso tiene, por exigencia constitucional (art. 103.1 CE), carácter servicial y, por tanto, fiduciario. Ello obedece probablemente a la fijación principal en la categoría de la competencia, que tampoco es –de otro lado– enteramente clara, pues se utiliza para designar tanto el ámbito material o funcional de responsabilidad (confundiéndose así con la potestad), como la medida en que un órgano concreto está habilitado para ejercer la potestad-competencia de la organización de que forma parte (confundiéndose así con la atribución). Basta con ello para dejar entrever la enorme tarea que en este punto tiene pendiente fundamentalmente la doctrina científica, aunque también la jurisprudencia. Pues la categoría tiene enorme trascendencia para el tratamiento de numerosas cuestiones centrales, tales como, por ejemplo, la fuente válida de su asignación, ligada a la de reserva de ley y la programación de la acción administrativa y su densidad; los términos de ésta, de los que depende, a su vez, la determinación de los de la actividad de ejecución administrativa (su carácter reglado o discrecional, por ejemplo) y del control judicial; y el régimen de su ejercicio, del que depende, por su parte, la permisión o no de la intervención en él de los ciudadanos y la susceptibilidad o no de la transacción.

Desde la perspectiva de la delimitación por la legalidad de las potestades administrativas y las técnicas de control de su atribución, S. Muñoz Machado[365] ha aportado recientemente una notable contribución, destacando que:

a) Las potestades administrativas se encauzan en el marco de las decisiones del legislativo y el judicial y, por tanto, en el contexto del equilibrio entre los poderes objeto constitucionalmente de diferenciación.

b) La pertenencia al legislador de la definición y delimitación, con diverso grado de concreción, de las potestades administrativas, llamando la atención, en este punto, sobre la insuficiencia de la exposición clásica de las relaciones entre la

---

[365] S. Muñoz Machado, *Tratado de Derecho Administrativo…*, *cit.*, vol. I, 3ª ed., pp. 518 y ss.

ley y dichas potestades. Dichas relaciones suscitan, en efecto, problemas no ade-cuadamente resueltos. Así, básicamente: i) la admisibilidad de la imposibilidad del cumplimiento siempre por el legislador del grado de densidad regulatoria mínimo requerida normalmente por la norma fundamental y la consecuente precisión de su compensación con medidas organizativas y procedimentales adecuadas[366]; y ii) la influencia de la densidad regulatoria legal en el control judicial y concretamen-te en el alcance de los poderes del juez: limitación de éstos justamente por el grado de programación de la actividad administrativa (pues, en otro caso, se estaría presuponiendo en el juez, como ha destacado F. Ossenbühl, una competencia para definir su propia competencia, con la consecuencia, ha de añadirse, de lesión de la función otorgada por el artículo 103.1 CE a la Administración)[367].

c) La existencia, pues, de una estrecha interrelación entre la programación legal de la actividad administrativa y el control judicial de ésta (sin perjuicio del cumplimiento por aquella actividad en todo caso del Derecho en su conjunto, en especial de los principios generales y, por tanto, también de los derechos consti-tucionales en su dimensión objetiva).

Cuestión asimismo pendiente de satisfactorio tratamiento es la de si las potestades son o no refractarias a la transacción y, en el supuesto extremo, al arbitraje[368], constituyendo esta característica consustan-

---

[366] Véase, sobre este extremo, las reflexiones de J. Barnes en *Innovación y Reforma en el Derecho Administrativo*, Global Law Press-Editorial Derecho Global, Sevilla, 2006.

[367] El avance en esta materia no es en modo alguno despreciable, si se mide por la ausen-cia de reacción doctrinal a estas consideraciones, que coinciden esencialmente con las pre-viamente sostenidas en L. Parejo, *Administrar y juzgar: dos funciones constitucionales distintas y complementarias*, Tecnos, Madrid, 1993, así como en trabajos posteriores de otros autores, y que dieron lugar, sin embargo y en su momento, a reacciones de intensa crítica.

[368] Las dudas y las reticencias al arbitraje (incluso para el ámbito jurídico-privado) son tradicionales, habiéndose producido algún pronunciamiento del Tribunal Supremo en sen-tido claramente negativo a su operatividad en Derecho Administrativo, pero aún no se ha planteado, al menos frontalmente, la cuestión en términos de constitucionalidad. En el or-denamiento jurídico ordinario no existe verdadera prohibición; antes al contrario los pocos preceptos legales que se refieren específicamente al empleo de la técnica arbitral en Derecho Administrativo admiten expresamente la figura, si bien sometiendo su juego a determinados requisitos y garantías. Los dos ejemplos principales son: i) el artículo 7.3 de la Ley 47/2003, de 26 de noviembre, General Presupuestaria, permitiendo, de otro lado, el artículo 10.2 la celebración de acuerdos o convenios en el curso del proceso concursal y de acuerdo con la Ley reguladora de éste, así como acordar con el deudor la compensación de créditos; y ii) el artículo 31 de la Ley 33/2003, de 3 de noviembre, del Patrimonio de las Administraciones públicas. De otro lado a) los artículos 88 y 107.2 LRJPAC admiten con carácter general

cial. Pues la regla clásica –de origen en el Derecho Administrativo alemán y procedente de O. Mayer– es la de que, por su misma naturaleza, el poder público no es susceptible de transacción (lo que excluye de suyo la apelación al arbitraje). Tal dogma debe considerarse superado, pues:

1. De pacto, acuerdo o convenio con ocasión del ejercicio de potestades y de conciliación y arbitraje hablan, con carácter general, los artículos 88 y 107.2 LRJPAC relativos a los procedimiento ordinarios y los impugnatorios en alzada y vía administrativa, respectivamente.

2. Sin perjuicio de la reticencia al desarrollo y explotación de las potencialidades de las anteriores previsiones, es observable que el recurso a ellas se va abriendo tímida y sectorialmente paso, como muestran –a escala autonómica– la Ley 15/2002, de 27 de diciembre, de creación de la Agencia de Calidad, Acreditación y Prospectiva de las Universidades de Madrid[369] y –a escala general– la Ley orgánica 72006, de 21 de noviembre, de protección de la salud y de lucha contra el dopaje en el deporte[370].

---

tanto la terminación convencional en principio de cualquier procedimiento administrativo, como la sustitución del recurso de alzada por procedimientos de arbitraje ante órganos colegiados o comisiones específicas no sometidas a instrucciones jerárquicas; y ii) el artículo 77 LJCA contempla la posibilidad de un acuerdo entre las partes que ponga fin al proceso. El clima legislativo favorable así a los acuerdos o convenios ciudadano-Administración y, por tanto, también a los procedimientos de transacción y arbitraje, se ha plasmado –con motivo de la modificación legislativa de la LRJPAC operada en 1999– en el mandato al Gobierno para la remisión a las Cortes Generales del proyecto o los proyectos de Ley que resulten necesarios para regular los procedimientos de impugnación, reclamación, conciliación, mediación y arbitraje sustitutivos de los recursos de alzada y de reposición en vía administrativa. El incumplimiento de tal mandato ilustra sobre la inercia del celaje de problematismo que cubre aún el recurso a tales procedimientos.

[369] El artículo 23 de este texto legal autonómico permite (como fórmula sustitutiva del recurso potestativo de reposición previsto en la LRJPAC) que los actos dictados por el Presidente de la Agencia en los procedimientos de evaluación, certificación y acreditación, puedan ser recurridos a través del procedimiento de conciliación, que es resuelto por una Comisión de Conciliación compuesta de tres expertos independientes (uno de los cuales puede ser incluso propuesto por el interesado).

[370] El artículo 29 de este texto legal contempla la revisión, en vía administrativa, sustitución del recurso pertinente conforme al artículo 107. 2 LRJPAC y «bajo fórmula arbitral», de las resoluciones dictadas por los órganos disciplinarios de las federaciones deportivas o la Comisión de Control y Seguimiento de la Salud y el Dopaje ante una sección específica del Comité Español de Disciplina Deportiva. Este órgano arbitral está presidido por un miembro del Comité Español de Disciplina Deportiva y compuesto por otros dos miembros, que (se-

La dificultad del pleno juego de estas previsiones debe localizarse más bien, pues, en el carácter de control que, en el caso de la Administración, presenta la tutela judicial (art. 106.1 en relación con art. 24.1 CE)[371], en tanto que no parece que el poder público administrativo pueda quedar eximido, vía transacción o arbitraje, del control jurídico externo cumplido en ejercicio del poder jurisdiccional definido por el artículo 117 CE. La adecuada resolución de la dificultad así identificada requiere, no obstante, la separación de la consistente en el control judicial de la Administarción y la que suscita el artículo 24.1 CE (en relación con el ciudadano) precisamente por la condición de poder público de la Administración y la consecuente singularidad de su actividad. De esta forma, la posibilidad o no de su superación depende, en realidad, sólo de la habilitación suficiente o no de aquélla para transaccionar o someterse a arbitraje y de la idoneidad objetiva de su actividad para ser objeto de estas técnicas. Pues en caso de respuesta positiva a ambas, nada se opondría a la sustitución –en el caso extremo del arbitraje– del control judicial por un «equivalente», concretamente el (cuasi)jurisdiccional arbitral, en tanto que admisible constitucionalmente éste en cuanto tal. Siempre que –al igual que en el arbitraje de Derecho común o privado– ello no signifique exclusión total de un control judicial último. Lo prueba el artículo 77 LJCA, en la medida en que permite la autocomposición de los conflictos ya judicializados mediante acuerdo de las partes sujeto sólo a un control limitado por el juez.

La clave ha de hacerse radicar, pues, en los términos de la habilitación necesaria. Desde luego deben considerarse admisibles las habilita-

---

gún que la revisión se inste por el afectado o la propia Administración) o bien son designados, respectivamente, por el deportista interesado y por acuerdo entre el miembro del Comité Español de Disciplina Deportiva y el interesado (en el supuesto de no llegarse a un acuerdo, el tercer miembro es el presidente del citado Comité); o bien son nombrados, respectivamente, por el presunto infractor y el órgano solicitante de la revisión. Esta revisión administrativa especial, con fórmula arbitral, tiene por objeto la determinación de si: i) la resolución dictada por los órganos disciplinarios se ajusta a Derecho; ii) si, dentro de los términos que determina la Ley, procede otra diferente; o iii) el sobreseimiento del procedimiento.

[371] En este sentido M. Sánchez Morón, «Los recursos administrativos», en la obra colectiva J. Leguina Villa y M. Sánchez Morón (Dirs.), *La nueva Ley de Régimen Jurídico de las Administraciones Públicas y del Procedimiento Administrativo Común*, Tecnos, Madrid, 1993, p. 346.

ciones específicas por materias, pero no sin más una de carácter general. Y aún así, las habilitaciones específicas únicamente parecen constitucionalmente posibles, desde un punto de vista objetivo, en materias o aspectos de ellas idóneos al efecto, por la índole misma del asunto (gestión del patrimonio en régimen de Derecho común, actividad contractual, por ejemplo), su gran dependencia de la ciencia y la técnica o el amplio margen de apreciación que en ella goza la Administración, pero también por la discrecionalidad de las potestades (o elementos de ellas) atribuidas a ésta (de modo que ésta puede introducir en las decisiones elementos creativos y volitivos propios). Podría establecerse, como regla, el paralelismo entre accesibilidad a la técnica consensual (amplio sentido) o de conciliación o arbitraje impropio en vía administrativa (en su caso impugnatoria) ordinaria y accesibilidad a la técnica arbitral en vía contenciosa (prejudicial).

b) EL ACTO ADMINISTRATIVO Y LA RELACIÓN JURÍDICO-ADMINISTRATIVA

El acto administrativo, desvinculado en gran medida de la relación jurídico-administrativa correspondiente, sigue siendo el instituto central desde el que se articula por entero la actividad jurídica unilateral y formalizada de la Administración pública. Aunque cuenta con un detallado régimen jurídico positivo, el ordenamiento vigente no contiene definición alguna, por lo que su concepto es doctrinal y jurisprudencial. El concepto que, acogiendo el acuñado en Italia por Zanobini y apartándose en este punto de las referencias usuales francesa y alemana[372], está generalizado en la doctrina y también, sin fisuras, en la jurisprudencia, es de una amplitud que lo hace equivalente a cualquier declaración de la Administración (y de otros poderes públicos en la medida en que actúen conforme al Derecho Administrativo[373]), cualesquiera que sean sus efectos jurídicos.

---

[372] Así lo ha puesto de manifiesto, con referencia al Derecho alemán, R. BOCANEGRA SIERRA, *La teoría del acto administrativo*, Iustel, 1ª ed., Madrid, 2005.

[373] De modo que las decisiones y actuaciones administrativas que no tienen tal consideración resultan ser rigurosamente una excepción.

Se trata de un concepto condicionado por la concepción dominante del Derecho Administrativo en cuanto al servicio de la inclusión –por extensión– de la actividad materialmente administrativa de otros poderes públicos y la comprensión del tráfico jurídico interadministrativo, es decir y en último término, de la plenitud del control judicial del poder público[374]. Recientemente ha sido sometido[375] a crítica por: i) su distorsión del régimen jurídico positivo –incluso al extremo de la inutilización de éste– al hacer inaplicables en muchos casos algunos de sus elementos característicos; y también ii) su obsolescencia en virtud de la evolución y el estado actual del sistema de control judicial. De ahí que, desde tal crítica, se pretenda reducir la categoría a las declaraciones de las Administraciones sometidas al Derecho Administrativo que tienen efectos en los derechos e intereses de los ciudadanos y gozan, así, de carácter ejecutivo.

Se apoya esta crítica en razones de peso y pone en todo caso de evidencia la distancia entre dogmática y Derecho positivo que es preciso sin duda superar. Dudoso es, sin embargo, que esta superación pueda tener lugar por la vía de la introducción de una distinción igualmente doctrinal (en función del reconocimiento o no en tal sede del carácter ejecutivo) y, por tanto, también ausente en el régimen jurídico legal. Las cuestiones que suscita actualmente la ejecutividad de los actos administrativos son ciertamente numerosas y de importancia, pero procede resolverlas sin involucrar el concepto mismo de acto. La ejecutividad, en tanto que mera cualidad perfectamente constitucional, sólo puede actualizarse cuando el acto (cualquiera que sea el concepto que del mismo se tenga) sea susceptible y precise de ejecución (por comportar, en su caso, un deber del destinatario o destinatarios de hacer o dar, no hacer o tolerar que reclama cumplimiento a partir de la eficacia del acto en la o las correspondientes esferas de los sujetos). Éste es sin duda el sentido que ha de darse a la prohibición legal de inicio de cualesquiera actuaciones de ejecución sin la previa decisión que le

---

[374] En la medida en que éste ha sido hasta hace relativamente poco «revisor» de los actos administrativos.

[375] Por S. MUÑOZ MACHADO, *Tratado de Derecho Administrativo...*, *cit.*, vol. IV, Madrid, 2011, pp. 24 y ss.

sirva de fundamento (fundamento que estaría ausente en otro caso). Por tanto, no es que haya tanto que quebrar una supuesta universalidad de la ejecutividad, cuanto que afirmar que ésta sólo puede actualizarse (en ejecución) cuando concurra el aludido presupuesto y que, por tanto, la procedencia de la ejecución misma es susceptible de control –desde luego judicial– al igual que sus términos y alcance. De modo que, siendo hoy posible la adopción de medidas provisionales durante el procedimiento (y antes, por tanto, de su resolución) y operando la técnica de la suspensión en la revisión de oficio de los actos y en los procedimientos impugnatorios de éstos[376], no parece indispensable construcción alternativa alguna (forzando algo, interpretativamente, la doctrina del Tribunal Constitucional) para la garantía plena de la tutela judicial de los derechos e intereses legítimos implicados. Pues el criterio decisivo para la procedencia de la ejecución y, en su caso, la enervación cautelar de ésta en modo alguno es el formal de la prerrogativa (de donde, de nuevo, el acierto de la superación, por modulación, del concepto de Derecho Administrativo generalmente aceptado); es, por el contrario, el sustantivo referido a los intereses en presencia (el general y el o los particulares) y su ponderación a la luz, en último término, del orden constitucional. Con lo cual queda suficientemente asegurada la tempestiva valoración de la procedencia de la ejecución por el juez o tribunal competente.

Si las cuestiones que suscita la ejecutividad pueden ser despejadas, por tanto, sin el recurso a la modificación (por los expresados motivos) del concepto, procede no sobrecargar éste con problemas innecesarios, tanto más cuanto que el concepto restringido postulado puede plantear otros nuevos de no menor porte, tales como los de:

a) Dejar fuera, aparentemente al menos, todo el campo de lo organizativo, incluidas las relaciones interorgánicas en modo alguno despreciables y, desde luego (por clasificarlos en la acción directa), supuestos que dejarían de tener adecuado encaje, como, por ejemplo, la importante actividad de policía administrativa de seguridad ciudadana y, en particular, la decisión de carga policial (tras los avisos

---

[376] La suspensión puede así, en unión de la medida cautelar adoptada en el procedimiento originario, enlazar con el planteamiento de la tutela cautelar en vía contencioso-administrativa.

pertinentes) o de requerimiento de identificación, etc., cuyo encuadramiento en la actividad jurídica formalizada es un logro de difícil renuncia.

b) Producir un desajuste con el control judicial, pues no es evidente que los supuestos de actividad administrativa formalizada que quedarían fuera del radio del acto administrativo (los no ejecutivos) encuentren acogida clara en la categoría actual procesal de actuación. Aunque sea cierto que el artículo 1 LJCA alude genéricamente a ésta al delimitar el ámbito de conocimiento de este orden jurisdiccional, no lo es menos que los artículos 25 a 30 de dicho texto, al determinar concretamente lo susceptible de impugnación a efectos de la concreción del objeto del recurso contencioso-administrativo, contemplan sólo –dejando ahora aparte las disposiciones de carácter general– tres categorías: la de los actos expresos y presuntos, la inactividad jurídica en los términos legalmente previstos (es decir, la consistente en el incumplimiento de prestaciones debidas en virtud de disposición autoaplicativa, contrato o convenio y la inejecución de actos firmes) y la actuación material igualmente en los términos legalmente previstos, es decir, la vía de hecho.

Desde la perspectiva de la participación del ciudadano en el ejercicio de las potestades públicas y, por tanto, del Estado cooperativo, mayor apremio plantea la integración en la categoría del acto administrativo de la especie consensual, aún no cumplida satisfactoriamente a pesar de la regulación general –con ocasión de la del procedimiento común para el desarrollo de la actividad jurídica unilateral de la Administración (art. 88 LRJPAC)– de los acuerdos, pactos y convenios incluso sustitutivos de la resolución unilateral del correspondiente procedimiento. Así, por ejemplo, S. Muñoz Machado[377] la subsume aún, sin mayor precisión, en la categoría de convenios excluidos del ámbito de aplicación de la ley de contratos del sector público (salvo que su objeto consista cabalmente con el de uno de los regulados en ella), presuponiendo, de esta forma, que en los referidos acuerdos se produce un intercambio de prestaciones por requerir la Administración actuante la asunción voluntaria por el sujeto o sujetos privados de las correspondientes obligaciones. Pero, en puridad, en los acuerdos de que se trata:

– Cabe la ausencia de todo efecto de vinculación de las partes.

---

[377] S. Muñoz Machado, *cit.* en nota anterior.

– Puede no haber sustitución alguna del acto administrativo unilateral finalizador del procedimiento (son los acuerdos o pactos preparatorios), incluso si son vinculantes.

– Cuando sustituyen el acto administrativo unilateral producen la resolución del procedimiento administrativo en el que se ejercita una potestad actuable siempre de forma unilateral.

– Todo lo cual se explica porque el objeto es en ellos, al contrario que en los convenios en sentido estricto, la definición –en ejercicio de la potestad implicada– de lo que es Derecho en el caso concreto (más específicamente: el interés general). De donde se sigue que se está más bien ante un fenómeno de participación, en grado diverso, de los sujetos privados afectados en la determinación del interés general a servir en el supuesto específico. Nada más y nada menos. Dependiendo obviamente del grado de la participación de la naturaleza de la potestad y, por tanto, de la materia en la que ésta opera. Motivo por el cual el juego de la técnica consensual alternativa a la autotutela declarativa puede modularse e, incluso excluirse por la ley sectorial reguladora de la referida materia.

La cuestión no es, pues, sencilla. Pero es urgente abordarla, pues la puesta en juego de la técnica comentada va extendiéndose con gran rapidez por la legislación sectorial, tanto general como autonómica, incluso por influencia del Derecho Comunitario. Baste con los dos siguientes ejemplos:

a) El llamado contrato territorial (instrumento de apoyo a las políticas de desarrollo rural sostenible), que tiene por objeto determinar un marco contractual en el cual los titulares de explotaciones agrarias asumen desarrollar un modelo de actividad agraria generadora de externalidades positivas y las Administraciones públicas, en apreciación del interés público de dichas externalidades, les compensan, incentivan y retribuyen, como forma de reconocimiento por la sociedad de los servicios y prestaciones de carácter público que generan más allá de la retribución derivada de la venta en el mercado de sus productos.

Este tipo de contratos se comenzó a utilizar por algunas Comunidades Autónomas incluso antes de su cobertura legal general y en el contexto del conocido como segundo pilar de la política agraria común de la UE (el Marco Nacional de Desarrollo Rural para el período de programación 2007-2013, aprobado por Decisión de la Comisión 5937, de 28 de noviembre de 2007). Su regulación general como instrumento de articulación de una política de Estado data de la Ley 45/2007, de 13 de diciembre, para el desarrollo sostenible del medio rural, incluyendo ya el Real Decreto 752/2010, de 4 de junio, aprobatorio del primer programa de desarrollo rural sostenible para el período 2010-2014, la aplicación de los contratos territoriales de zona rural dentro de la tipología de acciones que las Comunidades Autónomas pueden incluir en sus planes de zona rural. Recientemente, el Real Decreto 1336/2011, de 3 de octubre, por el que se regula el contrato territorial como instrumento para promover el desarrollo sostenible del medio rural, ha definido un marco de regulación (básica) más amplio y de carácter más general, concibiendo la figura como auténtica medida o instrumento de política económica general para el medio rural.

b) La denominada custodia del territorio, prevista en el artículo 3 de la Ley 42/2007, de 13 de diciembre, del patrimonio natural y de la biodiversidad como conjunto de estrategias o técnicas jurídicas a través de las cuales se implica a los propietarios y usuarios del territorio en la conservación y uso de los valores y los recursos naturales, culturales y paisajísticos.

Se trata de un procedimiento voluntario por el que un propietario y una entidad de custodia pactan el modo de conservar y gestionar un territorio, pudiendo el pacto ser verbal o escrito, no siendo idóneo para sustituir los instrumentos de conservación o urbanísticos existentes y sí sólo complementarlos y facilitar su desarrollo. El artículo 72 del texto legal autoriza a las Administraciones públicas para celebrar estos acuerdos de custodia entre entidades de custodia y propietarios de fincas privadas o públicas con el objetivo principal de conservación del patrimonio natural y la biodiversidad. En el caso de los suscritos por la Administración General del Estado pueden ser de dos tipos según que la cesión de la gestión a entidades de custodia sea total o parcial, siéndoles de aplicación las siguientes reglas: i) selección del cesionario con arreglo a los principios de publicidad, objetividad, imparcialidad, transparencia y concurrencia competitiva; ii) duración limitada, según sus características; y ii) exclusión de la renovación automática, sin que la condición de cesionario, una vez extinguida la cesión, conlleve ningún tipo de ventaja (para él mismo o para personas vinculadas a él). Estos acuerdos se establecen por escrito, en forma de convenio administrativo plurianual, lo que supone su sujeción a la Ley 33/2003, de 3 de noviembre, del Patrimonio de las Administraciones Públicas) y deben incluir un plan de financiación para su desarrollo y las directrices mínimas de su gestión, fijadas en el pertinente plan de gestión (art. 72.2 LPNB).

En este contexto también la legislación autonómica comienza a hacer uso decidido de la técnica convencional[378].

---

[378] Así: la Ley 2/1992, forestal de Andalucía, para el fomento y la mejora de las actuaciones forestales y mediante convenios, acuerdo o contratos, públicos o privados; la Ley

La concentración de la atención dogmática, aparte el curso procedimental formalmente necesario para producirlas, en las instantáneas formalizadoras que representan los actos implican, además del desenfoque de la dimensión real, material o técnica de la actividad administrativa, una excesiva rigidificación de las relaciones jurídico-administrativas, cuyo contenido es mucho más rico y fluido. Si la impuesta importación del principio de confianza legítima, evidenciando la escasa potencia del propio de la buena fe, ha introducido ya una primera fisura en tal modo de ver aquellas relaciones, el ya analizado giro radical en la economía de la actividad de policía o intervención de la actividad de los

9/1999, de 26 de mayo, de conservación de la naturaleza y la 3/2008, de montes y gestión forestal sostenible, ambas de Castilla-La Mancha, que prevén convenios de conservación con los propietarios de terrenos a los fines del texto legal y acuerdos con los propietarios del monte para trabajos dirigidos a la gestión forestal sostenible y convenios de conservación, respectivamente; la Ley 16/1995, de 4 de mayo, forestal y de protección de la naturaleza de la Comunidad de Madrid, que permite la formalización de convenios de conservación para defender los valores medioambientales de los montes; la Ley 4/2006, de 19 de mayo, de Conservación de la Naturaleza de Cantabria, que contempla los acuerdos para la conservación de los espacios naturales protegidos con las entidades locales, los propietarios de terrenos y las asociaciones sin ánimo de lucro para la promoción de la conservación de la naturaleza, así como la potenciación de las experiencias demostrativas de alianzas para la custodia del territorio u otras formas innovadoras de participación de los propietarios de los terrenos y la colaboración entre la iniciativa pública y la privada en la conservación de la Red de Espacios Naturales Protegidos de Cantabria, así como la Ley 2/2004, de 27 de septiembre, del plan de ordenación del litoral de la misma Comunidad, que prevé el fomento de la suscripción de convenios entre propietarios de terrenos costeros y entidades de custodia para articular mecanismos de gestión medio ambiental y conservación activa de dichos ámbitos, así como el uso adecuado de sus recursos naturales, culturales y paisajísticos; la Ley 8/2005, de 8 de junio, de protección, gestión y ordenación del paisaje de Cataluña, que impone el fomento gubernamental de la figura de la custodia del territorio; la Ley 5/2005, de 26 de mayo, para la conservación de los espacios de relevancia ambiental de las Islas Baleares, que otorga carta de naturaleza a la colaboración con los propietarios y el resto de titulares de derechos en la conservación de los espacios de relevancia ambiental, previendo el estímulo de la máxima participación de los propietarios y otros titulares de derechos afectados en la declaración y en la gestión de una zona protegida y fomentando la creación y el funcionamiento de entidades de custodia del territorio; el Decreto 63/2007, de 14 de junio, por el que se crean el catálogo de flora protegida de Castilla y León y la figura de protección denominada microrreserva de flora, que contempla los convenios de gestión con los propietarios o titulares de derechos reales de fincas incluidas en las propuestas de declaración de microrreservas de flora, previamente a su declaración, para acordar su colaboración y la realización en ellas de los usos o aprovechamientos adecuados para su conservación.

particulares (conversión en excepción de la regla del control administrativo *ex ante*) por igual exigencia del Derecho Comunitario hace ya
inaplazable un cambio igualmente radical de perspectiva.

Así resulta inexcusable precisamente por desplazamiento del centro de gravedad del Estado hacia la garantía y, por tanto, la prevención
de todo tipo de riesgos de entidad suficiente para constituir peligros
en abstracto para el desarrollo en orden de la vida social. Ésta debe tenerse, en efecto, por la justificación clásica de la actividad de vigilancia
continuada de las actividades privadas como derivación del Derecho de
policía del orden público[379] precisa para: i) cubrir el campo en el que
es improcedente el juego de las técnicas propias de tal Derecho por el
carácter meramente abstracto en principio de los riesgos inherentes al
despliegue de actividades y realización de actos, es decir, el insuficiente
grado de probabilidad de su conversión en verdaderos y concretos peligros, así como, en su caso, perturbaciones efectivas del orden; y ii) se
hace preciso así hacer frente (prevenir y, en su caso, corregir) a dichos
riesgos. La actividad administrativa de vigilancia (clasificable sin duda
en la categoría de la intervención) puede teorizarse bien como una policía del orden atenuada[380], bien –más ampliamente y en paralelo con la
tutela propia de las relaciones interadministrativas– como control de la
actividad de los sujetos privados capaz de incidir y, en su caso, limitar
imperativamente su libertad. Presuponiendo de tal suerte este último
y central valor y bien jurídicos, se presenta, pues, como garantía de los

---

[379] Lo que no quiere decir que haya quedado anclado en el mismo, ya que se ha independ-
dizado de él, comprendiendo hoy todo control administrativo de actuaciones privadas para
la observancia de los deberes que sobre ellas pesan en interés del bien común. Al punto de
plantear, según se verá en su momento, el problema de su inclusión hasta de las prestaciones
universales y las obligaciones jurídico-públicas de este carácter en sectores liberalizados. En
Derecho alemán, por ejemplo, se identifican hoy como sectores de referencia del Derecho
de la vigilancia: la economía (la tradicional vigilancia de la libre competencia), la técnica y
el medio ambiente (alimentación, productos farmacéuticos y médicos, seguridad productos,
productos de la construcción y productos químicos), las infraestructuras (territoriales y sociales: telecomunicaciones, servicio postal, energía, ferrocarril, etc.), los medios de comunicación y la asistencia social (asistencia sanitaria y social en general).

[380] Que se corresponde en el ciudadano –según ya O. Mayer– con el deber de tolerar
actuaciones de toma de conocimiento e información, investigación, averiguación y formulación de informes.

límites jurídicos de la libertad en el interés del bien común (garantía del respeto del orden social definido normativamente) y, por tanto y en definitiva, de la efectividad del principio de legalidad. Es, en suma, control administrativo continuado del cumplimiento por la actuación privada autónoma en el tráfico económico-jurídico de los deberes jurídico-públicos (de no hacer, de hacer o de dar)[381]. Implica así de suyo la emergencia a primer plano de la relación jurídico-administrativa en que ella misma consiste (la relación jurídica de vigilancia) para su adecuada inserción en el edificio dogmático. Esta inserción suscita numerosos problemas, comenzando ya por el deslinde entre tutela interadministrativa y vigilancia de la actividad de la actuación de privados, pues ambas parecen tener un origen histórico común: el *ius supremae inspectionis*[382/383].

---

[381] En la doctrina alemana, la vigilancia se define (así Rolf Gröschner, *Das Überwachungsrechtsverhältnis*, J. C. B. Mohr, Paul Siebeck, Tübingen, 1992) como el control administrativo de la actividad emprendedora en el seno de una relación de vigilancia habilitada por la ley; más precisamente: por la concurrencia de un supuesto legal de defensa frente a un peligro.

[382] En los Estados católicos el confesionalismo se traduce doctrinalmente en el regalismo, que plantea la disyuntiva entre el principio dualista de separación o la conservación por la Iglesia de una potestad indirecta sobre las cosas temporales que resultan necesarias para el fin espiritual y, como contrapartida el Estado se arroga, a su vez, potestad sobre asuntos religiosos, expresada –además del derecho a controlar la pureza en la fe (inquisición)– en el patronato regio, el pase regio, el derecho de apelación (recurso de fuerza en conocer) y, en lo que ahora interesa, los *iura supremae inspectionis* o control sobre la organización y disciplina de la Iglesia y *dominii eminentes* o control sobre el patrimonio de la Iglesia.

[383] En Alemania, donde el grado de teorización a este respecto es apreciable, se entiende que la supervisión tenía en el Antiguo Régimen por objeto (como manifestación de la procura –eudemónica– del bien común, universal) iglesias, universidades, escuelas y también la actividad económica (lucrativa) y la vida social de los súbditos, comprendiendo establecimientos públicos, cargos y súbditos. Decae con el paso del mercantilismo al liberalismo (con el desarrollo de la distinción entre sociedad y Estado) y la sustituye la tutela estatal en función del criterio del Derecho; tutela (*Reichsaufsicht*) descrita por H. Triepel como algo más que «ver desde arriba», más que observar, siendo observar con el específico fin de mantener o restituir el ajuste entre el objeto observado y un determinado criterio de referencia. Por ello el concepto comprendía el conjunto total de actuaciones estatales que tienen por objeto ajustar o mantener el ajuste entre el comportamiento de los subordinados al Estado y un predeterminado criterio de referencia. Sin perjuicio de que su perfil siga siendo impreciso, este concepto ha impregnado e impregna el pensamiento jurídico hasta hoy. La imprecisión de la figura deriva, de un lado, del empleo como sinónimos de

A título simplemente de orientación sobre la tarea que es aún preciso desarrollar en nuestro propio Derecho, es sin duda útil la referencia del Derecho alemán, donde el estado actual del tratamiento dogmático de la cuestión puede resumirse en los siguientes términos:

– Carácter.

La vigilancia es: i) una tarea estatal (concretamente del complejo Gobierno-Administración[384]), puesto que cualquiera que sea su alcance (incluso la recogida y el tratamiento de datos precisos) implica múltiples afecciones a la esfera de afectados y sobre cuyo establecimiento decide, sin embargo y por razones constitucionales, sólo el Estado democrático dotado del monopolio de la coacción; y ii) una tarea permanente, que da lugar –al integrarse en ella– a una relación jurídica asimismo permanente.

---

tutela, control y vigilancia, y, de otro lado, de la problematicidad de la continuidad de la idea de una subordinación general al Estado y, con ello, la igualación entre supervisión de objetos estatales y ciudadanos (pues a la tutela subyace de forma latente la idea de jerarquía-subordinación). El concepto amplio de tutela es hoy objeto de crítica por incompatible con el principio de libertad y la participación del individuo en la legitimación del poder estatal. De modo que se entiende actualmente más bien como correlato de la autoadministración bajo la propia responsabilidad (un instrumento de dirección política en sistemas multinivel). Se independiza, así, de la técnica de la vigilancia, que se contrapone ahora a aquélla al ofrecerse como correlato de la libertad. Mientras la tutela se circunscribiría así a las relaciones estructuradas jerárquicamente en el ámbito del sector público, la vigilancia o control administrativo de sujetos y actividades privados tendría su base en la principial posición de igualdad de Estado y ciudadano. Lo que quiere decir: mientras la dirección mediante tutela tiene su centro de gravedad en el principio democrático, la efectuada mediante la vigilancia lo encuentra en el principio de Estado de Derecho. De esta forma vigilancia y tutela se excluyen. Aunque el abandono por el Estado de la prestación y su reducción a la garantía y la regulación pueda agravar la dificultad de la delimitación de los campos de una y otra técnica (contribuyendo más bien a cierta convergencia de las kismas por mostrar la llamada vigilancia regulatoria dimensiones de tutela y de vigilancia), no hay renuncia a la distinción entre ellas.

[384] Desde años 90 del siglo XX se aprecia, sin embargo, una tendencia a la externalización o traslado de la tarea de la vigilancia a agencias independientes jurídicamente o a corporaciones, instituciones o fundaciones públicas federales.

– Función.

Implicando la habilitación legal, que debe cumplir las exigencias de la reserva de ley (en términos de la doctrina de la esencialidad) y el principio de suficiente densidad reguladora (determinación), la concreción por el legislador bien de deberes de protección de derechos fundamentales o de garantía, bien de mandatos de actuación en el campo social o medioambiental, no excluye el reconocimiento a la Administración de ámbitos decisionales de ulterior concreción, dotados de márgenes de apreciación o, incluso, de discrecionalidad[385]. Su función es, pues, asegurar el cumplimiento de los deberes impuestos por quienes están sujetos a ellos sometido en interés público o en el de terceros.

– Fines concretos.

Su fin tradicional y principal es la evitación de perturbaciones y la defensa frente a peligros (así sigue siendo en materia industrial, de finanzas y de consumo). A él se ha añadido, desde los años setenta del siglo XX, la prevención y la gestión de riesgos, que presuponen un análisis y una investigación continuados de éstos y exigen una actualización constante de su valoración del riesgo. Más recientemente se ha incorporado la de asegurar la efectividad de estándares mínimos y el funcionamiento de la competencia en sectores regulados.

– Régimen jurídico.

Aunque la vigilancia sea la forma originaria de la actuación de la Administración liberal (normalmente en el contexto de relaciones bipolares) requiere, para garantizar la efectividad de la ley, un elenco suficiente de facultades e instrumentos (en una misma o distinta mano), entre los que se cuentan los de: i) recolección, registro y documentación de información (datos); ii) adopción de decisiones unilaterales (declaraciones, órdenes, sanciones) y consensuales que el legislador configura en parte como de ejercicio obligatorio, pero en parte colo-

---

[385] También es posible la concreción de los deberes legales por acto o contrato administrativo, si bien –contra la voluntad del privado– sólo con cobertura legal.

ca en la discreción de la Administración; y ii) ejecución forzosa. Las correspondientes potestades pueden estar atribuidas como regladas, dotadas con margen de apreciación, valoración y prognosis o como discrecionales (en especial la simple –real o técnica– de recogida de datos).

En principio y por servir al principio de legalidad, la vigilancia se desarrolla sólo en interés público. Como regla general no hay derecho subjetivo a la vigilancia de vecinos, consumidores, concurrentes o competidores, pero en casos especiales la protección de derechos fundamentales puede obligar a una solución distinta reduciendo la discrecionalidad a cero y reconociéndose a terceros acción para excitar la vigilancia.

– Tipología.

Dos (pero paralelas) son las clasificaciones principales en función del objeto (distinguiéndose la que incide en el comienzo, en el ejercicio y en el cese de la actividad privada correspondiente) y del alcance (distinguiéndose la preventiva, de seguimiento y control de cesación).

La elección del tipo por el legislador o, en su caso, la Administración se hace depender de los bienes que estén en juego y de los intereses generales afectados, así como de la medida del peligro concurrente. Aquí se contemplan: i) la prohibición con reserva de dispensación (el instrumento más potente en el control del acceso a una actividad, siendo frecuente que no haya derecho subjetivo a la dispensación); ii) la decisión sobre la base de la valoración del riesgo o peligro (procediendo una decisión positiva cuando, según el estado de la ciencia o técnica, no pueda esperarse la aparición de efectos negativos; este tipo se considera intermedio entre la anterior y el de la autorización y encuentra aplicación fundamentalmente en productos farmacéuticos, protección de plantas o liberación de organismos genéticamente modificados); iii) la autorización típica; iv) la adopción de medidas referidas a empresas (imposición, a resultas de datos de la vigilancia de seguimiento, de condiciones ulteriores o añadidas a las iniciales, incluso órdenes de suspensión provisional); y v) la reserva de la prohibición (imposición de prohibición de continuación por aparición de peligros o sospecha de peligros en el desarrollo de actividades exentas de intervención administrativa previa).

Desde el punto de vista de la dirección social propio de la nueva ciencia jurídico-administrativa alemana se ha destacado finalmente que, si bien no puede ser considerada una técnica directiva, la vigilancia presenta puntos de contacto con la dirección y puede ser un instrumento de la gobernanza. En cuanto actividad estatal, precisa de legitimación (un determinado grado de legitimación). Pues en ella hay espacio suficiente para incorporar la perspectiva directiva, siquiera sea en el amplio sentido de la gobernanza (que recuerda a la *Gute Policey*) y en términos de dirección contextual, reflexiva, reactiva. Lo que vale incluso allí donde, mediante la autorregulación regulada, la Administración hace participar en la vigilancia a privados o prevé incluso la autovigilancia por los sujetos a ella. En este sentido amplio, la vigilancia es un instrumento de la gobernanza.

c) LAS FORMAS DE LA ACTIVIDAD ADMINISTRATIVA

No hace falta justificar –por ser éste un lugar ya común en la doctrina– la afirmación del desbordamiento de las clasificaciones doctrinales clásicas por la proteica y evolutiva acción administrativa, que desactualiza incluso las más autorizadas y establecidas dentro y fuera de nuestro ordenamiento (en nuestro caso desde luego la tripartita: policía, servicio público y fomento, complementada o no por la actividad arbitral). Y, de otro lado, es evidente la irrupción en el panorama de la llamada «regulación» (y, dentro de ella, de la «autorregulación») como forma específica de actuación del poder público en el Estado reductor de su papel prestacional en beneficio de su papel como mero garante de la prestación de servicios justamente utilizando la aludida técnica como forma idónea de dirección y control de concretos y específicos sectores (especialmente los económicos).

Los dos fenómenos apuntados y la dificultad tanto de la superación, como de la mera actualización de las categorías establecidas y la «acomodación» a ellas de la regulación caracterizan, pues, la situación actual. En este contexto destaca por ahora sólo el interesante intento de S. Muñoz Machado[386] de nueva sistematización de la entera materia administrativa en torno al binomio regulación-garantía, del que se predica capacidad para ordenar todas las instituciones y técnicas de acción pública y las relaciones con la sociedad y los derechos bajo un marco conceptual único y, por tanto, capacidad para sustituir las dos clasificaciones más generalizadas entre nosotros: la clásica de Jordana de Pozas y la actual de E. García de Enterría (con las correspondientes modulaciones y complementos).

Las clasificaciones, en tanto que instrumentales para la ordenación de la abigarrada actuación pública, no pueden, cualesquiera que sean, aspirar a ser definitivas y perfectas y sí únicamente útiles. De las establecidas puede decirse que, aunque hayan quedado incompletas, siguen teniendo capacidad explicativa y orientadora, toda vez que la forma de actuación emergente –la regulación– en modo alguna desplaza las ya existentes. Y, de otro lado, tampoco representa una novedad radical y absoluta y sí más bien un salto cualitativo en una opción organizativa preexistente y ahora empleada con decisión en extensión y alcance. De entre las alternativas de organización de la satisfacción de las necesidades en abastecimiento o suministro de bienes y servicios nuestra Constitución conoce, en efecto y junto a las de carácter público-administrativo, la de entrega al mercado como mecanismo ordinario al efecto. Ocurre sólo que esta fórmula se ha visto potenciada desde la incorporación a la entonces aún Comunidad Económica Europea, en tanto que focalizada ésta en la realización de un mercado interior común. De suerte y manera que desde entonces nuestro orden constitucional económico ha debido interpretarse en el sentido del mercado como procedimiento normal o general para la dación de bienes y la prestación de servicios, siempre que cumpla estas funciones en cada caso satisfactoriamente y a precios razonables (asequibles), salvo excepciones justificadas por intereses públicos (derivados obviamente de bienes constitucionales suficientemente relevantes) que deban prevalecer. Es el proceso de liberalización –a escala europea– de los sectores estratégicos y de funcionamiento en red, hasta entonces en diverso grado

---

[386] S. Muñoz Machado, *Tratado de Derecho Administrativo…, cit.*, vol. IV, p. 487.

y con diferentes técnicas en mano pública, el que señala el punto de inflexión determinante tanto de la emergencia como de la importancia de la regulación.

En todo caso, es claro que la importancia clasificatoria a otorgar a la regulación depende del concepto de ella que finalmente se establezca como admitido. Pues éste está más definido en otras ciencias sociales, especialmente la económica (en la que no se precisa su deslinde neto de las restantes formas establecidas de actuación estatal-administrativa), que en la ciencia jurídica (donde aún presenta perfiles poco nítidos), siendo la traslación a ésta de conceptos acuñados en otros campos de conocimiento tarea no precisamente fácil. El propio planteamiento de su erección en criterio clasificatorio decisivo presta, por ello, atención a la precisión del concepto, que –de modo congruente– se acota de forma muy amplia, en términos que engloban la normación y la ejecución administrativas, aunque sin confundirse sin más con ninguna de éstas. Sosteniendo que, si bien se emplea tanto de forma extensa (por referida a la total actuación del Estado) como también más limitada, las instituciones y técnicas a cuya aplicación da lugar mantienen en todo caso unas características comunes que permiten identificar elementos organizativos y sustantivos sobre los que cabe edificar y definir las notas sustanciales en las que descansa la concepción de la regulación. Se trata de una sobresaliente y estimulante teorización, cuya virtud más destacada es el señalamiento del camino a seguir y el impulso para su emprendimiento, pues parece precisa aún la identificación del carácter distintivo de la regulación, que vaya al menos más allá de la excesivamente genérica como poder de utilizar todos los medios (normativos y ejecutivos) necesarios para orientar el funcionamiento de los mercados hacia la competencia. Tan abstracta determinación dice mucho y nada al mismo tiempo, presentando el inconveniente de la no diferenciación respecto de la normación y la ejecución en sentido estricto, que siguen subsistiendo y, por tanto, conviviendo con la nueva forma de actuación. Y, respecto de su fin específico, requiere también mayor precisión, pues, siendo cierto que consiste en orientar el funcionamiento de los mercados hacia la competencia, ni consiste en la aplicación misma de la política de la competencia (que es otra función transversal a los distintos concretos mercados y encomendada, por ello, específicamente a una organización especializada en dicha política), ni se centra sólo en el funcionamiento de los correspondientes mercados, focalizándose primariamente en la estructura misma de éstos, es decir, de los concretos sectores económicos en cada caso regulados.

En todo caso, el concepto de «regulación» se ha ido introduciendo en nuestro Derecho –en paralelo a los Derechos de los demás Estados Miembros de la Unión Europea– al compás, según se ha avanzado, de los requerimientos de transposición inherentes a la «ejecución» de las directivas comunitario-europeas dictadas con finalidad «liberalizadora» de enteros sectores de la economía y es ya de empleo corriente en la literatura científica[387]. No parece, sin embargo, exagerado afirmar que el concepto sigue careciendo aún de un significado jurídico preciso plenamente aceptado más allá del que resulta de la designación del cometido de unos también novedosos organismos calificados justamente

---

[387] Sin ánimo de exhaustividad, procede citar los siguientes trabajos y obras: M. ARAGÓN REYES, «Del Estado intervencionista al Estado regulador», *Tratado de regulación del sector eléctrico*, tomo I, Thomson & Aranzadi, Cizur Menor, 2009; G. ARIÑO ORTIZ, J. M. DE LA CUÉTARA MARTÍNEZ y L. LÓPEZ DE CASTRO, *Principios de derecho público económico: modelo de Estado, gestión pública, regulación económica*, Comares, Granada, 1999; A. BETANCOR RODRÍGUEZ, *Las Administraciones independientes*, Tecnos, Madrid, 1994; J. DE LA CRUZ FERRER, «Regulación, desregulación y neo-regulación», en la obra colectiva *Don Luis Jordana de Pozas: creador de ciencia administrativa*, UCM, Madrid, 2000; M. M. DARNACULLETA I GARDELLA, «La autorregulación y sus fórmulas como instrumentos de regulación de la economía», *RGDA*, 20, 2009; J. ESTEVE PARDO, «La regulación de la economía desde el Estado garante», *Publicaciones de la Asociación Española de Profesores de Derecho Administrativo*, Thomson & Aranzadi, Cizur Menor, 2007; y del mismo autor «El encuadre de la regulación de la economía en la sistemática del Derecho público», *RGDA*, 20, 2009; E. MALARET I GARCÍA, «Regulación económica: su instrumentación normativa (el lugar de la Ley en el Estado regulador, la experiencia reciente española)», *Derecho privado y Constitución*, 17, 2003; G. MARCILLA CÓRDOBA, «Desregulación, Estado social y proceso globalizador», *Doxa*, 28, 2005; R. MARTÍN MATEO, *La liberalización de la economía: más Estado, menos Administración*, Trivium, Madrid, 1988; A. M. MORENO MOLINA, *La Administración por agencias en los Estados Unidos de América*, Marcial Pons, Madrid, 1996; S. MUÑOZ MACHADO, «Los principios del Derecho de la regulación: la actividad de las agencias y su control», *RGDA*, 20, 2009; J. L. PIÑAR MAÑAS, «Regulación, desregulación y autorregulación de las fundaciones», *Revista de Occidente*, 180, 1996; D. SARMIENTO, *El soft Law administrativo*, Civitas, Madrid, 2008; VV. AA., *Regulación sectorial y competencia*, Civitas, Madrid, 1999; y VV. AA., *Regulación, desregulación, liberalización y competencia*, Marcial Pons, 2006.

como «reguladores»[388]. Así es desde luego en el plano legislativo, pues del capítulo dedicado por la Ley 2/2011, de 4 de marzo, de economía sostenible, a la mejora de la calidad de la regulación nada o más bien poco en claro cabe extraer, en la medida en que la «buena regulación» se predica justamente de la normación convencional (también aludida, ella misma, como «regulación»)[389], y la determinación del objeto de los organismos reguladores tampoco aporta mayor precisión, toda vez que –según el artículo 10 de dicho texto legal– dicho objeto consiste en velar por el adecuado funcionamiento del sector económico regulado para garantizar la efectiva disponibilidad y prestación de unos servicios competitivos y de alta calidad en beneficio del conjunto del mercado y de los consumidores y usuarios, preservando y promoviendo el mayor grado de competencia efectiva y transparencia en el funcionamiento del referido sector regulado; objeto que, traducido en funciones, alude a las conocidas de supervisión e inspección; otorgamiento, revisión y revocación de los títulos correspondientes; sanción; resolución de conflictos entre operadores; arbitraje en el sector; y las demás atribuidas por la ley. Nada nuevo, pues, bajo el sol. La razón de que ello sea así estriba no sólo en que, procediendo el concepto de la economía y la ciencia política[390], no ha logrado una completa decantación en el Derecho, es decir, no puede darse aún por concluido el necesario proceso de «recepción» en éste, sino también en el hecho –como demuestra la legislación hasta ahora dictada en los correspondientes sectores para fijar el marco de la pertinente «regulación» que en ellos ha de tener lugar– de ser discutible que represente por sí misma la introducción de un nuevo y diferenciado tipo de actuación administrativa.

---

[388] El Capítulo II del Título I de la Ley 2/2011, de 4 de marzo, de economía sostenible, referido a la mejora del entorno económico, tiene por objeto el establecimiento de un régimen general de los «organismos reguladores».

[389] Los artículos 4 a 7 del texto legal se refieren, respectivamente, a los «principios de buena regulación aplicables a las iniciativas normativas de las Administraciones públicas»; «Los Instrumentos de las Administraciones públicas para la mejora de la regulación»; la «*Adaptación de la regulación* vigente *a los principios de sostenibilidad y buena regulación*» (sic) y la «Transparencia y seguimiento de la mejora regulatoria».

[390] Sobre la teoría de la regulación, véase F. SPATZIER, «Die Regulationstheorie und Ihr Demokratietheoretisches Potenzial, Die École de la régulation», accesible en www. spatzier.net/regulationstheorie.html.

La legislación sectorial aludida no se ha ocupado hasta ahora (lo que en modo alguno puede serle reprochado) por proporcionar una definición del concepto, que proviene del ámbito anglosajón, donde *regulation* o bien equivale sin más –como sustantivo *countable*– a norma o regla, o bien –como sustantivo *uncountable*– significa poco más que la acción o el resultado de «regular algo», es decir, «regulación». Las diversas definiciones doctrinales, a las que no es aquí el caso de pasar revista, pero que pueden reconducirse a la fórmula genérica de «forma determinada de supervisión o vigilancia estatal de la economía»[391], poco más añaden realmente.

Es seguro en todo caso que no hay identidad entre regulación y normación. La regulación trae causa del proceso de desmantelamiento progresivo, mediante su entrega al mercado, del papel de la empresa y el servicio públicos en sentido estricto en la dación de bienes y servicios básicos propia de la llamada Administración prestacional, especialmente en los sectores de funcionamiento en red como las telecomunicaciones, el correo, el ferrocarril y la energía. Pues, como señala C. Eilmes[392], el punto de penetración de la regulación no es otro que la dificultad que –para el funcionamiento del mercado– representa, en tales sectores, la infraestructura en red preexistente y en manos de organizaciones u empresas públicas, en su caso previamente privatizadas. En ellos la liberalización, es decir, la entrega al mercado de la satisfacción de las correspondientes necesidades sociales no ha podido cumplirse, en efecto, con la mera supresión de la organización pública de las correspondientes prestaciones. La razón no es otra que la estricta necesidad de su ampliación a la adopción de las medidas indispensables para facilitar e incluso inducir el acceso al mercado de nuevos prestadores

---

[391] Fórmula empleada por P. Badura, «Wettbewerbsaufsicht und Infrastrukturgewährleistung durch Regulierung im Bereich der Post und der Telekommunikation», en U. Hübner (Hrsg.), *Festschrift für B. Großfeld, Recht und Wirtschaft*, Heidelberg, 1999, p. 35. También, Th. von Danwitz, «Was ist eigentlich Regulierung?», *DÖV*, 2004, 57, p. 977.

[392] C. Eilmes, «Kompetenzen und Funktionen der Regulierungsbehörden», ponencia presentada el 25 de julio de 2005 en el Seminario sobre organización de la Administración pública dirigido por el prof. H. Hill en el semestre de verano del año 2005 en la Deutsche Hochschule für Verwaltungswissenschaften Speyer; texto publicado en forma electrónica, p. 3.

como condición indispensable para el funcionamiento mínimamente eficiente de éste. Regulación significa, por tanto y en este sentido, *control estatal de sectores de la economía en los que, tras la pertinente operación de liberalización-privatización, debe funcionar el mercado*. De ahí que se le conceptúe como «Derecho de las consecuencias de la privatización o 'que sigue a ésta' y que utiliza como mecanismos principales la ordenación del acceso al mercado, el control de los precios y la supervisión de la gestión empresarial»[393].

Este Derecho, identificable como «Derecho Administrativo de la regulación», se ofrece hoy –no obstante padecer obviamente la misma indeterminación que su objeto– como la cifra misma para una Administración a la altura de los tiempos o, simplemente, «moderna», en tanto que expresión de la transformación del Estado prestador en mero garante de las prestaciones con transmutación de su responsabilidad de dar en otra de regular la dación; transformación y transmutación en las que se ve un claro progreso desde la idea de la realización de los intereses públicos por intermedio de las fuerzas actuantes, en competencia, en el mercado. Y, sin embargo, semejante concepto del «nuevo» Derecho caracterizador del Estado «actual» es, en principio, todo lo más «neoclásico» y, por ello, insuficiente para la identificación de su especificidad, pues coincide materialmente con el de Derecho Administrativo establecido si se excluye su estrato más reciente «prestacional». Pues la libertad (la libertad de la persona, de cada uno) era y es también en este último punto de partida, base fundamental y referencia última. Quizás pueda verse aquella especificidad en consistir en una *autorregulación regulada*, siendo «autorregulación», el conjunto de los efectos del mercado tras una privatización por medio de la competencia; y «regulación», la intervención estatal que asegura la efectividad de los intereses públicos. Pues en el Derecho de la regulación –a diferencia del clásico Derecho Administrativo de policía de la economía, en el que, siendo el mercado un dato de partida, el centro de gravedad era el control– es

[393] J. MASING, *Grundstrukturen eines Regulierungsverwaltungsrechts. Regulierung netzbezogener Märkte am Beispiel Bahn, Post, Telekommunikation und Strom*, Die Verwaltung, 2003, pp. 1 y ss., y, del mismo autor, «Die US-amerikanische Tradition der Regulated Industries und die Herausbildung eines europäischen Regulierungsverwaltungsrechts», *Archiv des öffentlichen Rechts*, vol. 128, 4, 2003, pp. 558 y ss.

precisa la generación misma del mercado, lo que determina su carácter más «activista» y configurador de la realidad.

Se está, pues, ante la respuesta a fenómenos en curso que imponen la reestructuración del papel del poder público en la configuración de las condiciones de vida social como consecuencia no sólo de la lógica de la economía (la liberalización y la privatización en el contexto de la llamada globalización), sino también de la evolución científico-técnica (y los riesgos por ella generados), llegando a erosionar incluso la posición estatal de monopolización del control social en términos que –aparte la ya comentada conversión del Estado prestacional en Estado de garantía de las prestaciones (con la consecuencia de alta dependencia de la autorregulación social desdibujadora diferencia entre sujeto y objeto y, por tanto, de las responsabilidades)– comportan, como ya nos consta: i) el deterioro de la potencia directiva social del Estado (sobre todo por razón de la innovación); ii) la incapacidad progresiva del Derecho, en cuanto norma del comportamiento o conducta, de una programación acabada; y iii) el consecuente desplazamiento del centro de gravedad desde la norma hacia enteras y complejas estructuras normativas, con transformación de la forma de verificación del control, que tiene lugar progresivamente, así, como un *continuum* a lo largo de todo el proceso funcional normación-ejecución (lo que supone que se traduce en definitiva en una gestión compleja plagada de interdependencias y guiada por el Derecho, en la que –para la consecución de los efectos pretendidos– juegan estructuras regulativas diversas –jurídicas y no jurídicas– en una dinámica transversal a la diferenciación entre normación y aplicación). Ello implica que la gestión del interés público requiere hoy la anticipación al conflicto, la intervención de instancias estatales y no estatales (sociales, privadas) y la entrada en juego de la armonización de intereses, lo que remite a la estructuración de redes o, si se prefiere, estructuras en red (con diversos actores portadores de diferentes intereses)[394] y la arti-

---

[394] Sobre las redes y la pertenencia de la recepción y utilización de la categoría por el Derecho Administrativo, véase J. LÜDEMANN, *Netzwerke, Öffentliches Recht und Rezeptionstheorie*, issue 2007/07, Bonn, Max Planck Institute for Research on Collective Goods, 2007, p. 17.

culación de mecanismos organizativos y procedimentales facilitadores de la aceptación de las decisiones[395].

Aunque las consideraciones hasta aquí desarrolladas proporcionen –a pesar sus deficiencias– una imagen bastante perfilada del fenómeno regulatorio, importa precisar aún que no existe todavía un Derecho positivo de la regulación en cuanto tal (capaz de proyectarse transversalmente a todas las «regulaciones concretas») y sí sólo –dada la heterogeneidad de sus respectivos objetos– tantos Derechos de la regulación como sectores o ámbitos objeto de ella por haber sido liberalizados. Los únicos elementos comunes a ellos, cuando de sectores en red se trata, son los instrumentos desarrollados para solventar la cuestión básica que se les plantea: el acceso a y la utilización de la red para la efectividad de la competencia y, por tanto, ¿la red debe ser abierta a todos o estar en manos de un solo operador? Dos son las opciones hasta ahora adoptadas:

1. La de regulación de la red y la competencia *en* el mercado de los bienes o servicios.

Al posibilitar a todos los operadores el acceso al mercado a través de la red, es la solución que más avanza en la apertura del correspondiente sector al mercado. Su principio es el uso compartido de la red en idénticas condiciones para todos, posibilitando que la libre competencia se produzca *sobre* la red. En ella la regulación consiste cabalmente en posibilitar un acceso no discriminatorio a ésta.

La clara ventaja que proporciona desde el punto de vista de la consecución del funcionamiento del mercado aparece contrapesada, no obstante, por la limitación de su idoneidad a los sectores en los que la infraestructura en red es extensa (aunque sea en virtud de la interconexión de diversas redes: telecomunicaciones, electricidad, gas, correos, ferrocarril), que la hace inapropiada en aquéllos con múltiples pequeñas redes no interconectables, cual sucede, por ejemplo, con el suministro de agua o el saneamiento de aguas residuales.

2. La de la dación o prestación en competencia *por* el mercado.

La regulación opera aquí ya en el momento anterior de definición del modelo de dación o prestación del bien o servicio de que se trata a fin de orga-

---

[395] Sobre ello, véase T. Würtenberger, *Die Akzeptanz von Verwaltungsentscheidungen*, 1996.

nizar la concurrencia libre por el acceso a, y la utilización de, la red. Con la consecuencia de que ésta no se abre a todos los operadores, sino que se entrega al seleccionado en libre competencia para que sea éste el que, como monopolista temporal, es decir, durante el periodo fijado al efecto, suministre el bien o servicio previamente determinado y en las condiciones al efecto fijadas. La solución consiste, pues, en articular la libre competencia por el disfrute de un monopolio.

Es obvio –en tanto que prácticamente equivale a la vieja solución del monopolio estatal– que esta alternativa avanza menos en la realización efectiva, en el sector de que se trate, de un verdadero mercado, pero es clara su mayor idoneidad como sustitutivo para aquellos ámbitos en los que la creación de una competencia efectiva sea difícil o, siquiera momentáneamente, imposible o, incluso y por las características del sector, no tenga sentido.

Sea como fuere, puede decirse, como también ha apuntado C. Eilmes[396]: primero, que la regulación representa ya un ámbito específico de la actuación estatal; el cual, sin embargo y en segundo lugar, suscita un doble y nada secundario problema: el de su legitimación constitucional y el de su fundamento jurídico concreto; problema en el que luce la actual imbricación –en modo alguno pacífica– del Derecho Comunitario-europeo y nacional en el doble escalón constitucional y ordinario.

Pues, en tanto que forma de actuación administrativa, la regulación trae causa en buena medida de una política comunitaria claramente presidida, desde el principio de economía abierta y de libre competencia, por la doble idea de la entrega al mercado de la satisfacción de las necesidades sociales de bienes y servicios y de apertura, por tanto, de las correspondientes actividades a dicho mercado. El objetivo de tal política (entendido como «común» a todas las políticas de los Estados Miembros) no puede ser otro, así y desde la lógica comunitaria, que el progresivo (hasta el total) desmantelamiento de la prestación estatal de bienes y servicios para la creación y el funcionamiento de un mercado interior (transnacional) basado en la libre competencia. De ahí las directivas dirigidas, en determinados sectores, a la apertura de los mer-

---

[396] C. EILMES, *cit.* en nota 391.

cados y, en su caso, al establecimiento de un marco coordinador de los correspondientes sistemas estatales de regulación; marco del que forma parte la previsión de la constitución por los Estados Miembros de organizaciones independientes reguladoras del correspondiente sector.

El modelo de referencia de la apuntada política y las normas en que éste por ahora se ha formalizado ha sido y sigue siendo el norteamericano de las *regulated industries*, radicalmente contrapuesto en su lógica a la solución tradicional continental europea de organización estatal o pública de los sectores económicos esenciales para el aprovisionamiento de la población con los bienes y servicios básicos, especialmente del precisado de infraestructuras en red (publificación de las tareas correspondientes). Ello es así porque, mientras en los EE. UU. la evolución ha estado determinada por la existencia desde el principio de un mercado libre en todos los ámbitos de actividad económica, consistiendo así en el desarrollo de la intervención estatal en los diferentes mercados que ha abocado en la fórmula de las *regulated industries* a través de organizaciones o comisiones especializadas en determinados sectores[397], tal presupuesto inicial no se dio en la Europa continental. En ausencia en los EE. UU. de un poder público administrativo articulado sobre el eje de una Administración departamental jerarquizada y directamente incardinada al Gobierno, el cuadro resultante de la aludida evolución es el de una pluralidad de organizaciones no articuladas entre sí más que por una laxa (en términos comparativos con los estándares continental-europeos) cooperación recíproca. Organizaciones éstas que, en el desempeño de sus funciones, establecen con propio criterio sus propias «regulaciones sectoriales» (sujetas a un limitado control judicial) y gozan de una

---

[397] Como es conocido, la evolución aludida dio comienzo en el siglo XIX y en el sector del ferrocarril. Habiendo determinado el comportamiento en el mercado de determinadas empresas una situación que incluso llegó a originar problemas sociales, se dio un primer paso mediante la instauración de políticas estatales de fijación de precios y prohibición de conductas discriminatorias. Pero como quiera que las medidas estatales no tuvieron efecto suficiente, se dio el paso subsiguiente a escala federal: la creación en 1887 de la *Interstate Commerce Commission* (ICC), institución que puede considerarse el arquetipo de la organización reguladora, fórmula que se ha ido extendiendo progresivamente a distintos sectores económicos.

independencia en modo alguno comparable con sus homónimas europeas, en tanto que insertas éstas en la órbita de la correspondiente Administración ministerial.

Las diferencias en la estructura del poder público administrativo[398] y en la lógica del control judicial[399] impiden, pues, tener el sistema regulatorio europeo, sin más, por un simple derivado del modelo norteamericano. Lo que significa: la traslación al continente europeo de la regulación ha debido acomodarse —modulando el modelo de referencia— a los pertinentes principios constitucionales y la correspondiente construcción del poder público administrativo.

La nota diferencial más destacada del sistema continental europeo es la referencia de las organizaciones reguladoras —no obstante su identidad y posición propias— a la esfera de gestión encomendada al correspondiente Ministerio o Departamento. Lo que comporta la imposibilidad de su goce de una independencia que les permita la formulación y el desarrollo de una completa política propia (traducida en normas de obligado cumplimiento obedientes sólo a su criterio), por razón de su inevitable sujeción —con mayor o menor intensidad y por unos medios u otros— al poder directivo inherente a la estructura ministerial o departamental de gobierno[400]. La independencia o autonomía reconocida así a este tipo de organizaciones —incluso la que lo es en los términos más amplios— es, pues, siempre limitada en tanto que más bien de carácter

---

[398] Excluyente ésta, en virtud de la responsabilidad política gubernamental universal ante el Parlamento, de la existencia de ámbitos en que el poder público administrativo sea totalmente independiente.

[399] Al constituir la acción de las organizaciones reguladoras ejercicio de poder público sometido por entero y sin exclusiones al control judicial es claro que dichas organizaciones no pueden beneficiarse de un estatuto especial en cuanto hace a tal control por impedirlo el derecho fundamental a la tutela judicial efectiva.

[400] De ahí que el párrafo final del apartado 1º de la disposición décima de la Ley 6/1997, de 14 de abril, de organización y funcionamiento de la Administración General del Estado (en la que se enumeran las consideradas «Administraciones independientes» por gozar de independencia funcional o especial autonomía) sea consecuente con el orden constitucional al disponer que: «El Gobierno y la Administración General del Estado ejercerán respecto de tales organismos las facultades que la normativa de cada uno de ellos les asigne, en su caso, con estricto respeto a sus correspondientes ámbitos de autonomía».

«técnico» y otorgada para asegurar el funcionamiento ordinario del mercado correspondiente conforme a criterios normativos superiores heterónomos. De lo que resulta su dependencia del escenario político general en la medida en que la eficacia de su actuación siempre está en función de la idoneidad del marco normativo superior aludido; marco cuya actualización escapa a su disposición.

Siendo, como es, la regulación una técnica ligada a la liberalización de sectores que, por sus características (en gran medida integrar verdaderos sistemas), padecen en mayor o menor grado refractariedad a la plena competencia y, por tanto, al funcionamiento en términos de mercado, su encuadramiento en la categoría de control (neutral respecto de las de normación y ejecución) ofrece *a priori* mejores perspectivas para su diferenciación en el seno de las formas de actuación administrativa. Y ello ya desde el significado general del término, pues conforme al diccionario de la Real Academia de la Lengua incluye (quinta acepción en la 22ª ed.) justamente la de regulación –manual o automática– sobre un sistema. Pues la regulación es especializada en un sector-mercado e implica la vigilancia-supervisión del mismo para, desde y en función de sus características y requerimientos (extremo éste decisivo), incidir en su estructura (de ahí la intervención más incisiva de los reguladores en las operaciones de concentración que, desde luego, en las conductas relevantes desde el punto de vista de la concurrencia) y el funcionamiento (condiciones de dación de los bienes y prestación de los servicios a efectos de la satisfacción de las necesidades sociales). Las concretas técnicas empleadas para esa incidencia no hacen tanto a la definición misma de la regulación (por instrumentales), cuanto la especifica articulación del control en que consiste en función y para el sector-mercado de que se trate y de la cual forma parte integrante determinante –por ello mismo– su organización separada, especializada y dotada de independencia.

En la dogmática alemana el profundo cambio experimentado, en efecto, por la Administración y sus tareas por razón de la globalización (y los apuntados procesos de liberalización y privatización por ella desencadenados) se interpreta ciertamente como causa del surgimiento de un nuevo tipo de Administración (cabalmente la independiente reguladora de un sector social) y de actividad administrativa (la comentada regulación), pero se está lejos de abandonar las categorías establecidas, prefiriéndose encuadrar el fenómeno en la de la intervención administrativa. Pues el examen que de dicho fenómeno se hace revela que: i) la función de la regulación consiste en establecer y fomentar la competencia en un mercado que aún no funciona, posibilitar el acceso efectivo y no discriminatorio de interesados al mercado o, en su caso, a la red, y garantizar la suficiencia de las correspondientes prestaciones; de modo que ii) las características del Derecho de la regulación pueden cifrarse en la existencia de condiciones de incertidumbre, aplicación por organizaciones –tendencialmente independientes– dotadas de poderes de configuración e instrumentalización de los actores en el sector o de la lógica de su actuación en éste al servicio de determinados objetivos o fines; con la consecuencia de la consistencia de la regulación en un proceso dinámico, cuyo instrumentario depende del grado de realización del mercado y, en todo caso, del grado de consecución de los objetivos pertinentes. Sobre estas bases se entiende que lo plausible es la duda entre la adscripción a la categoría de la intervención o la calificación (como en el caso de la programación o la planificación) como *aliud*. Pero no así la opción por la afirmación de nuevo tipo de Derecho Administrativo, situado al margen de la concepción tradicional derivada de la dicotomía sociedad-Estado. La pertinencia de la procura de su integración en el esquema constitucional de la relación Estado-ciudadano, con aplicación del principio de Estado de Derecho, excluye motivo suficiente para ello: siendo los destinatarios del Derecho de la regulación en principio sujetos privados, se está ante un caso de administración de intervención. Pues la imposición de la regulación contra la voluntad de dichos destinatarios es precisamente la de concreciones estatales del interés general adoptadas unilateralmente frente a empresas situadas en la esfera social; empresas cuyas posiciones descansan, por ello, en los derechos fundamentales, con la consecuencia de que las funciones de garantía del Derecho Administrativo son igualmente aplicables aquí. En definitiva: la regulación no se diferencia de otras formas de intervención administrativa más que en sus métodos y objetivos, pero no en su fundamento o en los requerimientos derivados del Estado democrático de Derecho y es, así, una tarea administrativa que hace efectivos deberes jurídico-públicos; deberes cuyo permanente cumplimiento en interés del bien común requiere la correspondiente supervisión y vigilancia.

Por demás la orientación de la más actual y autorizada doctrina científica alemana (acuñadora del concepto «nuevo» Derecho Administrativo) está ciertamente presidida por la idea de la *Steuerung*, pero utilizando ésta no tanto en el sentido estricto de la «regulación» de sectores-mercados de que se viene hablando, sino enfatizador de la potencia ordenadora, directiva y orientadora de dicho Derecho desde el punto de vista de la teoría de sistemas, es decir, en el significado de mecanismo complejo regulador del sistema jurídico-administrativo en todas sus manifestaciones, incluidas las formas jurídicas de actuación de la Administración. Y la clasificación de éstas, lejos de verse subvertida o al menos seriamente alterada por la emergencia de aquella «regulación», se entiende capaz de incorporarla sin más como nueva forma jurídica de actuación[401].

5. LA RECONSTRUCCIÓN DE LA TEORÍA GENERAL CON APOYO EN SECTORES DE REFERENCIA

Como ya se ha dicho, la teoría general del Derecho Administrativo se ha formado en nuestro caso sin una adecuada relación con la ingente y cambiante normativa administrativa reguladora de los distintos sectores, siquiera sea de aquéllos merecedores de ser considerados como de referencia por suficientemente significativos, y continúa, por ello, sin beneficiarse de una relación adecuada con dicha normativa a los efectos de la actualización de las categorías y técnicas fundamentales y la incorporación de las innovaciones que resulten de la realidad de la heterogénea actividad administrativa.

---

[401] Véase, al efecto, la contribución de W. HOFFMANN-RIEM, «Rechtsformen, Handlungsformen, Bewirkungsformen», en el tomo II de la obra colectiva dirigida por él mismo, Schmidt-Aßmann y Voßkuhle, *Grundlagen des Verwaltungsrechts*, C.H. Beck, München, 2008.

En este terreno la tarea pendiente de realizar es literalmente ingente, comenzando ya –dada la inexistencia de tradición entre nosotros al respecto– por la selección y continuando por la sistematización de los sectores «testigo» al servicio de la comprobación de la idoneidad de la teoría general y, en su caso, como referencia para la actualización de ésta.

1. Sectores históricos o tradicionales.

1.1. La policía administrativa de seguridad o, si se prefiere, el Derecho de la seguridad ciudadana y el orden público y, en general, de la seguridad (prevención de riesgos de todo orden).

La importancia de este sector deriva de su triple carácter nuclear (desde el punto de vista de las funciones del Estado), transversal a los diversos órdenes de la vida social y su referencia al valor superior de la libertad y, con ello, a los derechos fundamentales y libertades públicas en que él mismo se concreta. Es el idóneo para proporcionar la matriz y los criterios de contraste para toda la actividad de policía o intervención administrativa. Tanto más cuanto que, aún estando en curso su evolución, en ella se ha producido en los últimos tiempos (como efecto directo de la constitucionalización del Derecho Administrativo) un notable avance jurídico-positivo y científico que es preciso ahora traducir en términos de actualización del Derecho Administrativo general[402].

1.2. El régimen local que, a pesar de referirse a una instancia basal y peculiar de la organización territorial del Estado (esencial para la legitimación democrática real de éste), no ha sido tratado hasta hace muy poco desde la adecuada perspectiva (a pesar de su función histórica de banco de pruebas de instituciones administrativas) y, probablemente por haberlo sido y continuar siéndolo en la parte general, no ha encontrado en ésta el tratamiento específico que indudablemente demanda.

---

[402] L. PAREJO ALFONSO, *Seguridad pública y policía administrativa de seguridad. Problemas de siempre y de ahora para el deslinde, la decantación y la eficacia de una responsabilidad nuclear del Estado administrativo*, Tirant lo Blanch, Valencia, 2008; y *Reflexiones sobre la libertad, la seguridad y el Derecho, cit.*; así como M. CASINO RUBIO, «Actividad policial y seguridad pública», *Justicia Administrativa*, 15, 2002.

Su revalorización a partir de la Constitución de 1978 no ha dado aún los frutos debidos[403]. Aquí se hace precisa una sistematización completa justamente por constituir el prototipo de Derecho de una Administración territorial-universal con una posición constitucional propia (y legitimación democrática diferenciada) en el que confluyen, de modo especialmente claro en la sociedad urbana actual, el Derecho de la organización y el Derecho de la procura existencial.

1.3. El Derecho de la ordenación territorial y urbanística, que tiene entre nosotros un gran desarrollo, aunque plagado de notables deficiencias, ha evolucionado prácticamente al margen del Derecho Administrativo general, sin fertilizar suficientemente su tratamiento dogmático (y, de otro lado, limitando la actualización de éste, por ejemplo mediante su fijación –a efectos de la determinación del perfil de la técnica de la autorización– en la licencia de obras). Buen ejemplo lo constituye la institución del plan urbanístico: i) persiste la dificultad de su encuadramiento en el sistema de fuentes y, por tanto, de la determinación del régimen jurídico de la institución (como resulta de la aplicación a su aprobación, sin cuestionamiento apreciable, del silencio administrativo positivo, a pesar de su consideración como verdadera norma jurídica); ii) se trata inadecuadamente la potestad de planeamiento (no existe un suficiente desarrollo de la ponderación de bienes-intereses; persiste la tendencia a «reglar» el ejercicio de la potestad; etc.); iii) no se diferencian debidamente los intereses involucrados en el proceso de planificación (públicos y privados); y iv) se aplican al plan las mismas técnicas de análisis y tratamiento que a los mecanismos de microdirección social, desconociendo la naturaleza y el objeto de aquél. Pero también es significativa la ausencia de cualquier desarrollo para extraer del Derecho urbanístico consecuencias operativas para el funcionamiento del Estado autonómico, siendo como es el *locus* en que por

---

[403] L. PAREJO ALFONSO, *La protección jurídica de la autonomía local en el Derecho español*, Fundació Carles Pi i Sunyer d'Estudis Autonomics, Barcelona, 1997; *La defensa de la autonomía local ante el Tribunal Constitucional*, M. Pons, Madrid-Barcelona, 1998; y «La autonomía local», en la obra colectiva dirigida por S. Muñoz Machado, *Tratado de Derecho municipal*, Iustel, Madrid, 2011; así como F. VELASCO CABALLERO, «Reforma de los Estatutos de Autonomía y reforma de las bases del régimen local», en la obra colectiva coordinada por J. R. Parada Vázquez y J. A. Fuenteaja Pastor, *Reforma Local*, M. Pons, Madrid, 2007.

definición –dado su objeto– ocurre la concurrencia de potestades públicas de las diversas instancias territoriales y funcionales de lógica en principio independiente. Estas insuficiencias no han hecho sino agravarse como consecuencia de las reacciones generadas por la extensión del fenómeno de la corrupción precisamente en este campo; reacciones que distan de responder a un diagnóstico y, por tanto, un tratamiento certero de los problemas.

2. Sectores de importancia creciente.

Es obvio que la recuperación del tiempo perdido no puede hacer olvidar que, desde el punto de vista del estadio actual de la evolución de la sociedad y del Estado, los sectores clásicos han perdido la capacidad de proporcionar el entero elenco de las referencias necesarias. Se ha producido un decidido desplazamiento del centro de gravedad de la acción administrativa hacia la economía y los sectores de los que ésta y el *status* ciudadano dependen: los servicios personales y sociales (educación, salud; seguridad social; tercera edad; etc.) y el medio ambiente.

La evolución del Derecho Administrativo económico es bastante paralela a la del Derecho urbanístico: gran desarrollo en los últimos tiempos[404], pero sin clara, ni significativa repercusión, en el edificio dogmático general, por lo que urge enjugar este déficit. Aunque en el pasado hayan sido objeto de atención y hoy se sigan realizando algunos estudios monográficos (debido al renovado interés que despiertan), los sectores educativo y, desde luego, el muy amplio y heterogéneo de

---

[404] Obra destacadamente, además de G. Ariño Ortiz, *Economía y Estado*, Marcial Pons, Madrid, 1993; y *Principios de Derecho Público Económico*, Comares, Granada, 3ª ed., 2004 y R. Martín Mateo, *Derecho público de la economía*, CEURA, Madrid, 1985; y *El marco público de la economía de mercado*, Aranzadi, Cizur Menor, 2004, pero también de S. Martín-Retortillo (Dr.), *Estudios de Derecho público bancario*; y *Derecho administrativo económico*, dos tomos publicados por La Ley, Madrid, en 1989 y 1991, como prueba la dedicación al tema económico del libro que le han dedicado sus discípulos: *Estudios de Derecho público económico. Homenaje al Prof. Dr. D. Sebastián Martín-Retortillo*, L. Cosculluela (Coord.) y otros, Civitas, Madrid, 2003. En los últimos tiempos la doctrina se ha volcado en trabajos monográficos sobre los sectores liberalizados, destacando la serie dedica a la regulación económica impulsada y dirigida por S. Muñoz Machado.

los servicios personales y sociales distan de contar con el análisis y el tratamiento sistemáticos precisos para enriquecer el panorama del Derecho Administrativo general. Y lo mismo cabe predicar del Derecho ambiental, a pesar del verdadero alud de trabajos monográficos que lo tienen por objeto.

BIBLIOGRAFÍA

ALBALADEJO, M., *Derecho Civil I. Introducción y Parte General*, 17ª ed., Edisofer, 2006.

ALEXY, R., *Ermessensfehler*, JZ, 1986.

—, «Die Gewichtsformel», en J. Jickeli, P. Kreutz y D. Reuter (Eds.), *Gedächtnisschrift für Jürgen Son-nenschein*, Walter de Gruyter, Berlin, 2003.

ARIÑO ORTIZ, G., *Economía y Estado*, Marcial Pons, Madrid, 1993.

—, *Principios de Derecho Público Económico*, Comares, Granada, 3ª ed., 2004.

ARIÑO ORTIZ, G. y L. LÓPEZ DE CASTRO, *¿Privatizar el Estado? Un retroceso en el camino de la Historia o la antítesis del Estado de Derecho*, Centro de Publicaciones de la Fundación BBV, Madrid, 1994.

BADURA, P., «Wettbewerbsaufsicht und Infrastrukturgewährleistung durch Regulierung im Bereich der Post und der Telekommunikation», en U. Hübner (Hrsg.), *Festschrift für B. Großfeld*, Recht und Wirtschaft, Heidelberg, 1999.

BAÑO LEÓN, J. M., «Reserva de Administración y Derecho comunitario», *Papeles de Derecho Europeo e Integración Regional/Working Papers on European Law and Regional Integration*, Cátedra Jean Monnet Prof. Ricardo Alonso García, WPIDEIR, 7, 2011.

BARNES, J. (Ed.), *La transformación del procedimiento administrativo*, Global Law Press-Editorial Derecho Global, Sevilla, 2009.

BAUER, H., «Verwaltungsrechtslehre im Umbruch?», *Die Verwaltung. Zeitschrift für Verwaltungswissenschaft*, vol. 25, 1992.

BAZEX, M., «L'implosion du dualisme de juridiction», *Pouvoirs*, 46, 1988.

BECK, U., «Das Zeitalter der Nebenfolgen und die Politisierung der Moderne», en U. Beck, A. Giddens y S. E Lash (Eds.), *Reflexive Modernisierung. Eine Kontroverse*, Suhrkamp, Frankfurt am Main, 1996.

BIENVENU, J-J., «Le droit administratif une crise sans catastrophe», *Droits, Revue Française de Théorie Juridique*, 4, 1984.

BLANCO VALDÉZ, R. L., *Nacionalidades históricas y regiones sin historia*, Alianza Editorial, Madrid, 2005.

BOCANEGRA SIERRA, R., *La teoría del acto administrativo*, Iustel, Madrid, 2005.

BÖCKENFÖRDE, E.-W., «Organ, Organisation, Juristische Person. Kritische Überlegungen zu den Grundbegriffen und der Konstruktionsbasis des staatlichen Organisationsrecht», en *Fortschritte des Verwaltungsrechts, Festschrift für H. J. Wolf*, München, 1973.

—, *Staat, Gesellschaft, Freiheit. Studien zur Staatstheorie und zum Verfassungsrecht*, Suhrkamp, Frankfurt am Main, 1976.

BOHNE, E., *Der informale Rechtsstaat. Eine empirische und rechtliche Untersuchung zum Gesetzesvollzug unter besonderer Berücksichtigung des Immissionsschutzes*, Duncker & Humblot, Berlin, 1981.

BOULOUIS, J., «Supprimer le droit administratif?», *Pouvoirs*, 46, 1988.

BUDÄUS, D., *Public Management, Konzepte und Verfahren zur Modernisierung öffentlicher Verwaltungen*, Berlin, 1995.

BUENO ARMIJO, A., *El reintegro de subvenciones de la Unión Europea. Especial referencia a las ayudas de la política agrícola común*, Instituto Andaluz de Administración Pública, Sevilla, 2011.

BREUER, R., *Konflikte zwischen Verwaltung und Strafverfolgung*, Die öffentliche Verwaltung, 1987.

BROHM, W., «Die Dogmatik des Verwaltungsrechts vor den Gegenwartsaufgaben der Verwaltung», *Veröffentlichungen der Vereinigung der Deutschen Staatsrechtslehrer*, 30, 1972.

—, «Funktionsbedingungen für Verwaltungsreformen», *Die Verwaltung*, 21, 1988.

BRUNSSON, N., «Reform als Routine», en G. Corsi y E. Esposito, *Reform und Innovation*, Lucius & Lucius, Stuttgart, 2005.

CAILLOSSE, J., «La réforme administrative et la question du droit», *A. J. D. A.*, 1, 1989.

—, «Le droit, verrou de la modernisation?», en P. Muller, *L'administration française est-elle en crise*, L' Harmattan, 1992.

—, «L'administration française doit-elle s'evader du droit administratif pour relever le défi de l'efficience?», *Politique et Management Public*, vol. 7, 2.

CASINO RUBIO, M., «Actividad policial y seguridad pública», *Justicia Administrativa*, 15, 2002.

CASSESE, S., *Global Administrative Law. An Introduction*, accesible en www.iilj.org/GAL/documents/Cassesepaper.pdf.

CASTÁN, J., *Derecho Civil español, común y foral, I. Introducción y Parte General*, Reus, Madrid, 1986.

CHAPUS, R., *Droit administratif général*, vol. I, Montchrestien, Paris, 2001.

CHEVALLIER, J., «Presentation», en J. Chevallier (Ed.), *Les mutations du droit administratif*, Presses Universitaires de France, Paris, 1993.

CHEVALLIER, J. y D. LOCHAK, «Rationalité juridique et rationalité manageriale dans l'administration française», *RFAP*, 24, 1982.

COSCULLUELA, L. (Coord.), *Estudios de Derecho público económico. Homenaje al Prof. Dr. D. Sebastián Martín-Retortillo*, Civitas, Madrid 2003.

CRUZ VILLALÓN, P., «La estructura del Estado o la curiosidad del jurista persa», *Revista de la Facultad de Derecho de la Universidad Complutense de Madrid*, 4, 1981.

CZYBULKA, D., *Die Legitimation der öffentlichen Verwaltung unter Berücksichtigung ihrer Organisation sowie der Entstehungsgeschichte zum Grundgesetz*, C. F. Müller, Heidelberg, 1989.

DANWITZ, Th. von, «Was ist eigentlich Regulierung?», *DÖV*, 57, 2004.

DEBBASCH, C., *Le Droit administratif, droit dérogatoire au droit commun?*, Mélanges Chapus, Montchrestien, 1992.

DE LA CUÉTARA, J. M., *Las potestades administrativas*, Tecnos, Madrid, 1986.

DEL SAZ, S., «La reserva constitucional de Derecho administrativo y de su jurisdicción tutelar», en C. Chinchilla, B. Lozano y S. Del Saz, *Nuevas perspectivas del Derecho Administrativo, Tres estudios*, Civitas, Madrid, 1992.

DENNINGER, E., «Der Präventionsstaat», en *Der gebändigte Leviathan*, Nomos Verlagsgesellschaft, Baden-Baden, 1990.

DESDENTADO DAROCA, E., *La crisis de identidad del Derecho administrativo, privatización, huida de la regulación pública y Administraciones independientes*, Tirant lo Blanch, Valencia, 1995.

DEVOLVÉ, P., *Paradoxes du (ou paradoxes sur le) principe de séparation des autorités administrative et judiciaire*, Mélanges R. Chapus, Montchrestien, 1992.

—, «L'apport de la réforme constitunionnelle au droit administratif», *Revue Française de Droit Administratif*, 5, septiembre-octubre 2008.

—, *Les développements récents du droit administratif français: Discours inaugural du Colloque du 22 novembre 2009*, Academia Sinica, Institutum Jurisprudentiae, Taiwan (www.iias. sinica.edu.tw/cht/index.php?code=list&ids=39&eng=1).

DÍEZ-PICAZO, L. M., «El principio de autonomía institucional de los Estados miembros de la Unión Europea», *RVAP*, 73 (I), 2005.

—, «La Sentencia Unibet y el principio de autonomía procesal», *Noticias de la Unión Europea*, 287, diciembre 2008.

DI FABIO, U., *Risikoentscheidungen Im Rechtsstaat: Zum Wandel der Dogmatik im öffentlichen Recht, insbesondere am Beispiel der Arzneimittelüberwachung*, J. C. B. Mohr (Paul Siebeck), Tübingen, 1994.

—, «Verwaltung und Verwaltungsrecht, zwischen gesellschaftlicher Selbstregulierung und staatlicher Steuerung», *VVDStL*, 56, 1997.

—, *Das Recht offener Staaten*, Mohr Siebeck, Tübingen, 1998.

DRAGO, R., «Le juge judiciaire, juge administratif», *RFDA*, 1990.

EISENMANN, Ch., *La théorie des «bases constitutionnelles du droit administratif»*, RDP, 1972.

ENGISCH, K., *Logische Studien der Gesetzesanwendung*, 1963.

FAVOREU, L., «L'apport du Conseil Constitutionnel au droit public», *Pouvoirs*, 13, 1991.

—, *La constitutionnalisation du droit*, Mélanges Roland Drago, Economica, 1996.

FERNÁNDEZ, T. R., *De la arbitrariedad de la Administración*, 5ª ed. ampliada, Civitas, Madrid, 2008.

FERNÁNDEZ FARRERES, G., *El concepto de servicio público y su funcionalidad en el Derecho Administrativo de la nueva economía*, Justicia Administrativa, 18, 2003.

—, «El recurso de amparo constitucional: una propuesta de reforma», Laboratorio de la Fundación Alternativas, Documento de Trabajo 58/2004, de 2 de febrero de 2005, Madrid.

FRANKENBERG, G., *Angst im Rechtsstaat*, KJ, 1977.

—, *Crítica al derecho a combatir. Tesis acerca del paso de la defensa contra el peligro a la prevención de la criminalidad*, traducción del original alemán de María José Falcón y Tella, *Anuario de Derechos Humanos del Instituto de Derechos Humanos de la Universidad Complutense de Madrid*, Nueva Época, vol. 7, t. 1., 2006.

FRANZIUS, C., «Funktionen des Verwaltungsrechts im 'Steuerungsparadigma' der Neuen Rechtswissenschaft», *Verwaltung*, 39, 2006.

GALLEGO ANABITARTE, A., *Derecho General de la Organización*, Madrid, 1971.

GALLEGO ANABITARTE, A. y A. DE MARCOS FERNÁNDEZ, «Derecho General de la Organización», en *Derecho administrativo I. Materiales*, Madrid, 1993.

García de Enterría, E., «Verso un concetto di Diritto Amministrativo come Diritto statutario», *Rivista Trimmestrale di Diritto Pubblico*, 23, 1960.

—, «La lucha contra las inmunidades del poder en el Derecho administrativo. Poderes discrecionales, poderes de gobierno, poderes normativos», *RAP*, 38, mayo-agosto 1962.

—, *La lucha contra las inmunidades del poder en el Derecho Administrativo*, Civitas, Madrid, 1974.

— (Coord.), *La distribución de las competencias económicas entre el poder central y las autonomías territoriales en el Derecho comparado y en la Constitución española*, IEE, Madrid, 1980.

—, *Las transformaciones de la Justicia administrativa: de excepción singular a la plenitud jurisdiccional ¿Un cambio de paradigma?*, Thomson-Civitas, Cizur Menor, 2007.

García de Enterría, E. y T. R. Fernández, *Curso de Derecho administrativo*, vol. I, 15ª ed., Civitas-Thomson Reuters, Madrid, 2011.

García Pelayo, M., *Las transformaciones del Estado contemporáneo*, Alianza Editorial, Madrid, 1977.

Gröschner, R., *Das Überwachungsrechtsverhältnis*, J. C. B. Mohr (Paul Siebeck), Tübingen, 1992.

Harlow, C., «Global Administrative Law: The Quest for Principles and Values», *The European Journal of International Law*, vol. 17, 1, 2006.

Hauschild, J., «Facetten des Innovationsbegriff», en W. Hoffmann-Riem y J. Peter Schneider (Eds.), *Rechtswissenschaftliche Innovationsforschung, Grundlagen, Forschunsansätzen, Gegenstansbereiche*, Nomos, Baden-Baden, 1998.

Hensel, A., «La influencia del Derecho tributario sobre la construcción de los conceptos de Derecho público», *Hacienda Pública Española*, 22, 1973.

Hill, H. y H. Klages (Hrsg.), *Reform der Landesverwaltung*, Tagung der Hochschule für Verwaltungswissenschaften Speyer vom 29-31, März 1995, Raabe, Stuttgart, 1995.

Hill, H. y Hoff (Eds.), *Wirkungsforschung zum Recht*, Baden-Baden, 2000.

Hiller, P., «Der Zeitkonflikt in der Risikogesellschaft: Risiko und Zeitorientierung in rechtsförmigen Verwaltungsentscheidungen», Duncker & Humblot, *Soziologische Schriften*, vol. 59, Berlin, 1993.

Hirsch, B., *Gesellschaftliche Folgen staatlicher Überwachung. Beitrag zur Sommerakademie 2007*, «*Offene Informationsgesellschaft und Terrorbekämpfung - ein Widerspruch?*», Unabhängiges Landeszentrum für Datenschutz Schleswig-Holstein, Kiel, 2007.

Hoffmann, H., *Natur und Naturschutz im Spiegel des Verfassungsrechts*, JZ, 1988.

Hoffmann-Riem, W., «Ermöglichung von Flexibilität und Innovationsoffenheit im Verwaltungsrecht. Einleitende Problemskizze», en W. Hoffmann-Riem y E. Schmidt-Aßmann (Eds.), *Innovation und Flexibilität des Verwaltungshandelns*, Baden-Baden, 1994.

—, «Tendenzen der Verwaltungsrechtsentwicklung», *DÖV*, 1997.

—, «Gesetz und Gesetzesvorbehalt im Umbruch. Zur Qualitäts- und Gewährleistung durch Normen», *AöR*, 130, 2005.

—, «Eigenständigkeit der Verwaltung», en W. Hoffmann-Riem, E. Schmidt-Aßmann y A. Voßkuhle, *Grundlagen des Verwaltungsrechts*, vol. I, C. H. Beck, München, 2006.

—, «Recht als Instrument der Innovationsoffenheit und der Innovationsverantwortung», en H. Hof y U. Wengenroth (Eds.), *Innovationsforschung. Ansätze, Methoden, Grenzen und Perspektiven*, LIT, Münster, 2007.

—, «Rechtsformen, Handlungsformen, Bewirkungsformen», en vol. II de E. Schmidt-Aßmann y A. Voßkuhle, *Grundlagen des Verwaltungsrechts*, C. H., Beck, München, 2008.

HOFFMANN-RIEM, W. y E. SCHMIDT-ASSMANN (Eds.), *Konfliktbewätigung durch Verhandlungen*, vol. 2, Baden-Baden, 1992.

HUNT, Y. M., «Reshaping Constitutionalism», en J. Morison, K. McEvoy y G. Anthony (Eds.), *Judges, Transition and Human Rights*, Oxford University Press, Oxford, 2007.

IPSEN, H. P., «Diskusionsbeitrag (Organisationsgewalt)», *VVDStRL*, 16, 1958.

ISENSEE, J., *Das Grundrecht auf Sicherheit*, De Gruyter, Berlin, 1983.

JAKOBS, G., «Das Selbstverständnis der Strafrechtswissenschaft vor den Herausforderungen den Gegenwart. Kommentar», en B. Burckhardt, A. Eser y W. Hassemer [Eds.], C.H. Beck, 2000.

JAKOBS, G. y M. CANCIO MELIÁ, *Derecho penal del enemigo*, Thomson/Civitas, Madrid, 2003.

JELLINEK, G., *System der subjektiven öffentlichen Rechte*, reimpresión de la 2ª ed. de 1905, Darmstadt, 1963.

KAKOURIS, C. N., «Do the Member States Possess Judicial Procedural 'Autonomy'?», *Common Market Review*, 34, 1997.

KEMPEN, B., *Die Formenwahlfreiheit der Verwaltung. Die öffentliche Verwaltung zwischen öffentlinchem und privatem Recht*, München, 1989.

KÖTTGEN, A., «Die Organisationsgewalt», en *Parlament und Regierung im modernen Staat. Die Organisationsgewalt, Veröffentlichungen der Vereinigung der Deutschen Staatsrechtslehrer*, 16, Walter de Gruyter & Co., Berlin, 1958.

KREBS, W., «Probleme des vorläufigen Rechtsschutzes gegen Schulorganisationsakte, Verwaltungsarchiv», 69, 1978.

—, «Verwaltungsorganisation», en P. Kirchhof y J. Isensee (Hrsg.), *Handbuch des Staatsrechts*, tomo 3, 2ª ed., 1996.

LACRUZ BERDEJO, J. L., *Elementos de Derecho Civil*, tomo I, *Parte General*, vol. I, Dykinson, 2006.

LEWIS, D., «Constitutional and Administrative Law Reform in the UK since 1997», accesible en www.britishcouncil.org/china-society-publications-constitution-3.pdf.

LINDE PANIAGUA, E., «Notas sobre el objeto, ámbito y reglas de aplicación de la Directiva relativa a los servicios en el mercado interior», *Revista de Derecho de la Unión Europea*, 14, 2008.

LÓPEZ MENUDO, F., «La transposición de la Directiva de Servicios y la modificación de la Ley 30/1992: el régimen de la declaración responsable y de la comunicación previa», *Revista Española de la Función Consultiva*, 14, julio-diciembre, 2010.

LÜDEMANN, J., *Netzwerke, Öffentliches Recht und Rezeptionstheorie*, issue 2007/07, Bonn, Max Planck Institute for Research on Collective Goods, 2007.

LUHMANN, N., «Politische Steuerung: Ein Diskussionsbeitrag», *Politische Vierteljahresschrift (PVS)*, vol. 1, 1989.

—, *Soziologische Aufklärung 3, Soziales System, Gesellschaft, Organisation*, Westdeutscher Verlag, Opladen, 1991.

MARTÍN MATEO, R., *Derecho público de la economía*, CEURA, Madrid, 1985.

—, *El marco público de la economía de mercado*, Aranzadi, Cizur Menor, 2004.

MARTÍN REBOLLO, L., *Introducción general sobre Derecho administrativo, Leyes administrativas*, 17ª ed., Thomson & Aranzadi, Cizur Menor, 2011.

MARTÍN-RETORTILLO, S., *Derecho administrativo económico*, I, *La Ley*, Madrid, 1989.

—, *Instituciones de Derecho administrativo*, Thomson & Civitas, Cizur Menor, 2007.

MASING, J., *Grundstrukturen eines Regulierungsverwaltungsrechts. Regulierung netzbezogener Märkte am Beispiel Bahn, Post, Telekommunikation und Strom*, Die Verwaltung, 2003.

—, «Die US-amerikanische Tradition der Regulated Industries und die Herausbildung eines europäischen Regulierungsverwaltungsrechts», *Archiv des öffentlichen Rechts*, vol. 128, 4, 2003.

MAYNTZ, R. y F. W. SCHARPF (Eds.), *Gesellschaftliche Selbstregelung und politische Steuerung*, Campus, Frankfurt-New York.

MAYNTZ, R., «Policy-Netzwerke und die Logik con Verhandlungssystemen», en P. Kenis y V. Schneider (Eds.), *Organisation und Netzwerk*, 1996.

MAZA MARTÍN, J. M., *La necesaria reforma del Código Penal en materia de medidas de seguridad*, Cuadernos de Derecho Judicial, Escuela Judicial del Consejo General del Poder Judicial, 2007.

McELDOWNEY, J., «Public, Management Reform and Administrative Law in Local Public Service in the UK», *International Review of Administrative Sciences*, marzo 2003.

MERKL, A., *Allgemeines Verwaltungsrecht*, J. Springer, Wien-Berlin, 1927.

MORELL OCAÑA, L., «Una teoría de la cooperación», *DA*, 240, octubre-diciembre 1994.

MUÑOZ MACHADO, S., *La Unión Europea y las mutaciones del Estado*, Alianza Universidad, Madrid, 1993.

—, *Constitución*, Iustel, Madrid, 2004.

—, «El mito del Estatuto-Constitución y las reformas estatutarias», en *Informe sobre las Comunidades Autónomas 2004*, Instituto de Derecho Público, Barcelona, 2005.

—, «Las transformaciones del régimen jurídico de las autorizaciones administrativas», *Revista Española de la Función Consultiva*, 14, julio-diciembre 2010.

—, *Tratado de Derecho administrativo y Derecho público general, I: La formación de las instituciones públicas y su sometimiento al Derecho*, 3ª ed., Iustel, 2011.

NIETO, A., «La vocación del Derecho administrativo de nuestro tiempo», *RAP*, 76, 1975.

—, *Estudios históricos de Administración y Derecho administrativo*, INAP, Madrid, 1986.

ORTEGA ÁLVAREZ, L. y S. DE LA SIERRA (Coords.), *Ponderación y Derecho Administrativo*, Marcial Pons, Madrid, 2009.

ORTIZ BLASCO, J. y P. MAHILLO GARCÍAS (Coord.), *La responsabilidad penal en la Administración pública. Una imperfección normativa*, Fundación Democracia y Gobierno Local, Barcelona, 2010.

OSSENBÜHL, F., *Verwaltungsrecht als Vorgabe für Civil- und Strafrecht*, Deutsches Verwaltungsblatt, 1990.

Parada Vázquez, J. R., *Derecho Administrativo, I. Parte General*, 18ª ed., Marcial Pons, 2010.

Parejo Alfonso, L., *Estado social y Administración pública. Los postulados constitucionales de la reforma administrativa*, Civitas, Madrid, 1983.

—, *Constitución y valores del ordenamiento*, CEURA, Madrid, 1990.

—, *Crisis y renovación en el Derecho público*, CEC, Madrid, 1991.

—, *Administrar y juzgar: dos funciones constitucionales distintas y complementarias*, Tecnos, Madrid, 1993.

—, «Algunas reflexiones sobre el poder público administrativo, como sistema, en el Estado autonómico: una contribución al debate sobre la llamada Administración única», *DA*, 232-233, octubre 1992-marzo 1993.

—, *Eficacia y Administración. Tres estudios*, INAP, Madrid, 1995.

—, *La protección jurídica de la autonomía local en el Derecho español*, Fundació Carles Pi i Sunyer d'Estudis Autonomics, Barcelona, 1997.

—, *La defensa de la autonomía local ante el Tribunal Constitucional*, Marcial Pons, Madrid, 1998.

—, «Gobierno y Administración pública en la Constitución española», en *La Administración pública española*, INAP/MAP, Madrid, 2002.

—, «Reflexiones sobre la libertad, la seguridad y el Derecho», *Justicia Administrativa. Revista de Derecho Administrativo*, 21, octubre 2003.

—, «Notas para una construcción dogmática de las relaciones interadministrativas», *RAP*, 174, 2007.

—, *Seguridad y policía de seguridad*, Tirant lo Blanch, Valencia, 2008.

—, «La deriva de las relaciones entre los Derechos administrativo y penal. Algunas reflexiones sobre la necesaria recuperación de su lógica sistémica», *DA*, 284-285, 2009.

—, «Problemas actuales del Derecho Administrativo», en A. L. Ruiz Ojeda (Coord.), *El gobierno local. Estudios en homenaje al Prof. L. Morell Ocaña*, Iustel, Madrid, 2010.

—, *La autonomía local en la Constitución española*, Tratado de Derecho Municipal, Tomo I, 3ª ed., Iustel, Madrid, 2011.

Pestalozza, Chr. v., *Formenmissbrauch des Staates*, München, 1973.

Poole, T., *The Reformation of English Administrative Law*, London School of Economics and Political Science Law Department Law, Society and Economy Working Papers 12/2007.

Ritter, E.-H., «Organisationswandel durch Expertifizierung und Privatisierung im Ordnungs- und Planungsrecht», en E. Schmidt-Aßmann y W. Hoffmann-Riem (Eds.), *Verwaltungsorganisationsrecht als Steuerungsressource*, 1997.

Rodríguez de Santiago, J. M., *La ponderación de bienes e intereses en el Derecho administrativo*, Marcial Pons, Madrid, 2000.

Romano, S., *L'ordenamento giuridico*, Sansoni, Firenze, 1951. Traducción española de Sebastián y Lorenzo Martín-Retortillo, *El ordenamiento jurídico*, Instituto de Estudios Políticos, Madrid, 1963.

Ruffert, M. (Ed.), The Transformation of Administrative Law in Europe, Sellier European Law Publishers, München, 2007.

Ruffert, M. y S. Steinecke, *The Global Administrative Law of Science*, Springer, Heidelberg, 2011.

Rupp, H.-H., *Grundfragen der heutigen Verwaltungsrechtslehre*, 2ª ed., 1991.

Sala Arquer, J. M., «Huida al Derecho privado y huida del Derecho», *REDA*, 133, 1994.

Sánchez Morón, M., «Los recursos administrativos», en J. Leguina Villa y M. Sánchez Morón (Dirs.), *La nueva Ley de Régimen Jurídico de las Administraciones Públicas y del Procedimiento Administrativo Común*, Tecnos, Madrid, 1993.

Sandel, M. J., *Justice. What's the right thing to do?*, Farrar, Straus and Giroux, New York, 2010.

Santamaría Pastor, J. A., *Principios de Derecho Administrativo*, I, Iustel, Madrid, 2004.

Scheuing, D. H., «Europarechtliche Impulse für innovative Ansätze im deutschen Verwaltungsrecht», en W. Hoffmann-Riem y E. Schmidt-Aßmann (Eds.), *Innovation und Flexibilität des Verwaltungshandelns*, Baden-Baden, 1994.

Schmidt, R., «Flexibilität und Innovationsoffenheit im Bereich der Verwaltunsmasstäbe», en W. Hoffmann-Riem y E. Schmidt-Aßmann (Eds.), *Innovation und Flexibilität des Verwaltungshandelns*, Baden-Baden, 1994.

—, «Die Reform von Verwaltung und Verwaltungsrecht», *VerwArchiv*, 91, 2000.

Schmidt-Assmann, E., «Verwaltungsverantwortung und Verwaltungsgerichtbarkeit», *Veröffentlichungen der Vereinigung der Deutschen Staatsrechtslehrer*, 34, 1976.

—, «Verwaltungsorganisation zwischen parlamentarischer Steuerung und exekutivischer Organisationsgewalt», en *Hamburg, Deutschland, Europa, Festschrift für Hans Peter Ipsen zum 70. Geburtstag* (hrsgg. Von R. Stödter und W. Thieme), J. C. B. Mohr-Paul Siebeck, Tübingen, 1977.

—, «Gefährdungen der Rechts- und Gesetzbindung der Exekutive», en *Verfassungsstaatlichkeit. Festschrift für Klaus Stern*, 1997.

—, «Zur Funktion des allgemeinen Verwaltungsrechts», *Die Verwaltung. Zeitschrift für Verwaltungswissenschaft*, 27, 1994.

—, *Das allgemeine Verwaltungsrecht als Ordnungsidee. Grundlagen und Aufgaben der verwaltungsrechtlichen Systembildung*, Springer, Berlin/Heidelberg, 2ª ed., 2004

Scharpf, F. W., «Positive und negative Koordination in Verhandlungssystemen», en A. Héritier (Ed.), *Policy-Analyse*, 1993.

Schnapp, F. A., «Dogmatische Überlegungen zu einer Theorie des Organisationsrechts», *AöR*, 105, 1980.

Schröder, M., «Verwaltungsrecht als Vorgabe für Zivil- und Strafrecht», en *Veröffentlichungen der Vereinigung der Deutschen Staatsrechtslehrer*, 50, De Gruyter, Berlin, 1991.

Schuppert, G. F., «Verwaltungsrechtswissenschaft als Steuerungswissenschaft», en W. Hoffmann-Riem y E. Schmidt-Aßmann (Eds.), *Reform des Allgemeinen Verwaltungsrechts. Grundfragen*, 1993.

Soriano, J. E., «Liberalización económica, sector público y Derecho administrativo», *Asamblea. Revista Parlamentaria de la Asamblea de Madrid*, 24, 2011.

Spatzier, F., «Die Regulationstheorie und Ihr Demokratietheoretisches Potenzial, Die École de la régulation», accesible en www.spatzier.net/regulationstheorie.html.

Stettner, R., *Grundfragen einer Kompetenzlehre*, Berlin, 1983.

TEUBNER, G., *Recht als autopoietisches System*, Suhrkamp, Frankfurt, 1989.

TIMSIT, G., *Théorie de l'Administration*, Economica, Paris, 1986.

TRUTE, H. H., «Methodik der Herstellung und Darstellung verwaltungsrechtlicher Entscheidungen», en E. Schmidt-Aßmann y W. Hoffmann-Riem (Eds.), *Methoden der Verwaltungsrechtswissenschaft*, Baden-Baden, Nomos, 2004.

VALLET, O., «La fin du droit public?», *Revue Administrative*, 265, 1992.

VAQUER CABALLERÍA, M., «Los servicios atinentes a la persona en el Estado social», *Cuadernos de Derecho Público*, 11, 2000.

—, *La eficacia territorial y temporal de las normas*, Tirant lo Blanch, Valencia, 2010.

VEDEL, G., *Les bases constitutionnelles du droit administratif*, EDCE, 1954.

—, Préface à Salem Ould Bouboutt, en *L'apport du Conseil Constitutionnnel au droit administratif*, PUAM, Economica, 1987.

—, Préface à Bernard Stirn, en *Les sources constitutionnelles du droit administratif*, LGDJ, 2006.

VELASCO CABALLERO, F., «Reforma de los Estatutos de Autonomía y reforma de las bases del régimen local», en J. R. Parada Vázquez y J. A. Fuentaja Pastor (Coord.), *Reforma Local*, Marcial Pons, Madrid, 2007.

VOSSKUHLE, A., «'Schlüsselbegriffe' der Verwaltungsreform -Eine kritische Bestandsaufnahme», *VerwArch*, 92, 2001.

—, «Beteiligung Privater an der Wahrnehmung öffentlicher Aufgaben und staatlicher Verantwortung», *VVDStRL*, 62, 2003.

WAHL, R., «Verwaltungsverfahren zwischen Verwaltungseffizienz und Rechtsschutzauftrag», *VVDStRL*, 41, 1983.

—, «Die zweite Phase des öffentlichen Rechts in Deutschland», *Der Staat*, 38, 1999.

WEIL, P., *A propos de l'application par les tribunaux judiciaires des règles du droit public, ou les surprises de la jurisprudente Giry*, Mélanges Eisenmann, 1975.

WOLF, H, J., *Organschaft und juristische Person*, C. Heymann, Berlin, 1934.

WÜRTENBERGER, T., *Die Akzeptanz von Verwaltungsentscheidungen*, Nomos, Baden-Baden, 1996.

SE ACABÓ DE IMPRIMIR ESTE
LIBRO EL 7 DE DICIEMBRE DE
2   0   I   2

www.ingramcontent.com/pod-product-compliance
Lightning Source LLC
Chambersburg PA
CBHW080556030726

47589CB00004B/145